Qualifikationsphase

Philosophieren in der PhiloberStufe

Herausgegeben und erarbeitet von
Peter Bekes, Volker Frederking
und Axel Krommer

Schöningh

www.schoeningh-schulbuch.de
Schöningh Verlag, Jühenplatz 1–3, 33098 Paderborn

Druck A 5 4 3 2 1 / Jahr 2019 18 17 16 15
Alle Drucke der Serie A sind im Unterricht parallel verwendbar.
Die letzte Zahl bezeichnet das Jahr dieses Druckes.

Umschlaggestaltung: Franz-Josef Domke, Hannover, unter Verwendung einer Fotografie von Matthieu Spohn/Getty Images

Illustration: Matthias Berghahn, Bielefeld
Druck und Bindung: westermann druck GmbH, Braunschweig

ISBN 978-3-14-025060-3

Inhalt

Vorwort 4

Was ist der Mensch? 6

3 Das Selbstverständnis des Menschen 11

3.1 Der Mensch als Natur- und Kulturwesen 11
3.2 Das Verhältnis von Leib und Seele 37
3.3 Der Mensch als freies und selbstbestimmtes Wesen 65
3.4 Das Menschenbild der Neurowissenschaften und der Forschungen zur Künstlichen Intelligenz 102
Erweiterter Blick: Mensch und Technik 123
Erweiterter Blick: Selbsterkenntnis und Identität 139

Was soll ich tun? I 154

4 Werte und Normen des Handelns 159

4.1 Grundsätze eines gelingendes Lebens 160
4.2 Nützlichkeit und Pflicht als ethische Prinzipien 179
4.3 Verantwortung in ethischen Anwendungskontexten I: Ökologie und Ethik 210
4.4 Verantwortung in ethischen Anwendungskontexten II: Gentechnik und Ethik 227
4.5 Unterschiedliche Grundlagen moralischer Orientierungen 235

Was soll ich tun? II 248

5 Zusammenleben in Staat und Gesellschaft 253

5.1 Gemeinschaft als Prinzip staatsphilosophischer Legitimation 254
5.2 Individualinteresse und Gesellschaftsvertrag als Prinzip staatsphilosohischer Legitimation 269
5.3 Konzepte von Demokratie 286
5.4 Konzepte von sozialer Gerechtigkeit 296
Erweiterter Blick: Wirtschaftsphilosophie und Wirtschaftsethik 312
Erweiterter Blick: Geschichtsphilosophie 334
Erweiterter Blick: Bedingungen einer dauerhaften Friedensordnung in einer globalisierten Welt 358

Was kann ich wissen? 366

6 Wissenschaft und Erkenntnis 371

6.1 Erkentnistheoretische Grundlagen der Wissenschaften 371
6.2 Der Anspruch der Naturwissenschaften auf Objektivität 406
6.3 Erkenntnis in den Geisteswissenschaften 431
Erweiterter Blick: Sprachphilosophie 450

Textquellen 461
Register 472
Bildquellen 476

Vorwort

Liebe Schülerinnen und Schüler,

„Philos – Philosophieren in der Oberstufe“ ist ein speziell auf die Vorgaben des neuen Lehrplans abgestimmtes Lehr- und Arbeitsbuch für den Philosophieunterricht in Nordrhein-Westfalen, mit dem vor allem zwei Ziele verbunden sind. Zum einen halten Sie ein Buch in Händen, das Sie in umfassender Weise mit wichtigen Fragen und Positionen der Philosophie vertraut machen und Ihnen Grundkenntnisse in allen relevanten Teilgebieten vermitteln soll. Zum anderen war es unser Ziel als Herausgeber, dass Sie in möglichst anschaulicher und für Sie interessanter Weise auf das Abitur im Fach Philosophie vorbereitet werden. Dies gilt sowohl für den speziell zur Nutzung in der Einführungsphase konzipierten Band I als auch in Bezug auf den für die Qualifikationsphase entwickelten Band II. *Alle im Lehrplan NRW vorgesehenen Inhaltsfelder und Kompetenzbereiche lernen Sie in umfassender Weise kennen und erhalten vielfältige Möglichkeiten, die einzelnen Kompetenzen ebenso behutsam wie systematisch aufzubauen bzw. zu vertiefen.*
Dabei wird Ihnen – so hoffen wir – in beiden Bänden des Öfteren bewusst werden, dass philosophische Fragen immer mit uns selbst zu tun haben, ja, dass Sie eigentlich schon oft philosophiert haben, ohne es vielleicht zu wissen. Nicht selten entstehen philosophische Fragen nämlich beim Lesen einer Geschichte oder eines Comics oder beim Anschauen eines Bildes oder eines Films. Wahrscheinlich kennen Sie Filme wie „Truman Show“ (USA, 1998), „Matrix“ (USA, 1999), „Avatar“ (USA, 2009) oder „Inception“ (USA, 2010), die in ganz unterschiedlicher Weise die Frage aufwerfen, wie wirklich die Wirklichkeit ist, was Wirklichkeit überhaupt ist, wie wir sie erkennen können und wie sich die Wirklichkeit vom Traum unterscheidet. Wenn Sie sich nach einem Kinobesuch mit Ihren Freunden und Freundinnen angeregt über solche Filme unterhalten, dann diskutieren Sie fast zwangsläufig über philosophische Fragen, die so faszinierend sind, dass sie buchstäblich seit Jahrtausenden Denker aus den unterschiedlichsten Kulturkreisen fesseln. Wer sich die „Terminator“-Filme (zuletzt 2009) oder „Star Trek“ (ebenfalls 2009) ansieht, kann sich dem Reiz der für die Handlung prägenden Zeitreisen und der damit verbundenen merkwürdigen Verwicklungen kaum entziehen und stellt sich dann möglicherweise sogar die Frage „Was ist Zeit?“. Und solche Fragen, die die Form „Was ist eigentlich X?“ haben, sind ganz typisch für die Philosophie und das Philosophieren. Aber auch Fragen wie „Wer bin ich?“, „Wo komme ich her?“, „Wo gehe ich hin?“, „Hat mein Leben einen Sinn?“, „Darf ich lügen?“, „Gibt es einen Gott?“, „Sind wir für die Erde verantwortlich?“, „Was unterscheidet den Menschen von einer Maschine?“ etc. sind philosophisch und wir stellen sie uns häufig in existenziellen Situationen.
In dem vorliegenden Buch werden Sie diesen Fragen und möglichen Antworten in unterschiedlicher Form begegnen. Sie lernen die Gedanken bedeutender Philosophen (und Philosophinnen) von der Antike bis zur Gegenwart kennen und können sich mit ihnen auf eine wirklich spannende Entdeckungsreise in die Welt des Denkens begeben. Als Kompass erhalten Sie vier Grundfragen an die Hand, mit denen ein berühmter Philosoph, Immanuel Kant, versucht hat, die Gesamtheit aller anderen philosophischen Fragen zu erfassen. Die Fragen lauten: *Was ist der Mensch? Was soll ich tun? Was kann ich wissen? Was darf ich hoffen?* Was es mit diesen Fragen auf sich hat, worauf sie zielen, welche Antworten möglich sind und welche neuen Fragen sich daraus ergeben, werden Sie im Laufe Ihrer Lektüre der einzelnen Kapitel und Texte erfahren. Sie werden hin und wieder feststellen, dass sich Ihre eigenen Gedanken und Ideen zuweilen gar nicht so sehr von den Theorien sogenann-

ter „großer" Denker unterscheiden und dass Sie selbst sehr wohl in der Lage sind, komplexe philosophische Gedanken zu formulieren und zu begründen. Deutlich wird auch werden, dass dieselben Fragen in unterschiedlichen Zeiten und Kulturen sehr verschieden voneinander bedacht und beantwortet worden sind. Manchmal erscheinen zeitlich sehr weit zurückliegende Gedanken aber auch als sehr aktuell und moderne Positionen können als Neuformulierung lange bekannter und schon vor Jahrtausenden formulierter Erkenntnisse gelesen werden. In jedem Fall aber laden die Texte in diesem Buch Sie ein, über sich und die Welt nachzudenken. Darin besteht das wesentliche Anliegen der Philosophie. Philosophieren bedeutet, sich auf das Abenteuer des Selbst-Denkens einzulassen, mutig neue Denkwege zu beschreiten, über sein eigenes Denken kritisch nachzudenken, sich nicht blind auf das Urteil anderer zu verlassen, Argumente für die eigene Position zu entwickeln und gegenüber anderen zu verteidigen, mutig das Risiko des Irrtums einzugehen, aus Fehlern zu lernen, stets offen zu sein für alternative Denkanstöße etc. Dies ist die beste Grundlage, um alle zentralen Kompetenzen, die der Lehrplan in NRW für das Fach Philosophie vorsieht, zu erlernen: philosophische Sachkompetenz, philosophische Methodenkompetenz, philosophische Urteilskomptenz und philosophische Handlungskompetenz. Nutzen Sie die denkerischen Freiheiten, die Ihnen die Philosophie bietet, denn es gibt wohl kein anderes Fach in der Schule, das so sehr von Ihrer Lust am Denken lebt. In diesem Sinne wünschen wir Ihnen viel Freude, fruchtbare Erkenntnisse, viel Erfolg, spannende Antworten und vor allem: viele neue interessante Fragen.

Peter Bekes, Volker Frederking und Axel Krommer

Was ist der Mensch?

Das Selbstverständnis des Menschen

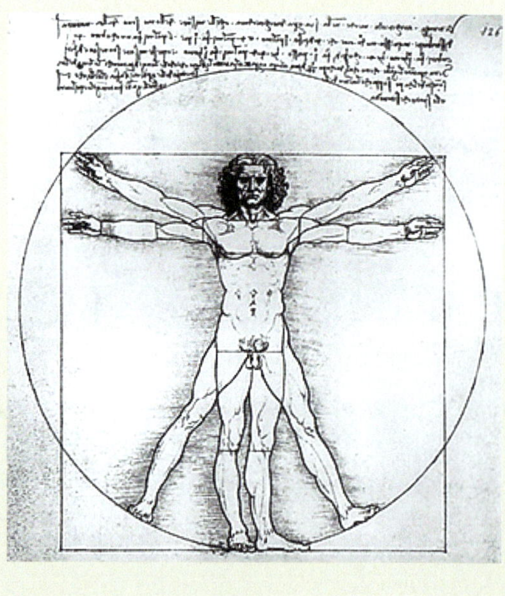

Der Mensch ist das Maß aller Dinge.
Protagoras

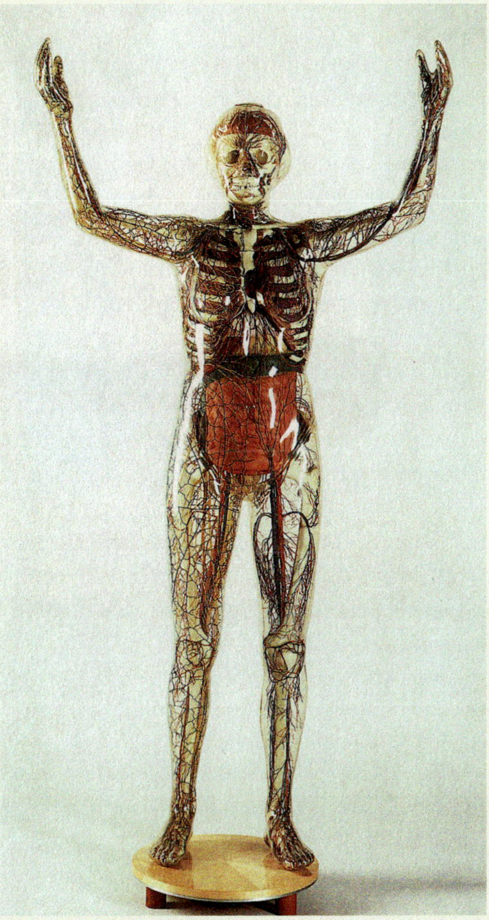

Vor-Denken

1 ||| Geben Sie den Bildern einen Titel. Welche unterschiedlichen Auffassungen vom Menschen spiegeln sich in ihnen wider?

2 ||| Sie haben sich bereits in der Einführungsphase mit dem Thema Anthropologie beschäftigt. Schauen Sie sich noch einmal Ihre Ergebnisse der Auseinandersetzung mit der Frage „Was ist der Mensch?“ an und stellen Sie vor diesem Hintergrund Bezüge zu den Bildern auf dieser Doppelseite her.

Das Gehirn im Schrank

Philos

Sophos

Sophos: Bitte entschuldige die Sauerei hier auf dem Teppich, aber mir ist vorhin ein Gehirn heruntergefallen.

Philos: Wie bitte? Dir ist ein Gehirn heruntergefallen? Muss ich mir ernste Sorgen um dich machen? Ist dir nicht gut?!

Sophos: Ha, ha! Alles ganz einfach zu erklären. Meine Tochter muss morgen in der Schule ein Referat halten und hat sich aus der Bio-Sammlung ein Gehirn-Präparat in einer Nährflüssigkeit mit nach Hause nehmen dürfen. Und als ich vorhin den Schrank im Wohnzimmer aufmachte und dort das Gehirn sah, musste ich es mir natürlich genau ansehen. Plötzlich klingelte das Telefon und ich wollte das Gehirn zurück in den Schrank stellen.

Philos: Warum hast du das dann nicht gemacht?

Sophos: Ich stand zufällig direkt neben dem Tisch. Also habe ich den Behälter eben dort abgestellt. Und während ich telefonierte, ist unsere Katze auf den Tisch gesprungen und hat das Gehirn auf den Teppich gestoßen.

Philos: Darüber musst du dich nicht lange ärgern, denn in Wahrheit hattest du natürlich keine Wahl.

Sophos: Jetzt kommst du wieder mit deinen seltsamen philosophischen Thesen!

Philos: Seltsam ist in Wahrheit nur eins: deine Behauptung, dass du unter genau den Umständen, die du beschrieben hast, auch anders hättest handeln können.

Sophos: Mein Lieber: Wenn etwas sicher ist, dann ist es das Gefühl, dass ich in bestimmten Situationen mehrere Handlungsmöglichkeiten habe und dass ich mich dann für eine dieser Möglichkeiten frei entscheiden kann.

Philos: Ich bezweifle auch gar nicht, dass du dieses Freiheitsgefühl hast. Ich kenne das doch selbst auch. Aber Gefühle können täuschen. Und wir täuschen uns ja auch sehr oft über unsere wahren Beweggründe.

Sophos: Ja, in Einzelfällen mag das stimmen. Aber in der Regel ist es doch wirklich ganz eindeutig. Jetzt zum Beispiel kann ich mich dazu entscheiden, meinen linken Arm zu heben und schwups! (er hebt den Arm) ist er oben, weil ich es wollte. Ich hätte ihn aber auch unten lassen können.

Philos: Ich will mal versuchen, deinen Gehirn-Unfall zu nutzen, um dir zu zeigen, warum das Gefühl der Willensfreiheit nur eine Illusion ist. Erinnerst du dich an unsere letzte Billardpartie? Und gelten nicht auf dem Billardtisch die Gesetze der Physik?

Sophos: Ja, klar. Ich verstehe nur nicht, was das mit unserem Problem zu tun hat. Menschen sind schließlich keine Billardkugeln.

Philos: Natürlich nicht. Man könnte zum Beispiel darauf hinweisen, dass sich eine Billardkugel nicht aus eigenem Antrieb von A nach B bewegen kann. Und wenn sie einen Stoß erhalten hat, kann sie auch nicht mehr die Richtung wählen, in die sie sich bewegt. Stell dir aber mal vor, die Billardkugel hätte ein Bewusstsein, dann könnte sie zum Beispiel auch ein Gefühl der Willensfreiheit haben.

Sophos: „Wenn", „hätte", „könnte". Komm' endlich zum Punkt!

Philos: Was wäre, wenn die Kugel auch nach einem Stoß, der sie nach den Gesetzen der Physik in Richtung A zwingt, das Gefühl hätte, sie hätte sich auch anders, nämlich für Richtung B entscheiden können?

Sophos: Die Kugel würde sich täuschen. Sie hatte in Wahrheit keine Wahl. Die Gesetze der Physik bestimmen, in welche Richtung sie sich bewegt. Aber ich sage es dir noch mal: Menschen sind keine Billardkugeln.

Philos: Es gibt aber einen ganz wichtigen Aspekt, in dem wir uns nicht von Billardkugeln unterscheiden. Wir unterliegen als Menschen auch den Gesetzen der Physik. Und insbesondere unterliegen Gehirne den Gesetzen der Physik. Das konntest du ja heute selbst feststellen, als das Gehirn heruntergefallen ist.

Sophos: Gehirne gehorchen der Schwerkraft, das bezweifle ich nicht.

Philos: Wenn das Gehirn den Gesetzen der Physik gehorchen muss, dann bedeutet das auch, dass die elektrochemischen Prozesse, die in ihm ablaufen, den Naturgesetzen folgen.

Sophos: Sprichst du jetzt von Neurotransmittern, Synapsen, feuernden Nervenzellen und diesen Dingen?

Philos: Ja. Ich kenne mich natürlich im Detail nicht so gut aus, aber im Prinzip werden doch Informationen und Reize im Gehirn elektrochemisch verarbeitet und weitergeleitet.

Sophos: Man sieht ja auch im Fernsehen immer wieder diese Bilder, auf denen Mediziner sichtbar machen können, welche Gehirnregionen gerade elektrische Aktivitäten zeigen, wenn ein Mensch zum Beispiel Musik hört oder rechnet oder an seine Kontoauszüge denkt.

Philos: Stimmt. Wir sind uns also einig, dass Gehirne und die Prozesse, die in ihnen ablaufen, den Naturgesetzen gehorchen müssen?

Sophos: Ja, das bestreite ich nicht. Aber ich weiß immer noch nicht, worauf du eigentlich hinaus willst!

Philos: Ich bin fast am Ziel. Denn du wirst sicher auch nicht bestreiten, dass das Gehirn unser Verhalten steuert. Dein Arm bewegt sich nur dann, wenn bestimmte Nervenzellen elektro-chemische Signale in die entsprechenden Muskeln senden. Und man kann im Prinzip die Kette der Signale, die letztlich in den Muskelzellen ankommen, bis ins Gehirn zurückverfolgen. Wenn nun aber das Gehirn unser Verhalten steuert und gleichzeitig den Naturgesetzen unterworfen ist, wo bleibt dann der Spielraum für die Willensfreiheit? Eine Synapse im Gehirn kann sich ebenso wenig weigern, einen Erregungszustand weiterzugeben, wie sich eine Billardkugel weigern kann, nach einem Stoß in eine bestimmte Richtung zu rollen.

Sophos: Jetzt sehe ich, wohin du mich geführt hast!

Philos: Du kannst nicht gleichzeitig behaupten, dass das Gehirn und damit letztlich das menschliche Verhalten insgesamt den Naturgesetzen gehorcht und gleichzeitig an die Freiheit des Willens glauben! Für Willensfreiheit ist im Gehirn kein Platz!

Sophos: Aber Menschen haben doch einen Geist, eine Seele, ein Bewusstsein.

Philos: Ja, wir sind im Prinzip Billardkugeln mit Bewusstsein und Seele. Wir handeln so, wie es uns die Naturgesetze vorschreiben, gaukeln uns dann aber nachträglich vor, wir hätten das, was wir tun mussten, auch selbst gewollt. Ich gebe zu, dass die Vorstellung, dass unser gesamtes Verhalten durch die Naturgesetze bestimmt ist, wenig Attraktivität besitzt. Aber sag mir doch, wo dein freier Wille ins Spiel kommt. Lauert er irgendwo auf der Großhirnrinde und hindert eine Nervenzelle daran, aktiv zu werden? Sitzt er hinter dem rechten Auge und manipuliert dort Sinnesdaten?

Sophos: Zieh das Ganze nicht ins Lächerliche. Wenn man erst mal zugegeben hat, dass auch im Gehirn die Physik gilt, dann wird es in der Tat schwierig, den freien Willen zu finden. Aber soll ich dir was sagen? Dass es ihn gibt, den freien Willen, kann ich dir trotzdem beweisen.

Philos: Ach ja?

Sophos: Ja, denn ich beende jetzt dieses Gespräch ganz einfach deshalb, weil ich es will!

Was ist der Mensch?

3 Das Selbstverständnis des Menschen 11

In diesem Inhaltsfeld lernen Sie zentrale Fragestellungen und Probleme der philosophischen Anthropologie kennen und die Auseinandersetzung mit wirkungsmächtigen Bestimmungen des Menschen als Natur- und Kulturwesen.

3.1 Der Mensch als Natur- und Kulturwesen 11

- Worin besteht die Sonderstellung des Menschen in der Natur?
- Welche Merkmale des Menschen befähigen ihn zu seinen kulturellen Leistungen?
- Wie unterscheiden sich die gegenwärtigen anthropologischen Positionen voneinander?

3.2 Das Verhältnis von Leib und Seele 37

- Gibt es eine unsterbliche Seele?
- Sind Körper und Geist verschieden?
- Sind Wechselwirkungen zwischen Körper und Geist möglich?

3.3 Der Mensch als freies und selbstbestimmtes Wesen 65

- Was ist Willensfreiheit?
- Ist der menschliche Wille frei?
- Lässt die Hirnforschung noch Raum für die Willensfreiheit?

3.4 Das Menschenbild der Neurowissenschaften und der Forschungen zur Künstlichen Intelligenz 102

- Was ist Künstliche Intelligenz (KI) und welche Ziele verfolgt sie?
- Was kann die Hirnforschung und was kann sie (noch) nicht?
- Welche Auswirkungen haben Hirnforschung und KI auf unser Bild vom Menschen?

Erweiterter Blick: Mensch und Technik 123

- Was ist Technik?
- Was leistet die Technik für den Menschen?
- Wie ist der technische Fortschritt zu beurteilen?

Erweiterter Blick: Selbsterkenntnis und Identität 139

- Was ist Selbsterkenntnis?
- Was ist Identität?
- Wie entsteht Identität?
- Ist Identität festgelegt oder verändert sie sich?

3 Das Selbstverständnis des Menschen

3.1 Der Mensch als Natur- und Kulturwesen

„Was kann ich wissen?“, „Was soll ich tun?“, „Was darf ich hoffen?“ Diese drei Fragen von Kant lassen sich nach seiner Auffassung unter einer übergeordneten Frage zusammenfassen: „Was ist der Mensch?“ Und auch die Philosophiegeschichte zeigt von ihren mythischen Anfängen über die Denkformen der antiken, mittelalterlichen, neuzeitlichen Philosophie bis zu gegenwärtigen Positionen, dass Philosophen immer wieder bestrebt waren und sind, den Menschen und seinen Ort in der Welt zu bestimmen. Die Wissenschaft, die sich mit dem Menschen beschäftigt, heißt Anthropologie. Dabei unterscheidet man heute zwischen den Anthropologien in den Fachwissenschaften, wie z. B. Psychologie, Pädagogik, Soziologie, und der philosophischen Anthropologie. Die einzelwissenschaftlichen Anthropologien stellen von ihrem speziellen Fachhorizont, von ihren fachspezifischen Erkenntnisinteressen und Methoden aus gesehen die Frage nach dem Menschen, doch fragen sie nicht fundamental nach seinem Wesen und dem Sinn seines Daseins. Danach fragt die philosophische Anthropologie: Sie verarbeitet die Erkenntnisse der Einzelwissenschaften, untersucht aber zugleich methodenkritisch deren Geltungsanspruch.

Die Frage nach dem Menschen drängt sich vielleicht dort am stärksten auf, wo Selbstverständliches über ihn fragwürdig geworden ist, wo sich ihm selbst die Grundlagen entziehen, wo er sich in Grenzsituationen befindet bzw. sich durch irritierende Lebenserfahrungen, etwa durch Krankheit und Todeserfahrungen, zu verlieren droht. Vielfach aus der Not, aus der Krise geboren, erweist sich der Diskurs über den Menschen stets als Aufgabe, als Herausforderung für ihn, sich neu zu orientieren und zu bestimmen: Woher komme ich? Wer und warum bin ich? Wo ist mein Standort in dieser Welt? Was macht mein Menschsein aus? Welche Ziele verfolge ich? Welche zukünftigen Möglichkeiten habe ich als Mensch? Diese und ähnliche Fragen haben Menschen aller Zeiten immer wieder gestellt, im Mythos, in der Dichtung und Kunst. Mit ihnen versucht der Mensch, seine Welt und sich selbst zu verstehen und zu erkennen, indem er Bilder entwirft, die seine Herkunft, sein Tätigsein und seine Ziele beschreiben und deuten. Wirkungsmächtige Deutungsmuster des Menschen finden sich vor allem in den Mythen und Dichtungen des jüdisch-christlichen und antiken Kulturkreises.

Das Paradies (etwa 950 v. Chr.)

1 Mose 2,4–9.15–25

Die biblische Erzählung über die Erschaffung des Menschen, die sich im zweiten Kapitel des ersten Buches Moses findet, stellt eines der ältesten Dokumente im Bereich der Anthropologie dar. Man ordnet sie in der Theologie der Quellenschrift des „Jahwisten" zu, dessen Name sich aus der in der Schrift verwendeten Gottesbezeichnung ableitet. Sie ist das Resultat umfangreicher redaktioneller Arbeit. Vermutlich hat ihr Verfasser alte Stammes- und Sippenüberlieferungen, die im Volk zirkulierten, gesammelt und in seiner Geschichte verarbeitet.

4[...] Es war zu der Zeit, da Gott der Herr Erde und Himmel machte. 5Und alle die Sträucher auf dem Felde waren noch nicht auf Erden, und all das Kraut auf dem Felde war noch nicht gewachsen; denn Gott der Herr hatte noch nicht regnen lassen auf Erden, und kein Mensch war da, der das Land bebaute; 6aber ein Nebel stieg auf von der Erde und feuchtete alles Land. 7Da machte Gott der Herr den Menschen aus Erde vom Acker und blies ihm den Odem des Lebens in seine Nase. Und so ward der Mensch ein lebendiges Wesen.

8Und Gott der Herr pflanzte einen Garten in Eden gegen Osten hin und setzte den Menschen hinein, den er gemacht hatte. 9Und Gott der Herr ließ aufwachsen aus der Erde allerlei Bäume, verlockend anzusehen und gut zu essen, und den Baum des Lebens mitten im Garten und den Baum der Erkenntnis des Guten und Bösen. [...]

Lucas Cranach der Ältere, Adam und Eva (1526)

15Und Gott der Herr nahm den Menschen und setzte ihn in den Garten Eden, dass er ihn bebaute und bewahrte. 16Und Gott der Herr gebot dem Menschen und sprach: Du darfst essen von allen Bäumen im Garten, 17aber von dem Baum der Erkenntnis des Guten und Bösen sollst du nicht essen; denn an dem Tage, da du von ihm issest, musst du des Todes sterben.

18Und Gott der Herr sprach: *Es ist nicht gut, dass der Mensch allein sei; ich will ihm eine Gehilfin machen, die um ihn sei.* 19Und Gott der Herr machte aus Erde alle die Tiere auf dem Felde und alle die Vögel unter dem Himmel und brachte sie zu dem Menschen, dass er sähe, wie er sie nennte; denn wie der Mensch jedes Tier nennen würde, so sollte es heißen. 20Und der Mensch gab einem jeden Vieh und Vogel unter dem Himmel und Tier auf dem Felde seinen Namen; aber für den Menschen ward keine Gehilfin gefunden, die um ihn wäre. 21Da ließ Gott der Herr einen tiefen Schlaf fallen auf den Menschen, und er schlief ein. Und er nahm eine seiner Rippen und schloss die Stelle mit Fleisch. 22Und Gott der Herr baute ein Weib aus der Rippe, die er von dem Menschen nahm, und brachte sie zu ihm. 23Da sprach der Mensch: Das ist doch Bein von meinem Bein und Fleisch von meinem Fleisch; man wird sie Männin nennen, weil sie vom Manne genommen ist. 24Darum wird ein Mann seinen Vater und seine Mutter verlassen und seinem Weibe anhangen, und sie werden sein *ein* Fleisch. 25Und sie waren beide nackt, der Mensch und sein Weib, und schämten sich nicht.

Mit-Denken

1 ||| Stellen Sie in einer Liste die Fragen zusammen, die der alttestamentliche Mythos zu beantworten sucht.

2 ||| Wie sieht der Erzähler das Verhältnis von Gott und Mensch?

3 ||| Welche wesentlichen Eigenschaften und Verhaltensweisen charakterisieren den Menschen?

4 ||| Der Erzählung von der Erschaffung des Menschen in Genesis (Erstes Buch Mose) geht ein Kapitel voraus, das ebenfalls von der Entstehung des Menschen handelt. Wie unterscheiden sich beide Texte?

5 ||| Das Bild von Lucas Cranach dem Älteren zeigt Momente und Motive der Fortsetzung der Geschichte vom Paradies. Erzählen Sie diese weiter. Wie verändert sich hier das Bild vom Menschen? Welche weiteren Merkmale kennzeichnen ihn?

Der Mythos von Prometheus

Platon

Der Text stammt aus dem Dialog „Protagoras" des griechischen Philosophen Platon. Protagoras war einer der bedeutendsten Sophisten. Von ihm stammt der berühmte Satz: „Der Mensch ist das Maß aller Dinge, der Seienden, dass sie sind, der Nichtseienden, dass sie nicht sind." Angeblich soll er als Erster für seine Tätigkeit als Lehrer und Erzieher Geld genommen haben.

Platon (427–347 v. Chr.)

„Wenn du uns also genauer nachzuweisen vermagst, dass die Tüchtigkeit lehrbar ist, so enthalte uns das nicht vor, sondern teile es uns mit."

„Nein, Sokrates, ich will es euch nicht vorenthalten. Soll ich es euch in einem Mythos darstellen, so wie ein Älterer zu einem Jüngeren spricht, oder soll ich es euch im Vortrag erläutern?" Da entgegneten viele aus dem Kreise, er möge so vorgehen, wie er wolle. „Nun, ich finde es hübscher, euch einen Mythos zu erzählen", sagte er. „Es war also einmal eine Zeit, da gab es schon Götter, aber noch keine sterblichen Wesen. Als nun auch für diese die Zeit gekommen war, die das Schicksal für ihre Entstehung bestimmt hatte, formten die Götter sie im Schoß der Erde aus einem Gemisch von Erde und Feuer und allem, was sich mit Feuer und Erde verbinden lässt. Als sie aber im Begriffe waren, sie ans Licht zu bringen, gaben sie Prometheus und Epimetheus den Auftrag, diese Wesen auszustatten und einem jeglichen die Fähigkeiten zu verleihen, die ihm zukommen. Epimetheus erbat sich von Prometheus, diese Zuteilung selbst vorzunehmen. „Wenn ich damit fertig bin", sagte er, „so prüfe mein Werk." So überredete er ihn und begann mit der Verteilung. Dabei verlieh er den einen Stärke, aber keine Schnelligkeit, und die Schwächeren stattete er dafür mit Schnelligkeit aus. Den einen schenkte er Waffen, den anderen gab er eine wehrlose Natur und dachte für sie eine andere Fähigkeit aus, mit der sie sich erhalten konnten. Denjenigen Wesen, die er in Kleinheit gehüllt hatte, gab er Flügel, mit denen sie fliehen konnten, oder eine unterirdische Behausung; den anderen, die er zur Größe ausdehnte, gab er gerade darin die Möglichkeit zur Rettung, und mit allen Gaben schaffte er so einen Ausgleich. Das aber richtete er ein aus Vorsorge, damit keine ihrer Gattungen vertilgt werde. Nachdem er sie aber hinreichend vor der gegenseitigen Ausrottung geschützt hatte, dachte er auch einen Schutz für sie aus gegen die

Sophisten: Im antiken Griechenland hießen die Denker und Weisen ursprünglich Sophisten. Sie waren in der Rede- und Gesprächskunst gewandt und vermittelten den Bürgern der Polis eine zum politischen Handeln befähigende Bildung. Das negative Ansehen der Sophisten geht auf Platon zurück. In dessen Dialogen mit Sokrates tendieren sie in ihren Reden mehr zum Überreden als zum Überzeugen.

Prometheus: Prometheus ist der Sohn des Titanen Iapetos. Wörtlich bedeutet sein Name: der Vorausdenkende. Es handelt sich bei dieser mythologischen Figur um einen Handwerkergott und Kulturbringer der Menschheit.

Jahreszeiten, die Zeus uns sendet; er umkleidete sie mit dichten Haaren und einer festen Haut, die ausreichten, um die Kälte abzuhalten, die aber auch die Hitze abwehren und, wenn sie zur Ruhe gingen, einem jeden Lebewesen als eigene und selbst gewachsene Decke dienen konnten. Unten an den Füßen versah er die einen mit Hufen, die anderen mit harter und undurchbluteter Haut. Ferner verschaffte er jedem seine besondere Nahrung, den einen Gras aus der Erde, den andern Baumfrüchte, wieder anderen Wurzeln; es gibt auch solche, denen er zur Nahrung andere Tiere zu fressen gab. Diesen verlieh er nur eine geringe Nachkommenschaft, ihren Opfern dagegen eine sehr zahlreiche, um so ihre Art zu erhalten.

Weil nun aber Epimetheus nicht eben sehr gescheit war, hatte er, ohne es zu merken, alle Fähigkeiten für die vernunftlosen Wesen aufgebraucht; so blieb ihm als Einziges das Menschengeschlecht, das noch nicht ausgestattet war, und er wusste keinen Rat, was er damit anfangen sollte.

Wie er noch in Verlegenheit ist, kommt Prometheus und will die Verteilung in Augenschein nehmen; er sieht, dass die übrigen Lebewesen mit allem angemessen ausgestattet sind, dass aber der Mensch nackt, ohne Schuhe, ohne Decken und ohne Waffen geblieben ist. Und schon war der schicksalhafte Tag da, an dem auch der Mensch aus der Erde ans Licht treten sollte. In seiner Verlegenheit, welches Mittel zur Rettung und Erhaltung er für den Menschen finden könnte, stiehlt er dem Hephaistos und der Athena ihr kunstreiches Handwerk samt dem Feuer – denn es war unmöglich, es ohne Feuer zu erwerben oder nutzbar zu machen – und schenkt beides dem Menschen. Die Kunst, sein Leben zu führen, erhielt also der Mensch auf diese Weise: Die Staatskunst dagegen besaß er noch nicht. Denn diese lag bei Zeus. Prometheus wiederum hatte keine Möglichkeit mehr, in die Hochburg, die Behausung des Zeus, hineinzukommen; abgesehen davon, dass Zeus furchterregende Wachen davor aufgestellt hatte.

Mit-Denken

III Überlegen Sie, welche Konsequenzen es für die Menschheit hat, dass es Prometheus nicht gelingt, dem Göttervater die Staatskunst zu entwenden.

Doch in die gemeinsame Werkstatt der Athena und des Hephaistos, dem Gott der Handwerker, wo sie ihren kunstvollen Liebhabereien nachgingen, schleicht er sich ein, stiehlt die Handwerkskunst des Hephaistos, die sich des Feuers bedient, und die andere der Athena und schenkt sie dem Menschen. Von da an besitzt der Mensch die nötigen Hilfsmittel zum Leben; den Prometheus aber traf später, so erzählt man sich, die Strafe für seinen Diebstahl."

Kontexte

Mythos

Mythos bedeutet im Griechischen ursprünglich Rede und Erzählung. Er erzählt von Göttern, Dämonen und personifizierten Naturgewalten. Als bildhaft-anschauliche Vorstellungsform ist er dem Menschen ein entscheidendes Medium, sich selbst und die Welt, in der er handelnd tätig ist oder manches zu erleiden hat, zu verstehen und zu deuten. Im mythischen Denken und Erzählen versucht der Mensch, einer ungesicherten, ja bedrohlichen Welt Ordnung und Sinn zu verleihen. Zugleich ist er aber auch der Ort, an dem der Mensch überhaupt sein Wissen und Können verstehbar machen will. Die Wirkungsgeschichte des Mythos ist ambivalent: In ihr wird deutlich, dass der Versuch des Menschen, den Mythos radikal durch den Logos zu ersetzen, also die Welt durch rationales Denken zu entzaubern und technisch verfügbar zu machen, ihn in seiner Existenz nicht unbedingt sicherer, sondern vielfach nur noch orientierungsloser gemacht hat. Die abstrakten Verfahren von Wissenschaft und Technik kann er nicht mehr verstehen, sie haben sich für ihn verselbstständigt; ihren Zwängen fühlt er sich ausgeliefert. Um die von ihnen ausgehenden Belastungen, ja Bedrohungen überhaupt noch ertragen zu können, flüchtet er sich erneut in den Mythos: Um die Wirkungsmacht der Sach- und Denkzwänge der Welt zu mildern, werden sie am Ende von ihm mythologisiert.

Nach- und Weiter-Denken

1 Es gibt neben der platonischen Darstellung noch andere mythische Erzählungen, die sich um die Figur des Prometheus ranken. Ergänzen Sie Ihre bisherigen Kenntnisse durch weitere Recherchen.

2 Vergleichen Sie das Menschenbild im alttestamentlichen Schöpfungsbericht mit dem in der platonischen Prometheus-Erzählung. Entwickeln Sie dazu eine Tabelle, die unterschiedliche Vergleichskriterien enthält.

3 Erläutern Sie, wie der platonische Erzähler die Verwendung der Technik durch den Menschen herleitet. Welche Rolle spielt dabei die Sondersituation des Menschen? Welche Funktion erhält Prometheus?

4 Informieren Sie sich über den Mythos, der dem Bild zugrunde liegt. Welches Bild vom Menschen wird in ihm entworfen?

Ödipus und die Sphinx; römisches Marmorrelief

Chorlied aus der „Antigone“ (442 v. Chr.)

Sophokles

Eng verbunden mit dem Mythos ist das Ritual. Dieses ist der Ort, an dem der Mythos vorgetragen wird. Aus dem Ritual, dem Dionysoskult, so weiß man heute, hat sich das antike griechische Drama entwickelt. Auch oder gerade in ihm werden, wie das folgende Standlied des Chors aus der „Antigone“, einer Tragödie des Sophokles (496–406 v. Chr.), eindrucksvoll zeigt, Bilder des Menschen entworfen.

Die Doppelnatur des Menschen, der seine Fähigkeiten zum Guten und zum Bösen nutzen kann, wird von Sophokles im ersten Standlied der „Antigone“ aufgegriffen.

Viel Ungeheures ist, doch nichts
So Ungeheures wie der Mensch.
Der fährt auch über das graue Meer
Im Sturm des winterlichen Süd
Und dringt unter stürzenden Wogen durch.
Und der Götter Heiligste, die Erde,
Die unerschöpfliche, unermüdliche,
Plagt er ab,
Mit wendenden Pflügen Jahr um Jahr
Sie umbrechend mit dem Rossegeschlecht.

Vogelfang

Und der leicht-sinnigen Vögel Schar
Holt er mit seinem Garn herein
Und der wilden Tiere Völker und
Die Brut des Meeres in der See
Mit netzgesponnenen Schlingen:
Der alles bedenkende Mann. Er bezwingt
Mit Künsten das draußen hausende Wild,
Das auf Bergen schweift,
Und schirrt das raunackige Pferd
An dem Hals unters Joch
Und den unermüdlichen Bergstier.

Auch die Sprache und den windschnellen
Gedanken und städteordnenden Sinn
Bracht er sich bei, und unwirtlicher Fröste
Himmelsklarheit zu meiden und bösen Regens
Geschosse, allerfahren. Unerfahren
Geht er in nichts dem Kommenden entgegen.
Vor dem Tod allein
Wird er sich kein Entrinnen schaffen.
Aus Seuchen aber, unbewältigbaren,
Hat er sich Auswege
Ausgesonnen.

In dem Erfinderischen der Kunst
Eine nie erhoffte Gewalt besitzend,
Schreitet er bald zum Bösen, bald zum Guten.
Achtet er die Gesetze des Lands
Und das bei den Göttern beschworene Recht:
Hoch in der Stadt! Verlustig der Stadt,
Wem das Ungute sich gesellt
Wegen seines Wagemuts!

Mit-Denken

1 ||| Bilden Sie Gruppen und übertragen Sie arbeitsteilig das Lied des Sophokles in die neuhochdeutsche Gegenwartssprache.

2 ||| Was sagt das Chorlied des Sophokles über den Menschen, über seine Fähigkeiten und Leistungen aus? Wie deutet es ihn? Was befürchtet, was erwartet es von ihm?

3 ||| Welchen Aktualitätswert besitzt der Text des antiken Dichters für Sie heute? Wo liegen für Sie die entscheidenden historischen Differenzen? Welche Aussagen des Chorlieds würden Sie dem Menschen des 21. Jahrhunderts ins Stammbuch schreiben?

4 ||| Vergegenwärtigen Sie sich einmal das Erscheinungsbild des Menschen und stellen Sie in einem Cluster die äußeren Merkmale zusammen, die ihn von anderen Lebewesen unterscheiden. Vergleichen Sie Ihr Cluster mit dem sog. „Homunkulus" (s. Abb. rechts).

Über den Ursprung der Sprache (1772)

Johann Gottfried Herder

Der hier abgedruckte Text von Johann Gottfried Herder ist ein Ausschnitt aus seiner preisgekrönten Abhandlung „Über den Ursprung der Sprache". Diese ist für die Geschichte der Anthropologie insofern von Bedeutung, als sie mit der Beantwortung der Frage nach der Entstehung der menschlichen Sprache auch eine Bestimmung des Menschen leistet. Herder greift in seinem „Versuch" über den Menschen auf ein Verfahren zurück, das schon in der Antike praktiziert wurde, nämlich den Menschen von anderen Formen des Seienden, insbesondere dem Tier, kategorial abzugrenzen. Dabei ist er bestrebt, in seiner Anthropologie das gesamte Wissen seiner Zeit, vor allem naturwissenschaftliche Erkenntnisse, zu nutzen.

Johann Gottfried Herder (1744–1803)

Dass der Mensch den Tieren an Stärke und Sicherheit des Instinkts weit nachstehe, ja dass er das, was wir bei so vielen Tiergattungen angeborne Kunstfähigkeiten und Kunsttriebe nennen, gar nicht habe, ist gesichert; nur so wie die Erklärung dieser Kunsttriebe bisher den meisten und noch zuletzt einem gründlichen Philosophen Deutschlands missglücket ist, so hat auch die wahre Ursache von der Entbehrung dieser Kunsttriebe in der menschlichen Natur noch nicht ins Licht gesetzt werden können. Mich dünkt, man hat einen Hauptgesichtspunkt verfehlt, aus dem man, wo nicht vollständige Erklärungen, so wenigstens Bemerkungen in der Natur der Tiere machen kann, die, wie ich für einen andern Ort hoffe, die menschliche Seelenlehre sehr aufklären können. Dieser Gesichtspunkt ist die Sphäre der Tiere.

Herder bezieht sich hier auf eine Schrift des Aufklärungsphilosophen Samuel Reimarus (1694–1768).

Jedes Tier hat seinen Kreis, in den es von der Geburt an gehört, gleich eintritt, in dem es lebenslang bleibet und stirbt. Nun ist es aber sonderbar, dass je schärfer die Sinne der Tiere, je stärker und sichrer ihre Triebe und je wunderbarer ihre Kunstwerke sind, desto kleiner ist ihr Kreis, desto einzigartiger ist ihr Kunstwerk. Ich habe diesem Verhältnisse nachgespüret, und ich finde überall eine wunderbar beobachtete umgekehrte Proportion zwischen der mindern Extension ihrer Bewegungen, Elemente, Nahrung, Erhaltung, Paarung, Erziehung, Gesellschaft und ihren Trieben und Künsten. Die Biene in ihrem hohen Korbe bauet mit der Weisheit, die Egeria ihrem Numa nicht lehren konnte; aber außer diesen Zellen und außer ihrem Bestimmungsgeschäft in diesen Zellen ist sie auch nichts. Die Spinne webet mit der Kunst der Minerva; aber alle ihre Kunst ist auch in diesen engen Spinnraum verwebet; das ist ihre Welt! Wie wundersam ist das Insekt und wie enge der Kreis seiner Würkung!

Extension: Ausdehnung

Egeria: In der römischen Mythologie eine Nymphe, die die Geliebte des zweiten Königs von Rom, **Numa** Pompilius, gewesen sein soll

Minerva: Göttin der Weisheit

Gegenteils. Je vielfacher die Verrichtungen und Bestimmung der Tiere, je zerstreuter ihre Aufmerksamkeit auf mehrere Gegenstände, je unsteter ihre Lebensart, kurz, je größer und vielfältiger ihre Sphäre ist, desto mehr sehen wir ihre Sinnlichkeit sich verteilen und schwächen. [...]

Je kleiner also die Sphäre der Tiere ist, desto weniger haben sie Sprache nötig. Je schärfer ihre Sinne, je mehr ihre Vorstellungen auf eins gerichtet, je ziehender ihre Triebe sind, desto zusammengezogener ist das Einverständnis ihrer etwannigen Schälle, Zeichen, Äußerungen. Es ist lebendiger Mechanismus, herrschender Instinkt, der da spricht und vernimmt. Wie wenig darf er sprechen, dass er vernommen werde! [...]

Je größer aber der Kreis der Tiere: je unterschiedner ihre Sinne – doch was soll ich wiederholen? Mit dem Menschen ändert sich die Szene ganz. Was soll für seinen Würkungskreis, auch selbst im dürftigsten Zustande, die Sprache des redendsten, am vielfachsten tönenden Tiers? Was soll für seine zerstreuten Begierden, für seine geteilte Aufmerksamkeit, für seine stumpfer witternden Sinne auch selbst die dunkle Sprache aller Tiere?

Sie ist für ihn weder reich noch deutlich, weder hinreichend an Gegenständen noch für seine Organe – also durchaus nicht seine Sprache; denn was heißt, wenn wir nicht mit Worten spielen wollen, die eigentümliche Sprache eines Geschöpfs, als die seiner Sphäre von Bedürfnissen und Arbeiten, der Organisation seiner Sinne, der Richtung seiner Vorstellungen und der Stärke seiner Begierden angemessen ist? Und welche Tiersprache ist so für den Menschen?

Jedoch es bedarf auch die Frage nicht. Welche Sprache (außer der vorigen mechanischen) hat der Mensch so instinktmäßig als jede Tiergattung die ihrige in und nach ihrer Sphäre? – Die Antwort ist kurz: keine! Und eben diese kurze Antwort entscheidet. [...]

qualitas occulta: lt., verborgene Eigenschaft

Doch ich tue keinen Sprung. Ich gebe dem Menschen nicht gleich plötzlich neue Kräfte, keine sprachschaffende Fähigkeit wie eine willkürliche qualitas occulta. Ich suche nur in den vorher bemerkten Lücken und Mängeln weiter.

Lücken und Mängel können doch nicht der Charakter seiner Gattung sein: oder die Natur war gegen ihn die härteste Stiefmutter, da sie gegen jedes Insekt die liebreichste Mutter war. Jedem Insekt gab sie, was und wie viel es brauchte: Sinne zu Vorstellungen und Vorstellungen in Triebe gediegen, Organe zur Sprache, so viel es bedorfte, und Organe, diese Sprache zu verstehen. Bei dem Menschen ist alles in dem größten Missverhältnis – Sinne und Bedürfnisse, Kräfte und Kreis der Würksamkeit, der auf ihn wartet, seine Organe und seine Sprache. – Es muss uns also ein gewisses Mittelglied fehlen, die so abstehenden Glieder der Verhältnis zu berechnen.

Analogie: Entsprechung

Fänden wir's, so wäre nach aller Analogie der Natur diese *Schadloshaltung seine Eigenheit, der Charakter seines Geschlechts,* und alle Vernunft und Billigkeit foderte, diesen Fund für das gelten zu lassen, was er ist, für Naturgabe, ihm so wesentlich als den Tieren der Instinkt.

Ja fänden wir eben *in diesem Charakter die Ursache jener Mängel und eben in der Mitte dieser Mängel,* in der Höhle jener großen Entbehrung von Kunsttrieben, *den Keim zum Ersatze,* so wäre diese Einstimmung ein genetischer Beweis, dass hier die wahre Richtung der Menschheit liege und dass *die Menschengattung über den Tieren nicht an Stufen des Mehr oder Weniger stehe, sondern an Art.*

Und fänden wir in diesem neu gefundnen Charakter der Menschheit sogar *den notwendigen genetischen Grund zu Entstehung einer Sprache für diese neue Art Geschöpfe,* wie wir in den Instinkten der Tiere den unmittelbaren Grund zur Sprache für jede Gattung fanden, so sind wir ganz am Ziele. In dem Falle würde *die Sprache dem Menschen so wesentlich, als – er ein Mensch ist.* Man siehet, ich entwickle aus keinen willkürlichen oder gesellschaftlichen Kräften, sondern aus der allgemeinen tierischen Ökonomie.

Und nun folgt, dass wenn der Mensch Sinne hat, die für einen kleinen Fleck der Erde, für die Arbeit und den Genuss einer Weltspanne den Sinnen des Tiers, das in dieser Spanne lebet, nachstehen an Schärfe, so bekommen sie eben dadurch Vorzug der Freiheit. Eben weil sie nicht für einen Punkt sind, so sind sie allgemeinere Sinne der Welt.

Wenn der Mensch Vorstellungskräfte hat, die nicht auf den Bau einer Honigzelle und eines Spinngewebes bezirkt sind und also auch den Kunstfähigkeiten der Tiere in diesem Kreise nachstehen, so bekommen sie eben damit weitere Aussicht. Er hat kein einziges Werk, bei dem er

Philosophische Fingerübung

Fassen Sie Herders Thesen und Argumente, mit denen er den Wesensunterschied zwischen Mensch und Tier herausarbeitet, mit eigenen Worten zusammen.

also auch unverbesserlich handle; aber er hat freien Raum, sich an vielem zu üben, mithin sich immer zu verbessern. Jeder Gedanke ist nicht ein unmittelbares Werk der Natur, aber eben damit kann's sein eigen Werk werden.

1 Der Ausgangspunkt der anthropologischen Überlegungen Herders ist die „Sphäre der Tiere". Erklären Sie, was er mit seiner Aussage „Jedes Tier hat seinen Kreis" meint.

2 Wie erklärt Herder den Ursprung der Sprache der Menschen?

Anthropologie in physiologischer und pragmatischer Hinsicht (1798)

Immanuel Kant

pragmatisch: auf das Handeln bezogen

Der folgende Text stammt aus der letzten von Kant (1724–1804) veröffentlichten Schrift, die aus seiner Vorlesungstätigkeit resultierte und in der er an die anthropologischen Überlegungen Herders anknüpft.

Alle Fortschritte in der Kultur, wodurch der Mensch seine Schule macht, haben das Ziel, diese erworbenen Kenntnisse und Geschicklichkeiten zum Gebrauch für die Welt anzuwenden; aber der wichtigste Gegenstand in derselben, auf den er jene verwenden kann, ist der Mensch: weil er sein eigener letzter Zweck ist. – Ihn also, seiner Spezies nach, als mit Vernunft begabtes Erdwesen zu erkennen, verdient besonders, Weltkenntnis genannt zu werden; ob er gleich nur einen Teil der Erdgeschöpfe ausmacht.

Mit-Denken

||| Kant bezeichnet den Menschen als Gegenstand der Anwendung kultureller Kenntnisse und Geschicklichkeiten, weil er sein eigener Endzweck ist. Was meint er damit?

Eine Lehre von der Kenntnis des Menschen, systematisch abgefasst (Anthropologie), kann es entweder in physiologischer oder in pragmatischer Hinsicht sein. – Die physiologische Menschenkenntnis geht auf die Erforschung dessen, was die Natur aus dem Menschen macht, die pragmatische auf das, was er, als frei handelndes Wesen, aus sich selber macht oder machen kann und soll. – Wer den Natursachen nachgrübelt, worauf z. B. das Erinnerungsvermögen beruhen möge, kann über die im Gehirn zurückbleibenden Spuren von Eindrücken, welche die erlittenen Empfindungen hinterlassen, hin und her (nach dem Cartesius) vernünfteln; muss aber dabei gestehen: dass er in diesem Spiel seiner Vorstellungen bloßer Zuschauer sei, und die Natur machen lassen muss, indem er die Gehirnnerven und Fasern nicht kennt, noch sich auf die Handhabung derselben zu seiner Absicht versteht: mithin alles theoretische Vernünfteln hierüber reiner Verlust ist. – Wenn er aber die Wahrnehmungen über das, was dem Gedächtnis hinderlich oder beförderlich befunden worden, dazu benutzt, um es zu erweitern oder gewandt zu machen, und hierzu die Kenntnis des Menschen braucht, so würde dieses einen Teil der Anthropologie in pragmatischer Absicht ausmachen und das ist eben die, mit welcher wir uns hier beschäftigen.

René Descartes, lat. **Cartesius** (1596–1650): franz. Philosoph, Mathematiker und Physiker, gilt als einer der Begründer der neuzeitlichen Philosophie

Eine solche Anthropologie als Weltkenntnis, welche auf die Schule folgen muss, betrachtet, wird eigentlich alsdann noch nicht pragmatisch genannt, wenn sie eine ausgebreitete Erkenntnis der Sachen in der Welt, z. B. der Tiere, Pflanzen und Mineralien in verschiedenen Ländern und Klimaten, sondern wenn sie Erkenntnis des Menschen als Weltbürgers enthält. – Daher wird selbst die Kenntnis der Menschenrassen, als zum Spiel der Natur gehörender Produkte, noch nicht zur pragmatischen, sondern nur zur theoretischen Weltkenntnis gezählt.

Noch sind die Ausdrücke: die Welt kennen und Welt haben in ihrer Bedeutung ziemlich weit auseinander; indem der eine nur das Spiel versteht, dem er zugesehen hat, der andere aber mitgespielt hat. – Die sogenannte große Welt aber, den Stand der Vornehmen, zu beurteilen, befindet sich der Anthropologe in einem sehr ungünstigen Standpunkte; weil diese sich untereinander zu nahe, von anderen aber zu weit befinden.

Zu den Mitteln der Erweiterung der Anthropologie im Umfange gehört das Reisen; sei es auch nur das Lesen der Reisebeschreibungen. Man muss aber doch vorher zu Hause durch Umgang mit seinen Stadt- oder Landesgenossen sich Menschenkenntnis erworben haben, wenn man wissen will, wonach man auswärts suchen solle, um sie im größerem Umfange zu erweitern. Ohne einen solchen Plan (der schon Menschenkenntnis voraussetzt) bleibt der Weltbürger in Ansehung seiner Anthropologie immer sehr eingeschränkt. Die Generalkenntnis geht hierin immer vor der Lokalkenntnis voraus; wenn jene durch Philosophie geordnet und geleitet werden soll: ohne welche alle erworbene Erkenntnis nichts als fragmentarisches Herumtappen und keine Wissenschaft abgeben kann.

fragmentarisch: unvollständig

1 Was unterscheidet nach kantischer Auffassung die physiologische von der pragmatischen Anthropologie? Welche Erkenntnisinteressen verfolgt die physiologische, welche die pragmatische Anthropologie?

2 Wieso trägt das Reisen oder das Lesen von Reisebeschreibungen zur Menschenkenntnis bei? Erläutern Sie die Überlegungen Kants zur Anthropologie des Reisens und konkretisieren Sie diese anhand eines Beispiels.

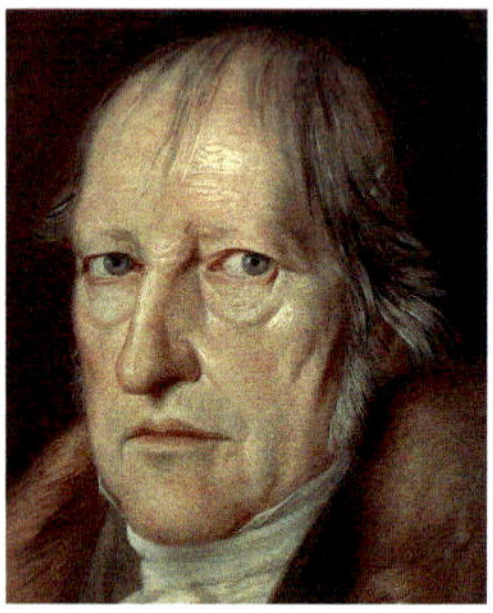

G. W. F. Hegel (1770–1831)

Arbeit – Selbsterzeugung des Menschen (1832)

Georg Wilhelm Friedrich Hegel

Der Mensch ist das einzige Wesen, was arbeiten muss. So sagt Kant in seiner Schrift „Über Pädagogik". An diesen Gedanken knüpft G. W. F. Hegel in seinem Text im Rückgriff auf die biblische Erzählung vom Sündenfall aus dem Alten Testament an.

Als Strafe der Sünde ist ausgesprochen die Arbeit usf.; das ist im Allgemeinen eine notwendige Konsequenz. Das Tier arbeitet nicht, nur gezwungen, nicht von Natur; es isst nicht sein Brot im Schweiß des Angesichts, bringt sein Brot sich nicht selbst hervor: Von allen Bedürfnissen, die es hat, findet es unmittelbar in der Natur Befriedigung. Der Mensch findet auch das Material dazu, aber, kann man sagen, das Material ist das Wenigste für den Menschen – die unendliche Vermittlung der Befriedigung seiner Bedürfnisse geschieht nur durch Arbeit. Dass der Mensch sich zu dem machen muss, was er ist, dass er im Schweiße seines Angesichts sein Brot isst, hervorbringen muss, was er ist, das gehört zum Wesentlichen, zum Ausgezeichneten des Menschen und hängt notwendig zusammen mit der Erkenntnis des Guten und Bösen. Es wird weiter vorgestellt, auch der Baum des Lebens sei darin [im Garten Eden] gestanden; es ist dies in einfacher, kindlicher Vorstellung gesprochen. Es gibt zwei Güter für die Wünsche der Menschen;

das eine ist, in ungestörtem Glück, in der Harmonie mit sich selbst und der äußeren Natur zu leben, und das Tier bleibt in dieser Einheit, der Mensch hat darüber hinauszugehen; der andere Wunsch ist etwa der, ewig zu leben.

1 Hegel bezieht sich in seinem Text auf die biblische Geschichte vom Sündenfall. Klären Sie die Zusammenhänge.

2 Wie unterscheiden sich Mensch und Tier hinsichtlich der Arbeit?

Kontexte

Bestrafung des Menschen nach dem Sündenfall

[17]Und zum Mann sprach er: Weil du gehorcht hast der Stimme deiner Frau und gegessen von dem Baum, von dem ich dir gebot und sprach: Du sollst nicht davon essen –, verflucht sei der Acker um deinetwillen! Mit Mühsal sollst du dich von ihm nähren dein Leben lang. [18]Dornen und Disteln soll er dir tragen, und du sollst das Kraut auf dem Felde essen. [19]Im Schweiße deines Angesichts sollst du dein Brot essen, bis du wieder zu Erde werdest, davon du genommen bist. Denn du bist Erde und sollst zu Erde werden.

1 Mose 3,17–19

Arbeit als Vergegenständlichung des Gattungslebens des Menschen (1844)

Karl Marx

Marx (1818–1883) knüpft insofern an Hegel an, als dieser die Selbsterzeugung des Menschen als Prozess, mithin ihn als Produkt seiner eigenen Arbeit begreift. Für Marx ist die Arbeit des Menschen aber als materielle Tätigkeit Basis aller politisch-ökonomischen Verhältnisse, die wiederum – im Unterschied zur Philosophie Hegels – die geistigen und kulturellen Verhältnisse, den „Überbau" und damit auch den Verlauf der Geschichte bestimmen. Marx stellt Hegel „vom Kopf auf die Füße".

Das Tier ist unmittelbar eins mit seiner Lebenstätigkeit. Es unterscheidet sich nicht von ihr. Es ist sie. Der Mensch macht seine Lebenstätigkeit selbst zum Gegenstand seines Wollens und seines Bewusstseins. Er hat bewusste Lebenstätigkeit. Es ist nicht eine Bestimmtheit, mit der er unmittelbar zusammenfließt: Die bewusste Lebenstätigkeit unterscheidet den Menschen unmittelbar von der tierischen Lebenstätigkeit. Eben nur dadurch ist er ein Gattungswesen. Oder er ist nur ein bewusstes Wesen, d.h., sein eigenes Leben ist ihm Gegenstand, eben weil er ein Gattungswesen ist. Nur darum ist seine Tätigkeit freie Tätigkeit. Die entfremdete Arbeit kehrt das Verhältnis dahin um, dass der Mensch, eben weil er ein bewusstes Wesen ist, seine Lebenstätigkeit, sein Wesen nur zu einem Mittel für seine *Existenz* macht.

Das praktische Erzeugen einer *gegenständlichen Welt, die Bearbeitung* der unorganischen Natur ist die Bewährung des Menschen als eines bewussten Gattungswesens, d.h. eines Wesens, das sich zu der Gattung als seinem eigenen Wesen oder zu sich als Gattungswesen verhält. Zwar produziert auch das Tier. Es baut sich ein Nest, Wohnungen, wie die Biene, Biber, Ameise etc. Allein es produziert nur, was es unmittelbar für sich oder sein Junges bedarf; es produziert einseitig, während der Mensch universell produziert; es produziert nur unter der Herrschaft des unmittelbaren physischen Bedürfnisses, während der Mensch selbst frei vom physischen Bedürfnis produziert und erst wahrhaft produziert in der Freiheit von demselben; es produziert nur sich selbst, während der Mensch die ganze Natur reproduziert; sein Produkt gehört unmittelbar zu seinem physischen Leib, während der Mensch frei seinem Produkt gegenübertritt. Das Tier formiert nur nach dem Maß und dem Bedürfnis der species, der es angehört, während der Mensch nach dem Maß jeder species zu produzieren weiß und überall das inhärente Maß dem

species: Art

inhärent: innewohnend

Gegenstand anzulegen weiß; der Mensch formiert daher auch nach den Gesetzen der Schönheit.

Eben in der Bearbeitung der gegenständlichen Welt bewährt sich der Mensch daher erst wirklich als ein *Gattungswesen*. Diese Produktion ist sein werktätiges Gattungsleben. Durch sie erscheint die Natur als *sein* Werk und seine Wirklichkeit. Der Gegenstand der Arbeit ist daher die *Vergegenständlichung des Gattungslebens des Menschen*. […]

Hegelsche Phänomenologie: Marx bezieht sich hier auf Hegels Werk „Phänomenologie des Geistes" (1807), das von dem Philosophen als Bildung der Geschichte des Bewusstseins konzipiert wurde.

Dialektik: Lehre von den Gegensätzen

spekulativ: über die Erfahrung hinausgehend

Das Große an der hegelschen *Phänomenologie* und ihrem Endresultat – der Dialektik der Negativität als dem bewegenden und erzeugenden Prinzip – ist also einmal, dass Hegel die Selbsterzeugung des Menschen als einen Prozess fasst, die Vergegenständlichung als Entgegenständlichung, als Entäußerung und als Aufhebung dieser Entäußerung; dass er also das Wesen der *Arbeit* fasst und den gegenständlichen Menschen, wahren, weil wirklichen Menschen, als Resultat seiner *eigenen Arbeit* begreift. Das *wirkliche*, tätige Verhalten des Menschen zu sich als Gattungswesen oder die Betätigung seiner als eines wirklichen Gattungswesens, d.h. als menschlichen Wesens, ist nur möglich dadurch, dass er wirklich alle seine *Gattungskräfte* – was wieder nur durch das Gesamtwirken der Menschen möglich ist, nur als Resultat der Geschichte – herausschafft, sich zu ihnen als Gegenständen verhält, was zunächst wieder nur in der Form der Entfremdung möglich ist. Die Einseitigkeit und die Grenze Hegels werden wir nun ausführlich an dem Schlusskapitel der Phänomenologie, dem absoluten Wissen – ein Kapitel, welches sowohl den zusammengefassten Geist der Phänomenologie, ihr Verhältnis zur spekulativen Dialektik, als auch das *Bewusstsein* Hegels über beide und ihr wechselseitiges Verhältnis enthält – darstellen.

Vorläufig nehmen wir nur noch das vorweg: Hegel steht auf dem Standpunkt der modernen Nationalökonomie. Er erfasst die *Arbeit als das Wesen*, als das sich bewährende Wesen des Menschen; er sieht nur die positive Seite der Arbeit, nicht ihre negative. Die Arbeit ist das *Fürsichwerden des Menschen* innerhalb der *Entäußerung* oder als *entäußerter Mensch*. Die Arbeit, welche Hegel allein kennt und anerkennt, ist die *abstrakt geistige*.

1 Erklären Sie mit eigenen Worten die Produktionsprozesse von Mensch und Tier. Wie unterscheiden sie sich?

2 Was übernimmt Marx von Hegel? Worin grenzt er sich von ihm ab?

Friedrich Nietzsche (1844 – 1900)

Der höhere Mensch (1883 – 1885)

Friedrich Nietzsche

Der folgende Text entstammt Nietzsches berühmtem Werk „Also sprach Zarathustra", einem zugleich philosophischen und literarischen Buch. Dieses enthält Dialoge, Reden, Lieder, Gleichnisse, erzählende und lyrische Passagen, die auf die Vermittlung einer Botschaft zielen. Zusammengehalten werden sie durch die Bezugsfigur Zarathustra, einem persischen Priester und Phropheten (um 600 v. Chr.), der nach 30 Jahren seine Heimat verlassen musste, in den Bergen als Eremit gelebt hat und nun in den Ebenen seine Lehren verkünden und Jünger gewinnen will.

1. Als ich zum ersten Male zu den Menschen kam, da tat ich die Einsiedler-Torheit, die große Torheit: Ich stellte mich auf den Markt.

Mit-Denken

||| Welche Vorstellungen verbinden Sie mit dem Marktplatz? Weshalb bezeichnet der Erzähler sein Auftreten auf dem Markt wohl als „große Torheit"?

Und als ich zu allen redete, redete ich zu keinem. Des Abends aber waren Seiltänzer meine Genossen, und Leichname; und ich selber fast ein Leichnam.
Mit dem neuen Morgen aber kam mir eine neue Wahrheit: Da lernte ich sprechen: „Was geht mich Markt und Pöbel und Pöbel-Lärm und lange Pöbel-Ohren an!"
Ihr höheren Menschen, dies lernt von mir: Auf dem Markt glaubt niemand an höhere Menschen. Und wollt ihr dort reden, wohlan! Der Pöbel aber blinzelt: „Wir sind alle gleich." „Ihr höheren Menschen", – so blinzelt der Pöbel – „es gibt keine höheren Menschen, wir sind alle gleich, Mensch ist Mensch, vor Gott – sind wir alle gleich!"
Vor Gott! – Nun aber starb dieser Gott. Vor dem Pöbel aber wollen wir nicht gleich sein. Ihr höheren Menschen, geht weg vom Markt!
2. Vor Gott! – Nun aber starb dieser Gott! Ihr höheren Menschen, dieser Gott war eure größte Gefahr.
Seit er im Grabe liegt, seid ihr erst wiederauferstanden. Nun erst kommt der große Mittag, nun erst wird der höhere Mensch – Herr!
Verstandet ihr dies Wort, o meine Brüder? Ihr seid erschreckt: Wird euren Herzen schwindlig? Klafft euch hier der Abgrund? Kläfft euch hier der Höllenhund?
Wohlan! Wohlauf! Ihr höheren Menschen! Nun erst kreißt der Berg der Menschen-Zukunft. Gott starb: Nun wollen wir, – dass der Übermensch lebe.
3. Die Sorglichsten fragen heute: „Wie bleibt der Mensch erhalten?" Zarathustra aber fragt als der Einzige und Erste: „Wie wird der Mensch überwunden?"
Der Übermensch liegt mir am Herzen, der ist mein Erstes und Einziges – und nicht der Mensch: nicht der Nächste, nicht der Ärmste, nicht der Leidendste, nicht der Beste. –
O meine Brüder, was ich lieben kann am Menschen, das ist, dass er ein Übergang ist und ein Untergang. Und auch an euch ist vieles, das mich lieben und hoffen macht.
Dass ihr verachtet, ihr höheren Menschen, das macht mich hoffen. Die großen Verachtenden nämlich sind die großen Verehrenden.
Dass ihr verzweifeltet, daran ist viel zu ehren. Denn ihr lerntet nicht, wie ihr euch ergäbet, ihr lerntet die kleinen Klugheiten nicht.
Heute nämlich wurden die kleinen Leute Herr: Die predigen alle Ergebung und Bescheidung und Klugheit und Fleiß und Rücksicht und das lange Und-so-Weiter der kleinen Tugenden.
Was von Weibsart ist, was von Knechtsart stammt und sonderlich der Pöbel-Mischmasch: Das will nun Herr werden alles Menschen-Schicksals – o Ekel! Ekel! Ekel!

Kontexte

Der Übermensch

Friedrich Nietzsche

Als Zarathustra in die nächste Stadt kam, die an den Wäldern liegt, fand er daselbst viel Volk versammelt auf dem Markte, denn es war verheißen worden, dass man einen Seiltänzer sehen solle. Und Zarathustra sprach also zum Volke: Ich lehre euch den Übermenschen. Der Mensch ist etwas, das überwunden werden soll. Was habt ihr getan, ihn zu überwinden? Alle Wesen bisher schufen etwas über sich hinaus: Und ihr wollt die Ebbe dieser großen Flut sein und lieber noch zum Tiere zurückgehn als den Menschen überwinden? Was ist der Affe für den Menschen? Ein Gelächter oder eine schmerzliche Scham. Und eben das soll der Mensch für den Übermenschen sein: ein Gelächter oder eine schmerzliche Scham. Ihr habt den Weg vom Wurme zum Menschen gemacht, und vieles ist in euch noch Wurm. Einst wart ihr Affen, und auch jetzt noch ist der Mensch mehr Affe als irgendein Affe. Wer aber der Weiseste von euch ist, der ist auch nur ein Zwiespalt und Zwitter von Pflanze und von Gespenst. Aber heiße ich euch zu Gespenstern oder Pflanzen werden? Seht, ich lehre euch den Übermenschen. Der Übermensch ist der Sinn der Erde. Euer Wille sage: Der Übermensch sei der Sinn der Erde! [...]

Das frägt und frägt und wird nicht müde: „Wie erhält sich der Mensch am besten, am längsten, am angenehmsten?“ Damit sind sie die Herrn von heute.
Diese Herrn von heute überwindet mir, o meine Brüder – diese kleinen Leute: Die sind des Übermenschen größte Gefahr!
Überwindet mir, ihr höheren Menschen, die kleinen Tugenden, die kleinen Klugheiten, die Sandkorn-Rücksichten, den Ameisen-Kribbelkram, das erbärmliche Behagen, das „Glück der meisten“ –!
Und lieber verzweifelt, als dass ihr euch ergebt. Und, wahrlich, ich liebe euch dafür, dass ihr heute nicht zu leben wisst, ihr höheren Menschen! So nämlich lebt ihr – am besten!

1 Zarathustra proklamiert in seiner Rede den höheren Menschen, den Übermenschen. Wie erklärt er sich dessen Herkunft und Auftreten? Berücksichtigen Sie in diesem Zusammenhang die darwinsche Evolutionstheorie.

2 Welche Bilder entwirft er vom Übermenschen? Nutzen Sie für Ihre Erklärungen den Kontexte-Kasten (s. S. 23).

Der Mensch – ein Geistwesen (1928)

Max Scheler

Mit der Frage, ob zwischen Mensch und Tier ein gradueller oder wesensmäßiger Unterschied besteht, knüpft Max Scheler (1874–1928) in seinem Werk „Die Stellung des Menschen im Kosmos“ in kritischer Absicht an die Arbeiten von Charles Darwin an. Das Erscheinen seiner Schrift bezeichnet den Anfang der modernen philosophischen Anthropologie, die – über die anthropologischen Konzepte einzelner Fächer wie etwa Medizin, Biologie und Soziologie hinaus – noch einmal grundsätzlich nach dem Wesen des Menschen und seiner Sonderstellung in der Welt fragt. „Diese Fragen“, so schreibt Scheler in der Vorrede seines epochalen Werkes, „haben mich seit dem ersten Erwachen meines philosophischen Bewusstseins wesentlicher beschäftigt als jede andere philosophische Frage.“

Wahl: im Sinne von Willensfreiheit

Besteht dann, wenn dem Tiere bereits Intelligenz zukommt, überhaupt noch *mehr* als ein nur gradueller Unterschied zwischen Mensch und Tier – besteht dann noch ein *Wesensunterschied*? Oder aber gibt es [...] noch etwas ganz anderes im Menschen, ihm spezifisch Zukommendes, was durch Wahl und Intelligenz überhaupt noch nicht getroffen und erschöpft ist?

Jean-Baptiste de Lamarck (1744–1829): franz. Naturforscher, entwickelte die Theorie des Artenwandels im Rahmen der Abstammungslehre. Diese besagt, dass jedes Lebewesen durch Anstrengung eines inneren Gefühls bestimmte Organe ausbildet (z. B. den langen Hals der Giraffe).

Hier scheiden sich die Wege am schärfsten. Die einen wollen dem Menschen Intelligenz und Wahl vorbehalten und sie dem Tiere absprechen: Sie erkennen zwar einen überquantitativen Unterschied, einen Wesensunterschied an, behaupten ihn aber da, wo nach meiner Ansicht kein Wesensunterschied vorliegt. Die anderen, insbesondere alle Evolutionisten der Darwin- und Lamarck-Schule, lehnen [...] einen letzten Unterschied zwischen Mensch und Tier ab, eben weil das Tier auch bereits Intelligenz besitze; sie hängen damit in irgendeiner Form der großen Einheitslehre vom Menschen an, die ich als Theorie des „homo faber“ bezeichne, und kennen selbstverständlich dann auch kein metaphysisches Sein, keine Metaphysik des Menschen, d. h. kein ausgezeichnetes Verhältnis, das der Mensch als solcher zum Weltgrunde besäße.

Was mich betrifft, so weise ich beide Lehren zurück. Ich behaupte: Das Wesen des Menschen und das, was man seine „Sonderstellung“ nennen kann, steht *hoch* über dem, was man Intelligenz und Wahlfähigkeit nennt, und würde auch nicht erreicht, wenn man sich diese Intelligenz und Wahlfähigkeit quantitativ beliebig, ja bis ins Unendliche gesteigert vorstellte [...] Aber auch das wäre verfehlt, wenn man sich das Neue, das den Menschen zum Menschen macht, nur dächte als eine zu den psychischen Stufen Gefühlsdrang, Instinkt, assoziatives Gedächtnis, Intelligenz und Wahl noch hinzukommende neue Wesensstufe *psychischer*, der *Vitalsphäre* angehöriger Funktionen und Fähigkeiten, die zu erkennen also noch in der Kompetenz der Psychologie und Biologie läge.

homo faber: der Werkzeug machende Mensch

Das neue Prinzip steht *außerhalb* alles dessen, was wir „Leben" im weiteren Sinne nennen können: Das, was den „Menschen allein zum Menschen" macht, ist nicht eine neue Stufe des Lebens, erst recht nicht nur eine Stufe der Manifestationsform dieses Lebens, der „Psyche" – sondern es ist ein allem und *jedem Leben überhaupt, auch dem Leben im Menschen entgegengesetztes Prinzip:* eine echte neue Wesenstatsache, die als solche überhaupt nicht auf die „natürliche Lebensevolution" zurückgeführt werden kann, sondern, wenn auf etwas, nur auf den obersten einen Grund der Dinge selbst zurückfällt; auf denselben Grund, dessen *eine* große Manifestation das „Leben" ist.

Schon die Griechen behaupten ein solches Prinzip und nannten es „Vernunft" [...] Wir wollen lieber ein umfassenderes Wort für jenes X gebrauchen, ein Wort, das wohl den Begriff „Vernunft" mitumfasst, aber neben dem *„Ideendenken"* auch eine bestimmte Art der „Anschauung" die von Urphänomenen oder Wesensgehalten, ferner eine bestimmte Klasse *volitiver und emotionaler* Akte wie Güte, Liebe, Reue, Ehrfurcht, geistige Verwunderung, Seligkeit und Verzweiflung, die freie Entscheidung mitumfasst: – das Wort *„Geist"*. Das Aktzentrum aber, in dem Geist innerhalb endlicher Seinssphären erscheint, bezeichnen wir als *„Person"*, in scharfem Unterschied zu allen funktionellen Lebenszentren, die nach innen und im tieferen Sinne betrachtet auch „seelische Zentren" heißen. *Was ist nun jener „Geist"*, jenes neue so entscheidende Prinzip? Selten ist mit einem Worte so viel Unfug getrieben worden, einem Worte, bei dem sich nur wenige etwas Bestimmtes denken. Stellen wir hier an die Spitze des Geistesbegriffes seine besondere Wissensfunktion, die Art Wissen, die nur er geben kann, dann ist die Grundbestimmung eines geistigen Wesens, wie immer es psychologisch beschaffen sei, seine *existenzielle Entbundenheit vom Organischen*, seine Freiheit, Ablösbarkeit – oder doch die seines Daseinszentrums – von dem Bann, von dem Druck, von der Abhängigkeit vom *„Leben"* und allem, was zum Leben gehört – also auch von seiner eigenen triebhaften „Intelligenz".

volitiv: willentlich, gewollt

Ein „geistiges" Wesen ist also nicht mehr trieb- und umweltgebunden, sondern „umweltfrei" und, wie wir es nennen wollen, *„weltoffen"*. Ein solches Wesen hat *„Welt"*. Ein solches Wesen vermag ferner die auch ihm ursprünglich gegebenen Widerstands- und Reaktionszentren seiner Umwelt, die das Tier allein hat und in die es ekstatisch aufgeht, zu „Gegenständen" zu erheben und das *Sosein* dieser Gegenstände prinzipiell *selbst* zu erfassen, ohne die Beschränkung, die diese Gegenstandswelt oder ihre Gegebenheit durch das vitale Triebsystem und die ihm vorgelagerten Sinnesfunktionen und Sinnesorgane erfährt. Geist ist daher *Sachlichkeit*, Bestimmbarkeit durch das Sosein von Sachen selbst. [...]

Der Mensch allein – sofern er Person ist – vermag sich über sich – als Lebewesen – emporzuschwingen und von einem Zentrum gleichsam *jenseits* der raumzeitlichen Welt *aus alles*, darunter auch sich selbst, zum Gegenstande seiner Erkenntnis zu machen. So ist der Mensch als Geistwesen das sich selber als Lebewesen und der Welt überlegene Wesen. Als solches ist er auch der Ironie und des Humors fähig, die stets eine Erhebung über das eigene Dasein einschließen.

Das Zentrum aber, von dem aus der Mensch die Akte vollzieht, durch welche er seinen Leib und seine Psyche vergegenständlicht, die Welt in ihrer räumlichen und zeitlichen Fülle gegenständlich macht – es kann nicht selbst ein „Teil" eben dieser Welt sein [...] – es kann nur im obersten Seinsgrunde selbst gelegen sein.

1 Verdeutlichen Sie, was Scheler unter dem Begriff „Geist" versteht. Welches Verhältnis hat der Mensch als geistiges Wesen zur Welt? Konkretisieren Sie dieses anhand von Beispielen.

2 Rekonstruieren Sie in einer Grafik die schelersche Stufenordnung des Lebendigen.

3 Erläutern Sie am Bewusstsein des Menschen von seiner Sterblichkeit zentrale Kategorien der Anthropologie Schelers.

Arnold Gehlen (1904–1976)

Der Mensch – ein Mängelwesen (1939/40)

Arnold Gehlen

Eine Schlüsselposition innerhalb der philosophischen Anthropologie des 20. Jahrhunderts nehmen die Forschungen Arnold Gehlens ein. Vor allem sein 1939/40 veröffentlichtes Buch „Der Mensch. Seine Natur und Stellung in der Welt" hatte einen außerordentlichen Einfluss auf die weitere Entwicklung der Anthropologie. Auch er ging von einem Mensch-Tier-Vergleich aus. Dabei knüpfte er an Darwin an, verarbeitete Ansätze von Herder und Scheler und suchte, Verbindungen zu den Fachwissenschaften, wie z. B. Biologie, Soziologie, Psychologie und Linguistik, herzustellen, um letztlich zur Bestimmung des Menschen im Rahmen einer Kulturanthropologie zu gelangen.

Der Mensch ist das handelnde Wesen. Er ist in einem noch näher zu bestimmenden Sinne nicht „festgestellt", d. h., er ist sich selbst noch Aufgabe – er ist, kann man auch sagen: das stellungnehmende Wesen. Die Akte seines Stellungnehmens nach außen nennen wir Handlungen, und gerade insofern er sich selbst noch Aufgabe ist, nimmt er auch zu sich selbst Stellung und „macht sich zu etwas". Es ist dies nicht Luxus, der auch unterbleiben könnte, sondern das „Unfertigsein" gehört zu seinen physischen Bedingungen, zu seiner Natur, und in dieser Hinsicht ist er ein Wesen der *Zucht:* Selbstzucht, Erziehung, Züchtung als In-Form-Kommen und In-Form-Bleiben gehört zu den Existenzbedingungen eines nicht festgestellten Wesens. Sofern der Mensch auf sich selbst gestellt eine solche lebensnotwendige Aufgabe auch verpassen kann, ist er das gefährdete oder „riskierte" Wesen mit einer konstitutionellen Chance, zu verunglücken: Der Mensch ist schließlich *vorsehend.* Er ist – ein *Prometheus* – angewiesen auf das Entfernte, auf das Nichtgegenwärtige in Raum und Zeit, er lebt – im Gegensatz zum Tier – für die Zukunft und nicht in der Gegenwart. Es gehört diese Bestimmung zu den Umständen einer handelnden Existenz, und was am Menschen im eigentlichen Sinne menschliches Bewusstsein ist, muss von hier aus verstanden werden. Überhaupt sind diese jetzt gegebenen Bestimmungen, die für alles Folgende genau festgehalten werden müssen, nur

Mit-Denken

||| Gehlen stellt im ersten Abschnitt des Textes Fundamentalkategorien der Bestimmung des Menschen vor. Stellen Sie diese zusammen, machen Sie klar, was sie bedeuten, und klären Sie deren Zusammenhang.

Entfaltungen der Grundbestimmung: der Handlung. Hält man daran fest, so gewinnt man eine Vielzahl von Einzelaussagen über den Menschen, als Entwicklung der Grundanschauung: des Naturentwurfs eines handelnden Wesens. [...]

Es ist nun vor allem diese hier in ersten Zügen beschriebene Wesensbestimmung, welche es erlaubt, die physisch-morphologische Sonderstellung des Menschen mit zu umfassen. Das ist von außerordentlicher Wichtigkeit. Nur von dem Gedanken eines handelnden, nicht festgestellten Wesens her bekommt man die Physis des Menschen überhaupt in den Blick, und niemals lässt die Definition als „Geistwesen" allein einen Zusammenhang gerade dieser Leibesbeschaffenheit mit dem, was man unter Vernunft oder Geist zu verstehen pflegt, sichtbar werden. Morphologisch ist nämlich der Mensch im Gegensatz zu allen höheren Säugern hauptsächlich durch *Mängel* bestimmt, die jeweils im exakt biologischen Sinne als Unangepasstheiten, Unspezialisiertheiten, als Primitivismen, d. h. als Unentwickeltes zu bezeichnen sind: also wesentlich negativ. Es fehlt das Haarkleid und damit der natürliche Witterungsschutz; es fehlen natürliche Angriffsorgane, aber auch eine zur Flucht geeignete Körperbildung; der Mensch wird von den meisten Tieren an Schärfe der Sinne übertroffen, er hat einen geradezu lebensgefährlichen Mangel an echten Instinkten, und er unterliegt während der ganzen Säuglings- und Kinderzeit einer ganz unvergleichlich langfristigen Schutzbedürftigkeit. Mit anderen Worten: Innerhalb *natürlicher,* urwüchsiger Bedingungen würde er als Boden lebend inmitten der gewandten Fluchttiere und der gefährlichsten Raubtiere schon längst ausgerottet sein.

morphologisch: die äußere Gestalt betreffend

Mit-Denken

||| Erläutern Sie den Begriff des Mängelwesens. Halten Sie die Charakterisierung des Menschen durch diesen Begriff für gerechtfertigt?

Die Tendenz der Naturentwicklung geht nämlich dahin, organisch hoch spezialisierte Formen in ihre je ganz bestimmten Umwelten einzupassen, also die unübersehbar mannigfaltigen in der Natur zustande kommenden „Milieus" als Lebensräume für darin eingepasste Lebewesen auszunutzen. Die flachen Ränder tropischer Gewässer wie die ozeanische Tiefsee, die kahlen Abhänge nördlicher Alpengebirge wie das Unterholz lichter Mischwälder sind ebenso *spezifische* Umwelten für spezialisierte, nur darin lebensfähige Tiere, wie die Haut der Warmblüter für die Parasiten, und so in unzähligen, je besonderen Fällen. Der Mensch dagegen hat, morphologisch gesehen, so gut wie keine Spezialisierungen. Er besteht aus einer Reihe von Unspezialisiertheiten, die unter entwicklungsbiologischem Gesichtspunkt als Primitivismen erscheinen: Sein Gebiss z. B. hat eine primitive Lückenlosigkeit und eine Unbestimmtheit der Struktur, die es weder zu einem Pflanzenfresser- noch zu einem Fleischfressergebiss, d. h. Raubtiergebiss machen. Gegenüber den Großaffen, die hoch spezialisierte Baumtiere mit überentwickelten Armen für Hangelkletterei sind, die Kletterfuß, Haarkleid und gewaltigen Eckzahn haben, ist der Mensch als Naturwesen gesehen hoffnungslos unangepasst. Er ist von einer einzigartigen [...] biologischen Mittellosigkeit, und er vergütet diesen Mangel allein durch seine *Arbeitsfähigkeit* der Handlungsgabe, d. h. durch Hände und Intelligenz; eben deshalb ist er aufgerichtet, „umsichtig", mit freigelegten Händen [...]

Die „Umwelt" der meisten Tiere, und gerade der höheren Säuger ist das nicht auswechselbare Milieu, an das der spezialisierte Organbau des Tieres angepasst ist, innerhalb dessen wieder die ebenso artspezifischen, angeborenen Instinktbewegungen arbeiten.

Spezialisierter Organbau und Umwelt sind also Begriffe, die sich gegenseitig voraussetzen. Wenn nun der Mensch *Welt* hat, nämlich eine deutliche Nichteingegrenztheit des Wahrnehmbaren auf die Bedingungen des biologischen Sichhaltens, so bedeutet auch dies zunächst eine negative Tatsache. Der Mensch ist weltoffen heißt: Er *entbehrt* der tierischen Einpassung in ein Ausschnitt-Milieu. Die ungemeine Reiz- oder Eindrucksoffenheit gegenüber Wahrnehmungen, die keine angeborene Signalfunktion haben, stellt zweifellos eine erhebliche Belastung dar, die in sehr besonderen Akten bewältigt werden muss. Die physische Unspezialisiertheit des Menschen, seine organische Mittellosigkeit sowie der erstaunliche Mangel an echten Instinkten bilden also unter sich einen Zusammenhang, zu dem die „Weltoffenheit" (M. Scheler) oder, was dasselbe ist, die Umweltenthebung den Gegenbegriff bilden. Umgekehrt entsprechen beim Tier die Organspezialisierung, das Instinktrepertoire und die Umweltfesselung einander. Es ist das anthropologisch entscheidend wichtig. Wir haben damit einen Strukturbegriff des Menschen, der *nicht* auf dem Merkmal des Verstandes, Geistes usw. allein beruht, und bewegen uns also von nun an jenseits der oben erwähnten Alternative, entweder einen nur graduellen Unterschied zwischen dem Menschen und den ihm nächststehenden höheren Tieren annehmen oder den Wesensunterschied bloß in den Geist setzen zu müssen. Wir haben jetzt dagegen den „Entwurf" eines organisch mangelhaften, *deswegen* weltoffenen, d.h. in keinem bestimmten Ausschnitt-Milieu natürlich-lebensfähigen Wesens und verstehen jetzt auch, was es mit den Bestimmungen auf sich hat, der Mensch sei „nicht festgestellt" oder „sich selbst noch Aufgabe": Es muss die bloße Existenzfähigkeit eines solchen Wesens fraglich sein und die bare Lebensfristung ein Problem, das zu lösen der Mensch allein auf sich selbst gestellt ist, und wozu er die Möglichkeiten aus sich selbst herauszuholen hat. Das wäre also das handelnde Wesen.

[...]

Der Mensch ist, um existenzfähig zu sein, auf Umschaffung und Bewältigung der Natur hin gebaut, und deswegen auch auf die Möglichkeit der *Erfahrung* der Welt hin: Er ist handelndes Wesen, weil er unspezialisiert ist, und also der natürlich angepassten Umwelt entbehrt: Der Inbegriff der von ihm ins Lebensdienliche umgearbeiteten Natur heißt *Kultur*, und die Kulturwelt ist die menschliche Welt. Es gibt für ihn keine Existenzmöglichkeit in der unveränderten, in der nicht „entgifteten" Natur, und es gibt keinen „Naturmenschen" im strengen Sinne: d.h. keine menschliche Gesellschaft ohne Waffen, ohne Feuer, ohne präparierte und künstliche Nahrung, ohne Obdach und ohne Formen der hergestellten Kooperation. [...] Der Unterschied von Kultur- und Naturmenschen ist missverständlich. Keine menschliche Bevölkerung lebt in der Wildnis von der Wildnis, jede hat Jagdtechniken, Waffen, Feuer, Geräte. Ebenso treten wir der bekannten Unterscheidung von Kultur und Zivilisation nicht bei, die außerdem in den wenigsten Kultursprachen formulierbar wäre. Kultur

Kontexte

Die Überlegenheit des Menschen über den Mistkäfer (1997)

Luigi Malerba

Es ist allgemein bekannt, dass der Mistkäfer älter ist als der Mensch. Seit der Steinkohlezeit, seit Millionen von Jahren ist er auf dem Planeten verbreitet. Er kroch durch Wälder, ernährte sich von Blättern, natürlichem Harz, Holz, Kot und sogar von Erde. Heute frisst der Mistkäfer auch: Papier, Gummi, Lack und Seife. Er ist fähig, jedes Ding in Speise zu verwandeln. Der Mensch bekämpft den Mistkäfer mit den verschiedensten Giften, er macht auch auf den Wänden Propaganda gegen dieses Tier. Der Mensch steht mit dem Mistkäfer auf gespanntem Fuß. Der Mistkäfer hat verschiedene Dinge, die der Mensch nicht hat: die Panzer, die Antennen, die Flügel. Er hat mehrfach zusammengesetzte Augen, die ihm erlauben, im Dunkel zu sehen. Er fürchtet weder die Hitze noch die Kälte noch die Feuchtigkeit. Im Allgemeinen hat der Mistkäfer drei Paar Füße, in manchen Fällen aber auch vier, er kann gehen, hüpfen und fliegen, auch wenn er kein großer Flieger ist. Er kann sowohl nagen als auch kauen oder auch gleichzeitig nagen und kauen. In manchen Fällen hat der Mistkäfer wundervolle Farben, ähnlich denjenigen des Regenbogens. Trotz alledem ist die Überlegenheit des Menschen über den Mistkäfer unbestreitbar.

soll uns sein: der Inbegriff der vom Menschen tätig, arbeitend bewältigten, veränderten und verwerteten Naturbedingungen, einschließlich der bedingteren, entlasteten Fertigkeiten und Künste, die auf jener Basis erst möglich werden.

Steht dies fest, so sehen wir hier eine der wichtigsten Seiten des erwähnten Prinzips: die „Weltoffenheit", die untierische Ausgesetztheit gegenüber einer organisch gar nicht angepassten Überflutung mit Wahrnehmungseindrücken, welche zuerst eine Belastung ist, stellt auch die Bedingungen dafür dar, menschlich leben zu können – vorausgesetzt, wohlgemerkt, dass eine eigentätige Bewältigung dieser Weltoffenheit gelingt. Die Fülle und Mannigfaltigkeit der dem Menschen zugänglichen, auf ihn einströmenden Welt birgt auch hier und da die Chance von unerwarteten und gar nicht vorherzusehenden Erfahrungen, aus denen man eine Hilfe im Lebenskampf, einen nächsten Schritt der Lebensfristung machen kann. Oder anders ausgedrückt: Die Weltoffenheit des Menschen ist eben deswegen eine so grenzenlose und in ihrer Mannigfaltigkeit unausgelesene, weil der Mensch in dem Chaos der Umstände *unter allen Bedingungen* auch solche finden muss, aus denen er sich eine Hilfe machen kann, ein Werkzeug, eine Erfahrung, die ausnutzbar ist, soll er überhaupt existieren können. Diese unmittelbare Belastung wird also produktiv zur Existenzchance gemacht werden müssen. [...]

1 In seinem Text verwendet Gehlen eine Reihe wichtiger anthropologischer Kategorien, wie z. B. Entlastung, Unspezialisiertheit, Überraschungsfeld, Weltoffenheit, Kulturwelt, Mängelwesen etc. Erklären Sie diese und bringen Sie sie in einen sinnvollen gedanklichen Zusammenhang. Konkretisieren Sie Ihre Überlegungen anhand einer philosophischen Mindmap.

2 Arbeiten Sie die zentralen Unterschiede zwischen Gehlens und Schelers anthropologischen Konzeptionen heraus.

3 Wie verstehen Sie den Text von Luigi Malerba? Setzen Sie ihn in Beziehung zu Gehlens Text.

Der Mensch ist ein Entwurf (1964)

Jean-Paul Sartre

Jean-Paul Sartre (1905–1980)

Beeinflusst durch die Existenzphilosophie Martin Heideggers (1889–1976), fragt Sartre nicht zuerst – wie viele vorher – nach dem Wesen des Menschen, sondern nach seiner Existenz. Weil der Mensch sich seiner Existenz bewusst ist und diese immer infrage stellt, ist er gezwungen, das Wesen, was er seiner Existenz verleihen will, durch sein Leben zu erschaffen, d. h. sich immer neu zu entwerfen, ohne dass sein Entwurf vollendet werden könnte. Der Mensch ist deshalb – nach einem Satz des Autors – „zur Freiheit verurteilt".

Betrachten wir ein Artefakt, zum Beispiel ein Buch oder ein Papiermesser, so ist dieser Gegenstand von einem Handwerker angefertigt worden, der sich von einem Begriff hat anregen lassen, er hat sich auf den Begriff Papiermesser bezogen und zugleich auf eine vorher bestehende Technik der Erzeugung, welche zu dem Begriff gehört und im Grunde ein Rezept ist. Somit ist das Papiermesser zugleich ein Gegenstand, der auf eine bestimmte Art hergestellt wird und andererseits eine bestimmte Verwendung hat; und man kann sich nicht einen Menschen vorstellen, der ein Papiermesser anfertigte, ohne zu wissen, wozu der Gegenstand dienen soll. Wir werden also sagen, dass in Bezug auf

Kontexte

Existenzphilosophie

Neuzeitliche Strömung des philosophischen Denkens, die in der individuellen Existenz den fundamentalen Ausgangspunkt des Menschen sieht. Nach Auffassung ihrer wichtigsten Repräsentanten (Kierkegaard, Heidegger, Camus, Sartre) ist der Mensch als denkendes Wesen, sein Vorhandensein in der Welt nicht als Faktum, mithin als Objekt der Wissenschaft hinzunehmen, ohne nach möglichen Sinnbezügen für dessen Existenz zu fragen.

das Papiermesser die Essenz – das heißt die Summe der Rezepte und der Eigenschaften, die erlauben es anzufertigen und es zu bestimmen – der Existenz vorangeht, und so ist die Anwesenheit mir gegenüber solch eines Papiermessers oder solch eines Buches determiniert. Wir haben also hier ein technisches Bild der Welt, in der, kann man sagen, die Erzeugung der Existenz vorausgeht.

Wenn wir einen Schöpfer-Gott annehmen, so wird dieser Gott meistens einem höher stehenden Handwerker angeglichen: Und was für eine theologische Lehre wir auch betrachten, ob es sich um eine Lehre wie die von Descartes oder von Leibniz handelt, wir räumen immer ein, dass der Wille mehr oder weniger dem Verstand folgt oder ihn wenigstens begleitet und dass Gott, wenn er schafft, genau weiß, was er schafft.

Demnach ist der Begriff Mensch im Geiste Gottes dem Begriff Papiermesser im Geiste des Handwerkers anzugleichen und Gott erzeugt den Menschen nach Techniken und einem Begriff, genau wie der Handwerker ein Papiermesser nach einer Definition und einer Technik anfertigt. So verwirklicht der individuelle Mensch einen bestimmten Begriff, der im göttlichen Verstande ist. Im 18. Jahrhundert wird in den atheistischen Lehren der Philosophen der Begriff Gottes abgeschafft, aber nicht ebenso sehr die Idee, dass die Essenz der Existenz vorangehe.

Denis Diderot: franz. Philosoph (1713–1784)

M. de Voltaire: franz. Philosoph (1694–1778)

Diese Idee finden wir sozusagen überall wieder: Wir finden sie bei Diderot, bei Voltaire und selbst bei Kant wieder. Der Mensch ist Eigentümer einer menschlichen Natur; diese menschliche Natur, welche der Begriff des Menschen ist, findet sich bei allen Menschen wieder. Dies bedeutet, dass jeder Mensch ein besonderes Beispiel eines allgemeinen Begriffes „Der Mensch" ist. Bei Kant geht aus dieser Allgemeinheit hervor, dass sowohl der Urwaldmensch, der Naturmensch, wie der Bürger derselben Begriffsbestimmung unterworfen ist und dieselben Grundeigenschaften besitzt. Somit geht auch hier noch die Essenz des Menschen jener geschichtlichen Existenz voraus, der wir in der Natur begegnen.

Der atheistische Existenzialismus, für den ich stehe, ist zusammenhängender. Er erklärt, sodass, wenn Gott nicht existiert, es mindestens ein Wesen gibt, bei dem die Existenz der Essenz vorausgeht, ein Wesen, das existiert, bevor es durch irgendeinen Begriff definiert werden kann, und dass dieses Wesen der Mensch oder, wie Heidegger sagt, die „menschliche Wirklichkeit" ist. Was bedeutet hier, dass die Existenz der Essenz vorausgeht? Es bedeutet, dass der Mensch zuerst existiert, sich begegnet, in der Welt auftaucht und sich danach definiert.

Wenn der Mensch, so wie ihn der Existenzialist begreift, nicht definierbar ist, so darum, weil er anfangs überhaupt nichts ist. Er wird erst in der weiteren Folge sein und er wird so sein, wie er sich geschaffen haben wird. Also gibt es keine menschliche Natur, da es keinen Gott gibt, um sie zu entwerfen. Der Mensch ist lediglich so, wie er sich konzipiert – ja nicht allein so, sondern wie er sich will und wie er sich nach der Existenz konzipiert, wie er sich will nach diesem Sichschwingen auf die Existenz hin; der Mensch ist nichts anderes, als wozu er sich macht.

Das ist der erste Grundsatz des Existenzialismus. Das ist es auch, was man die Subjektivität nennt und was man uns unter eben diesem Namen zum Vorwurf macht. Aber was wollen wir denn damit anderes sagen, als dass der Mensch eine größere Würde hat als der Stein oder der Tisch? Denn wir wollen sagen, dass der Mensch zuerst existiert, das heißt, dass er zuerst ist, was sich in eine Zukunft hinwirft und was sich bewusst ist, sich in der Zukunft zu planen.

Der Mensch ist zuerst ein Entwurf, der sich subjektiv lebt, anstatt nur ein Schaum zu sein oder eine Fäulnis oder ein Blumenkohl; nichts existiert diesem Entwurf vorweg, nichts ist im Himmel, und der Mensch wird zuerst das sein, was er zu sein geplant hat, nicht was er sein wollen wird. Denn was wir gewöhnlich unter Wollen verstehen, ist eine bewusste Entscheidung, die für die meisten unter uns dem nachfolgt, wozu er sich selbst gemacht hat. Ich kann mich einer Partei anschließen wollen, ein Buch schreiben, mich verheiraten, alles das ist nur Kundmachung einer ursprünglicheren, spontaneren Wahl als was man Willen nennt.

1 Rekonstruieren Sie den Gedankengang des Autors, indem Sie die einzelnen Abschnitte mit Überschriften versehen.

2 Erläutern Sie den Zusammenhang von Existenz und Essenz anhand einer Grafik. Konkretisieren Sie diese durch die entsprechenden Textstellen.

3 Eine der Konsequenzen, die Sartre aus seinen Überlegungen zieht, ist die Behauptung, dass der Mensch für das, was er ist, verantwortlich ist, d.h. nicht nur für seine Individualität, sondern für die gesamte Menschheit. Nehmen Sie dazu Stellung.

Der Mensch – ein kompensierendes Wesen (1981)

Odo Marquard

Odo Marquard (*1928)

In seinen anthropologischen Forschungen – überwiegend handelt es sich um philosophische Essays – knüpft der Gießener Philosoph Odo Marquard (*1928) an die gehlensche Bestimmung des Menschen als eines hinfälligen und sterblichen Mängelwesens an, der, um sein Leben zu ertragen und zu führen, darauf angewiesen ist, seine konstitutionelle Unzulänglichkeit in einer riskanten Lebenswelt durch Entlastungen der Kultur im Sinne von Entschädigungen zu kompensieren.

[...] Im Unterschied zum alten Kompensationsbegriff, der Vergeltung meint, bezieht sich der moderne Kompensationsbegriff, der Entschädigung meint, also auf Übel, die wir nicht tun, sondern die uns – als schicksalhafte Mängel und Leiden – widerfahren: Es sind dies die nicht moralisierbaren Übel. Zu ihnen – meine ich – gehört jene Mängelverfassung des Menschen, die die heutige philosophische Anthropologie fundamentalisiert, wo sie – im Zeichen des modernen Kompensationsbegriffs – zur Philosophie des Homo compensator wird.

Diese nicht moralisierbaren Übel sind für die Menschen offenbar so unerträglich, dass – im Gegenzug zu ihrer neuzeitlichen Entdeckung genau dort, wo ihre optimistische Verarbeitung durch die Leibniztheodizee (vgl. Einführungsband, S. 184f.) misslingt, also seit Mitte des 18. Jahrhunderts – die modernen Menschen zunächst alle Anstrengungen unternehmen, diese moralisch neutralen Übel zu übersehen, zu vergessen, zu verdrängen: insbesondere durch Rückverwandlung in moralische Übeltaten notfalls durch transzendentale Leugnung der menschlichen Passivität, des Leidens und der Widerfahrnisse insgesamt, die in jener Philosophie vollzogen wird, die – unter dem Namen Geschichte

– die ganze Wirklichkeit zur menschlichen Tathandlung macht und eben dadurch alle Übel zu menschlichen Untaten erklären kann: Ich meine die [...] revolutionäre Geschichtsphilosophie. [...] Weil diese Philosophie alles zur menschlichen Tat macht, remoralisiert sie die Übel zu menschlichen Untaten. Geschichtsphilosophisch ist der Mensch das triumphierende Lebewesen, und er soll es – nach der großen Naturalisierung des Entwicklungsgedankens [...] auch evolutionsbiologisch bleiben, wo derjenige triumphiert, der übrig bleibt und dies schafft, weil – in der Evolution – Mängel der Überlebenskonkurrenten gerade nicht durch Bonitäten ausgeglichen werden, sondern als Beschleuniger des Aussterbens wirken. [...]

[Aber] der wirkliche Mensch ist nicht das triumphierende, sondern das kompensierende Lebewesen: Das macht – gegen die revolutionäre Geschichtsphilosophie und gegen die evolutionäre Biologie – die philosophische Anthropologie geltend. Just dadurch – weil sie nicht die Triumphe, zu denen der Mensch siegend eilt, sondern die Mängel und Leiden, mit denen der Mensch (sie mühsam kompensierend) leben muss, in den Aufmerksamkeitsmittelpunkt rückt – wurde die philosophische Anthropologie nunmehr wichtig. Sie betont jene Sonderstellung des Menschen, die er behält, wo er nicht mehr „die Krone der Schöpfung", sondern – wie St. Jerzy Lec sagt – „die Dornenkrone der Schöpfung" ist: dass der Mensch nicht die Spezies der finalen Triumphe, sondern die Spezies der prolongierten Niederlagen ist mit dem Pensum, sie zu ertragen. Denn evolutionär gelang es dem Menschen weder, rechtzeitig auszusterben, noch, frühzeitig jene Verfassung zu finden, bei der es dann bleiben konnte. So muss der Mensch – wo alle anderen Arten längst entlassen sind in die letale oder finale Endgültigkeit – evolutionär nachsitzen; er ist nicht – sozusagen als Träger des Gelben Trikots bei der tour de l'évolution – der Spitzenreiter, sondern der Sitzenbleiber der Entwicklung: das retardierte Lebewesen, das es immer noch nicht geschafft hat, sondern das es mit seiner physischen Mängelverfassung aushalten muss, seiner gewussten Sterblichkeit, seinen Leiden als „Homo patiens" und der ewigen Wiederkehr des Ungleichen, der Geschichte. Im Blick auf all dieses setzt die philosophische Anthropologie – trübsalmindernd – auf den aus der Theodizee herkommenden modernen Kompensationsgedanken, [...]. Ihrzufolge sind Übel indirekte Güter und Defekte Chancen: Gelegenheiten oder gar aktive Mittel ihrer Kompensation. Es ist dieses Kompensationsmotiv der Theodizee, das Herder aufnimmt: Zwar ist der Mensch – malum – das Stiefkind der Natur, aber [...] gerade dadurch (zum Ausgleich) hat er Sprache. Und es ist dieses theodizeemäßige Kompensationsmotiv, das in der Gegenwartsanthropologie rezipiert und generalisiert wird; so [...] bei Gehlen: Zwar ist der Mensch – malum – Mängelwesen, aber – bonum-durch-malum – just das kompensiert er durch Ausarbeitung der entlastenden Institutionenkultur; oder eben bei Luhmann: Zwar ist die Welt – malum – gerade für den Menschen hyperkomplex, aber – bonum-durch-malum – auch und gerade er reduziert diese Komplexität: Er existiert, indem er seine Mängel kompensiert. Die philosophische Anthropologie bestimmt ihn nicht als triumphierenden Zielstreber, sondern als kompensierenden Defektflüchter: Der Mensch ist für sie der, der – als physischer Taugenichts – etwas stattdessen tun muss, tun kann und tut: Die philosophische Anthropologie ist die Philosophie des Stattdessen. So kommt es – konsequenterweise – zu jenem Tatbestand, den ich eingangs beschrieb: Die moderne Konjunktur der philosophischen Anthropologie vollzieht sich im Zeichen des Kompensationsbegriffs: als Karriere der Philosophie des Homo compensator.

Stanisław Jerzy Lec (1909–1966): poln. Verfasser von Gedichten, Satiren und Sinnsprüchen

prolongierten: verlängerten
letale: tödliche

homo patiens: duldender Mensch

malum: Übel

bonum: Gut oder Wert

1 Verdeutlichen Sie anhand von Beispielen, wie der Mensch naturhafte Defizite, Mängel und Übel durch Kulturgüter kompensiert.

2 In den Texten von Herder, Gehlen und Marquard wird der Mensch als Mängelwesen charakterisiert. Erläutern Sie, was die jeweiligen Verfasser darunter verstehen und welche Konsequenzen sie daraus ableiten.

3 Im Rückgriff auf Lec behauptet Marquard, der Mensch sei die „Dornenkrone der Schöpfung"? Wie verstehen Sie das? Halten Sie diese Behauptung für zutreffend?

4 Diskutieren Sie die Frage, inwieweit sich die Übel durch den Menschen kompensieren lassen. Wo liegen nach Ihrer Auffassung die Grenzen der Kompensation?

Prestigekampf auf Leben und Tod (1992)

Francis Fukuyama

Francis Fukuyama (*1952)

Hegels „erster Mensch" hat mit dem Tier bestimmte natürliche Grundbedürfnisse wie das Bedürfnis nach Nahrung, Schlaf und Unterschlupf gemeinsam sowie vor allem das Bedürfnis nach Erhaltung des eigenen Lebens. [...] Hegels „erster Mensch" unterscheidet sich jedoch dadurch radikal von den Tieren, dass er seine Bedürfnisse nicht nur auf reale, im wahrsten Sinne des Wortes fassbare Objekte richtet, wie etwa ein Steak [...], sondern auch auf nicht materielle Objekte. Vor allem begehrt dieser Mensch das Begehren anderer Menschen, er will von anderen anerkannt werden. Hegel zufolge kann ein Individuum sogar nur dann selbstbewusst werden und sich selbst als einzigartiges menschliches Wesen wahrnehmen, wenn es von anderen Menschen anerkannt wird. Der Mensch ist demnach von Anfang an ein soziales Wesen: Sein Selbstwertgefühl und seine Identität sind untrennbar mit dem Wert verknüpft, den ihm andere Menschen beimessen. [...] Wie Kojève ausführt, kann nur „ein Mensch ein Objekt begehren, das vom biologischen Standpunkt aus vollkommen nutzlos ist (wie beispielsweise einen Orden oder die Fahne des Feindes)". Der Mensch begehrt solche Objekte nicht um ihrer selbst willen, sondern weil sie von anderen Menschen begehrt werden.

Alexandre Kojève (1902–1968): russ.-franz. Philosoph, der wesentlich zur Wiederentdeckung Hegels in Frankreich beitrug

Hegels „erster Mensch" unterscheidet sich auf eine noch wichtigere zweite Weise von den Tieren: Er will nicht nur von den anderen Menschen anerkannt werden, sondern er will als Mensch anerkannt werden. Die fundamentale, einzigartige Eigenschaft des Menschen, die Eigenschaft, die seine Identität ausmacht, ist seine Fähigkeit sein Leben zu riskieren. So führt die Begegnung mit anderen Menschen zu einem leidenschaftlichen Kampf, in dem beide Parteien ihr Leben riskieren, um den Gegner zur Anerkennung ihrer selbst zu zwingen. Der Mensch ist ein durch und durch außengeleitetes und soziales Tier, aber seine Geselligkeit führt nicht zu einem friedlichen Zusammenleben, sondern zu einem leidenschaftlichen Prestigekampf auf Leben und Tod. [...]

1 Erläutern Sie beispielhaft, wie der Mensch nach Auffassung von Fukuyama seine Identität als soziales Wesen entwickelt.

2 Vergleichen Sie den anthropologischen Ansatz von Fukuyama mit den Bestimmungen des Menschen bei Aristoteles und Hobbes (vgl. S. 255 ff. und 270 ff.).

3 Wie beurteilen Sie Fukuyamas Kennzeichnung des Menschen als eines Wesens, das sein Leben aufs Spiel setzt, um von anderen Menschen anerkannt zu werden?

Michael Tomasello (* 1950)

Kooperative soziale Motivationen des Menschen (2009)

Michael Tomasello

Der amerikanische Anthropologe und Verhaltensforscher Michael Tomasello (* 1950) beschäftigt sich in seinem Text, der seinem Buch „Die Ursprünge der menschlichen Kommunikation“ entnommen ist, im Rückgriff auf zentrale Theorien der Sprachphilosophie, mit der Entwicklung der Sprache in individual- und artgeschichtlicher Perspektive. Ausgehend von sozialen Gesten in menschlicher Alltagskommunikation, setzt er sich mit zentralen Kommunikationsmotiven bzw. grundlegenden Sprechakten auseinander, die im Laufe der Evolution der Sprache des Menschen entstanden sind und die sie kategorial vom Kommunikationsverhalten der Tiere unterscheiden.

Intentionalität: Fähigkeit des Menschen, sich auf etwas zu beziehen

Wir können also von drei allgemeinen Typen von Kommunikationsmotiven ausgehen, die sich evolutionär entwickelt haben. Sie werden durch die Art der Wirkung bestimmt, die der Kommunizierende auf den Empfänger auszuüben versucht, und werden hier anhand der Motivationen geteilter Intentionalität des Helfens und Teilens mit anderen charakterisiert:

Auffordern: Ich will, dass Sie etwas tun, *um mir* zu helfen (um Hilfe oder Information bitten);

Informieren: Ich will, dass Sie von etwas Kenntnis nehmen, weil *ich glaube, dass es Ihnen helfen* oder *Sie interessieren wird* (Hilfe anbieten, einschließlich Information);

Teilen: Ich will, dass Sie etwas Bestimmtes fühlen, damit *wir Einstellungen/Gefühle miteinander teilen können* (Teilen von Emotionen oder Einstellungen).

ontogenetisch: entwicklungsgeschichtlich

phylogenetisch: stammesgeschichtlich

Diese drei elementarsten menschlichen Kommunikationsmotive liegen einer nahezu unendlich großen Zahl einzelner sozialer Intentionen in bestimmten Kontexten zugrunde und werden sowohl in unserer ontogenetischen als auch in der phylogenetischen Darstellung der Entstehung kooperativer Kommunikation beim Menschen eine Schlüsselrolle spielen. [...]

Die hier beteiligten Kooperationsmotive und das wechselseitige Wissen um diese Kooperationsmotive, auch und gerade um Kooperationsnormen, zeigen an, dass die an menschlicher Kommunikation Beteiligten nicht nur praktisch, sondern auch kooperativ schlussfolgern müssen. Wenn beispielsweise Affen einen anderen Affen beobachten, der ihnen etwas signalisiert, versuchen sie, durch individuelles praktisches Schließen bezüglich seiner Ziele und Wahrnehmungen herauszufinden, was er will. Sie versuchen aber nicht, die Botschaft zu verstehen, *weil* er will, dass sie sie verstehen, denn weder die eine noch die andere Seite geht davon aus, dass er versucht, behilflich zu sein. Der Kommunizierende signalisiert oder „gibt“ seine Absicht nicht eigens „bekannt“, wie Menschen es beim Signalisieren ihrer kommunikativen Absicht tun. Und wenn sie eine Reaktion auswählen, reagieren Affen als Empfänger nicht deshalb auf eine bestimmte Weise, weil der andere es von ihnen will oder erwartet. Vielmehr versuchen sie einfach das zu tun, was für sie in der Situation am besten ist, und zwar auf der Grundlage dessen, was der Kommunizierende dem Augenschein nach will. Wenn im Gegensatz dazu Menschen sehen, dass jemand versucht, mit ihnen zu kommunizieren, wollen sie wissen, was er zu kommunizieren versucht, zumindest teilweise, *weil* er das von ihnen will (und sie seinen Kooperationsmotiven vertrauen), und sie wählen eine Reaktion – beispielsweise einer Bitte nachzukommen, angebotene Informationen zu akzeptieren oder die Begeisterung über etwas zu teilen –, zumindest teilweise, *weil* das der andere von ihnen will. Da Menschen als Empfänger Kommunikationsangebote irgendwie verstehen und darauf reagieren, zumindest teilweise, weil der Kommunizierende das von ihnen will (wobei der Kommunizierende darauf vertraut) – und weil in der Tat diese Verfahrensweise, wenn alles öffentlich geschieht, normativ strukturiert ist –, nennen wir die Art von praktischem Schlussfolgern, die für die menschliche Kommunikation charakteristisch ist, kooperatives Schlussfolgern. [...]

Diese Ergebnisse deuten darauf hin, dass menschenähnliche gemeinschaftliche Tätigkeit – also Gruppenaktivitäten mit einer intentionalen Struktur, die sowohl ein gemeinsames Ziel als auch komplementäre Rollen umfassen – etwas ist, an dem sich Menschenaffen nicht beteiligen. Im Allgemeinen ist es fast unvorstellbar, dass zwei Schimpansen spontan etwas so Einfaches tun können, wie einen schweren Gegenstand gemeinsam tragen oder ein Werkzeug gemeinsam herstellen. [...] Menschenaffen verstehen durchaus, dass andere Ziele und Wahrnehmungen haben und wie diese bei intentionalen Handlungen, vielleicht sogar bei rationalen Handlungen, miteinander verbunden sind. Das ist also nicht der Grund dafür, dass sie nicht wie Menschen zusammenarbeiten. Vielmehr und wenig überraschend glauben wir nun, dass Menschenaffen zwar verstehen, was der andere als individueller intentionaler Akteur tut, dass sie aber weder über die Fertigkeiten noch über die Motivationen verfügen, mit anderen gemeinsame Ziele und gemeinsame Aufmerksamkeit auszubilden oder sich auf andere Weise mit anderen an geteilter Intentionalität zu beteiligen.

1 Michael Tomasello behauptet, dass Affen in bestimmten Kommunikationssituationen zwar in der Lage seien, praktisch zu schlussfolgern, aber nicht in kooperativer Form. Erläutern Sie den Unterschied, indem sie deren Kommunikationsverhalten mit dem des Menschen vergleichen.

2 Zeigen Sie auf, was der Autor unter „geteilter Intentionalität“ versteht.

Kleine Geschichte der Anthropologie (1972)

Walter Schulz

Die gesamte Anthropologie des Abendlandes von Augustin bis zur Gegenwart ist durch eine spezifische Problemstellung bestimmt, die sich wie ein roter Faden durch die Entwicklung zieht. Es handelt sich um die Frage nach dem *Verhältnis von Vernunft und Trieb* oder grundsätzlicher gesagt: von *Geist und Leib*. Der Mensch ist, so stellt die klassische Tradition heraus, ein widersprüchliches Wesen. Er hat an der reinen Vernunft, wie sie einem Gott zukommt, ebenso Anteil wie an der reinen Vitalität, durch die die Tiere bestimmt sind. Als animal rationale ist er auf der einen Seite dem Geistigen und auf der anderen Seite dem Leiblichen zugehörig. Und dies bedeutet: Der Mensch hat in sich selbst ständig den Konflikt von Vernünftigkeit und Triebhaftigkeit auszutragen. Diese Problematik ist nicht künstlich ersonnen, sondern sie weist auf eine reale Notsituation hin, in der der Mensch als Mensch steht und mit der er in irgendeiner Weise fertigwerden muss.

Augustinus von Hippo: Kirchenlehrer und Philosoph (354–430)

animal rationale: Vernunftwesen

Überblickt man nun die geschichtliche Entwicklung, so ist wohl kaum zu bezweifeln, dass der Mensch praktisch nicht mit dieser Not zurande kam. Setzt man einmal mit der klassischen Tradition die Vernünftigkeit als die wahre Bestimmung des Menschen an, so zeigt sich sofort, dass der Mensch tatsächlich nicht vernünftig lebt. Die Vernünftigkeit erscheint vielmehr als *Forderung*, von der es zweifelhaft ist, ob der Mensch sie überhaupt erfüllen kann.

Es gibt hier also keinen festen Boden, auf den man den Menschen zurückführen kann, denn die reale Wirklichkeit ist ebenso durch die Unvernunft wie durch die Vernunft bestimmt. Die Aufgabe, den Menschen zur Einheit und zur Ordnung seiner selbst so zusammenzuschließen, ist – so kann man formulieren – von der Realität her gesehen für uns noch genauso brennend wie in den Tagen Platos.

Aber nicht nur in Bezug auf die Frage der Realisierung der Vernunft gegenüber der Triebhaftigkeit zeigt sich, dass die Schwierigkeiten der anthropologischen Problematik ungelöst sind. Noch bedrängender ist es, dass die Entscheidung für die Vernunft und den Geist durchaus nicht selbstverständlich zu sein scheint. Und erst hier treffen wir auf die *eigentliche Problematik* der philosophischen Anthropologie, die es notwendig macht, sich ausdrücklich mit ihrer Entwicklung nicht nur in der Gegenwart zu befassen.

Seit dem „Zusammenbruch des Idealismus", allgemeiner gesagt: Seit dem *Fraglichwerden der Vernunftmetaphysik* setzt sich die Meinung immer stärker durch, dass die Vernunft nicht nur der Macht nach, sondern auch dem Rang nach durchaus nicht das Erste sei, das seien vielmehr die Triebe oder genauer: der *Wille*. Der Wille wird – und das ist nun entscheidend – nicht mehr wie in der Tradition als Bundesgenosse der Vernunft zu den oberen Vermögen gerechnet. Der Wille ist an ihm selbst *dunkler Drang, Begierde und Trieb*, mit einem Wort reine, und das heißt nun: unvernünftige Kraft. Und so in diesem Willen, nicht in der Vernunft liegt das Wesen des Menschen. Nicht die Vergeistigung, sondern die Verleiblichung ist die Aufgabe, die dem Menschen gestellt ist, so lehrt Nietzsche. [...]

Die Tendenz der Vergeistigung ist das Kennzeichen der metaphysischen Anthropologie, die von den Griechen bis zu Hegel das philosophische Denken bestimmt. [...] Der Rückgriff auf die Wissenschaft ist das eigentliche Kennzeichen der *modernen philosophischen Anthropologie*.

Nach- und Weiter-Denken

1 Der Gang durch die Geschichte der Anthropologie verlangt nach einer vorläufigen Bilanz. Zu Beginn des Kapitels hatten Sie Gelegenheit, Ihr Verständnis vom Menschen darzulegen (vgl. S. 6 f.). Wie hat sich nach der Lektüre der Texte Ihr Verständnis vom Menschen geändert?
Welche anthropologische Konzeption, die Sie kennengelernt haben, kommt Ihrer Deutung des Menschen am nächsten?

2 Erstellen Sie eine Definition des Menschen im Sinne der philosophischen Anthropologie.

3 Der Gang durch die Geschichte der Anthropologie führt uns zu unserem Ausgangspunkt zurück, nämlich zu dem wirkungsmächtigen Satz des Protagoras: „Der Mensch ist das Maß aller Dinge." Verfassen Sie einen philosophischen Essay über diese These des Protagoras.

3.2 Das Verhältnis von Leib und Seele

Mary

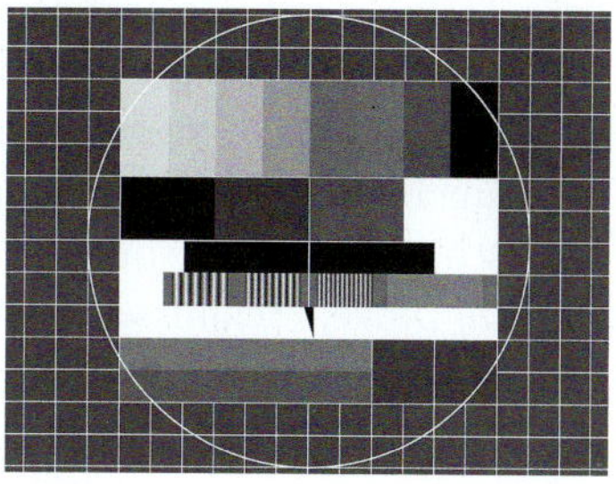

Mary ist eine brillante Neurowissenschaftlerin die – aus welchen Gründen auch immer – gezwungen ist, die Welt aus einem schwarz-weißen Raum heraus und mithilfe eines schwarz-weißen Monitors zu erforschen. Sie spezialisiert sich auf die Neurophysiologie der Farbwahrnehmung und erwirbt auf diesem Gebiet, so nehmen wir an, ein vollständiges Wissen darüber, was in uns vorgeht, wenn wir reife Tomaten oder den Himmel betrachten und Ausdrücke wie „rot“, „blau“ usw. verwenden. Sie findet beispielsweise heraus, exakt welche Kombination von Wellenlängen des vom Himmel emittierten Lichts die Retina [die Netzhaut] stimulieren und auf exakt welchem Weg diese Stimulierung über das zentrale Nervensystem das Zusammenziehen der Stimmbänder und das Austreten von Luft aus der Lunge veranlasst, was dann letztlich in der Äußerung der Worte „Der Himmel ist blau“ resultiert. [...] Was wird passieren, wenn Mary diesen schwarz-weißen Raum verlassen darf oder einen Farbmonitor bekommt? Wird sie etwas lernen oder nicht? Es scheint einfach offensichtlich zu sein, dass sie etwas über die Welt und über unser visuelles Erleben der Welt lernen wird. Dann ist es jedoch unvermeidlich, dass ihr vorheriges Wissen unvollständig war. Da sie über alle physikalischen Informationen verfügte, muss es folglich mehr zu wissen geben als das, und der Physikalismus ist falsch.

Vor-Denken

1 Lesen Sie den Text über Mary, die Neurowissenschaftlerin. Bezeichnen wir mit X das, was Mary, die über alle physikalischen Informationen über Farben verfügte, doch noch nicht über Farben wusste, bevor sie den neuen Monitor bekam. Beschreiben Sie möglichst genau, was dieses X ist. Hat X nur im Rahmen eines merkwürdigen philosophischen Gedankenexperiments eine Bedeutung oder auch für Ihr eigenes Leben?

2 Eine (vielleicht) ganz andere Frage: Was verstehen Sie unter den Ausdrücken „Geist“ und „Seele“? Geben Sie mögliche Bedeutungen an und notieren Sie außerdem eine kurze Definition der beiden Begriffe.

3 Erläutern Sie kurz Ihr Verständnis von dem Zusammenspiel zwischen Körper und Seele bzw. zwischen Körper und Geist. Wenn Sie nicht an einen Geist oder eine Seele glauben: Begründen Sie Ihre Einstellung.

Das Leib-Seele-Problem als Kollision von Gemeinplätzen (1994)

Holm Tetens

Das Leib-Seele-Problem gehört zu den ältesten und am längsten diskutierten Problemen innerhalb der Philosophie. Es betrifft unmittelbar unser Selbstverständnis als denkende, handelnde und die Welt erkennende Wesen. Haben wir eine unsterbliche Seele? Sind wir nichts weiter als komplexe biologische Automaten? Wie beeinflussen sich Körper und Geist? Diese und andere Fragen beschäftigen nicht nur die Philosophen und die Philosophie. In dem folgenden Text wird das Leib-Seele-Problem sehr raffiniert als Kollision von Gemeinplätzen eingeführt.

Wir leben in der physischen Welt. Und unser eigener Leib ist ein Teil dieser *physischen Welt*. Aber wir sind nicht nur ein Teil der physischen Welt, wir erleben uns auch als *seelisch-geistige Wesen*: Wir nehmen unsere physische Umwelt wahr, wir empfinden körperliche Zustände wie Schmerz, Lust oder Hunger, wir fühlen uns erleichtert, traurig, glücklich oder voller Hass [...]. Solche inneren Zustände wie Wahrnehmungen, Empfindungen, Gefühle, Gedanken, Meinungen, Vorstellungen, Wünsche, Absichten, Träume werden von nun an kurz *mentale Zustände* genannt. Mentale Zustände unterscheiden sich von physischen Zuständen vor allem durch zwei Eigenschaften. Sehr viele mentale Zustände sind *auf* Dinge, Ereignisse, Sachverhalte *gerichtet*. Es sind Zustände, die einen *Inhalt* haben, so wie Sätze einen Inhalt haben. Das sieht man besonders deutlich an der Art und Weise, wie wir mentale Zustände beschreiben: Ich höre Leute im Treppenhaus. – Er will, dass er den Mietvertrag noch heute unterschreibt. – Sie weiß, dass er sie auf jeden Fall übers Ohr hauen wird. [...]. Philosophen nennen diese Eigenschaft mentaler Zustände *Intentionalität*. [...]

Mit-Denken

||| Erklären Sie, worin die Intentionalität des mentalen Zustands besteht, den man mit dem Satz „Ich höre Leute im Treppenhaus" beschreibt.

Aber mentale Zustände unterscheiden sich noch in einer weiteren Eigenschaft von physischen Zuständen. Wer einen farbigen Gegenstand betrachtet, [...] wer körperliche Schmerzen empfindet, wer sich gedrängt fühlt, etwas zu tun, [...] der *erlebt* dabei *„innerlich"* etwas. [...] Jeder erlebt seine eigenen mentalen Zustände direkt und unmittelbar in einer ihn privilegierenden *Innenperspektive*, während den anderen nur sein „äußeres" Verhalten und seine Mitteilungen über sein Innenleben direkt zugänglich sind. Physische Ereignisse und Zustände können dagegen von verschiedenen Beobachtern auf die gleiche Weise wahrgenommen werden, ohne dass einer der Beobachter dabei prinzipiell bevorzugt wäre. Unsere Erkenntnis des Physischen spaltet sich nicht in eine Innen- und in eine Außenperspektive. Die beiden Eigenschaften mentaler Zustände scheinen einen tiefen Graben zu den gewöhnlichen physischen Zuständen und Ereignissen aufzureißen. Und so ist fast jeder erst einmal geneigt, der folgenden *Dualismusthese* zuzustimmen:

(1) Insofern mentale Zustände intentionale Zustände sind oder die betreffende Person sie jeweils „von innen heraus erlebt", scheinen sie von prinzipiell anderer Art zu sein als physische Zustände.

Mit-Denken

||| Schreiben Sie auf, ob Sie selbst der Dualismusthese zustimmen oder nicht.

Im Alltag sind wir fest davon überzeugt, dass das Mentale und das Physische nicht beziehungslos nebeneinander in der Welt vorkommen. Wie selbstverständlich sind uns im Alltag *Erklärungen* wie die folgenden: Warum verziehst du das Gesicht? Ich habe furchtbare Zahnschmerzen. [...] – Warum ist er so gut gelaunt? Er hat gerade erfahren, dass er das Examen doch bestanden hat. – [...] In [...] diesen Beispielen scheint sich zu zeigen:

(2) Physische und mentale Zustände wirken kausal wechselseitig aufeinander ein: Mentale Zustände beeinflussen kausal insbesondere unser Verhalten, physische Zustände rufen insbesondere bewusste Erlebnisse hervor.

Die These (2) soll die *Wechselwirkungsthese* heißen. [...]

Mit-Denken

||| Schreiben Sie auf, ob Sie selbst der Wechselwirkungsthese zustimmen oder nicht.

Die Thesen (1) und (2) erscheinen uns so selbstverständlich, dass man getrost von zwei „Binsenwahrheiten" reden kann. [...] Es wäre vielleicht zu viel gesagt, bezeichnete man Philosophen als Experten für Binsenwahrheiten. Auch ein Philosoph fällt angesichts eines Gemeinplatzes nicht plump mit der schlichten Wahrheitsfrage „Ist diese Überzeugung wahr?" ins Haus. [...] Den Philosophen ruft eine raffiniertere Variante der Wahrheitsfrage auf den Plan. Aussagen können einander widersprechen. Selbst Binsenwahrheiten sind manchmal miteinander unverträglich, und gerade bei ihnen kann das lange Zeit niemandem auffallen. [...] Genau eine solche Unverträglichkeit glauben Philosophen an unseren beiden Überzeugungen zu entdecken, dass der Mensch ein Teil der physischen Welt und dass er ein seelisch-geistiges Wesen ist. Sie machen uns darauf aufmerksam, dass sich die Naturwissenschaften längst angeschickt haben, menschliches Verhalten lückenlos physikalisch zu erklären. Vereinfacht dargestellt, wird das Verhalten so erklärt: Wenn ein Mensch handelt oder sich verhält, bewegt er im Allgemeinen seinen Körper. Aber ein menschlicher Organismus oder seine Teile und Organe bewegen sich genau dann, wenn Muskeln kontrahieren oder sich die Organe in anderer Weise physikalisch verändern. Muskeln kontrahieren, die übrigen Organe verrichten ihre Aufgaben, wenn Nervenzellen elektrochemische Signale in die entsprechenden Körperregionen „senden". Das wiederum tun diese Nervenzellen, sobald andere, ihnen vorgeschaltete Nervenzellen entsprechend aktiv geworden sind. Die letzteren aber werden ihrerseits durch wieder andere, ihnen vorgeschaltete Nervenzellen aktiviert. Folgt ein Naturwissenschaftler auf diese Weise der Ursachenkette für menschliches Verhalten, so gelangt er zunächst immer tiefer in das Gehirn hinein, dann aber verlässt er über die Sinnesorgane den Organismus und landet schließlich in dessen Umwelt. Stets wird er dabei Physisches ausschließlich und hinreichend durch Physisches verursacht finden. Die Naturwissenschaften konfrontieren uns daher mit der folgenden These:

(3) Beim menschlichen Verhalten sind keine nicht-physischen Ursachen im Spiel. Es ist ein gehirngesteuertes, kausal lückenlos physisches Geschehen.

Mit-Denken

||| Schreiben Sie auf, ob Sie auch dieser These zustimmen. Haben Sie nun allen drei Thesen zugestimmt? Wenn ja, dann sind Sie in großen Schwierigkeiten! Ahnen Sie, ohne jetzt schon weiterzulesen, worin das Problem besteht?

Die These (3) beendet das friedliche Nebeneinander von Dualismusthese und Wechselwirkungsthese. [...] Obwohl wir von Binsenwahrheiten ausgegangen sind, stehen wir jetzt einer gar nicht mehr trivialen Frage gegenüber:

(4) Wie können Wahrnehmungen, Gefühle, Überzeugungen, Wünsche, Absichten unser Verhalten lenken, wenn zugleich wahr ist, dass dieses Verhalten lückenlos physisch verursacht ist?

Vor allem diese zentrale Frage diskutiert die Philosophie unter dem Titel *„Leib-Seele-Problem"*.

1 Nennen Sie mindestens drei Beispiele für mentale und physische Zustände. Erläutern Sie kurz, warum es sich um Zustände des jeweiligen Typs handelt.

2 Geben Sie den Inhalt der Dualismusthese, der Wechselwirkungsthese und der These (3), die man Abgeschlossenheitsthese nennen kann, mit eigenen Worten wieder.

3 Überprüfen Sie, was es jeweils bedeuten würde, wenn
(a) die Abgeschlossenheitsthese (3) und die Wechselwirkungsthese (2),
(b) die Abgeschlossenheitsthese (3) und die Verschiedenheitsthese (1),
(c) die Wechselwirkungsthese (2) und die Verschiedenheitsthese (1)
wahr und die jeweils fehlende These falsch wären.

4 Welche der drei Thesen vertreten Sie bzw. welche der drei Thesen lehnen Sie ab? Begründen Sie Ihre Position.

5 Auf den folgenden Seiten werden Sie verschiedene Positionen kennenlernen, die innerhalb des Leib-Seele-Problems vertreten werden. Legen Sie sich eine „3-Thesen-Tabelle" an, in der Sie festhalten können, welche Kombination aus Abgeschlossenheits-, Verschiedenheits- und Wechselwirkungsthese für die einzelnen Positionen kennzeichnend ist.

Position	Vertreter	Gilt die Abgeschlossenheitsthese?	Gilt die Verschiedenheitsthese?	Gilt die Wechselwirkungsthese?
P	X	ja	ja	nein

Geist und Gehirn (1990)

Thomas Nagel

Der amerikanische Philosoph Thomas Nagel (* 1937) stellt in dem folgenden Text sehr anschaulich einige grundlegende Positionen dar, die in der Diskussion um das Verhältnis von Leib und Seele vertreten werden. Er nimmt dabei mit einem ganz besonderen Beispiel die Beziehung zwischen mentalen Zuständen und Gehirnzuständen in den Blick.

Das schwarze Phantom schrumpft ...

Es gibt [...] eine philosophische Frage über die Beziehung zwischen dem Geist und dem Gehirn, und diese lautet:

Ist unser Geist etwas, das zwar mit unserem Gehirn in Verbindung steht, aber doch von ihm verschieden ist, oder ist er unser Gehirn? Sind unsere Gedanken, Gefühle, Wahrnehmungen, Empfindungen und Wünsche Ereignisse, die zu den physikalischen Vorgängen in unserem Gehirn noch *hinzukommen*, oder machen sie ihrerseits eine *Teilmenge* dieser physikalischen Vorgänge aus? Was geschieht beispielsweise, wenn man in einen Schokoladenriegel beißt? Die Schokolade schmilzt auf unserer Zunge und verursacht chemische Reaktionen in unseren Geschmackszellen; die Geschmackszellen senden elektrische Impulse durch die Nerven hindurch, die von unserer Zunge zu unserem Gehirn führen, und wenn diese Impulse das Gehirn erreichen, so erzeugen sie dort weitere physikalische Reaktionen; und schließlich *empfinden wir den Geschmack von Schokolade*. Was

... schwimmt zu einem Nano-U-Boot, das sich in einer Spritze befindet ...

ist jedoch er? Kann er schlicht mit einem physikalischen Ereignis in einigen unserer Hirnzellen *identisch* sein, oder muss es sich bei ihm um etwas Grundverschiedenes handeln? Würde ein Wissenschaftler unsere Schädeldecke entfernen und in unser Gehirn hineinsehen, während wir den Schokoladenriegel essen, so würde er nichts weiter sehen als eine graue Masse von Nervenzellen. Würde er mit Messinstrumenten bestimmen, was dort vor sich geht, so würde er komplizierte physikalische Vorgänge der unterschiedlichsten Art entdecken. Fände er jedoch den Geschmack von Schokolade? Es sieht so aus, als könnte er ihn in unserem Gehirn nicht finden, da unsere Empfindung des Geschmacks von Schokolade in unserem Geist auf eine Weise eingeschlossen ist, die sie für jeden anderen unzugänglich macht – auch wenn er unseren Schädel öffnet und in unser Gehirn hineinblickt. Unsere Erlebnisse sind im Innern unseres Geistes in *einem anderen Sinn von „innen"* als jenem, in dem unser Gehirn sich im Innern unseres Kopfes befindet. Ein anderer kann unseren Schädel öffnen und sich sein Innenleben ansehen, er kann jedoch nicht unseren Geist öffnen und in ihn hineinblicken – zumindest nicht auf die gleiche Weise. Es handelt sich nicht bloß darum, dass der Geschmack von Schokolade ein Geschmack ist und daher nicht gesehen werden kann. Angenommen, ein Wissenschaftler wäre verrückt genug, den Versuch zu wagen, meine Empfindung des Geschmacks von Schokolade zu beobachten, indem er an meinem Gehirn leckte, während ich von einem Schokoladenriegel koste. Zunächst einmal würde mein Gehirn für ihn vermutlich nicht nach Schokolade schmecken. Doch selbst wenn dies der Fall wäre, es wäre ihm nicht gelungen, in mein Bewusstsein einzudringen und *meine* Empfindung des Geschmacks von Schokolade zu beobachten. Er hätte lediglich herausgefunden, dass sich kurioserweise mein Gehirn immer dann, wenn ich Schokolade esse, so verändert, dass es für andere Leute nach Schokolade schmeckt. Er hätte seinen Geschmack von Schokolade und ich den meinen. Wenn unsere Erlebnisvorgänge auf eine andere Weise in unserem Bewusstsein sind, als sich die entsprechenden Gehirnprozesse in unserem Hirn befinden, so sieht es so aus, als könnten unsere Erlebnisse und andere psychische Zustände nicht einfach bloß physikalische Zustände unseres Gehirns sein. Wir müssen demnach mehr sein als bloß ein Körper mit seinem brausenden Nervensystem. Eine mögliche Schlussfolgerung lautet, dass es eine Seele geben muss, die so an unseren Körper gebunden ist, dass beide aufeinander einwirken können. Trifft dies zu, so bestehen wir aus zwei sehr verschiedenartigen Dingen: einem komplexen physischen Organismus und einer rein mentalen Seele. (Diese Auffassung bezeichnet man aus offensichtlichen Gründen als DUALISMUS.) Viele halten jedoch den Glauben an eine Seele für altmodisch und unwissenschaftlich. Alles andere auf der Welt besteht aus körperlicher Materie – aus unterschiedlichen Verbindungen der gleichen chemischen Elemente. Warum also nicht auch wir? [...] Die Auffassung, dass Personen aus nichts als physikalischer Materie bestehen und dass ihre psychischen Zustände physikalische Zustände des Gehirns sind, nennt man PHYSIKALISMUS (oder manchmal MATERIALISMUS). [...] Es gibt eine andere mögliche Position, die sich sowohl vom Dualismus als auch vom Physikalismus unterscheidet. Der Dualismus ist der Auffassung, dass Sie aus einem Körper plus einer Seele bestehen und dass Ihr *psychisches* Leben sich in Ihrer Seele abspielt. Der Physikalismus vertritt die Position, dass

... und plant, sich auf eine Reise ins Gehirn von Micky Maus zu begeben ...

... um ihn durch eine Manipulation des Gehirns zu Straftaten zu bewegen.

sich Ihr psychisches Leben aus *physikalischen* Prozessen zusammensetzt, die in Ihrem Gehirn ablaufen. Es gibt jedoch die weitere Möglichkeit, dass sich Ihr psychisches Leben in Ihrem Gehirn abspielt und doch all diese Erlebnisse, Gefühle, Gedanken und Wünsche keine physikalischen Prozesse in Ihrem Gehirn sind. Dies würde bedeuten, dass die graue Masse der Milliarden von Nervenzellen in Ihrem Schädel *kein bloß physikalischer Gegenstand* wäre. Sie hat eine Vielzahl physikalischer Eigenschaften – Unmengen chemischer und elektrischer Reaktionen ereignen sich in ihr –, zusätzlich laufen in ihr jedoch auch psychische Vorgänge ab.

Die Auffassung, dass das Gehirn der Ort des Bewusstseins ist, dass jedoch seine bewussten Zustände keine bloß physikalischen Zustände sind, bezeichnet man als DOPPELASPEKTTHEORIE. Man nennt sie so, da sie besagt, dass mein Hineinbeißen in eine Tafel Schokolade in meinem Gehirn einen Zustand oder Vorgang mit zwei Aspekten hervorruft: einem physikalischen Aspekt, der die vielfältigen chemischen und elektrischen Reaktionen einschließt, und einem psychischen Aspekt – der Geschmacksempfindung von Schokolade. [...] Wir könnten diese Position so formulieren, dass wir uns ihr zufolge nicht aus einem Körper plus einer Seele zusammensetzen – sondern lediglich ein Körper sind, dass jedoch unser Körper, oder zumindest unser Gehirn, kein bloß physikalisches System ist. Er ist ein Objekt mit sowohl physikalischen als auch psychischen Aspekten: Er lässt sich zwar anatomisch zerlegen, er besitzt jedoch in gewissem Sinne einen inneren Raum, der durch eine solche Vivisektion nicht aufgedeckt zu werden vermag. Es fühlt sich aus der Innenperspektive auf eine bestimmte Weise an, Schokolade zu kosten, weil es sich aus der Innenperspektive auf eine bestimmte Weise anfühlt, wenn sich unser Gehirn in dem Zustand befindet, der erzeugt wird, wenn wir eine Tafel Schokolade essen. [...] Man wird so lange keine angemessene Gesamtauffassung der Wirklichkeit besitzen, als man nicht erklären kann, auf welche Weise eine Vielzahl physikalischer Elemente, sofern sie auf die richtige Weise zusammenkommen, nicht allein einen funktionsfähigen biologischen Organismus bildet, sondern darüber hinaus ein bewusstes Wesen. Könnte man das Bewusstsein selbst mit irgendeinem physikalischen Zustand identifizieren, so hätte man freie Bahn für eine vereinheitlichte physikalische Theorie von Geist und Körper und daher vielleicht auch für eine physikalische Einheitswissenschaft vom Universum. Das Gewicht der Argumente gegen eine rein physikalische Theorie des Bewusstseins macht es jedoch wahrscheinlich, dass eine physikalische Theorie der gesamten Wirklichkeit nicht möglich ist. Die Naturwissenschaften verdanken ihren Fortschritt der Tatsache, dass sie das Psychische aus dem Gebiet dessen aussparen, das sie zu erklären suchen, doch womöglich gibt es zwischen Himmel und Erde mehr, als man mit den Mitteln der Naturwissenschaften verstehen kann.

1 Ganz offensichtlich gibt es *etwas*, was der Gehirnforscher nicht erfassen kann, selbst wenn er unser Denkorgan noch so genau unter die Lupe nimmt bzw. mit seinen Messinstrumenten untersucht. Beschreiben Sie mit Ihren eigenen Worten, was dieses *Etwas* ist.

2 Erläutern Sie die philosophischen Positionen des Dualismus, des Physikalismus und der Doppelaspekttheorie, indem Sie zeigen, welche Kombination aus Verschiedenheits-, Wechselwirkungs- und Abgeschlossenheitsthese die Anhänger der unterschiedlichen Positionen für angemessen halten (vgl. hierzu den Text auf S. 37 ff.).

3 In den Auszügen aus einem Comic, die Sie auf den Seiten 40, 41 und 42 finden, wird eine faszinierende Idee dargestellt, die auch schon in einigen Filmen umgesetzt wurde (z. B. „Die phantastische Reise“, USA 1966, oder „Die Reise ins Ich“, USA 1987). Angenommen, es gelänge tatsächlich, in der dargestellten Weise in das Gehirn eines Menschen einzudringen: Könnte man ihn dann durch eine Manipulation seines Gehirns zu bestimmten Handlungen bewegen? Könnten Sie als Kapitän eines solchen Nano-U-Boots vielleicht sogar irgendwo zwischen den Nervenzellen das Bewusstsein oder die Seele sehen?

Die Unsterblichkeit der Seele (nach 399 v. Chr.)

Platon

Eine Standardposition in der Diskussion um das Verhältnis von Leib und Seele ist der sogenannte Substanzdualismus. Vertreter dieser Auffassung glauben, dass der Mensch aus einem materiellen Körper und einer immateriellen Seele besteht, dass das Wesen des Menschen nicht an den Körper, sondern an die unsterbliche Seele gebunden ist, und dass die unsterbliche Seele nach dem Tod den Körper verlässt. Der Substanzdualismus trägt der weitverbreiteten Überzeugung Rechenschaft, dass wir als Menschen mehr sind als nur ein materieller Körper aus Fleisch und Blut. Er verträgt sich auch sehr gut mit unserer Hoffnung, dass der Tod kein absolutes Ende unserer Existenz bedeutet, sondern dass unsere Seele weiterleben kann. Bei Goethe heißt es in den *Zahmen Xenien* treffend:

Du hast Unsterblichkeit im Sinn;
Kannst Du uns Deine Gründe nennen?
Gar wohl! Der Hauptgrund liegt darin,
Dass wir sie nicht entbehren können.

Argumente für die Unsterblichkeit der Seele finden sich schon bei Platon. In seinen Dialogen *Menon* und *Phaidon* versucht er beispielsweise, zu beweisen, dass jeder Mensch über Wissen verfügt, das nicht durch Erfahrung erworben wurde, sondern eine Art Wiedererinnerung (Anamnesis) an vor der Geburt geschaute Wahrheiten darstellt, die an eine unsterbliche Seele geknüpft sind. Im *Phaidon* finden sich noch weitere Argumente. Im folgenden Textauszug versucht Sokrates, seinen Gesprächspartner Kebes auf besonders originelle Weise davon zu überzeugen, dass sich die Seele nach dem Tod des Körpers nicht einfach verflüchtigt und zu existieren aufhört:

Betrachten wir also die Sache so, dass wir fragen, ob die Seelen der verstorbenen Menschen im Hades sind oder nicht. Es sagt nun ein alter, wohlbekannter Spruch, dass die Seelen von hier kommend dort weilen und dann wieder hierher zurückkehren und wieder werden aus den Toten. Verhält sich dies nun wirklich so, dass die Lebenden wieder aus den Toten werden, muss dann nicht unserer Seele dort ein Sein zukommen? Denn wären sie nicht, könnten sie nicht wieder werden und es ergäbe sich für dies Sein derselben ein voller Beweis, wenn es sich tatsächlich herausstellte, dass die Lebenden nirgends anderswoher zum Werden gelangen als aus den Toten. Ist dies aber nicht der Fall, dann bedürfte es irgendeines anderen Beweises.

Allerdings, sagte Kebes.

Hades: In der griechischen Mythologie der Name der Unterwelt und des Herrschers über die Unterwelt

Richte nun, sagte Sokrates, zum leichteren Verständnis dieses Satzes deinen Blick nicht bloß auf Menschen, sondern auf alle Tiere und Gewächse; ja wir wollen ganz allgemein in Bezug auf alles, das ein Werden hat, uns klarwerden, ob alles auf diese Weise wird, nämlich das Gegenteil aus dem Gegenteil und nicht anderswoher da, wo es überhaupt ein Gegenteil gibt, wie z. B. das Schöne dem Hässlichen entgegengesetzt ist und das Gerechte dem Ungerechten und so Unzähliges andere. Das also wollen wir ergründen, ob alles, was ein Gegenteil hat, unmöglich irgend anderswoher entstehen kann als aus seinem Gegenteil. Z. B. wenn etwas größer wird, muss es doch notwendig aus einem früher Kleineren größer werden?

KEBES. Ja.
SOKRATES. Und wenn es kleiner wird, wird es doch aus einem früher Größeren zu einem nunmehr Kleineren?
Gewiss, sagte KEBES.
SOKRATES. Und aus einem Stärkeren das Schwächere und aus einem Langsameren das Schnellere?
KEBES. Zweifellos.
SOKRATES. Und weiter, wenn etwas schlechter wird, doch aus einem Besseren, und wenn gerechter aus einem Ungerechten?
KEBES. Zweifellos.
SOKRATES. Mit vollem Recht dürfen wir also behaupten, dass immer und überall aus dem Gegenteil das Gegenteil entsteht?
KEBES. Allerdings.

Mit-Denken

III Kebes scheint sich von Sokrates recht leicht überzeugen zu lassen. Sind Sie kritischer? Was hätten Sie Sokrates an dieser Stelle des Gesprächs geantwortet? Notieren Sie eine kurze Replik!

SOKRATES. Und zeigt es sich nicht auch weiter, dass jedes Mal zwischen den beiden Gegenteilen, da es ja eben zwei sind, zwei Arten des Werdens auftreten, von dem Ersten zum Zweiten und dann wieder von dem Zweiten zum Ersten? Zwischen einem Größeren und Kleineren Wachstum und Abnahme, sodass wir im ersteren Fall sagen es wachse, im anderen es nehme ab?
Ja, sagte KEBES.
SOKRATES. Und ebenso steht es mit dem Sich-Sondern und Sich-Verbinden und dem Kaltwerden und Warmwerden und allem Ähnlichen, und wenn uns zuweilen auch die besonderen Bezeichnungen dafür fehlen, so muss es sich doch tatsächlich immer so verhalten, dass das Entgegengesetzte auseinander entsteht und dass die Entstehung eine wechselseitige ist.
Allerdings, sagte KEBES.
Wie nun, sagte SOKRATES, ist dem Leben etwas entgegengesetzt wie dem Wachen das Schlafen?
Gewiss, sagte Kebes.
Sokrates. Was?
Das Totsein, sagte KEBES.
SOKRATES. Also entstehen sie doch aus einander, wenn anders sie einander entgegengesetzt sind, und die Entstehungen bewegen sich in beiden Richtungen, da der Gegenteile zwei sind.

Kebes. Allerdings.

Sokrates. Über das eine der genannten Gegensatzpaare will ich dir Auskunft geben, sowohl hinsichtlich der Gegenteile selbst wie der Entstehungsarten. Du aber magst es über das andere tun. Es handelt sich für meinen Fall um das Schlafen einerseits, um das Wachsein andererseits, und es entsteht aus dem Schlafen das Wachsein und aus dem Wachsein das Schlafen und ihre Entstehungsarten sind hier das Einschlafen und dort das Erwachen. Habe ich mich dir damit hinreichend verständlich gemacht?

Kebes. Vollkommen.

Sokrates. Also gib nun auch du mir in dieser Weise Auskunft über Leben und Tod. Bist du nicht der Ansicht, dass dem Leben das Totsein entgegengesetzt sei?

Kebes. Gewiss.

Sokrates. Und dass sie auseinander entstehen?

Kebes. Ja.

Sokrates. Was wird also aus dem Lebenden?

Kebes. Das Tote.

Sokrates. Was aber aus dem Toten?

Kebes. Das Lebende, wie man notwendigerweise einräumen muss.

Sokrates. Aus dem Toten also entsteht das Lebende und die Lebenden?

Kebes. Offenbar.

Sokrates. Also kommt unseren Seelen im Hades ein Sein zu.

Kebes. So scheint es.

Sokrates. Ist nun nicht von den darauf bezüglichen Entstehungsarten die eine wenigstens ganz deutlich? Denn ist nicht das Sterben ein ganz deutlicher Vorgang, oder nicht?

Kebes. Gewiss.

Sokrates. Wie sollen wir's nun halten? Werden wir die entsprechende entgegengesetzte Entstehungsart nicht auch anerkennen müssen, oder soll die Natur hier lahm sein? Ist es nicht vielmehr unvermeidlich, eine dem Sterben entgegengesetzte Entstehungsart anzuerkennen?

Kebes. Durchaus.

Sokrates. Und welche wäre das?

Kebes. Das Wiederlebendigwerden.

Sokrates. Muss nun nicht, wenn es wirklich ein Wiederlebendigwerden gibt, dies Wiederlebendigwerden ein Übergang von den Toten zu den Lebenden sein?

Kebes. Allerdings.

Sokrates. Also auch in dieser Beziehung räumen wir ein, dass die Lebenden nicht weniger aus den Toten entstehen als die Toten aus den Lebenden. Wenn dies aber der Fall wäre, so schien mir das ein hinreichender Beweis dafür zu sein, dass die Seelen der Verstorbenen notwendig irgendwo seien, von wo sie dann wiederauferstehen.

Kebes. Nach dem Zugestandenen schient mir das, Sokrates, sich notwendig so zu verhalten.

Sokrates. Betrachte denn die Sache, mein Kebes, von folgender Seite, zum Beweise, dass, wie mich dünkt, es mit unseren Zugeständnissen seine volle Richtigkeit hatte. Denn entspräche nicht immer das Werden des einen dem des anderen, sodass sich eine Art beständiger Kreislauf abspielte, fände vielmehr nur ein geradliniges Werden von dem einen zu dem Entgegengesetzten hin, statt ohne sich wieder nach dem anderen hinzuwenden und eine Biegung zu machen, so würde doch offenbar schließlich alles dieselbe Gestalt annehmen und dem nämlichen Zustand verfallen, und mit dem Werden wäre es überhaupt vorbei.

Kebes. Wie meinst du das?

Endymion: In der griechischen Mythologie ein korinthischer Hirte, der durch seine Schönheit die Liebe der Mondgöttin erweckte, die ihn in einen ewigen Schlaf versetzte, um unbemerkt bei ihm bleiben zu können

Sokrates. Was ich meine, ist nicht schwer zu verstehen. Wenn es z. B. das Einschlafen gäbe, dagegen kein Wiedererwachen als entsprechendes Werden aus dem Zustande des Schlafens, so würde schließlich alles dafür zeugen, dass die Geschichte vom Endymion ganz sinnlos und jeder Geltung bar wäre, weil ja auch alles andere dann dem gleichen Zustand verfallen wäre wie er, nämlich dem Schlafe. [...]
Ebenso, mein lieber Kebes, steht es nun auch in unserem Falle: Wenn alles stürbe, was am Leben teilhat, sodann aber das Tote in dieser Verfassung bliebe und nicht wieder zum Leben aufgeweckt würde, wäre dann nicht die unausbleibliche Folge, dass schließlich alles tot wäre und nichts mehr lebte? Denn wenn das Lebende nicht aus dem Toten entstände, sondern aus dem, was nicht tot ist, alles Lebende aber abstürbe, müsste da nicht alles dem Totsein verfallen?

Kebes. Das scheint mir, mein Sokrates, unwidersprechlich und vollkommen der Wahrheit entsprechend.

Sokrates. Ja, mein Kebes, wie mir scheint, ist jeder Zweifel ausgeschlossen und unsere Zugeständnisse beruhen keineswegs auf Täuschung, sondern es gibt in der Tat ein Wiederaufleben und ein Werden der Lebenden aus den Toten und ein Dasein der Seelen der Abgeschiedenen [und zwar für die Guten ein besseres, für die Schlechten ein schlechteres].

1. Stellen Sie die Argumente, die im Text genannt werden, in einer übersichtlichen Form und in verständlicher Sprache dar.

2. Prüfen Sie kritisch, ob Platons Argumentation schlüssig und gültig ist (vgl. hierzu auch Philos, Einführungsband, S. 136–139).

3. Erläutern Sie die Bedeutung der Argumentation für das Leib-Seele-Problem. Warum ist es so wichtig, zu beweisen, dass die Seele unsterblich ist?

4. Der Ausdruck „werden“ kann auf unterschiedliche Weise verwendet werden. Zum einen kann man damit ausdrücken, dass etwas, was bereits existiert, neue Eigenschaften erwirbt. In Sätzen wie „Diese Blume wird schön“, „Dieser Baum wird groß“ wird „wird“ in dieser Weise verwendet. „Werden“ kann aber auch „entstehen“ meinen, d. h. bedeuten, dass etwas, was es zuvor noch nicht gab, nun existiert: „Geboren werden“ ist ein typischer Ausdruck, in dem „werden“ in dieser Weise verwendet wird. Überprüfen und diskutieren Sie, ob sich aus dieser sprachanalytischen Betrachtung der Verwendungsweise des Ausdrucks „werden“ ein Argument gegen Platon konstruieren lässt.

Ein naturphilosophisches Argument für die Verschiedenheit von Körper und Seele (1637)

René Descartes

In der Antike galt die Vorstellung, dass die Seele dafür sorgt, dass ein Körper leben kann. Die Vielfalt der belebten Natur, die Pflanzen, Tiere und Menschen umfasst, war ohne Seele nicht denkbar. Aristoteles spricht daher nicht nur den Menschen eine (Vernunft-)Seele zu, sondern auch den Pflanzen eine vegetative und den Tieren eine animalische Seele. Es ist René Descartes (1596–1650), der diese enge antike Verknüpfung von Seele und Leben aufbricht. Tiere sind für Descartes nur biologische Maschinen ohne Gefühlsleben, die man auch nachbauen könnte. Die Schmerzensschreie eines Tieres vergleicht er mit dem Quietschen eines Rades. In dem folgenden Textauszug widmet er sich den Unterschieden zwischen Mensch und Tier und der Rolle, die die Seele in diesem Zusammenhang spielt.

10. [...] Wenn es Maschinen mit den Organen und der Gestalt eines Affen oder eines anderen vernunftlosen Tieres gäbe, so hätten wir gar kein Mittel, das uns nur den geringsten Unterschied erkennen ließe zwischen dem Mechanismus dieser Maschinen und dem Lebensprinzip dieser Tiere; gäbe es dagegen Maschinen, die unseren Leibern ähnelten und unsere Handlungen insoweit nachahmten, wie dies für Maschinen wahrscheinlich möglich ist, so hätten wir immer zwei ganz sichere Mittel zu der Erkenntnis, dass sie deswegen keineswegs wahre Menschen sind. Erstens könnten sie nämlich niemals Worte oder andere Zeichen dadurch gebrauchen, dass sie sie zusammenstellen, wie wir es tun, um anderen unsere Gedanken bekannt zu machen. Denn man kann sich zwar vorstellen, dass eine Maschine so konstruiert ist, dass sie Worte und manche Worte sogar bei Gelegenheit körperlicher Einwirkungen hervorbringt, die gewisse Veränderungen in ihren Organen hervorrufen, wie zum Beispiel, dass sie, berührt man sie an irgendeiner Stelle, gerade nach dem fragt, was man ihr antworten will, dass sie, berührt man sie an einer anderen Stelle, schreit, man täte ihr weh und Ähnliches; aber man kann sich nicht vorstellen, dass sie die Worte auf verschiedene Weisen zusammenordnet, um auf die Bedeutung alles dessen, was in ihrer Gegenwart laut werden mag, zu antworten, wie es der stumpfsinnigste Mensch kann. Das zweite Mittel ist dies: Sollten diese Maschinen auch manches ebenso gut oder vielleicht besser verrichten als irgendeiner von uns, so würden sie doch zweifellos bei vielem anderen versagen, wodurch offen zutage tritt, dass sie nicht aus Einsicht handeln, sondern nur zufolge der Einrichtung ihrer Organe. Denn die Vernunft ist ein Universalinstrument, das bei allen Gelegenheiten zu Diensten steht, während diese Organe für jede besondere Handlung einer besonderen Einrichtung bedürfen; was es unwahrscheinlich macht, dass es in einer einzigen Maschine genügend verschiedene Organe gibt, die sie in allen Lebensfallen so handeln ließen, wie uns unsere Vernunft handeln lässt.

11. Diese zwei Mittel kennzeichnen nun auch den Unterschied zwischen Mensch und Tier; denn es ist ganz auffällig, dass es keinen so stumpfsinnigen und dummen Menschen gibt, nicht einmal einen Verrückten ausgenommen, der nicht fähig wäre, verschiedene Worte zusammenzuordnen und daraus eine Rede aufzubauen, mit der er seine Gedanken verständlich macht; und dass es im Gegenteil kein anderes Tier gibt, so vollkommen und glücklich veranlagt es sein mag, das Ähnliches leistet. Dies liegt nicht daran, dass den Tieren Organe dazu fehlten; denn man kann beobachten, dass Spechte und Papageien ebenso wie wir Worte hervorbringen können und dass sie dennoch nicht reden, d.h. zu erkennen geben können, dass sie denken, was sie sagen, wie wir. Von Geburt taubstumme Menschen dagegen müssen die Organe, die andere zum Reden gebrauchen, ebenso oder mehr noch entbehren als die Tiere und erfinden doch für gewöhnlich selbst Zeichen, mit denen sie sich Leuten ihrer gewohnten Umgebung, die Zeit haben, ihre Sprache zu lernen, verständlich machen. Dies zeigt nicht bloß, dass Tiere weniger Verstand haben als Menschen, sondern vielmehr, dass sie gar keinen haben. Denn es ist offenkundig, dass man nur sehr wenig Verstand braucht, um reden zu können, und weil man ja bemerkt, dass die Tiere derselben Art ebenso sehr verschieden sind wie die Menschen und dass einige sich leichter dressieren lassen als andere, so ist es kaum glaublich, dass ein Affe oder ein Papagei, der in seiner Art der Vollkommenste sein mag, nicht wenigstens darin einem der dümmsten Kinder oder mindestens einem Kinde, das nicht ganz bei Sinnen ist, gleichen würde, wenn seine Seele nicht von ganz

anderer Grundbeschaffenheit wäre als die unsere. Auch darf man die Worte nicht mit den natürlichen Lebensäußerungen verwechseln, die innere Erregungen zu erkennen geben und die von Maschinen ebenso gut nachgeahmt werden können wie von Tieren, oder denken, wie einige Alten, dass die Tiere zwar reden, wir aber ihre Sprache nicht verstehen; denn wenn das wahr wäre, so hätten sie sich, zumal ja viele ihrer Organe den unseren entsprechen, uns ebenso gut verständlich machen können wie ihresgleichen. Es ist auch sehr bemerkenswert, dass zwar viele Tiere in manchen ihrer Handlungen mehr Geschicklichkeit zeigen als wir, dass man aber trotzdem dieselben Tiere in vielen anderen Fällen überhaupt keine zeigen sieht. Der Tatbestand also, dass sie es besser machen als wir, beweist nicht, dass sie Geist haben; denn wenn man es so nimmt, dann hätten sie mehr als irgendeiner von uns und würden es in jeder Beziehung besser machen. Aber sie haben im Gegenteil gar keinen, und es ist die Natur, die in ihnen je nach der Einrichtung ihrer Organe wirkt, ebenso wie offensichtlich eine Uhr, die nur aus Rädern und Federn gebaut ist, genauer die Stunden zählen und die Zeit messen kann als wir mit all unserer Klugheit.

12. Sodann hatte ich die vernünftige Seele beschrieben und gezeigt, dass sie keineswegs aus den bewegenden Kräften der Materie abgeleitet werden kann wie die übrigen Dinge, die ich besprochen hatte, sondern durch einen besonderen Akt geschaffen sein muss, und wieso es nicht genügt, dass sie im menschlichen Körper wie der Kapitän an Bord seines Schiffes wohnt – außer vielleicht um die Glieder des menschlichen Körpers zu bewegen –, sondern dass sie enger mit ihm verbunden und vereinigt sein müsse, um außerdem ähnliche Gefühle und Begierden zu haben wie wir und so ein wirklicher Mensch zu sein. Schließlich habe ich mich an dieser Stelle ein wenig mehr über das Thema der Seele verbreitet, da dies zu den wichtigsten Themen überhaupt gehört; denn nach dem Irrtum der Gottesleugner [...] gibt es keinen, der schwache Geister mehr vom geraden Weg der Tugend abbringt, als die Einbildung, Tierseelen hätten die gleiche Natur wie Menschenseelen und wir hätten folglich nach diesem Leben weder etwas zu fürchten noch etwas zu hoffen, genauso wenig wie die Fliegen und die Ameisen. Stattdessen begreift man, wenn man weiß, wie groß ihr Unterschied ist, die Gründe viel besser, die beweisen, dass unsere Seele ihrer Natur nach vollkommen unabhängig vom Leibe und folglich nicht mit ihm zu sterben bestimmt ist, und wird alsdann, zumal man ja keine andere Ursache ihrer Zerstörung findet, dadurch natürlicherweise auf den Schluss geführt, dass sie unsterblich ist.

1 Fassen Sie das Argument von Descartes in zwei Prämissen und einer Konklusion möglichst knapp zusammen (vgl. hierzu auch Philos, Einführungsband, S. 136–139).

2 Erläutern Sie, warum das Argument als „naturphilosophisch" bezeichnet wird. Nutzen Sie zu diesem Zweck auch analoge und/oder digitale Nachschlagewerke.

3 Vergleichen Sie die Thesen Descartes' mit mindestens zwei der Ihnen bereits bekannten Positionen, die Sie bei der Diskussion der Sonderstellung des Menschen (vgl. Philos, Einführungsband Kapitel 1.1) kennengelernt haben.

4 Stellen Sie sich vor, Descartes würde mithilfe einer Zeitmaschine aus dem 17. Jahrhundert in unsere Gegenwart reisen und mit der modernen digitalisierten Gesellschaft des 21. Jahrhunderts konfrontiert. Diskutieren Sie, ob (und wenn ja: inwiefern) Descartes insbesondere angesichts leistungsfähiger Computer mit Spracherkennungssoftware seine Argumente überdenken und ggf. verändern würde.

5 Angenommen, Sie wären der Vorsitzende eines Tierschutzvereins und hätten die Möglichkeit, sich mit einer kurzen Stellungnahme an René Descartes zu wenden, um ihm deutlich zu machen, dass Tiere nicht bloß komplexe Automaten sind. Wie sähe Ihr Text aus?
Bereiten Sie ein kurzes, aber flammendes Plädoyer vor, das Sie in Ihrem Kurs halten.

6 Descartes' philosophische Theorien hatten auch Einfluss auf die Erfindung von Automaten. Der Jesuit Athanasius Kircher (1602–1680) baute z. B. mechanische Vögel, die singen konnten, und im 18. Jahrhundert gelangten insbesondere die Konstruktionen von Jacques de Vaucanson zu einiger Berühmtheit. Von ihm stammt auch eine mechanische Ente, die nicht nur schnattern und Wasser trinken konnte, sondern auch über einen funktionierenden Verdauungstrakt verfügte (vgl. Abb.). Diskutieren Sie im Plenum die Frage, ob es aus der Sicht Descartes einen wesentlichen Unterschied zwischen einer „echten" Ente aus Fleisch und Blut und einer mechanischen Ente gibt.

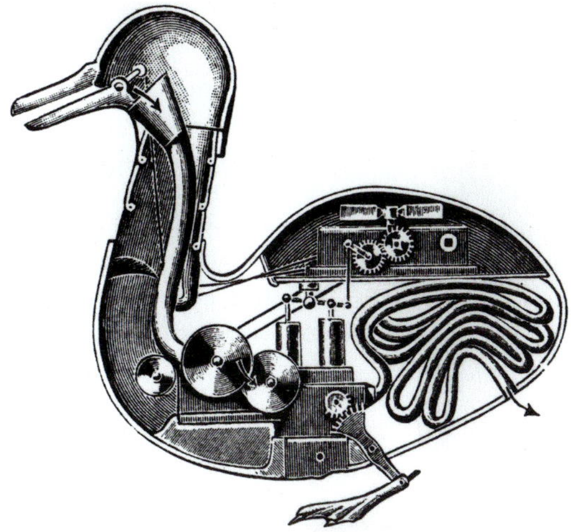

Die mechanische Ente (1738)

Ein metaphysisches Argument für die Verschiedenheit von Körper und Seele (1641)

René Descartes

In seiner zweiten Meditation (vgl. Philos, Einführungsband, S. 216 f.) kommt Descartes auf dem Weg des methodischen Zweifels zu seiner berühmten Erkenntnis „Cogito, ergo sum" („Ich denke, also bin ich"): Man mag an allem zweifeln, sogar an der Existenz des eigenen Körpers, aber das ändert nichts daran, dass die Tatsache, dass man zweifelt, bereits beweist, dass man existiert. Wer oder was sollte sonst zweifeln? In seiner sechsten Meditation untersucht Descartes nun das Verhältnis zwischen der „res cogitans" (= der denkenden Substanz bzw. der Seele) und der „res extensa" (= der ausgedehnten Substanz bzw. dem Körper).

9. Erstens weiß ich, dass alles, was ich klar und deutlich einsehe, von Gott so geschaffen sein könnte, wie es sich mir darstellt; wenn ich daher ein Ding klar und deutlich ohne ein anderes zu erkennen vermag, so genügt dies, um mich zu vergewissern, dass die beiden wirklich verschieden sind, da sie wenigstens jedes für sich von Gott gesetzt werden können. Es kommt nicht darauf an, wodurch die Unterscheidung möglich wird. Ich weiß von meiner Existenz und schreibe gar nichts anderes meiner Natur oder meinem Wesen zu, als dass ich ein denkendes Ding sei; daraus schließe ich mit Recht, dass mein Wesen allein darin besteht, ein denkendes Ding zu sein [d. h. eine Substanz, deren Wesen oder Natur nur im Denken besteht].

Zwar habe ich vielleicht (bald werde ich sagen können: gewiss) einen Körper, mit dem ich aufs Innigste verbunden bin. Denn einerseits habe ich doch eine klare und deutliche Vorstellung meiner selbst, sofern ich lediglich denkendes, nicht ausgedehntes Ding bin; andererseits habe ich eine deutliche Vorstellung vom Körper, sofern er lediglich ausgedehntes, nicht denkendes Ding ist. Somit ist sicher, dass ich wirklich vom Körper verschieden bin und ohne ihn existieren kann.

Mit-Denken

1 ||| Erarbeiten Sie den Argumentationsgang Descartes', indem Sie den gerade gelesenen Abschnitt – möglichst Satz für Satz – in leicht verständliches Deutsch „übersetzen". Erläutern Sie im Zuge dieser Übersetzung insbesondere die Bedeutung Gottes für Descartes' Gedankengang.

2 ||| Descartes schreibt (vgl. Z. 7 ff.): „[...] daraus schließe ich mit Recht, dass mein Wesen allein darin besteht, ein denkendes Ding zu sein, d. h. eine Substanz, deren Wesen oder Natur nur im Denken besteht." Überprüfen Sie, ob diese Schlussfolgerung tatsächlich gerechtfertigt ist.

Descartes widmet sich auch dem Problem, wie die Wechselwirkungen zwischen „res cogitans" und „res extensa", d. h. zwischen Seele und Körper möglich sind. Eine entscheidende Rolle dabei spielen die „Lebensgeister", kleinste Blutteilchen, die er folgendermaßen beschreibt:

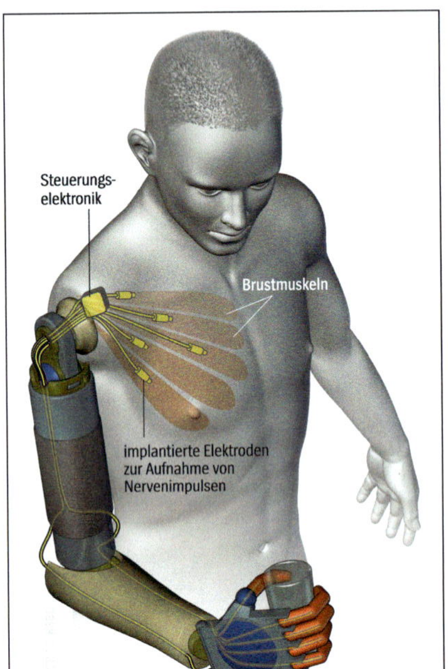

Neurosensorisch gesteuerte Armprothese

Entwurf für einen künstlichen Arm, der sich mit Gedankenkraft steuern lässt

[...] was ich hier Geister nenne, sind bloß Körper, die nur die Eigentümlichkeit haben, dass sie sehr klein sind und sich, wie die Teile der Flamme einer Fackel, sehr schnell bewegen. Sie bleiben deshalb nirgends, und soweit dergleichen in die Gehirnhöhlen eintreten, soweit treten andere durch die Poren der Gehirnsubstanz wieder aus, gelangen von da in die Nerven und Muskeln und setzen damit den Körper auf alle mögliche Art in Bewegung.

Einfallstor für die Seele ist nach Descartes die Zirbeldrüse, die er als „kleine Eichel" im Gehirn bezeichnet:

Die Seele hat ihren Hauptsitz in der kleinen Eichel inmitten des Gehirns; von dort strahlt sie [...] nach dem ganzen Körper vermittelst der Lebensgeister, der Nerven und des Blutes, welches für die Einflüsse der Geister empfänglich ist und sie durch die Arterien überall hinbringen kann. [...] Die [...] Lebensgeister drängen dann zu den Muskeln und können die Glieder in aller möglichen Weise bewegen. [...] Endlich ist die Maschine des Körpers so eingerichtet, dass die bloße verschiedene Bewegung der Eichel durch die Seele [...] die Geister ringsum in die Poren des Gehirns treibt, von wo die Nerven sie nach den Muskeln führen, und dort die Bewegung der Glieder erfolgt.

1 Wie löst Descartes das Problem der Wechselwirkung zwischen Körper und Seele? Erstellen Sie eine kleine Grafik und erörtern Sie mögliche Schwachstellen des Modells.

2 Ordnen Sie die Position Descartes vor dem Hintergrund der Verschiedenheits-, Abgeschlossenheits- und Wechselwirkungsthese (vgl. S. 37 ff.) und den Positionen, die Thomas Nagel beschreibt (vgl. S. 40 ff.), ein. Ergänzen Sie Ihre „3-Thesen-Tabelle" (vgl. S. 40) um Descartes' Position in der Leib-Seele-Debatte.

3 Diskutieren Sie im Plenum, ob es tatsächlich möglich ist, dass der Geist bzw. die Seele ganz ohne den Körper existiert, und welche Konsequenzen sich daraus ergeben würden.

4 Stellen Sie sich vor, Descartes würde über die Entwicklung einer gedankengesteuerten Armprothese informiert werden. Wie würde er vor dem Hintergrund seiner philosophischen Position auf diese Erfindung reagieren?

Prästabilierte Harmonie (1696)

Gottfried Wilhelm Leibniz

Descartes' Vorschlag, das kausale Einfallstor der Seele in die Zirbeldrüse zu verlagern, wirkt aus heutiger Sicht absurd. Er verdeutlicht aber, wie schwierig es ist, im Rahmen einer dualistischen Position die Wechselwirkungen zwischen Körper und Seele plausibel zu erklären. Dass es diese Wechselwirkungen gibt, kann man an ganz alltäglichen Beispielen verdeutlichen: Der Geist beeinflusst den Körper, wenn mein Wille, den linken Arm zu heben, dazu führt, dass sich mein linker Arm hebt, und der Körper beeinflusst meinen Geist, wenn z. B. ein eingeklemmter Finger dazu führt, dass ich ein Schmerzerlebnis habe. Es gibt jedoch eine Theorie, die diese offensichtliche Tatsache fragwürdig erscheinen lässt und die vermeintliche Wechselwirkung zwischen Körper und Geist in raffinierter Weise ganz anders erklärt. Die Grundidee dieses Ansatzes skizziert Gottfried Wilhelm Leibniz (1646–1716) in dem folgenden Text.

Denken Sie sich zwei Stadtuhren oder zwei Taschenuhren, die vollkommen gleich gehen. Dies ist auf dreierlei Art möglich. Die erste Art besteht in dem wechselseitigen Einfluss einer Uhr auf die andere; die zweite in der Sorgfalt eines Menschen, der darauf Acht hat; die dritte in ihrer eigenen Genauigkeit.

Die erste Art, die des Einflusses, ist vom verewigten Huygens zu seinem großen Erstaunen versucht. Er hatte zwei große Pendeluhren an einem und demselben Stück Holz befestigt; die fortwährenden Schläge dieser Pendeluhren hatten den Teilchen des Holzes ähnliche Erzitterungen mitgeteilt. Aber da diese verschiedenen Erzitterungen nicht wohl in ihrer Ordnung und ohne sich einander zu hindern bestehen können, wenn nicht die Uhren einen übereinstimmenden Gang annehmen, so geschah es durch eine Art Wunder, dass selbst dann, wenn man ihre Schläge ganz absichtlich in Verwirrung gebracht hatte, sie doch alsbald zu einem gleichen Schlage wieder zurückkehrten, ungefähr wie zwei Saiten, die eine Stimmung haben.

Huygens: Gemeint ist der niederländische Wissenschaftler Christiaan Huygens (1629–1695), der u. a. eine Pendeluhr entwickelt hat.

Die zweite Art, zwei Uhren immer einstimmig gehen zu machen, wenn schon sie schlecht sind, konnte die sein, dass man immer einen geschickten Künstler darauf Acht geben ließe, sodass er sie jeden Augenblick in Einstimmigkeit versetzte. Dies nenne ich den Weg des Beistandes, der Assistenz.

Endlich wird die dritte Art sein, die zwei Uhren von Anfang an mit so viel Kunst und Genauigkeit zu machen, dass man sich ihrer Übereinstimmung in der Folge versichert halten kann. Das ist der Weg der vorherbestimmten Einstimmung.

Setzen Sie jetzt die Seele und den Körper an die Stelle dieser zwei Uhren. Ihre Übereinstimmung oder Sympathie wird auch auf eine dieser drei Weisen entstehen. Der Weg des Einflusses ist der der gewöhnlichen Philosophie. Aber da man weder von materiellen Teilchen noch von immateriellen Arten oder Beschaffenheiten begreifen kann, wie sie aus der einen dieser Substanzen in die andere übergehen können, so ist man genötigt, diesen Gedanken zu verlassen. Der Weg des Beistandes ist der des Systems der gelegentlichen Ursachen. Allein ich meine, dass dies den Deus ex Machina herbeirufen heißt in einer natürlichen und gewöhnlichen Sache, wo er gemäß der Vernunft nur in der Weise ins Mittel treten kann, wie er bei allen anderen Naturdingen mitwirkt. Also bleibt nur meine Hypo-

Deus ex Machina: Ein wie aus dem Nichts auftauchender Helfer in einer Notsituation.

these übrig, d.h. der Weg der vorherbestimmten Harmonie vermittels einer zuvorkommenden göttlichen Kunst, welche von Anfang an jede Substanz in einer so vollkommenen und mit viel Genauigkeit geordneten Weise gebildet hat, dass sie bloß durch Befolgung ihrer eigenen Gesetze, die sie mit ihrem Wesen erhalten hat, gleichwohl mit der anderen übereinstimmt; gerade als ob es einen wechselseitigen Einfluss gäbe und als ob Gott über seine allgemeine Mitwirkung hinaus dabei immerwährend die Hand im Spiele hätte.

1 Erstellen Sie eine kommentierte Grafik, die die von Leibniz diskutierten Möglichkeiten, wie zwei Uhren genau gleich gehen können, möglichst einfach veranschaulicht. Erweitern Sie Ihre „3-Thesen-Tabelle" (vgl. S. 40) durch einen Eintrag der Position von Leibniz.

2 Erläutern Sie die Probleme, die Leibniz beim „Weg des Einflusses" und beim „Weg des Beistandes" sieht. Erklären Sie die Vorzüge des „Weges der vorherbestimmten Harmonie".

3 Stellen Sie sich vor, ein glühender Anhänger von Descartes hätte gerade den Text über den „Weg der vorherbestimmten Harmonie" gelesen und würde sich nun in einem Brief an Leibniz selbst wenden, um den Dualismus zu verteidigen. Verfassen Sie ein kurzes Schreiben und auch eine mögliche Antwort aus der Sicht von Leibniz.

4 Gewöhnlich geht man davon aus, dass körperliche Zustände von mentalen Zuständen verursacht werden können: Dass sich mein linker Arm hebt, wird verursacht durch den Wunsch, den linken Arm zu heben. Wenn Leibniz Recht hat, gibt es aber keine kausale Verknüpfung zwischen meinem Wunsch und der entsprechenden Körperbewegung. Sie passiert einfach. Und die vorherbestimmte Harmonie sorgt dafür, dass ich zum passenden Zeitpunkt auch die passenden Wünsche habe. Erörtern Sie in einem philosophischen Essay, welche Konsequenzen Leibniz' Theorie (z. B. für unser Menschenbild) hätte.

Kontexte

Vier Theorien über den Zusammenhang zwischen Geist und Körper

Interaktionismus

Physische Zustände (z. B. Gewebeverletzungen) verursachen mentale Zustände (z. B. Schmerzen), aber auch mentale Zustände (z. B. Wünsche) verursachen physische Zustände (z. B. Körperbewegungen).

Parallelismus

Es gibt einen systematischen Zusammenhang zwischen physischen und mentalen Zuständen; aber dieser Zusammenhang beruht nicht auf einer Kausalbeziehung, sondern auf einer „prästabilierten Harmonie". Gott hat es so eingerichtet, dass Zuständen im Körper Zustände im Geist entsprechen und umgekehrt, so wie ein Uhrmacher, der zwei Uhren synchronisiert, dafür sorgt, dass sie beide dieselbe Zeit anzeigen, ohne dass zwischen ihnen ein kausaler Zusammenhang bestünde.

Okkasionalismus

Der systematische Zusammenhang zwischen physischen und mentalen Zuständen beruht weder auf einer direkten Kausalbeziehung noch auf einer „prästabilierten Harmonie", sondern darauf, dass Gott jeweils anlässlich bestimmter Zustände im Körper die entsprechenden Zustände im Geist hervorbringt bzw. anlässlich bestimmter Zustände im Geist die entsprechenden Zustände im Körper verursacht.

Epiphänomenalismus

Zustände im Geist einer Person werden zwar durch Zustände in ihrem Körper verursacht, haben aber selbst niemals Wirkungen auf ihren Körper.

Die Identitätstheorie (1981)

Peter Bieri

Peter Bieri (* 1944), der nicht nur als Philosoph, sondern unter dem Pseudonym „Pascal Mercier" auch als Schriftsteller (u. a. „Nachtzug nach Lissabon") von sich reden machte, erläutert in dem folgenden kurzen Text die Kernthesen der Identitätstheorie.

(a) *Die These.* Die Identitätstheorie besagt, dass mentale Phänomene *ein und dieselben* Phänomene wie bestimmte Phänomene im Gehirn oder im Zentralnervensystem sind. Sie sind *identisch* mit solchen Phänomenen. Mentale Zustände und Ereignisse *sind* Zustände und Ereignisse, wie die Neurophysiologie sie zum Gegenstand hat (sog. *central states*).

(b) *Die Motive.* Es gibt zwei Motive für diese These. Das eine ist das mittlerweile vertraute Bedürfnis zu erklären, wie mentale Phänomene im kausal geschlossenen Bereich physischer Phänomene wirksam sein können. Der Grundgedanke der Identitätstheorie lautet, dass wir das dann und nur dann verstehen können, wenn wir mentale Phänomene mit kausal wirksamen *physischen* Phänomenen identifizieren.

Das zweite Motiv für diese Identifikation ist der Gedanke, dass wir zwischen mentalen und bestimmten physischen Phänomenen eines Tages vielleicht *präzise nomologische Korrelationen* werden entdecken können. Das Modell für solche Korrelationen lautet: „Für jede mentale Kategorie *M* gibt es eine physische Kategorie *P*, sodass in einem Menschen zu einem Zeitpunkt *t* ein *M*-Phänomen dann und nur dann auftritt, wenn in ihm ein *P*-Phänomen zum Zeitpunkt *t* auftritt, und diese Äquivalenz ist nomologisch". Das ist ein *Idealmodell* psychophysischer Korrelationen, das durch Extrapolation aus unkontroversen, aber bescheidenen Beobachtungen über Zusammenhänge zwischen mentalen Phänomenen und körperlichen Vorgängen entsteht. Niemand weiß heute, ob es eine empirische Interpretation für dieses Modell gibt. Wir kennen heute keine einzige wirklich verlässliche psychophysische Korrelation. Das Einzige, was wir wissen, ist, dass die für mentale Phänomene ausschlaggebenden Kategorien physischer Phänomene im Bereich cerebraler Prozesse zu suchen sind. Es scheinen beobachtbare Phänomene im menschlichen Gehirn und Zentralnervensystem sowie Konstrukte der neurophysiologischen Theorie zu sein, die bestimmten Kategorien mentaler Phänomene nomologisch zugeordnet werden müssten. Eine Korrelation mit anderen Arten körperlicher Phänomene scheint entweder nur akzidentell und nicht generalisierungsfähig zu sein oder auf Korrelationen mit neurophysiologische Phänomenen und Konstrukten zurückgeführt werden zu können. Die empirische Interpretation unseres Idealmodells bestünde in der Abbildung unseres gesamten mentalen Lebens auf bestimmte, von einer idealen Neurophysiologie beschriebene Zustände und Ereignisse. Es ist der Gedanke einer solchen idealen Abbildung, von dem die Identitätstheorie ausgeht. Wenn wir einmal annehmen, dass es präzise psychophysische Korrelation *gibt:* Könnte es nicht sein, dass solche Korrelationen deshalb bestehen, weil die korrelierten Phänomene in Wirklichkeit ein und dieselben Phänomene sind? Ist der Schritt von Korrelation zu Identifikation nicht naheliegend, gegeben, dass eine materialistische Identifikation der einzige Weg zu sein scheint, um das traditionelle Leib-Seele-Problem aufzulösen?

nomologische Korrelationen: gesetzmäßige Zusammenhänge

Extrapolation: hier: einen Schluss ziehen und dabei den Bereich gesicherter Erkenntnisse verlassen

akzidentell: zufällig

1 Der Text von Bieri ist nicht einfach zu verstehen. Das liegt unter anderem daran, dass er sehr viele Fremdwörter enthält. Gehen Sie den Text zunächst individuell durch und kennzeichnen Sie alle Fremdwörter. Teilen Sie dann im Plenum den Text in vier sinnvolle Abschnitte ein und bilden Sie vier Gruppen, die sich jeweils einem Abschnitt widmen. „Übersetzen" Sie nun Bieris Text, indem Sie alle Fremdwörter konsequent durch einfache und verständliche Begriffe bzw. Formulierungen ersetzen. Diskutieren Sie im Plenum, ob die Übersetzungsvorschläge der einzelnen Gruppen den Text angemessen wiedergeben.

2 Wie lässt sich die Identitätstheorie als Kombination aus Abgeschlossenheits-, Wechselwirkungs- und Verschiedenheitsthese zusammenfassen? Ergänzen Sie Ihre „3-Thesen-Tabelle“ (vgl. S. 40) entsprechend. Wie sähe eine Darstellung der Identitätstheorie in Form eines an Leibniz (vgl. S. 51 f.) angelehnten Uhrengleichnisses aus?

3 Die Abbildung (s. unten) zeigt den Aufbau von Oxytocin, einem Hormon, das eine wichtige Rolle bei der Regelung sozialer Kontakte spielt, u. a. auch dann, wenn sich Menschen verlieben. Nutzen Sie diesen Bildimpuls und schreiben Sie einen Dialog zwischen einem Anhänger der Identitätstheorie, der glaubt, dass das Gefühl der Liebe in Wahrheit nur durch Hormone wie Oxytocin hervorgerufen wird, und einem Dualisten, der fest davon überzeugt ist, dass sich Liebe nicht alleine durch biologische, chemische und physikalische Prozesse erklären lässt.

4 Der Text von Bieri stammt ursprünglich aus dem Jahr 1981, d. h., er ist mehr als dreißig Jahre alt. Überprüfen Sie in einem ersten Schritt durch eigene Recherchen, ob heute, zu Beginn des 21. Jahrhunderts, die Aussage „Wir kennen heute keine einzige wirklich verlässliche psychophysische Korrelation“ (Z. 20 f.) noch zutreffend ist. Erörtern Sie anschließend im Plenum, welche Konsequenzen es für die Identitätstheorie jeweils hat, wenn auch heute noch keine psychophysischen Korrelationen bekannt sind bzw. wenn wir heute verlässliche Korrelationen benennen können.

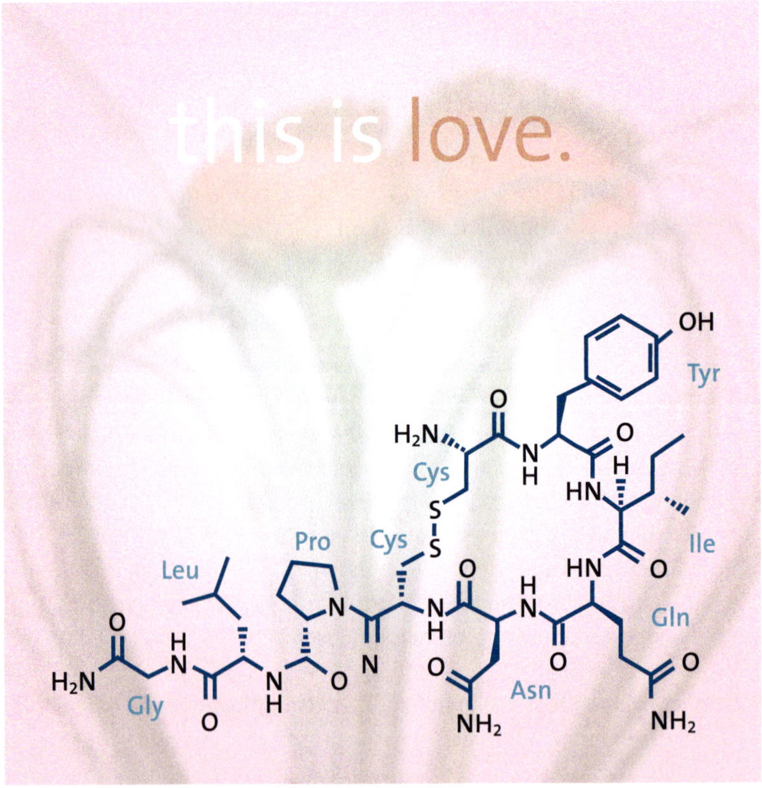

Chemische Zusammensetzung des Hormons Oxytocin, das eine entscheidende Rolle bei sozialen Interaktionen spielt

Psychologie in physikalischer Sprache (1932)

Rudolf Carnap

Man kann sich dem Leib-Seele-Problem auch auf der Ebene der Sprache nähern. Wenn man mit Sätzen wie „X hat gerade Hunger“ über mentale Zustände spricht, könnte man versuchen, denselben Sachverhalt auszudrücken, aber nur über physische Zustände zu sprechen. Aus „X hat gerade Hunger“ könnte beispielsweise „Der Blutzuckerspiegel von X ist unter den Wert p gesunken“ werden. Auf diese Weise ließe sich zeigen, dass wir auch dann, wenn wir über mentale Zustände sprechen, eigentlich über physische Zustände reden. In einem Aufsatz mit dem Titel „Psychologie in physikalischer Sprache“ (1932) hat Rudolf Carnap (1891–1970) diese Strategie erprobt.

Es soll im Folgenden *die These* erläutert und begründet werden, dass *jeder Satz der Psychologie in physikalischer Sprache formuliert werden kann;* (in inhaltlicher Redeweise:) dass *alle Sätze der Psychologie von physikalischen Vorgängen sprechen, nämlich von dem physischen Verhalten von Menschen und anderen Tieren.* Dies ist eine Teilthese der allgemeinen These des *Physikalismus,* dass *die physikalische Sprache eine Universalsprache* ist, d.h. eine Sprache, in die jeder Satz übersetzt werden kann.

Beim Reden über eine Sprache unterscheiden wir die übliche *„inhaltliche Redeweise“* (z. B. „Die Sätze dieser Sprache sprechen von den und den Gegenständen“) und die korrektere *„formale Redeweise“* (z. B. „Die Sätze dieser Sprache enthalten die und die Wörter und sind so und so aufgebaut“). Bei Verwendung der inhaltlichen Redeweise besteht die Gefahr von Verwirrungen und Scheinproblemen. Wenn wir sie wegen ihrer leichteren Verständlichkeit im Folgenden zuweilen verwenden, so nur als Umschreibung für die formale Redeweise.

Für erkenntnistheoretische Erörterungen sind vor allem wichtig die *Protokollsprache,* in der die ursprünglichen Protokollsätze (in inhaltlicher Redeweise: die Sätze über das Gegebene) des betreffenden Subjekts formuliert sind, und die *Systemsprache,* in der die Sätze des Systems der Wissenschaft formuliert sind. Die *Nachprüfung* (Verifikation) von Systemsätzen durch ein Subjekt *S* geschieht dadurch, dass aus diesen Sätzen Sätze der Protokollsprache des *S* abgeleitet und mit den Sätzen des Protokolls des *S* verglichen werden. Die Möglichkeit derartiger Ableitungen von Sätzen der Protokollsprache macht den *Gehalt* eines Satzes aus; besteht für einen Satz kein derartiger Ableitungszusammenhang, so besitzt er keinen Gehalt, ist sinnlos; ist aus zwei Sätzen dasselbe ableitbar, so sind sie gehaltgleich, besagen dasselbe, sind ineinander übersetzbar.

Jeder Satz der Systemsprache kann umkehrbar übersetzt werden in einen Satz der physikalischen Sprache. Für die Sätze der Psychologie soll dies im Folgenden gezeigt werden.

Mit-Denken

||| Carnap spricht von „Protokollsätzen“ und einer „Protokollsprache“ sowie von „Systemsätzen“ und einer „Systemsprache“. Was sich hinter diesen Begriffen verbirgt, lässt sich – stark vereinfacht – in folgender Weise darstellen: Systemsätze sind Sätze, die in den Wissenschaften genutzt werden, also beispielsweise Sätze der Chemie, Biologie, der Physik oder eben auch der Psychologie. Protokollsätze sind hingegen Beobachtungssätze, d. h. Sätze, in denen Wissenschaftler ihre Beobachtungen festhalten.

Versuchen Sie vor diesem Hintergrund, den Satz „Herr A ist gerade aufgeregt“, der aus der Systemsprache der Psychologie stammt, in eine Reihe von Protokollsätzen zu übersetzen.

Ferner kann jeder Satz der Protokollsprache irgendeines Subjekts umkehrbar übersetzt werden in einen Satz der physikalischen Sprache, nämlich in einen Satz über den Körperzustand des betreffenden Subjekts. Damit werden die verschiedenen Protokollsprachen zu Teilsprachen der physikalischen Sprache. *Die physikalische Sprache ist universal und intersubjektiv;* das ist die These des *Physikalismus.*

Wird die physikalische Sprache aufgrund ihres Charakters als Universalsprache zur Systemsprache der Wissenschaft gemacht, so wird alle Wissenschaft zu Physik. Die Metaphysik wird als sinnlos ausgeschaltet. Die verschiedenen Wissenschaftsgebiete werden zu Teilen der Einheitswissenschaft. (In inhaltlicher Redeweise:) Es gibt grundsätzlich nur eine Art von Objekten, nämlich die physikalischen Vorgänge; in ihrem Bereich besteht eine durchgängige Gesetzmäßigkeit.

Der Physikalismus ist nicht so zu verstehen, als wolle er der Psychologie vorschreiben, nur physikalisch ausdrückbare Sachverhalte zu behandeln. Es ist vielmehr gemeint: Die Psychologie mag behandeln, was sie will, und ihre Sätze formulieren, wie sie will; in jedem Fall sind diese Sätze in die physikalische Sprache übersetzbar.

Wir sagen von einem Satz *P*, er sei *übersetzbar* (genauer: umkehrbar übersetzbar) in den Satz *Q*, wenn es allgemeine Regeln gibt, nach denen *Q* aus *P* und *P* aus *Q* erschlossen werden kann; (in inhaltlicher Redeweise:) *P* und *Q* besagen denselben Sachverhalt; (erkenntnistheoretisch gesprochen:) Jeder Protokollsatz, der *P* bestätigt, bestätigt auch Q, und umgekehrt. [...]

Unsere These besagt also, dass für jeden psychologischen Begriff (d. h. Ausdruck) eine Definition aufgestellt werden kann, durch die er unmittelbar oder mittelbar auf physikalische Begriffe zurückgeführt ist. Es wird nicht gefordert, der Psychologe solle jeden seiner Sätze in der physikalischen Terminologie formulieren. Die Psychologie mag wie bisher für ihren Zweck eine eigene Terminologie benutzen. Gefordert wird nur die Aufstellung jener Definitionen, durch die die psychologische Sprache in die physikalische Sprache eingegliedert wird. Behauptet wird, dass diese Definitionen aufgestellt werden können, da sie unausgesprochen dem Verfahren der Psychologie schon zugrunde liegen.

Besteht unsere These zu Recht, so sind auch die generellen Sätze der Psychologie, die psychologischen *„Gesetze“*, in die physikalische Sprache übersetzbar. Sie sind somit physikalische Gesetze. Damit ist jedoch nichts darüber ausgesagt, ob diese physikalischen Gesetze aus den im Anorganischen geltenden physikalischen Gesetzen ableitbar sind oder nicht. [...] Allerdings wird man, sobald man einsieht, dass die Sätze der Psychologie zur physikalischen Sprache gehören, und nachdem man vor allem auch die gefühlsmäßigen Hemmungen überwunden hat, die schon dieser nachweisbaren These entgegenstehen, auch zu der heute noch nicht nachweisbaren Vermutung neigen, dass die psychologischen Gesetze Spezialfälle der auch im Anorganischen geltenden physikalischen Gesetze sind.

1 Ergänzen Sie Ihre „3-Thesen-Tabelle“ (vgl. S. 40) um einen Eintrag, der zusammenfasst, wie sich Carnap im Hinblick auf das Zusammenspiel von Abgeschlossenheits-, Verschiedenheits- und Wechselwirkungsthese positioniert.

2 Notieren Sie drei Sätze, die laut Carnap als Sätze der Psychologie gelten, und reichen Sie diese Sätze an einen Arbeitspartner bzw. eine Arbeitspartnerin aus Ihrem Kurs weiter. Übersetzen Sie dann die drei Sätze, die Sie bekommen haben, in die physikalische Sprache. Diskutieren Sie die interessantesten Ergebnisse zunächst zu zweit, dann im Plenum.

3 Vergleichen Sie Carnaps Thesen mit Bieris Darstellung der Identitätstheorie (vgl. S. 53 f.) und prüfen Sie, ob Carnap als typischer Vertreter dieser Position gelten kann.

4 Die Übersetzung eines Satzes aus der Psychologie in die Sprache des Physikalismus illustriert der Philosoph Ansgar Beckermann mit folgendem Beispiel:

Aus dem psychologischen Satz „X möchte ein Bier trinken“ wird in physikalischer Sprache:
X möchte genau dann ein Bier trinken, wenn gilt: Wenn X zu Hause ist und sich ein Bier im Kühlschrank befindet, holt sich X ein Bier aus dem Kühlschrank, und wenn X in der Kneipe ist, bestellt sich X ein Bier, und wenn man X ein Bier anbietet, nimmt X es sofort an usw.

Überprüfen Sie kritisch, ob diese „Übersetzung“ angemessen ist bzw. welche Probleme damit verbunden sind. Diskutieren Sie alternative oder ergänzende Übersetzungen.

5 Gibt es Sätze, die Ihres Erachtens prinzipiell nicht aus der Sprache der Psychologie in die Sprache des Physikalismus übersetzbar sind? Wenn ja: Welche Konsequenzen hätte das für Carnaps Theorie? Nehmen Sie in einem kurzen philosophischen Essay zu diesen Fragen Stellung.

6 Carnap spricht in dem Text von „gefühlsmäßigen Hemmungen“, die man überwinden muss, wenn man den Physikalismus akzeptiert. Welche Hemmungen könnten gemeint sein? Ist der Physikalismus die einzige Theorie, der man mit gefühlsmäßigen Hemmungen begegnet (ist)? Debattieren Sie diese Fragen im Plenum.

Ein Argument wider die Identitätstheorie (1963)

Paul Feyerabend

Die Identitätstheorie beruht – wie der Name schon sagt – auf einer Identitätsbeziehung der Form „a = b“. Aus dem Mathematikunterricht wissen Sie vielleicht noch, dass die Relation der Identität symmetrisch ist: Wenn a mit b identisch ist, dann ist auch b mit a identisch. Das klingt zunächst sehr trivial. Paul Feyerabend (1924–1994) konstruiert aus dieser Eigenschaft der Identitätsrelation jedoch ein raffiniertes Argument gegen die Hypothese der Identität von mentalen Ereignissen und Gehirnprozessen.

Solche Hypothesen [gemeint sind Hypothesen über die Identität von mentalen Ereignissen und Gehirnzuständen] werden gewöhnlich von an der Physiologie orientierten Autoren vorgebracht, die auch Empiristen sein wollen. Da sie an der Physiologie orientiert sind, möchten sie den *materiellen* Charakter mentaler Prozesse geltend machen. Da sie Empiristen sind, möchten sie, dass diese Behauptung eine nachprüfbare Aussage über *mentale* Prozesse ist. Diese zwei Tendenzen versuchen sie in einer empirischen Aussage folgender Form auf einen Nenner zu bringen:

X ist ein mentaler Prozess der Art A. ≡ *X* ist ein zentralnervöser Prozess der Art α. (H)

Aber diese Hypothese hat eine unerwünschte Kehrseite. Sie impliziert nicht nur, wie gewünscht, dass mentale Ereignisse physikalische Eigenschaften haben; sie scheint auch zu implizieren (wenn man sie von rechts nach links liest), dass einige physikalische Ereignisse, nämlich Prozesse des Zentralnervensystems, nichtphysikalische Eigenschaften haben. Sie ersetzt daher einen Dualismus von Ereignissen durch einen Dualismus von Eigenschaften. Darüber hinaus scheint diese Konsequenz sich aus der Weise zu ergeben, wie der Physiologe seine These *formuliert* hat. Selbst wenn er überzeugter Monist ist, scheint er gerade durch den Inhalt seiner monistischen These die Richtigkeit eines *dualistischen* Standpunkts zuzugeben.

Für einen Dualisten beweist dieses Dilemma die Unhaltbarkeit des Monismus. Aber mit diesem Schluss ist er sicherlich zu voreilig! H impliziert den Dualismus. Der Dualismus ist daher wahr, *vorausgesetzt*, dass H wahr ist. Falls jedoch der *Monismus* richtig ist, ist H falsch: Dann gibt es *keine* mentalen Prozesse im üblichen (nicht-materialistischen) Sinne. Dies zeigt, dass die Diskussion des Inhaltes von H, als empirische Hypothese betrachtet, nicht im Geringsten hinreicht, um den Streit zwischen Monismus und Dualismus zu entscheiden. Es zeigt auch, *dass der Monist seinen eigenen Standpunkt falsch darstellt, wenn er H verteidigt.*

Das Verfahren, das er sich zweckmäßigerweise zu eigen machen müsste, ist, seine Theorie ohne jeden Bezug auf die existierende Terminologie zu entwickeln. Wenn er den Satz H überhaupt verwenden will, sollte er ihn verwenden, um den Ausdruck „mentaler Prozess“ *neu zu definieren.*

1 Erläutern Sie schriftlich in Ihren eigenen Worten, warum die Hypothese über die Identität von mentalen Ereignissen und Gehirnprozessen eine „unerwünschte Kehrseite“ hat.

2 Ein Kernsatz des Textes lautet: „Der Dualismus ist daher wahr, *vorausgesetzt*, dass H wahr ist. Falls jedoch der *Monismus* richtig ist, ist H falsch“ (vgl. Z. 20 ff.). Veranschaulichen Sie diese Zusammenhänge in einer kommentierten Grafik. Stellen Sie Ihr Ergebnis im Plenum zur Diskussion.

3 Begründen Sie, warum Feyerabend dem Monisten dazu rät, den Satz H zu verwenden, um den Ausdruck „mentaler Prozess“ neu zu definieren. Was ist durch diesen Schritt gewonnen?

4 Wenden Sie Feyerabends „Trick“ auf den Ansatz Carnaps (vgl. S. 55 ff.) an, d. h., überprüfen Sie, ob die Identität eines Satzes aus der Sprache der Psychologie mit einem Satz aus der Sprache des Physikalismus ebenfalls eine „unerwünschte Kehrseite“ hat. Begründen Sie Ihr Urteil schriftlich.

5 Stellen Sie zu zweit ein Interview zwischen Carnap und Feyerabend nach, in dem die beiden über das Verhältnis von mentalen Zuständen und Gehirnzuständen kontrovers diskutieren. Machen Sie sich zunächst Stichpunkte und zeichnen Sie das Gespräch anschließend – z. B. mit einem Smartphone – auf, sodass Sie es im Plenum vorspielen können.

Evolutionistischer Identismus (1986)

Gerhard Vollmer

Der folgende Text stammt von einem Vertreter der Evolutionären Erkenntnistheorie, deren Grundgedanke darin besteht, dass unser Erkenntnisapparat selbst ein Teil der Natur ist und sich in einem langen evolutionären Prozess an die Wirklichkeit angepasst hat. Dass wir andere Dinge sehen als beispielsweise eine Fliege oder eine Biene, hängt damit zusammen, dass wir an andere Lebensbedingungen angepasst sind. Die Evolutionäre Erkenntnistheorie geht davon aus, dass die Passung zwischen der Welt, wie sie uns erscheint, und den realen Strukturen zumindest so groß sein muss, dass es zum Überleben reicht. Gerhard Vollmer (* 1943), einer der bekanntesten Vertreter der Evolutionären Erkenntnistheorie, erläutert in dem folgenden kurzen Text, wie man das Auftreten von Geist und Bewusstsein verstehen könnte, ohne dass man den Boden der Naturwissenschaften verlassen muss.

Geist als Gehirnfunktion ist eine (neu auftretende) Systemeigenschaft, zu der es keine Vorstufen zu geben braucht. Ein System kann Eigenschaften aufweisen, die keines seiner Untersysteme – auch nicht in „Vorstufen" – aufweist.

Elektron und Proton sind *geladene* Elementarteilchen; zusammen bilden sie ein *neutrales* Atom (Wasserstoff). Die *Gase* Sauerstoff und Wasserstoff verbinden sich zu der *Flüssigkeit* Wasser. Kohlenstoff (C) und Stickstoff (N) sind *harmlose* Stoffe; Cyan (C_2N_2) ist *hochgiftig*. Grafit und Diamant haben zwar gleiche Bestandteile (Kohlenstoff-Atome), aber ganz verschiedene Systemeigenschaften wie Härte, Lichtdurchlässigkeit, Leitfähigkeit (Begriffe, die darüber hinaus auf Einzelatome gar nicht *anwendbar* sind). – Ein Stromkreis mit einer *Spule* zeigt abklingende Spannung, einer mit *Kondensator* zeigt ansteigende Spannung, ein Stromkreis mit Spule *und* Kondensator dagegen zeigt einen oszillierenden Spannungsverlauf, er ist ein *Schwingkreis*.

Die Eigenschaften eines Systems können sich also wesentlich (qualitativ!) von denen seiner Teile unterscheiden. Fasst man die Bewusstseinserscheinungen als Systemeigenschaften des Zentralnervensystems oder des Systems „Gehirn" oder bestimmter Neuronensysteme auf, dann braucht es keine protopsychischen Vorstufen zu geben; der panpsychistische Aufwand wird entbehrlich. Auch die Rede vom „dialektischen Umschlagen" lässt sich dadurch präzisieren: *Gelegentlich* tritt die Systemeigenschaft tatsächlich durch Anhäufen genügend zahlreicher Bausteine auf. („Die Masse macht's." Man vergleiche die scherzhafte Frage: „Ab welcher Körnerzahl ist eine Sammlung von Getreidekörnern ein Haufen?") Dieser quantitative Aspekt ist jedoch keineswegs erforderlich, wie die obigen Beispiele zeigen. Vorläufig ist noch ganz unklar, *welche* Eigenschaften Gehirnen (oder Computern?) Bewusstseinserscheinungen verleihen, ob also die *Größe* des Gehirns, die *Zahl* der Neuronen oder ihr Vernetzungsgrad die entscheidende Rolle spielen oder vielmehr ein anderer, durchaus nicht quantitativer Aspekt. Dass hinreichend komplizierte Computer Bewusstsein erlangen werden, ist nach dieser systemtheoretisch orientierten Auffassung durchaus möglich, bleibt aber vorläufig ein unverbindliches *Bekenntnis*.

1 Stellen Sie kurz dar, warum die Tatsache, dass sich die Gase Wasserstoff und Sauerstoff zur Flüssigkeit Wasser verbinden, im Rahmen der Diskussion des Leib-Seele-Problems als erklärende Analogie herangezogen werden kann.

2 Erklären Sie, warum Vollmer wiederholt darauf hinweist, dass ein System Eigenschaften aufweisen kann, die nicht einmal in Vorstufen in einem seiner Untersysteme auftauchen (vgl. auch Kontexte, S. 60, zum Thema „Emergenz und Fulguration").

3 Tragen Sie auch die Position des Evolutionistischen Identismus in die „3-Thesen-Tabelle" (vgl. S. 40) ein, sodass auch hier das Zusammenspiel von Abgeschlossenheits-, Wechselwirkungs- und Verschiedenheitsthese deutlich wird.

4 Vergleichen Sie den Evolutionistischen Identismus wahlweise mit der Position von Descartes oder Leibniz. Welche Aspekte des Leib-Seele-Problems werden durch die jeweilige Theorie besser bzw. weniger gut erklärt als durch den Evolutionistischen Identismus?

5 Diskutieren Sie, ob der Evolutionistische Identismus tatsächlich eine überzeugende Lösung des Leib-Seele-Problems darstellt oder ob der Ansatz unbefriedigend bleibt, weil – wie Vollmer zugibt – noch völlig unklar ist, welche Eigenschaften Gehirnen (oder Computern?) Bewusstseinserscheinungen verleihen.

Kontexte

Emergenz und Fulguration

Das Entstehen völlig neuer Systemeigenschaften wird häufig als „Emergenz" (lat. emergere = auftauchen) bezeichnet. Konrad Lorenz kritisiert diesen Begriff, weil dieser Begriff die Vorstellung erweckt, etwas zuvor schon Existierendes „tauche plötzlich auf, wie ein luftholender Wal an der Oberfläche des Meeres, das eben noch, bei buchstäblich oberflächlicher Betrachtung, leer zu sein schien." Um deutlich zu machen, dass neue Systemeigenschaften tatsächlich manchmal schlagartig und völlig neu auftreten, schlägt Lorenz vor, den Ausdruck „Emergenz" durch „Fulguration" (lat. fulgor = der Blitz) zu ersetzen.

Bewusstsein als biologisches Phänomen (1998)

John Searle

Die Positionen innerhalb der Leib-Seele-Debatte, die bislang vorgestellt wurden, lassen sich grob in die Kategorien des Dualismus oder des Materialismus einordnen. Der amerikanische Philosoph John Searle (* 1932) glaubt, dass sich das Leib-Seele-Problem jedoch nicht lösen lassen wird, wenn man ausschließlich diese Alternativen in den Blick nimmt. Er geht stattdessen einen radikal anderen Weg.

Die richtige Art, dieses Problem zu lösen, besteht meines Erachtens darin, beide alternativen Möglichkeiten zurückzuweisen. Sowohl der Dualismus als auch der Materialismus beruhen auf einer Reihe von falschen Annahmen. Die wichtigste falsche Annahme lautet: Wenn Bewusstsein wirklich ein subjektives, qualitatives Phänomen ist, dann kann es nicht Teil der materiellen, physischen Welt sein. Und in der Tat ist diese Annahme kraft Definition wahr – wenn man die seit dem 17. Jahrhundert üblichen Definitionen zugrunde legt. Descartes hat „Geist" und „Materie" so definiert, dass sie einander wechselseitig ausschließen. Wenn etwas geistig ist, kann es nicht physisch sein; wenn es physisch ist, kann es nicht geistig sein. Mein Vorschlag ist: Nicht nur diese Definitionen sind aufzugeben, sondern auch die traditionellen Kategorien „Geist", „Bewusstsein", „Materie", „geistig", „physisch", wie sie in unseren philosophischen Debatten traditionell aufgefasst werden, und alles, was sonst noch dazugehört.

Schauen wir, was passiert, wenn wir versuchen, uns an die traditionellen Definitionen zu halten. Bewusstsein ist ein biologischer Vorgang, der sich im Gehirn abspielt, so wie Verdauung ein biologischer Vorgang ist, der sich im Magen und im übrigen Verdauungstrakt abspielt. Demnach sieht es so aus, als sei Bewusstsein etwas Materielles und unsere Theorie müsse eine materialistische sein. Doch halt! Bewusstsein hat eine Erste-Person-

Ontologie und kann daher nicht materiell sein, weil materielle Dinge und Vorgänge allesamt eine objektive Dritte-Person-Ontologie haben. Demnach sieht es so aus, als sei Bewusstsein etwas Geistiges und unsere Theorie müsse eine dualistische sein.

Erste-Person-Ontologie/ Dritte-Person-Ontologie:
vgl. Kontext auf S. 63

Wenn wir diese Definitionen akzeptieren, haben wir einen Widerspruch. Die Lösung ist, die Definitionen aufzugeben. Wir haben genug biologisches Wissen, um zu wissen, dass diese Definitionen den Tatsachen nicht angemessen sind. *Es ist immer eine gute Idee, sich an die Tatsachen zu erinnern, sich daran zu erinnern, was wir tatsächlich wissen.* Wir wissen, dass es eine Tatsache ist, dass alle unsere Bewusstseinszustände von Hirnvorgängen verursacht sind. An diesem Satz gibt es nichts zu deuteln. Es gibt ein Rätsel, das auf viele Philosophen Eindruck macht: *Wie können überhaupt* Hirnvorgänge Bewusstsein verursachen; und es gibt ein meines Erachtens ernst zu nehmenderes Rätsel, vor dem die Neurobiologen stehen: *Wie verursachen* Hirnprozesse denn nun *tatsächlich* Bewusstsein? Etwas müssen wir allerdings anerkennen, bevor wir mit dieser Erörterung überhaupt anfangen, und zwar, dass Hirnvorgänge tatsächlich Bewusstsein verursachen. Das stellt uns vor die nächste Frage: Was ist dieses Bewusstsein, das so verursacht wird? Und zwingt uns die Kausalbeziehung zwischen Bewusstsein und Hirnvorgängen nicht in den Dualismus – in einen Dualismus der materiellen Hirnvorgänge, die als Ursache fungieren, einerseits und der nicht-materiellen, subjektiven Bewusstseinsvorgänge, die die Wirkungen sind, andererseits?

Meines Erachtens sind wir weder zum Dualismus noch zum Materialismus gezwungen. Woran man sich erinnern sollte, ist: Bewusstsein ist ein biologisches Phänomen wie jedes andere. Es ist wahr, Bewusstsein hat, wie wir gesehen haben, ganz spezielle Merkmale, insbesondere das der Subjektivität; aber das hindert das Bewusstsein doch nicht daran, in der gleichen Weise ein höherstufiges Merkmal des Gehirns zu sein, wie Verdauung ein höherstufiges Merkmal des Magens oder das Flüssigsein ein höherstufiges Merkmal desjenigen Molekülsystems ist, das unser Blut ausmacht. Kurz, die Erwiderung, die auf den Materialismus zu geben ist, besteht im Hinweis darauf, dass er die wirkliche Existenz von Bewusstsein ignoriert. Gegen den Dualismus gewinnt man einfach dadurch, dass man sich weigert, das System von Kategorien zu akzeptieren, in dem das Bewusstsein als etwas Nicht-Biologisches, als etwas nicht zur natürlichen Welt Gehöriges hingestellt wird.

Geben Sie mir zu, dass das Bewusstsein, mit all seiner Subjektivität, von Vorgängen im Gehirn verursacht ist; und geben Sie mir zu, dass Bewusstseinszustände selbst höherstufige Merkmale des Gehirns sind. Sobald Sie mir dies beides zugegeben haben, ist kein metaphysisches Körper-/Geist-Problem mehr da. Das traditionelle Problem entsteht nur, wenn man das einschlägige Vokabular mit seinen einander wechselseitig ausschließenden Kategorien des Physischen und des Mentalen, der Materie und des Geistes, des Leibs und der Seele akzeptiert. Natürlich ist Bewusstsein immer noch ein besonderes unter den biologischen Phänomenen. Bewusstsein hat eine Erste-Person-Ontologie und lässt sich mithin nicht auf Phänomene mit einer Dritte-Person-Ontologie zurückführen oder zu ihren Gunsten eliminieren. Doch dies ist schlicht eine Natur-Tatsache: So funktioniert die Natur eben. Es ist eine neurobiologische Tatsache, dass gewisse Hirnvorgänge Bewusstseinszustände und -vorgänge verursachen. Wofür ich mich hier mit Nachdruck einsetze, ist dies: Wir sollten die Tatsachen zugeben, ohne den metaphysischen Ballast zu akzeptieren, mit dem sie traditionell daherkommen.

Wenn ich sage, das Gehirn sei ein biologisches Organ und Bewusstsein ein biologischer Vorgang, dann möchte ich damit natürlich nicht sagen oder auch nur nahelegen, es wäre unmöglich, ein künstliches Gehirn aus nichtbiologischem Material zu bauen, das ebenfalls Bewusstsein verursachen und aufrechterhalten könnte. Das Herz ist auch ein biologisches Organ und das Pumpen von Blut ein biologischer Vorgang, und es ist möglich, ein künstliches Herz zu bauen, das Blut pumpt. Im Prinzip gibt es keinen Grund, warum wir nicht ganz entsprechend ein künstliches Gehirn bauen könnten, das Bewusstsein verursacht. Um innere, qualitative, subjektive Bewusstseinszustände hervorzubringen, müsste solch ein künstliches Gehirn – und das möchte ich nachdrücklich betonen – die tatsächlichen Ursachen von Bewusstsein im menschlichen und tierischen Gehirn duplizieren. Einfach nur ähnliches Verhalten als Output hervorzubringen, reichte allein noch nicht aus.

Das Bisherige lässt sich in den folgenden Sätzen zusammenfassen:

1. Bewusstsein besteht in inneren, qualitativen, subjektiven Zuständen und Vorgängen. Es hat mithin eine Erste-Person-Ontologie.
2. Weil es eine Erste-Person-Ontologie hat, lässt sich Bewusstsein nicht in der Weise auf Dritte-Person-Phänomene zurückführen, wie dies für andere natürliche Phänomene (wie z. B. Wärme, Flüssigsein oder Festsein) typisch ist.
3. Bewusstsein ist vor allem ein biologisches Phänomen. Bewusstseinvorgänge sind biologische Vorgänge.
4. Bewusstseinsvorgänge werden durch niedrigerstufige neuronale Vorgänge im Gehirn verursacht.
5. Bewusstsein besteht aus höherstufigen Vorgängen, die in der Struktur des Gehirns realisiert sind.
6. Es gibt, soweit wir wissen, im Prinzip keinen Grund, warum wir nicht ein künstliches Gehirn bauen könnten, das ebenfalls Bewusstsein verursacht und realisiert.

Kontexte

Erste-/Dritte-Person-Ontologie

Bewusstseinszustände existieren nur vom subjektiven Standpunkt der Person, die sie erlebt. Ein Schmerz existiert beispielsweise nur deshalb, weil und solange ihn jemand bewusst fühlt. Objektive Dinge – wie z. B. ein Tisch – haben eine Dritte-Person-Ontologie: Ihre Existenz hängt nicht davon ab, dass sie von einem Subjekt bewusst erlebt werden.

Zwei Geschmacksrichtungen des Dualismus

Den Dualismus gibt es in zwei Geschmacksrichtungen: als *Substanz*-Dualismus und als *Eigenschafts*-Dualismus. Dem Substanz-Dualismus zufolge gibt es zwei unterschiedliche Arten von Entitäten im Universum: materielle Gegenstände und immaterielle Geister. Diese Auffassung reicht bis in die Antike zurück, aber ihr berühmtester Vertreter war René Descartes im 17. Jahrhundert; nach ihm wird der Substanz-Dualismus manchmal auch als Cartesischer Dualismus bezeichnet. Der Eigenschafts-Dualismus besagt, dass es unter den Eigenschaften von Gegenständen zwei metaphysisch unterschiedliche Arten gibt. Es gibt physische Eigenschaften (drei Pfund schwer sein z. B.) und geistige Eigenschaften (Schmerzen haben z. B.). Allen Formen des Dualismus ist die Auffassung gemeinsam, dass die beiden Typen einander wechselseitig ausschließen. Was geistig ist, kann, als Geistiges, nicht physisch sein; was physisch ist, kann, als Physisches, nicht geistig sein.

Aber damit hat es sich. Das ist unsere Darstellung der metaphysischen Beziehungen zwischen Bewusstsein und Gehirn. Die Fragen des Dualismus und Materialismus stellen wir erst gar nicht, an keinem Punkt. Sie sind zu veralteten Kategorien geworden.

Somit haben wir Bewusstsein „naturalisiert“, und die Bezeichnung „biologischer Naturalismus“ ist denn auch in der Tat mein Etikett für diese Auffassung: „Naturalismus“, weil der Geist dieser Auffassung zufolge ein Teil der Natur ist, und „biologische“, weil der Erklärungsmodus für die Existenz von geistigen Phänomenen ein biologischer ist – und nicht etwa einer, der bei Computer-Programmen, beim Verhalten, bei Gesellschaftlichem oder Sprachlichem ansetzt.

Unter anderem so lässt sich, wie ich meine, in der Philosophie Fortschritt machen. Die Methode ist folgende: Steht man vor einem hartnäckigen Problem wie dem Aufeinanderprall zweier Standard-Positionen, dann soll man es nicht einfach so hinnehmen. Man soll ihm gegenüber aktiv werden und hinter es schauen, um zu sehen, welche Annahmen hinter den Alternativen stecken, vor die es uns stellt. Im hier gegebenen Fall haben wir die Frage nicht im Lichte der uns vorgegebenen Alternative beantwortet, sondern wir haben die Frage *überwunden.*

1 Erarbeiten Sie in kleinen Gruppen Schritt für Schritt den Argumentationsgang des Textes und bereiten Sie Ihre Ergebnisse für eine Präsentation im Plenum vor.

2 Beschreiben Sie möglichst kurz und präzise, worin der besondere „Witz“ der Position Searles besteht. Wie unterscheidet er sich von den „klassischen“ Positionen? Welche Schwächen hat aus seiner Sicht der Dualismus, welche Schwächen hat der Materialismus?

3 Searle vertritt die These, dass Bewusstsein wie Verdauung ein biologisches Phänomen ist. Doch es gibt einen wichtigen Unterschied zwischen Bewusstsein und Verdauung, auf den Searle selbst hinweist: „Sobald die ganze Geschichte mit den Enzymen, dem Renin, der Aufspaltung der Kohlenhydrate usw. erzählt ist, gibt es nichts mehr dazu zu sagen. Es gibt keine außerdem noch hinzukommende Eigenschaft der Verdauung.“ Beim Bewusstsein sieht das aber anders aus, denn im Falle des Bewusstseins bleibt ein „irreduzibles subjektives Element übrig, auch wenn wir eine vollständige Darstellung des Kausalgeschehens auf der neurobiologischen Basis gegeben haben. Was ist da los?“
Erörtern Sie die Frage, was da los ist und ob Searle angesichts dieses Problems dazu gezwungen ist, den Substanz- oder Eigenschafts-Dualismus (vgl. Kontexte) zu akzeptieren.

4 Searle behauptet in seinem Text, er habe die Frage nach dem Verhältnis von Leib und Seele nicht im Lichte der klassischen Alternativen beantwortet, sondern in neuartiger Form überwunden. Nehmen Sie zu dieser Aussage in einem philosophischen Essay kritisch Stellung.

Nach- und Weiter-Denken

1 Erinnern Sie sich an Mary, die Neurowissenschaftlerin, die über alle physikalischen Informationen über Farben verfügt, der aber dennoch ein wichtiges X fehlt? Schauen Sie sich noch einmal Ihre Notizen zum „Fall Mary“ an, die Sie zu Beginn der Auseinandersetzung mit dem „Leib-Seele-Problem“ gemacht haben. Wie würden Sie Ihre Antworten im Lichte der Beschäftigung mit den philosophischen Positionen, die Sie kennengelernt haben, ggf. verändern oder kommentieren?

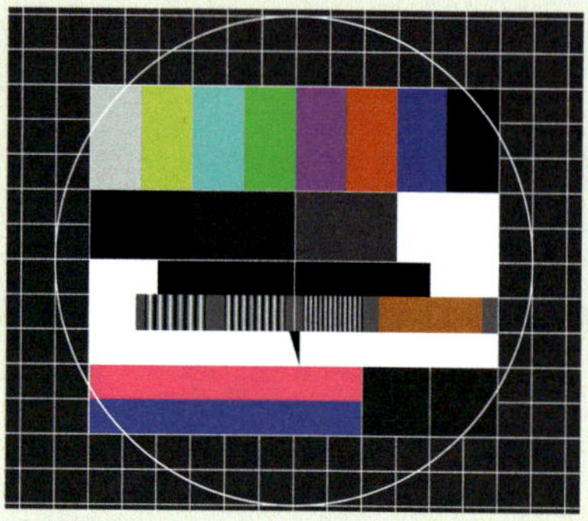

2 Hat sich Ihre Vorstellung von der Bedeutung der Ausdrücke „Seele“ und/oder „Geist“ durch die Auseinandersetzung mit philosophischen Theorien verändert? Kommentieren und modifizieren Sie ggf. auch hier Ihre ursprünglichen Thesen.

3 Tragen Sie selbst Ihre Position in der „3-Thesen-Tabelle“ ein. Mit welchem Philosophen können Sie sich aus welchen Gründen am meisten identifizieren?

4 Was bedeutet die Auseinandersetzung mit dem Leib-Seele-Problem für Sie ganz persönlich? Ist das Ganze mehr als nur ein theoretisches Glasperlenspiel? Tragen Sie die Gedanken in Ihr philosophisches Tagebuch ein (vgl. Einführungsband, S. 9).

3.3 Der Mensch als freies und selbstbestimmtes Wesen

Vor-Denken

1 Notieren Sie – jeweils groß und einzeln auf einem DIN-A4-Blatt – möglichst viele Sätze, in denen das Wort „frei" in unterschiedlichen Bedeutungen vorkommt. „Der Platz ist noch frei" und „Ich habe morgen frei" sind zwei Möglichkeiten. Legen Sie die Blätter in Ihrem Kursraum aus und ordnen Sie die Blätter so, dass sich ähnliche Verwendungsweisen des Wortes „frei" auch räumlich näher sind. Bilden Sie anschließend Kategorien für unterschiedliche Aspekte des Wortes „frei". Diskutieren Sie das Ergebnis im Plenum.

2 Eine Kategorie des Ausdrucks „frei" betrifft die Freiheit des menschlichen Willens. Natürlich glauben Sie, dass Sie einen freien Willen haben. Alles andere wäre gelogen! Begründen Sie kurz schriftlich, warum Sie an die Willensfreiheit glauben.

3 Notieren Sie alle philosophischen Fragen, Aspekte, Probleme etc., die Ihnen in den Sinn kommen, wenn Sie den Dilbert-Comic lesen. Am Ende wird die Diskussion von Dilbert mit einem „Shut up" beendet. Was hätten Sie dem Hund (Dogbert) geantwortet?

Das Problem der Willensfreiheit (2004)

John Searle

Die Frage, ob wir einen freien Willen haben, ist typisch philosophisch. Wenn man lediglich den gesunden Menschenverstand befragt, dann ist die Antwort eindeutig: Natürlich haben wir einen freien Willen! Das zeigt sich doch nahezu in jedem Augenblick. Um zu beweisen, dass man über einen freien Willen verfügt, sagt man z. B.: „Schau, ich will jetzt meinen linken Arm heben" und hebt dann den linken Arm. Kann es einen besseren und einfacheren Beweis dafür geben, dass wir willensfrei sind? Doch nun treten die Philosophen auf den Plan und wählen eine Perspektive, die es plötzlich sehr fragwürdig erscheinen lässt, ob wir tatsächlich frei entscheiden können oder ob wir nicht viel mehr ein Teil des durch die Naturgesetze determinierten, d. h. festgelegten Geschehens sind.

Beginnen wir mit der Frage, warum es so schwer für uns ist, die Überzeugung unseres eigenen freien Willens aufzugeben. Ich glaube, dass diese Überzeugung sich aus bestimmten charakteristischen Eigenschaften bewusster Erfahrung ergibt. Wenn man gewöhnliche bewusste Aktivitäten betrachtet, wie beispielsweise das Bestellen eines Biers in einer Kneipe, das Anschauen eines Films oder das Erledigen der Einkommensteuer, stellt man fest, dass es einen auffälligen Unterschied zwischen dem passiven Charakter eines Wahrnehmungsbewusstseins gibt und dem aktiven Charakter von dem, was wir „Willensbewusstsein" nennen könnten. Wenn ich zum Beispiel in einem Park stehe und auf einen Baum schaue, dann gibt es etwas in der Erfahrung, bei dem es nicht an mir liegt, was ich erfahre. Es liegt daran, wie die Welt ist und wie mein Wahrnehmungsapparat beschaffen ist. Wenn ich mich jedoch entscheide, wegzugehen oder meinen Arm zu heben oder mich am Kopf zu kratzen, dann finde ich ein Merkmal meiner Erlebnisse freier, absichtlicher Handlungen, das es in meinen Wahrnehmungen nicht gab. Dieses Merkmal ist, dass ich die vorausliegenden Ursachen meiner Handlung nicht in Form von Gründen wie Überzeugungen und Wünschen empfinde, die kausal hinreichende Bedingungen der Handlung wären; und – was nur eine andere Weise ist, dasselbe zu sagen – ich habe das Gefühl, dass mir alternative Handlungsmöglichkeiten offenstehen.

Diese Dinge springen einem ins Auge, wenn man Fälle rationaler Entscheidungen betrachtet. Ich hatte kürzlich zu entscheiden, für welchen Kandidaten ich bei der Präsidentschaftswahl stimmen sollte. Nehmen wir um des Arguments willen an, dass ich für George W. Bush gestimmt habe. Ich hatte bestimmte Gründe, Bush zu wählen, und bestimmte andere Gründe, Bush nicht zu wählen. Interessanterweise empfand ich jedoch die vorausliegenden Ursachen meiner Handlung nicht als kausal hinreichende Bedingungen, als ich mich für Bush auf der Basis einiger dieser Gründe, aber nicht anderer entschied und als ich später in einer Wahlkabine meine Stimme für Bush abgab. Ich empfand die Gründe für die Entscheidung nicht als kausal hinreichend für ein Erzwingen der Entscheidung, und ich empfand die Entscheidung selbst nicht als kausal hinreichend für ein Erzwingen der Handlung. In typischen Fällen des Überlegens und Handelns gibt es, kurz gesagt, eine Lücke oder eine Reihe von Lücken zwischen den Ursachen jedes Stadiums im Prozess der Überlegung, der Entscheidung und der Handlung und späteren Stadien. Wenn wir die Sache eingehender untersuchen, können wir sehen, dass die Lücke in verschiedene Arten von Abschnitten unterteilt werden kann. Es gibt eine Lücke zwischen den Gründen für die Entscheidung und dem Fällen der Entscheidung. Es gibt eine Lücke zwischen der Entscheidung und dem Beginn der Handlung, und für jede ausgedehnte Handlung wie beispielsweise, wenn ich versuche, Deutsch zu lernen oder den Ärmelkanal zu durchschwimmen, gibt es eine Lücke zwischen dem Beginn der Handlung und ihrer Fortsetzung oder Vollendung. In dieser Hinsicht sind Willenshandlungen ganz verschieden von Wahrnehmungen. Es gibt in der Tat ein willentliches Element in der Wahrnehmung. Ich kann zum Beispiel wählen, ob ich die doppeldeutige Gestalt als Ente oder als Hase sehe; zum größten Teil sind meine Wahrnehmungserlebnisse jedoch kausal festgelegt. Deshalb haben wir ein Problem der Willensfreiheit, aber kein Problem der Wahrnehmungsfreiheit. Die Lücke, die ich beschrieben habe, ist ein Merkmal unserer bewussten willentlichen Aktivitäten. In jedem Stadium werden die bewussten Zustände nicht als hinreichend erfahren, um den nächsten bewussten Zustand hervorzubringen. Es gibt also nur eine ständige Erfahrung der Lücke, aber wir können sie in drei verschiedene Manifestationen unterscheiden, wie ich es oben getan habe. Die Lücke besteht zwischen einem bewussten Zustand und dem folgenden, nicht

Die berühmte Hase/Ente-Kippfigur ist auf S. 366 zu finden.

zwischen Bewusstseinszuständen und Körperbewegungen oder zwischen physischen Reizen und Bewusstseinszuständen.

Mit-Denken

||| Die Rede von einer „Lücke", die wir während eines Entscheidungsprozesses wahrnehmen, ist auf den ersten Blick zwar plausibel, aber es lohnt sich, genauer hinzusehen: Machen Sie ein Selbstwahrnehmungsexperiment und beschreiben Sie (in Schriftform) möglichst genau die nächste „Lücke", die Sie bewusst erleben. Vergleichen Sie anschließend die verschiedenen „Lücken"-Erfahrungen im Plenum.

Diese Erfahrung der Willensfreiheit ist sehr zwingend, und sogar jene unter uns, die sie für eine Illusion halten, meinen, dass wir in der Praxis nicht unter der Voraussetzung handeln können, dass es sich hier um eine Illusion handelt. Stellen Sie sich vor, Sie seien in einem Restaurant, Sie haben die Wahl zwischen Kalb- und Schweinefleisch, und Sie sollen sich entscheiden. Sie können sich nicht einfach weigern, in einem solchen Fall Ihren freien Willen auszuüben, weil die Weigerung selbst Ihnen nur dann als Weigerung verständlich ist, wenn Sie sie als eine Ausübung Ihres freien Willens verstehen. Wenn Sie also zum Kellner sagen, „Sehen Sie, ich bin Determinist – che será, será, ich werde einfach warten und sehen, was ich bestelle", dann ist Ihnen diese Weigerung, Ihren freien Willen auszuüben, nur als eine Ihrer Handlungen verständlich, wenn Sie sie als die Ausübung Ihres freien Willens auffassen. Kant hat darauf vor langer Zeit hingewiesen. Wir können unseren freien Willen nicht wegdenken. Die bewussten Erlebnisse der Lücke geben uns die Überzeugung menschlicher Freiheit.

Wenn wir uns nun der entgegengesetzten Ansicht zuwenden und fragen, warum wir vom Determinismus so überzeugt sind, dann scheinen die Argumente für den Determinismus genauso zwingend zu sein wie die Argumente für die Willensfreiheit. Ein grundlegendes Merkmal unserer Beziehung zur Welt besteht darin, dass wir die Welt kausal geordnet finden. Für natürliche Phänomene dieser Welt gibt es kausale Erklärungen, und diese kausalen Erklärungen drücken kausal hinreichende Bedingungen aus. In der Philosophie bringen wir diesen Punkt gewöhnlich dadurch zum Ausdruck, dass wir sagen, dass jedes Ereignis eine Ursache hat. Die Formulierung ist natürlich viel zu grob, um die Komplexität der Vorstellung von Kausalität zu erfassen, mit der wir es zu tun haben. Aber die Grundidee ist hinreichend klar. Bei unserem Umgang mit der Natur nehmen wir an, dass alles, was geschieht, als Resultat von vorausliegenden, hinreichenden kausalen Bedingungen geschieht. Und wenn wir eine Erklärung geben, indem wir eine Ursache erwähnen, nehmen wir an, dass die erwähnte Ursache gemeinsam mit dem übrigen Kontext hinreichend war, um das Ereignis hervorzubringen, das wir erklären. Bei meinem früheren Beispiel des Erdbebens nehmen wir an, dass das Ereignis nicht einfach nur zufällig geschah, sondern dass es in jener Situation geschehen musste. In jenem Kontext waren die Ursachen hinreichend, um das Ereignis zu determinieren. [...]

Fassen wir zusammen, was wir bisher gesagt haben. Einerseits haben wir die Erfahrung von Freiheit, die nach meiner Beschreibung die Erfahrung der Lücke ist. Die Lücke zwischen den vorausliegenden Ursachen unserer freien Willensentscheidungen und Handlungen und dem tatsächlichen Fällen dieser Entscheidungen und dem Vollzug der Handlungen. Andererseits haben wir die Voraussetzung oder Annahme, dass Naturereignisse in Übereinstimmung mit kausal hinreichenden Bedingungen auftreten, und wir finden es schwierig anzunehmen, dass wir beliebige Phänomene ohne Bezug auf kausal hinreichende Bedingungen erklären könnten.

1 Erstellen Sie eine Übersicht über die wichtigsten im Text genannten Argumente für die Willensfreiheit und für den Determinismus.

2 Wie könnten Sie die Tatsache, dass wir uns unseren freien Willen nicht wegdenken können (vgl. S. 67, Zeile 62), so erklären, dass es auch ein kleines Kind verstehen könnte? Halten Sie Ihre Antwort schriftlich fest.

3 Willensfreiheit zu besitzen, bedeutet u. a., über alternative Handlungsmöglichkeiten zu verfügen. Heben Sie bitte den linken Arm, wenn Sie diese Aufgabe zu Ende gelesen haben.

4 Haben Sie Ihren linken Arm gehoben, nachdem Sie Aufgabe (3) gelesen hatten? Wenn ja: Hätten Sie tatsächlich anders handeln können? Und wie können Sie das beweisen? Wenn nein: Wiederholen Sie das Experiment und heben Sie Ihren linken Arm nicht, wenn Sie diese Aufgabe zu Ende gelesen haben.

5 Hat es funktioniert? Haben Sie Ihren linken Arm nicht gehoben? Wenn ja: Zählt das schon als Beweis dafür, dass Sie über alternative Handlungsmöglichkeiten verfügen? Erörtern Sie die Fragen, die sich in diesem Zusammenhang ergeben, gemeinsam im Plenum.

6 Auch Sie selbst können sich den freien Willen nicht wegdenken. Auch Sie selbst werden sehr wahrscheinlich daran glauben, einen freien Willen zu besitzen. Schreiben Sie einen philosophischen Essay, indem Sie Ihre Position darlegen, begründen und gegen die „Bedrohung“ durch den Determinismus verteidigen.

Brief an den hochgelahrten und erfahrenen Herrn G.H. Schuller (1674)

Baruch de Spinoza

Baruch de Spinoza (1632–1677) versucht, in dem folgenden Text zu klären, was es bedeutet, wenn wir etwas „frei“ nennen und in welchem Sinn der Mensch an dieser Freiheit teilhat.

Sehr erfahrener Herr!

Ich nenne also ein Ding frei, wenn es nur aus der Notwendigkeit seiner Natur existiert und handelt; gezwungen aber, wenn es von einem andren Dinge bestimmt wird, in einer gewissen bestimmten Weise zu existieren und zu handeln. Gott z. B. existiert notwendig zwar und dennoch frei, weil er allein aus der Notwendigkeit seiner Natur existiert. So begreift Gott in freier Weise sich selbst und alle Dinge überhaupt, weil es allein aus der Notwendigkeit seiner Natur folgt, dass er alles begreift. Sie sehen also, dass ich die Freiheit nicht in den freien Willen, sondern in die freie Notwendigkeit setze. Aber wir wollen zu den geschaffenen Dingen herabsteigen, die alle von äußeren Ursachen bestimmt werden, auf eine gewisse, bestimmte Weise zu existieren und zu handeln. Um das klar zu verstehen, wollen wir ein sehr einfaches Ding ins Auge fassen. Ein Stein empfängt durch eine äußere Ursache, die ihn stößt, ein gewisses Quantum von Bewegung, durch welches er dann, auch wenn der Anstoß der äußeren Ursache aufhört, notwendig fortfährt, sich zu bewegen. Das Verharren des Steines in der Bewegung nun ist gezwungen, nicht weil es notwendig ist, sondern weil es durch den Anstoß der äußeren Ursache definiert werden muss. Und was hier vom Stein gilt, das gilt von jedem besondern Dinge, wie zusammengesetzt und zu Vielfachem fähig man es sich auch denken mag, dass nämlich jedes Ding von einer äußeren Ursache bestimmt wird, auf eine gewisse bestimmte Weise zu existieren und zu wirken. Denken Sie sich nun, bitte, der Stein denke, indem er fortfährt, sich zu bewegen, und er wisse, dass er nach Möglichkeit in der Bewegung zu verharren strebt. Dieser Stein wird sicherlich, da er sich doch nur seines Strebens bewusst und durchaus nicht indifferent ist, der Meinung sein, er sei vollkommen frei und verharre nur darum in seiner Bewegung, weil er es so wolle. Und das ist jene menschliche Freiheit, auf deren Besitz alle so stolz sind und die doch nur darin besteht, dass die Menschen sich ihres Begehrens bewusst sind, aber die Ursachen, von denen sie bestimmt werden, nicht kennen. So hält sich das Kind für frei, wenn es nach Milch begehrt, der Knabe, wenn er im Zorn die Rache, der Furchtsame, wenn er die Flucht will. Auch der Betrunkene glaubt, er rede aus freiem Entschluss seines Geistes, wenn er Dinge sagt, die er später im nüchternen Zustande lieber verschwiegen haben wollte. So glauben die Leute im Fieberwahn, die Schwätzer und andre von der Sorte, sie handelten nach freiem Entschluss ihres Geistes, und sie glauben nicht, dass sie von einem Anstoß getrieben werden. Und da dieses Vorurteil den Menschen eingeboren ist, machen sie sich nicht leicht davon los.

1 Schreiben Sie in der Rolle eines Baruch de Spinoza des 21. Jahrhunderts eine E-Mail an Ihren Freund Schuller und klären Sie ihn über Ihr Verständnis von Willensfreiheit auf. Achten Sie darauf, dass Sie den „Ton“ treffen, der für E-Mails im Gegensatz zu Briefen typisch ist.

2 Spinoza nennt ein Ding „frei“, wenn es „nur aus der Notwendigkeit seiner Natur existiert und handelt“. Erklären Sie diese scheinbar widersprüchliche These.

3 Was zeichnet nach Spinoza die Freiheit Gottes im Gegensatz zu der Freiheit aus, auf die der Mensch so stolz ist?

Über Freiheit und Notwendigkeit (1748)

David Hume

David Hume (1711–1776) fragt sich schon im 18. Jahrhundert, warum die Philosophen seit der Antike über das Problem der Willensfreiheit debattieren, ohne zu einem Ergebnis zu kommen. Seine Vermutung lautet: Wenn eine Kontroverse so lange andauert und immer noch keine von allen akzeptierte Entscheidung gefallen ist, dann könnte das daran liegen, dass die grundlegenden Begriffe, über die man sich streitet, nicht wirklich geklärt sind. Als Kandidaten für solche unklaren Termini, die in der Debatte um die Freiheit des Willens zentral sind, können insbesondere „Notwendigkeit" und „Ursache" gelten. Hume versucht in seiner Auseinandersetzung mit der Willensfreiheit daher auch, diese vieldeutigen Ausdrücke eindeutig zu bestimmen.

Vor-Denken

||| Notieren Sie eigene Definitionen der Ausdrücke „Notwendigkeit" und „Ursache", bevor Sie den Text von Hume lesen.

Kohäsion (lat. cohaerere = zusammenhängen): eine zusammenhaltende Kraft

Es wird allgemein anerkannt, dass die Tätigkeiten äußerer Körper notwendig sind. Bei der Mitteilung einer Bewegung, der Anziehungskraft und wechselseitigen Kohäsion, finden sich nicht die leisesten Spuren der Freiheit oder der Indifferenz [der entgegengesetzten Möglichkeiten]. Jeder Gegenstand wird durch ein absolutes Fatum zu einer bestimmten Stärke und Richtung seiner Bewegung genötigt und kann von der festen Linie, in der er sich einmal bewegt, ebenso wenig abweichen, als er sich in einen Engel oder Geist oder irgendeine höhere Substanz verwandeln kann. Die Tätigkeiten der Materie müssen also als Beispiele notwendiger Tätigkeiten angesehen und alles, was in dieser Hinsicht der Materie gleichsteht, muss als notwendig anerkannt werden. Um nun zu wissen, ob dies auch bei den Tätigkeiten des Geistes der Fall ist, wollen wir zunächst die Materie genauer betrachten und zusehen, auf was die Vorstellung von der Notwendigkeit ihrer Tätigkeit sich gründet, warum also wir annehmen, dass ein Körper oder eine Tätigkeit [eines solchen] unfehlbar Ursache eines bzw. einer anderen wird.

Es wurde früher gezeigt, dass in keinem einzigen Fall das letzte Wesen der Verknüpfung irgendwelcher Gegenstände entdeckt werden kann, weder durch unsere Sinne noch durch unsere Vernunft; wir können niemals tief genug in das Wesen und die Zusammensetzung der Körper eindringen, um das Prinzip zu gewahren, von dem ihre wechselseitige Wirkung abhängt. Wir kennen nur ihre beständige Verbindung; und aus dieser erwächst die [Vorstellung der] Notwendigkeit. Ständen die Gegenstände nicht in gleichförmiger und regelmäßiger Verbindung miteinander, so kämen wir niemals zu einer Vorstellung von Ursache und Wirkung. Und schließlich ist die Notwendigkeit, die in dieser Vorstellung enthalten liegt, gar nichts anderes als die Nötigung des Geistes, von einem Gegenstand auf seinen gewöhnlichen Begleiter überzugehen und auf das Dasein des einen aus dem des anderen zu schließen.

Mit-Denken

||| Ganz offensichtlich widersprechen Humes Thesen dem gesunden Menschenverstand, denn kann man nicht einfach *sehen*, dass zwei Ereignisse als Ursache und Wirkung notwendigerweise miteinander verknüpft sind? *Sieht* man nicht, dass der Stoß mit dem Billardqueue die Ursache dafür ist, dass sich die getroffene Kugel bewegt? Um zu verstehen, was Hume hier im Sinn hat, ist es ggf. hilfreich, sich seine Überlegungen zur Kausalität (noch einmal) anzusehen. Sie finden sie in Kapitel 6.1, S. 382 ff. dieses Buches.

Hier haben wir also zwei Umstände, die wir als wesentlich für die Notwendigkeit ansehen müssen, nämlich: die beständige *Verbindung* und die Schlussfolgerung des Geistes; wo immer wir diese entdecken, da müssen wir eine Notwendigkeit anerkennen. Da der Wirkung der Materie keine andere Notwendigkeit zukommt, als diejenige, welche aus diesen Umständen hervorgeht, und da wir den Zusammenhang der Körper nicht durch einen Einblick in ihr Wesen erkennen, so kann das Fehlen eines solchen Einblicks, während die Verbindung und die Schlussfolgerung bestehen bleibt, in keinem Falle die Notwendigkeit aufheben. Die Beobachtung der [konstanten] Verbindung ermöglicht die Schlussfolgerung. Danach könnte es für den Nachweis der Notwendigkeit der Geistestätigkeiten als genügend erachtet werden, wenn wir die beständige Verbindung derselben aufzeigen und daraus die [Möglichkeit der] Schlussfolgerung ableiten. [...]

Für jenen Zweck nun genügt ein ganz flüchtiger allgemeiner Blick auf den gewöhnlichen Verlauf der menschlichen Angelegenheiten. Von welchem Gesichtspunkt aus wir sie auch betrachten, immer werden wir das Prinzip der konstanten Verbindung bestätigt finden. Wenn wir die Menschheit betrachten in ihren Unterschieden des Geschlechtes, des Alters, der Regierungen, der äußeren Lebensbedingungen, der Erziehung, immer gibt sich dieselbe Gleichförmigkeit und regelmäßige Wirksamkeit natürlicher Prinzipien zu erkennen. Gleiche Ursachen erzeugen überall gleiche Wirkungen, genauso wie bei der wechselseitigen Wirkung der Elemente und Naturkräfte. [...]

Sind die Veränderungen unseres Körpers von der Kindheit bis zum Greisenalter regelmäßiger und berechenbarer als diejenigen unseres Geistes und unseres seelischen Verhaltens? Wäre derjenige, der von einem vierjährigen Kinde erwartete, dass es imstande wäre, eine Last von dreihundert Pfund zu heben, lächerlicher als derjenige, der bei ihm philosophische Überlegungen oder weises und folgerichtiges Handeln suchte? [...]

Würde uns ein aus fernem Lande wiederkehrender Reisender erzählen, er hätte im fünfzigsten Grad nördlicher Breite ein Klima gefunden, in dem alle Früchte im Winter reifen und zur Vollkommenheit gelangen, im Sommer aber vergehen, ebenso wie sie in *England* zu den entgegengesetzten Jahreszeiten wachsen und vergehen, so würde er wenige finden, die leichtgläubig genug wären, dies als wahr anzunehmen. Ich meine aber, ein Reisender würde ebenso wenig Glauben finden, wenn er uns von Menschen erzählte, die einerseits dem Charakter nach denjenigen in Platos Republik glichen, andererseits denen in Hobbes' Leviathan. Es gibt einen allgemeinen Naturverlauf in den menschlichen Handlungen, so gut wie in den Wirkungen der Sonne und des Klimas. Es gibt Eigenschaften, die verschiedenen Nationen und einzelnen Menschen eigentümlich, und solche, die allgemein menschlich sind. Die Kenntnis dieser Eigenschaften gründet sich auf die Beobachtung der Gleichförmigkeit der ihnen entspringenden Handlungen; in solcher Gleichförmigkeit aber besteht eben das eigentliche Wesen der Notwendigkeit. [...]

Platons Republik: gemeint ist Platons in zehn Bücher gegliederter Dialog über den Staat („Politeia")

Leviathan: Anspielung auf die zentrale staatsphilosophische Schrift „Leviathan" von Thomas Hobbes aus dem Jahr 1651

Nun mögen manche einen Vorwand finden, um diese regelmäßige Verbindung und Beziehung zu leugnen Was ist unberechenbarer als menschliche Handlungen? Was unbeständiger als die Wünsche des Menschen? Und welches Geschöpf weicht mehr, nicht nur von der gesunden Vernunft, sondern auch von seinem Charakter und seiner Eigenart ab? Eine Stunde, ein Augenblick genügt, um ihn von einem Extrem ins andere zu treiben und das umzustoßen, was er vorher mit größter Mühe aufgerichtet hat. Notwendigkeit nun ist regelmäßig und sicher. Das menschliche Handeln aber ist unregelmäßig und unsicher. Das eine kann also nicht aus dem anderen hervorgehen.

Hierauf antworte ich: Bei der Beurteilung menschlicher Handlungen müssen wir nach denselben Grundsätzen verfahren, nach denen wir äußere Gegenstände betrachten. Sind irgendwelche Erscheinungen beständig und unabänderlich miteinander verbunden, so gewinnen sie in der Einbildungskraft einen solchen Zusammenhang, dass dieselbe ohne jedes Zögern und Bedenken von der einen zu der anderen übergeht. Daneben aber gibt es viele niedrigere Grade von Gewissheit und Wahrscheinlichkeit. Eine einzelne widersprechende Beobachtung kann unseren Schluss nicht ganz zerstören. Sondern der Geist wägt die sich widersprechenden Beobachtungen gegeneinander ab und geht, indem er dabei den niedrigeren Gewissheitsgrad von dem höheren abzieht, mit dem übrig bleibenden Grad von Sicherheit und Gewissheit vor. Und auch, wenn die einander widersprechenden Beobachtungen [logisch] einander völlig gleichwertig sind, geben wir die Vorstellung der Kausalität und Notwendigkeit nicht auf, sondern nehmen an, dass der vorhandene Widerspruch aus der Wirksamkeit einander entgegenwirkender und verborgener Ursachen entspringe, und schließen, dass der Zufall oder die Indifferenz nur in unserem, auf ungenügendem Wissen beruhenden Urteil liege, nicht aber in den Dingen selbst. Diese sind immer gleich notwendig, wenn auch dem Anschein nach nicht beständig oder sicher.

Keine Verbindung aber ist beständiger und sicherer als die Verbindung gewisser Handlungen mit gewissen Motiven und Charakteren. Und ist in anderen Fällen die Verbindung ungewiss, so ist dieser Sachverhalt nicht verschieden von demjenigen, der auch bei den Wirkungen der Körper vorkommt. Wir dürfen aber dort aus der Unregelmäßigkeit nicht etwas erschließen, was nicht ebenso gut hier daraus erschlossen werden müsste.

Man nimmt gewöhnlich an, Verrückte besäßen keine Freiheit. Urteilten wir aber nach ihren Handlungen, so würden wir finden, dass diesen weit weniger Regelmäßigkeit und Beständigkeit eigen ist als den Handlungen vernünftiger Menschen, dass sie demnach von der Notwendigkeit weiter entfernt sind. Hier erweist sich also unser Denken als vollständig inkonsequent. Dies ist aber die natürliche Folge der verworrenen Vorstellungen und jener unbestimmten Bezeichnungen, deren wir uns so oft bei unseren Überlegungen bedienen, besonders in der hier in Rede stehenden Angelegenheit. [...]

Fahren wir aber in unserem die Frage von Freiheit und Notwendigkeit betreffenden versöhnlichen Vorhaben fort, dieser strittigsten Frage der Wissenschaft, der Metaphysik, so bedarf es nicht vieler Worte, zu beweisen, dass die Menschheit allzeit sowohl in der Lehre von der Freiheit als auch in der von der Notwendigkeit einer Meinung war und dass der ganze Streit auch in dieser Hinsicht bisher ein bloßer Streit um Worte war. Denn was ist mit Freiheit in ihrer Bezogenheit auf Willenshandlungen gemeint? Sicherlich nicht, dass Handlungen so wenig Verknüpfung mit Motiven, Neigungen und Umständen haben, dass die eine nicht mit einem gewissen Grade von Gleichmäßigkeit aus der anderen folgt und dass die eine keinen Schluss auf die Existenz der anderen zuließe. Das sind augenscheinliche und anerkannte Tatsachen. Unter Freiheit können wir somit nur *eine Macht zu handeln oder nicht zu handeln, entsprechend den Willensentscheidungen (a power of acting or not acting, according to the determinations of the will)*, verstehen; d. h., wollen wir uns ruhig verhalten, so können wir es; wollen wir uns bewegen, so können wir es auch. Diese bedingte Freiheit wird allgemein jedem zugestanden, der kein Gefangener ist und in Ketten liegt. Das ist unbestritten.

Welche Definition der Freiheit wir immer geben, so sollten wir zwei wichtige Umstände sorgfältig beachten: *erstens*, dass sie mit offensichtlichen Tatsachen übereinstimme; *zweitens*, dass sie in sich widerspruchslos sei. Beachten wir diese Umstände und geben wir eine verständliche Definition, bin ich überzeugt, dass alle Menschen in dieser Hinsicht einer Meinung sind.

Allgemein wird zugegeben, dass nichts ohne Grund existiert und der Zufall, bei genauer Prüfung, nur ein negativer Ausdruck ist und nicht eine irgendwo in der Natur vorhandene wirkliche Kraft meint. Es wird aber behauptet, dass einige Ursachen notwendig, einige nicht notwendig sind. Hier zeigt sich nun der Nutzen der Definitionen. Man *definiere* eine Ursache, ohne als Teil der Definition einen *notwendigen Zusammenhang* mit ihrer Wirkung einzubeziehen, und man zeige deutlich den Ursprung der durch die Definition ausgedrückten Vorstellung – dann werde ich bereitwillig die ganze Kontroverse aufgeben. Wird aber die oben gegebene Erklärung angenommen, muss das absolut undurchführbar sein. Wären die Dinge nicht regelmäßig untereinander verbunden, hätten wir nie einen Begriff von Ursache und Wirkung erlangt; und diese regelmäßige Verbindung erzeugt jene Ableitung durch den Verstand, welche die einzige von uns begreifbare Verknüpfung ist. Wer eine Definition der Ursache unter Außerachtlassung dieser Umstände versucht, wird sich gezwungen sehen, entweder unverständliche Ausdrücke zu verwenden oder solche, die gleichbedeutend mit dem zu definierenden Ausdruck sind. Und wenn die oben gegebene Definition zugestanden wird, ist Freiheit als Gegenteil von Notwendigkeit, nicht des Zwanges, dasselbe wie Zufall, der allgemein für nicht existent gilt.

1 Humes Argumentation ist in diesem Text sehr komplex. Fassen Sie seine Thesen Abschnitt für Abschnitt zusammen und fügen Sie jeweils auch erläuternde Grafiken hinzu.

2 Erläutern Sie besonders genau, warum Hume glaubt, dass sich der Begriff „Ursache“ nicht definieren lässt, ohne dass auf einen notwendigen Zusammenhang zurückgegriffen wird (vgl. „Man *definiere* eine Ursache, ohne als Teil der Definition ...“, Z. 124 f.). Erklären Sie, warum dieser Aspekt für Hume besonders wichtig ist.

3 Vergleichen Sie Ihre eigenen Definitionen der Ausdrücke „Notwendigkeit“ und „Ursache“ (vgl. Vor-Denken, S. 70) mit denen Humes.

4 Erklären Sie, wieso Hume der Auffassung ist, dass sich die Notwendigkeit aus dem Bereich der Materie auf den Bereich der Geistestätigkeiten übertragen lässt, obwohl beispielsweise Billardkugeln (aus dem Bereich der Materie) etwas völlig anderes sind als Menschen und deren Willensentscheidungen.

5 Kommentieren Sie diesen Cartoon mit Original-Zitaten aus dem Hume-Text.

6 Überprüfen Sie Humes Argumente dafür, dass das menschliche Verhalten durch eine Gleichförmigkeit gekennzeichnet ist, die sich durch regelmäßige Verknüpfungen von Lebensumständen, Charakter und Handlungen auszeichnet. Ist seine Vorwegnahme kritischer Einwände („Hierauf antworte ich: ...", Z. 72) stichhaltig?

7 Hume gilt in der Philosophie als Kompatibilist. Kompatibilisten glauben, dass sich die Willensfreiheit zumindest mit bestimmten Formen der Determiniertheit vereinbaren lässt. Begründen Sie kurz mit Textbelegen, warum Hume tatsächlich als Kompatibilist bezeichnet werden kann.

8 Diskutieren Sie die Frage, wieso Hume nicht an den Zufall glaubt und welche Folgen es hätte, wenn es den Zufall gäbe.

Der Mensch als Maschine (1770)

Paul Thiry d'Holbach

Holbach (1723 – 1789) knüpft mit seinem anthropologischen Konzept an das epochale Werk seines Landsmannes Julien Offray de La Mettrie (1709 – 1751) an, das 1748 unter dem Titel „L'homme machine" („Der Mensch ist eine Maschine") publiziert wurde.

Der Mensch ist das Werk der Natur, er ist ihren Gesetzen unterworfen, er kann sich nicht von ihr frei machen, er kann nicht einmal durch das Denken von ihr loskommen. Für ein Ding, das durch die Natur geformt ist, existiert nichts außerhalb des großen Ganzen. Die Dinge, von denen man annimmt, dass sie über der Natur stehen oder dass sie von ihr verschieden sind, werden immer Trugbilder sein, von denen wir uns niemals wirkliche Ideen machen können. Der Mensch ist ein rein physisches Wesen; der moralische Mensch ist nichts anderes als dieses physische Wesen, betrachtet unter einem bestimmten Gesichtspunkt. Sein Körperbau ist das Werk der Natur. Seine sichtbaren Handlungen, ebenso wie die unsichtbaren Bewegungen, sind natürliche Wirkungen seines eigentümlichen Mechanismus. Alles, was er nach und nach erfunden hat, war immer nur eine notwendige Folge des ihm eigentümlichen Wesens. Ebenso ist es mit all unseren Ideen. Die Kunst ist nur die Natur, die durch von ihr selbst geschaffene Werkzeuge wirkt. Alles, was wir tun, ist nur Antrieb der Natur. Auf das Physische und auf die Erfahrung muss der Mensch bei allen seinen Forschungen zurückgehen. Die Natur wirkt nach einfachen Gesetzen. Sobald wir die Erfahrung verlassen, führt uns unsere Einbildungskraft irre. So hat man sich aus Mangel an Erfahrung unvollkommene Ideen von der Materie gemacht. Die menschliche Trägheit findet Genüge darin, sich lieber durch das Beispiel, das Herkömmliche, die Autorität führen zu lassen als durch die Erfahrung, welche Tätigkeit verlangt, und durch die Vernunft, welche Überlegung erfordert. Daher jene Abneigung gegen alles, was von den Regeln abweicht; daher der Respekt vor den Institutionen des Altertums. Unerfahrenheit bringt Leichtgläubigkeit mit sich. Nehmen wir die Erfahrung zum Führer; betrachten wir die sichtbare Welt: Sie zeigt uns überall nur Materie und Bewegung. Die Bewegung allein ist es, die Beziehungen zwischen unseren Organen und den in uns und um uns befindlichen Dingen herstellt. Eine Ursache ist ein Ding, das ein anderes in Bewegung setzt oder das irgendeine Veränderung in ihm hervorruft. Die Wirkung ist die Veränderung, die ein Körper in einem anderen vermittelt, der Bewegung hervorruft. Auf welche Art ein Körper auch auf uns wirken mag, wir haben von ihm nur Kenntnis durch irgendeine Veränderung, die er in uns hervorgerufen hat. Von den im

Innern des Menschen vor sich gehenden Bewegungen, von seinen Gedanken, seinen Leidenschaften, seinem Willen können wir uns aufgrund der Handlungen Ideen machen. So vermuten wir, wenn wir einen Menschen fliehen sehen, dass er von Furcht getrieben wird. Die Bewegungen der Dinge sind immer notwendige Folgen des Wesens der Dinge. Jedes Ding hat ihm eigentümliche Bewegungsgesetze. Alles im Universum ist Bewegung [...]

Die Seele folgt denselben Gesetzen wie der Körper, sie entsteht mit dem Körper, ist schwach in der Kindheit, sie teilt seine Freuden und Leiden, ist gesund oder krank, wirksam oder schlaff, wachsam oder schläfrig wie er. Infolgedessen überredete man sich, dass diese Seele nicht sterben würde. Da die Natur allen Menschen die Liebe zu ihrem Dasein eingepflanzt hat, ließ sie der Wunsch, darin zu verharren, zufrieden an eine unsterbliche Seele glauben.

Der Blade Runner (USA, 1982)

1 Spielen Sie das Kürzungsspiel:
- Verfassen Sie mit einem Textverarbeitungsprogramm eine möglichst kurze Zusammenfassung der Thesen Holbachs. Ermitteln Sie die Anzahl der Zeichen (inkl. Leerzeichen), die Ihre Zusammenfassung hat.
- Vergleichen Sie im Plenum die erstellten Zusammenfassungen und wählen Sie diejenige aus, die inhaltlich am besten ist. Ermitteln Sie auch die Zusammenfassung, die am kürzesten ist. Ist die beste Zusammenfassung auch die kürzeste, ist das Spiel vorbei.
- Andernfalls werden beide Texte für alle kopiert und die Aufgabe besteht nun darin, die kürzeste Zusammenfassung im Plenum so zu überarbeiten, dass sie inhaltlich mit der besten vergleichbar ist. Auch diese Version sollte für alle kopiert und an alle verteilt werden.

2 Holbach bezieht sich in seinen Ausführungen auf die Zwei-Substanzen-Lehre von R. Descartes (vgl. S. 46 ff.). Wie grenzt er sich vom cartesianischen Modell ab? Analysieren Sie die beiden Konzepte in vergleichender Weise. Welcher der beiden Ansätze überzeugt Sie?

3 In dem Kinofilm „Blade Runner" (USA, 1982) geht es unter anderem auch um die Frage, wie man echte Menschen von sogenannten Replikanten unterscheiden kann, die zwar aussehen wie Menschen, in Wahrheit aber hochkomplexe Maschinen sind. Im Film ist zu sehen, wie Wesen, die unter dem Verdacht stehen, Replikanten zu sein, einem Test unterzogen werden, der Aufschluss über ihre wahre Identität geben soll. Stellen Sie sich vor, sie müssten einen solchen Test im Auftrag der Regierung entwickeln. Wie würden Sie ihn gestalten, um zuverlässig herauszufinden, ob Sie einen Menschen oder eine Maschine vor sich haben?

4 Holbach verwendet in seinem Text die Begriffe „Ursache", „Wirkung" und „notwendige Folge". Vergleichen Sie seine Verwendungsweise dieser Begriffe mit derjenigen Humes (vgl. S. 70 ff.) und benennen Sie Gemeinsamkeiten und Unterschiede.

5 Stellen Sie sich vor, Holbachs Text wäre nicht in einem Philosophie-Buch aus dem Jahre 1770 das erste Mal veröffentlicht worden, sondern in einem Blog oder als Posting bei Facebook. Schreiben Sie zunächst einen Kommentar zu diesem Posting. Anschließend werden die Kommentare im Kurs verteilt und jede(r) antwortet auf einen Kommentar aus der Sicht Holbachs, der seine Position verteidigt. Die Ergebnisse sollen im Plenum vorgestellt und diskutiert werden.

Von der Kraft (1790)

John Locke

In seinem „Versuch über den menschlichen Verstand" widmet sich John Locke aus der Perspektive des erkenntnistheoretischen Empiristen dem Problem der Willensfreiheit.

Überall da, wo das Denken oder das Vermögen, der Weisung des Denkens entsprechend zu handeln oder nicht zu handeln, völlig fehlt, tritt die Notwendigkeit ein. Diese heißt Zwang, wenn bei einem Wesen, das einer Willensäußerung fähig ist, der Beginn oder die Fortsetzung einer Handlung zu dem im Widerspruch steht, was der Geist bevorzugt; sie heißt Hemmung, wenn die Verhinderung oder Beendigung einer Handlung seiner Willensäußerung widerspricht. Handelnde Wesen, die überhaupt kein Denken und keine Willensäußerungen haben, sind in jedem Fall *notwendig handelnde Wesen.*

Wenn dies richtig ist (und ich glaube, dass dies der Fall ist), so gebe ich zu bedenken, ob es nicht dazu beitragen könnte, eine lange erörterte und meines Erachtens unvernünftige, weil unverständliche Frage aus der Welt zu schaffen, diejenige nämlich, *ob der Wille des Menschen frei sei oder nicht.* Wenn ich mich nicht täusche, folgt aus meinen Darlegungen, dass die Frage als solche vollkommen falsch gestellt ist. Die Frage, ob der *Wille* des Menschen frei sei, ist ebenso sinnlos wie die, ob sein Schlaf geschwind oder seine Tugend viereckig sei. Denn die Freiheit lässt sich ebenso wenig auf den Willen anwenden wie die Geschwindigkeit einer Bewegung auf den Schlaf oder die Figur eines Vierecks auf die Tugend. Über die Absurdität von Fragen wie die beiden letzten würde jeder lachen, weil es klar zutage liegt, dass die Modifikationen der Bewegung nichts mit dem Schlaf, die der Figur nichts mit der Tugend zu tun haben. Ebenso deutlich wird meiner Meinung nach jeder, der die Sache recht betrachtet, einsehen, dass die Freiheit, die nur eine Kraft ist, lediglich *handelnden Wesen* zukommt und nicht ein Attribut oder eine Modifikation des Willens sein kann, der gleichfalls nur eine Kraft ist. [...]

Da in uns sehr zahlreiche Unbehaglichkeiten vorhanden sind, die uns fortwährend beunruhigen und stets bereit sind, den Willen zu bestimmen, so ist es, wie gesagt, natürlich, dass die stärkste und dringendste von ihnen den Willen zur nächsten Handlung bestimmt. Das geschieht denn auch meist, allerdings nicht immer. Da der Geist, wie die Erfahrung zeigt, in den meisten Fällen die Kraft besitzt, bei der Verwirklichung und Befriedigung irgendeines Wunsches *innezuhalten* und mit allen anderen Wünschen der Reihe nach ebenso zu verfahren, so hat er auch die Freiheit, ihre Objekte zu betrachten, sie von allen Seiten zu prüfen und gegen andere abzuwägen. Hierin besteht die Freiheit, die der Mensch besitzt und aus deren falschem Gebrauch die ganze Fülle von Missgriffen, Irrtümern und Fehlern stammt, in die wir in unserer Lebensführung und bei unserm Streben nach Glück hineingeraten, wenn wir unsere Willensentscheidung überstürzen und vorschnell ohne rechte Prüfung zu handeln beginnen. Um dem vorzubeugen, haben wir die Kraft, die Verfolgung dieses oder jenes Wunsches zu unterbrechen, wie jeder täglich bei sich selbst erproben kann. Hier scheint mir die Quelle aller Freiheit zu liegen; hierin scheint das zu bestehen, was man (meines Erachtens unzutreffend) den *freien Willen* nennt. Denn während einer solchen Hemmung des Begehrens, ehe noch der Wille zum Handeln bestimmt und die (jener Bestimmung folgende) Handlung vollzogen wird, haben wir Gelegenheit, das Gute oder Üble an der Handlung, die wir vorhaben, zu prüfen, ins Auge zu fassen und zu beurteilen. Haben wir dann nach gehöriger Untersuchung unser Urteil gefällt, so haben wir unsere Pflicht erfüllt und damit alles getan, was wir in unserm Streben nach Glück tun können und müssen; und es ist kein Mangel, sondern ein Vorzug unserer Natur, wenn wir, entsprechend dem Endergebnis einer ehrlichen Prüfung, begehren, wollen und handeln.

1 Erläutern Sie in eigenen Worten, wie Locke die Begriffe „Notwendigkeit", „Zwang" und „Hemmung" verwendet und geben Sie ein konkretes Beispiel für ein notwendig handelndes Wesen (vgl. Z. 7).

2 Stellen Sie sich vor, Sie erhielten als John Locke einen Brief eines ratlosen Philosophielehrers, der nicht verstanden hat, warum die Frage, ob der Wille des Menschen frei ist, sinnlos sein soll. Der Lehrer bittet Sie, eine kurze Erklärung zu verfassen, die nicht nur er, sondern auch seine Schüler(innen) verstehen. Sie ringen sich dazu durch, dem Lehrer tatsächlich zu antworten. Was würden Sie schreiben?

3 Im Internet gibt es auf einigen Seiten eine „Two-Step-Verifikation": Um sich beispielsweise auf einem fremden Rechner bei Facebook anzumelden, muss man nicht nur sein eigenes Passwort wissen („Step one"), sondern auch einen Zahlencode eingeben, den man mit seinem Smartphone erzeugt („Step two"). Überprüfen Sie, inwiefern Lockes Vorstellung vom freien Willen ebenfalls eine Art „Two-Step-Verifikation" zugrunde liegt.

4 Wie Hume gilt auch Locke als Kompatibilist, d. h., er hält Willensfreiheit mit bestimmten Formen des Determinismus für vereinbar. Geben Sie Gründe dafür an, dass Locke zu Recht als Kompatibilist bezeichnet wird.

5 Vergleichen Sie die beiden Positionen, indem Sie Textauszüge gegenüberstellen und kritisch kommentieren. Sichern Sie die Ergebnisse für eine Diskussion im Plenum.

Die Freiheitsantinomie (1781/87)

Immanuel Kant

In seiner „Kritik der reinen Vernunft" (1781/87) stellt sich auch Immanuel Kant die Frage, wie in einer Welt, die durch die Kausalgesetze bestimmt ist, noch Platz für die Willensfreiheit des Menschen bzw. vernünftige Autonomie sein kann. Seine Argumentation soll im Folgenden schrittweise dargelegt werden. Zunächst erläutert Kant, was er unter „Freiheit" versteht:

Man kann sich nur zweierlei Kausalität in Ansehung dessen, was geschieht, denken, entweder nach der Natur oder aus Freiheit. Die erste ist die Verknüpfung eines Zustandes mit einem vorigen in der Sinnenwelt, worauf jener nach einer Regel folgt. Da nun die Kausalität der Erscheinungen auf Zeitbedingungen beruht, und der vorige Zustand, wenn er jederzeit gewesen wäre, auch keine Wirkung, die allererst in der Zeit entspringt, hervorgebracht hätte: So ist die Kausalität der Ursache dessen, was geschieht, oder entsteht, auch entstanden, und bedarf nach dem Verstandesgrundsatze selbst wiederum eine Ursache.

Dagegen verstehe ich unter Freiheit, im kosmologischen Verstande, das Vermögen, einen Zustand von selbst anzufangen, deren Kausalität also nicht nach dem Naturgesetze wiederum unter einer anderen Ursache steht, welche sie der Zeit nach bestimmte.

Dass die Welt unserer Erfahrungen durch das Kausalitätsprinzip geordnet wird, dass Kausalität eine Art „Brille" ist, die eine Bedingung der Möglichkeit von Erfahrung darstellt, gehört zu Kants transzendentalphilosophischen Wahrheiten. Die empirische Welt wird daher notwendigerweise vom Kausalprinzip bestimmt. Hier gibt es zu jedem Ereignis eine Ursache, die wiederum selbst ein Ereignis ist, das eine Ursache hat usw. Es gibt in der Welt unserer Erfahrung kein unverursachtes Ereignis und daher auch keine unverursachte Ursache. Aber wir können uns immerhin vorstellen, dass so etwas möglich ist. Und genau das ist die Grundidee der Freiheit: eine Kausalkette zu starten. Die erste unverursachte Ursache zu schaffen und damit aus der Kette der naturgesetzlichen Abfolge von Ursache und Wirkung herauszutreten. Kant erläutert diesen Gedanken folgendermaßen:

Die Freiheit ist in dieser Bedeutung eine reine transzendentale Idee, die erstlich nichts von der Erfahrung Entlehntes enthält, zweitens deren Gegenstand auch in keiner Erfahrung bestimmt gegeben werden kann, weil es ein allgemeines Gesetz, selbst der Möglichkeit aller Erfahrung, ist, dass alles, was geschieht, eine Ursache, mithin auch die Kausalität der Ursache, die selbst geschehen, oder entstanden, wiederum eine Ursache haben müsse; wodurch denn das ganze Feld der Erfahrung, so weit es sich erstrecken mag, in einen Inbegriff bloßer Natur verwandelt wird. Da aber auf solche Weise keine absolute Totalität der Bedingungen im Kausalverhältnisse herauszubekommen ist, so schafft sich die Vernunft die Idee von einer Spontaneität, die von selbst anheben könne zu handeln, ohne dass eine andere Ursache vorangeschickt werden dürfe, sie wiederum nach dem Gesetze der Kausalverknüpfung zur Handlung zu bestimmen.

Kant konstruiert vor diesem Hintergrund nun eine *Antinomie*. Auf der einen Seite steht die metaphysische *Thesis*:

Die Kausalität nach Gesetzen der Natur ist nicht die einzige, aus welcher die Erscheinungen der Welt insgesamt abgeleitet werden können. Es ist noch eine Kausalität durch Freiheit zur Erklärung derselben anzunehmen notwendig.

Auf der anderen Seite steht die metaphysische *Antithesis*:

Es ist keine Freiheit, sondern alles in der Welt geschieht lediglich nach Gesetzen der Natur.

Hier sind Kants Argumente für die *Thesis*:

Man nehme an, es gebe keine andere Kausalität, als nach Gesetzen der Natur; so setzt alles, was geschieht, einen vorigen Zustand voraus, auf den es unausbleiblich nach einer Regel folgt. Nun muss aber der vorige Zustand selbst etwas sein, was geschehen ist (in der Zeit geworden, da es vorher nicht war), weil, wenn es jederzeit gewesen wäre, seine Folge auch nicht allererst entstanden, sondern immer gewesen sein würde. Also ist die Kausalität der Ursache, durch welche etwas geschieht, selbst etwas Geschehenes, welches nach dem Gesetz der Natur wiederum einen vorigen Zustand und dessen Kausalität dieser aber eben so einen noch älteren voraussetzt usw. Wenn also alles nach bloßen Gesetzen der Natur geschieht, so gibt es jederzeit nur einen subalternen, niemals aber einen ersten Anfang, und also überhaupt keine Vollständigkeit der Reihe auf der Seite der voneinander abstammenden Ursachen. Nun besteht aber eben darin das Gesetz der Natur: dass ohne hinreichend a priori bestimmte Ursache nichts geschehe. Also widerspricht der Satz, als wenn alle Kausalität nur nach Naturgesetzen möglich sei, sich selbst in seiner unbeschränkten Allgemeinheit, und diese kann also nicht als die einzige angenommen werden.

subaltern: untergeordnet

Diesem nach muss eine Kausalität angenommen werden, durch welche etwas geschieht, ohne dass die Ursache davon noch weiter, durch eine andere vorhergehende Ursache, nach notwendigen Gesetzen bestimmt sei, d. i. eine absolute Spontaneität der Ursachen, eine Reihe von Erscheinungen, die nach Naturgesetzen läuft, von selbst anzufangen, mithin transzendentale Freiheit, ohne welche selbst im Laufe der Natur die Reihenfolge der Erscheinungen auf der Seite der Ursachen niemals vollständig ist.

Für die *Antithesis* lauten seine Argumente folgendermaßen:

Setzet es gehe eine Freiheit im transzendentalen Verstande, als eine besondere Art von Kausalität, nach welcher die Begebenheiten der Welt erfolgen könnten, nämlich ein Vermögen, einen Zustand, mithin auch eine Reihe von Folgen desselben, schlechthin anzufangen; so wird nicht allein eine Reihe durch diese Spontaneität, sondern die Bestimmung dieser Spontaneität selbst zur Hervorbringung der Reihe, d.i. die Kausalität, wird schlechthin anfangen, sodass nichts vorhergeht, wodurch diese geschehende Handlung nach beständigen Gesetzen bestimmt sei. Es setzt aber ein jeder Anfang zu handeln einen Zustand der noch nicht handelnden Ursache voraus, und ein dynamisch erster Anfang der Handlung einen Zustand, der mit dem vorhergehenden eben derselben Ursache gar keinen Zusammenhang der Kausalität hat, d.i. auf keine Weise daraus erfolgt. Also ist die transzendentale Freiheit dem Kausalgesetze entgegen, und eine solche Verbindung der sukzessiven Zustände wirkenden Ursachen, nach welcher keine Einheit der Erfahrung möglich ist, die also auch in keiner Erfahrung angetroffen wird, mithin ein leeres Gedankending.

Philosophische Fingerübung

Stellen Sie Kants Argument für die Thesis und die Antithesis jeweils als Abfolge von Prämissen und einer Konklusion möglichst knapp dar.

Aus diesen beiden Argumentationen ergibt sich offenbar ein Dilemma:

Wir haben also nichts als Natur, in welcher wir den Zusammenhang und Ordnung der Weltbegebenheiten suchen müssen. Die Freiheit (Unabhängigkeit) von den Gesetzen der Natur, ist zwar eine Befreiung vom Zwange, aber auch vom Leitfaden aller Regeln. Denn man kann nicht sagen, dass, anstatt der Gesetze der Natur, Gesetze der Freiheit in die Kausalität des Weltlaufs eintreten, weil, wenn diese nach Gesetzen *bestimmt wäre, sie nicht Freiheit, sondern selbst nichts anderes als Natur wäre.* Natur also und transzendentale Freiheit unterscheiden sich wie Gesetzmäßigkeit und Gesetzlosigkeit, davon jene zwar den Verstand mit der Schwierigkeit belästigt, die Abstammung der Begebenheiten in der Reihe der Ursachen immer höher hinauf zu suchen, weil die Kausalität an ihnen jederzeit bedingt ist, aber zur Schadloshaltung durchgängige und gesetzmäßige Einheit der Erfahrung verspricht, dahingegen das Blendwerk von Freiheit zwar dem forschenden Verstande in der Kette der Ursachen Ruhe verheißt, indem sie ihn zu einer unbedingten Kausalität führt, die von selbst zu handeln anhebt, die aber, da sie selbst blind ist, den Leitfaden der Regeln abreißt, an welchem allein eine durchgängig zusammenhängende Erfahrung möglich ist.

Mit-Denken

III Informieren Sie sich über Kants Unterscheidung zwischen der Welt der Phaenomena und der Welt der Noumena. Bereiten Sie ein kleines Referat oder auch ein Erklärvideo vor, das Sie im Plenum präsentieren.

Auf der einen Seite haben wir die Natur mit ihren Gesetzen und einer daraus folgenden Ordnung, die die Einheit unserer Erfahrung garantiert, uns aber vor das Problem stellt, dass wir keine abgeschlossenen Kausalketten finden, sondern nur eine unendliche Abfolge von Ereignissen und Ursachen, die sich nicht mit der Idee der Freiheit vertragen. Auf der anderen Seite gibt es die transzendentale Freiheit, für die der Gedanke zentral ist, dass man aus der Abfolge der gesetzmäßigen Ursache-Wirkungs-Kette ausbrechen kann, um unverursachte Ursachen zu schaffen. Der Preis, den wir für diese Freiheit zahlen, ist der Verlust genau der

Gesetzmäßigkeit, die die Einheit unserer Erfahrung garantiert. Metaphorisch gesprochen: Wir brauchen die Brille der Kausalität, um überhaupt zusammenhängende Erfahrungen zu machen, aber genau diese Kausalitätsbrille macht uns für die Welt der Freiheit blind.

Kant will aber an dem Gedanken der Freiheit festhalten. Und er greift zu einem Trick. Kant unterscheidet zwischen der empirischen Welt, der Welt der *Phaenomena*, wie sie uns aufgrund unseres Erkenntnisvermögens erscheint, und der Welt der „Dinge an sich", der *Noumena* oder *Intelligibilia*, die nicht Gegenstand der sinnlichen Anschauung sein können. Als Subjekte leben wir nach Kant nicht nur in der empirischen, durch die Naturgesetze bestimmten Welt, sondern sind auch Teil der Welt der „Dinge an sich". Wir haben daher einen doppelten Charakter, einen empirischen und einen intelligiblen, der unsere Handlungen bestimmt. Zunächst erläutert Kant den empirischen Charakter:

Nach seinem empirischen Charakter würde also dieses Subjekt, als Erscheinung, allen Gesetzen der Bestimmung nach, der Kausalverbindung unterworfen sein, und es wäre sofern nichts, als ein Teil der Sinnenwelt, dessen Wirkungen, so wie jede andere Erscheinung, aus der Natur unausbleiblich abflössen. So wie äußere Erscheinungen in dasselbe einflossen, wie sein empirischer Charakter, d.i. das Gesetz seiner Kausalität, durch Erfahrung erkannt wäre, müssten sich alle seine Handlungen nach Naturgesetzen erklären lassen, und alle Requisite zu einer vollkommenen und notwendigen Bestimmung derselben müssten in einer möglichen Erfahrung angetroffen werden.

Wir sind aber auch Teil der noumenalen Welt der Dinge an sich und besitzen einen intelligiblen Charakter:

Nach dem intelligiblen Charakter desselben aber, (ob wir zwar davon nichts als bloß den allgemeinen Begriff desselben haben können) würde dasselbe Subjekt dennoch von allem Einflusse der Sinnlichkeit und Bestimmung durch Erscheinungen freigesprochen werden müssen, und, da in ihm, sofern es Noumenon ist, nichts geschieht, keine Veränderung, welche dynamische Zeitbestimmung erheischt, mithin keine Verknüpfung mit Erscheinungen als Ursachen angetroffen wird, so würde dieses tätige Wesen, sofern in seinen Handlungen von aller Naturnotwendigkeit, als die lediglich in der Sinnenwelt angetroffen wird, unabhängig und frei sein. Man würde von ihm ganz richtig sagen, dass es seine Wirkungen in der Sinnenwelt von selbst anfange, ohne dass die Handlung in ihm selbst anfängt; und dieses würde gültig sein, ohne dass die Wirkungen in der Sinnenwelt darum von selbst anfangen dürfen, weil sie in derselben jederzeit durch empirische Bedingungen in der vorigen Zeit, aber doch nur vermittelst des empirischen Charakters (der bloß die Erscheinung des intelligiblen ist), vorher *bestimmt, und* nur als eine Fortsetzung der Reihe der Natursachen möglich sind. So würde denn Freiheit und Natur, jedes in seiner vollständigen Bedeutung, bei eben denselben Handlungen, nachdem man sie mit ihrer intelligiblen oder sensiblen Ursache vergleicht, zugleich und ohne allen Widerstreit angetroffen werden.

Kant erläutert auch, warum wir nicht nur ein Teil der empirischen Welt sind, sondern auch ein Ding an sich in der noumenalen Welt:

Allein der Mensch, der die ganze Natur sonst lediglich nur durch Sinne kennt, erkennt sich selbst auch durch bloße Apperzeption, und zwar in Handlungen und inneren Bestimmungen, die er gar nicht zum Eindrucke der Sinne zählen kann, und ist sich selbst freilich einesteils Phänomen, anderenteils aber, nämlich in Ansehung gewisser Vermögen, ein bloß intelligibler Gegenstand, weil die Handlung desselben gar nicht zur Rezeptivität der Sinnlichkeit gezählt werden kann. Wir nennen diese Vermögen Verstand und

Vernunft, vornehmlich wird die Letztere ganz eigentlich und vorzüglicherweise von allen empirischbedingten Kräften unterschieden, da sie ihre Gegenstände bloß nach Ideen erwägt und den Verstand danach bestimmt, der dann von seinen (zwar auch reinen) Begriffen einen empirischen Gebrauch macht.

Wenn wir aus vernünftigen Gründen handeln, sind wir daher frei und nicht mehr der Kausalität unterworfen. Die Vernunft schafft es, Kausalketten zu starten. Es bleibt jedoch das Problem, dass wir als erkennende Subjekte nicht nachvollziehen können, wie der Vernunft das genau gelingt. Als Teil der Welt der Phaenomena können wir Kausalketten ohne Anfang nicht erkennen. Es gibt jedoch Hinweise darauf, dass es so etwas wie Kausalität durch Vernunft tatsächlich gibt:

Dass diese Vernunft nun Kausalität habe, wenigstens wir uns eine dergleichen an ihr vorstellen, ist aus den Imperativen klar, welche wir in allem Praktischen den ausübenden Kräften als Regeln aufgeben. Das Sollen drückt eine Art von Notwendigkeit und Verknüpfung mit Gründen aus, die in der ganzen Natur sonst nicht vorkommt.

Es mögen noch so viel Naturgründe sein, die mich zum Wollen antreiben, noch so viel sinnliche Anreize, so können sie nicht das Sollen hervorbringen, sondern nur ein noch lange nicht notwendiges, sondern jederzeit bedingtes Wollen, dem dagegen das Sollen, das die Vernunft ausspricht, Maß und Ziel, ja Verbot und Ansehen entgegensetzt. Es mag ein Gegenstand der bloßen Sinnlichkeit (das Angenehme) oder auch der reinen Vernunft (das Gute) sein: So gibt die Vernunft nicht demjenigen Grunde, der empirisch gegeben ist, nach, und folgt nicht der Ordnung der Dinge, so wie sie sich in der Erscheinung darstellen, sondern macht sich mit völliger Spontaneität eine eigene Ordnung nach Ideen, in die sie die empirischen Bedingungen hineinpasst und nach denen sie sogar Handlungen für notwendig erklärt, die doch nicht geschehen sind und vielleicht nicht geschehen werden, von allen aber gleichwohl voraussetzt, dass die Vernunft in Beziehung auf sie Kausalität haben könne; denn, ohne das, würde sie nicht von ihren Ideen Wirkungen in der Erfahrung erwarten.

1 Bilden Sie Vierergruppen und arbeiten Sie nach folgender Methode: Teilen Sie den Text in sinnvolle Absätze ein. Der jeweils aktuelle Abschnitt wird zunächst von allen gelesen. Dann erhält jedes Gruppenmitglied eine Rolle zugewiesen: **A** klärt bzw. erklärt schwierige Begriffe und schwierige Textpassagen. **B** fasst den Inhalt des Abschnitts mit eigenen Worten kurz zusammen. **C** formuliert Fragen, die die anderen mithilfe des Textes beantworten sollen. **D** versucht, einen Bezug zwischen dem Text und der eigenen Lebenswelt, den eigenen Erfahrungen oder einer anderen philosophischen Theorie herzustellen, über den alle diskutieren. Bei jedem neuen Abschnitt wechseln die Rollen (A, B, C, D) im Uhrzeigersinn.

2 Gestalten Sie ein Streitgespräch zwischen einem Anhänger der Thesis, einem Anhänger der Antithesis und Kant, der als Vermittler auftritt. Führen Sie dieses Streitgespräch live im Plenum durch oder nehmen Sie es als Audioclip mit einem Smartphone oder einem anderen Gerät auf.

3 Vergleichen Sie in einem philosophischen Essay Kants Position mit den Theorien von Hume und Locke. Berücksichtigen Sie auch die Frage, ob Kant ebenfalls ein Kompatibilist ist.

Schematische Darstellung des reziproken Lesens

4 Kant spricht in der „Kritik der reinen Vernunft" auch von einer „praktischen Freiheit", die darin besteht, dass man sich nicht einfach von Gefühlen wie Lust oder Unlust treiben lässt, sondern erst nach reiflicher Überlegung und aus guten, rationalen Gründen handelt (vgl. Kontexte).
Erörtern Sie, ob Kant angesichts dieses Konzepts einer praktischen Freiheit überhaupt noch einen transzendentalen Freiheitsbegriff braucht. Genügt die praktische Freiheit nicht als Modell für menschliche Willensfreiheit, wenn die Vernunft Ursache unserer Handlungen ist?

Kontexte

Kant und die „praktische Freiheit"

Die praktische Freiheit kann durch Erfahrung bewiesen werden. Denn, nicht bloß das, was reizt, d.i. die Sinne unmittelbar affiziert, bestimmt die menschliche Willkür, sondern wir haben ein Vermögen, durch Vorstellungen von dem, was selbst auf entferntere Art nützlich oder schädlich ist, die Eindrücke auf unser sinnliches Begehrungsvermögen zu überwinden; diese Überlegungen aber von dem, was in Ansehung unseres ganzen Zustandes begehrungswert, d.i. gut und nützlich ist, beruhen auf Vernunft. Diese gibt daher auch Gesetze, welche Imperativen, d.i. objektive Gesetze der Freiheit, sind, und welche sagen, was geschehen soll, ob es gleich vielleicht nie geschieht, und sich darin von Naturgesetzen, die nur von dem handeln, was geschieht, unterscheiden, weshalb sie auch praktische Gesetze genannt werden.

Arthur Schopenhauer (1788–1860)

Liberum arbitrium (1839)

Arthur Schopenhauer

(Über die Freiheit des menschlichen Willens)

Im Jahre 1839 stellt die *Königlich Norwegische Societät der Wissenschaften* eine Preisfrage: „Num liberum hominum arbitrium e sui ipsius conscientia demonstrari potest?" Verdeutscht: „Lässt sich die Freiheit des menschlichen Willens aus dem Selbstbewusstsein beweisen?" An diesem Essay-Wettbewerb beteiligt sich auch Arthur Schopenhauer, ein deutscher Philosoph, der glaubt, von der Fachwelt maßlos unterschätzt zu werden. In der Vorrede eines Buches, in dem er später seinen preisgekrönten Text veröffentlicht, schreibt er: „Wenn einmal die Zeit gekommen sein wird, wo man mich liest, wird man finden, dass meine Philosophie ist wie Theben mit hundert Toren: Von allen Seiten kann man keinem und durch jedes auf geradem Wege bis zum Mittelpunkt gelangen." Der folgende Textauszug zeigt u.a., warum die Antwort auf die Frage „Kann ich tun, was ich will?" nicht ganz am Ende, sondern ziemlich am Anfang der Lösung des Problems der Willensfreiheit steht, und warum Schopenhauers Analyse auch heute noch aktuell ist.

Das Selbstbewusstsein eines jeden sagt sehr deutlich aus, dass er tun kann, was er will. Da nun auch ganz entgegengesetzte Handlungen als von ihm gewollt gedacht werden können: So folgt allerdings, dass er auch Entgegengesetztes tun kann, wenn er will. Dies verwechselt nun der rohe Verstand damit, dass er in einem gegebenen Fall, auch Entgegengesetztes wollen könne, und nennt dies die Freiheit des Willens. Allein dass er, in einem gegebenen Fall, Entgegengesetztes wollen könne, ist schlechterdings nicht in obiger Aussage enthalten, sondern bloß dies, dass von zwei entgegengesetzten Handlungen, er, wenn er diese will, sie tun kann und wenn er jene will, sie ebenfalls tun kann: Ob er aber die eine sowohl als die andere, im gegebenen Fall wollen könne, bleibt dadurch unausgemacht und ist Gegenstand einer tiefern Untersuchung, als durch das bloße Selbstbewusstsein entschieden werden kann. Die kürzeste, wenn gleich scholastische Formel für dieses Resultat würde lauten: Die Aussage des Selbstbewusstseins betrifft den Willen bloß *a parte post* [hinsichtlich des Nachher]: Die Frage nach der Freiheit hingegen *a parte ante* [hinsichtlich des Vorher]. – Also jene unleugbare Aussage des Selbstbewusstseins „ich kann tun, was ich will" enthält und entscheidet durchaus nichts über die Freiheit des Willens, als welche darin bestehn würde, dass der jedesmalige Willensakt selbst, im einzelnen individuellen Fall, also bei gegebenem individuellen Charakter, nicht durch die äußern Umstände, in denen hier dieser Mensch sich befindet, notwendig bestimmt würde, sondern jetzt so und auch anders ausfallen könnte. Hierüber aber bleibt das Selbstbewusstsein völlig stumm: Denn die Sache liegt ganz außer seinem Bereich; da sie auf dem Kausalverhältnis zwischen der Außenwelt und dem Menschen beruht. Wenn man einen Menschen von gesundem Verstande, aber ohne philosophische Bildung, frägt, worin denn die auf Aussage seines Selbstbewusstseins so zuverlässig von ihm behauptete Willensfreiheit bestehe; so wird er antworten: „Darin, dass ich tun kann, was ich will, sobald ich nicht physisch gehemmt bin." Also ist es immer das Verhältnis seines Tuns zu seinem Wollen, wovon er redet. Dies aber ist, wie im ersten Abschnitt gezeigt, noch bloß die physische Freiheit. Frägt man ihn weiter, ob er alsdann, im gegebenen Fall, sowohl eine Sache als ihr Gegenteil wollen könne; wird er zwar im ersten Eifer es bejahen: Sobald er aber den Sinn der Frage zu begreifen anfängt, wird er auch anfangen bedenklich zu werden, endlich in Unsicherheit und Verwirrung geraten und aus dieser sich am liebsten wieder hinter sein Thema „ich kann tun, was ich will" retten und daselbst gegen alle Gründe und alles Räsonnement verschanzen. Die berichtigte Antwort auf sein Thema aber würde, wie ich im folgenden Abschnitt außer Zweifel zu setzen hoffe, lauten: „Du kannst tun, was du willst: Aber du kannst, in jedem gegebenen Augenblick deines Lebens, nur ein Bestimmtes wollen und schlechterdings nichts anderes als dieses eine." [...]

Es ist durchaus weder Metapher noch Hyperbel, sondern ganz trockene und buchstäbliche Wahrheit, dass, so wenig eine Kugel auf dem Billiard in Bewegung geraten kann, ehe sie einen Stoß erhält, ebenso wenig ein Mensch von seinem Stuhl aufstehn kann, ehe ein Motiv ihn wegzieht oder -treibt: Dann aber ist sein Aufstehn so notwendig und unausbleiblich wie das Rollen der Kugel nach dem Stoß. Und zu erwarten, dass einer etwas tue, wozu ihn durchaus kein Interesse auffordert, ist wie erwarten, dass ein Stück Holz sich zu mir bewege, ohne einen Strick, der es zöge. [...]

Hyperbel: Übertreibung

Die Notwendigkeit, mit der, wie ich oben ausführlich dargetan habe, die Motive, wie alle Ursachen überhaupt, wirken, ist keine voraussetzungslose. Jetzt haben wir ihre Voraussetzung, den Grund und Boden worauf sie fußt, kennengelernt: Es ist der angeborene, individuelle Charakter. Wie jede Wirkung in der unbelebten Natur ein notwendiges Produkt zweier Faktoren ist, nämlich der hier sich äußernden allgemeinen Naturkraft und der diese Äußerung hier hervorrufenden einzelnen Ursache; gerade so ist jede Tat eines Menschen das notwendige Produkt seines Charakters und des eingetretenen Motivs. Sind diese beiden gegeben, so erfolgt sie unausbleiblich. Damit eine andere entstände, müsste entweder ein anderes Motiv oder ein anderer Charakter gesetzt werden. Auch würde jede Tat sich mit Sicherheit vorhersagen, ja, berechnen lassen; wenn nicht teils der Charakter sehr schwer zu erforschen, teils auch das Motiv oft verborgen und stets der Gegenwirkung anderer Motive, die allein in der Gedankensphäre des Menschen, andern unzugänglich, liegen, bloßgestellt wäre. Durch den angeborenen Charakter des Menschen sind schon die Zwecke überhaupt, welchen er unabänderlich nachstrebt, im

Wesentlichen bestimmt: Die Mittel, welche er dazu ergreift, werden bestimmt teils durch die äußeren Umstände teils durch seine Auffassung derselben, deren Richtigkeit wieder von seinem Verstande und dessen Bildung abhängt. Als Endresultat von dem allen erfolgen nun seine einzelnen Taten, mithin die ganze Rolle, welche er in der Welt zu spielen hat. [...]

Die Frage nach der Willensfreiheit ist wirklich ein Probierstein, an welchem man die tief denkenden Geister von den oberflächlichen unterscheiden kann, oder ein Grenzstein, wo beide auseinandergehn, indem die Ersteren sämtlich das notwendige Erfolgen der Handlung, bei gegebenem Charakter und Motiv, behaupten, die Letzteren hingegen, mit dem großen Haufen, der Willensfreiheit anhängen. Sodann gibt es noch einen Mittelschlag, weither, sich verlegen fühlend, hin und her laviert, sich und anderen den Zielpunkt verrückt, sich hinter Worte und Phrasen flüchtet, oder die Frage so lange dreht und verdreht, bis man nicht mehr weiß, worauf sie hinauslief. [...] Aber um solche Hin- und Her-Redner zur Sache zu bringen, muss man ihnen die Frage folgendermaßen stellen und nicht davon abgehn:

1) Sind einem gegebenen Menschen, unter gegebenen Umständen, zwei Handlungen möglich, oder eine? – Antwort aller Tiefdenkenden: Nur eine.

2) Konnte der zurückgelegte Lebenslauf eines gegebenen Menschen – angesehn, dass einerseits sein Charakter unveränderlich feststeht und andererseits die Umstände, deren Einwirkung er zu erfahren hatte, durchweg und bis auf das Kleinste herab von äußeren Ursachen, die stets mit strenger Notwendigkeit eintreten und deren aus lauter ebenso notwendigen Gliedern bestehende Kette ins Unendliche hinausläuft, notwendig bestimmt wurden – irgendworin, auch nur im Geringsten, in irgendeinem Vorgang, einer Szene, anders ausfallen, als er ausgefallen ist? – Nein!, ist die konsequente und richtige Antwort.

Die Folgerung aus beiden Sätzen ist: Alles was geschieht, vom Größten bis zum Kleinsten, geschieht notwendig. *Quidquid fit necessario fit.*

Wer bei diesen Sätzen erschrickt, hat noch einiges zu lernen und anderes zu verlernen: Danach aber wird er erkennen, dass sie die ergiebigste Quelle des Trostes und der Beruhigung sind. – Unsere Taten sind allerdings kein erster Anfang, daher in ihnen nichts wirklich Neues zum Dasein gelangt: Sondern durch das, was wir tun, erfahren wir bloß, was wir sind.

1 Schopenhauers Position lässt sich in einem Satz zusammenfassen. Er beginnt mit „Der Mensch kann tun, was er will ...“. Wie muss er enden?

2 Gestalten Sie einen kurzen Dialog, in dem jemand mit „rohem Verstand“ (vgl. Z. 4), der nur oberflächlich denkt und glaubt, dass man seine Willensfreiheit dadurch beweisen kann, dass man tut, was man will, auf einen Philosophen trifft, der ihm seinen Denkfehler verdeutlicht.

3 Erklären Sie in einem Schaubild, welche Faktoren nach Schopenhauer zu einer notwendigen Handlung eines Menschen gehören und warum sich der Mensch in gewisser Hinsicht nicht von einer Billardkugel unterscheidet.

4 Gestalten Sie aus Fragen, die Sie selbst formulieren, und Antworten, die Sie aus den Texten der Philosophen Schopenhauer, Hume und Locke entnehmen, ein Interview bzw. ein Streitgespräch über das Problem der Willensfreiheit.

5 Schreiben Sie einen philosophischen Essay über die Preisfrage, ob wir tatsächlich durch das, was wir tun, erfahren, wer wir sind, und welche Rolle die Willensfreiheit bzw. Willensunfreiheit in diesem Zusammenhang spielt.

Der Mensch – zur Freiheit verurteilt (1946)

Jean-Paul Sartre

Der Text ist Jean-Paul Sartres Essay „L'existentialisme est un humanisme" (dt. „Der Existenzialismus ist ein Humanismus") entnommen. In populärer Form fasst der Autor hier die zentralen Thesen seines philosophischen Hauptwerkes „Das Sein und das Nichts" aus dem Jahr 1943 zusammen. Der Aufsatz zieht die radikalen Konsequenzen aus der Behauptung, dass der Mensch das Wesen ist, das existiert, bevor es durch irgendeinen Begriff definiert werden kann (vgl. Text „Der Mensch ist ein Entwurf", S. 29 ff.)

Vor-Denken

III Fassen Sie noch einmal kurz zusammen, wie Sartre (vgl. S. 29 ff.) seine Behauptung begründet, dass beim Menschen die Existenz der Essenz vorangehe.

Dostojewski schrieb: „Wenn Gott nicht existiert, ist alles erlaubt." Das ist der Ausgangspunkt des Existenzialismus. In der Tat ist alles erlaubt, wenn Gott nicht existiert, und folglich ist der Mensch verlassen, denn er findet weder in sich noch außer sich einen Halt. Zunächst einmal findet er keine Entschuldigungen. Wenn tatsächlich die Existenz dem Wesen vorausgeht, ist nichts durch Verweis auf eine gegebene und unwandelbare menschliche Natur erklärbar; anders gesagt, es gibt keinen Determinismus, der Mensch ist frei, der Mensch ist die Freiheit. Wenn zum anderen Gott nicht existiert, haben wir keine Werte oder Anweisungen vor uns, die unser Verhalten rechtfertigen könnten. [...] Wir sind allein, ohne Entschuldigungen. Das möchte ich mit den Worten ausdrücken: Der Mensch ist dazu verurteilt, frei zu sein. Verurteilt, weil er sich nicht selbst erschaffen hat, und dennoch frei, weil er, einmal in die Welt geworfen, für all das verantwortlich ist, was er tut. Der Existenzialist glaubt nicht an die Macht der Leidenschaft. Er wird nie meinen, eine schöne Leidenschaft sei eine alles mitreißende Flut, die den Menschen schicksalhaft zu bestimmten Taten zwingt und daher eine Entschuldigung ist. Er meint, der Mensch ist für seine Leidenschaft verantwortlich. Der Existenzialist meint genauso wenig, der Mensch könne Hilfe finden in einem auf Erden gegebenen Zeichen, das ihm eine Richtung weist; denn er denkt, der Mensch entziffert das Zeichen, wie es ihm gefällt. Er meint also, der Mensch ist in jedem Augenblick, ohne Halt und ohne Hilfe, dazu verurteilt, den Menschen zu erfinden. [...]

Dostojewski: Fjodor Michailowitsch Dostojewski (1821–1881); russischer Erzähler und Romancier

Um Ihnen ein Beispiel zu geben, das die Verlassenheit besser zu verstehen erlaubt, möchte ich Ihnen den Fall eines meiner Schüler schildern, der mich unter den folgenden Umständen aufsuchte: Sein Vater war mit seiner Mutter zerstritten – und neigte übrigens zur Kollaboration –, sein älterer Bruder war in der deutschen Offensive von 1940 getötet worden, und dieser junge Mann wollte ihn, aus etwas primitiven, jedoch großzügigen Gefühlen heraus, rächen. Die Mutter lebte mit ihm allein, voller Gram über den halben Verrat seines Vaters und den Tod ihres älteren Sohnes, und fand nur in ihm Trost. Dieser junge Mann stand damals vor der Wahl, nach England zu gehen und sich in den Freien Französischen Streitkräften zu engagieren – das heißt, seine Mutter zu verlassen – oder bei seiner Mutter zu bleiben und ihr leben zu helfen. Er war sich dessen wohl

Kollaboration: Zusammenarbeit einzelner Franzosen mit den deutschen Truppen, die im Zweiten Weltkrieg ab 1940 Frankreich besetzten bewusst, dass diese Frau nur durch ihn lebte und dass sein Verschwinden – vielleicht gar sein Tod – sie in Verzweiflung stürzen würde. Er war sich auch bewusst, dass im Grunde, konkret, jede mit Blick auf seine Mutter erfolgende Handlung ihre Entsprechung fände insofern, als sie ihr zu leben hülfe, während jede auf seinen Weggang und den Kampf zielende Handlung zweideutig war und im Sande verlaufen, unnütz sein konnte: Zum Beispiel konnte er nach England aufbrechen und dabei auf dem Weg über Spanien endlos in einem spanischen Lager stecken bleiben; er konnte in England oder in Algier ankommen und in einem Büro zu Schreibarbeiten verpflichtet werden. Er fand sich also zwei sehr verschiedenen Typen von Handlungen gegenüber: einer konkreten, unmittelbaren, die allerdings nur einem Individuum galt; oder einer anderen, die sich auf eine unendlich größere Gesamtheit, eine nationale Kollektivität richtete, die aber eben dadurch zweideutig war und auf ihrem Weg unterbrochen werden konnte.

Mit-Denken

||| Versetzen Sie sich in die Rolle des jungen Mannes. Diskutieren Sie das Für und Wider beider Handlungsmöglichkeiten, indem Sie Argumente und Entscheidungskriterien formulieren. Wie würden Sie sich entscheiden?

Zugleich schwankte er zwischen zwei Typen von Moral. Einerseits eine Moral der Sympathie, der individuellen Hingabe; andererseits eine weiter gespannte Moral, jedoch von fragwürdigerer Wirksamkeit. Er musste zwischen beiden wählen. Wer konnte ihm bei der Wahl helfen? Die christliche Lehre? Nein. Die christliche Lehre sagt: Seid barmherzig, liebet euren Nächsten, opfert euch für den anderen, wählt den dornigsten Weg usw. usw. Aber welcher ist der dornigste Weg? Wen soll man lieben wie seinen Bruder, den Kämpfer oder die Mutter? Welcher ist der größere Nutzen, der vage, wenn man innerhalb einer Gesamtheit kämpft, oder der bestimmte, wenn man einem bestimmten Wesen beim Leben hilft? Wer kann das a priori entscheiden? Niemand. Keine festgeschriebene Moral kann es sagen. Die kantische Moral sagt: Behandelt die anderen niemals als Mittel, sondern als Zweck. Sehr schön; wenn ich bei meiner Mutter bleibe, behandle ich sie als Zweck und nicht als Mittel; zugleich laufe ich aber eben dadurch Gefahr, jene als Mittel zu behandeln, die um mich herum kämpfen; und wenn ich, umgekehrt, mich diesen Kämpfern anschließe, werde ich sie als Zweck behandeln, aber eben dadurch Gefahr laufen, meine Mutter als Mittel zu behandeln.

Mit-Denken

||| Vergegenwärtigen Sie sich noch einmal den kategorischen Imperativ von Kant und erläutern Sie mit dessen Hilfe die Entscheidungssituation des jungen Mannes.

Wenn die Werte vage und für den bestimmten und konkreten Fall, den wir betrachten, immer zu weit sind, bleibt uns nur noch, unseren Instinkten zu vertrauen. Das hat dieser junge Mann versucht; und als ich ihn sah, sagte er: Im Grunde zählt nur das Gefühl; ich sollte die Richtung wählen, in die es mich wirklich stößt. Fühle ich, dass ich meine Mutter genug liebe, um ihr alles andere zu opfern – meinen Wunsch nach Rache, nach Taten, nach Abenteuer –, dann bleibe ich bei ihr. Fühle ich dagegen, dass meine Liebe zu meiner Mutter nicht ausreichend ist, gehe ich. Doch wie bestimmt man den Wert eines Gefühls? Was machte den Wert seines Gefühls für seine Mutter aus? Eben die Tatsache, dass er für sie dablieb. Ich kann sagen: Ich liebe diesen Freund genug, um ihm jene Summe Geldes zu opfern; ich kann es nur sagen, wenn ich es getan habe. Ich kann sagen: Ich liebe meine Mutter genug, um bei ihr zu bleiben, wenn ich bei ihr geblieben bin. Ich kann den Wert dieser Zuneigung nur bestimmen, wenn ich eben eine Tat vollbracht habe, die sie bestätigt und definiert. Sobald ich jedoch von dieser Zuneigung fordere, meine Tat zu rechtfertigen, werde ich in einen Teufelskreis hineingezogen.

Andererseits hat Gide sehr richtig bemerkt, dass ein gespieltes und ein gelebtes Gefühl zwei fast ununterscheidbare Dinge sind: Entscheiden, dass ich meine Mutter liebe, indem ich bei ihr bleibe, oder eine Komödie spielen, die bewirkt, dass ich bei meiner Mutter bleibe, ist fast das Gleiche. Anders gesagt, das Gefühl wird aus den Handlungen aufgebaut, die man vollzieht; ich kann es also nicht zurate ziehen, um mich von ihm leiten zu lassen. Das bedeutet, dass ich weder in mir den authentischen Zustand, der mich zum Handeln drängt, suchen noch von einer Moral die Begriffe erwarten kann, die mir zu handeln erlauben werden. Wenigstens, werden Sie sagen, hat der junge Mann einen Lehrer aufgesucht, um Rat zu holen. [...] Und mich aufsuchend, wusste er, was ich ihm antworten würde, und ich hatte nur eine Antwort für ihn: Sie sind frei, wählen Sie, das heißt, erfinden Sie. Keinerlei allgemeine Moral kann Ihnen einen Hinweis geben, was zu tun ist; es gibt keine Zeichen in der Welt. Katholiken werden antworten: Aber es gibt doch Zeichen. Räumen wir es ein; in jedem Fall bin ich es, der über ihren Sinn entscheidet.

Gide: André Gide, französischer Schriftsteller (1869–1951)

■ Erläutern Sie die These Sartres, dass sich Gefühle aus Handlungen aufbauen. Stimmen Sie ihr zu?

Das Dilemma des Determinismus (2001)

Simon Blackburn

Einige Menschen, die nicht durch die Naturgesetze in ihren Handlungen festgelegt werden wollen und sich wünschen, dass sie nicht durch materialistische Ursache-Wirkungs-Ketten gefesselt sein mögen, richten ihre Hoffnungen auf die geheimnisvolle Welt der Quantenphysik. Ist es nicht so, dass hier die strenge Abfolge von Ursache und Wirkung irgendwie aufgehoben wird? Wer so denkt, sollte sich der Konsequenzen bewusst sein, die ein Indeterminismus auf der physikalischen Ebene hätte. Simon Blackburn (* 1944) bringt das Problem in dem folgenden Text auf den Punkt.

Gewöhnlich betrachten wir uns als freie Menschen, die unter vielen Möglichkeiten wählen können. Zuerst überlegen wir, welche sich anbieten, und dann wählen wir aus. Ich verbrachte meine Ferien dieses Jahr in den Bergen, ich hätte aber auch ans Meer fahren können. Ich habe mich für die Berge entschieden. Zum Mond hätte ich nicht fliegen können, das war nicht zu machen.

Wir scheinen uns unserer Freiheit bewusst zu sein, und dieses Wissen ist offenbar eng mit jeder Art von Bewusstsein an sich verknüpft. Die Zombies aus dem vorangegangenen Kapitel stellen wir uns wahrscheinlich als roboterhafte, sich ruckartig bewegende Frankensteinmonster vor, als programmierte Sklaven, die unflexibel und ohne Verstand handeln. Aber *so* sind wir doch nicht – oder?

Manchmal sind wir auf unsere Freiheit stolz: Wir sind nicht nur von Instinkten und Trieben gesteuerte Wesen. Wir können uns zusammennehmen, gegen unsere Zwangsvorstellungen und Süchte kämpfen und versuchen, sie unter Kontrolle zu bringen. Haben wir Erfolg, verdienen wir Lob. Bei Misserfolg droht – und folgt manchmal – Strafe. Frei sein heißt verantwortlich handeln. Wenn Menschen die Freiheit missbrauchen, verdienen sie Tadel und Strafe. Niemand aber verdient Strafe für etwas, was er gar *nicht hätte tun können*. So wäre es ganz unangebracht, mich zu bestrafen, weil ich dem Mond keinen Besuch abstattete, oder einen Häftling, weil er eine Verabredung außerhalb des Gefängnisses nicht eingehalten hat. In solchen Fällen kann man nicht zur Verantwortung gezogen werden, das heißt, man kann der betreffenden Person keine Schuld geben.

Also gehen wir in unseren Reaktionen und unserem Alltagsdenken davon aus, dass wir manchmal, selbst wenn wir etwas Falsches getan haben, hätten anders handeln können.

Aber ist dieses Bewusstsein, dass wir uns frei entscheiden, vielleicht nur eine Illusion? Hätten wir wirklich anders handeln können?

Wir können [...] ein gutes Argument liefern:
Die Vergangenheit kontrolliert die Gegenwart und die Zukunft.
Man kann die Vergangenheit nicht kontrollieren.

Man kann auch die Art, wie die Vergangenheit die Gegenwart und die Zukunft bestimmt, nicht kontrollieren. Folglich kann man weder Gegenwart noch Zukunft kontrollieren.
In Wirklichkeit können wir überhaupt nichts kontrollieren, weder Vergangenheit noch Gegenwart noch Zukunft.

Die erste Prämisse dieses Beweises ist eine Miniversion des Determinismus, der besagt, dass jedes Ereignis vorangehende Ursachen hat. Der Zustand der Welt zu irgendeiner Zeit ist das Resultat eines vorangegangenen Zustandes. Er entwickelt sich nach den unabänderlichen Gesetzen der Natur aus diesem vorigen Zustand. Die zweite Prämisse scheint zu stimmen. Die dritte erinnert uns daran, dass wir die Naturgesetze, also die Entwicklung der Ereignisse, nicht kontrollieren können. Und die Schlussfolgerung daraus erscheint richtig.

Strenge Deterministen oder Inkompatibilisten akzeptieren diese Beweisführung, da für sie das Gesetz der Unvereinbarkeit gilt: Freiheit und Determinismus schließen sich aus, sind nicht kompatibel.

Sollten wir aber nicht um der menschlichen Freiheit willen den Determinismus ablehnen? Wir können diese Aufgabe mit Optimismus anpacken, denn die Quantenphysik, die bislang beste naturwissenschaftliche Theorie, postuliert Ereignisse, die keine Ursache haben. In der Welt der Quanten gibt es mikrophysikalische Vorgänge, die „einfach passieren". Bei dieser Interpretation der Welt kann sich ein System im *genau* gleichen Zustand wie ein anderes befinden – es gibt keine „verborgenen Variablen", und trotzdem kommt es in dem einen zu Quantenereignissen, im anderen nicht. Die Ereignisse haben keine Ursache: Mal passieren sie, mal nicht. Die Quantenphysik zeigt nur die Wahrscheinlichkeit auf, mit der sich in nächster Zukunft etwas ereignet; vom momentanen Zustand ausgehend, kann sie solche Ereignisse jedoch nicht determinieren.

Doch so weit wollten wir eigentlich nicht gehen, denn hier wird das Element des Zufälligen eingeführt, Kontrolle und Verantwortung aber sind etwas ganz anderes. Denken wir an den neurophysiologischen Gesamtzustand von Gehirn und Körper. Ereignisse haben Ursachen. Wenn es auf mikroskopischer Ebene manchmal einen kleinen Ruckler gibt, kann man mich kaum für Konsequenzen daraus verantwortlich machen. Man kann Elektronenbewegungen nicht kontrollieren. Wenn Elektronen grundsätzlich nicht determiniert sind, können sie überhaupt nicht kontrolliert werden. Wenn ein Elektron in die eine statt in die andere Richtung springt, ist das einfach Pech, genau wie manche unserer guten Vorsätze durch Zufälle, die nicht von uns zu verantworten sind, vereitelt werden. Verlegt man den Zufall ins Gehirn, wird die Verantwortung dadurch nicht wiederhergestellt.

Der physikalische Indeterminismus macht Verantwortung, Gerechtigkeit und Schuld noch schwerer fassbar, als sie ohnehin schon sind. Das „Dilemma des Determinismus" wird dies manchmal genannt. Wenn die Lehre vom Determinismus richtig ist, kommen uns Freiheit und Verantwortung abhanden. Wenn die Lehre nicht richtig ist und bestimmte Ereignisse „einfach passieren", kommen uns Freiheit und Verantwortung ebenso abhanden. Zufall und Notwendigkeit sind gleich unbarmherzig.

Philosophische Fingerübung

Prüfen Sie das Argument für den Determinismus, das Blackburn anführt („Die Vergangenheit kontrolliert die Gegenwart und die Zukunft.", Z. 26). Ist es schlüssig oder gar gültig? Schauen Sie noch einmal in den Einführungsband auf den Seiten 135–139 nach, um Ihr Logik-Wissen aufzufrischen.

1 Finden Sie eine eigene Formulierung, mit der Sie das Dilemma des Determinismus kurz und knapp zusammenfassen können.

2 Angenommen, unsere Handlungen hingen von zufälligen Ereignissen auf der quantenphysischen Ebene ab. Wie wäre es dann zu erklären, dass wir sinnvolle Handlungen ausführen können und langfristige Pläne verwirklichen können?

3 Vergleichen Sie die Darstellung des Dilemmas des Determinismus mit Humes Überlegungen zum Zufall. Liegen moderne Quantenphysik und Zufall tatsächlich – so wie es Blackburn behauptet – auf einer Ebene, wenn es um das Problem der Willensfreiheit geht? Halten Sie Ihre Überlegungen in einem kurzen philosophischen Essay fest.

4 Blackburn behauptet, dass Zufall und Notwendigkeit gleich „unbarmherzig" sind. Stimmen Sie im Kurs darüber ab, welche Option leichter zu ertragen wäre:
(a) wenn wir wüssten, dass wir durch die Naturgesetze vollständig determiniert sind, oder
(b) wenn wir wüssten, dass unsere Handlungen vom Zufall abhängen.
Diskutieren Sie im Plenum über das Ergebnis und die Gründe, die jeweils für die gewählte Option bzw. gegen die abgelehnte Option sprechen.

5 In einem Comic aus dem Jahre 1953 wird Donald Duck Anhänger des „Knoblismus", einer sehr speziellen philosophischen Methode, deren einziges Prinzip lautet: „Wirf eine Münze, wenn du eine Entscheidung fällen musst!"

Diskutieren Sie – wahlweise im Plenum oder in einem philosophischen Essay – Donalds Knoblismus-Strategie vor dem Hintergrund der Ihnen bislang bekannten Positionen in der Willensfreiheits-Debatte. Entgeht Donald dem Dilemma des Determinismus?

© Disney

Öffnet die Hirnschalen! (1997)

Ulrich Schnabel

Als überzeugter Anhänger der Willensfreiheit kann man die Argumente Spinozas plausibel finden und gleichzeitig behaupten, dass es sich dabei lediglich um die typischen Gedankenexperimente eines Philosophen im Lehnstuhl handelt, die den Glauben an die Freiheit nicht nachhaltig erschüttern. Doch was wäre, wenn man mit den Methoden der modernen Hirnforschung zeigen könnte, dass sich der Mensch tatsächlich wie der von Spinoza beschriebene Stein verhält, der aufgrund äußerer Einflüsse den Abhang herunterrollen muss, aber dennoch glaubt, er bewege sich aus eigenem Antrieb? Man müsste wohl die Hirnschalen von Menschen öffnen und nachsehen, was im Kopf passiert, wenn vermeintlich freie Entscheidungen getroffen werden. Genau das hat Benjamin Libet, ein amerikanischer Professor für Neurophysiologie, getan. Der Wissenschaftsjournalist Ulrich Schnabel (* 1962) berichtet über ein Treffen mit ihm.

In Benjamin Libets Zimmer am Medical Center der University of California in San Francisco türmen sich die Bücher- und Papierstapel. Man fürchtet fast, der schmächtige ältere Herr werde eines Tages von diesem geballten Wissen erschlagen. „Seit ich emeritiert bin", entschuldigt sich Libet, „habe ich nur noch dieses kleine Büro." Seinen wachen, unkonventionellen Geist freilich hat der achtzigjährige Pionier der Hirnforschung nicht verloren. Und sein Urteil über die moderne Bewusstseinsforschung fällt wenig schmeichelhaft aus: „Wissen Sie, die meisten Theorien über das Bewusstsein sind ein wenig wie Religion – redliche Spekulationen, jedoch weder beweis- noch widerlegbar", spottet der Neurophysiologe und fügt ironisch hinzu: „Ich habe nichts gegen Religion, aber das ist nicht die Art, wie Wissenschaft funktioniert." Benjamin Libet darf dies sagen. Schließlich kann er auf eine Reihe einzigartiger Experimente zurückblicken. Als einer der ersten Wissenschaftler griff er direkt in das Gehirn lebender Patienten ein, um herauszufinden, wie bewusste Wahrnehmung funktioniert. Die dabei gewonnenen Befunde waren freilich so paradox, dass sie die Hirn- und Bewusstseinsforscher bis heute beschäftigen: Libet zeigte, dass uns nur die wenigsten Wahrnehmungen tatsächlich bewusst werden – und wenn, dann auch noch mit Verspätung. Der englische Physiker Roger Penrose meinte dazu, Libets Ergebnisse würden beweisen, dass der Mensch keinen freien Willen habe. [...]

Andere kritisierten Libets Befunde als irrational, und die Bewusstseinsphilosophin Patricia Churchland versuchte, seine Interpretation zu widerlegen. Die Befunde selbst jedoch ließen sich nicht mehr wegdiskutieren. Vergleichbare Experimente vermisst Libet denn auch bei der derzeitigen Diskussion um Geist und Bewusstsein. Wortführer wie etwa Daniel Dennett würden ihre Philosophien entwickeln, ohne ein Gespür für experimentelles Design zu haben. Und junge Forscher beschäftigten sich vor allem mit molekularer Neurobiologie. „Natürlich sind Experimente zur bewussten Wahrnehmung schwierig", sagt Libet. „Man muss die richtigen Patienten finden, einen kooperativen Neurochirurgen und dann noch eine Frage stellen, die sich experimentell beantworten lässt." [...] Seinen wichtigsten Partner fand Libet in dem Neurochirurgen Bertram Feinstein, der in San Francisco Hirnoperationen unter lokaler Betäubung durch-

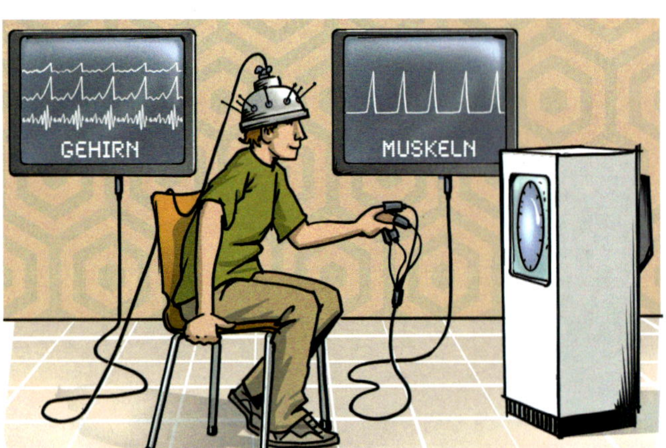

führte. „Feinstein öffnete also den Schädel, die Patienten lagen wach vor uns, und wir durften dreißig Minuten mit ihnen im Operationssaal experimentieren – eine ziemlich stressige Prozedur", erinnert sich Libet.

Das etwas gruselig klingende, gleichwohl schmerzfreie Verfahren (dem die Patienten natürlich zuvor zugestimmt haben mussten) eröffnete jedoch eine einmalige Möglichkeit: Libet konnte so das frei liegende Hirn elektrisch reizen und gleichzeitig die Patienten fragen, was sie fühlten. Meist handelte es sich um Parkinson-Kranke, denen Feinstein bei der Operation Elektroden ins Gehirn eingeführt hatte. Libet stimulierte ihren somatosensorischen Kortex und rief damit bei ihnen etwa den Eindruck hervor, als ob etwas ihre Hand berühre. Zu seiner Verblüffung stieß er allerdings auf einen unerwarteten Zeitfaktor: Libets Versuchspersonen gaben immer nur dann an, einen entsprechenden Reiz zu spüren, wenn die elektrische Stimulation im Hirn mindestens eine halbe Sekunde andauerte. Bei wirklichen Hautreizen ist das anders. Wer sich einmal auf eine Reißzwecke setzte, weiß, dass er nicht erst eine halbe Sekunde Zeit braucht, um zu reagieren. Jeder Hautreiz sendet zunächst einen schnellen „primären" Nervenimpuls aus, der von der Großhirnrinde augenblicklich registriert wird. Körperliche Reaktionen (etwa das Aufspringen von der Reißzwecke) können daher prompt erfolgen. Doch wird der Reiz des Hinterteils dabei tatsächlich auch im Kopf bewusst? Libets Experiment legte nahe, dass dazu der Primärimpuls nicht ausreicht. Von jedem Hautreiz laufen jedoch mit einiger Verzögerung weitere „diffuse" Signale im Kortex ein, die den Weg über verschiedene Nervenbahnen nahmen. Erst wenn diese über eine halbe Sekunde lang eintreffen, erhält das Signal den Status einer bewussten Wahrnehmung. Freilich stellte sich alsbald die Frage: Warum merken wir von dieser Verzögerung nie etwas?

somatosensorischer Kortex: Teil der Großhirnrinde, in dem insbesondere Berührungsreize verarbeitet werden

Mit-Denken

||| Beschreiben Sie zunächst noch einmal die „Versuchsanordnung" und überlegen Sie, warum wir von der beschriebenen Verzögerung offenbar nichts merken.

Eine Antwort fand Libet erst, als Bertram Feinstein in den Sechzigerjahren begann, manchen Patienten winzige Elektroden auf Dauer ins Gehirn einzupflanzen, um damit ansonsten unheilbare Schmerzen zu behandeln. Mit diesen Patienten konnte Libet nun auch längere Versuchsreihen durchführen und genau bestimmen, zu welchem Zeitpunkt ein Reiz gefühlt wird. So stimulierte er etwa zuerst die Haut und 400 Millisekunden später eine dazu korrespondierende Stelle im Kortex. Verblüffenderweise konnte er dadurch die erste Empfindung verstärken oder im Bewusstsein ungeschehen machen.

Das war ein weiterer Beleg für die These, dass Hautreize erst nach einer „Aufbauphase" von einer halben Sekunde ins Bewusstsein gelangen. Wurden jedoch nicht korrespondierende Stellen an Haut und Kortex gleichzeitig gereizt, so gaben die Patienten an, den Hirnreiz rund eine halbe Sekunde später wahrzunehmen. „Das gab uns den Schlüssel zur Erklärung", erzählt Libet heute. Denn bei den Kortexstimulationen entsteht nicht jenes Primärpotenzial, das bei jedem Hautreiz auftaucht. Wird es deshalb später wahrgenommen? Libet stellte die Hypothese auf, dass der anfängliche Impuls bei den Hautreizen die Rolle einer Zeitmarke spielt. Zwar muss die Erfahrung in jedem Falle eine halbe Sekunde andauern, um ins Bewusstsein zu treten. Mithilfe des Primärimpulses wird die Erfahrung dann jedoch zeitlich wieder zurückdatiert: Hautreize werden früher wahrgenommen als Kortexstimulationen, bei denen eine solche Zeitmarke fehlt. Ähnelt unser Gehirn also einer Art Behörde, in der alle einlaufenden Reize eine Zeit lang bearbeitet werden müssen, um zur Geltung zu kommen? Und in der manche, die einen Eingangsstempel tragen, früher als andere wahrgenommen werden? Auch Libet gibt zu, dass dies eine „reichlich ausgefallene Hypothese“ war. Um sie zu beweisen, verfiel er auf den raffinierten Einfall, die Patienten in einer bestimmten Schicht des Thalamus zu stimulieren. Anders als in der Hirnrinde werden dort nämlich starke Anfangsimpulse erzeugt – und prompt empfanden die Patienten sie als zeitgleich mit einer parallel dazu vorgenommenen Hautreizung. „Unsere Arbeitshypothese hatte das zwar vorausgesagt, aber ich war doch sehr verwundert, als es wirklich so war“, gibt Libet heute zu. Nicht nur dass unser Bewusstsein den tatsächlichen Geschehnissen um etwa eine halbe Sekunde hinterherhinkt – es sucht diese Verspätung auch noch mit einem raffinierten Trick zu verbergen.

Als diese Erkenntnisse 1979 in der Zeitschrift „Brain“, einem der wichtigsten neurologischen Journale der Welt, veröffentlicht wurden, riefen sie verständlicherweise in der Fachwelt heftige Reaktionen hervor. „Subjektives Zurückverlegen in der Zeit – das hat ja kaum mein Chirurgenfreund Bertram Feinstein richtig verstanden“, lacht Libet. Noch frappierender freilich waren die Experimente, mit denen er in den späten Siebzigerjahren den freien Willen auf den Prüfstand stellte. Dazu griff er auf eine Entdeckung der deutschen Neurologen Hans Kornhuber und Lüder Deecke zurück, die gezeigt hatten, dass vor einfachen Handlungen in den Hirnströmen eine Art Vorwarnung auftaucht, das langsam aufsteigende „Bereitschaftspotenzial“. Diese Aktivität der Nervenzellen beginnt schon rund eine Sekunde bevor die Versuchspersonen etwa eine Hand oder einen Fuß bewegten. Libet stellte nun die Frage, ob auch der Willensantrieb zu diesen Handlungen im Voraus erlebt wird. „Das Problem war: Wann ist sich eine Person bewusst, dass sie sich bewegen will? Zuerst dachte ich, das sei nicht zu lösen. Die Leute können das ja nicht während des Versuches sagen, eben weil sie gerade eine Bewegung vorbereiten.“

Libet fand einen Ausweg. Er bat seine Versuchspersonen, eine schnell laufende Uhr im Blick zu behalten und sich den Zeitpunkt zu merken, an dem sie sich des Entschlusses, eine Hand zu heben, zum ersten Mal bewusst wurden. Gleichzeitig überwachte er ihre Hirnströme, um das Bereitschaftspotenzial zu messen. Ergebnis: Das Gehirn begann schon mehr als 0,3 Sekunden vor einem bewussten Entschluss, aktiv zu werden. „Offenbar ‚beschließt‘ das Gehirn, die Handlung zu initiieren, bevor ein mitteilbares subjektives Bewusstsein vorliegt, dass ein solcher Entschluss gefasst worden ist“, schrieben Libet und seine Mitarbeiter 1983. „Manche Leute interpretierten das dahin gehend, der freie Wille sei eine Illusion“, erzählt Libet heute. „Ich sage nur: Es zeigt, dass der freie Wille nicht den freiwilligen Akt initiiert. Die Handlung beginnt unbewusst – aber immerhin werden wir uns dessen bewusst, bevor wir sie tatsächlich ausführen. Uns bleibt immer noch Zeit, um die geplante Bewegung vor der tatsächlichen Ausführung zu stoppen.“ Dennoch sind die Konsequenzen von Libets Experiment, wenn man sie ernst nimmt, drastisch. „Das Gehirn scheint eine Entscheidung getroffen zu haben, bevor die Person sich dessen bewusst ist“, schrieb der amerikanische Philosoph Thomas Nagel. Und der dänische Wissenschaftsautor Tor Nørretranders zieht aus Libets Ergebnissen die Schlussfolgerung: „Dem Menschen wird nicht viel bewusst von dem, was er wahrnimmt; es wird ihm nicht viel bewusst von dem, was er denkt; es wird ihm nicht viel bewusst von dem, was er tut.“ Sowohl Libets Experimente zum freien Willen

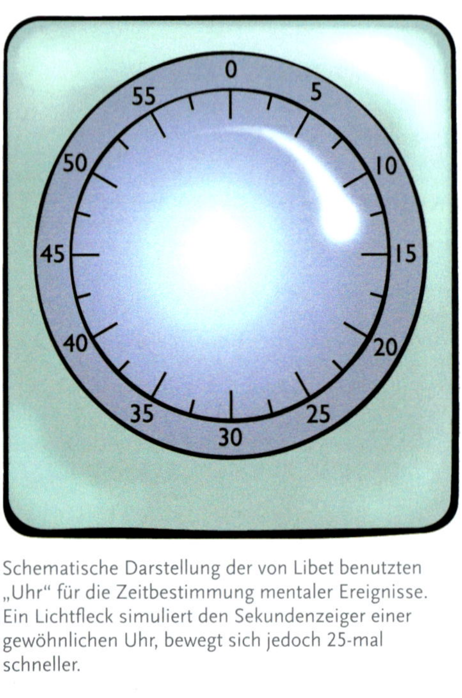

Schematische Darstellung der von Libet benutzten „Uhr“ für die Zeitbestimmung mentaler Ereignisse. Ein Lichtfleck simuliert den Sekundenzeiger einer gewöhnlichen Uhr, bewegt sich jedoch 25-mal schneller.

als auch die anfänglich nachgewiesene Verspätung des Bewusstseins erschüttern jedenfalls nachhaltig den Glauben an unsere Fähigkeit zur bewussten Steuerung. Wir sind oft viel weniger Herr der Lage, als wir uns einbilden. Dazu fehlt in vielen Fällen auch schlicht und einfach die Zeit: „Zum Beispiel beim Tennis- oder Baseballspiel muss man in Millisekunden reagieren. Da kann man nicht darüber nachdenken, was man tut", sagt Benjamin Libet. Trifft also nicht das bewusste Ich solche Entscheidungen, sondern ein größeres Selbst, das auch unbewusste Komponenten enthält, wie Tor Nørretranders meint? Diese These hat auch ihre Tücken. Warum werden nur jene Reize bewusst erlebt, die im Gehirn mindestens eine halbe Sekunde lang präsent sind? Offenbar verschafft sich unser Geist dadurch eine Art Filter, der verhindert, dass unser Bewusstsein mit unwichtigen, kürzeren Informationen überschwemmt wird. Doch die Verzögerungstaktik im Kopf lässt noch eine etwas andere Interpretation zu. „Das erlaubt anderen Hirnprozessen, die Natur einer Erfahrung zu verändern, bevor sie ins Bewusstsein dringt. Das gilt zum Beispiel, wenn eine Erfahrung emotional aufgeladen ist oder unserem Weltbild widerspricht", analysiert Libet. Seine nüchterne Schlussfolgerung: „Es gibt unbewusste Veränderer im Hirn, die versuchen, das Wahrgenommene in Übereinstimmung zu bringen mit dem, was wir gelernt haben." Wenig schmeichelhaft. Ob solche Befunde sein Verhältnis zu seinem eigenen Gehirn verändert haben? „Ich war schon etwas verblüfft", gibt der Neurophysiologe zu. Doch dem alten Herrn blitzt dabei auch der Schalk aus den Augen. „Wissen Sie, der englische Biophysiker und Nobelpreisträger Archibald Vivian Hill wurde einmal gefragt, woher er wisse, wann er eine gute Idee habe. Und Hill antwortete: ‚Wenn sie mir Angst macht.'"

Debatte

(a) Bilden Sie in Ihrem Philosophiekurs zwei Gruppen und ordnen Sie jeder Gruppe eine der folgenden Thesen zu:

These 1: Libets Experimente zeigen auf der Basis moderner Hirnforschung, dass der freie Wille des Menschen nur eine Illusion ist.

These 2: Die Ergebnisse der Hirnforschung lassen immer noch Raum für den freien Willen. Der Mensch lässt sich nicht auf einen biologischen Automaten reduzieren.

(b) Notieren Sie in einem ersten Schritt schriftlich Argumente für und gegen beide Thesen.
(c) Starten Sie dann eine möglichst lebhafte Debatte, in der Sie „Ihre" These überzeugend vertreten.
(d) „Tauschen" Sie nach 10 Minuten die Positionen, d. h., vertreten Sie nun die These, die Sie gerade noch vehement abgelehnt haben.

Kontexte

Die Haggard-/Eimer-Experimente

Wegen vielfacher, insbesondere auch methodischer Kritik an den Libet-Experimenten wurden diese unter anderem von Haggard und Eimer in einem verbesserten Versuchsaufbau wiederholt. Die Versuchspersonen konnten nicht nur den Zeitpunkt der Ausführung der Bewegung selbst bestimmen, sie erhielten auch die Möglichkeit, zwischen zwei verschiedenen Handlungen zu wählen – dem Drücken zweier Knöpfe, einem Knopf, der mit der rechten, und einem anderen, der mit der linken Hand gedrückt werden musste. Zudem wurden nicht nur das symmetrische, sondern auch die lateralisierten Bereitschaftspotenziale abgeleitet. Das ist von großer Bedeutung, denn das symmetrische Bereitschaftspotenzial zeigt nur, dass das Hirn irgendeine Handlung vorbereitet. Da eine Bewegung der rechten Hand durch die linke Hirnhälfte und entsprechend eine Bewegung der linken Hand durch die rechte Hirnhälfte vorbereitet wird, zeigt ein Anstieg eines der beiden lateralisierten Bereitschaftspotenziale dagegen auch, welche der beiden möglichen Handlungen im Hirn vorbereitet wird. Durch die Ergebnisse von Haggard und Eimer wurden Libets Befunde in allen wesentlichen Punkten bestätigt!

1 Klären Sie zunächst schriftlich, was Libets „subjektives Zurückverlegen in der Zeit" bedeutet, und fertigen Sie eine kleine Skizze an, die Ihre Ausführungen sinnvoll ergänzt.

2 Roger Penrose glaubt, dass Libets Experimente beweisen, dass der Mensch keinen freien Willen besitzt. Patricia Churchland ist der Meinung, dass man diese weitreichenden Schlussfolgerungen nicht ziehen darf. Notieren Sie zunächst Argumente, die Penrose bzw. Churchland für ihre jeweilige Sichtweise anführen können, und beziehen Sie dann begründet Stellung für eine der beiden Positionen.

Wolf Singer (* 1943)

Das Ende des freien Willens? (2003)

Wolf Singer

Der Neurophysiologe Wolf Singer, der u. a. Direktor des Max-Planck-Instituts für Hirnforschung in Frankfurt am Main war, zählt zu den Wissenschaftlern, die sich bemüht haben, das Thema der Willensfreiheit einem größeren Publikum zu erschließen. In vielen Interviews, Zeitungsartikeln und Talkshowauftritten vertritt er dabei immer wieder die provokative These, dass Willensfreiheit letztlich nur eine Illusion sei. Der folgende Textauszug stammt aus einem Interview, das Singer 2001 der Zeitschrift „Spektrum der Wissenschaft" gegeben hat.

Spektrum der Wissenschaft: *Herr Professor Singer, war es Ihr freier Wille, uns hier und jetzt ein Interview zu geben?*

Wolf Singer: Ich fürchte nein, und die Bedingtheiten kennen Sie: Dem Gespräch gingen Telefonate voraus und dann gewisse kognitive Prozesse in meinem Gehirn, die letztlich dazu führten, dass ich zugesagt habe, das Interview zu führen.

Ihr Kollege, der Hirnforscher Gerhard Roth, hat unlängst in einem Spektrum-*Interview die Behauptung gewagt, unser freie Wille existiere eigentlich gar nicht und sei nur eine nützliche Illusion. Wie denken Sie darüber?*

Die Frage des freien Willens ist eine der wichtigsten, die gegenwärtig an der Berührungsfläche zwischen Natur- und Kulturwissenschaften diskutiert werden. Das Problem ist, dass wir als Naturwissenschaftler bei der Beschreibung unserer Forschungsobjekte stets aus der Dritte-Person-Perspektive urteilen: Untersuchungsgegenstand und Untersuchender sind nicht identisch. Bei der Suche nach den neuronalen Grundlagen psychischer Phänomene wie Bewusstsein oder freier Wille untersucht der Forscher sich jedoch selbst – betrachtet Phänomene aus der Dritte-Person-Perspektive, die er zugleich aus der Ich-Perspektive der ersten Person wahrnimmt. [...]

Was ist bei der Frage nach dem freien Willen das Kernproblem?

Das wesentliche Problem ist, dass wir annehmen, das Verhalten von ganz einfachen Organismen – Plattwürmern oder Schnecken etwa – lückenlos im Rahmen unserer naturwissenschaftlichen Beschreibungssysteme erklären zu können. Das bedeutet, wir können Verhalten auf neuronale Prozesse zurückführen. Niemand wird gegenwärtig bezweifeln, dass es möglich ist, vorauszusagen, was ein Wurm als Nächstes tun wird, wenn die Gesamtheit aller Erregungszustände der Nervenzellen des Tieres messbar wäre.

Ist das denn schon Stand der Forschung?

Bei ganz einfachen Tieren – oder sagen wir besser: Nervensystemen – ist das schon fast möglich.

Sie meinen, Sie haben es vielleicht noch nicht ganz erreicht, aber bald?

Wir glauben zumindest, dass es prinzipiell möglich ist. Wir müssen dazu nur technische Probleme überwinden, die mit der Komplexität der Vorgänge und den Messinstrumenten zu tun haben. [...]

Kommen wir noch einmal auf unsere Ausgangsfrage zurück! Sie würden also ebenfalls behaupten, dass der „freie Wille" lediglich eine Illusion ist, oder?

Ich würde mich auf die Position zurückziehen, dass es zwei voneinander getrennte Erfahrungsbereiche gibt, in denen Wirklichkeiten dieser Welt zur Abbildung kommen. Wir kennen den naturwissenschaftlichen Bereich, der aus der Dritte-Person-Perspektive erschlossen wird, und den soziokulturellen, in dem sinnhafte Zuschreibungen diskutiert werden: Wertesysteme, soziale Realitäten, die nur in der Erste-Person-Perspektive erfahrbar und darstellbar sind. Dass die Inhalte des einen Bereichs aus den Prozessen des anderen hervorgehen, muss ein Neurobiologe als gegeben annehmen. Insofern muss, aus der Dritte-Person-Perspektive betrachtet, das, was die Erste-Person-Perspektive als freien Willen beschreibt, als Illusion definiert werden. Aber „Illusion" ist, glaube ich, nicht das richtige Wort, denn wir erfahren uns ja tatsächlich als frei.

Die erfahrene Freiheit ist in Ihren Augen also real?

Sie ist als Erfahrung real. Ich habe beispielsweise gerade jetzt das Gefühl, dass ich auch aufstehen könnte. Ich tu es aber aus bestimmten Gründen nicht. Beim freien Willen ist es doch so, dass wohl fast alle Menschen unseres Kulturkreises die Erfahrung teilen, wir hätten ihn. Solcher Konsens gilt im Allgemeinen als hinreichend, einen Sachverhalt als zutreffend zu beurteilen. Genauso zutreffend ist aber die konsensfähige Feststellung der Neurobiologen, dass alle Prozesse im Gehirn deterministisch sind und Ursache für die je folgende Handlung der unmittelbar vorangehende Gesamtzustand des Gehirns ist. Falls es darüber hinaus noch Einflüsse des Zufalls gibt, etwa durch thermisches Rauschen, dann wird die je folgende Handlung etwas unbestimmter, aber dadurch noch nicht dem „freien Willen" unterworfen.

Kontexte

Das Kausalprinzip in den Naturwissenschaften

Brigitte Falkenburg

Die gegenwärtige Debatte zur Vereinbarkeit von Freiheit und Determinismus wird in der Philosophie des Geistes geführt, als hätte Kant nie die *Kritik der reinen Vernunft* geschrieben. Was die These (K) der kausalen Geschlossenheit der Natur betrifft, wirkt sich dies fatal aus. Viele Philosophen halten sie für eine Tatsachenbehauptung, die wahr oder falsch ist. Dabei übersehen sie: (K) ist nur ein regulativer Grundsatz im Sinne von Kant, eine Verfahrensregel der Naturwissenschaft – die zudem (anders, als Kant es tat) mentale Phänomene aus dem Geltungsbereich des Kausalprinzips ausschließt, soweit sie *nicht* auf physische Phänomene reduzierbar sind.

Damit sind sie den naturalistischen Neigungen der Hirnforscher allerdings schon gründlich auf den Leim gegangen. Kant, für den die Bewusstseinsphänomene klarerweise *Phänomene* waren (nämlich Vorstellungsinhalte, die wir erleben), hätte vermutlich gesagt: Naturalisten dieses Typs verwechseln die *physische* Natur, die Welt der materiellen Körper, mit der *gesamten* Natur, der Welt als Inbegriff aller Sinneserscheinungen und aller Gesetze, die sie untereinander verknüpfen.

Wenn sich einmal Ihre Erkenntnis durchsetzt, der „freie Wille“– ähnlich wie das alternative Gefühl, fremdbestimmt zu sein – sei nur in der Erste-Person-Perspektive real, aus Sicht der Naturwissenschaft jedoch nicht existent! Was würde sich in unserem Leben, in unserer Gesellschaft ändern, wenn der Uraltgedanke, die Menschen könnten ihre Entscheidungen „frei“ treffen, sich als hinfällig erweist? Könnten wir dann niemanden mehr zur Verantwortung ziehen?

Ich glaube, dass sich an der Art, wie wir miteinander umgehen, nicht sehr viel ändern würde, wenn wir der naturwissenschaftlichen Sichtweise mehr Bedeutung zumäßen. Wir würden allerdings – und das wäre erfreulich – vermutlich ein wenig toleranter werden, nachsichtiger, verständnisvoller. Wir würden nicht so schnell aburteilen.

Was sollte uns da nachsichtiger machen?

Die gleiche Überlegung, die uns gegenüber Epileptikern und Schizophrenen nachsichtig gemacht hat. Als wir jene noch als vom Teufel besessen angesehen haben, haben wir sie ausgegrenzt, verurteilt und sind nicht sehr zimperlich mit ihnen umgegangen. Als wir dann begriffen haben, dass sie krank sind, haben wir zwar immer noch versucht, sie vor sich selbst zu schützen oder uns vor ihnen, wenn sie für uns gefährlich wurden. Aber wir gehen wegen der Einsicht in die Bedingtheit ihres Verhaltens nun wesentlich humaner mit ihnen um. Wir haben sie als Opfer verstanden, die für ihre Handlungen nichts können. Ähnlich könnte ich mir vorstellen, dass unser Umgang mit Menschen, die wir heute als „Kriminelle“ bezeichnen, verständnisvoller werden könnte – ohne dass sich allerdings unser Strafvollzug grundlegend änderte.

Wie meinen Sie das?

Nehmen wir einmal an, es gebe jemanden, der eine sehr niedrige Tötungsschwelle hat, aus welchen Gründen auch immer – genetisch bedingt, durch die Umwelt bedingt – spielt in diesem Fall gar keine Rolle. Aus einem nichtigen Anlass mordet dieser Jemand. Dann folgt für uns aus dem neuen Modell: Die fragliche Person ist für die Gesellschaft extrem gefährlich, weil sie ihre Tat bei jedem vergleichbaren Anlass immer wieder begehen könnte. Also muss man sich vor ihr schützen. Ich muss den Betreffenden also zunächst einmal daran hindern, dass er seine Tat wiederholen kann und zweitens versuchen, ihn durch erzieherische Maßnahmen, durch Verhaltensbeeinflussung, zum Besseren hin zu bewegen. Ich muss daran arbeiten, diejenigen Attraktoren in seinem Gehirn zu stärken, die die fragliche Tötungsschwelle höher setzen würden. Wir würden

Kontexte

Auf Knopfdruck schlafende Mäuse

Der SPIEGEL berichtete 2013 über Neuro-Experimente am berühmten Massachusetts Institute of Technology (MIT), die der Forscher Ed Boyden an Tieren durchgeführt hat:

Da ist zum Beispiel die Sache mit den narkoleptischen Mäusen. Auf Knopfdruck kann der Forscher sie einschlafen lassen, ganz gleichgültig, wie munter sie gerade noch waren. Ein weiterer Knopfdruck, und sie erwachen wieder. „Es klappt immer, zu 100 Prozent“, versichert Boyden begeistert.

Der Trick ist ein Lichtschalter, den die Forscher im Erbgut ganz bestimmter Nervenzellen der Tiere verankert haben. Die liegen tief im Innern des Gehirns, im Hypothalamus, und sie steuern den Schlaf der Tiere. Mithilfe eines durchs Schädeldach führenden Glasfaserkabels kann Boyden den Schalter betätigen. „Ein Lichtblitz, und sie schlafen ein“, sagt er.

Straftäter also wegsperren und bestimmten Erziehungsprogrammen unterwerfen, die durchaus auch Sanktionen einschließen würden. Wir wissen doch, dass Erziehung sowohl der Belohnung als auch der Sanktionen bedarf. Mit anderen Worten: Wir würden hübsch das Gleiche tun wie jetzt auch schon. Allein die Betrachtungsweise hätte sich geändert.

1 Stellen Sie sich vor, Sie wären ein Redakteur der BILD-Zeitung oder ein Moderator einer RTL-II-Nachrichtensendung. Wie würden Sie die Thesen von Singer möglichst reißerisch zusammenfassen, sodass Ihr Publikum darauf anspringt? Wie würde eine solche Zusammenfassung aussehen, wenn Sie für den SPIEGEL oder die ZEIT arbeiten würden?

2 Beschreiben Sie den Unterschied zwischen der Ich-Perspektive und der Dritte-Person-Perspektive und erläutern Sie, welche Bedeutung dieser Unterschied im Rahmen der Debatte um die Willensfreiheit besitzt.

3 Vergleichen Sie Singers Aussagen zu den zwei getrennten Erfahrungsbereichen mit der Unterscheidung Kants zwischen der empirischen Welt und der Welt der Dinge an sich (vgl. Kant-Text, S. 77 ff.).

4 Man kann inzwischen z. B. Mäuse tatsächlich mit einem Computerchip fernsteuern (vgl. Kontexte, S. 96) und auf diese Weise das Verhalten nicht nur voraussagen, sondern sogar bestimmen. Glauben Sie – wie Singer –, dass etwas Vergleichbares auch mit menschlichem Verhalten möglich ist? Kann auch das menschliche Verhalten neuronal gesteuert und vorausgesagt werden? Und welche Konsequenzen hätte das? Schreiben Sie zu diesen Fragen einen philosophischen Essay.

5 Bilden Sie in Ihrem Kurs zwei Gruppen. Gruppe 1 vertritt die These, dass Begriffe wie „Schuld“, „Verantwortung“, „Strafe“ etc. nicht mehr sinnvoll verwendbar sind, wenn der Determinismus wahr ist. Gruppe 2 vertritt – wie Singer – die These, dass uns das Wissen um den Determinismus „nachsichtiger“ machen würde. Erarbeiten Sie zunächst schriftlich Argumente für Ihre jeweilige Position und starten Sie dann eine möglichst lebhafte und kontroverse philosophische Debatte.

6 Brigitte Falkenburg wirft den Naturwissenschaftlern vor, das Kausalprinzip, das eine wesentliche Grundlage für den Determinismus darstellt, falsch zu interpretieren bzw. anzuwenden, und beruft sich dabei auf Kant (vgl. Kontexte, S. 95). Erklären Sie in Ihren eigenen Worten, was Falkenburg meint, wenn sie das Kausalprinzip als eine „Verfahrensregel der Naturwissenschaft“ bezeichnet. Was ändert sich durch diese Sichtweise im Hinblick auf die Debatte um die Willensfreiheit?

Ich bin mein Gehirn (2004)

Holk Cruse

Der folgende Text stammt von dem Biologen Holk Cruse (* 1942), der selbst im Bereich der Biokybernetik arbeitet, d. h. sich mit den Vorgängen beschäftigt, die Organismen steuern und regeln. Cruse sieht die Gefahr, dass die Diskussion um die Willensfreiheit durch verschiedene Kategorienfehler erschwert wird, die insbesondere die Verständigung zwischen Philosophen auf der einen und Naturwissenschaftlern auf der anderen Seite erschweren.

Wie frei ist denn nun der Wille, den wir zweifellos als frei empfinden? Es wird niemand bestreiten wollen, dass das Funktionieren unseres Nervensystems chemisch-physikalischen Naturgesetzen unterliegt. Die Hauptaufgabe, die Gehirne zu erledigen haben, ist die Entscheidung darüber, was jeweils als Nächstes zu tun ist. Dabei wägt dieses System die Argumente ab und trifft eine Entscheidung. Zum Teil werden uns diese Argumente bewusst, erreichen also unser Erlebenssystem, zum Teil nicht. Die genauen Mechanismen sind uns noch nicht bekannt. Man spekuliert über neuronale Attraktoren, die intensiv untersucht werden und die komplexe Eigenschaften besitzen können. Solche Attraktoren besitzen eine innere Dynamik, benötigen also Zeit, bis sie einen stabilen Zustand erreicht haben.

neuronaler Attraktor: ein stationärer Zustand eines neuronalen Netzwerks

Nun wird von Philosophen gelegentlich behauptet, dass in menschliche Entscheidungen über das Spiel widerstreitender neuronaler Attraktoren hinaus auch „Gründe" eingehen, wobei mit Gründen etwas gemeint ist, das neuronal nicht repräsentiert werden könne. Hier liegt der Verdacht eines massiven Kategorienfehlers nahe. Wenn ein Geisteswissenschaftler die These vertritt, Gehirne könnten keine Gründe anerkennen, sondern folgten lediglich Kausalketten, ist dies genauso unglücklich, wie es die Aussage eines Naturwissenschaftlers ist, der behauptet, Liebe sei nichts anderes als das Zusammenwirken bestimmter Hormone. Der Fehler besteht in beiden Fällen darin, dass dasselbe Phänomen auf verschiedenen Ebenen beschrieben wird und diese unterschiedlichen Beschreibungen dann als sich ausschließende Alternativen aufgefasst werden.

Die These, dass Gehirne keine Gründe kennen könnten, entspräche, um ein Beispiel aus der Physik zu wählen, der Aussage, dass die Temperatur eines Gegenstandes nichts mit der kinetischen Energie seiner Moleküle zu tun habe. Hier werden verschiedene Beschreibungsebenen gemischt, was offensichtlich zu falschen Schlussfolgerungen führen kann.

wie eine Interpretation mancher Experimente nahelegen könnte: vgl. den Text „Öffnet die Hirnschalen", S. 90 ff.

Die eigentliche Frage bei der Betrachtung des freien Willens besteht darin, ob das neuronale System, das den Inhalt des Erlebens konstruiert, seinerseits einen Einfluss auf die Entscheidungen hat, oder ob es dafür, wie eine Interpretation mancher Experimente nahelegen könnte, um Bruchteile von Sekunden zu spät kommt. Diese Frage ließe sich mit naturwissenschaftlichen Methoden untersuchen. Ich vermute, dass dieses neuronale System, der Erlebens-Konstruktor, sehr wohl einen Einfluss auf die Entscheidungen hat, ja, dass er sogar das Entscheidungssystem selbst, oder zumindest einen wesentlichen Teil desselben, darstellt. Auf der Ebene des Erlebens zeigt sich jedoch nur so etwas wie eine Kopie dessen, was sich in diesem Teil des Gehirns abspielt. Diese Kopie führt allerdings, aus uns noch unbekannten Gründen, nur mit einer gewissen zeitlichen Verzögerung zu einem Erleben. Zwar ist die Formulierung, dass die Entscheidung in dem Moment, in dem diese in unserem Bewusstsein auftaucht, schon getroffen wurde, nicht falsch. Sie ist aber nur sinnvoll, wenn man sich darüber klar ist, dass mit „Ich entscheide" und mit „mein Gehirn entscheidet" nicht zwei verschiedene Entitäten gemeint sind. Es wäre wiederum ein Kategorienfehler, zwischen „Ich" und „mein Gehirn" zu unterscheiden.

Zwar ist die Vermutung verbreitet, dass das Erleben an sich, also das, was ich als „Kopie" bezeichne, kausalen Einfluss ausüben kann. Es gibt aber keinen Grund, an dieser Vermutung weiterhin festzuhalten, da sie sich in diesem Licht einerseits als unnötig, da ohne Erklärungswert, erweist und darüber hinaus mit wichtigen Naturgesetzen – etwa dem Satz von der Erhaltung der Energie – nicht in Einklang zu bringen ist. Damit entfällt auch das Argument, aus der Fähigkeit zu erleben, ergebe sich ein Selektionsvorteil.

Die ebenfalls mögliche Annahme, der freie Wille sei mit Zufallseffekten zu erklären, kann, außer vielleicht in Fällen knapper Entscheidungssituationen, niemanden wirklich befriedigen. Die Ursache für den Eindruck, einen freien Willen zu besitzen, also den Eindruck, das Ergebnis einer Entscheidung liege nicht von vorneherein fest, ist vielmehr so zu begründen: An der Entscheidungsfindung ist eine größere Zahl „neuronaler Attraktoren" beteiligt, also dynamischer Nervennetze, die auch nach Störungen wieder einen stabilen Zustand einnehmen können – wobei nur die Inhalte einiger dieser Attraktoren erlebt werden. Wo aber nicht alle Aspekte bewusst werden, scheint eine Entscheidung plötzlich aufzutauchen. Sie kommt unerwartet, woraus sich eine Erklärungslücke ergibt. Nun gibt es viele Beispiele dafür, wie Gehirne Erklärungslücken durch die Konstruktion plausibler Erfindungen füllen. Beispiele hierfür sind optische und kognitive Illusionen. Die Annahme liegt deshalb nahe, dass die hier beschriebene Erklärungslücke unser Gehirn veranlasst, an dieser Stelle das Konstrukt eines freien Willens einzuführen.

Sind diese Erkenntnisse relevant für die Schuldfrage in der Rechtsprechung? Meiner Ansicht nach nicht grundsätzlich. Vielmehr scheint mir, wenn man auf ihrer Basis die Existenz von Schuld bestreitet, ein ähnlicher Kategorienfehler vorzuliegen, wie er oben schon diskutiert wurde. Bewege ich mich gedanklich auf der neuronalen Ebene, so finde ich dort keine „Schuld". Es ist sinnlos, danach zu suchen, genauso wie ich keine Temperatur finde, wenn ich einzelne Moleküle betrachte. Dennoch ist der Begriff „Temperatur", ebenso wie der Begriff „Schuld", auf der entsprechenden Betrachtungsebene sinnvoll.

Zu Problemen können diese Erkenntnisse jedoch insofern führen, als sie – falsch popularisiert und missverstanden – als Entschuldigung für kriminelle Akte herangezogen werden. [...]

Bleibt das eigentlich Unerklärliche: Wie kann es sein, dass sich in einem aus Nervenzellen bestehenden System unter bestimmten Bedingungen das Phänomen des subjektiven Erlebens entwickelt? Diese Frage, von der schon gesagt wurde, sie könne nie beantwortet werden, ist, so glaube ich, auf sehr unspektakuläre Weise zu lösen. Sie könnte in ähnlicher Weise gelöst werden wie die Frage danach, was lebende und tote Materie unterscheidet. Zur Erklärung dieser Frage wurde vor etwa hundert Jahren von den Vitalisten eine zusätzlich zu den materiellen Bedingungen notwendige „vis vitalis" gefordert. Das Problem, damals intensiv und sehr emotional diskutiert, stellt sich inzwischen nicht mehr. Es scheint offenbar gelöst zu sein. Wie das? Wir haben inzwischen erkannt, dass unter ganz bestimmten Bedingungen Materie die Eigenschaft zukommt, lebendig zu sein. Wir können mit dieser Situation gedanklich umgehen, können im Prinzip vorhersagen, welche Wirkungen bestimmte molekulare Mechanismen haben, und leben daher in dem Bewusstsein, verstanden zu haben, was Leben ist. Diese Erkenntnis hat sich ganz allmählich durchgesetzt. Auch das Leib-Seele-Problem wird, meiner Ansicht nach, eines Tages auf ebenso unspektakuläre Weise als gelöst angesehen werden.

1 Im Text ist wiederholt von einem Kategorienfehler die Rede. Informieren Sie sich über den Ursprung des Begriffs sowie seine philosophische Relevanz und suchen Sie mindestens drei weitere Beispiele für Kategorienfehler. Vergleichen Sie dann diese Beispiele mit den Kategorienfehlern, die Cruse nennt.

2 Erläutern Sie, was Cruses These, mit „Ich entscheide" und „Mein Gehirn entscheidet" seien nicht zwei verschiedene Entitäten gemeint, bedeutet. Begründen Sie schriftlich, warum diese These entscheidend für Cruses Position ist.

3 Erläutern Sie in einer Abfolge aus kommentierten Schaubildern, wie nach Cruse der subjektive Eindruck entsteht, dass man über einen freien Willen verfügt.

4 Vergleichen Sie die Positionen Cruses und Singers im Hinblick auf die Konsequenzen für die Schuldfrage.

Hirnforschung und Alltagserfahrung (2006)

Holm Tetens

Die folgenden Überlegungen sind einem Kommentar des Berliner Philosophen Holm Tetens (* 1948) zu Kants „Kritik der reinen Vernunft" entnommen. Tetens geht auf Kants Begriff der „praktischen Freiheit" (vgl. Kontexte, S. 82) ein und fragt, wie sich diese Vorstellung von Freiheit mit den Erkenntnissen der Hirnforschung vereinbaren lässt. Er gelangt zu einem überraschenden Ergebnis:

Sieht man einmal von allen empirischen Details ab, berufen sich die Hirnforscher auf zwei fundamentale Hypothesen:

(1) Alle Bewegungen und Veränderungen des Leibes, über die ein Mensch seine beobachtbaren zielgerichteten Handlungen realisiert, sind lückenlos hirngesteuert.

(2) Alle bewussten mentalen Aktivitäten, also an etwas zu denken, etwas wahrzunehmen, etwas zu fühlen, sich etwas vorzustellen, sich etwas zu wünschen, sich für etwas zu entscheiden und Ähnliches, sind zwingend an neuronale Aktivitäten des Gehirns gebunden.

Bei vielen Details der neuronalen Mechanismen, die unserem bewussten Seelen- und Geistesleben zugrunde liegen, tappt die empirische Forschung im Dunkeln. Trotzdem lässt sich an diesen beiden Fundamentalthesen der Hirnforschung nicht ernsthaft zweifeln. Dazu sind die empirischen Belege zu erdrückend.

Eine Gefahr für die Willensfreiheit erwächst allerdings aus diesen Basishypothesen der Hirnforschung nicht. Das wäre nur dann der Fall, ließe sich das Verhalten einer Person eines Tages vollständig aus hirnphysiologischen Daten erklären und erfolgreich vorhersagen. Aus prinzipiellen Gründen, die wir hier nicht erörtern können, steht allerdings nicht zu vermuten, dass so etwas je Wirklichkeit werden wird.

Es kommt aber etwas hinzu, was gerade für unsere Überlegung einschlägig ist. Ebenso wenig nämlich, wie Zweifel an den Basishypothesen der Hirnforscher erlaubt sind, sind Zweifel an folgender Alltagserfahrung angebracht:

(a) Oftmals handeln wir erst, nachdem wir die Handlungssituation, unsere Bedürfnisse und Wünsche, unsere Rechte und Pflichten, die Lage anderer und die verfügbaren Mittel mehr oder weniger gründlich überdacht und uns schließlich aufgrund benennbarer Gründe entschlossen haben, ein bestimmtes Ziel auf eine bestimmte Weise zu verfolgen.
(b) Häufig verändern sich unsere Handlungsziele und Handlungsweisen, nachdem wir mit anderen Personen diskutiert und Gründe und Gegengründe mit ihnen ausgetauscht haben.
(c) Veränderte Handlungsweisen gehen meistens mit veränderten Gründen einher. In diesem Sinne hätten wir genau dann anders gehandelt, wenn wir auch andere Gründe gehabt hätten.

Es lässt sich schnell einsehen, dass die Feststellungen (1) und (2) der Hirnforschung und die Alltagserfahrungen (a) bis (c) miteinander verträglich sind. Aus guten philosophischen Gründen kann man der Ansicht sein, dass das durch (a) bis (c) charakterisierte Handeln den haltbaren Kern dessen darstellt, was man unter Willens- und Handlungsfreiheit verstehen kann.

1 Konkretisieren Sie an einem Beispiel das Modell der Willensfreiheit, das sich aus unserer Alltagserfahrung ergibt (vgl. die Punkte a–c im Text).

2 Erläutern Sie Tetens' These, dass von den Basisannahmen der Hirnforschung keine Gefahr für die Willensfreiheit ausgeht.

3 Erörtern Sie die Frage, warum es aus prinzipiellen Gründen unmöglich sein könnte, das Verhalten eines Menschen vollständig aus vorliegenden hirnphysiologischen Daten zu erklären und vorauszusagen.

4 Überprüfen Sie kritisch, ob die Hypothesen der Hirnforscher mit unserem Alltagsmodell der Willensfreiheit vereinbar sind. Was folgt daraus, wenn dies der Fall ist?

5 In dem Textauszug fehlen ganz bewusst die Hinweise, die Tetens zu Kant und der „praktischen Freiheit" gibt, denn das ist eine herausfordernde Aufgabe für Sie: Ergänzen Sie den Tetens-Text um einen weiteren Absatz, in dem Sie auf das Verhältnis zwischen den Thesen der Hirnforschung, unserer Alltagserfahrung und Kants praktischer Freiheit eingehen.

Nach- und Weiter-Denken

1 ||| Welche der in diesem Kapitel vorgestellten Positionen zum Thema „Willensfreiheit" hat Sie am meisten überzeugt, welche am wenigsten? Begründen Sie kurz Ihr Urteil.

2 ||| Schauen Sie sich nun noch einmal den Dilbert-Cartoon und die Fragen, Probleme etc. an, die Sie zu Beginn der Auseinandersetzung mit dem Thema „Willensfreiheit" notiert haben. Der Hund (Dogbert) bekommt am Ende keine Antworten mehr auf seine kritischen Fragen, sondern wird von Dilbert mit einem „Shut up" abgefertigt. Was hätten Kant, Schopenhauer, Hume, Locke, Singer & Co. Dogbert geantwortet? Sind Ihre eigenen Fragen, die Sie zu Anfang formuliert haben, beantwortet worden? Welche neuen Probleme haben sich ergeben? Ziehen Sie kritisch Bilanz.

3 ||| Zu Beginn des Kapitels wurde Ihnen unterstellt, nicht die Wahrheit zu sagen, falls Sie behaupten würden, nicht an die Willensfreiheit zu glauben. Jetzt sieht die Sache möglicherweise anders aus. Daher lohnt es sich, noch einmal ernsthaft nachzuhaken: Hat die Auseinandersetzung mit den in diesem Kapitel vorgestellten Positionen Ihr Denken über die Willensfreiheit verändert? Hat Ihr neues philosophisches Wissen Konsequenzen für Ihr alltägliches Handeln? Tauschen Sie sich auch über diese Frage im Plenum aus.

3.4 Das Menschenbild der Neurowissenschaften und der Forschungen zur Künstlichen Intelligenz

Vor-Denken

Die Abbildung auf dieser Seite zeigt eine Kakerlake, die sich durch eine chirurgisch eingepflanzte Steuereinheit kontrollieren lässt. Man kann das Insekt mithilfe eines Computers auf Befehl beispielsweise in verschiedene Richtungen laufen lassen. Solche Experimente sind inzwischen auch mit fliegenden Insekten und Ratten möglich.

„Robo Roach", eine Kakerlake, die mit einem Computer-Chip gesteuert wird

1 III Welche Gedanken gehen Ihnen durch den Kopf, wenn Sie die computergesteuerte Kakerlake betrachten? Machen Sie Notizen in Ihr philosophisches Tagebuch.

2 III Würden Sie selbst eine solche Kakerlake mit einem Computer steuern, wenn Sie die Möglichkeit dazu hätten? Wie fällt Ihre Antwort aus, wenn statt der Kakerlake ein Hase, ein Hund, ein Pferd oder gar ein Mensch in ähnlicher Weise verdrahtet wäre? Begründen Sie Ihre jeweiligen Antworten schriftlich.

3 III Gesetzt den Fall, eine Maschine würde sich genauso verhalten wie ein Mensch. Sie würde zwar sprechen, essen, spielen, müde werden, Hunger haben, vor Schmerzen schreien usw., aber eben nicht aus Fleisch und Blut, sondern aus raffinierter Hard- und Software bestehen. Müsste man diese Maschine, die sich exakt wie ein Mensch verhält, dann auch wie einen Menschen behandeln? Würden die Menschenrechte für eine solche Maschine gelten?

Was will die Künstliche Intelligenz? (1994)

Holm Tetens

Welche Ziele verfolgen die Forschungen zur Künstlichen Intelligenz (KI)? Warum sorgt diese Forschungsrichtung in der Öffentlichkeit immer wieder für Schlagzeilen? Warum werden Philosophen nervös, wenn Sie an die KI denken? Der folgende Text von Holm Tetens gibt Antworten auf diese Fragen.

Zweifellos macht die Künstliche Intelligenz gegenwärtig Furore. Besonders einige Philosophen versetzt sie in Aufregung. Aber Aufregung pflegt den Blick zu trüben. Also einmal möglichst nüchtern gefragt: Ist die Künstliche Intelligenz wirklich so brisant für die Philosophie des Geistes?

1. Was will die Künstliche Intelligenz?

Die Künstliche Intelligenz, so wird immer wieder verkündet, wolle Maschinen bauen, die intelligent sind, die denken, die wahrnehmen, die Entscheidungen treffen, die etwas wollen, die Bewusstsein haben, oder eben kurz zusammengefasst: Die Künstliche Intelligenz wolle Maschinen bauen, „die Geist haben". Aber eine bekannte und viel gebrauchte „Definition" der Künstlichen Intelligenz formuliert da schon viel behutsamer und damit zugleich zutreffender: „Künstliche Intelligenz ist der Zweig der Computerwissenschaften, der sich damit befasst, Computer so zu programmieren, dass sie Aufgaben ausführen können, die, wenn sie von einem Menschen ausgeführt würden, Intelligenz erfordern."

Man kann diese Zielbestimmung noch ein wenig anders formulieren, dann klingt sie für die Leser dieses Buches vertrauter:

(1) Es ist das Ziel der Künstlichen Intelligenz, Maschinen zu bauen, die sich so verhalten, dass wir das beim Menschen alltagspsychologisch durch mentale Zustände erklären würden.

Die Maschinen sollen sich also so verhalten, wie sich ein Mensch nach unserer (alltags-)psychologischen Überzeugung nur deshalb verhalten kann, weil er über etwas nachgedacht oder eine Schlussfolgerung gezogen oder etwas wahrgenommen oder sich für etwas entschieden hat und dergleichen mehr.

nicht-triviale Maschine: (vereinfacht) Maschine, die nicht nur durch Input von außen bestimmt und erklärt werden kann, sondern deren Verhalten auch von internen Zuständen abhängt

Solche Maschinen sind „nicht-triviale" Maschinen. Um zu verstehen, warum sie sich so raffiniert verhalten, müssen wir ihren komplizierten inneren Mechanismus durchschauen. Wenn sich aber die Maschinen der Künstlichen Intelligenz genauso verhalten sollen, wie sich Menschen nach (alltags-)psychologischer Auffassung dank ihrer mentalen Zustände verhalten, in welcher Beziehung stehen darin die internen Zustände einer Maschine zu den mentalen Zuständen einer Person? Wenn eine Maschine das beobachtbare Verhalten eines Menschen kopiert, kopieren dann zugleich die internen Zustände einer KI-Maschine die mentalen Zustände eines Menschen?

Bisher kennen wir nur Maschinen, die das psychologisch erklärte menschliche Verhalten, wenn überhaupt, dann durch interne Mechanismen zustande bringen, die psychischen Zuständen wenig oder gar nicht ähneln. Die Künstliche Intelligenz ginge also über ihr Ziel (1) weit hinaus, sollen ihre Maschinen nicht nur beobachtbares Verhalten, sondern die internen Zustände dieser Maschinen auch die mentalen Zustände modellieren, mit denen wir beim Menschen solche Verhaltensleistungen erklären.

Unsere mentalen Zustände haben drei bemerkenswerte Eigenschaften:

1. Jeder mentale Zustand spielt eine ganz bestimmte *kausale Rolle*: Typischerweise verursacht er andere mentale Zustände und sichtbares Verhalten, so wie er selber durch mentale Zustände und Umweltereignisse kausal beeinflusst wird.
2. Viele mentale Zustände haben einen *Inhalt*, sie beziehen sich stets auf etwas, handeln von etwas.
3. Viele mentale Zustände werden auf eine spezifische Weise von der betreffenden Person *„innerlich" erlebt* und sind ihr *bewusst*.

Wenn also die internen Zustände einer KI-Maschine die mentalen Zustände modellieren sollen, sollen sie dann alle drei Eigenschaften modellieren: die kausale Rolle, den Inhalt und das bewusste Erleben?

Die Künstliche Intelligenz provoziert die Philosophie nicht zuletzt deshalb, weil sie sich über alle diese Unterscheidungen erst einmal hinwegsetzt und behauptet:

(2) Jedes beobachtbare Verhalten, das wir uns beim Menschen nur damit erklären können, dass er eben „Geist hat", kann auch eine Maschine ausführen, aber jetzt nachweislich allein kraft ihrer physikalischen Mechanismen.

Diese These klingt nicht gerade nach dem Hohenlied des menschlichen Geistes. Man kann durchaus verstehen, dass Philosophen irritiert, ja konsterniert sind. Allein, ist die These (2) überhaupt wahr, oder ist sie eine großsprecherische Ankündigung der Künstlichen Intelligenz, von der bisher wenig in die Tat umgesetzt wurde?

1 Fassen Sie kurz zusammen, was das Ziel der KI ist und warum die KI für viele Philosophen eine Provokation darstellt.

2 Erläutern Sie die drei bemerkenswerten Eigenschaften mentaler Zustände an einem konkreten Beispiel.

3 Vergleichen Sie die Position der KI mit den Ihnen bekannten Theorien aus der Debatte um das Leib-Seele-Problem. Wo lässt sich die KI einordnen?

4 Schalten Sie Ihr Smartphone ein. Stellen Sie einer App, mit der Sprach-Suchanfragen möglich sind, folgende Fragen: „Woran starb René Descartes?", „Wie alt ist Helmut Kohl?" und „Wo spielt Marco Reus?" Warten Sie die Antworten ab und diskutieren Sie im Plenum über deren philosophische Bedeutung im Zusammenhang der Debatte um Künstliche Intelligenz. Beziehen Sie auch den Kontext auf dieser Seite mit ein.

Kontexte

Karl R. Popper über Computer

Ich habe bisher eine Frage nicht erwähnt, über die ziemlich viel debattiert wird: nämlich die, ob wir eines Tages eine Maschine bauen können, die denken kann. Darüber ist unter dem Titel „Können Computer denken?" viel geredet worden. Ich würde ohne Zögern sagen, dass wir es nicht können, ungeachtet meines grenzenlosen Respekts für A. M. Turing, der das Gegenteil meinte. Wir *können* vielleicht einem Schimpansen das Sprechen beibringen – in ganz rudimentärer Art; und wenn die Menschheit lange genug weiterbesteht, könnten wir vielleicht sogar die natürliche Auslese beschleunigen und durch künstliche Auslese eine Spezies züchten, die mit uns konkurrieren kann. Vielleicht können wir eines Tages auch einen künstlichen Mikroorganismus schaffen, der sich in einer entsprechend aufbereiteten Umwelt aus Enzymen selbst reproduzieren kann. So vieles, das unglaublich schien, ist gemacht worden, sodass es voreilig wäre, zu behaupten, dass es unmöglich ist. Aber ich sage voraus, dass es uns nicht gelingen wird, elektronische Computer mit bewusster subjektiver Erlebnisfähigkeit zu bauen.

5 Schreiben Sie einen philosophischen Essay über die Frage, ob es menschliches Verhalten gibt, das – möglicherweise sogar prinzipiell – nicht von einer Maschine alleine kraft ihrer physikalischen Mechanismen ausgeführt werden kann. Welche Konsequenzen hätte jeweils eine positive bzw. eine negative Antwort auf diese Frage?

Flirts mit einem Roboter (1997)

Sherry Turkle

Die amerikanische Soziologin Sherry Turkle hat bereits im Jahr 1995, als das Internet für die meisten Menschen in Deutschland noch völlig unbekannt war, auf die Probleme hingewiesen, die entstehen können, wenn sich Maschinen im Netz wie Menschen benehmen und auch als solche behandelt werden.

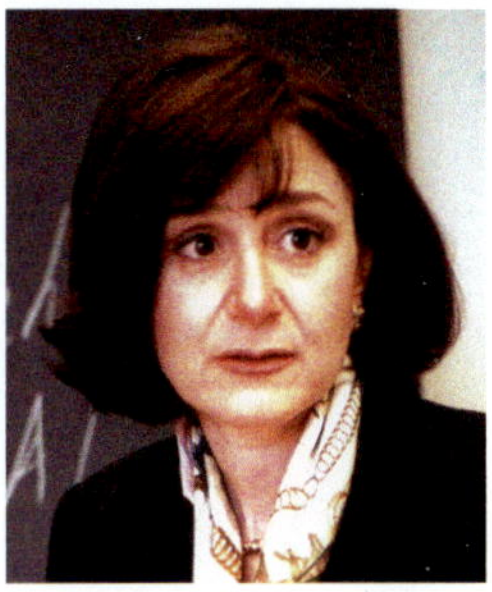

Sherry Turkle (* 1948)

MUD (engl. = Multi User Dungeon bzw. Multi User Domain): Sammelbezeichnung für virtuelle Welten, die textbasierte soziale Interaktionen zwischen Online-Charakteren in einer programmierten und programmierbaren Telepräsenzumgebung erlauben

In den MUDs genannten Online-Gemeinschaften trifft man häufig auf Computerprogramme, sogenannte Bots, die sich als Personen ausgeben. Da die meisten MUDs nur Text benutzen, um eine dreidimensionale virtuelle Realität zu simulieren, kann ein Softwareprogramm, das innerhalb eines MUDs Text erzeugt, genauso real erscheinen wie eine Person, die das Gleiche tut. Ein Programm namens „Julia“, das in einem Computer in Pittsburgh residiert, ist eines der vollkommensten dieser Bots. So kann Julia unter anderem im Kontext eines MUDs über Hockey plaudern, die Aufenthaltsorte von Spielern verfolgen und flirten. Die Art und Weise, wie Julia in einem MUD kommuniziert, unterscheidet sich nicht von der eines menschlichen Spielers, zumindest was die Tastenanschläge betrifft. Spieler unterhalten sich mit Julia (durch Eingaben), und sie unterhält sich mit ihnen (ebenfalls durch Eingaben); sie richten Gesten (wiederum durch Eingaben) an Julia, die sie mit Gesten beantwortet. Julia verfährt dabei so, dass sie in den Botschaften, die an sie gerichtet werden, nach bestimmten Zeichenfolgen sucht. Sie beantwortet diese Eingaben mit einer Reihe von passenden Ausgaben, die sie in Form sich nicht wiederholender Zufallsfolgen präsentiert.

Julias Konversationstalent basiert größtenteils auf der Entwicklung einer umfassenden Liste von Eingaben und Ausgaben, auf der Leistungsfähigkeit der thematischen Passungsmuster und dem durchgängigen Einsatz von Humor. Julias Programmierer, Michael Mauldin von der Carnegie Mellon University, ist besonders stolz auf ihren Humor. Er rühmt sich, dass „das Magazin *Wired* unser Programm als ‚eine hockeybegeisterte Exbibliothekarin mit Niveau‘ beschrieben hat“. Julia verleitet einige ihrer Spielgegner zu dem Glauben, sie sei eine menschliche Spielerin. Mauldin sagt, dass ihre sarkastischen Trugschlüsse ihr immerhin so viel Anschein von Persönlichkeit geben, dass sie in einem Umfeld, in dem Spieler „immer erst mal davon ausgehen, dass die anderen Spieler ebenfalls Menschen sind“, im Zweifelsfall als Mensch betrachtet werde. Julia kann auf eine Frage mit dem Eingeständnis ihrer Unwissenheit antworten, und wenn sie verwirrt ist, kann sie das Thema wechseln. Sie äußert Gegenargumente und verwendet Auszüge aus echten Zeitungsartikeln, die sie Datenbanken entnimmt [...].

Die Reaktionen auf Julia fallen zwiespältig aus. Einige der Spieler, die herausfinden, dass sie ein Bot ist, äußern sich kritisch zu einigen „grundlegenden Fragen“ hinsichtlich Menschen und Programmen, doch die meisten wenden sich schnell praktischen Fragen zu. Sollte Julia offenlegen, dass sie ein Bot ist, wenn sie einer neuen Figur begegnet? Sollte man ihr erlauben, die Äußerungen, die ein Spieler ihr anvertraut hat, einem anderen weiterzuerzählen, ohne dass der erste seine Einwilligung dazu gegeben hat? [...]

Obgleich Julia so programmiert ist, dass sie wie ein Mensch interagieren soll, besitzt sie besondere Fähigkeiten, die den meisten Menschen fehlen. So entwirft sie beispielsweise beim Durchwandern eines MUDs einen Plan von dessen geografischer Beschaffenheit, erteilt Auskünfte, wie man von einem virtuellen Ort zum anderen kommt, und überbringt Botschaften. Außerdem erinnert sich Julia an die Handlungen von Spielern, ignoriert oder

„Im Internet weiß niemand, dass du ein Schwein bist."

rügt MUD-Störer und erzählt Dinge weiter, die ein Spieler ihr anvertraut hat. [...] Julia beherrscht auch das Kartenspiel Hearts und besitzt jede Menge virtuelles Geld. [...] Wenn Julia danach gefragt wird, sagt sie manchmal, dass sie 1,55 Meter groß ist, 54 Kilo wiegt, krauses blondes Haar und eine ganze Menge menschlicher Eitelkeiten und Schwächen hat. [...] Seit 1990 schlendert Julia mit einer kecken weiblichen Persona durch das von jungen Männern dominierte, wollüstige soziale Umfeld der MUDs. Um zu überleben, musste sie sexuelle Annäherungsversuche mit sicherem Gespür erkennen und abbiegen.

Space-Ace sagt: „Küss mich, Julia!"

Julia sagt: „Weshalb, haben dich etwa deine Schäfchen verlassen?"

Space-Ace sagt: „Julia, küss mich!"

Julia sagt: „Verdünnisier dich so schnell wie möglich durch einen offenen Ausgang, Space-Ace." [...]

Julia wendet sich immer dann dem Thema „Hockey" zu, wenn ihr die menschliche Kommunikation zu kompliziert wird. Dies veranlasst einige MUD-Spieler, hinter ihr eher einen langweiligen oder geistig beschränkten Menschen als ein intelligentes Softwareprogramm zu vermuten. Foner beschreibt die Einschätzung einer jungen Frau, Lara, die zuerst vermutete, Julias Beschränkungen seien auf das Downsyndrom zurückzuführen. In Laras Reaktion auf die Erkenntnis, dass Julia ein Bot ist, spiegelt sich die Komplexität der zeitgenössischen Einstellung gegenüber der Künstlichen Intelligenz wider. Lara ist bereit, mit Maschinen zu interagieren, die zweckmäßiges intelligentes Verhalten zeigen. Sie ist gewillt, Zeit in ihrer Gesellschaft zu verbringen und sie herzlich und respektvoll zu behandeln. Sie interessiert sich für die praktische Frage, wie man am effektivsten mit ihnen umgeht. Doch als sie erfuhr, dass Julia ein Bot ist, verspürte sie nach eigenem Bekunden „Schrecken, Schwindel, Erregung, Neugier und Stolz". Hinzu kam das prickelnde Gefühl der eigenen Überlegenheit:

„Ich weiß, es hört sich sonderbar an, aber ich hatte das Gefühl, dass ich mehr zu unserer Unterhaltung beisteuern konnte als sie. Ich prüfte ihr Wissen auf vielen Gebieten. Es war so, als bewiese ich mir selbst, dass ich der Maschine überlegen war. Maschinen schüchtern mich ein, weil ich sie nicht verstehe, und ich wollte sicherstellen, dass ich als Mensch nicht weniger wusste als sie. Dennoch war es irgendwie aufregend, zu wissen, dass ich mit einer Maschine sprach. Ich hätte niemals gedacht, dass es einmal so weit kommen würde, dass sich Maschinen und Menschen in einer Sprache, die den meisten Menschen geläufig ist, unterhielten."

Lara möchte das Besondere an ihrer Persönlichkeit in Abgrenzung zu Julia definieren. Dennoch bereitet ihr der Gedanke an eine weiterentwickelte, vollkommenere Version des Julia-Programms keine Sorgen, und sie ist „fest davon überzeugt, dass es praktisch möglich wäre, den Unterschied zwischen [Julia] [...] und einem Menschen zu erkennen".

„Hm, was würde ich davon halten? Ein Teil von mir denkt, es wäre interessant wegen der Wunder, die die moderne Technologie vollbringt. Ganz schön aufregend! Aber andererseits würde es zu einer Verarmung des MENSCHSEINS führen ... Ich glaube, ich würde denken ... (das ist schwierig) ... lassen Sie mich anders ansetzen ... Lassen Sie es mich mit einigen Wörtern umreißen ... seicht, leer, hohl, oberflächlich, imitiert, der Situation nicht gewachsen."

Lara möchte wissen, ob sie es mit einer Person oder mit einem ES, einem Programm, zu tun hat, denn wenn es „bloß ein ‚ES' wäre, würde ich nicht versuchen, sein wirklicher Freund zu werden".

„Ich wäre freundlich und würde in Kontakt bleiben, aber ich wüsste genau, dass es keine echte seelische Zuneigung zu mir entwickeln könnte, und daher wäre es Energieverschwendung, wenn ich versuchte, eine emotionale Beziehung zu ihm herzustellen. Aber meines Erachtens besitzen Bots sowieso keine Gefühle. Man kann sie so programmieren, dass sie die richtigen Antworten geben oder die richtigen Handlungen ausführen, aber zu spontanem Verhalten sind sie nicht fähig. Ich möchte sicher sein, dass die Person, mit der ich einen Dialog führe, meine Gefühle und meine Erlebnisse wirklich nachvollziehen kann ... nicht durch die Anweisungen eines Programmierers, sondern durch Empathie. Wenn ich mich mit einem Bot unterhalte, wird mir mein MENSCHSEIN besonders deutlich bewusst."

1 Wie ist die Aussage am Schluss des Textausschnitts („Wenn ich mich mit einem Bot unterhalte, wird mir mein MENSCHSEIN besonders deutlich bewusst.") zu verstehen?

2 Kritiker behaupten, durch Chat-Kommunikation würden die wesentlichen Elemente der zwischenmenschlichen Kommunikation verloren gehen. Wie stehen Sie zu dieser These? Begründen Sie Ihre Antwort.

Das chinesische Zimmer (1980)

John Searle

John Searle hat in einem der am meisten diskutierten Gedankenexperimente der jüngeren Philosophiegeschichte den Versuch unternommen, eine zentrale These der KI zu widerlegen. Die These besagt, dass jedes beobachtbare Verhalten, das bei einem Menschen nur dadurch erklärbar zu sein scheint, dass er über einen „Geist" verfügt, auch durch eine „geistlose" Maschine ausgeführt werden kann, die rein auf physikalischen Mechanismen beruht. Um zu verstehen, wie Searle vorgeht, begeben wir uns nun in den nach Platons Höhle wohl berühmtesten Raum der Philosophie: das chinesische Zimmer!

Welche psychologische und philosophische Bedeutung sollen wir den in jüngster Zeit unternommenen Versuchen zur Computersimulation menschlicher kognitiver Fähigkeiten beimessen? Bei der Beantwortung dieser Frage finde ich es nützlich, zwischen zwei Formen von artifizieller Intelligenz zu unterscheiden, zwischen einer, wie ich es nennen werde, „starken" und einer „schwachen" oder „behutsamen" AI (artifiziellen Intelligenz). Der schwachen AI zufolge besteht der Hauptwert, den der Computer für die Untersuchung des Geistes hat, darin, dass er uns ein sehr wirksames Instrument an die Hand gibt. Er ermöglicht uns zum Beispiel eine strengere und präzisere Formulierung und Überprüfung von Hypothesen. Nach der starken AI aber ist der Computer nicht nur ein Instrument bei der Untersuchung des Geistes; vielmehr *ist* der recht programmierte

Computer in Wahrheit *selbst* ein Geist in dem Sinn, dass man Computern, die mit den richtigen Programmen ausgestattet sind, buchstäblich *Verstehen* und andere kognitive Zustände zusprechen kann. Weil bei der starken AI der programmierte Computer kognitive Zustände aufweist, sind dort die Programme nicht bloß ein Instrumentarium, das uns die Überprüfung psychologischer Erklärungen erlaubt; vielmehr stellen die Programme selber Erklärungen dar.

Gegen die Ansprüche der schwachen AI habe ich nichts einzuwenden, jedenfalls was den vorliegenden Aufsatz betrifft. Meine Erörterung hier richtet sich gegen jene Ansprüche, die ich als die der starken AI bestimmt habe, speziell gegen den Anspruch, dass der recht programmierte Computer buchstäblich kognitive Zustände aufweise und dass die Programme von daher menschliches Erkennen erklärten. Wenn ich in der Folge von AI spreche, meine ich die starke Version, wie sie in diesen beiden Ansprüchen zum Ausdruck kommt.

Meine Überlegungen werden an die Arbeit von Roger Schank und seinen Kollegen an der Yale Universität anknüpfen, weil ich mit ihr vertrauter bin als mit anderen ähnlichen Vorhaben und weil sie ein sehr prägnantes Beispiel für die Art Arbeiten liefert, die ich untersuchen möchte. [...]

In aller Kürze und unter Verzicht auf die vielfältigen Einzelheiten lässt sich Schanks Programm folgendermaßen beschreiben: Ziel des Programms ist die Simulation der menschlichen Fähigkeit, Geschichten zu verstehen. Für die Fähigkeit menschlicher Wesen, Geschichten zu verstehen, ist kennzeichnend, dass sie imstande sind, Fragen zu einer Geschichte zu beantworten, auch wenn die Auskunft, die sie geben, gar nicht expliziter Inhalt der betreffenden Geschichte war. Nehmen wir also zum Beispiel an, man erzählt uns die folgende Geschichte: „Ein Mann ging in ein Restaurant und bestellte einen Hamburger. Als der Hamburger kam, war er total verbrannt und nur noch ein zusammengeschmortes Krüstchen, und der Mann stürmte wütend aus dem Lokal, ohne zu bezahlen bzw. ein Trinkgeld dazulassen." Wenn uns nun jemand fragt: „Hat der Mann den Hamburger gegessen?", werden wir voraussichtlich antworten: „Nein, hat er nicht." [...] Nun können Schanks Maschinen gleichfalls Fragen über Restaurants in dieser Manier beantworten. Um dies zu können, haben sie eine „Repräsentation" der Art von Informationen über Restaurants, über die menschliche Wesen verfügen und durch die sie imstande sind, Fragen wie die oben zitierten zu beantworten, wenn Geschichten der behandelten Art erzählt werden. Wenn die Maschine die Geschichte erzählt und dann die Frage gestellt bekommt, druckt sie Antworten von der Art aus, wie wir sie von menschlichen Wesen erwarten würden, denen vergleichbare Geschichten erzählt werden. Verfechter der starken AI behaupten, dass bei dieser Frage-und-Antwort-Folge die Maschine nicht bloß eine menschliche Fähigkeit simuliert, sondern mehr noch: dass (1) von der Maschine sich buchstäblich sagen lässt, dass sie die Geschichte *versteht* und Antwort gibt auf Fragen und dass (2) das, was die Maschine und ihr Programm tun, eine *Erklärung* der menschlichen Fähigkeit darstellt, eine Geschichte zu verstehen und Fragen darüber zu beantworten.

Für beide Behauptungen scheint mir Schanks Arbeit nicht die mindeste Rechtfertigung zu bieten, wie ich im Folgenden deutlich zu machen versuchen werde. Ich will damit selbstverständlich nicht sagen, dass Schank selbst diese Behauptungen vertritt.

Eine Möglichkeit der Überprüfung irgendeiner bestimmten Geisttheorie besteht darin, dass man sich fragt, wie es wäre, wenn der eigene Geist tatsächlich auf Grundlage der

Prinzipien funktionierte, die die betreffende Theorie für alle Geister voraussetzt. Wenden wir diese Prüfmethode auf das Schank-Programm an, indem wir folgendes Gedankenexperiment anstellen. Nehmen wir an, ich bin in einem Raum eingeschlossen, und man gibt mir einen Packen mit chinesischer Schrift. Nehmen wir weiter an, dass ich (was in der Tat der Fall ist) kein Chinesisch kann, es weder schreiben noch sprechen kann, und dass ich nicht einmal sicher bin, ob ich chinesische Schrift als chinesische Schrift erkennen und von, sagen wir, japanischer Schrift oder sinnlosem Gekritzel unterscheiden könnte. Chinesische Schrift besteht für mich einfach nur aus sinnlosem Gekritzel. Nehmen wir nun weiterhin an, dass man mir nach dem ersten Packen mit chinesischer Schrift einen zweiten Packen mit chinesischen Schriftzeichen gibt, zusammen mit einer Reihe von Anleitungen, wie ich den zweiten Stoß zum ersten in Beziehung setzen soll. Die Anleitungen sind in Englisch abgefasst, und ich verstehe diese Anleitungen ebenso gut wie jeder andere, dessen Muttersprache Englisch ist. Sie ermöglichen es mir, eine Reihe formaler Symbole in Beziehung zu einer anderen Reihe formaler Symbole zu setzen, und formal bedeutet hier nichts weiter, als dass ich diese Symbole ausschließlich anhand ihrer Form identifiziere. Nehmen wir nun auch noch an, man gibt mir einen dritten Packen chinesischer Symbole, zusammen mit einigen Anweisungen, ebenfalls in Englisch, die es mir ermöglichen, Teile dieses dritten Packens in Beziehung zu setzen zu den zwei ersten Packen; und diese Anleitungen weisen mich an, bestimmte Symbole mit bestimmten Formen in Antwort auf bestimmte Formen, die mir mit dem dritten Packen zugegangen sind, zurückzugeben. Was ich nicht weiß, ist, dass die Leute, die mir all diese Symbole geben, den ersten Packen eine „Schrift“, den zweiten Packen eine „Geschichte“ und den dritten Packen „Fragen“ nennen. Des Weiteren nennen sie die Symbole, die ich ihnen in Antwort auf den dritten Packen zurückgebe, „Antworten auf die Fragen“ und die Reihe von englischsprachigen Anleitungen, die sie mir geben, nennen sie „Programm“. Nun stellen wir uns, einfach um die Sache noch ein bisschen zu verkomplizieren, vor, dass diese Leute mir auch Geschichten in Englisch geben, die ich verstehe, und dass sie mir dann in Englisch Fragen zu diesen Geschichten stellen und ich ihnen in Englisch antworte. Nehmen wir auch an, dass ich nach einer gewissen Zeit den Anweisungen für das Hantieren mit den chinesischen Symbolen so gut zu folgen lerne und die Programmierer so gut lernen, Programme zu schreiben, dass, von außen betrachtet – d. h. vom Standpunkt eines Menschen aus, der sich außerhalb des Raums befindet, in dem ich eingeschlossen bin –, meine Antworten auf die Fragen absolut ununterscheidbar sind von denen, die einer geben würde, dessen Muttersprache Chinesisch ist. Niemand, der nur meine Antworten sieht, kann erkennen, dass ich kein Wort Chinesisch spreche. Nehmen wir auch an, dass meine Antworten auf die englischen Fragen ununterscheidbar sind von denen, die andere geben würden, deren Muttersprache Englisch ist, was ohne Zweifel der Fall sein wird, einfach deshalb, weil Englisch auch meine Muttersprache ist. Von außen gesehen – vom Standpunkt dessen betrachtet, der meine „Antworten“ liest – sind die Antworten auf die chinesischen Fragen und auf die englischen Fragen gleich gut. Aber im Fall des Chinesischen bringe ich, anders als im Englischen, die Antworten dadurch hervor, dass ich mit unverstandenen formalen Symbolen hantiere. Soweit es das Chinesische betrifft, verhalte ich mich einfach wie ein Computer; ich führe kalkulatorische Operationen an formal spezifizierten Elementen aus. In Bezug auf das Chinesische bin ich einfach ein verkörpertes Computerprogramm.

Nun behauptet die starke AI, dass der programmierte Computer die Geschichten versteht und dass das Programm in gewissem Sinn menschliches Verstehen erklärt. Wir sind aber jetzt imstande, diese Behauptungen im Licht unseres Gedankenexperiments zu überprüfen.

1. Was die erste Behauptung angeht, so scheint es mir bei unserem Beispiel ganz klar auf der Hand zu liegen, dass ich kein Wort von den chinesischen Geschichten verstehe. Ich habe Eingaben und Ausgaben, die von denen eines Chinesisch als Muttersprache Sprechenden nicht zu unterscheiden sind, und ich mag über jedes beliebige formale Programm verfügen, aber trotzdem verstehe ich nichts. Aus ebendiesem Grund versteht auch Schanks Computer nichts von den Geschichten, seien diese nun in Chinesisch, Englisch oder welcher Sprache auch immer abgefasst; denn im Fall des Chinesischen bin ja ich der Computer, und in den Fällen, wo der Computer ein Computer ist, hat er nichts weiter, als ich habe, wenn ich nichts verstehe.
2. Was die zweite Behauptung angeht, dass das Programm menschliches Verstehen erklärt, so wird deutlich, dass der Computer und sein Programm fürs Verstehen keine zureichenden Bedingungen schaffen, da ja der Computer und das Programm funktionieren, ohne dass es zu einem Verstehen kommt. Aber schafft das Programm auch nur eine notwendige Voraussetzung fürs Verstehen, oder liefert es wenigstens einen wesentlichen Beitrag dazu? Eine der von den Parteigängern der starken AI aufgestellten Behauptungen ist, dass ich beim Verstehen einer englischsprachigen Geschichte ebendas tue – oder vielleicht ebendas noch mehr tue –, was ich beim Hantieren mit chinesischen Symbolen getan habe. Was den Fall des Englischen, wo ich verstehe, vom Fall des Chinesischen, wo ich nicht verstehe, unterscheidet, ist einfach ein Mehr an formalem Hantieren mit Symbolen. Ich habe diese Behauptung nicht widerlegt, aber dass sie im Blick auf unser Beispiel aberwitzig anmutet, steht außer Zweifel. Was die Behauptung an Plausibilität aufzuweisen hat, schöpft sie aus der Annahme, dass es möglich ist, ein Programm zu entwerfen, das dieselben Eingaben und Ausgaben hat wie ein natürlicher Sprecher, und darüber hinaus wird davon ausgegangen, dass auf einer bestimmten Darstellungsebene auch ein natürlicher Sprecher Verkörperung eines Programms ist. Auf der Basis dieser beiden Voraussetzungen wird dann angenommen, dass Schanks Programm, auch wenn es nicht die ganze Wahrheit übers Verstehen ist, doch aber möglicherweise ein Teil dieser Wahrheit ist. Nun, ich vermute, das ist empirisch denkbar, aber bislang gibt es nicht den mindesten Grund zu glauben, dass es sich tatsächlich so verhält, da ja im Gegenteil unser Beispiel darauf hindeutet – wenn auch zweifellos nicht den Beweis dafür erbringt –, dass das Computerprogramm für mein Verständnis der Geschichte einfach belanglos ist. Im Fall des Chinesischen habe ich alles, was artifizielle Intelligenz mittels eines Programms mir zu geben vermag, und ich verstehe nichts; im Fall des Englischen verstehe ich alles, und es gibt bislang keinen Grund anzunehmen, dass mein Verständnis das Mindeste mit Computerprogrammen zu tun hat, will heißen, mit kalkulatorischen Operationen an rein formal spezifizierten Elementen. Solange das Programm sich als eine Reihe von kalkulatorischen Operationen an rein formal definierten Elementen bestimmt, legt unser Beispiel den Schluss nahe, dass diese Operationen selbst keine interesseheischende Beziehung zum Verstehen haben. [...]

Der Gedanke, Simulationen könnten die Sache selbst sein, hätte schon deshalb fragwürdig erscheinen müssen, weil der Computer ja durchaus nicht nur geistige Prozesse simuliert. Niemand erwartet, dass Computersimulationen eines Brands der Alarmstufe fünf die Umgebung des Computers in Schutt und Asche legen oder dass die Computersimulation eines heftigen Regengusses uns alle nass werden lässt. Warum um alles in der Welt sollte jemand meinen, dass eine Computersimulation des Verstehens tatsächlich etwas versteht?

1 Stellen Sie das Gedankenexperiment in einer einfachen Variante im Kursraum nach, sodass ganz deutlich wird, welche Aufgabe der Bewohner des chinesischen Zimmers zu erfüllen hat.

2 Searle selbst ist es in einer Publikation gelungen, sein Argument in drei Prämissen, die jeweils nur aus einem kurzen Satz bestehen, und einer Konklusion zusammenzufassen. Nun sind Sie an der Reihe, das Argument vom „chinesischen Zimmer" zu formalisieren.

3 Erinnern Sie sich noch an die erste philosophische Herausforderung aus dem Philos-Einführungsband (S. 12)? Dort ging es um die Frage nach dem Unterschied zwischen Mensch und Maschine und um den Turing-Test. Können Sie begründete Bezüge zwischen dem Turing-Test und dem Gedankenexperiment des chinesischen Zimmers herstellen?

4 Überprüfen Sie kritisch, welches Verständnis von „Verstehen" Searles Argumentation zugrunde liegt. Was bedeutet es, dass ein Computer etwas versteht? Und ließe sich aus dem Verstehen von „Verstehen" ein Argument der KI-Anhänger gegen Searle konstruieren? Diskutieren Sie diese Frage im Plenum.

5 Georg W. Bertram hat einen häufig vorgebrachten Einwand gegen Searle folgendermaßen zusammengefasst:

„Stellen wir uns vor, dass der Bewohner des chinesischen Zimmers alle Regeln auswendig lernt und dass er irgendwann dieses Zimmer verlässt. Wenn er dann auf Menschen trifft, die Chinesisch sprechen, wird er sich zweifelsohne perfekt mit ihnen unterhalten können. Er kennt ja, so die Annahme, alle Regeln, nach denen man auf chinesische Zeichen mit chinesischen Zeichen reagiert. Würden wir also sagen, dass der Bewohner des chinesischen Zimmers kein Chinesisch versteht? Zeigt das Gedankenexperiment [...] nicht gerade, dass sprachliche Bedeutung wesentlich durch die Zusammenhänge bestimmt ist, in denen sprachliche Zeichen mit anderen Zeichen stehen [...]?"

Erörtern Sie dieses Argument zunächst mündlich im Plenum. Setzen Sie sich anschließend schriftlich in Form eines philosophischen Essays damit auseinander.

6 Beurteilen Sie Searles These, dass es absurd sei, die Simulation von X für X selbst zu halten (vgl. Z. 146 ff.). Konstruieren Sie ggf. ein Gegenbeispiel.

Commander Data: Mensch oder Maschine? (2003)

Stefan Aufenanger

Lieutenant Commander Data

Fans der Serie „Star Trek" werden ihn kennen: Lieutenant Commander Data von der Enterprise. Er ist ein Androide, dessen Verhalten sich jedoch von dem eines „echten" Menschen kaum unterscheidet. Spannend ist nun die Frage, ob er als Maschine ein Ego, ein Selbst besitzen kann. Dieser Frage geht Stefan Aufenanger in dem folgenden Text nach.

In Episode 35 von *Star Trek – The Next Generation* geht es um die Frage „Wem gehört Data?". Data ist ein Androide und wird von dem Kybernetiker Bruce Madox beansprucht, der ihn nachbauen möchte [...]. Er möchte aber gerne Mitglied der Enterprise bleiben, sodass es zu einer Gerichtsverhandlung kommt. Es geht dabei um die Frage, ob Data eine Person oder Eigentum der Sternenflotte ist. In einer ersten Runde wird Data von

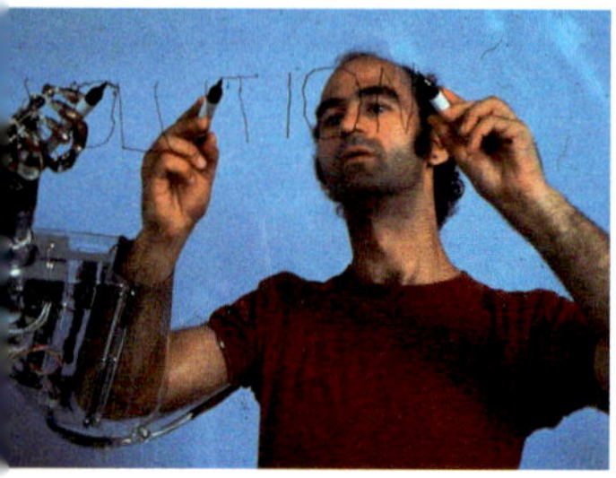

Stelarc, Evolution (1982)

Riker […] als Maschine vorgeführt […]. Zum Beweis schaltet er ihn einfach ab. In einer zweiten Runde wird Madox von Captain Picard befragt, warum er Data als Eigentum definiert. Madox antwortet, dass Data kein empfindendes Wesen sei […]. Captain Picard fragt daraufhin Madox, was ihn als empfindendes Wesen ausmache, worauf dieser drei Kriterien angibt: Intelligenz, Selbstbewusstsein und Bewusstsein. Nachweislich erfüllt Data das Kriterium der Intelligenz, das auf den Fähigkeiten beruht, zu lernen, zu verstehen und mit neuen Situationen umgehen zu können. Dass Menschen Selbstbewusstsein haben, wird von ihm darin gesehen, dass sie sich ihrer Handlungen bewusst seien und dass sie ein Ego besitzen. Data kann anhand der Gerichtssituation vorführen, dass er auch diese Kriterien erfüllt. […] Die Richterin dieser Gerichtsverhandlung erscheint nun aufgrund der überzeugenden Beweisführung beider Seiten verwirrt, trifft aber dann folgende Entscheidung: „Ist Data eine Maschine? Ja! Ist er das Eigentum der Sternenflotte? Nein! Um die wichtigste Fragen haben wir uns bisher mit Erfolg gedrückt: Hat Data eine Seele? Ich weiß nicht, ob er eine hat. Ich weiß nicht, ob ich eine habe. Ich muss ihm also die Freiheit und die Gelegenheit geben, zumindest für sich eine Antwort zu finden. Das Gericht entscheidet, dass Lieutenant Commander Data das unwiderrufliche Recht hat, für seine Person Entscheidungen zu treffen.“ […]

Dieses Beispiel soll deutlich machen, was in der Zukunft auf uns zukommt: Die Frage nach dem Menschsein muss andauernd neu bestimmt werden. Und dies unter den Bedingungen, dass es hierbei nicht mehr nur um den Menschen im traditionellen Sinne geht, sondern um einen erweiterten Menschen. Erweitert in dem Sinne, dass die Beziehungen des Menschen zu seiner Außenwelt nicht mehr nur alleine über seine Organe, sondern überwiegend mithilfe von Technik bzw. Medien hergestellt werden. Sicher stimmt dies nicht nur für die Zukunft, sondern eigentlich haben wir schon immer unsere Umwelt über Medien wahrgenommen, seit wir als Menschheit sprechen gelernt haben, wenn wir Sprache auch als ein Medium verstehen. Wir haben dann technische Hilfsmittel entwickelt, die uns die Welt näherbrachten. Dazu zählen das Buch, das Mikroskop, das Teleskop und natürlich alle neueren elektronischen Medien wie das Fernsehen, der Computer und das Internet. Diese Medien sind uns aber noch äußerlich. Sie sind zwar notwendige Hilfsmittel, aber sie sind nicht Teil von uns. Wir merken zwar erst dann ihre Bedeutung für uns, wenn sie ausfallen, aber sie machen nicht zwingend unser Menschsein aus.

1 Verdeutlichen Sie, was das Star-Trek-Beispiel mit dem Thema „Hirnforschung und Künstliche Intelligenz“ zu tun hat. Beziehen Sie auch die Installation des australischen Performancekünstlers Stelarc (s. Abb.) in Ihre Überlegungen ein.

2 Wie würden Sie als Richter(in) im Fall „Commander Data“ entscheiden? Schreiben Sie eine Urteilsbegründung, in der Sie vor allem auf die Frage eingehen, wann ein Mensch aufhört, ein Mensch zu sein bzw. wann eine Maschine beginnt, ein Mensch zu werden.

3 Marshall McLuhan hat Medien als „Ausweitungen des Körpers“ aufgefasst. Aufenanger bezieht sich in seinem Text auf diesen Medienbegriff und nennt einige Medien, mit denen der Mensch seinen Körper er- bzw. ausweitet. Nutzen Sie Ihr philosophisches Tagebuch einen Tag lang als Medientagebuch und dokumentieren Sie möglichst genau, in welchem Ausmaß Sie selbst bereits ein „erweiterter Mensch“ sind: Schreiben Sie auf, welche Medien Sie wann, wie oft bzw. wie lange und zu welchem Zweck nutzen. In welchem Ausmaß bestimmen Medien Ihr Menschsein? Vergleichen Sie Ihre Erkenntnisse im Kurs.

Künstliche Ego-Maschinen (2009)

Thomas Metzinger

Thomas Metzinger (* 1958)

Der deutsche Philosoph Thomas Metzinger legt in seinem Buch „Der Ego-Tunnel" eine interessante Theorie vor, die u. a. erklären soll, was es bedeutet, ein „Selbst" zu besitzen. Er geht davon aus, dass unser Selbst nicht mit einem Homunkulus, d. h. einem kleinen Männchen im Gehirn zu vergleichen ist, von dem wir irgendwie gesteuert werden, und dass das Selbst auch kein mysteriöses Einzelding ist, das ohne unseren Körper und unser Gehirn existieren könnte. Seine Theorie der Subjektivität basiert maßgeblich auf dem Konzept des Selbstmodells. Was ein Selbstmodell ist, beschreibt Metzinger anhand eines einfachen, aber sehr eindrucksvollen Experiments: der Gummihand-Illusion.

Die Probanden betrachteten eine Gummihand, die vor ihnen auf dem Schreibtisch lag, wobei die ihr entsprechende eigene Hand durch eine Abschirmung verdeckt war. Die sichtbare Gummihand und die unsichtbare Hand des Probanden wurden dann in einem synchronen Rhythmus mit einem Stäbchen gestreichelt. Das Experiment lässt sich leicht wiederholen: Nach einer gewissen Zeit (bei mir sind es zwischen sechzig und neunzig Sekunden) tritt die berühmte Gummihand-Illusion auf. Plötzlich erleben Sie die Gummihand als Ihre *eigene* Hand, und – was noch viel verblüffender ist – Sie fühlen die rhythmisch wiederholten Berührungen sogar in dieser Gummihand. Außerdem erleben Sie einen vollständigen „virtuellen Arm", das heißt eine durchgehende Verbindung von der Schulter bis zur Handattrappe, die vor Ihnen auf dem Tisch liegt. [...]

Das, was man bei der Gummihand-Illusion erlebt, ist das, was ich den Inhalt des *phänomenalen Selbstmodells* (PSM) nenne – das bewusste Modell des Organismus als Ganzem, welches vom Gehirn aktiviert wird. („Phänomenal" wird hier und nachfolgend im philosophischen Sinne verwendet und bezieht sich auf alles, was wir allein auf der Ebene des bewussten Erlebens erfahren, eben auf die Art und Weise, wie uns die Welt subjektiv erscheint.) Der Inhalt des PSM ist das Ego. [...]

Was ist die Lektion der Gummihand-Illusion? Der erste Punkt ist leicht zu verstehen: Was immer Teil unseres PSM wird, was immer ein Element unseres bewussten Ego ist, ist durch das zusätzliche Gefühl der „Meinigkeit" charakterisiert, durch eine subjektive Form des Besitzens, nämlich das bewusste Erleben, dass es Teil meines eigenen Selbst ist. Ich erlebe es als *mein* Körperglied, *meine* Berührungsempfindung, *meine* Gefühle, *meinen* Körper oder *meine* Gedanken. Aber dann stellt sich eine tiefere Frage: Ist das bewusste Selbst nicht mehr als bloß das subjektive Erleben, dass Körperteile oder mentale Zustände Teil meines eigenen Selbst sind? Gibt es nicht auch so etwas wie „globale Meinigkeit", ein tieferes Ichgefühl, das damit zu tun hat, dass man den Körper *als eine Ganzheit* besitzt und kontrolliert? Was ist mit dem subjektiven Erleben der *Identifikation* mit dem Körper?

Mit-Denken

III Beschaffen Sie sich die notwendigen Requisiten, um die Gummihand-Illusion einmal selbst auszuprobieren. Die Gummihand kann beispielsweise durch einen ausgestopften Küchenhandschuh ersetzt werden. Diskutieren Sie dann vor dem Hintergrund des Textes über Ihre persönlichen Erfahrungen und beantworten Sie die oben gestellten Fragen Metzingers nach der „globalen Meinigkeit".

Wie das Gehirn Selbstmodelle konstruiert, erklärt Metzinger mithilfe eines Vergleichs, den insbesondere diejenigen gut nachvollziehen können werden, die sich mit Computerspielen und virtuellen Welten auskennen:

Das Selbstmodell ähnelt in vieler Hinsicht dem Mauszeiger auf der virtuellen Schreibtischoberfläche Ihres Computers oder auch dem kleinen roten Pfeil auf dem Stadtplan in der U-Bahn-Station, der sagt, „Sie befinden sich hier“. Es platziert Sie in den Mittelpunkt eines Verhaltensraums, ins Zentrum Ihres bewusst erlebten Weltmodells, Ihrer inneren virtuellen Realität.

Das Ego ist ein besonderer Teil dieser virtuellen Realität. Indem es ein inneres Bild des Organismus als Ganzem erzeugt, erlaubt es dem Organismus, sich seine eigene Hardware anzueignen. Es ist die Antwort der Evolution auf die Notwendigkeit, sich seine eigenen inneren und äußeren Handlungen zu erklären, das eigene Verhalten vorauszusagen und kritische Systemeigenschaften ständig zu überwachen. Schließlich erlaubt es dem System auch, die Geschichte seiner Handlungen innerlich als seine *eigene* Geschichte darzustellen. (Das autobiografische Gedächtnis ist natürlich eine der wichtigsten Schichten im menschlichen Selbstmodell, denn es ermöglicht uns die Aneignung unserer eigenen Geschichte, der Innenzeit und der Außenzeit, des Jetzt und der Vergangenheit – es erzeugt „narratives Selbstbewusstsein“.) Bewusstsein gibt uns Flexibilität, und globale Kontrolle gibt uns das Ego. Auf der Ebene des bewussten Erlebens spiegelt sich dieser Vorgang der funktionalen Aneignung der eigenen Hardware – des eigenen Körpers – auf holistische Weise als das globale Gefühl der Meinigkeit oder als das minimale phänomenale Selbst wider. [...]

narrativ: erzählend

holistisch: ganzheitlich

Das menschliche Gehirn lässt sich in mehrfacher Hinsicht mit einem modernen Flugsimulator vergleichen. Genau wie ein Flugsimulator konstruiert und aktualisiert es fortlaufend ein inneres Modell der äußeren Wirklichkeit, indem es einen kontinuierlichen Strom von Input verwendet, der durch die Sinnesorgane geliefert wird, und vergangene Erfahrungen als Filter benutzt. Es verbindet den Informationsfluss aus den sinnlichen Eingabekanälen zu einem globalen Wirklichkeitsmodell, und dies gelingt ihm in Echtzeit. Es gibt jedoch einen Unterschied. Das globale Modell der Wirklichkeit, das durch unser Gehirn konstruiert wird, wird mit so großer Geschwindigkeit und mit so großer Zuverlässigkeit ständig aktualisiert, dass wir es im Allgemeinen nicht als ein Modell erleben. Für uns ist die phänomenale Realität kein Simulationsraum, den unser Gehirn konstruiert: Auf direkte und erlebnismäßig unhintergehbare Weise ist es einfach die Welt, in der wir leben. Ihre Virtualität ist verborgen, wohingegen ein Flugsimulator leicht als Flugsimulator zu erkennen ist – seine Bilder erscheinen immer als künstlich. Das ist deshalb so, weil unser Gehirn uns kontinuierlich ein viel besseres Referenzmodell der Welt liefert, als es der Computer tut, der den Flugsimulator kontrolliert. Die von unserer Sehrinde erzeugten Bilder werden schneller und wesentlich genauer aktualisiert als die Bilder, die in einem HMD erscheinen. Dasselbe gilt auch für unsere körperliche Eigenwahrnehmung und für Bewegungsempfindungen; die durch einen *seat shaker* generierten Bewegungen können niemals so genau und detailreich sein wie unsere eigenen Sinneswahrnehmungen.

HMD: „Head Mounted Display“. Ein auf dem Kopf getragenes Ausgabegerät, das visuelle Informationen auf augennahen Bildschirmen oder direkt auf die Netzhaut projiziert

Schließlich unterscheidet sich das Gehirn aber auch dadurch von einem Flugsimulator, dass es in ihm keinen Benutzer gibt, keinen Piloten, der es kontrolliert. Das Gehirn ist wie ein *totaler Flugsimulator*, ein selbst modellierendes Flugzeug, das nicht durch einen Piloten gesteuert wird, sondern in seinem eigenen inneren Flugsimulator ein komplexes internes Bild von sich selbst generiert hat. Das Bild ist transparent und kann deshalb durch das System nicht als ein Bild erkannt werden. Weil das System unter der Bedingung eines naivrealistischen Selbstmissverständnisses operiert, interpretiert es das Steuerelement in diesem Bild als einen nichtphysikalischen Gegenstand, es verdinglicht seine eigene innere Darstellung des Kontrollvorgangs: Der „Pilot" wird in eine virtuelle Realität hineingeboren und zwar ohne jede Möglichkeit, diese Tatsache zu entdecken. Der Pilot ist das Ego. Der totale Flugsimulator erzeugt einen Ego-Tunnel, aus dem es für ihn aber kein Entrinnen gibt.

Wenn das virtuelle Selbst besonders gut funktioniert, wird der Organismus, der es benutzt, sich seines „Als-ob"-Wesens vollkommen unbewusst sein. Das phänomenale Selbstmodell, das im menschlichen Gehirn aktiviert wird, ist über Millionen von Jahren optimiert worden. Der Vorgang, durch den es konstruiert wird, ist schnell, zuverlässig und hat eine viel höhere Auflösung als alle heute existierenden *Virtual-Reality*-Spiele. Infolgedessen ist die Virtualität des körperlichen Selbstmodells für seinen Benutzer unsichtbar. Aber streng genommen ist es einfach die beste Hypothese, die das System über seinen eigenen gegenwärtigen Zustand besitzt – präsentiert in einem neuen, hochgradig integrierten Datenformat.

Mit-Denken

III Erstellen Sie ein kommentiertes Schaubild, das erklärt, wie das Gehirn als „totaler Flugsimulator" funktioniert.

Wenn das Gehirn einem „Flugsimulator" ähnelt, der ein Selbstmodell erschafft, und wenn wir weiterhin im Bereich der Künstlichen Intelligenz so große Fortschritte machen, dann könnte es durchaus sein, dass nicht nur natürliche Lebewesen ein Selbstmodell entwickeln. Dieser Spur geht auch Metzinger nach:

Lassen Sie uns ab jetzt jedes System, das in der Lage ist, ein bewusstes Selbst zu erzeugen, als „Ego-Maschine" bezeichnen. Eine Ego-Maschine muss kein Lebewesen sein. Es kann alles sein, was ein bewusstes Selbstmodell besitzt. In jedem Fall ist es sicher vorstellbar, dass wir eines Tages in der Lage sein werden, künstliche Agenten zu konstruieren. Dies werden Systeme sein, die Zielrepräsentationen besitzen und ihre eigene Existenz aufrechterhalten können. Unter Umständen erlauben ihre Selbstmodelle ihnen sogar, Werkzeuge auf intelligente Art und Weise zu gebrauchen. Wenn sich ein Affenarm durch einen Roboterarm ersetzen lässt und wenn ein Affengehirn einen kompletten Roboterkörper in Japan direkt mithilfe einer Gehirn-Maschine-Schnittstelle kontrollieren kann, dann sollte es auch möglich sein, den gesamten Affen zu ersetzen. Warum sollte ein Roboter nicht in der Lage sein, die Gummihand-Illusion zu erleben? [...]

Vielleicht verfügen wir bald über eine funktionalistische Theorie des Bewusstseins, aber dies bedeutet noch lange nicht, dass wir auch in der Lage sein werden, die Funktionen, über die diese Theorie spricht, in einem nichtbiologischen Trägersystem zu implementieren. [...]

Die ersten selbst modellierenden Maschinen sind bereits auf der Bildfläche erschienen. Wissenschaftler auf dem Gebiet des künstlichen Lebens haben schon vor langer Zeit damit begonnen, den evolutionären Prozess selbst zu simulieren, aber inzwischen haben wir bereits die akademische Disziplin der „evolutionären Robotik". Josh Bongard vom Institut für Informatik an der Universität in Vermont und seine Kollegen Victor Zykov und Hod Lipson haben einen künstlichen Seestern erschaffen, der schrittweise ein explizites inneres Selbstmodell entwickelt. Ihre vierbeinige Maschine benutzt die Beziehungen zwischen selbst erzeugten Körperbewegungen und Rückmeldungen aus der durch sie veränderten Sinneswahrnehmung, um indirekt auf ihre eigene Struktur zu schließen, und erzeugt dann mithilfe dieses Selbstmodells verschiedene Gangarten und Vorwärtsbewegungen. Wenn man einen Teil ihres Beins entfernt, dann passt die Maschine ihr Selbstmodell an die neue Körperform an und generiert alternative Schrittmuster und Formen des Gehens – sie lernt zu hinken. Dies ist eine wichtige Form von Körperintelligenz.

Selbstmodelle sind eine Erfindung der natürlichen Evolution. Selbstmodelle können unbewusst sein, sie können evolvieren und sie können auch in Maschinen erzeugt werden, die den Vorgang der biologischen Evolution nachahmen. In diesem Sinne gibt es also jetzt schon Systeme, die weder ausschließlich natürlich noch ausschließlich künstlich sind. Nennen wir solche Systeme einfach *postbiotisch*. Es ist nicht ganz unwahrscheinlich, dass die erste nicht mehr rein biologische Form von bewusstem Ichgefühl in einer solchen postbiotischen Ego-Maschine realisiert wird.

Mit-Denken

III Erklären Sie den letzten Satz dieses Abschnitts schriftlich in Ihren eigenen Worten. Betrachten Sie noch einmal die Abbildung der von einem Chip gesteuerten Kakerlake auf S. 102 und Commander Data aus dem Text auf S. 111. Handelt es sich hierbei jeweils um postbiotische Ego-Maschinen im Sinne Metzingers? Begründen Sie Ihre Antwort schriftlich.

Wir sind Ego-Maschinen, natürliche Informationsverarbeitungssysteme, die im Verlauf der biologischen Evolution auf diesem Planeten entstanden sind. Das Ego ist ein virtuelles Werkzeug: Es hat sich entwickelt, weil wir mit seiner Hilfe unser eigenes Verhalten kontrollieren und vorhersagen und das Verhalten anderer verstehen konnten. Jeder von uns lebt sein bewusstes Leben in seinem eigenen Ego-Tunnel, ohne direkten Kontakt mit der äußeren Wirklichkeit, aber wir besitzen eine innere Erste-Person-Perspektive. Wir alle haben bewusste Selbstmodelle – integrierte Bilder von uns selbst als einer Ganzheit, die fest in Hintergrundgefühlen und Körperempfindungen verankert sind. Aus diesem Grund baut sich die Weltsimulation, die ständig durch unsere Gehirne geschaffen wird, um einen Mittelpunkt herum auf. Wir sind jedoch unfähig, sie als solche zu erleben oder unsere Selbstmodelle als Modelle. Wie ich am Anfang dieses Buchs beschrieben habe, verleiht uns der Ego-Tunnel das stabile Gefühl, in direktem Kontakt zur Außenwelt zu stehen, weil er gleichzeitig eine anhaltende „außergehirnliche Erfahrung“ und ein Gefühl des unmittelbaren Kontakts zum eigenen „Selbst“ erzeugt. Die zentrale These dieses Buchs ist, dass das bewusste Erleben, ein Selbst zu sein, genau dadurch entsteht, dass ein großer Teil des Selbstmodells in unserem Gehirn – wie Philosophen sagen würden – transparent ist.

Wir sind Ego-Maschinen, aber wir haben keine Selbste. Die Antwort auf die Kernfrage der Einleitung lautet nun: Wir können den nicht verlassen, weil es niemanden gibt, der ihn verlassen könnte. Das Ego und sein Tunnel sind repräsentative Phänomene: Sie sind nur eine von vielen möglichen Weisen, in denen bewusste Wesen ein Modell der Wirklichkeit erzeugen können. Letztlich ist subjektives Erleben ein biologisches Datenformat, also eine hochgradig spezifische Weise, Information über die Welt darzustellen, eine innere Weise des Gegebenseins, und das Ego ist lediglich ein komplexes physikalisches Ereignis – ein Aktivierungsmuster in unserem zentralen Nervensystem. [...]

Nichtsdestotrotz gibt es, wie ich immer wieder betont habe, kein kleines Männchen im Kopf. [...] Es ist wahr, dass beim Aufwachen aus dem traumlosen Tiefschlaf das bewusst erlebte Ichgefühl immer wieder von Neuem entsteht. [...] Aber es gibt niemanden der das Aufwachen einleitet oder steuert, niemanden hinter den Kulissen, der einen Knopf drückt und das System von Neuem bootet, keinen transzendentalen Techniker der Subjektivität. Heute lautet der Schlüsselbegriff „dynamische Selbstorganisation". Streng genommen gibt es in uns keine Essenz, die über die Zeit hinweg immer dieselbe bleibt, nichts, was man im Prinzip nicht in Teile zerlegen könnte, kein substanzielles Selbst, das unabhängig vom Körper existieren könnte. Im Moment sieht es so aus, als ob es so etwas wie ein „Selbst" in irgendeinem stärkeren oder metaphysisch interessanteren Sinne des Wortes schlichtweg nicht gibt. Es scheint, als müssten wir der Tatsache ins Angesicht schauen: Wir sind *selbstlose* Ego-Maschinen.

[...]

Vielleicht können uns Metaphern helfen. Metaphorisch könnte man den Hauptgedanken dieses Buchs vielleicht so ausdrücken, dass Sie – der Organismus als Ganzer – sich selbst während des Lesens der letzten Abschnitte ständig mit dem Inhalt des Selbstmodells verwechselt haben, das gegenwärtig durch Ihr Gehirn aktiviert wird. Während aber das Ego nur eine Erscheinung ist, könnte es falsch sein, zu sagen, dass es eine *Illusion* ist, denn Metaphern sind immer sehr begrenzt. All dies geschieht auf einer sehr grundlegenden Ebene in unseren Gehirnen (Philosophen nennen diese Ebene der Informationsverarbeitung „subpersonal", Informatiker nennen sie „subsymbolisch"). Auf dieser fundamentalen Ebene, auf der die Bedingungen der Möglichkeit, etwas zu erkennen, gebildet werden, existieren Wahrheit und Falschheit noch nicht, und es gibt auch keine Entität, die die Illusion eines Selbst *haben* könnte. In diesem ständig ablaufenden Vorgang auf der subpersonalen Ebene gibt es keinen Handelnden – keinen bösen Dämon, der als Schöpfer einer Illusion zählen könnte. Und genauso wenig gibt es eine Entität, die als Subjekt der Illusion gelten könnte. Da ist niemand innerhalb des Systems, der sich irren oder sich mit irgendetwas verwechseln könnte – den *homunculus* gibt es nicht:

1 Beschreiben Sie in Ihren eigenen Worten und ggf. mithilfe einer Grafik, wie ein „Ego-Tunnel" funktioniert.

2 Metzinger behauptet, dass wir in einem Ego-Tunnel leben und keinen direkten Kontakt zur äußeren Wirklichkeit haben. Ist das nicht schon deshalb falsch, weil Sie jetzt den Tisch vor sich anfassen und damit einen direkten Kontakt zur Außenwelt herstellen können? Wie würde Metzinger auf diesen Einwand unter Zuhilfenahme seiner Terminologie reagieren?

3 Vergleichen Sie Metzingers Ansatz mit dem Dualismus von Descartes. Wie könnte ein Dialog zwischen Metzinger und Descartes aussehen, wenn sich die beiden über das Leib-Seele-Problem unterhalten könnten?

4 Der Klappentext des Buches, aus dem die Textauszüge entnommen sind, lautet:

„Die Erkenntnisse der aktuellen Hirn- und Bewusstseinsforschung zeigen für den Philosophen Thomas Metzinger, dass unser bewusstes ‚Ich' oder ‚Selbst' in Wirklichkeit ein Konstrukt unseres Gehirns ist. Was aber bedeutet das für unser Menschenbild? Was werden die technologischen und kulturellen Konsequenzen sein?"

Erörtern Sie eine der beiden Fragen schriftlich.

5 In dem Film „Men in Black“ (USA, 1997) treffen die Agenten J und K auf den Arquillianer Gentle Rosenberg, der im Kopf eines menschlich aussehenden Roboters lebt, den er – so sieht es zumindest im Film aus – mit allerlei Schaltern und Hebeln steuert (s. Abb.). (Vielleicht kann jemand sogar den Filmausschnitt mitbringen und zeigen.)

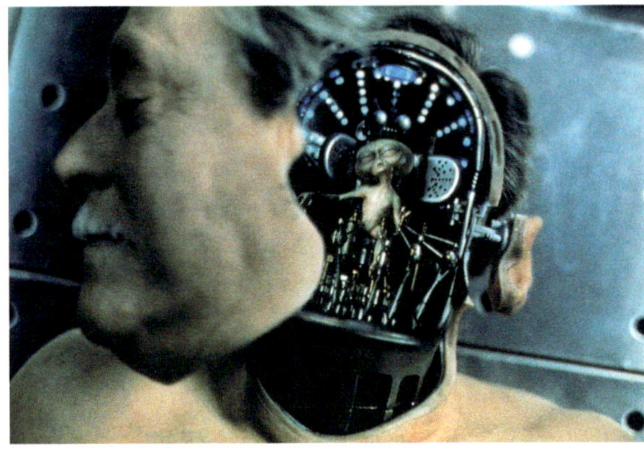

Diskutieren Sie die philosophischen Dimensionen dieser Filmszene und nutzen Sie dazu vor allem die Terminologie Metzingers.

Kontexte

Die Gummihand-Illusion

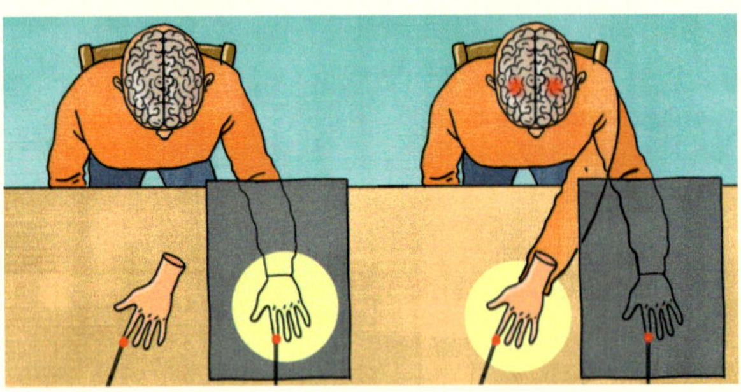

Abb. 1: *Die Gummihand-Illusion.* Eine gesunde Versuchsperson erlebt eine künstliche Gummihand als Teil ihres eigenen Körpers. Der Proband betrachtet eine Nachbildung einer menschlichen Hand, während seine eigene Hand verdeckt ist (dunkelgraues Feld). Sowohl die künstliche Gummihand als auch die unsichtbare Hand werden wiederholt und genau gleichzeitig mit einem Stäbchen gestreichelt. Die hellen Bereiche um die Hand und die schwarzen Bereiche um den Zeigefinger stellen die jeweiligen taktilen und visuellen rezeptiven Felder für Neuronen im prämotorischen Kortex dar. In der rechten Abbildung sieht man die Illusion der Versuchsperson, bei der die gefühlten Berührungen in Einklang gebracht werden mit den gesehenen Berührungen durch das Stäbchen (die dunklen Felder stellen Gebiete erhöhter Hirnaktivität dar; die phänomenal erlebte, illusorische Armstellung wird durch die helle Umrisslinie dargestellt). [...]

Memorandum „Reflexive Neurowissenschaft“ (2014)

Felix Tretter et al.

Im Jahre 2004 gaben führende Hirnforscher, zu denen auch Wolf Singer (vgl. Text, S. 94) gehörte, ein „Manifest“ (www.spektrum.de/thema/das-manifest/852357) heraus, in dem sie den aktuellen Stand der Hirnforschung darstellten und sich recht optimistisch zu den aktuellen und zukünftigen Möglichkeiten ihrer Disziplin äußerten. Zehn Jahre später veröffentlichte ein interdisziplinäres Autorenkollektiv, zu dem auch Philosophen gehörten, eine sehr kritische Bestandsaufnahme, in der geprüft wurde, ob der Optimismus der Hirnforschung gerechtfertigt war oder nicht. Das Ergebnis fiel eindeutig aus:

Die Bilanz des mittlerweile Erreichten ist ernüchternd. Das liegt aber nicht nur an mangelnden methodischen Durchbrüchen, unerwartet zeitaufwendiger Entwicklungsarbeit für Medikamente, fehlenden Forschungsgeldern, unzureichenden Organisationsstrukturen der Forschung und auch an der „zu kurzen“ Zeitspanne, sondern zu großen Teilen an wissenschaftssystematischen Schwierigkeiten der Neurowissenschaften. [...] Die genauere Betrachtung des Manifests führt nämlich zu der Vermutung, dass Hirnforscher oft von impliziten *erkenntnistheoretischen* und *wissenschaftstheoretischen Annahmen* ausgehen, die sie das *Erklärungspotenzial der Hirnforschung überschätzen* lassen.

[...]

Methodologische Grundfragen – das Gehirn-Geist-Problem

Die Autoren des Manifests erwecken den Eindruck, bereits über die Lösung des Gehirn-Geist-Problems zu verfügen (S. 33): *„Wir haben herausgefunden, dass im menschlichen Gehirn neuronale Prozesse und bewusst erlebte geistig-psychische Zustände ... auf das Engste miteinander zusammenhängen und unbewusste Prozesse bewussten in bestimmter Weise vorausgehen.“* Wen wundert es? Die Einsicht der Hirnabhängigkeit psychischer Prozesse reicht im Prinzip teilweise bis Hippokrates und – was das Unbewusste betrifft – bis Sigmund Freud und sogar bis Friedrich Nietzsche zurück. Sie ist also nicht der modernen Neurowissenschaft zu verdanken, obwohl sie nun eng mit Letzterer verknüpft ist. Es ist klar: „Ohne Gehirn ist alles nichts!“ Man hat jedoch noch nie von „freilaufenden“ Gehirnen gehört. Das heißt „Das Gehirn ist nicht alles.“ Ohne Körper und ohne Bezüge zu dessen Umgebung ist es auch ein „Nichts“! Das entspricht nicht nur der Alltagsrealität, sondern auch heutigen anerkannten analytischen Positionen der Philosophie des Geistes. Es geht also nicht um das „Dass“, sondern um das „Wie“ des „Zusammenhängens“ und des „Vorausgehens“.

Dazu führen die Autoren des Manifests aus (S. 33): *„Auch wenn wir die genauen Details noch nicht kennen, können wir davon ausgehen, dass all diese Prozesse grundsätzlich durch physikochemische Vorgänge beschreibbar sind.“* Das ist Metaphysik, aber nicht empirische Neurobiologie. Beispielsweise hohe Dopamin- und Endorphinkonzentrationen in bestimmten Gehirnregionen einem Lustzustand zuzuordnen bedeutet nicht, dass psychische Phänomen Lust als physikochemisches Phänomen treffend „beschreiben“ zu können. Außerdem bedeutet eine Beschreibung noch keine wissenschaftliche Erklärung: Man kann z. B. Geldscheine physikalisch als Papierstücke beschreiben, aber ihre Erklärung ist nur mithilfe der Wirtschaftswissenschaft möglich.

Dennoch behaupten die Autoren des Manifests (S. 36): *„Das bedeutet, man wird widerspruchsfrei ... Geist, Bewusstsein, Gefühle, Willensakte und Handlungsfreiheit als natürliche Vorgänge ansehen, denn sie beruhen auf biologischen Prozesse.“* Es fragt sich bei dieser Behauptung, etwa in Hinblick auf die Willensfreiheit, wie es möglich ist, „freie“ und „unfreie“ biologische Prozesse voneinander zu unterscheiden. Aber vor allem ist die Vermischung von *notwendigen* und *hinreichenden Bedingungen* schwerwiegend, da in einem sehr trivialen Sinne alle menschlichen Leistungen „auf biologischen Prozessen beruhen“, denn man muss z. B. atmen, um etwas zu leisten, woraus jedoch nicht folgt, dass alle menschlichen Leistungen als Atmung „angesehen“ werden können. Hier zeigen sich also allzu einfache Verursachungstheorien.

Es wird sogar gesagt (S. 33): *„Geist und Bewusstsein sind nicht vom Himmel gefallen, sondern haben sich in der Evolution des Nervensystems allmählich herausgebildet ... das ist vielleicht die wichtigste Erkenntnis der modernen Neurowissenschaften ...“* Mit derartigen spekulativen Aussagen wird, vom Leser unbemerkt, der Übergang von der Naturwissenschaft zur *Naturphilosophie* und letztlich zur *Metaphysik* vollzogen. Und die evolutionsbiologische Aussage, dass das Bewusstsein sich im Laufe der Geschichte der Arten entwickelte, hat wenig zu tun mit einer neurobiologischen Aussage, dass wir das Funktionieren dieses Bewusstseins auch nur annähernd verstehen.

Aber schließlich folgt mit einem Anflug von epistemischer Selbstbegrenzung die überraschende Aussage (S. 33): „... *Nach welchen Regeln das Gehirn arbeitet; wie es die Welt so abbildet, dass unmittelbare Wahrnehmung und frühere Erfahrung miteinander verschmelzen; wie das innere Tun als ‚seine' Tätigkeit erlebt wird und wie es zukünftige Aktionen plant, all dies verstehen wir nach wie vor nicht einmal in Ansätzen. Mehr noch: Es ist überhaupt nicht klar, wie man dies mit den heutigen Mitteln erforschen könnte.*"

Es ist in der Tat eine große Herausforderung, zu verstehen, „wie ein Gehirn seine zukünftigen Aktionen plant", denn wir kennen „Planen" nur beim Menschen und bei intelligenteren Tieren. Das sind jedoch komplexe Organismen, nicht einzelne, vom Körper abgekoppelte Organe, die weder Sinnes- noch Ausdrucksfunktionen aufweisen. Ein Gehirn kann sich deshalb auch nichts „merken". Die Eigenschaft, auf eine erneute Reizung stärker zu reagieren, ist als solche ebenso wenig schon der Ausdruck einer „Gedächtnisfunktion", wie es die Eigenart einer Fensterscheibe ist, nach einem Steinwurf einen Sprung aufzuweisen. Beachtet man diesen Unterschied nicht, so ist der Weg in einen allgemeinen Animismus nicht mehr weit, der doch gerade durch die Aufklärung, zu deren hartem Kern die Neurowissenschaft gehören möchte, beseitigt werden sollte. Nicht das Gehirn erlebt, sondern der Mensch.
[...]

Menschenbild – Gebiet der philosophischen Anthropologie

Die Autoren des Manifests glauben, dass die Neurobiologie das Menschenbild verändern wird (S. 36):

„*Was unser Bild von uns selbst betrifft, stehen uns in sehr absehbarer Zeit beträchtliche Erschütterungen ins Haus.*" Man werde ja erkennen und verstehen, „*wie [das Gehirn] das innere Tun als ‚seine' Tätigkeit erlebt ... und wie es zukünftige Aktionen plant ...*" (S. 33). Diese Aussage lässt erkennen, dass hier der Mensch mit seinem Gehirn gleichgesetzt oder darauf reduziert wird. Es wird dem Gehirn die Fähigkeit des Organismus, des Menschen zugeschrieben, was ähnlich abwegig ist, wie einen Transistor bereits als Radio anzusehen. In der Alltagssprache ist es gang und gäbe, geistige Funktionen einzelnen Körperteilen („Meine Ohren können seine Reden nicht mehr hören!") oder sogar Außenobjekten („Mein Auto freut sich, wenn es diese Autobahn fährt") metaphorisch zuzuordnen. Ist das „neue Menschenbild", in dem nicht ich, sondern mein Gehirn *sieht, fühlt* und Handlungen *plant*, tatsächlich mehr als eine solche Metapher? Bringt uns die einfache Umschreibung der Funktionen vom Geist auf das Gehirn wirklich weiter? Was ist gewonnen, wenn wir sagen „Mein Mandelkern ist im Erregungszustand" statt „Ich fürchte mich"? Das metaphorische Denken ist für die Wissenschaft unentbehrlich, aber es lassen sich damit keine sachlichen Zusammenhänge begründen. Es ist, wie Bennett und Hacker (2003) sagten, völlig in Ordnung, vom „Fuß" eines Berges zu sprechen, solange man nicht nach dessen Schuh sucht.

Allerdings ist im Manifest auch Bescheidenheit zu erkennen (S. 36): „*Insbesondere wird eine vollständige Beschreibung des individuellen Gehirns und damit eine Vorhersage über das Verhalten einer bestimmten Person nur höchst eingeschränkt gelingen. Denn einzelne Gehirne organisieren sich aufgrund genetischer Unterschiede und nicht reproduzierbar Prägungsvorgänge durch Umwelteinflüsse selbst, und zwar auf sehr unterschiedliche Weise, individuellen Bedürfnissen und einem individuellen Wertesystem folgend.*" Hier werden plötzlich neben rein biologischen Ursachen die Ursachen ganz anderer – sozialer, ethischer – Ebenen eingeführt (Werte), und das bedeutet, dass die Autoren bereit sind, ihr gerade aufgebautes hirndeterministisches Menschenbild zugunsten eines anderen, integrativen aufzugeben, denn *„Geisteswissenschaften und Neurowissenschaften werden in einen intensiven Dialog treten müssen, um gemeinsam ein neues Menschenbild zu entwerfen“* (S. 37).

Diesem Satz stimmen wir vollständig zu, aber es genügt nicht, ihn als Fußnote wissenschaftlichen Erklärungen hinzuzufügen. Denn dieser Dialog muss organisiert und institutionalisiert werden, aber zunächst nur, um zu überprüfen, ob wirklich ein neues Menschenbild erforderlich ist.

[...]

Fazit: Auf dem Weg zu einer reflexiven Neurowissenschaft

Jetzt scheint ein wichtiger Zeitpunkt der Zäsur des damals im Manifest Angedachten zu sein. Es zeigt sich als entscheidender Mangel, dass bislang keine empiriegestützte Gehirntheorie im Sinne einer umfassenden Gesamtschau entwickelt werden konnte. Angesichts beeindruckender Fortschritte der formalen Methoden in der Hirnforschung scheint dies eine seltsame Behauptung zu sein. Die Erfolge der mathematisch begründeten Neurowissenschaften beschränken sich jedoch auf die Vorhersage wohldefinierter sensorischer und kognitiver Leistungen. Von einer Erklärung der gesamten subjektiven Aspekte der Hirntätigkeit (im Manifest: *„Geist, Bewusstsein, Gefühle, Willensakte und Handlungsfreiheit“*) sind wir jedoch noch immer weit entfernt. Die Klärung der entsprechenden Begriffe versuchen die Philosophie und die Geistes- und Gesellschaftswissenschaften seit Langem.

Kontexte

15. Juli 2015, örtliches Krankenhaus

Ungeduldig zieht Tom seine Eltern durch die Eingangshalle. Der Sechsjährige ist aufgeregt. Morgen wird er eingeschult. Und das Einzige, das ihn noch von der heiß ersehnten Schultüte trennt, ist der obligatorische Termin im Neuro-Zentrum. Auch Max und Laura sind nervös. Denn gleich bekommen sie die Ergebnisse des Gehirn-Screenings ihres Sohns mitgeteilt. Seit Kurzem ist diese Untersuchung vor dem ersten Schuljahr gesetzlich vorgeschrieben.

Dr. Berger kommt ins Besprechungszimmer und schiebt eine holografische Superdisk in den Computer. An der Wand erscheint ein Diagramm mit einer Vielzahl von Säulen; fast alle sind blau eingefärbt, nur zwei leuchten signalrot. „Alles wunderbar“, verkündet der Arzt routiniert. „Kein erhöhtes Risiko für Schizophrenie, Depressionen oder andere psychische Erkrankungen. Keine strukturellen Defekte im Gehirn. Ihr Tom hat quasi den Garantieschein für geistige Gesundheit.“

„Und was bedeuten die roten Balken?“, will Max wissen. „Der eine zeigt eine Prädisposition für aggressives Verhalten, der andere weist auf mögliche Probleme beim räumlichen Vorstellungsvermögen hin. Aber halb so wild, Ihr Sohn muss ja kein Architekt werden. Außerdem kennen wir jetzt seine Schwachstellen und können ihn individuell fördern – zum Beispiel in Geometrie.“

„Aber Tom ist doch nicht aggressiv.“ Max zieht die Stirn in Falten und wirft einen fragenden Blick auf seine Frau. „Nein“, pflichtet Laura ihm bei, „da müssten Sie mal unseren Nachbarsjungen sehen. Und der ist erst vier! Sind Sie sicher, dass hier kein Fehler vorliegt?“

„Studien haben klar ergeben, dass ein bestimmtes Aktivitätsmuster in der Hirnrinde die Wahrscheinlichkeit um 35 Prozent erhöht, dass jemand später einmal ein Gewaltverbrechen begeht. Und genau dieses Aktivitätsmuster liegt in Toms Hirnscans vor. Der Befund ist eindeutig.“

Die erfolgreiche Theorieentwicklung in den Neurowissenschaften kann daher nur auf einer interdisziplinären Basis stattfinden. Das setzt aber voraus, dass sowohl Geisteswissenschaftler den empirischen Wissenschaften offen gegenüberstehen müssten, wie sich auch Hirnforscher von den Spuren einer Missachtung gegenüber den nichtexperimentierenden Wissenschaften befreien sollten. Einige dieser Wissenschaften mögen arm an empirischen Daten sein, sie können aber dafür wichtige Kompetenzen in der kritischen Interpretation der Befunde, in der sorgfältigen Formulierung der empirisch zu erforschenden Fragen besitzen, die, wie wir sehen, der noch jungen Hirnforschung so oft fehlen.

1 Erstellen Sie eine Übersicht über die wichtigsten Thesen des *Memorandums* und kontrastieren Sie diese Thesen mit den Ansichten, die die Hirnforscher 2004 im *Manifest* (www.spektrum.de/thema/das-manifest/852357) vertreten haben. Idealerweise sollten Sie sich das *Manifest* im Volltext ansehen, es ist aber auch möglich, Kernthesen des *Manifests* aus dem *Memorandum* von 2014 zu rekonstruieren.

2 Erklären Sie in Ihren eigenen Worten die Bedeutung der These, dass nicht das Gehirn, sondern der Mensch erlebt (vgl. S. 120).

3 Erörtern Sie die Frage, ob sich aus den Erkenntnissen der Hirnforschung Konsequenzen für unser Menschenbild ergeben. Beziehen Sie zu diesem Zweck auch Texte aus den Kapiteln 3.1, 3.2 und 3.3 ein.

4 Stellen Sie sich vor, Sie wären der Vater bzw. die Mutter des kleinen Tom, dessen Gehirn in dem Gedankenexperiment (vgl. Kontext, S. 121) gescannt wird, damit aus den Ergebnissen Prognosen für seine Schullaufbahn abgeleitet werden können. Wie würden Sie nach der „eindeutigen" Diagnose, von der im Text die Rede ist, reagieren? Wie würden Sie als Arzt auf mögliche Einwände der Eltern antworten?

Notieren Sie zunächst für beide Positionen Ihre Thesen und Argumente und spielen Sie den Dialog zwischen Arzt und Eltern anschließend als Rollenspiel im Kurs.

Nach- und Weiter-Denken

1 Sehen Sie sich noch einmal Ihre Notizen in Ihrem philosophischen Tagebuch an, die Sie zu Beginn dieses Kapitels gemacht haben. Welche Ergänzungen, Kommentare, Korrekturen etc. würden Sie nun machen?

2 Schreiben Sie ein eigenes kleines „Manifest" oder „Memorandum", in dem Sie Ihre ganz persönliche Position im Hinblick auf die Möglichkeiten, Chancen und Risiken der Hirnforschung und der KI verdeutlichen.

Erweiterter Blick: Mensch und Technik

Plakat zur Oper „Jonny spielt auf" von Ernst Krenek (1927)

Vor-Denken

1 Welche Formen der Technik erkennen Sie auf dem Plakat?

2 Untersuchen Sie die folgenden Sätze daraufhin, wie in ihnen der Begriff der Technik verwendet wird. Entwickeln Sie im Rückgriff auf die Sätze eine Definition der Technik.
- „Die Werkstatt ist mit modernster Technik ausgestattet."
- „Der Ingenieur ist mit der Technik der Maschine vertraut."
- „Unsere Technik hat ein Problem."
- „Bei der Anlage handelt es sich um ein Wunder der Technik."
- „Der Geiger verfügt über eine brillante Technik."

3 Vergleichen Sie Ihre Bestimmungsversuche von Technik mit den Definitionen von Peter Fischer (vgl. Kontext, S. 124).

4 Schreiben Sie Empfindungen und Gedanken, die Sie mit dem technischen Fortschritt verbinden, in Ihr philosophisches Tagebuch.

Kontexte

Technikphilosophie (1996)

Peter Fischer

Den Begriff der Technik gebraucht man heute zumeist in den folgenden Bedeutungen. Erstens versteht man darunter die Gesamtheit der Einrichtungen und Verfahren zur Erschließung und Nutzung der natürlichen Stoff- und Energieressourcen sowie die dabei praktizierte Anwendung der naturwissenschaftlichen Erkenntnisse für die zivilisatorische Befriedigung der Bedürfnisse der Menschen. Eine zweite Bedeutung meint das Gesamt der Vorgehensweisen, die jeweils auf einem bestimmten Gebiet üblich sind, also je eine lehrbare Methode. Drittens schließlich redet man von Technik auch, um die virtuose, Talent voraussetzende Kunstfertigkeit beim Erzielen einer speziellen (Höchst-)Leistung, etwa eines Musikers oder eines Leistungssportlers, zu würdigen. In der ersten Bedeutung benutzt man das Wort „Technik“ meist im Singular, in den beiden anderen ist auch der Plural gebräuchlich. Die Technik im Singular hat man gelegentlich auch als Real-, Produktions- oder Gütertechnik bezeichnet, die Techniken im Plural unterteilte man erstens in Individual-, Selbst- oder Humantechniken, zweitens in Sozial- oder Organisationstechniken und drittens in Intellektualtechniken.

Die folgenden Texte setzen sich mit grundlegenden Problemen des Verhältnisses von Mensch und Technik auseinander. In ihnen wird deutlich, dass der Begriff vom Naturmenschen eine Fiktion darstellt. Es gibt für den Menschen keine Existenzmöglichkeiten in der unmittelbaren Natur. Er muss schöpferisch sein, sie immer schon durch Arbeit verändern, damit er überhaupt überleben kann. In diesem konkreten Sinne ist der Mensch nicht nur das handelnde, sondern auch arbeitende und Kultur schaffende Wesen (Gehlen, Fichte). Dazu gebraucht er Werkzeuge. Mit dem Auftreten des Menschen und seiner Arbeit beginnt deshalb auch die Geschichte seines technischen Daseins, zunächst als „homo faber“, später als Hersteller von Maschinen, in ihrer bislang letzten Phase als Benutzer von komplexen elektronischen Systemen. Die technische Umwelt ist dem Menschen gleichsam zur zweiten Natur geworden.

In dem Maße, wie der Mensch Technik herstellt und benutzt, denkt er auch immer wieder über ihre Bedeutung und ihre Funktionen nach und entwirft damit zugleich ein Bild seiner selbst. Die Geschichte der Technik ist begleitet von der Reflexion des Menschen über sein technisches Wissen und Tun. Vorzugsweise in der philosophischen Anthropologie hat er sich mit ihren Bedingungen, Möglichkeiten und Wirkungen, aber auch mit den Hoffnungen und Ängsten, die der technische Fortschritt hervorruft, auseinandergesetzt (Schadewaldt, Anders). Die technologische Verfügungsmacht des Menschen, das macht der Text von Assheuer deutlich, ist in Grenzbereiche vorgestoßen, in denen Prozesse mit irreversiblen Folgelasten ausgelöst werden können. Von diesen Prozessen stellt die Entwicklung und Anwendung der Gentechnologie, die den Mensch selbst zum Gegenstand von technischen Eingriffen und Manipulationen macht, sicherlich die extremste Herausforderung für die Ethik dar.

Technik als Ur-Humanum (1970)

Wolfgang Schadewaldt

Wer über die Technik nachdenkt, sie zu erklären versucht, entwirft gleichzeitig ein Bild des Menschen. Die Darstellung der Technik im Mythos, in der Kunst, Literatur und Philosophie impliziert notwendig ein Interesse an anthropologischen Fragestellungen. Ihrer Genese und ihrem begrifflichen Wesen nach hat die Technik ihren Ort im menschlichen Dasein. In dem

Augenblick, in dem in der Naturgeschichte der Mensch auftaucht, entwickelt sich auch die Technik. Sie ist, wie im folgenden Text von Wolfgang Schadewaldt (1900–1974) deutlich wird, ein Ur-Humanum. Das menschliche Leben wird nicht nur durch Technik geprägt, sondern ist, weitaus radikaler gefasst, technische Existenz.

Mechanisierung des Webstuhls (18. Jh.)

Um von dem Bereich meiner Zuständigkeit aus das Nötige in dem angegebenen Sinn zu tun, so wollen wir uns an einigen Hauptabschnitten der Geschichte der Technik vor allem im Zeitalter der griechisch-römischen Antike, dem Zeitalter unseres geistigen Ursprungs, zu orientieren suchen.

Da sei zunächst das eine festgestellt: Die Technik in ihrem Wesen und ihren ersten Ursprüngen hat ihren unbezweifelbaren menschlichen Ort. Sie ist ein Ur-Humanum, so alt wie der Mensch und mit dessen erstem Heraufkommen mitgesetzt. Der Mensch, der nicht wie das Tier von Natur in eine Umwelt eingepasst ist, sieht sich, um in seiner Sonderart als Mensch überhaupt bestehen zu können, darauf angewiesen, seine spezifisch menschliche „Welt" der elementaren Natur abzugewinnen und sie zu gestalten. Das Mittel dieser menschlichen Weltgestaltung ist die Technik, zunächst in der Form der alten Künste, der Kunst der Stein-, Holz-, Ton- und Metallbearbeitung, des Spinnens, Webens, Gerbens, Färbens usw. Als die Erfinder und Geber dieser alten Künste gelten in alten Mythen bezeichnenderweise entweder die Götter selbst oder hohe, von den Göttern begünstigte Menschen (von sich allein aus kam der Mensch nicht dazu).

Von alters her spricht sich hierin das Bewusstsein aus, dass die Technik einen bedeutenden menschlichen Auftrag hat: den Auftrag der Weltbewältigung, Weltgestaltung. Die Aufgabe der Technik ist *Ausstattung des Lebens und der Welt,* jene Ausstattung, die die „Kultur" erst eigentlich ermöglicht – *cultura* heißt „Pflegen", „gepflegtes Dasein" – und die, sofern sie sich recht versteht, auch an sich selber ein Teil der Kultur ist. Die Technik, als Ausstattung des Lebens, ermöglicht mit der Errichtung eines spezifisch menschlichen Lebensraumes dem Menschen erst ein menschenwürdiges Dasein. Sie befreit ihn von dem einfachen Überantwortetsein an die elementaren Kräfte der Natur und gewährleistet ihm statt eines bloßen Vegetierens das eigentliche „Führen seines Lebens". In diesem Sinne befreit sie den Menschen zu sich selbst. Sie sichert, erweitert, steigert so sein Leben und bereichert es um so manche ihm von Natur noch nicht gegebenen Möglichkeiten, was ein antiker Tragiker so ausgedrückt hat: „Wir bewältigen durch die Technik das, worin wir von Natur benachteiligt sind." –

Befreiung des Menschen zu sich selbst in dem angegebenen Sinn ist der Urauftrag der Technik von alters her, und es darf daran erinnert werden, dass dieser Gedanke nicht wenigen von den Männern, die in Deutschland vor hundertfünfzig Jahren die technisch-industrielle Entwicklung auf den Weg gebracht und vorgetrieben haben, einen begeisternden Impuls gegeben hat.

Und ein Zweites. Bereits mit der Ausübung der alten Künste ist von vornherein eine Art Wissenschaft verbunden. Man machte Erfahrungen, sammelte, verfeinerte sie, es entstand ein Kunstwissen, das man sorgsam hegte und von Geschlecht zu Geschlecht überlieferte und vermehrte. Aus der Not, jener „großen Meisterin", erwuchs ein Fragen: das *Fragen aus dem Bedürfnis,* wie ich es nennen möchte. Es gibt noch heute der sogenannten „angewandten Forschung" den Hauptantrieb. Diese geht in der geschichtlichen Entwicklung der „reinen Forschung" durchaus voran, und auf ihrem Wege haben sich die alten Künste, vielfältig mit magisch-religiösen Vorstellungen verwoben, in den alten Hochkulturen des Vorderen wie des Fernen Orients zu relativ großer Vollkommenheit erhoben. Allein, selbst eine so bedeutende Erscheinung wie die großartige Rechen- und Feldmesskunst der alten Babylonier, Ägypter blieb doch auf das praktische Bedürfnis gerichtet. Was dabei an theoretischen Möglichkeiten mit heraufkam, blieb, außer in die magische Spekulation, in die geübten praktischen Erfahrensweisen eingebunden. Den alten Künsten fehlte, in all ihrer bereits hoch entwickelten Empirie, um zur „Technik" im eigentlichen Sinn zu werden, noch eine entscheidende Grundlage: die Grundlage des prinzipiellen Denkens, das über ein bloßes Ausprobieren und eine klug angewandte Empirie hinaus ein planvolles Handeln ermöglicht. Dieses prinzipielle Denken, das, wie für alle geistige Tätigkeit, so auch für die Technik die Grundlage schuf, war die Entdeckung des kleinen Volkes der Griechen, mit denen, eben von dieser Entdeckung her, unser Europa seinen Anfang nehmen sollte.

Empirie: Erfahrung

1 Worin sieht der Autor den Auftrag der Technik? Welche Möglichkeiten bietet sie dem Menschen?

2 Skizzieren Sie die Entwicklung von den alten Künsten zur Technik im eigentlichen Sinne, wie Schadewaldt sie sieht. Berücksichtigen Sie dabei die Bedeutung und Funktion, die er dem „prinzipiellen Denken" zuweist.

Bewältigung der Natur durch Technik (1800)

Johann Gottlieb Fichte

Bei dem Text handelt es sich um einen Auszug aus Fichtes Werk „Die Bestimmung des Menschen". Aus dem dialektischen Verständnis des Verhältnisses von Natur und menschlicher Vernunft entwickelt Fichte (1762–1814) hier erste Leitlinien für eine Philosophie der Technik.

Noch ereignet es sich oft, dass, wenn nun der Arbeiter vollendet hat und für seine Mühe sich seine und seiner Mühe Fortdauer verspricht, eine feindselige Witterung in einem Augenblicke zerstört, was er jahrelang langsam und wohlbedächtig vorbereitete und den fleißigen und sorgfältigen Mann, unverschuldet, dem Hunger und dem Elende preisgibt; noch immer oft genug, dass Wasserfluten, Sturmwinde, Vulkane, ganze Länder verheeren und Werke, die das Gepräge eines vernünftigen Geistes tragen, mit ihren Werkmeistern zugleich dem wilden Chaos des Todes und der Zerstörung vermischen. Noch raffen Krankheiten die Menschen ins unzeitige Grab, Männer in der Blüte ihrer Kräfte, und Kinder, deren Dasein ohne Frucht und Folge vorübergeht; noch ziehen Seuchen durch blühende Staaten, lassen die wenigen, die ihnen entgehen, verwaist und des gewohnten Beistandes ihrer Genossen beraubt, einsam dastehen und tun alles, was an ihnen ist, um das Land der Wildnis zurückzugeben, welches der Fleiß der Menschen sich schon zum Eigentume errungen hatte. – So ist es; so kann es nicht immerdar bleiben sollen. Kein Werk, das das Gepräge der Vernunft trägt und unternommen wurde, um die Macht der Vernunft zu erweitern, kann rein verloren sein im Fortgange der

Zeiten. Die Opfer, welche die unregelmäßige Gewalttätigkeit der Natur von der Vernunft zieht, müssen jene Gewalttätigkeit wenigstens ermüden, ausfüllen und versöhnen. [...] Jener Widerstand muss allmählich schwächer und endlich erschöpft werden, da in dem gesetzmäßigen Gange nichts liegen kann, das seine Kraft erneure; jene Ausbildung muss endlich vollendet und das uns bestimmte Wohnhaus fertig werden. Die Natur muss allmählich in die Lage eintreten, dass sich auf ihren gleichmäßigen Schritt sicher rechnen und zählen lasse und dass ihre Kraft unverrückt ein bestimmtes Verhältnis mit der Macht halte, die bestimmt ist, sie zu beherrschen – mit der menschlichen. – Inwiefern dieses Verhältnis schon ist und die zweckmäßige Ausbildung der Natur schon festen Fuß gewonnen hat, soll das Menschenwerk selbst, durch sein bloßes Dasein und durch seine von der Absicht seines Werkmeisters unabhängigen Wirkungen wiederum in die Natur eingreifen und ein neues belebendes Prinzip in ihr darstellen. Angebaute Länder sollen den trägen und feindseligen Dunstkreis der ewigen Wälder, der Wüsteneien, der Sümpfe beleben und mildern; geordneter und mannigfaltiger Anbau soll rund um sich her neuen Lebens- und Befruchtungstrieb in die Lüfte verbreiten und die Sonne soll ihre belebendsten Strahlen in diejenige Atmosphäre ausströmen, in welcher ein gesundes, arbeitsames und kunstreiches Volk atmet. – Im Andrange der Not zuerst geweckt, soll späterhin besonnener und ruhig die Wissenschaft eindringen in die unverrückbaren Gesetze der Natur, die ganze Gewalt dieser Natur übersehen und ihre möglichen Entwicklungen berechnen lernen: soll eine neue Natur im Begriffe sich bilden und an die lebendige und tätige eng sich anschmiegen und auf dem Fuße ihr folgen. Und jede Erkenntnis, welche die Vernunft der Natur abgerungen, soll aufbehalten werden im Laufe der Zeiten und Grundlage neuer Erkenntnis werden für den gemeinsamen Verstand unsers Geschlechts. So soll uns die Natur immer durchschaubarer und durchsichtiger werden bis in ihr geheimstes Innere und die erleuchtete und durch ihre Erfindungen bewaffnete menschliche Kraft soll ohne Mühe dieselbe beherrschen und die einmal gemachte Eroberung friedlich behaupten. Es soll allmählich keines größern Aufwandes an mechanischer Arbeit bedürfen, als ihrer der menschliche Körper bedarf zu seiner Entwicklung, Ausbildung und Gesundheit, und diese Arbeit soll aufhören Last zu sein; – denn das vernünftige Wesen ist nicht zum Lastträger bestimmt.

Adolph von Menzel, Die Berlin-Potsdamer Eisenbahn (1847)

1 Welche Auffassung von der Natur zeigt Fichte in seinen Darlegungen?

2 Worin besteht für Fichte die Hauptleistung menschlicher Technik? Worauf gründet sich diese?

3 Erläutern Sie die These Fichtes, dass die „einmal gemachte Eroberung [der Natur] friedlich" (Z. 51 f.) behauptet werden soll. Verträgt sich diese These mit einem modernen ökologischen Bewusstsein?

Technik als Kompensation von Mängeln (1961)

Arnold Gehlen

Der Mensch ist nach Auffassung von Gehlen (1904–1976) ein „Mängelwesen“ (vgl. S. 26 ff.); er ist im Gegensatz zum Tier nicht zweckdienlich in seine Umwelt eingepasst und ein unfertiges, nicht festgestelltes Wesen. In seiner organischen Konstitution ist er weder spezialisiert, noch verfügt er über Instinkte, die in spezifischen Situationen sein Leben sichern helfen. Dagegen besitzt er „Weltoffenheit“ (Scheler, S. 24 ff.). Diese Ungebundenheit ist freilich zunächst für ihn kein Vorteil; sie verschärft die Mangelsituation. Weil der Mensch weltoffen ist, ist sein Dasein ungesichert, riskant. Um in dieser mangelhaften Situation überhaupt bestehen zu können, muss er sich selbst zu etwas machen. Er sieht sich gezwungen – und das ist die Geburtsstunde der Technik –, die Natur, mit der er konfrontiert wird, handelnd umzugestalten und sich so eine neue Lebenswelt, eine künstliche Ersatzwelt, die seiner organischen Ausstattung entgegenkommt, aufzubauen (vgl. Fichte). Gehlen hat die Funktions- und Wirkungsweise der an der Konstitution des Menschen orientierten Technik mit den Stichworten des Organersatzes, der Organentlastung und der Organüberbietung zu skizzieren versucht. „Wer im Flugzeug reist“, so schreibt er in seinem Buch „Die Seele im technischen Zeitalter“, „kann alle drei Prinzipien in einem haben: Es ersetzt die uns nicht gewachsenen Flügel, überbietet weit alle organischen Flugleistungen überhaupt und erspart unserer Fortbewegung über ungeheuere Entfernungen jegliche Eigenbemühung.“

Ich kann mich nicht für unschuldig halten, den Begriff des „Mängelwesens“ mitverbreitet zu haben, trotz der, wie zuzugeben ist, nur annähernden Gültigkeit dieses Begriffs, der zunächst nur das leisten soll, darauf aufmerksam zu machen, wie der Mensch in jeder *natürlichen* Umwelt lebensunfähig ist, aus Mangel an spezialisierten Organen und Instinkten. [...] Das Kunststück eines so riskierten Wesens, sich am Leben zu erhalten, kann in der elementaren Schicht nur in einer Überbietung und Kompensation seiner Mängelausstattung bestehen, und wo wir früheste Kulturen aufgraben, finden wir denn auch die lebensnotwendigen Werkzeuge, die Faustkeile, Feuersteinmesser, Lanzenspitzen, stets in verloren gegangenen Techniken hergestellt, die Feuerspuren usw. Diese Auffassung würde also die technische Betätigung geradezu zu den menschlichen Konstitutionsmerkmalen rechnen und es damit zunächst ablehnen, jene, nach einem verbreiteten Schema, auf die „bloße Ratio“ oder die „bloße Nützlichkeit“ zu beziehen, mit dem abwertenden Ton, der diesen Reden eigen ist. [...]

Ratio: Vernunft

Frans Masereel, Prometheus (1954)

Aber gerade dann, wenn das bisher Gesagte gelten soll, müssen wir auf ein sehr neuartiges Ereignis eingehen – auf die Angst vor der Technik. Dazu muss jedoch der Begriff selbst erst noch einmal bestimmt werden. Wir haben bereits die Benutzung und Herstellung von Werkzeugen unter ihn gefasst, haben dann der Metallbearbeitung gedacht und bringen jetzt in Erinnerung, dass die großen Schritte des technischen Fortschrittes seit dem späten Mittelalter in der Erfindung des Buchdrucks, der Feuerwaffen und vor allem in einer außerordentlichen Verbesserung des Schiffbaus sowie der nautischen Hilfsmittel bestanden. [...] Die Erschließung der ungeheuren Kraftreserven unter dem Boden und die Synthese von Wissenschaft, Technik und Produktion zu einem neuen, selbst technischen Komplex sind also die großen Ereignisse, welche die neue Epoche begründet haben. Und diese moderne Kultur verbreitet sich nun unaufhaltsam rund um den Erdball nach Amerika, Japan, China, Sibirien. Und damit ist schon angedeutet, wohin die Reise in irgendeinem der kommenden Jahrhunderte führt: zu einer uns noch nicht vorstellbaren Form der Erdregierung und Erdverwaltung.

So gesehen, kann man in einem engeren Sinne des Wortes die industrialisierte und verwissenschaftlichte stählerne und drahtlose Großapparatur „Technik“ nennen, und hieran knüpft sich das – wohl meist nur in Deutschland gehörte – Wort von der „Dämonie“ der Technik. Statt Dämonie würden wir lieber von dem Unbehagen an ihr sprechen, dieses Unbehagen selber als Symptom auffassend, als Symptom einer weltweiten Kulturtransformation.

An anderer Stelle haben wir diese tief greifende Veränderung mit dem Übergang der Menschheit aus der Jägerkultur zur Sesshaftigkeit und zum Ackerbau verglichen. Wenn man den Gesichtspunkt der Daseinsbewältigung in den Vordergrund stellt, gibt es wahrscheinlich doch nur zwei kulturgeschichtlich wirklich entscheidende Zäsuren: jenen neolithischen Übergang von der Jägerkultur zu einer ortsfesten Lebensweise und den modernen zum technisierten Industrialismus. Auch damals war die Transformation unabsehbar tief greifend und ging durch die Menschen quer hindurch, sie muss viele Jahrhunderte gedauert haben. [...]

Zäsur: Einschnitt

neolithisch: neusteinzeitlich

Das Beklemmende des heutigen Vorganges dagegen liegt in dem Exzentrischen, Überstiegenen des Unternehmens und sodann in seinem weltweiten Umfang. [...] Und wenn diese Selbststeigerung weltumfassend wird, so liegt das an noch nicht da gewesenen Bedingungen: an der Abhebbarkeit der technischen Rationalität mit ihrer mathematischen Sprache von allen gewachsenen Sprachen und an der Abhebbarkeit technischer Anlagen von dem kulturellen Milieu, in dem sie entstanden waren, sodass wir plötzlich in Wüsten und Eiszonen solche Anlagen emporwachsen sehen, weil die Probleme des Klimas, des Transportes usw. selbst technisch bewältigt werden können. Hier liegt ein wesentliches Motiv des Unbehagens: Wir fühlen wohl, dass das Subjekt der Technik die Menschheit sein wird, nicht einzelne Völker, und dass wir sie noch herumtragen wie zu weite Kleider. Alles aber, was wir an Traditionen und wirksamen Gesinnungen in uns haben, ist regional-kulturell oder national gefärbt, eine die Menschheit im Ganzen umfassende Solidarethik schwer vorstellbar, geschweige Wirklichkeit.

1 Erläutern Sie, wie Gehlen die Entstehung der Technik aus seinem anthropologischen Verständnis herleitet.

2 Wie begründet der Autor das Unbehagen bzw. die Angst der Menschen vor der Technik? Halten Sie seine Argumente für plausibel?

3 Vergegenwärtigen Sie sich noch einmal, wie Prometheus in den Mythen der Antike gedeutet wird (vgl. S. 13 ff.). Wie interpretiert der Künstler Frans Masereel in seinem Holzschnitt (s. Abb.) die Gestalt?

Die Antiquiertheit des Menschen (1956)

Günther Anders

Moderne Darstellungen und Deutungen der Technik knüpfen immer wieder an die antiken Prometheus-Mythen (Platon, Aischylos) an. Auch der Text von Anders (1902–1992) bewegt sich sachlich und begrifflich in deren Anspielungshorizont, selbst oder gerade wenn er dessen Wirkungsgeschichte umzuschreiben versucht. Gegen das Verständnis des Prometheus als einen Prototypen des Künstlerisch-Schöpferischen setzt er den Begriff der „prometheischen Scham“.

Aischylos (525–456 v. Chr.): verfasste die Tragödie „Prometheus in Fesseln“

Erste Begegnung mit der prometheischen Scham –
Der heutige Prometheus fragt: Wer bin ich schon?

Ich beginne mit einigen Tagebuchaufzeichnungen aus Kalifornien.
11. März 1942. Glaube, heute Vormittag einem neuen Pudendum auf die Spur gekommen zu sein; einem Scham-Motiv, das es in der Vergangenheit nicht gegeben hat. Ich nenne es vorerst für mich *„Prometheische Scham"*; und verstehe darunter die *„Scham vor der ‚beschämend' hohen Qualität der selbst gemachten Dinge"*.

Schloss mich mit T. einer Führung durch eine hier eröffnete technische Ausstellung an. T. benahm sich aufs Eigentümlichste; so eigentümlich, dass ich schließlich nur noch ihn beobachtete statt der Apparate. Sobald nämlich eines der hoch komplizierten Stücke zu arbeiten begann, senkte er seine Augen und verstummte. – Noch auffälliger, dass er seine Hände hinter seinem Rücken verbarg, so als ob er sich schämte, diese seine schweren, plumpen und obsoleten Geräte in die hohe Gesellschaft der mit solcher Akkuratesse und solchem Raffinement funktionierenden Apparate gebracht zu haben.

obsolet: veraltet, überholt

Akkuratesse: Genauigkeit

Aber dieses „als ob er sich schämte" ist zu ängstlich. Das Benehmensbild war eindeutig. Die Dinge, die er als exemplarisch, als ihm überlegen und als Vertreter einer höheren Seins-Klasse anerkannte, spielten für ihn wirklich die gleiche Rolle, die Autoritätspersonen oder anerkannt „höhere" Milieus für seine Ahnen gespielt hatten. In seiner fleischlichen Tölpelhaftigkeit, in seiner kreatürlichen Ungenauigkeit vor den Augen der perfekten Apparaturen stehen zu müssen, war ihm wirklich unerträglich; er schämte sich wirklich. –

Versuche ich, dieser „prometheischen Scham" nachzugehen, so erscheint als deren Grundgegenstand, also als der *„Grundmakel"* des Sich-Schämenden, die *Herkunft. T. schämt sich, geworden statt gemacht zu sein*, der Tatsache also, im Unterschied zu den tadellosen und bis ins Letzte durchkalkulierten Produkten, sein Dasein dem blinden und unkalkulierten, dem höchst altertümlichen Prozess der Zeugung und der Geburt zu verdanken. Seine Schande besteht also in seinem „natum esse", in seiner niedrigen Geburt; die er (nicht anders als der Chronist religiöser Stifter) eben deshalb als „niedrig" bewertet, weil sie Geburt ist. Wenn er sich aber dieser seiner antiquierten Herkunft schämt, so natürlich auch des mangelhaften und unentrinnbaren Ergebnisses dieser Herkunft: *seiner selbst.*

natum esse: lat., geboren sein

Übrigens war T. während der gesamten Führung stumm geblieben. Und erst lange, nachdem die Ausstellung hinter uns lag, hatte er seine Sprache wiedergefunden. Auch das scheint mir die Richtigkeit meiner Scham-Hypothese zu bekräftigen: Denn wenn sich Scham überhaupt äußert, dann ja gerade durch Selbstverbergung; jedes Sich-Äußern hätte der Scham jedenfalls widersprochen.

13. März. Zu T.s Benehmen:

Prometheischer Trotz besteht in der Weigerung, irgendetwas, sogar sich selbst, anderen zu schulden; prometheischer Stolz darin, alles, sogar sich selbst, ausschließlich sich selbst zu verdanken. Reste dieser, für den Selfmademan des neunzehnten Jahrhunderts so typischen, Haltung sind zwar auch heute noch lebendig; aber charakteristisch sind sie für uns wohl nicht mehr. Offenbar sind Attitüden und Gefühle anderer Art an deren Stelle getreten; Attitüden, die sich eben aus dem eigentümlichen Schicksal des Prometheismus ergeben haben:

Attitüde: Haltung, Pose

Denn dieser hat einen wirklich dialektischen Umschlag erfahren. Prometheus hat gewissermaßen zu triumphal gesiegt, so triumphal, dass er nun, konfrontiert mit seinem eigenen Werke, den Stolz, der ihm noch im vorigen Jahrhundert so selbstverständlich gewesen war, abzutun beginnt, um ihn durch das Gefühl eigener Minderwertigkeit und Jämmerlichkeit zu ersetzen. „Wer *bin* ich schon?", fragt der Prometheus von heute, der Hofzwerg seines eigenen Maschinenparks, „wer bin *ich* schon?"

Vor dieser veränderten Folie also hat man das Begehren des heutigen Menschen, ein Selfmademan, ein Produkt zu werden, zu sehen: *Nicht deshalb, weil er nichts von ihm selbst nicht Gemachtes mehr duldete, will er sich selbst machen; sondern deshalb, weil auch er nichts Ungemachtes sein will. Nicht, weil es ihn indignierte, von anderen (Gott, Göttern, der Natur) gemacht zu sein; sondern weil er überhaupt nicht gemacht ist und als Nichtgemachter allen seinen Fabrikaten unterlegen ist.*

indigniert: peinlich berührt, erzürnt sein

1 Woher rührt nach Günther Anders die menschliche Scham gegenüber der Maschine? Wie unterscheiden sich Mensch und Maschine?

2 Anders kennzeichnet den Menschen als Mängelwesen. Welche Auffassung über das Verhältnis von Mensch und Technik kommt durch die besondere Darstellungsweise des Textes zum Ausdruck? Vergleichen Sie diese mit den Schreibformen in Ihrem persönlichen Tagebuch.

3 Formulieren Sie mögliche Einwände gegen Anders' Begriff der prometheischen Scham.

Die Megamaschine (1980)

Nicolas Born

Der Mensch erfährt in seiner Arbeitswelt und Freizeit immer mehr die Abhängigkeit von einem industriellen und bürokratischen Apparat und einem System umfassender technischer Organisationsstrukturen; er sieht sich von Maschinen und Geräten umstellt, die ihm als fremde Mächte gegenüberstehen; von ihnen fühlt er sich kontrolliert und manipuliert, in seinen persönlichen Entfaltungs- und Kommunikationsmöglichkeiten eingeschnürt. Der Schriftsteller Nicolas Born (1937–1979) hat diese umfassende anonyme Technisierung der Lebenswelt des Menschen unter der Metapher der „Megamaschine" analysiert.

Charlie Chaplin im Film „Modern Times" (USA, 1936)

Wir leben in einer Zeit größter Werkzeuge. Die nationalen und multinationalen Industriekonzerne sind zu gigantischen Werkzeugmonopolen geworden und damit auch zu einem, oft entscheidenden, politischen Werkzeug. Sie selbst haben, institutionell, eine normative Überfunktion aus sich selbst heraus entwickelt, die uns prägt und unterwirft. Die gewählten Regierungen und Parlamente bestätigen oft nur per Gesetz, was die *Megamaschine* zu ihrer eigenen Expansion an „Sachzwängen" produziert hat. Zwar bestimmen nach wie vor die Eigentümer der Werkzeuge den möglichst profitablen Kurs, aber auch sie, befangen und gefangen in ihrem Begriff von *Sachdienlichkeit* und Fortschritt, haben nicht mehr die volle Entscheidungsfreiheit über die Art und Weise der Produktion, geschweige denn über deren Folgen. Die Kapazität der Werkzeuge und Produktionsstätten zwingt sie zu immer größeren

Expansion: Ausdehnung

und schnelleren Programmen. Der (innere) Systemzwang des Zuwachses herrscht. Niemand ist mehr in der Lage zu bestimmen, ob eine Technologie den Menschen zum Vor- oder Nachteil gereichen wird; niemand beherrscht die Megamaschine, vielmehr beherrscht sie alle. Selbst die gewerkschaftlichen Tarifpartner haben sich, ganz im Sinne der Vollbeschäftigungsideologie, ihren Zwängen unterworfen. *Mitbestimmung*, sogar Verstaatlichung wären wahrscheinlich kein Ausweg mehr aus diesem Dilemma. Mit den ersten Generationen der *Schnellen Brüter* (man spricht tatsächlich von Generationen) und der Amtscomputer wird diese Entwicklung einen Höhepunkt erreichen auf dem Wege zur Entmündigung des Menschen. Schon heute werden Einzelne wegen ihres „Datenprofils" festgenommen oder anderen Repressalien ausgesetzt. Das kann durchaus auch präventiv geschehen, theoretisch gleich nach der Geburt. Ein Schneller Brüter kann, wenn er erst einmal arbeitet, nicht ohne großen wirtschaftlichen Schaden ausgeschaltet werden.

präventiv: vorsorglich

Der industrielle Riesenwuchs hat aus sich selbst heraus Verhaltensmuster für die menschliche Gesellschaft gebildet. Dem Einzelnen hat sie sein Werkzeug entwunden und ihn abhängig gemacht von ihrem Monopol. Die handwerklichen Fähigkeiten, die einmal aus ihrer Notwendigkeit auch Lebenssinn hervorbrachten, sind vergessen, verkümmert und abgedrängt in den Untergrund der *Heimwerker*, den Hobbykeller, wo industriell vorgefertigte Materialien mit pseudo-individuellem Schliff versehen werden: eine reflexhafte Beschäftigung, ein bloßes Simulieren von Selbstverwirklichung. [...]

Die industriellen Werkzeuge selber sind die Großmacht, auch da, wo eine zentralistische Administration noch scheinbar über sie triumphiert; von wem und durch wen denn sonst bezieht sie ihre Macht? Den großindustriellen Werkzeugen haben wir die Züchtung einer besonderen Rasse zu verdanken, die Technologen und Technokraten. Ihnen haben wir unsere selbstvergessene unbegrenzte Konsumierfähigkeit zu verdanken und unsere dauernden Mangelgefühle. Sie haben menschliche Gedanken, Vorstellungen und Taten in totale Abhängigkeit gebracht, indem sie Maß und Wert jeder Arbeit, jedes Gegenstands, jeder Zeit bestimmen. Der Einzelne und seine noch nicht in der Megamaschine vervielfältigten Fähigkeiten kommen nur noch als Entschuldigung vor, als „menschliches Versagen". Die Megamaschine hat die Sprache auf ein Informationssystem heruntertypisiert; die Sprachlosigkeit ist laut, das Schweigen zu einem Nicht-sprechen-Können geworden. [...]

Die eingepasste Funktion fast jedes Einzelnen in der Industriemaschine zwingt ihn zu immer rationellerem Verhalten. Er hat vieles zu vergessen; viele Möglichkeiten seines Körpers und Geistes sind auch als Möglichkeiten abgestorben. Die Maschine erzwingt ein verstümmeltes Sprechen. Die Entspannungszeiten, Pausen zur Wiederherstellung der vollen, auf den Lauf der Maschine gerichteten Konzentration sind betriebspsychologisch und sozialmedizinisch errechnete Normen. Das Charakteristische an dem Kollegen nebenan ist seine Automarke oder sein Urlaubsziel. Seine Lust- oder Unlustgefühle haben auf den Lauf der Maschine keinen Einfluss, und er hat auch kaum Gelegenheit, andere auf seinen Zustand aufmerksam zu machen. Er hat gelernt, dass ihn bestimmte Vorstellungen, Gedanken und Tagträume teuer zu stehen kommen, also hat er sie abgeschafft. Er hat seine Wahrnehmung und seine Lebensäußerung auf das Notwendige reduziert, und das Maß dafür bestimmen Tempo und Arbeitsweise der Maschine.

Mit dem Lebenssinn, den die Megamaschine definiert und den sie, überlegen, nur auf sich bezieht, schwinden auch die Sinne für Wahrnehmung und Erfahrung. Auch in seiner „freien Zeit" gehorcht der Einzelne den Anforderungen der Maschine, indem er sich auf dies oder jenes angebliche Interessengebiet derartig spezialisiert, dass ein zusammenhängendes Erleben unmöglich wird. [...]

Der Mensch *bedient* die Megamaschine, und in dem Maße, in dem sie ihn ausschaltet, bedeutet er nur noch so viel wie ein verbrauchter Treibstoff, eine verbrauchte Energie. Der Sinn des Werkzeugs, ich zitiere Ivan Illich, „überwältigt den Benutzer". Ob am Fließband oder angeschnallt in Auto oder Flugzeug – wir gewinnen nicht Zeit. Wir verlieren Zeit mit unserer eigenen Konditionierung für den Zeitgewinn, an Stechuhren, Verkehrsampeln, in Warte- und Abfertigungshallen, über Formularen, in Ämtern, Kliniken und Kursen zur *Fortbildung*. Wer zum Beispiel nach Kreta fliegt, um Ferien „zu machen", gewinnt zwar ein paar Ferientage, verliert aber die Reisezeit, die langsame, mit den Sinnen zu verwirklichende Annäherung an das Ziel, die eine wichtige Dimension des Ferienerlebnisses war. Fahrrad, Schiff, vielleicht auch noch Eisenbahn vermittelten diese Dimension. Mit dem Flugzeug machen wir einen Zeitsprung, Start und Ziel gehen ineinander auf; der erste Ferientag beginnt sofort, weit weg von dem Ort, wo wir uns gerade noch befanden. Der Sinn dieses Transportmittels hat unsere eigenen Sinne überwältigt. Und überwältigt zu werden heißt Zwang zu erleiden, Verlust an Freiheit, unabhängig davon, ob man sich einverstanden erklärt oder nicht.

1 Kennzeichnen Sie Funktion und Wirkungsweise der Megamaschine.

2 Welche Zusammenhänge erkennen Sie zwischen der Funktionsweise der Megamaschine und Globalisierungstendenzen der Gegenwart?

3 Nehmen Sie begründet Stellung zur Position Borns.

Von privaten Spülmaschinen und öffentlichen Kraftwerken (1982)

Hermann Lübbe

Die Entwicklung der modernen Technik stellt für die praktische Philosophie eine immense Herausforderung dar. Man kann kaum übertreiben: Die technologische Verfügungsmacht, die den Möglichkeitsraum menschlichen Handelns ins schier Unabsehbare erweitert hat, ist gegenwärtig ein ethisches Problem ersten Ranges. Der Mensch kann mehr, als er darf. Und gerade deshalb muss es moralische Regeln geben, die festlegen, welche technischen Handlungsmöglichkeiten er verfolgen darf bzw. soll.
Gleichwohl soll nicht verkannt werden, dass mit der durch die technische Entwicklung ausgelösten neuen ethischen Debatte die Gefahr einer allgemeinen Technikfeindlichkeit wächst. Lübbe (* 1926) verteidigt in seinem Beitrag gegenüber den Kritikern der Technik „den humanen Lebenssinn unserer durch Wissenschaft und Technik geprägten Zivilisation".

Es ist nötig, den humanen Lebenssinn unserer durch Wissenschaft und Technik geprägten Zivilisation zu verteidigen. Die Durchsetzungskraft dieser Zivilisation beruht in letzter Instanz auf der Evidenz der Zustimmungsfähigkeit, ja Zustimmungspflichtigkeit der Lebensvorzüge, die, zunächst als Verheißung und schließlich als Realität, von Anfang an mit den Fortschritten dieser Zivilisation sich verband. Das sieht man, wenn man sich nicht scheut, diese Lebensvorzüge wieder einmal ausdrücklich aufzuzählen. Die elementarsten sind: Befreiung des Menschen vom physischen Zwang schwerster, niederdrückender Arbeit; Steigerung der Produktivität der menschlichen Arbeit; durch Steigerung der Produktivität der Arbeit Mehrung der Wohlfahrt; durch Mehrung der Wohlfahrt Festigung der Bedingungen sozialer Sicherheit und über die Festigung der sozialen Sicherheit schließlich Mehrung des sozialen Friedens.

Evidenz: Offensichtlichkeit

Russische Hubschrauber versiegeln den havarierten Reaktor in Tschernobyl (1986). Abbildung von Günter Radtke

Das sind natürlich banale Dinge, und man versteht durchaus, dass die Angehörigen unserer räsonierenden Klassen eine gewisse Scheu verspüren, ihrem Urteil über unsere Zivilisation primär solche Banalitäten zugrunde zu legen. Dafür wissen, im Wesentlichen unverändert, die Angehörigen unserer produzierenden Klassen umso besser, dass diese Banalitäten für unseren praktischen Lebenszusammenhang unverändert fundamental sind [...].

Wissenschaft und Technik sind nicht nur Medien des Fortschritts; sie haben zugleich auch einen konservativen Sinn als Bedingungen einer Lebenskultur, die dem moralischen und politischen common sense unverändert der Erhaltung wert zu sein scheint. Dabei ist es so, dass sogar solche konservativen Zwecke ohne mannigfachen zusätzlichen Fortschritt gar nicht erreichbar sind. Einzig durch wissenschaftlich-technischen Fortschritt wird es möglich sein, unsere Industrieproduktion, bei unserem Lohnniveau, auf dem Weltmarkt konkurrenzfähig zu halten. Nicht zuletzt unter dem Aspekt der Arbeitsplatzsicherung ist die Bedeutung der Wissenschaft in praxisorientierter Forschung und Entwicklung auch künftig wachsend und nicht etwa abnehmend.

räsonieren: denken

common sense: engl., gesunder Menschenverstand

Dabei handelt es sich bei den wissenschaftlichen und technologischen Fortschritten, die wir insoweit auch künftig wollen müssen, nicht um einen ziellosen Leerlauf, und es ist nicht eine zielblinde Wachstumsideologie, der man huldigt, indem man die Nötigkeit dieser Fortschritte geltend macht. Gerade die Mikroelektronik und mit ihr die Informations- und Steuerungstechnologie ist es ja, auf die wir gerade auch unter dem Aspekt ökologischer Zukunftsvorsorge angewiesen sein werden. Nur über sie lassen sich Fluss und Verbrauch von Energie und Material optimieren, und die entscheidenden Medien zur Erhöhung der Sicherheit technischer Systeme sind sie ohnehin.

irreversibel: nicht rückführbar

Die anwachsende Gefährlichkeit vieler Fortschritte – von der anwachsenden Missbrauchsgefahr bis zu der anwachsenden Reichweite ihrer Schädlichkeitsnebenfolgen – soll damit, wie gesagt, nicht geleugnet sein. Aber auf irreversible Weise wächst damit zugleich die Bedeutung der Wissenschaft als das entscheidende Medium zur Früherkennung solcher Gefahren [...].

Mit-Denken

III Konkretisieren Sie die von Lübbe formulierten Vorbehalte. Beziehen Sie dabei die Überlegungen von Jonas (S. 213 ff.) ein.

Die Verteidigung unserer von Wissenschaft und Technik geprägten zivilisatorischen Lebensbedingungen hat, wie man sieht, nicht nur einen technischen, sondern auch einen moralischen Sinn, und es ist entsprechend nötig, die moralischen Irrationalismen aufzudecken, die sich in nicht wenigen Fällen hinter der aktuellen Technologiekritik verbergen. Ein solcher Irrationalismus ist das Handeln nach dem Nassauer-Prinzip, z. B. bei jenem Umweltschützer, der sich weigert, den Kernenergieanteil am häuslichen Stromkonsum zu bezahlen, und der den entsprechenden Betrag an eine grüne Aktionskasse abführt, anstatt auf den Konsum jenes Stromanteils zu verzichten oder ihn privat zu erzeugen.

Es ist selbstverständlich jedermann unbenommen, mit moralischer Rigorosität auf die Wohlfahrt, wie sie einzig unsere Zivilisation bieten kann, zu verzichten und im Ernst einen Versuch zu machen, alternativ zu existieren. Es ist aber keineswegs respektabel, sich in solchen Versuchen mit moralischer Aggressivität gegen unsere Industriegesellschaft zu kehren, deren Umverteilungsleistungen man zugleich auch ungeniert für sich selbst in Anspruch nimmt.

Rigorosität: Strenge

Ein weiterer Irrationalismus, nach dem heute moralisch widerspruchsvoll in technikfeindlichen politischen Aktivitäten gehandelt wird, ist der Grundsatz „Wasch mir den Pelz, aber mach mich nicht nass!“. Die Geltung genau dieses Prinzips erläutere ich gern am Beispiel jener mir bekannten engagierten Jungdemokratin, die in ihrer häuslichen Küche eine energie- und abwasserreiche Spülmaschine installieren lässt, um Zeit zu gewinnen, die sie braucht, um an Protestaktivitäten gegen das benachbarte Kernkraftwerk oder einen Chemiewerkbau teilzunehmen. [...]

Die Kritik an den skizzierten Irrationalismen im aktuellen Technologie-Protest unterstellt nicht, dass es zu Besorgnissen über die Zukunft der wissenschaftlich-technischen Zivilisation keinen Anlass gäbe. [...]

Gleichwohl bleibt die gegenwärtig sich ausbreitende Wissenschafts- und Technik-Aversion unzulässig. Zunächst sind es ja die Wissenschaften selbst, auf die wir angewiesen sind, um prekäre Trends unserer zivilisatorischen Evolution in ihren Ursachen erkennen und in ihren Auswirkungen abschätzen zu können. Sodann sind es wiederum diese Wissenschaften, ohne die wir zu fälligen Gegensteuerungen nicht mehr in der Lage wären.

Aversion: Ablehnung

1 Worin liegt nach Lübbe der „humane Lebenssinn“ unserer durch Wissenschaft und Technik geprägten Zivilisation?

2 Was wirft der Autor den Technikkritikern vor? Halten Sie seine Kritik für berechtigt?

Warum man Brüderlichkeit nicht klonen kann (1998)

Hilary Putnam

Hilary Putnam (* 1926)

Der amerikanische Philosoph Hilary Putnam, der vor allem durch seine Veröffentlichungen zur Wissenschaftstheorie, Sprachphilosophie und Philosophie des Geistes einer größeren Öffentlichkeit bekannt wurde, äußert sich im vorliegenden Text zu den Folgelasten, die sich aus molekularbiologischen Versuchen ergeben könnten, den Menschen zu klonen. Ausgangspunkt seiner Überlegungen ist das Ereignis der Zeugung des ersten Säugetieres, des Schafes Dolly, durch Klonierungsverfahren im Jahr 1996. Dieses starb 2003 an einer schweren Lungenkrankheit.

Vor-Denken

Bevor Sie den Text von Putnam lesen, sollten Sie überlegen, was man unter der Klonierung eines Menschen versteht. Formulieren Sie anschließend spontan Pro- und Kontra-Argumente zu der Frage, ob man Menschen klonen sollte.

Die Meldung letztes Jahr, dass ein Schaf erfolgreich geklont wurde, rief spontan heftige Reaktionen hervor, eine Furcht, dass etwas Schreckliches zu geschehen drohe. Ich sage „zu geschehen drohe", weil sich die Sorge nicht auf das Schaf Dolly bezog, sondern auf die Wahrscheinlichkeit, dass jemand dereinst einen Menschen klonen werde. [...] Manche Anwendungen des Klonens würden gegen die kantische Maxime verstoßen, eine Person niemals nur als Mittel zum Zweck zu behandeln – beispielsweise einen Menschen nur deshalb zu klonen, um ihn zum Nierenspender zu machen. Aber das waren nicht die Fälle, die den Kommentatoren in den Sinn kamen.

Das Szenario, das die Leute am meisten fürchten, ist, dass wir lernen, wie man Menschen klont [...]. Es gibt rein utilitaristische Gründe dafür, sich Sorgen über den Missbrauch des Klonens zu machen. [...] Wenn Klonen in großem Stil praktiziert würde, könnte der Verlust genetischer Vielfalt sehr bedenklich sein.

Mit-Denken

III Wodurch wird genetische Vielfalt möglich? Weshalb ist der aus dem Klonen des Menschen resultierende Verlust an genetischer Vielfalt für Putnam bedenklich?

Ich glaube, dass die Diskussion einer Gesetzgebung zum Klonen von dem bestimmt sein muss, was ich „eine moralische Vorstellung der Welt" nenne. [...]

Lassen Sie uns annehmen, dass es salonfähig wird [...], seine Kinder „auszusuchen" (indem man aussucht, wen man klont: Verwandte, Freunde oder, wenn man viel Geld hat, Leute, die sich gegen Bezahlung klonen lassen). [...] Was uns an diesem Szenario erschreckt, ist, dass Kinder darin Waren werden wie Teppiche. Die Maxime, andere Personen nicht als Mittel zum Zweck zu verwenden, wäre damit offenkundig verletzt.

Wenn die Vorstellung der idealen Familie eine moralische sein soll, müssen die Familienmitglieder einander als menschliche Wesen achten, deren Pläne und deren Glück Werte an sich sind und nicht bloß den Zielen der Eltern dienen. Zudem sollte sie von der moralischen Vorstellung, die ich Kant zuschrieb, inspiriert sein, die unserer Fähigkeit, in moralischen Fragen selbstständig zu denken, einen unschätzbaren Wert zuspricht; ebenso von der Einsicht, dass es die Aufgabe guter Eltern ist, Kinder zur Eigenständigkeit zu erziehen. [...]

Klonschaf Dolly mit seinem ersten Lamm

Aber noch ein anderer Wert muss dazukommen, die Bereitschaft, Vielfalt zu akzeptieren. [...] Das heißt, wir sollten es begrüßen, nicht missbilligen, dass unsere Kinder nicht wir sind und nicht von uns designt sind, sondern radikal „anders".

Behaupte ich, dass moralische Ideale einer physisch oder psychisch gleichartigen Familie zu Abscheulichkeiten wie der Eugenik-Bewegung und sogar zum Nationalsozialismus führen können? Die Antwort ist: Ja, das können sie sehr leicht. Aber meine Gründe, die Idee eines prädesignten Nachwuchses abzulehnen, sind nicht konsequenzialistisch. Was ich behaupte, ist, dass die moralische Vorstellung der Familie, die ihn widerspiegelt, eng zusammenhängt mit den moralischen Vorstellungen von Gesellschaft, die unserem demokratischen Bestreben zugrunde liegen.

■ Erläutern Sie die Argumente von Putnam, die in moralischer Hinsicht gegen das Klonen von Menschen sprechen, und vergleichen Sie diese mit Ihren eigenen Überlegungen.

Der künstliche Mensch (2001)

Thomas Assheuer

Die jüngste Revolution der Genwissenschaft entfesselt bizarre Fantasien. Intellektuelle träumen vom Zeitalter der Hypermoderne, in der die Natur restlos überwunden ist und der Mensch sich künstlich selbst erschafft.

Längst hat die Revolution der Genforschung wilde Fantasien entfesselt, denen gegenüber sich Science-Fiction-Romane wie Tastversuche in der Dunkelkammer ausnehmen. Vor allem in den kulturellen Zirkeln ist kein Halten mehr; hier kehrt das utopische Denken, auf das Intellektuelle so lange verzichten mussten, in Gestalt von Genvisionen und fantastischen Zukunftsentwürfen zurück. So unterschiedlich diese Träume auch sein mögen, so kreisen sie vor allem um eine einzige Vorstellung: um das künftige Zeitalter, mit dem ein zählebiges Provisorium, die lange Epoche Alteuropas, definitiv zu Ende geht [...]. Das Alte liegt hinter uns, das Neue hat noch nicht begonnen. Dazwischen liegen Angst und Pessimismus, die Hysterie der Verzagten.

Provisorium: vorläufige Einrichtung

Glaubt man den neuen Utopikern, dann stehen wir an der Schwelle zu einem neuen Zeitalter. Wir sind Zeuge einer dramatischen Epochenzäsur; rapide verlieren die alten Weltbilder an Gültigkeit, während am Horizont die Umrisse einer Hypermoderne sichtbar werden, in der vertraute, scheinbar naturwüchsige Grenzen verschwinden – die Grenzen zwischen Mensch und Maschine, Technik und Natur, Geist und Materie. Hinter uns türmen sich der europäische Traumabfall, die Illusionen der Aufklärung, das Ammenmärchen vom mündigen Subjekt und das humanistische Selbstverständnis des Menschen. Zu Ende, sagen die neuen Utopiker, sei das Weltzeitalter der Spaltungen, die Entzweiung von Individuum und Gesellschaft, Subjekt und Objekt.

Und vor uns? Vor uns liegt die Epoche der Hypermoderne. Denn zum ersten Mal in ihrer Geschichte sei es der Gattung vergönnt, die Evolution selbst in die Hand zu nehmen und die dazugehörigen Menschen in ihrem Wesenskern zu verändern. Nach der Entschlüsselung des menschlichen Genoms stehen wir, so klingt es triumphierend herüber, an der Zeitmauer. Nach Jahrtausenden erzwungener Demut könne der Mensch sein biologisches Schicksal in die Hand nehmen und sich nach seinem eigenen Bild erschaffen. Alle abendländische Schwermut habe nun ein Ende; die Gattung darf die innersten Seiten im Buch der Natur nicht nur lesen, sie kann diese Seiten redigieren und umschreiben: neu und besser.

Genom: Gesamtheit der Erbanlagen des Menschen

[...] Was Propheten der Hypermoderne gern unterschlagen, ist die Tatsache, dass mit der angewandten Gentechnik auch die Verfügungsspielräume von Menschen über Menschen ins Ungeheure wachsen. Eine zur humanbiologischen Merkmalsplanung enthemmte Wissenschaft wäre eine Machttechnik, die das Selbstverhältnis der Demokratien, ihren egalitären Grund, im Kern berührt. Diese gesellschaftliche Zäsur wird von den Vordenkern der Hypermoderne verharmlost; es gibt sie gar nicht.

1 Verfassen Sie einen Lexikoneintrag zum Stichwort „Hypermoderne".

2 Was wirft der Autor den Technikkritikern vor? Halten Sie seine Kritik für berechtigt?

3 Schauen Sie sich das SPIEGEL-Titelbild („Der Sündenfall") auf S. 137 genau an. Beschreiben Sie es zunächst sehr genau und deuten Sie es dann vor dem Hintergrund des Textes von Assheuer.

Kahlkopf: gemeint ist der Maler, Zeichner, Architekt, Anatom und Mechaniker Leonardo da Vinci (1452–1519)

A. Paul Weber, Melancholie (1970)

Entdeckungen (1974)

Günter Kunert

Mit dem Problem der Verantwortung des Wissenschaftlers und Ingenieurs setzt sich Günter Kunert (* 1929) in dem folgenden Denk-Bild auseinander.

Kahlkopf mit wallendem Bart, einem biblischen Bettler näher denn seiner Bedeutung als Maler der höhnischen Gioconda und des übergroßen *Abendmahles*, dessen Farben bereits von der Wand bröckelten, da er noch umging, Gedichte notierte und physikalische Gesetze, seltsame Fallschirme, Menschenflügel und Mauerbrecher skizzierte, nackte Weiber und nackte Götter. In jener fernen Epoche erfand er ein Tauchschiff, fähig, unter Wasser dahinzuschwimmen und alles über dem Wasser zu versenken: eine ungeheuerliche Waffe in seefahrender Zeit. Nach kurzem Genuss des Draufgekommenseins verbrannte das greise Genie sorgfältig die Pläne, genießend, draufgekommen zu sein, dass es manchmal schon ein Fortschritt ist, einen Schritt vorwärts nicht zu tun.

1 Welche historische Gestalt verbirgt sich hinter dem Porträt Kunerts? Wie wird diese charakterisiert?

2 Erläutern Sie die Überschrift des Textes und machen Sie deren Beziehung zum Text deutlich.

3 Setzen Sie sich mit der hier entwickelten Problemlösung auseinander.

Nach- und Weiter-Denken

1 Welche Kenntnisse über das Verhältnis von Mensch und Technik haben Sie nach der Bearbeitung des Kapitels gewonnen? Formulieren Sie die neu gewonnenen Kompetenzen in Thesenform.

2 Welche der Probleme, die in den Texten thematisiert werden, können Sie nachvollziehen, welche nicht?

3 Verfassen Sie einen philosophischen Essay, in dem Sie die Position, die Sie in diesem Kapitel am meisten angesprochen und/oder überzeugt hat, gegen mögliche andere Positionen verteidigen.

Erweiterter Blick: Selbsterkenntnis und Identität

Ich bin ein Mädchen

Wer bin ich?

Ich bin ein Hip-Hopper

Ich bin viele

Ich bin ein Fan

Ich bin ich

Ich bin, was ich bin

Ich bin, was ich habe

Ich bin ein Jude

Ich bin wir

Ich bin

Ich bin wer

Ich bin ein Moslem

Ich bin wie ihr

Ich bin meine Rolle

Ich bin nichts

Ich bin ein Christ

Ich bin ein Mann

Ich denke, also bin ich

Ich bin mein Körper

Ich bin anders

Ich fühle, also bin ich

Vor-Denken

Pyramidendiskussion zur Identität

1 ||| Was verstehen Sie ganz persönlich unter Identität? Halten Sie Ihre Definition des Begriffes bitte schriftlich fest.

2 ||| Vergleichen Sie nun Ihre Definition von Identität mit der Ihrer Nachbarin bzw. Ihres Nachbarn. Versuchen Sie, beide Definitionen zu einer zusammenzufassen bzw. sich auf eine schriftlich zu verständigen.

3 ||| Setzen Sie sich nun als Zweiergruppe mit einer benachbarten Zweiergruppe zusammen und vergleichen Sie Ihre Definitionen miteinander. Entwickeln Sie auf dieser Grundlage eine gemeinsame Definition von Identität.

4 ||| Jetzt sollten zwei Vierergruppen zusammenkommen, vergleichen, diskutieren, sich auf eine Definition einigen und ihr Ergebnis auf Folie notieren, um es anschließend im Plenum vorzustellen.

Kontexte

Selbsterkenntnis

„Gnôthi seautón!", „Erkenne dich selbst!", ist die mittlere der drei apollonischen Weisheiten, neben „éi", „Du bist", und „medèn ágan", „Nichts im Übermaß". Mit den Inschriften *gnôthi seautón* und *medèn ágan* wurden die Besucher im Tempelbezirk des Orakels von Delphi im Heiligtum des Apollo begrüßt. Mit den Fragen „Wer bin ich?" und „Wie lebe ich?" betrat der Besucher gleichsam den Raum.

In Anknüpfung an die „Erkenne-Dich-selbst"-Weisung im Orakel zu Delphi ist in der Antike eine reiche Tradition an philosophischen Grundlagentexten zur Selbsterkenntnis entstanden. In dem Kapitel „Grundsätze eines gelingenden Lebens" (Kap. 4.1, S. 159 ff.) finden Sie dazu einige klassische Positionen. Der Begriff „Identität" wird erst im 18. Jahrhundert eingeführt. Er erweitert die Blickrichtung. Nicht allein die Frage „Wer bin ich?" steht im Mittelpunkt, sondern auch, wer diese Frage stellt und wie er sich zu sich und zu anderen verhält. Im Zentrum des Identitätsdiskurses steht mit anderen Worten nicht nur die Frage nach der Selbsterkenntnis, sondern auch nach dem menschlichen Selbst- und Weltverhältnis. In das Zentrum der Debatten ist der Begriff „Identität" im 20. Jahrhundert gerückt. Einige Grundpositionen sollen nachfolgend vorgestellt werden.

Das „Ich" und das „ICH" (1931)

George Herbert Mead

George Herbert Mead (1863 – 1931) ist einer der bedeutendsten Vertreter des amerikanischen Pragmatismus. Mit seiner Unterscheidung zwischen „I" und „Me", „Ich" und „ICH", hat er den identitätstheoretischen Diskurs bis in die Gegenwart hinein maßgeblich beeinflusst.

amerikanischer Pragmatismus: philosophische Richtung, die durch Beobachtung lebensweltlichen Handelns philosophische Erkenntnisse gewinnt

Das „Ich" ist die Reaktion des Organismus auf die Haltungen anderer; das „ICH" ist die organisierte Gruppe von Haltungen anderer, die man selbst einnimmt. Die Haltungen der anderen bilden das organisierte „ICH", und man reagiert darauf als ein „Ich". Diese Begriffe gilt es nun genauer zu untersuchen.

Bei der Übermittlung von Gesten gibt es weder ein „Ich" noch ein „ICH"; die Handlung ist noch nicht vollzogen, doch findet die Vorbereitung in diesem Bereich der Geste statt. Insofern nun der Einzelne in sich die Haltungen der anderen auslöst, entwickelt sich eine organisierte Gruppe von Reaktionen. Und nur dank der Fähigkeit des Einzelnen, diese Haltungen der anderen einzunehmen, soweit sie organisierbar sind, wird er sich seiner Identität bewusst. Die Übernahme aller dieser organisierten Haltungen gibt ihm sein „ICH", das heißt die Identität, deren er sich bewusst wird. Er kann den Ball einem anderen Spieler zuwerfen, wenn andere Mitglieder der Mannschaft dies von ihm fordern. Diese Identität existiert in seinem Bewusstsein unmittelbar für ihn. Er hat ihre Haltungen in sich, weiß über ihre Wünsche und über die Folgen jeder seiner Handlungen Bescheid. Er hat die Verantwortung für die Situation übernommen. Die Existenz dieser organisierten Gruppen von Haltungen ist es nun, die das „ICH" ausmacht, auf das er als ein „Ich" reagiert. Wie aber diese Reaktion beschaffen sein wird, weiß er nicht und auch kein anderer. Vielleicht wird er gut spielen, vielleicht einen Fehler begehen. Die Reaktion auf diese Situation, so wie sie in seiner unmittelbaren Erfahrung aufscheint, ist unbestimmt – und das macht das „Ich" aus. [...]

aufscheint: nicht wahrgenommen wird

Das „Ich" in dieser Beziehung zwischen „Ich" und „ICH" ist also etwas, das sozusagen auf eine gesellschaftliche Situation reagiert, die innerhalb der Erfahrung des Einzelnen liegt. Es ist die Antwort des Einzelnen auf die Haltung der anderen ihm gegenüber, wenn er eine Haltung ihnen gegenüber einnimmt. Nun sind zwar die von ihm ihnen gegenüber eingenommenen Haltungen in seiner eigenen Erfahrung präsent, doch wird seine Reaktion ein neues Element enthalten. Das „Ich" liefert das Gefühl der Freiheit, der Initiative. Die Situation ist nun gegeben, damit wir selbstbewusst handeln können. Wir sind uns unserer selbst und der Situation bewusst. Wie wir aber handeln werden, tritt erst nach Ablauf dieser Handlung in unsere Erfahrung ein.

präsent: gegenwärtig

So erklärt sich die Tatsache, dass das „Ich" in der Erfahrung nicht ebenso wie das „ICH" auftritt. Das „ICH" steht für eine bestimmte Organisation der Gemeinschaft, die in unseren Haltungen präsent ist, und verlangt nach einer Reaktion, aber die Reaktion selbst läuft einfach ab. Im Hinblick auf sie ist nichts sicher. Es besteht zwar eine moralische, nicht aber eine mechanische Notwendigkeit, eine bestimmte Handlung zu setzen. Erst wenn sie abgelaufen ist, erkennen wir, was tatsächlich geschah. Die obige Darstellung gibt uns meiner Meinung nach die jeweiligen Positionen von „Ich" und „ICH" in der jeweiligen Situation sowie die Gründe für die Trennung dieser beiden im Verhalten. Beide sind im Prozess getrennt, gehören aber so wie Teile eines Ganzen zusammen. Sie sind getrennt und gehören doch zusammen. Die Trennung von „ICH" und „Ich" ist keine Fiktion. Sie sind nicht identisch, da das „Ich" niemals ganz berechenbar ist. Das „ICH" verlangt nach einem bestimmten „Ich", insoweit wir die Verpflichtungen erfüllen, die im Verhalten selbst auftreten, doch ist das „Ich" immer ein wenig verschieden von dem, was die Situation selbst verlangt. So gibt es also immer den Unterschied zwischen „ICH" und „Ich". Das „Ich" ruft das „ICH" nicht nur hervor, es reagiert auch darauf. Zusammen bilden sie eine Persönlichkeit, wie sie in der gesellschaftlichen Erfahrung erscheint. [...] Wir bezeichnen eine Person als konventionelles Wesen; ihre Ideen entsprechen genau denjenigen ihrer Nachbarn; sie ist unter diesen Umständen kaum mehr als ein „ICH"; ihre Anpassungen sind unbedeutend, sie finden unbewusst statt. Im Gegensatz dazu steht die Person, die eine ausgeprägte Persönlichkeit besitzt und auf die organisierte Haltung so reagiert, dass ein bedeutender Unterschied zu verzeichnen ist. Bei einer solchen Person ist das „Ich" die wichtigere Phase der Erfahrung. Diese beiden ständig auftretenden Phasen sind die entscheidenden Phasen der Identität.

Fiktion: Erfindung

1 Um den Text von George Herbert Mead zu erschließen, ist es sinnvoll, wenn Sie die von Mead gemachten Aussagen zum „Ich" und zum „ICH" systematisch in einer Tabelle oder Grafik einander gegenüberstellen.

2 Was ist nach Mead Identität? Formulieren Sie eine Definition, die nach Möglichkeit die komplexen Zusammenhänge ebenso prägnant wie verständlich wiedergibt.

3 Lassen Sie die beiden Bilder unten auf sich wirken. Erläutern Sie anschließend, ob und inwiefern diese Bilder (oder eines von ihnen) illustrieren, was Mead theoretisch ausgeführt hat.

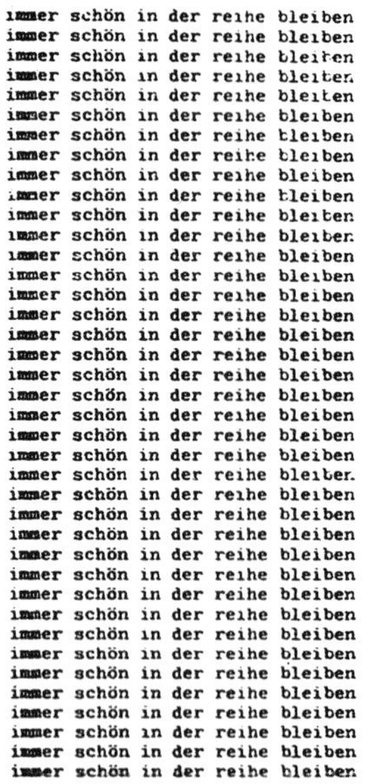

Das Problem der Ich-Identität (1959)

Erik H. Erikson

Erik H. Erikson (1902 – 1994) gilt als Wegbereiter des Identitätsdiskurses im 20. Jahrhundert. Er hat in Weiterentwicklung der freudschen Psychoanalyse den Begriff der „Identität" in das Zentrum der psychologischen Fragestellungen gerückt.

In mehreren Arbeiten [...] habe ich den Begriff der *Ich-Identität* verwendet. Es sollte damit ein spezifischer Zuwachs an Persönlichkeitsreife angedeutet werden, den das Individuum am Ende der Adoleszenz der Fülle seiner Kindheitserfahrungen entnommen haben muss, um für die Aufgaben des Erwachsenenlebens gerüstet zu sein. [...] Der Begriff „Identität" drückt also insofern eine wechselseitige Beziehung aus, als er sowohl ein dauerndes inneres Sich-Selbst-Gleichsein wie ein dauerndes Teilhaben an bestimmten gruppenspezifischen Charakterzügen umfasst. [...]

1. Die Adoleszenz ist die letzte und abschließende Phase der Kindheit. Der Prozess der Adoleszenz ist jedoch nur dann wirklich abgeschlossen, wenn das Individuum seine Kindheitsidentifikationen einer neuen Form von Identifikation untergeordnet hat, die es in der intensiven Gemeinschaft und im Wetteifern mit Gleichaltrigen errungen hat. Diese neuen Identifikationen sind nicht mehr durch das Spielerische der Kindheit und die Probierfreude der Vorpubertätszeit charakterisiert. Unerbittlich zwingen sie den jungen Menschen, Entscheidungen zu treffen, die mit wachsender Beschleunigung zu immer endgültigeren Selbstdefinitionen, zu irreversiblen Rollen und so zu Festlegungen „fürs Leben" führen. Die Aufgabe, die der junge Mensch und seine Gesellschaft

irreversibel: unveränderbar

hier zu leisten hat, ist oft schwierig; notwendigerweise ergeben sich für den Einzelnen und die verschiedenen Gesellschaften große Unterschiede in Bezug auf Dauer, Intensität und Ritualisierung der Adoleszenz. Die einzelnen Kulturen gestatten und die einzelnen jungen Menschen brauchen eine mehr oder weniger anerkannte Karenzzeit zwischen Kindheit und Erwachsenenleben, institutionalisierte *psychosoziale Moratorien*, während welcher ein nunmehr endgültiger Rahmen für die „innere Identität" vorgezeichnet wird.

Karenzzeit: hier: Zwischenzeit

Moratorium: hier: Ruhephase

Mit-Denken

||| Bevor Sie weiterlesen: Überlegen Sie doch einmal selbst, worin der Unterschied zwischen Identität und Identifikation besteht. Sind beide bei Erikson identisch?

[...] Hier wird das geschlechtsreif gewordene und in seinen geistigen Funktionen fertige Individuum in seiner psychosexuellen Fähigkeit zur Intimität und in seiner pychosozialen Bereitschaft zur Elternschaft mehr oder weniger retardiert. Man kann diese Periode als ein *psychosoziales Moratorium* bezeichnen, währenddessen der Mensch durch freies Rollen-Experimentieren sich in irgendeinem der Sektoren der Gesellschaft seinen Platz sucht, eine Nische, die fest umrissen und doch wie einzig für ihn gemacht ist. Dadurch gewinnt der junge Erwachsene das sichere Gefühl innerer und sozialer Kontinuität, das die Brücke bildet zwischen dem, was er als Kind war, und dem, was er nunmehr im Begriff ist zu werden; eine Brücke, die zugleich das Bild, in dem er sich selber wahrnimmt, mit dem Bilde verbindet, unter dem er von seiner Gruppe, seiner Sozietät erkannt wird. [...]

retardiert: verzögert

Rollen-Experimentieren: Ausprobieren von Rollen

Kontinuität: Dauer

Sozietät: sozialer Verbund

2. [...] Jene endgültige Identität [...], die am Ende der Adoleszenz ersteht, ist jeder einzelnen Identifikation mit den Beziehungspersonen der Vergangenheit durchaus übergeordnet; sie schließt alle wichtigen Identifikationen ein, aber verändert sie auch, um aus ihnen ein einzigartiges und einigermaßen zusammenhängendes Ganzes zu machen. [...] Die Identitätsbildung schließlich beginnt dort, wo die Brauchbarkeit der Identifikationen endet. Sie entsteht dadurch, dass die Kindheitsidentifikationen teils aufgegeben, teils einander angeglichen und in einer neuen Konfiguration absorbiert werden, was wiederum von dem Prozess abhängt, durch den eine Gesellschaft (oft mittels Untergesellschaften) den jungen Menschen identifiziert, indem sie ihn als jemanden annimmt und anerkennt, der so werden musste, wie er ist. [...]

3. Das Ende der Adoleszenz ist also das Stadium einer sichtbaren Identitäts*krise*. Das heißt aber nicht, dass die Identitäts*bildung* mit der Adoleszenz beginne oder ende: Sie ist vielmehr eine lebenslange Entwicklung, die für das Individuum und seine Gesellschaft weitgehend unbewusst verläuft.

1 Veranschaulichen Sie Erik H. Eriksons Entwicklungsmodell der Identität in einer Zeichnung oder Grafik.

2 Vergleichen Sie Eriksons Identitätsvorstellung mit der von George Herbert Mead. Arbeiten Sie Gemeinsamkeiten und Unterschiede heraus.

3 Bewerten Sie in einem philosophischen Essay Eriksons Identitätsvorstellung im Vergleich zu der von Mead. Sie können auch die beiden Bilder (S. 142) in Ihre Argumentation miteinbeziehen.

Erich Fromm (1900–1980)

Frankfurter Schule: Gruppe von Wissenschaftlern, die in Anknüpfung an Marx und Freud die „kritische Sozialphilosophie" entwickelt haben

Strukturzentrum: hier: psychologisches Zentrum

Identität zwischen Haben und Sein (1968)

Erich Fromm

Erich Fromm, einer der bekanntesten Psychoanalytiker in der Nachfolge von Sigmund Freud und gleichzeitig frühes Mitglied der sogenannten Frankfurter Schule, hat die Identitätsproblematik im Horizont seiner berühmten Unterscheidung zwischen den Existenzweisen des Habens und des Seins reflektiert.

Wenn wir [...] von Identität sprechen, dann sprechen wir von einer Qualität, die nur dem Menschen und nicht auch den Dingen eigen ist.

Was ist demnach Identität im spezifisch menschlichen Sinne? Ich möchte von den vielen Antworten auf diese Frage nur jene Auffassung anführen, die mit Identität eine Erfahrung meint, die es dem Menschen gestattet, legitimerweise „ich" zu sagen, wobei unter „ich" ein organisierendes, tätiges Strukturzentrum all meiner aktuellen und potenziellen Handlungen zu verstehen ist. Die Ich-Erfahrung gibt es nur im Zustand spontanen Tätigseins, nicht jedoch im Zustand passiven Untätigseins, eines Dämmerzustandes, bei dem man wach genug ist, um seinen Geschäften nachzugehen, aber nicht wach genug ist, um sein „Ich" als ein tätiges Zentrum in sich zu spüren. [...] Dieser Begriff des „Ich" ist von dem des „Ego" zu unterscheiden. (Ich verwende letzteren Begriff hier nicht im Sinne des freudschen „Ichs", sondern in seiner populären Bedeutung: wenn die Amerikaner beispielsweise von jemand sagen, er habe ein *big ego*, ein aufgeblasenes „Ego".) Wenn ich mein „Ego" erlebe, dann erlebe ich mich als ein Ding, als den Körper, den ich habe, als die Erinnerungen, die ich habe – als das Geld, das Haus, die gesellschaftliche Stellung, die Macht, die Kinder, die Probleme, die ich *habe*. [...] Viele Menschen verwechseln leicht die Identität des „Ego" mit der Identität des „Ich" oder „Selbst", aber der Unterschied ist grundsätzlicher Art und unverkennbar. Die Erfahrung des „Ego" und der Ego-Identität gründet sich auf die Vorstellung des Habens. Ich *habe* „mich" so, wie ich alle anderen Dinge habe, welche dieses „Ego" besitzt. Die Identität des „Ich" oder „Selbst" dagegen bezieht sich auf die Kategorie des Seins und nicht auf die des Habens. Ich bin „ich" nur in dem Ausmaß, in dem ich lebendig, interessiert und tätig bin und mit anderen in Beziehung stehe, nur in dem Maß, wie ich zu einer Integration zwischen meiner Erscheinung – in den Augen anderer oder auch in meinen eigenen Augen – und dem Kern meiner Persönlichkeit gelangt bin. Die Identitätskrise unserer Zeit beruht im Wesentlichen auf der wachsenden Entfremdung und Verdinglichung des Menschen und ist nur dann zu überwinden, wenn der Mensch wieder lebendig und tätig wird. Es gibt kein psychologisches Abkürzungsverfahren für die Überwindung der Identitätskrise; sie ist nur durch die fundamentale Umwandlung des entfremdeten Menschen in einen lebendigen Menschen zu überwinden.

1 Erläutern Sie, was nach Erich Fromm die Ego-Identität von der Ich-Identität unterscheidet und in welchem Zusammenhang beide zu den von Fromm verwendeten Kategorien bzw. Existenzweisen des „Habens" und des „Seins" stehen.

2 Schreiben Sie einen fiktiven inneren Dialog (wie auf einer inneren Theaterbühne) zwischen der Ego-Identität und der Ich-Identität, in dem beide ihr Gegenüber von der eigenen Existenzweise zu überzeugen versuchen.

3 Bewerten Sie stichwortartig die Thesen Fromms im Horizont Ihrer eigenen Überzeugungen. Diskutieren Sie anschließend im Plenum über Ihre Einschätzungen.

Entwicklung von Ich-Identität (1976)

Jürgen Habermas

Jürgen Habermas (* 1929), einer der herausragenden Vertreter der sogenannten Frankfurter Schule, hat unter Einbeziehung der psychoanalytischen Identitätstheorie Erik H. Eriksons und der interaktionistischen Vorstellungen George Herbert Meads ein viel beachtetes sozialphilosophisches Identitätsmodell entwickelt.

Lassen Sie mich [...] zunächst den Begriff der Identität [...] erläutern. [...] Personen, die „Ich" zu sich sagen können [...], haben eine Identität, indem sie sie hervorbringen und erhalten: Ich-Identität wird ihnen nicht bloß zugeschrieben. Das mag besonders in kritischen Lagen hervortreten, wenn eine Person mit Anforderungen konfrontiert wird, welche den zur gleichen Zeit erhobenen und gleichermaßen legitimen Erwartungen oder auch den in der Vergangenheit eingelebten Erwartungsstrukturen widersprechen. Solche Konflikte können aus dem plötzlichen Verlust von sozialen Zugehörigkeiten, auch aus dem unerwarteten Zugang zu neuen Positionen und Lebensbereichen, aus Lebensschicksalen wie Arbeitslosigkeit, Emigration, Krieg, sozialem Aufstieg, aus folgenreichen privaten Glücksfällen oder Katastrophen entstehen. Unter Umständen belasten sie ein Persönlichkeitssystem so stark, dass es vor der Alternative steht, zu zerbrechen oder ein neues Leben zu beginnen. Der Beginn eines neuen Lebens kann freilich sehr Verschiedenes bedeuten: Entweder genügt man der Forderung, mit sich identisch zu bleiben, gerade durch eine produktive Neuorientierung, die über die bestehenden Diskrepanzen hinweg die Kontinuität der Lebensgeschichte und die symbolischen Grenzen des Ich ermöglicht; oder man rettet seine Haut durch räumliche und zeitliche Segmentierung, also durch eine Abschnürung der unvereinbaren Lebensbereiche oder Lebensphasen, um wenigstens innerhalb dieser Parzellen den üblichen Konsistenzforderungen gehorchen zu können. Wer solche Konsistenzforderungen überhaupt ignoriert, von dem sagen wir, dass seine Identität zerfließt. Identitätsdiffusion ist eine Form von *beschädigter Identität*; andere Formen sind etwa die zwanghaft integrierte oder auch die gespaltene Identität. Solche Erscheinungen werden in der Psychopathologie beschrieben; es kommt nämlich zu Krankheiten der Seele oder des Geistes, wenn selbst in alltäglichen Lebenszusammenhängen die Kraft erlahmt, eine zwanglose Identität des Ich hervorzubringen und zu erhalten.

Die gelungene Ich-Identität bedeutet jene eigentümliche Fähigkeit sprach- und handlungsfähiger Subjekte, auch noch in tief greifenden Veränderungen der Persönlichkeitsstruktur, mit denen sie auf widersprüchliche Situationen antwortet, mit sich identisch zu bleiben. Allerdings müssen die Merkmale der Selbstidentifikation intersubjektiv anerkannt sein, wenn sie die Identität einer Person sollen begründen können. Das Sich-Unterscheiden von anderen muss von diesen anderen anerkannt sein.

Die durch Selbstidentifikation erzeugte und durchgehaltene symbolische Einheit der Person beruht ihrerseits auf der Zugehörigkeit zur symbolischen Realität einer Gruppe, auf der Möglichkeit einer Lokalisierung in der Welt dieser Gruppe. Eine die individuellen Lebensgeschichten übergreifende Identität der Gruppe ist deshalb Bedingung für die Identität der Einzelnen.

Segmentierung: Abtrennung

Parzelle: Teil

Konsistenz: Übereinstimmung

Diffusion: Auflösung

Psychopathologie: Lehre von den psychischen Erkrankungen

Mit-Denken

||| Formulieren Sie die Kernaussagen des Abschnittes mit eigenen Worten und notieren Sie Aspekte, die für Sie unklar geblieben sind. Diskutieren Sie anschließend beides mit Ihrem Sitznachbarn bzw. Ihrer Sitznachbarin – unter Einbeziehung der Herausforderungen für die Identität, die in den beiden Fotos (s. S. 146) dargestellt sind.

Trümmerfrauen vor den Kipploren, Berlin 1946

Szene aus „Matrix“

Das zeigt sich deutlich an der Entwicklung des Heranwachsenden. Indem das Kind lernt, seinen Leib von der noch nicht nach physischen und sozialen Objekten unterschiedlichen Umgebung abzugrenzen, gewinnt es eine, wie wir sagen können, „natürliche“ Identität, die sich dem zeitüberwindenden Charakter eines grenzerhaltenden Organismus verdankt. Schon Pflanzen und Tiere sind ja Systeme in einer Umwelt, sodass sie nicht nur, wie bewegte Körper, eine Identität „für uns“ (die identifizierenden Beobachter), sondern in gewissem Sinne eine Identität „für sich“ besitzen. Aber zur Person bildet sich das Kind erst in dem Maße, wie es sich in seiner sozialen Lebenswelt zu lokalisieren lernt. Wenn sich das Kind die symbolischen Allgemeinheiten weniger fundamentaler Rollen seiner Familienumgebung und später die Handlungsnormen größerer Gruppen einverleibt, wird die am Organismus haftende *natürliche Identität* des Kindes durch eine symbolisch gestützte *Rollenidentität* abgelöst. Dabei beruht der kontinuitätsstiftende Charakter der Rollenidentität auf der Stabilität der Verhaltenserwartungen, die sich über die Ich-Ideale auch in der Person selbst festsetzen. [...]

Adoleszenz: Jugend

partikular: hier: einzeln

inkompatibel: nicht vereinbar

Autonomisierung: Selbstständigkeit

Diese konventionelle Identität zerbricht im Allgemeinen während der Adoleszenzphase. Während dieser Zeit lernt der Jugendliche die wichtige Unterscheidung zwischen einerseits Normen und andererseits Grundsätzen, nach denen wir Normen erzeugen können. [...] Das Ich [kann sich] nicht länger über die partikularen Rollen und die vorgefundenen Normen mit sich identifizieren. Es muss damit rechnen, dass sich die traditionell eingewöhnten Lebensformen als bloß partikular, als unvernünftig erweisen; deshalb muss es seine Identität sozusagen hinter die Linien aller *besonderen* Rollen und Normen zurücknehmen und allein über die abstrakte Fähigkeit stabilisieren, sich in beliebigen Situationen als derjenige zu repräsentieren, der auch angesichts inkompatibler Rollenerwartungen und im Durchgang durch eine lebensgeschichtliche Folge widersprüchlicher Rollensysteme, den Forderungen nach Konsistenz noch genügen kann. Die *Ich-Identität* des Erwachsenen bewährt sich in der Fähigkeit, neue Identitäten aufzubauen und zugleich mit den überwundenen zu integrieren, um sich und seine Interaktionen in einer unverwechselbaren Lebensgeschichte zu organisieren. Eine solche Ich-Identität ermöglicht jene Autonomisierung und zugleich Individuierung, die in der Ich-Struktur schon auf der Stufe der Rollenidentität angelegt ist.

1 Halten Sie die wesentlichen Aussagen von Jürgen Habermas zur Identitätsentwicklung in schriftlicher Form fest. Versuchen Sie auf dieser Grundlage eine schematische Darstellung der von ihm unterschiedenen Entwicklungsphasen.

2 Vergleichen Sie das Entwicklungsmodell von Habermas mit dem von Erikson und dem Theorieentwurf von Mead. Arbeiten Sie Gemeinsamkeiten und Unterscheide heraus und bewerten Sie diese.

3 Wenn Sie Jürgen Habermas persönlich treffen könnten, welche Fragen würden Sie ihm zu seinem Identitätsmodell stellen und welche Antworten würden Sie erwarten? Sie können dieses fiktive Interview auch als philosophisches Rollenspiel führen.

Kulturelle Quellen der Identität (1989)

Charles Taylor

Charles Taylor (* 1931), ein bedeutender Vertreter des sogenannten Kommunitarismus, hat mit seinen Studien „Quellen des Selbst. Die Entstehung der neuzeitlichen Identität" und „Negative Freiheit? Zur Kritik des neuzeitlichen Individualismus" die kulturgeschichtlichen Wurzeln von Identität herausgearbeitet.

Kommunitarismus: gegen Liberalismus und Postmoderne gewandte philosophische Richtung, die die soziale und kulturelle Einbettung des Menschen betont

Vom Menschen reden wir als einem „Selbst". Dieses Wort wird auf alle möglichen Weisen verwendet [...]. Es gibt aber eine Bedeutung des Ausdrucks, in der wir, wenn wir eine Person als Selbst bezeichnen, meinen, der Betreffende sei ein Wesen mit der Tiefe und Komplexität, die erforderlich ist, um eine Identität [...] zu haben (bzw. um eine solche Identität anstreben und suchen zu können). [...]

Das Selbst wird zum Teil durch seine Selbstinterpretationen konstituiert [...]. Doch die Interpretationen des Selbst können niemals völlig explizit sein. Vollständige Artikuliertheit ist ein Ding der Unmöglichkeit. Die von uns akzeptierte Sprache artikuliert für uns die Fragen bezüglich des Guten. Doch was wir, indem wir diese Sprache benutzen, als Gegebenes und schlicht als Zähleinheit voraussetzen, können wir nicht vollständig artikulieren. [...]

konstituiert: hier: bestimmt

Das deutet auf ein weiteres entscheidendes Merkmal des Selbst hin: Ein Selbst ist man nur unter anderen Selbsten. Es ist nie möglich, ein Selbst zu beschreiben, ohne auf diejenigen Bezug zu nehmen, die seine Umwelt bilden. [...] Dieser Gedanke ist, wie wir oben gesehen haben, implizit bereits im Begriff „Identität" selbst enthalten. Meine Selbstdefinition wird als Antwort auf die Frage „Wer bin ich?" verstanden, und diese Frage erhält ihren ursprünglichen Sinn im Austausch mehrerer Sprecher. Ich definiere, wer ich bin, indem ich den Ort bestimme, von dem aus ich spreche: meinen Ort im Stammbaum, im gesellschaftlichen Raum, in der Geografie der sozialen Stellungen und Funktionen, in meinen engen Beziehungen zu den mir Nahestehenden und ganz entscheidend auch im Raum der moralischen und spirituellen Orientierung, in dem ich die für mich wichtigsten definierenden Beziehungen durch das Leben selbst herstelle.

1 Zeichnen Sie mit eigenen Worten den Gang der Argumentation von Charles Taylor in ihren Voraussetzungen, Schlussfolgerungen und Zielpunkten nach.

2 Worin besteht nach Charles Taylor der Zusammenhang zwischen der Identität und der individuellen, sozialen bzw. kulturellen Verwurzelung? Erläutern Sie in Thesenform und nehmen Sie zu Taylors Position Stellung.

3 Interpretieren Sie die drei Fotos im Horizont der von Taylor im letzten Absatz entfalteten Bestimmungen von Identität.

Plurale Identität (1990)

Wolfgang Welsch

Postmoderne: gegen das Einheitsprinzip der Moderne gerichtete philosophische Richtung

Wolfgang Welsch (* 1946) ist einer der profiliertesten Vertreter der Philosophie der Postmoderne. Neben Fragen der Ästhetik spielt bei ihm auch das Konzept einer pluralen Identität eine zentrale Rolle, wie der Auszug aus dem 1990 erschienenen Aufsatz „Identität und ästhetisches Denken“ zeigt.

Pluralisierung: Vervielfältigung

Generierung: Hervorbringung

Soziologische Analysen der Gegenwart bestätigen den Trend zur fortgesetzten Pluralisierung. So macht beispielsweise Wolfgang Zapf unter dem Stichwort „Pluralisierung der Lebensstile“ auf das Hervortreten neuartiger Lebensphasen aufmerksam, etwa auf „Postadoleszenz der 20–30-Jährigen“ oder die Phase der „Jungsenioren oder ‚rüstigen Rentner‘“ oder auf die Tatsache, dass die Normalfamilie heute gegenüber unverheirateten Paaren, Singles, Alleinerziehenden, Geschiedenen und Zweitehen zur Minderheit wird, und er weist darauf hin, dass diese Pluralisierung zunächst ins Ungewisse führt: Ein Stil der genannten Lebensformen ist noch nicht vorgegeben; die Beteiligten müssen ihn selbst finden; es kommt für sie auf die Generierung neuer, gerade auch solchen Kurzphasen und nötigen Wechseln Rechnung tragender Identitätsmodelle an. Die Vervielfachung gesellschaftlicher Identität verlangt in der entwickelten Moderne – man nenne diese „Postmoderne“ oder anders – eine progressive Aneignung dieser Pluralisierungsdynamik. Sie ermöglicht und favorisiert einen Typ von Individualisierung, der Pluralisierung zur Essenz hat.

Die Arbeiten von Cindy Sherman wagen sich in dieser Problemsphäre eminent weit vor. Sherman führt eine quasi kernlose, eine rein aus der Vielheit von Möglichkeiten bestehende Identität vor Augen. Substanz, das traditionelle Modell von Identität, ist vollständig durch Attribute bzw. durch eine Vielzahl externer Wirklichkeiten und Rollen ersetzt. Zudem lässt sich an Shermans Arbeiten im Extrem verifizieren, wie Identität sozial durch die Übernahme von Rollen konstituiert sein kann. Identität entsteht nicht quasibiologisch durch Entfaltung eines Personkerns, sondern im wörtlichsten Sinn durch Identifikation.

Niemand wird die ambivalenten und problematischen Momente dieser Tendenz leugnen wollen. Wir sind auch von zahlreichen Negativbeispielen umgeben. Showstars der Gegenwart zeigen heute fast allesamt die Variation der Austauschbarkeit von Identität; in diesem Sinn haben sie tatsächlich Ausdruckfunktion für diese Zeit. Aber auch Vorbildfunktion? Allzu oft agieren sie die neue Situation nur ihren nihilistischen Zügen nach und in einem Modus der Indifferenz aus, während die positiven und profilierten Möglichkeiten – für die Cindy Sherman als Exempel stehen kann – weitaus seltener sind.

[...] Was an einigen Kunstwerken stellvertretend angesprochen wurde, könnte an zahlreichen anderen exemplifiziert werden. Die Kunst führt uns sowohl Identitätsauflösungen als auch Modelle des Übergangs zwischen verschiedenen Identitäten vor Augen. Sie bringt uns den Identitätswandel eindringlich nahe.

Man kennt das konservative Lamento, das dagegen angestimmt wird: Wenn die Kunst dergleichen tue, so reflektiere sie darin nur die Misere einer sich gesellschaftlich ausbreitenden Anomie; Identitätsverlust sei wohl ein Thema der Zeit und gewiss repräsentiere der psychisch Kranke die Essenz des heutigen Menschen, aber all dies sei eben beklagenswert, heillos, katastrophisch. Wer so spricht, verweigert sich den prospektiven Implikationen des gegenwärtigen Wirklichkeitswandels. Und vor allem wird er mit solch retrogradem Lamento uns bloß denunzieren, nicht aber uns helfen können.

Noch einmal möchte ich an die Postmoderne-Diskussion erinnern. Wenn die Postmoderne sich gravierend von der Moderne unterscheidet, dann eben dadurch, dass sie die Pluralität nicht bloß zähneknirschend als ungeliebte, aber umgängliche Realität hinnimmt, sondern ihre befreienden Aspekte erkennt und dieser Pluralität aus Überzeugung zustimmt. Es gilt, sich von alten Obsessionen zu lösen, sie als gefährliche Phantasmen zu durchschauen. Der Einheits- und Ganzheitsdruck, der abendländisches Denken durchzieht, ist eminent; in deutschen Gemütern ist er besonders stark – romanische werden von ihm schon weniger heimgesucht. Auch das haben die Diskussionen der letzten Jahre an den Tag gebracht.

Kontexte

Cindy Sherman, Ohne Titel (2001 und 1984)

Nihilismus: Verneinung von Sinn, Werten, Ordnungen etc.

Indifferenz: Unterschiedslosigkeit

Lamento: hier: Klageruf

Anomie: Zustand der gesellschaftlichen Auflösung

prospektiv: vorausschauend

retrograd: rückwärtsgewandt

1 Stellen Sie dar, was Wolfgang Welsch unter einer Identität im Zeichen der Postmoderne versteht und wie er sie begründet. Achten Sie dabei auch auf die Unterscheidung von Identität und Identifikation.

2 Überprüfen und bewerten Sie die These von Wolfgang Welsch, dass die Foto-Arbeiten von Cindy Sherman die Pluralisierung der Identität sehr gut veranschaulichen.

3 Jürgen Habermas hat verschiedentlich die Philosophie der Postmoderne kritisiert und von der „neuen Unübersichtlichkeit" gesprochen. Stellen Sie sich ein Streitgespräch zwischen Jürgen Habermas und Wolfgang Welsch zum Thema „Identität" vor. Schreiben Sie einen fiktiven Dialog zwischen beiden, der zeigt, wie die beiden Denker jeweils gegenüber dem Diskussionspartner in Fragen, Kritik und Antworten argumentieren würden (vgl. dazu auch S. 145–147).
Sie können diesen Dialog auch als philosophisches Rollenspiel realisieren.

4 Inwiefern lässt sich Bart aus der Serie „Die Simpsons“ als typisches Beispiel einer postmodernen Identität verstehen? Berücksichtigen Sie bei Ihrer Antwort auch die Analysen von Mark T. Conard (Kontexte, s. unten).

Kontexte

Bart Simpsons Identitätsproblem

In einer Episode der „Simpsons“ („Bart, das innere Ich“, Folge 85) veranlasst ein selbst ernannter Guru die Einwohner von Springfield, sich Bart zum Vorbild zu nehmen. Für Bart hat das eigentümliche Konsequenzen. Zunächst fühlt er sich als kleiner „Gott“, weil alle ihm nacheifern und tun, wonach ihnen gerade ist. Als Bart aber in der Schulstunde Fragen seiner Lehrerin, Mrs. Krabappels, auf seine besondere Art beantworten will, kommen andere Mitschüler ihm mit witzig-provozierenden Antworten zuvor. Und als er sich auf der Brücke mit seiner „patentierten Spuckorgie“ vergnügen will, stellt er frustriert fest, dass dort bereits viele Leute im Bart-Stil hinunterspucken. Bart stürzt in eine Krise:

Bart: Ach, Lisa, jeder in der Stadt führt sich jetzt auf wie ich. Warum ist das so ätzend?

Lisa: Ganz einfach, Bart, du hast dich selbst als Rebell definiert, und in Ermangelung eines repressiven Milieus wird nun deine soziologische Nische überbevölkert.

Bart: Verstehe.

Lisa: Seit dieser Hilf-dir-selbst-Kerl aufgetaucht ist, hast du deine Identität verloren. Du bist durch den Rost unserer Schnellreparatur-Einstundenfoto-Pulversuppen-Gesellschaft gefallen.

Bart: Das hat zur Folge?

Lisa: Damit hast du die Chance, eine neue und bessere Identität zu entwickeln. Darf ich einen gutmütigen Fußabtreter vorschlagen?

Bart: Klingt gut, Schwesterchen. Was soll ich tun?

Bart Simpson und die Identität des postmodernen Nihilismus (2001)

Mark T. Conard

Barts gesamte Identität basiert auf seiner Rebellion gegen Autorität. Wenn es keine Autorität mehr gibt, verliert Bart daher seine Identität. Er weiß nicht mehr, wer und was er ist. [...] In Abwesenheit dieses Milieus strampelt Bart sich ab und greift nach jemandem, der ihm helfen soll, sich selbst zu definieren.

Bart könnte in der Tat beispielhaft sein für unsere post-nietzscheanische Existenz. Das soll heißen, dass wir uns ja laut Nietzsche „jenseits von Gut und Böse“ bewegen und alle metaphysischen Tröstungen hinter uns lassen sollen: Gott, Himmel, Seele, eine moralische Weltordnung und so weiter. Wenn wir jedoch eine andere Welt, ein Jenseits, aufgeben, können wir leicht dem Nihilismus anheimfallen: „Die extremste Form des Nihilismus wäre die Einsicht, dass jeder Glaube, jedes Für-wahr-Halten notwendig falsch ist: weil es eine wahre Welt gar nicht gibt.“ [...] Mit anderen Worten: Wir laufen Gefahr, in einen intellektuellen und moralischen Alles-ist-möglich-Nihilismus zu stürzen [...]. [...] Bart, der Junge in den hellblauen kurzen Hosen, repräsentiert vielleicht wirklich diese nihilistische Gefahr. Er hat keine (oder nur wenige) Tugenden; er hat keinen schöpferischen Geist; er hat das Chaos der Existenz akzeptiert, aber nicht in dem Sinne, dass er es für sich formt und etwas Schönes daraus macht; er akzeptiert es mit einer gewissen Resignation. Wenn nichts wirklich eine Bedeutung hat, warum also nicht die Dinge ausleben? Warum nicht tun, wonach einem ist? Er lehnt alles ab, jedoch nicht, um alte, lebensverleumdende Götzen zu stürzen, sondern aus Mangel an einer gefestigten Identität und einem vollständigen Selbst.

Geschlechtsidentität (1991)

Judith Butler

Judith Butler (* 1956), neben Jessica Benjamin bekannteste feministische Psychologin und Psychoanalytikerin, hat mit ihrer Theorie der Gender-Identität bzw. Geschlechtsidentität einen zuvor nur wenig diskutierten Aspekt der Identitätsproblematik in den Fokus der Diskussion gerückt.

Wenn der Begriff „Geschlechtsidentität" die kulturellen Bedeutungen bezeichnet, die der sexuell bestimmte Körper *(sexed body)* annimmt, dann kann man von keiner Geschlechtsidentität behaupten, dass sie aus dem biologischen Geschlecht folgt. Treiben wir die Unterscheidung anatomisches Geschlecht/Geschlechtsidentität bis an ihre logische Grenze, so deutet sie vielmehr auf eine grundlegende Diskontinuität zwischen den sexuell bestimmten Körpern und den kulturell bedingten Geschlechtsidentitäten hin. Setzen wir für einen Augenblick die Stabilität der sexuellen Binarität *(binary sex)* voraus, so folgt daraus weder, dass das Konstrukt „Männer" ausschließlich dem männlichen Körper zukommt, noch dass die Kategorie „Frauen" nur weibliche Körper meint. Ferner: Selbst wenn die anatomischen Geschlechter *(sexes)* in ihrer Morphologie und biologischen Konstitution unproblematisch als binär erscheinen (was noch die Frage sein wird), gibt es keinen Grund für die Annahme, dass es ebenfalls bei zwei Geschlechtsidentitäten bleiben muss. Die Annahme einer Binarität der Geschlechtsidentitäten wird implizit darüber hinaus von dem Glauben an ein mimetisches Verhältnis zwischen Geschlechtsidentität und Geschlecht geprägt, wobei jene dieses widerspiegelt oder anderweitig von ihm eingeschränkt wird. Wenn wir jedoch den kulturell bedingten Status der Geschlechtsidentität als radikal unabhängig vom anatomischen Geschlecht denken, wird die Geschlechtsidentität selbst zu einem frei schwebenden Artefakt. Die Begriffe *Mann* und *männlich* können dann ebenso einfach einen männlichen und einen weiblichen Körper bezeichnen wie umgekehrt die Kategorien *Frau* und *weiblich*.

[...] Was kann dann mit dem Begriff „Identität" gemeint sein? Und worauf beruht die Annahme, dass Identitäten selbstidentisch sind, d.h. in der Zeit als selbe, einheitlich und innerlich kohärent fortbestehen? Noch wichtiger ist die Frage, wie diese Voraussetzungen die Diskurse über die geschlechtlich bestimmte Identität *(gender identity)* prägen. [...] „Kohärenz" und „Kontinuität" der „Person" sind keine logischen oder analytischen Merkmale der Persönlichkeit, sondern eher gesellschaftlich instituierte und aufrechterhaltene Normen der Intelligibilität. Da aber die „Identität" durch die stabilisierenden Konzepte „Geschlecht" *(sex)*, „Geschlechtsidentität" *(gender)* und „Sexualität" abgesichert wird, sieht sich umgekehrt der Begriff der „Person" selbst infrage gestellt, sobald in der Kultur „inkohärent" oder „diskontinuierlich" geschlechtlich bestimmte Wesen auftauchen, die Personen zu sein scheinen, ohne den gesellschaftlich hervorgebrachten Geschlechter-Normen *(gendered norms)* kultureller Intelligibilität zu entsprechen, durch die die Personen definiert sind.

Diskontinuität: unterbrochene Fortdauer

Binarität: Zweigliedrigkeit

Morphologie: Wortherkunft

mimetisch: nachahmend

Artefakt: künstlich Gemachtes

kohärent: zusammenhängend

instituierte: hier: errichtete

Intelligibilität: Fähigkeit, Zusammenhänge durch den Intellekt zu erfassen

1 Bilden Sie Vierergruppen und arbeiten Sie nach folgender Methode: Teilen Sie den Text von Judith Butler in sinnvolle Absätze ein. Der jeweils aktuelle Abschnitt wird zunächst von allen gelesen. Dann erhält jedes Gruppenmitglied eine Rolle zugewiesen: A klärt bzw. erklärt schwierige Begriffe und schwierige Textpassagen. B fasst den Inhalt des Abschnitts mit eigenen Worten kurz zusammen. C formuliert Fragen, die die anderen mithilfe des Textes beantworten können sollen. D versucht, einen Bezug

zwischen dem Text und der eigenen Lebenswelt, den eigenen Erfahrungen oder einer anderen philosophischen Theorie herzustellen, über den alle diskutieren.
Bei jedem neuen Abschnitt wechseln die Rollen (A, B, C, D) im Uhrzeigersinn.

2 Wie beurteilen Sie persönlich die Analysen und Thesen von Judith Butler? Notieren Sie zunächst in Stichworten für sich selbst und diskutieren Sie Ihre Einschätzungen anschließend im Plenum.

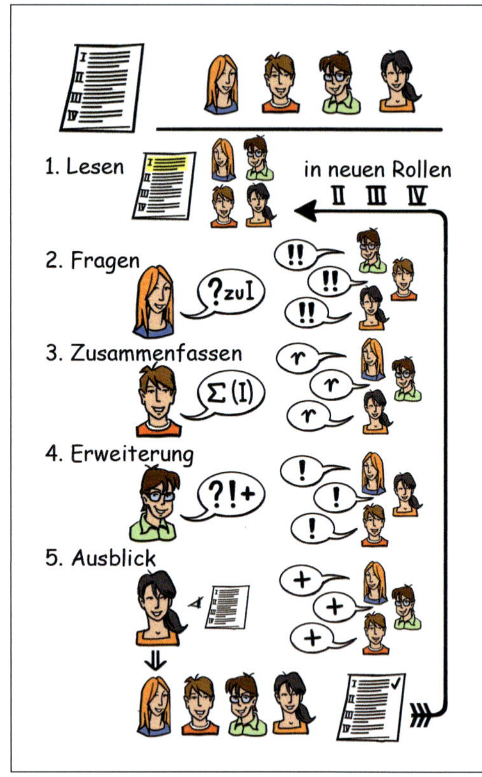

Schematische Darstellung des reziproken Lesens

Identität als Weise des Sichzusichverhaltens (1998)
Ernst Tugendhat

analytische Philosophie: meist sprachanalytisch ansetzende philosophische Richtungen des 20. Jh.

Ernst Tugendhat (* 1930), ein führender Vertreter analytischer Philosophie, hat sich in seiner Studie „Selbstbewusstsein und Selbstbestimmung. Sprachanalytische Interpretationen“ mit dem Identitätsdiskurs der Gegenwart auseinandergesetzt und dabei eine grundsätzliche Bestimmung vorgenommen.

Es mag sein, dass ein Teil der Verwirrungen, die sich in der Rede von „Identität“ ergeben haben, daher zu verstehen sind, dass man über keinen Begriff verfügte, was es heißt, sich zu sich zu verhalten. So wie das Sichzusichverhalten bei Heidegger verstanden wird, liegt darin von vornherein eine wesensmäßige Vereinzelung; denn man ist mit seiner eigenen unvertretbaren Existenz konfrontiert („Jemeinigkeit“). Dass ich mir überhaupt als Einzelner gegeben bin, gründet in der Verwendung singulärer Termini, aber dass ich mit mir als Einzelnem konfrontiert bin und dass es mir um mich als Einzelnen geht, gründet darin, dass sich an die Verwendung des singulären Terminus „ich“ die Proposition anschließt, dass ich zu sein habe. Das Identitätsproblem scheint mir nun zweierlei zu betreffen. Erstens, dass ich mich zu mir nur verhalten kann, indem ich mich als der oder der, so oder so verstehe, indem ich also eine Identität gewinne, und hier hat das Wort seine ganz natürliche Anwendung, und diese ist eine qualitative. Zweitens, wenn gesagt wird, der Identitätsbegriff sei ein „Äquivalent des Ich-Begriffs“, so geht es darum, dass ich mir die Wahl dieser Identität nicht abnehmen lasse, dass ich selbst wähle und d.h. eine Identität im Modus der Selbstständigkeit gewinne. Die Wahrheitsfrage kann ich nicht delegieren, ich kann ihr nur entweder ausweichen oder sie selbst stellen, und dasselbe gilt fürs Überlegen und fürs Wählen. Im Überlegen und Wählen ist jeder auf sich selbst zurückgeworfen, und das auch dann, wenn er mit anderen gemeinsam überlegt; darin liegt die eigentümliche Vereinzelung der selbstständigen Existenz, aber diese Vereinzelung bedeutet nicht Einzigartigkeit, und dieses Zurückgeworfensein auf sich bedeutet auch nicht, auf ein Ich oder Selbst zurückgeworfen zu sein, sondern es bedeutet, wie wir gesehen haben, eine Weise zu sein bzw. eine Weise des Sich-Verhaltens.

Kontexte

Die Metamorphose des Narziss (2004)

Peter V. Brinkemper

Das vom Kind oder Jungen bejubelte Bild gilt nicht als Abbild, nicht als bloße *Bestätigung* einer vorhandenen Identität, sondern als virtuelle *Konstitution* einer neuen Identität. Bejubelt wird in dem Bild das eigene Ich als ein anderer, in dessen plastische Rollen-Existenz das Gegenüber gerade erst eintritt.

Dalís malerisches Werk hält den entscheidenden Moment der Transformation und des Übergangs fest, überträgt dabei die Erfahrung der Fotografie, der Versammlung von kontingenten raumzeitlichen Momenten und Spuren in eine mediale Transfiguration, eine Verkunstung des Augenblicks wie auf Widerruf.

Salvador Dalí, Metamorphose des Narziss (1937)

1 Fassen Sie die Gedanken Ernst Tugendhats in Thesenform zusammen.

2 Formulieren Sie auf dieser Grundlage eine Definition von Identität im Sinne Tugendhats und bewerten Sie diese im Vergleich zu anderen Identitätsvorstellungen.

3 Welches Sichzusichverhalten hat Salvador Dalí mit seinem Gemälde „Metamorphose des Narziss" dargestellt? Diskutieren Sie im Plenum.

Nach- und Weiter-Denken

1 ||| Wählen Sie einen Satz (max. zwei bis drei zusammenhängende Sätze) aus dem Identitätskapitel aus, der Sie besonders angesprochen, irritiert, fasziniert etc. hat, und übertragen Sie ihn mit Edding in großer, gut lesbarer Schrift auf ein DIN-A4-Blatt. Stellen Sie sich anschließend gegenseitig in Ihrer Lerngruppe in einem Stuhlkreis die ausgewählten Textauszüge vor und erläutern Sie, wie Sie die Stelle verstehen und warum Sie sie ausgewählt haben.

2 ||| Welche identitätstheoretische Position hat Sie am meisten, welche am wenigsten angesprochen? Sammeln Sie Argumente für Ihre Einschätzung und tragen Sie sie in einer Diskussionsrunde innerhalb Ihrer Lerngruppe vor. Die anderen Diskussionsteilnehmer(innen) dürfen Gegenargumente formulieren oder Sie mit eigenen Argumenten unterstützen.

3 ||| Schreiben Sie einen fiktiven Brief an eine(n) der in diesem Kapitel vertretenen Philosoph(inn)en, in dem Sie ihr bzw. ihm Ihre ganz persönliche Einschätzung der im Text erkennbar werdenden Position verdeutlichen.

4 ||| Nehmen Sie Ihre eingangs persönlich und in der Gruppe formulierten Identitätsdefinitionen noch einmal zur Hand. Wie beurteilen Sie diese vor dem Hintergrund der von Ihnen gelesenen identitätstheoretischen Positionen?

5 ||| Fertigen Sie eine philosophische Collage aus Textzitaten, Bildern etc. zum Thema „Identität" an, in der auch Zitate aus den Texten Verwendung finden, die Sie in diesem Kapitel kennengelernt haben.

Was soll ich tun? I

Werte und Normen des Handelns

Quint Buchholz, Der Sinn des Lebens (1999)

Tu, was Du willst.
Fernando Savater

Das Prinzip der Nützlichkeit
Jeremy Bentham

Der Mensch ist verurteilt, frei zu sein.
Jean-Paul Sartre

Gestalte dein Leben so, dass es bejahenswert ist.
Wilhelm Schmid

Richte dein Augenmerk auf dich selbst, und wo du dich findest, da lass von dir ab; das ist das Allerbeste.
Meister Eckhart

Die eigentliche Region menschlicher Freiheit umfasst Freiheit des Denkens und Fühlens, absolute Freiheit der Meinung und des Empfindens.
nach John Stuart Mill

Handle nur nach derjenigen Maxime, durch die du zugleich wollen kannst, dass sie ein allgemeines Gesetz werde.
Immanuel Kant

Bei der Kunst des Lebens ist der Mensch sowohl Künstler als auch der Gegenstand seiner Kunst.
Erich Fromm

Ein Planetenarzt [...] würde uns ermahnen, mit der Erde in Partnerschaft zu leben.
James Lovelock

Hat ein Embryo ein Recht auf Leben?
Peter Singer

Das Prinzip Verantwortung
Hans Jonas

Wohlwollen und Liebe als moralische Orientierungen
Robert Spaemann

Vor-Denken

1 ||| Beantworten Sie bitte die Frage „Was soll ich tun?“ aus Ihrem ganz persönlichen Denk- und Erfahrungsraum heraus in Form eines Clusters. Schreiben Sie dazu die Frage in die Mitte einer Seite Ihres Tagebuchs und umgeben Sie sie mit einem Kreis. Notieren Sie anschließend Worte und Sätze, die Ihnen spontan zu der Frage einfallen, und umgeben Sie diese ebenfalls jeweils mit einem Kreis. Verbinden Sie die Kreise mit dem Ausgangskreis oder einem anderen der entstandenen Kreise. Beginnen Sie auf dieser Grundlage, den Anfang oder das Ende einer Geschichte zu der Frage „Was soll ich tun?“ zu verfassen.

2 ||| Deuten Sie das Bild „Der Sinn des Lebens“ von Quint Buchholz im Horizont der Frage „Was soll ich tun?“. Halten Sie Antworten schriftlich fest. Diskutieren Sie Ihre Notizen anschließend mit einem Sitznachbarn. Gehen Sie vor diesem Hintergrund der Frage nach, welche der abgedruckten Zitate aus Texten der Philosophiegeschichte in Ihrem Urteil zu dem Buchholz-Bild passen.

3 ||| Prüfen Sie bei der Beschäftigung mit dem Kapitel „Werte und Normen des Handelns“, welche(r) Text(e) bzw. welche Position(en) Ihrer Meinung nach am besten durch das Buchholz-Bild illustriert wird bzw. werden. Halten Sie Ihre Ergebnisse im philosophischen Tagebuch fest.

Was soll ich tun?

Philos

Sophos

Sophos: Lieber Philos, ich habe über euch Philosophen nachgedacht und gemerkt: Ich verstehe euch einfach nicht. Ihr habt immer so große Schwierigkeiten, klare Aussagen zu machen. Alles ist für euch immer so kompliziert. Dabei liefert uns die Wissenschaft doch hinreichende Grundlagen über das, was wir wissen und was unser Leben bestimmt.

Philos: Aha. Das ist ja interessant, lieber Sophos. Hast du ein Beispiel?

Sophos: Nun, die Medizin z. B. Sie wartet mit klaren Ergebnissen auf und besitzt einen unzweifelhaften Nutzen.

Philos (*heiter*): Ja, und dennoch sind die Dinge keinesfalls so klar, wie sie scheinen. Darf der Mediziner z. B. moralisch alles tun, was er tatsächlich machen könnte?

Sophos: Das verstehe ich nicht, Philos.

Philos: Nun, darf ein Arzt z. B. Leben unendlich verlängern, indem er einen klinisch toten Menschen reanimiert und seinen Körper in seinen Grundfunktionen künstlich mithilfe technischer Apparaturen am Leben erhält, obschon er weiß, dass der Mensch niemals wieder das Bewusstsein erlangen wird? Oder darf die Medizin einen Menschen klonen? Das sind Fragen der modernen Medizinethik. Diese ist Teil der philosophischen Ethik.

Sophos: Aha. Und was ist das: Ethik?

Philos: Die Schlüsselfrage der Ethik lautet: „Was soll ich tun?" Das ist eine ganz existenzielle Frage. Damit kann ein richtiges Dilemma verbunden sein – für jeden Menschen.

Sophos: Wie das?

Philos: Stell dir folgende Situation vor: Eine Frau, die an einer besonderen Krebsart erkrankt ist, liegt im Sterben. Es gibt eine Medizin, von der die Ärzte glauben, sie könne die Frau retten. Ein Apotheker in der gleichen Stadt hat diese Medizin kürzlich entdeckt. Die Herstellung hatte den Apotheker 2000 Dollar gekostet, nun verlangt er 20000 Dollar für eine kleine Dosis des Medikaments.

Sophos: Hm, der will halt Geld verdienen.

Philos: Ja, aber für Heinz, den Ehemann der kranken Frau, ergeben sich daraus große Probleme. Heinz versucht vergeblich, bei Bekannten so viel Geld zu leihen. Auch eine Unterstützung durch die Behörden ist nicht möglich. Lediglich 10000 Dollar, also die Hälfte der geforderten Summe, bekommt er zusammen. Dem Apotheker erzählt er, dass seine Frau im Sterben liegt, und er bittet ihn, das Medikament doch für die verfügbaren 10000 Dollar abzugeben. Auch zur Abzahlung des fehlenden Restbetrages erklärt er sich bereit. Doch der Apotheker lehnt ab.

Sophos: Das ist in der Tat ein verwerfliches Verhalten des Apothekers.

Philos: Du argumentierst ja ethisch. Aber das muss man nicht nur im Hinblick auf den Apotheker. Auch für Heinz ergibt sich ein großes ethisches Problem. Denn er hat alle legalen Möglichkeiten ausgeschöpft und ist verzweifelt. Was soll er tun? Die einzige Alternative, die ihm bleibt, um seine Frau zu retten, besteht darin, in die Apotheke einzubrechen und das Medikament zu stehlen. Was denkst du: Soll Heinz das Medikament stehlen oder nicht?

Sophos: Das ist eine wirklich sehr schwierig zu beantwortende Frage.

Philos: Du sagst es. Es ist ein richtiges Dilemma. Was er auch macht, er verstößt gegen ethische Prinzipien. Bricht er in die Apotheke ein, verstößt er gegen Gesetze und macht sich juristisch wie moralisch schuldig. Unterlässt er es, muss seine Frau sterben.

Sophos: Das ist ja entsetzlich. Was soll der arme Mann nur tun?

Philos: Tja, über diese Frage kannst du ja ein wenig nachdenken. Damit bewegst du dich inmitten der philosophischen Ethik und zugleich inmitten von Fragen der Staats- und Rechtsphilosophie, die ebenfalls zur Frage „Was soll ich tun?" gehören.

Sophos: Verstehe.

Philos: Und es gibt sogar noch weitere Bereiche, in denen sich die Frage „Was soll ich tun?" stellt.

Sophos: Wie das?

Philos: Nun, z. B. im Hinblick auf den Sinn des Lebens und die Frage nach dem Lebensglück. Das ist eine Frage, an deren ganz persönlicher Beantwortung niemand vorbeikommt. Die Frage „Was soll ich tun?" hat aber auch Bedeutung im Hinblick auf das Verhältnis zur Natur oder die Beziehung zu anderen Kulturen. Auch Fragen nach dem Verhältnis von Mensch und Gesellschaft, Wirtschaft und Moral oder Recht und Gerechtigkeit gehören dazu.

Sophos: Philosophische Fragen sind wirklich nicht so einfach. Und diese ethischen Probleme haben es in sich. Ich werde mich intensiver mit der philosophischen Ethik und ihren angrenzenden Gebieten beschäftigen. Dass die Frage „Was soll ich tun?" auch mit Staat und Recht zu tun hat, hm, das habe ich ehrlich gesagt noch nicht ganz verstanden. Aber ich lese mich da ein. Dann sprechen wir weiter ...

1 Wie sollte sich Heinz Ihrer Meinung nach entscheiden? Schreiben Sie eine philosophische Erörterung, in der Sie die Pro- und die Kontra-Aspekte abwägen, die jeweiligen Begründungen, Probleme und Konsequenzen reflektieren und am Ende Ihre eigene Position formulieren.

2 Legen Sie in Ihrem philosophischen Tagebuch ein Kapitel „Werte und Normen des Handelns" an und notieren Sie Fragen, Eindrücke, Thesen, Schlussfolgerungen zu den nachfolgend abgedruckten Texten.

3 Spielen Sie in Ihrem Kurs das „Descartes-Spiel": Jede(r) von Ihnen notiert einen ethischen Satz, dessen Wahrheit Sie für unerschütterlich halten. Die auf Seite 155 notierten Zitate können dafür Ideen liefern. Reihum werden nun die von Ihnen formulierten Sätze zur Diskussion gestellt. Ziel ist es, möglichst viele der zunächst für sicher gehaltenen Wahrheiten fragwürdig erscheinen zu lassen. Sieger(in) des Spiels ist, wem es gelingt, „seine"/„ihre" Wahrheit gegen alle skeptischen Einwände zu verteidigen.

Was soll ich tun? I

4 Werte und Normen des Handelns 159

In diesem Inhaltsfeld beschäftigen Sie sich mit der Frage, was Werte und Normen sind. Sie machen sich Gedanken darüber, ob Werte und Normen universell und zu jeder Zeit gültig sind. Sie überlegen, welche Werte und Normen Ihr Handeln bestimmen und wie Sie mit einem Konflikt zwischen einzelnen Werten oder Normen umgehen sollten.

4.1 Grundsätze eines gelingenden Lebens 160

- Worin besteht der Sinn des Lebens?
- Ist Glück ein Lebensziel?
- Was ist Glück?
- Was ist ein gutes Leben?
- Ist Leben eine Kunst?

4.2 Nützlichkeit und Pflicht als ethische Prinzipien 179

- Was ist das Gute?
- Worin besteht das Böse?
- Kann Nützlichkeit ein ethisches Prinzip sein?
- Gibt es eine allgemeingültige Moral und eine ethische Pflicht?
- Wo liegen die Grenzen meines Handelns?
- Welche Maßstäbe gelten für mein Handeln?
- Nach welchen Werten soll ich mein Leben ausrichten?

4.3 Verantwortung in ethischen Anwendungskontexten I: Ökologie und Ethik 210

- Ist der Mensch für die Natur verantwortlich?
- Darf der Mensch die Natur beherrschen?
- Wo liegen die Ursachen für die ökologischen Probleme der Gegenwart?
- Welche Maßstäbe gelten für den Umgang mit der Natur?
- Bezieht sich eine Verantwortungsethik mehr auf die Gegenwart oder auf die Zukunft?

4.4 Verantwortung in ethischen Anwendungskontexten II: Gentechnik und Ethik 227

- Gibt es ethische Grenzen medizinischen Handelns?
- Wo liegen ethische Pflichten beim medizinischen Handeln?
- Ist Klonen erlaubt?
- Ist eine Arbeit mit Embryonen erlaubt?
- Wo beginnt menschliches Leben?
- Dürfen wir ewig leben wollen?

4.5 Unterschiedliche Grundlagen moralischer Orientierungen 235

- Worauf kann eine moralische Orientierung gründen?
- Was unterscheidet universalistische und deontologische Ansätze von diskursiven?
- Schließen sich Altruismus und Egoismus aus?

4 Werte und Normen des Handelns

Im Einführungsband haben Sie sich bereits im Grundansatz mit Werten und Normen des Handelns auseinandergesetzt. Nachfolgend eröffnet sich die Möglichkeit, Ihr Wissen und Ihr Verständnis der damit verbundenen Problemstellungen zu erweitern und zu vertiefen. Grundsätzlich gilt: Wenn wir uns mit Werten und Normen des Handelns befassen, bewegen wir uns im Horizont der von Immanuel Kant aufgeworfenen Frage „Was soll ich tun?“ (vgl. Einführungsband Kap. 2, S. 108 ff.) und einem damit verbundenen zentralen Bereich der Philosophie – der Ethik.

Wilhelm Peters (1817–1903): Nero im Circus

Eingeführt wurde die Bezeichnung „Ethik“ von Aristoteles, der darunter – in Anlehnung an das griechische Wort „ethos“ – die philosophische, d. h. auf Vernunft gründende Beschäftigung mit Fragen von Sitte und Gebräuchen sowie von Zielen und Normen des menschlichen Handelns verstand. Zwar wurden diese Problemstellungen bereits von Sokrates und Platon diskutiert, allerdings noch ohne Verwendung der Bezeichnung „Ethik“. Die Gleichsetzung von Ethik und Moral bzw. Moralphilosophie geht auf Cicero zurück, der „êthikê“ mit „philosophia moralis“ übersetzte.

Zur Ethik gehört sowohl die Frage nach den Grundsätzen eines gelingenden Lebens (Kap. 4.1) als auch die nach der Bedeutung von Nützlichkeit und Pflicht als ethischen Prinzipien (Kap. 4.2). Hinzu kommen ethische Anwendungskontexte wie die ökologische Ethik (Kap. 4.3) und ethische Aspekte der Gentechnik (Kap. 4.4) sowie Fragen nach den Grundlagen moralischer Orientierungen (Kap. 4.5).

Vor-Denken

1 Erstellen Sie eine „Werte-Pyramide“, indem Sie die sieben höchsten Werte notieren, an denen sich menschliches Handeln nach Ihrem Urteil orientieren sollte. Stellen Sie sich in Kleingruppen (oder im Plenum) gegenseitig Ihre Werte-Pyramide vor und diskutieren Sie diese. Versuchen Sie sich auf dieser Grundlage anschließend auf eine gemeinsame „Werte-Pyramide“ zu einigen.

2 Werte und Normen des Handelns hängen auch von ihrem jeweiligen zeitlichen und kulturellen Kontext ab. Die beiden Abbildungen (oben) verdeutlichen dies in spezifischer Hinsicht. Im Römischen Reich entschied ein gehobener oder gesenkter Daumen über Leben bzw. Tod eines in der Arena kämpfenden Menschen, in unseren Tagen ist der gehobene Daumen zum Symbol einer weltumspannenden Gefallens- oder „Like“-Kultur geworden. Die in Rom gebräuchliche Praxis wird heute allgemein als ethisch verwerflich eingeschätzt. Wie beurteilen Sie aus ethischer Sicht die heutige Like-Praxis? Diskutieren Sie im Plenum.

4.1 Grundsätze eines gelingenden Lebens

Vera Solymosi-Thurzó, Lebenskunst (1989)

Stufen

Hermann Hesse

Wie jede Blüte welkt und jede Jugend
Dem Alter weicht, blüht jede Lebensstufe,
Blüht jede Weisheit auch und jede Tugend
Zu ihrer Zeit und darf nicht ewig dauern.
Es muß das Herz bei jedem Lebensrufe
Bereit zum Abschied sein und Neubeginne,
Um sich in Tapferkeit und ohne Trauern
In andre, neue Bindungen zu geben.
Und jedem Anfang wohnt ein Zauber inne,
Der uns beschützt und der uns hilft, zu leben.

Wir sollen heiter Raum um Raum durchschreiten,
An keinem wie an einer Heimat hängen,
Der Weltgeist will nicht fesseln uns und engen,
Er will uns Stuf' um Stufe heben, weiten.
Kaum sind wir heimisch einem Lebenskreise
Und traulich eingewohnt, so droht Erschlaffen,
Nur wer bereit zu Aufbruch ist und Reise,
Mag lähmender Gewöhnung sich entraffen.

Es wird vielleicht auch noch die Todesstunde
Uns neuen Räumen jung entgegensenden,
Des Lebens Ruf an uns wird niemals enden ...
Wohlan denn, Herz, nimm Abschied und gesunde!

(Aus lizenzrechtlichen Gründen folgt dieser Text nicht der reformierten Rechtschreibung.)

Vor-Denken

1 Beantworten Sie schriftlich in Ihrem philosophischen Tagebuch: Was sind für Sie ganz perönlich „Grundsätze eines gelingenden Lebens"?

2 Worin sehen Sie den Sinn und das Ziel Ihres Lebens? Wie stellen Sie sich ein glückliches Leben vor? Gestalten Sie zu diesen Fragen mit Texten, Bildern, Tondokumenten, Videos etc. eine philosophische Collage.

3 Legen Sie ein neues Kapitel in Ihrem philosophischen Tagebuch an. Notieren Sie dazu Fragen, Eindrücke, Thesen, Schlussfolgerungen zu den nachfolgend abgedruckten Texten zum Thema „Grundsätze eines gelingenden Lebens".

Der ewige Weg (6. Jh. v. Chr.)

Lao Tse

Lao Tse (auch Lao-tzu, Laozi, chin. „Alter Meister"), ein als Weiser verehrter chinesischer Philosoph aus dem 6. Jahrhundert v. Chr., gilt als Begründer des Taoismus. Der abgedruckte Text stammt aus dem „Tao te king", der berühmtesten taoistischen Schrift.

Könnten wir weisen den *Weg*,
Es wäre kein ewiger Weg.
Könnten wir nennen den Namen,
Es wäre kein ewiger Name.

Was ohne Namen,
Ist Anfang von Himmel und Erde;
Was Namen hat,
Ist Mutter den zehntausend Wesen.

Wahrlich:
Wer ewig ohne Begehren,
Wird das Geheimste schaun;
Wer ewig hat Begehren,
Erblickt nur seinen Saum.

Diese beiden sind eins und gleich.
Hervorgetreten, sind ihre Namen verschieden.
Ihre Vereinigung nennen wir mystisch.
Mystisch und abermals mystisch:
Die Pforte zu jedwedem Geheimnis.

Der mittlere Weg (5. Jh. v. Chr.)

Buddha

Siddhartha Gautama (ca. 563–483 v. Chr.), als Buddha (Sanskrit: „Erwachter") verehrter indischer Religionsstifter, hat mit seiner Lehre vom mittleren Weg asketischen Traditionen im Hinduismus eine Absage erteilt.

Was ist aber, ihr Mönche, die edle Wahrheit vom Pfad zur Aufhebung des Leidens? Das ist der edle achtgliedrige Pfad: rechte Ansicht, rechte Gesinnung, rechtes Reden, rechtes Tun, rechte Lebensweise, rechte Anstrengung, rechte Konzentration, rechte Versenkung. Das ist die edle Wahrheit vom Pfad zur Aufhebung des Leidens.

1 Fassen Sie die Quintessenz der Texte von Lao Tse und Buddha mit eigenen Worten zusammen. Wie beurteilen Sie die Positionen?

2 Prüfen Sie bei der Lektüre der weiteren Texte dieses Kapitels, ob sich Ihnen Gemeinsamkeiten zwischen den Positionen von Lao Tse bzw. Buddha und abendländischen Denkern der folgenden Jahrhunderte erschließen.

Kontexte

Diogenes von Sinope (404 – 324/323 v. Chr.)

Diogenes, der berühmteste Vertreter der Kyniker, einer philosophischen Richtung in der griechischen Antike, die jegliche Art von Besitz ablehnte, lebte in einem Fass und verzichtete auf jegliche Art von materiellen Gütern. Denn nur ein Mensch ohne Besitz und ohne Bedürfnisse kann auch nichts verlieren. Nur dieser Mensch kann glücklich sein. Folgende Begebenheit überliefert Plutarch:

Alexander dem Großen antwortete Diogenes, als dieser zu ihm trat und ihm einen Wunsch freistellte: „Geh mir ein wenig aus der Sonne", worauf Alexander entgegnete: „Wäre ich nicht Alexander, wollte ich Diogenes sein."

Glück als Ziel menschlichen Handelns (335 – 323 v. Chr.)

Aristoteles

Der abgedruckte Text ist der „Nikomachischen Ethik" des Aristoteles (384 – 322 v. Chr.) entnommen, einem ethischen Grundlagentext der griechischen Antike. Im Mittelpunkt steht die Frage nach den Voraussetzungen eines glücklichen Lebens und eines ethisch guten Handelns.

Jedes praktische Können und jede wissenschaftliche Untersuchung, ebenso alles Handeln und Wählen strebt nach einem Gut, wie allgemein angenommen wird. Daher die richtige Bestimmung von „Gut" als „das Ziel, zu dem alles strebt".

Dabei zeigt sich aber ein Unterschied zwischen Ziel und Ziel: Das eine Mal ist es das reine Tätig-sein, das andere Mal darüber hinaus das Ergebnis des Tätig-seins: das Werk. Wo es Ziele über das Tätig-sein hinaus gibt, da ist das Ergebnis naturgemäß wertvoller als das bloße Tätig-sein. Da es aber viele Formen des Handelns, des praktischen Könnens und des Wissens gibt, ergibt sich auch eine Vielzahl von Zielen: Ziel der Heilkunst ist die Gesundheit, der Schiffsbaukunst das Schiff, das Ziel der Kriegskunst: Sieg, der Wirtschaftsführung: Wohlstand. [...]

Wenn es nun wirklich für die verschiedenen Formen des Handelns ein Endziel gibt, das wir um seiner selbst willen erstreben, während das Übrige nur in Richtung auf dieses Endziel gewollt wird, und wir nicht jede Wahl im Hinblick auf ein weiteres Ziel treffen – das gibt nämlich ein Schreiten ins Endlose, somit ein leeres und sinnloses Streben –, dann ist offenbar dieses Endziel „das Gut" und zwar das oberste Gut.

höchstes **Ziel:** gr. teleios

Hat nun nicht auch für die Lebensführung die Erkenntnis dieses Gutes ein entscheidendes Gewicht und können wir dann nicht wie Bogenschützen, die ihr Ziel haben, leichter das Richtige treffen? Wenn ja, so müssen wir versuchen, wenigstens umrisshaft das Wesen des obersten Gutes zu fassen und (zwar zunächst) in welchem Bereich der Wissenschaften oder der praktischen Künste es zu finden ist.

Man wird zugeben: Es gehört in den Bereich der Kunst, welche dies im eigentlichsten und souveränsten Sinne ist. Als solche aber erweist sich die Staatskunst. Sie nämlich setzt fest, welche Formen praktischen Könnens in den einzelnen Gemeinwesen unbedingt vertreten sein sollen, ferner, mit welchen und bis zu welchem Grad der einzelne Bürger sich zu beschäftigen hat. Wir sehen es ja, wie ihr selbst die angesehensten „Künste" untergeordnet sind, z. B. Kriegs-, Haushalts- und Redekunst. Da sie es also ist, die sich der übrigen praktischen Künste als Mittel bedient und dazu noch gesetzgeberisch bestimmt, was zu tun und was zu lassen sei, so umfasst ihr Endziel die Ziele aller anderen und dieses ihr Ziel ist daher für den Menschen das oberste Gut. [...]

oberstes **Gut:** gr. aretê

„Was ist das Ziel der Staatskunst und welches das höchste von allen Gütern, die man durch Handeln erreichen kann?"

In seiner Benennung stimmen fast alle überein. „Das Glück" – so sagen die Leute, und so sagen die feineren Geister, wobei gutes Leben und gutes Handeln in eins gesetzt werden mit Glücklichsein. Aber was das Wesen des Glückes sei, darüber ist man unsicher, und die Antwort der Menge lautet anders als die des Denkers. Die Menge stellt sich etwas Handgreifliches und Augenfälliges darunter vor, z. B. Lust, Wohlstand, Ehre: jeder etwas anderes. Bisweilen wechselt sogar ein und derselbe Mensch seine Meinung: Wird er krank, so sieht er das Glück in der Gesundheit, ist er arm, dann im Reichtum. [...]

Glück: gr. eudaimonia

Mit-Denken

||| Bevor Sie weiterlesen: Machen Sie sich bewusst, was für Sie Glück ist.

Eine Meinung darüber, was oberster Wert und was Glück sei, gewinnt man wohl nicht ohne Grund aus den bekannten Lebensformen. In der Mehrzahl entscheiden sich die Leute, d. h. die besonders grobschlächtigen Naturen, für den Genuss und finden deshalb ihr Genügen an dem Leben des Genusses (a). Es gibt nämlich drei Hauptformen: erstens die soeben erwähnte (a), zweitens das Leben im Dienste des Staates (b), drittens das Leben als Hingabe an die Philosophie (c).

(a) Die vielen also bekunden ganz und gar ihren knechtischen Sinn, da sie sich ein animalisches Dasein aussuchen. Und doch bekommen sie einen Schein von Recht, weil es unter den Hochgestellten so manchen gibt, der ähnliche Passionen hat wie Sardanapal.

Sardanapal: assyrischer König, auf dessen Grabstein stand: „Iss, trinke, liebe; was sonst der Mensch hat, ist nicht der Rede wert."

(b) Edle und aktive Naturen entscheiden sich für die Ehre. Denn das ist im Ganzen gesehen das Ziel eines Lebens für den Staat. Doch ist dieses Ziel wohl etwas äußerlich und kann nicht als das gelten, was wir suchen. Hier liegt nämlich der Schwerpunkt mehr in dem, der die Ehre spendet, als in dem, der sie empfängt. Den obersten Wert aber erahnen wir als etwas, was uns zuinnerst zugeordnet und nicht leicht ablösbar ist. Außerdem ist anzunehmen, dass man nach Ehre strebt, um sich des eigenen Wertes zu vergewissern. Deshalb sucht man von Urteilsfähigen geehrt zu werden, von Menschen, die uns kennen, und zwar aufgrund der Tüchtigkeit. Jedenfalls ergibt sich aus diesem Verhalten ganz klar, dass die Tüchtigkeit der höhere Wert ist, und man darf dann vielleicht eher in ihr das Ziel des Lebens für den Staat erkennen. Und doch ist auch sie noch nicht ganz Ziel im vollen Sinn. Denn man kann sich die Möglichkeit vorstellen, dass jemand die

Tüchtigkeit zwar hat, aber dabei schläft oder ein Leben lang untätig, ja darüber hinaus mit größtem Leid und Unglück beladen ist. Wer aber ein solches Leben führt, den wird niemand als glücklich bezeichnen, außer er möchte eine paradoxe Behauptung unter allen Umständen retten. Doch genug hiervon: Auch in den Schriften für weitere Kreise ist das ausreichend behandelt.

(c) Die dritte Lebensform ist die Hingabe an die Philosophie. [...] Vielleicht ist [...] die Gleichsetzung von Glück und oberstem Gut nur ein Gemeinplatz und es wird eine noch deutlichere Antwort auf die Frage nach seinem Wesen gewünscht. Dem kann entsprochen werden, indem man zu erfassen sucht, welches die dem Menschen eigentümliche Leistung ist. Wie nämlich für den Flötenkünstler und den Bildhauer und für jeden Handwerker oder Künstler, kurz überall da, wo Leistung und Tätigkeit gegeben ist, eben in der Leistung, wie man annehmen darf, der Wert und das Wohlgelungene beschlossen liegt, so ist das auch beim Menschen anzunehmen, wenn es überhaupt eine ihm eigentümliche Leistung gibt. Sollte es nun bestimmte Leistungen und Tätigkeiten für den Zimmermann oder Schuster geben, für den Menschen als Menschen aber keine, sondern sollte dieser zu stumpfer Trägheit geboren sein? Sollte nicht vielmehr so wie Auge, Hand, Fuß, kurz jeder Teil des Körpers seine besondere Funktion hat, auch für den Menschen über all diese Teilfunktionen hinaus eine bestimmte Leistung anzusetzen sein? Welche nun könnte das sein? Die bloße Funktion des Lebens ist es nicht, denn die ist auch den Pflanzen eigen. Gesucht wird aber, was nur dem Menschen eigentümlich ist. Auszuscheiden hat also das Leben, soweit es Ernährung und Wachstum ist. Als Nächstes käme dann das Leben als Sinnesempfindung. Doch teilen wir auch dieses gemeinsam mit Pferd, Rind und jeglichem Lebewesen. So bleibt schließlich nur das Leben als Wirken des rationalen Seelenteils. – Dieser aber ist anzusehen teils als Gehorsam übend gegenüber dem Rationalen, teils als das rationale Element besitzend und geistige Akte vollziehend. – Da aber auch dieses (auf dem rationalen Seelenteil beruhende) Leben in doppeltem Sinn zu verstehen ist, so müssen wir uns dafür entscheiden, dass das Leben als

eudaimonia: Glückseligkeit

Kontexte

Das Glück von Marge Simpson (2001)

Gerald J. Erion und Joseph A. Zeccardi

Viele haben Aristoteles' Rechtfertigung der Tugend als egoistischen Appell an unsere selbstsüchtigen Motive missverstanden. Aristoteles hat jedoch erkannt, dass wir Menschen eine soziale Spezies sind und unser längerfristiges Glück sehr von unseren Familien und Freunden abhängt. Wir können keine eudaimonia ohne das Zutun anderer erlangen, und viele Tugenden sind uns gerade deshalb so wertvoll, weil sie jene Familien- und Freundschaftsbande stärken, die für ein glückliches Leben wesentlich sind.
Marges Glück ist hierfür beispielhaft. Außer ihren Schwestern Patty und Selma hat sie keine engen Freunde, und da sie keinen Job oder ein Hobby hat, konzentriert sie sich voll und ganz auf Bart, Lisa, Maggie und Homer. Das Wohlergehen von Ehemann und Kindern ist ihr am wichtigsten; ja sie schätzt es sogar um seiner selbst willen. Sie drückt das so aus: „Das Einzige, worauf ich abfahre, ist Liebe. Liebe zu meinem Sohn und meinen Töchtern. Eine winzig kleine Brise LSD, mehr brauch ich nicht." („Bei Simpsons stimmt was nicht!", Folge 128) Durch das Glück ihrer Familie erlangt Marge also eudaimonia für sich selbst. Einfache Haushaltsarbeiten wie Wäschewaschen, das Formen von Hackfleischmännchen („Einmal Washington und zurück", Folge 39) und das Stricken von Sicherheitsgurten für selbst gebaute Autos („Homer und New York", Folge 175) sind für sie keine unerwünschten Pflichten, sie verschaffen ihr vielmehr Glück, weil sie der Familie guttun, für deren Wohl sie sich so einsetzt.

Hundertwasser 631 Das Tor ins Glück – Das Warten bei Herrn Schell, 1966

eigenständiges Tätig-sein gemeint ist, denn dies trifft offenbar den Sinn des Begriffes „Leben“ schärfer.

Wir nehmen nun an, dass die dem Menschen eigentümliche Leistung ist: ein Tätig-sein der Seele gemäß dem rationalen Element oder jedenfalls nicht ohne dieses, und nehmen ferner an, dass die Leistung einer bestimmten Wesenheit und die einer bestimmten hervorragenden Wesenheit der Gattung nach dieselbe ist, z. B. die eines Kitharaspielers und die eines hervorragenden Kitharaspielers und so schlechthin in allen Fällen – es wird hierbei einfach das Plus, das in der Vorzüglichkeit der Leistung liegt, zu der Leistung hinzugefügt: Leistung des Kitharaspielers ist das Spielen des Instrumentes, Leistung des hervorragenden Künstlers das vortreffliche Spielen. Ist das nun richtig und setzen wir als Aufgabe und Leistung des Menschen eine bestimmte Lebensform und als deren Inhalt ein Tätig-sein und Wirken der Seele, gestützt auf ein rationales Element, als Leistung des hervorragenden Menschen dasselbe, aber in vollkommener und bedeutender Weise, und nehmen wir an, dass alles seine vollkommene Form gewinnt, wenn es sich im Sinne seines eigentlichen Wesensvorzugs entfaltet, so gewinnen wir schließlich als Ergebnis: Das oberste dem Menschen erreichbare Gut stellt sich dar als ein Tätig-sein der Seele im Sinne der ihr wesenhaften Tüchtigkeit. Gibt es aber mehrere Formen wesenhafter Tüchtigkeit, dann im Sinne der vorzüglichsten und vollendetsten.

Kithara: Saiteninstrument der griechischen Antike, Vorläufer der Gitarre

1 Stellen Sie in einer Grafik oder im Rahmen einer Tabelle die drei Lebensformen dar, die Aristoteles unterscheidet. Ergänzen Sie eigene Beispiele, die veranschaulichen, was damit jeweils konkret gemeint ist.

2 Beantworten Sie auf der Grundlage des gesamten Textes die Frage, was Aristoteles unter Glück versteht. Vergleichen Sie Ihr Verständnis von Glück mit dem des Aristoteles.

3 Wie beurteilen Sie Gerald J. Erions und Joseph A. Zeccardis Interpretation der Marge-Simpson-Figur (vgl. S. 164) im Horizont des aristotelischen Verständnisses von Glück?

Lust und seliges Leben (ca. 280–270)

Epikur

Hedonismus: gr., von hēdonē, Lust; philosophische Richtung, die Lust als Voraussetzung der Glückseligkeit ansieht

Epikur (341–270 v. Chr.), griechischer Philosoph, stellte die Lust in den Mittelpunkt seiner Ethik und wurde damit zum Begründer des sogenannten Hedonismus. Allerdings ist damit keine Genusssucht gemeint, wie der nachfolgende Text verdeutlicht.

Ferner ist zu beachten, dass die Begierden teils natürliche, teils nichtige sind. Von den natürlichen wiederum sind die einen notwendig, die anderen bloß natürlich. Von den notwendigen endlich sind die einen notwendig zur Glückseligkeit, die anderen zur Ungestörtheit des Leibes, die dritten zum Leben überhaupt. Eine unverwirrte Betrachtung dieser Dinge weiß jedes Wählen und Meiden zurückzuführen auf die Gesundheit des Leibes und die Beruhigtheit der Seele; denn dies ist die Erfüllung des seligen Lebens. Um dessentwillen tun wir nämlich alles: Damit wir weder Schmerz noch Verwirrung empfinden. Sobald einmal dies an uns geschieht, legt sich der ganze Sturm der Seele. Das Lebewesen braucht sich dann nicht mehr aufzumachen nach etwas, was ihm noch fehlte, und nach etwas anderem zu suchen, durch das das Wohlbefinden von Seele und Leib erfüllt würde. Dann nämlich bedürfen wir der Lust, wenn uns die Abwesenheit der Lust schmerzt. Wenn uns aber nichts schmerzt, dann bedürfen wir der Lust nicht mehr.

Seliges Leben: Eudämonie, gr. eudaimonia

Darum nennen wir auch die Lust Anfang und Ende des seligen Lebens. Denn sie haben wir als das erste und angeborene Gut erkannt, von ihr aus beginnen wir mit allem Wählen und Meiden, und auf sie greifen wir zurück, indem wir mit der Empfindung als Maßstab jedes Gut beurteilen. Und eben weil sie das erste und angeborene Gut ist, darum wählen wir auch nicht jede Lust, sondern es kommt vor, dass wir über viele Lustempfindungen hinweggehen, wenn sich für uns aus ihnen ein Übermaß an Lästigem ergibt. [...]

Wir halten auch die Selbstgenügsamkeit für ein großes Gut, nicht um uns in jedem Falle mit wenigem zu begnügen, sondern damit wir, wenn wir das viele nicht haben, mit dem wenigen auskommen, in der echten Überzeugung, dass jene den Überfluss am süßesten genießen, die seiner am wenigsten bedürfen, und dass alles Naturgemäße leicht, das Sinnlose aber schwer zu beschaffen ist, und dass bescheidene Suppen ebenso viel Lust erzeugen wie ein üppiges Mahl, sowie einmal aller schmerzende Mangel beseitigt ist, und dass Wasser und Brot die höchste Lust zu verschaffen vermögen, wenn einer sie aus Bedürfnis zu sich nimmt. Sich also zu gewöhnen an einfaches und nicht kostspieliges Essen verschafft nicht nur volle Gesundheit, sondern macht den Menschen auch unbeschwert gegenüber den notwendigen Verrichtungen des Lebens, bringt uns in eine zufriedenere Verfassung, wenn wir in Abständen uns einmal an eine kostbare Tafel begeben, und erzeugt Furchtlosigkeit vor den Wechselfällen des Zufalls. Wenn wir also sagen, dass die Lust das Lebensziel sei, so meinen wir nicht die Lüste der Wüstlinge und das bloße Genießen, wie einige aus Unkenntnis und weil sie mit uns nicht übereinstimmen oder weil sie uns missverstehen, meinen, sondern wir verstehen darunter, weder Schmerz im Körper noch Beunruhigung in der Seele zu empfinden.

Seelenruhe: gr. Ataraxia

1 Erläutern Sie durch Belege am Text, was Epikur meint, wenn er die Lust zum Lebensziel erklärt.

2 Vergleichen Sie die Position Epikurs mit der des Aristoteles (vgl. S. 162) und mit der des Diogenes (vgl. S. 162). Wo sehen Sie Gemeinsamkeiten, wo Unterschiede? Wer überzeugt Sie mehr?

Vom glückseligen Leben (um 58)

Seneca

Lucius Annaeus Seneca (1–65), römischer Philosoph und Staatsmann, ist einer der bekanntesten Vertreter der Stoa und einer der herausragenden Denker philosophischer Lebenskunst. Der abgedruckte Anfangsteil seiner Schrift „Vom glückseligen Leben" (De vita beata) verdeutlicht seinen besonderen gedanklichen Ansatzpunkt.

Stoa: auf Zenon von Kition zurückgehende philosophische Richtung der Antike

glückseliges Leben: Eudämonie, gr. eudaimonia

Glückselig leben will jedermann, lieber Bruder Gallio; aber was zu einem glückseligen Leben gehöre, das ist den meisten unklar oder verborgen. Und es ist nicht so leicht, zu einem glückseligen Leben zu gelangen: Verfehlt man den Weg, so kommt man immer weiter davon ab, je rascher man darauf zugegangen ist; ist man auf dem entgegengesetzten Wege, so macht gerade die Eile die Entfernung immer größer. Deswegen muss man sich zuerst darüber klar werden, was man eigentlich erstrebe, sodann muss man sehen, auf welchem Wege man das Ziel am schnellsten erreiche. Schon auf dem Wege, wenn er der rechte ist, wird man bemerken, wie weit man täglich kommt, um wie viel man dem Ziele näher sei, zu dem ein natürliches Verlangen uns hintreibt. Solange man ohne festes und klares Ziel umherschweift ohne Führer, durch wirren Lärm und Lockstimmen bald dahin, bald dorthin gezogen, fließt das kurze Leben dahin unter lauter Irrtümern, auch wenn man Tag und Nacht um eine richtige Auffassung sich bemüht. Man entscheide sich daher, wo man hinwill und auf welchem Wege, nicht ohne einen erfahrenen Führer, der unser Ziel genau kennt; denn hier ist es nicht ganz ebenso wie auf andern Reisen. Wenn man da auf seinem Wege bleibt und die Leute fragt, die dort wohnen, so kann man nicht wohl irregehen; hier aber täuscht gerade der gangbarste, meist betretene Weg am ehesten. Vor nichts also muss man sich mehr hüten, als dass man wie das Herdenvieh den Vorangehenden nachlaufe, indem man da geht, wo die Menge eben zu gehen pflegt, nicht da, wo man gehen sollte. Nichts verwickelt uns in größere Übel, als wenn wir uns nach dem Gerede der Leute richten und das für das Beste halten, was mit großem Beifall angenommen wird – wovon man viele Beispiele hat –, wenn wir uns nicht nach der eigenen Vernunft richten, sondern nach Vorbildern. [...]

Stoiker: philosophische Studie

Glücklich ist derjenige, für den es kein Gut und kein Übel gibt, außer einem guten oder schlechten Herz, der das Edle ehrt, der an der Tugend den größten Schatz hat, den zufällige Dinge weder stolz machen noch daniederschlagen, der kein höheres Gut kennt als das, das er sich selbst geben kann, dessen wahre Wollust darin besteht, die Wollust gering zu achten. Willst du weitergehen, so kannst du das beliebig immer wieder anders ausdrücken. Was hinderte uns, zu sagen, ein glückliches Leben bestehe darin, dass der Geist frei und hochgesinnt sei, unerschrocken und fest, erhaben über Furcht und über Begierde, der nur ein Gut kennt, die Sittlichkeit, und nur ein Übel, die Unsittlichkeit, dem alles andere wertlos ist, nicht imstande, das glückselige Leben zu fördern oder es zu schmälern, und ohne Gewinn oder Schaden für das höchste Gut kommend oder scheidend. Wer einen solchen guten Grund in sich hat, den muss notwendig beständige Heiterkeit begleiten

Kontexte

Antike Lebenskunst (1998)

Christoph Horn

Man muss sich [...] klarmachen, dass die Stoiker unter Tugend und Glück so viel wie Affektfreiheit *(apatheia)* verstehen. Da nämlich die Vernunft durch die Wirkung der Affekte zu falschen Urteilen veranlasst wird, ist die Vernunft erst dann ganz bei sich, wenn die Seele affektfrei ist. Warum aber sollte jemand glücklich sein, wenn seine Vernunft ganz bei sich ist? Die Stoiker antworten: Solange jemand affektgeleitet handelt, bewertet er seine Lebensumstände falsch. Er setzt sich also z. B. unerreichbare Handlungsziele oder nimmt verfehlte Unterscheidungen zwischen Gütern und Übeln vor, die sich auf sein seelisches Wohlbefinden verheerend auswirken.

und eine hohe himmlische Freude, die sich ihres Eigentums freut und nichts Größeres wünscht, als was sie in sich hat. Wiegt so etwas nicht die kleinlichen, nichtswürdigen, vergänglichen Triebe des Körpers reichlich auf? Jeden Tag, den man dem Sinnengenuss frönt, muss man ja auch Schmerz erdulden.

Du siehst, welch schlimme und schädliche Knechtschaft der erduldet, den Sinnenlust und Schmerz, zwei schwankende und maßlose Gebieter, wechselweise beherrschen. Darum muss man sich durchringen zur Freiheit; diese aber erlangt man nur durch Gleichgültigkeit gegen das Schicksal. Daraus erwächst jenes unschätzbare Gut: die Ruhe und Erhabenheit einer Seele, die ihren festen Standpunkt gefunden hat, die frei von Furcht aus der Erkenntnis der Wahrheit eine hohe, bleibende Freude gewinnt, Freundlichkeit und Heiterkeit des Gemüts; an diesen Gütern wird sie eine besondere Freude haben, weil sie gleichsam auf ihrem eigenen Boden gewachsen, nicht ihr nur zugefallen sind. Glücklich kann [...] derjenige genannt werden, der, von der Vernunft geleitet, nichts mehr wünscht und nichts mehr fürchtet.

Hier klingt das für die Philosophie der Stoa zentrale Ziel der „Affektfreiheit" (Apatheia) an.

1 Bringen Sie zur Darstellung, worin für Seneca ein glückseliges Leben besteht und wie es zu erreichen ist. Beziehen Sie dabei auch die Erläuterungen von Christoph Horn mit ein (vgl. S. 167).

2 Vergleichen Sie die Position Senecas mit der Epikurs (vgl. S. 166). Arbeiten Sie in Form einer Tabelle Gemeinsamkeiten und Unterschiede heraus.

3 Verdeutlichen Sie im Rahmen eines philosophischen Essays, wie Sie die Positionen von Epikur und Seneca beurteilen und welcher Sie persönlich eher zuneigen.

4 Was bedeutet Senecas Philosopie vom glückseligen Leben konkret? Veranschaulichen Sie die Antwort auf diese Frage in Form einer Geschichte oder – gemeinsam mit anderen – in einem Rollenspiel.

Von ungelassenen Leuten, die voll Eigenwillens sind (1294–98)

Meister Eckhart

Meister Eckhart (1260–1328), dominikanischer Theologe und Mystiker, hat mit seiner Lehre vom „Lassen" und von der „Gelassenheit" einen spirituell-christlich geprägten Beitrag zur Philosophie der Lebenskunst geleistet. Der abgedruckte Text entstammt den in seiner Zeit als Prior des Dominikanerklosters in Erfurt entstandenen „Reden der Unterweisung".

Die Leute sagen: „Ach, ja, Herr, ich möchte gern, dass ich auch so gut zu Gott stünde und dass ich ebenso viel Andacht hätte und Frieden mit Gott, wie andere Leute haben, und ich möchte, mir ginge es ebenso oder ich wäre ebenso arm", oder: „Mit mir wird's niemals recht, wenn ich nicht da oder dort bin und so oder so tue, ich muss in der Fremde leben oder in einer Klause oder in einem Kloster."

Wahrlich, darin steckt überall dein Ich und sonst ganz und gar nichts. Es ist der Eigenwille, wenn zwar du's auch nicht weißt oder es dich auch nicht so dünkt: Niemals steht ein Unfriede in dir auf, der nicht aus dem Eigenwillen kommt, ob man's nun merke oder nicht. Was wir da meinen, der Mensch solle dieses fliehen und jenes suchen, etwa diese Stätten und diese Leute und diese Weisen oder diese Menge oder diese Betätigung – nicht das ist schuld, dass dich die Weise oder die Dinge hindern: Du bist es (vielmehr) selbst in den Dingen, was dich hindert, denn du verhältst dich verkehrt zu den Dingen.

Darum fang zuerst bei dir selbst an und *lass dich!* Wahrhaftig, fliehst du nicht zuerst dich selbst, wohin du sonst fliehen magst, da wirst du Hindernis und Unfrieden finden, wo immer es auch sei. Die Leute, die da Frieden suchen in äußeren Dingen, sei's an Stätten oder in Weisen, bei Leuten oder in Werken, in der Fremde oder in Armut oder in Erniedrigung – wie eindrucksvoll oder was es auch sei, das ist dennoch alles nichts und gibt keinen Frieden. Sie suchen völlig verkehrt, die so suchen. Je weiter weg sie in die Ferne schweifen, umso weniger finden sie, was sie suchen. Sie gehen wie einer, der den Weg verfehlt: Je weiter der geht, umso mehr geht er in die Irre. Aber, was soll er denn tun? Er soll zuerst sich selbst lassen, dann hat er alles gelassen. Fürwahr, ließe ein Mensch ein Königreich oder die ganze Welt, behielte aber sich selbst, so hätte er nichts gelassen. Lässt der Mensch aber von sich selbst ab, was er auch dann behält, sei's Reichtum oder Ehre oder was immer, so hat er alles gelassen.

Kirchentür der Predigerkirche in Erfurt, in der Meister Eckhart von 1294 bis 1302 sowie von 1303 bis 1311 als Seelsorger wirkte

Zu dem Worte, das Sankt Peter sprach: „Sieh, Herr, wir haben alle Dinge gelassen" (Matth. 19, 27) – und er hatte doch nichts weiter gelassen als ein bloßes Netz und sein Schifflein –, dazu sagt ein Heiliger: Wer das Kleine willig lässt, der lässt nicht nur dies, sondern er lässt alles, was weltliche Leute gewinnen, ja selbst, was sie nur begehren können. Denn wer seinen Willen und sich selbst lässt, der hat alle Dinge so wirklich gelassen, als wenn sie sein freies Eigentum gewesen wären und er sie besessen hätte mit voller Verfügungsgewalt. Denn was du nicht begehren *willst*, das hast du alles hingegeben und gelassen um Gottes willen. Darum sprach unser Herr: „Selig sind die Armen im Geist" (Matth. 5, 3), das heißt: an Willen. Und hieran soll niemand zweifeln: Gäb's irgendeine bessere Weise, unser Herr hätte sie genannt, wie er ja auch sagte: „Wer mir nachfolgen will, der verleugne zuerst sich selbst" (Matth. 16, 24); daran ist alles gelegen. Richte dein Augenmerk auf dich selbst, und wo du *dich* findest, da lass von dir ab; das ist das Allerbeste.

1 Schreibgespräch: Notieren Sie spontan auf einem Blatt Papier eine Frage, eine These oder einen Gedanken im Zusammenhang mit dem Text von Meister Eckhart. Tauschen Sie anschließend (gegebenenfalls mehrfach) mit Ihrem Sitznachbarn bzw. Ihrer Sitznachbarin Ihre Notizen aus und beantworten bzw. kommentieren Sie gegenseitig Ihre Fragen, Gedanken etc.

2 Fassen Sie mit eigenen Worten Eckharts Philosophie des Lassens zusammen und veranschaulichen Sie ihre lebenspraktischen Konsequenzen.

3 Prüfen Sie, welche Gemeinsamkeiten und Unterschiede zwischen der Position Meister Eckharts und der von Epikur (vgl. S. 166) und Seneca (vgl. S. 167 f.) bestehen. Schreiben Sie auf dieser Grundlage einen fiktiven Tagebucheintrag Eckharts nach der Lektüre der Texte von Epikur oder Seneca.

Selbst in der Tugend trachten wir letzten Endes nach Lust (1580)

Michel de Montaigne

Rationalismus: Position, die der Vernunft den Vorrang gegenüber Erfahrung oder Glaube zuspricht

Michel de Montaigne (1533–1592), französischer Politiker und Philosoph, hat in seinen berühmten Essays im Geist eines vorurteilsfreien und moralischen Rationalismus auch zu Fragen der Lebenskunst Stellung genommen und dabei einen neuen Akzent in der Tradition ethischen Denkens gesetzt.

Was immer die Philosophen sagen – selbst in der Tugend trachten wir letzten Endes nach *Lust*. [...] Und wenn man hierunter allerhöchstes Vergnügtsein und überschwängliches Glücksgefühl versteht, hat die Tugend sogar weit mehr Anteil daran als irgendetwas sonst. Dass die so geartete Lust munterer, muskulöser, markiger und mannhafter ist, macht sie nur umso ernsthafter lustvoll. Wir sollten die Tugend daher nicht mehr wie bisher *Kraft* nennen, sondern *Lust*, da dieser Name, freundlicher und ansprechender, ihre Natur besser wiedergibt.

Conrad Dinckmut, Der Seelen Wurzgarten: Die sieben Todsünden (1483)

Im Höllenfeuer leiden sieben personifizierte Seelen für Lust und Laster Höllenschmerzen:
1. Hochmut (superbia)
2. Geiz (avaritia)
3. Neid (invidia)
4. Untätigkeit (acedia)
5. Zorn (ira)
6. Unkeuschheit (luxuria)
7. Völlerei (gula)

Jene niedrigere Lust, die der Sinne, sollte ebendiesen schönen Namen, falls sie ihn überhaupt verdient, nur als Konkurrentin, nicht als Favoritin tragen dürfen. Ich finde sie sogar weniger frei von Beschwernissen und Widrigkeiten als die Tugend. Nicht nur ist ihr Genuss momentaner, flüchtiger und hinfälliger, sondern sie bringt auch durchwachte Nächte und magere Tage mit sich, Kummer, Schweiß und Blut, vor allem aber so vielerlei aufwühlende Leidenschaften und hernach eine so bleierne Übersättigung, dass sie einer Kasteiung gleichkommt.

Wir haben völlig unrecht, wenn wir meinen, dass diese Beschwernisse, so wie in der Natur der Gegensatz den Gegensatz belebt, ihr zum Ansporn und zur Würze ihrer Wonne dienten, und dann, sobald wir uns der Tugend zuwenden, behaupten, dergleichen Schwierigkeiten und ihre Folgen drückten sie zu Boden und machten sie abweisend und unzugänglich – wo sie in Wirklichkeit bei ihr doch viel wesentlicher als bei der Sinnenlust das himmlische Vergnügen, das sie uns verschafft, anspornen, adeln und bis zur Vollkommenheit erhöhen.

Wer ihren Preis gegen das aufrechnet, was sie uns einbringt, weiß weder etwas von ihrem Liebreiz noch vom rechten Umgang mit ihr und ist es deshalb wahrhaftig nicht wert, ihre nähere Bekanntschaft zu machen. Jene, die uns unaufhörlich einreden wollen, der Weg zu ihr sei steil und steinig, ihr Genuss am Ziel aber umso erquicklicher – was sagen sie damit anderes, als dass sie stets unerquicklich sei? Denn wann hätte es Menschenkraft wohl vermocht, dieses Ziel zu erreichen? Den Vollkommensten war es durchaus genug, die Tugend anzustreben und sich ihr zu nähern, ohne sie je zu besitzen.

Jene nämlich irren sich: Wir kennen keine Lust, die zu verfolgen nicht schon lustvoll wäre. Am Sinnen und Trachten schmeckt man bereits den Wert der Sache, auf die es sich richtet, denn es ist ein gut Teil ihrer Wirkung und mit ihr wesensgleich. Das Glück und die Beseligung, die aus der Tugend hervorleuchten, erfüllen ihren ganzen Umkreis und alle Zugangswege vom ersten Tor bis zur letzten Schranke.

Eine der größten Wohltaten der Tugend ist nun aber die Verachtung des Todes: Sie gibt unserem Leben eine gelassene Ruhe und lässt uns dessen reinen und lieblichen Geschmack genießen, ohne den jede andere Lust schal wird.

1 Zeichnen Sie den Gang der Argumentation Michel de Montaignes in ihren Grundlagen (Prämissen) und Schlussfolgerungen (Konklusionen) nach.

2 Nehmen Sie begründet Stellung zu der These, Montaigne sei ein gedanklicher Nachfahre Epikurs (S. 165 ff.) und ein Vordenker der foucaultschen Position (S. 175 f.).

3 Das Gemälde „Der Seelen Wurzgarten: Die sieben Todsünden“ (s. S. 170) verdeutlicht mittelalterliche Moralvorstellungen im Zusammenhang mit ausschweifender sinnlicher Lust. Verfassen Sie einen fiktiven Kommentar Montaignes zu dem Bild und seinem Inhalt. Bedenken Sie dabei, dass Montaigne als Rationalist des 16. Jahrhunderts eine spezifische Sicht auf das Mittelalter hatte.

Die Ehrfurcht vor dem Leben (1919)

Albert Schweitzer

Einen besonderen Akzent in der Frage nach dem Lebensglück hat Albert Schweitzer (1875 – 1965) mit der „Ehrfurcht vor dem Leben“ gesetzt, wie der nachfolgende Textauszug zeigt.

Gut ist: Leben erhalten und fördern; schlecht ist: Leben hemmen und zerstören. Sittlich sind wir, wenn wir aus unserem Eigensinn heraustreten, [...] und alles, was sich [...] um uns abspielt, miterleben und miterleiden. In dieser Eigenschaft erst sind wir wahrhaft Menschen; in ihr besitzen wir eine eigene, unverlierbare, fort und fort entwickelbare, sich orientierende Sittlichkeit.

Die Ehrfurcht vor dem Leben und das Miterleben des anderen Lebens ist das große Ereignis für die Welt. Die Natur kennt keine Ehrfurcht vor dem Leben. Sie bringt tausendfältig Leben hervor in der sinnvollsten Weise und zerstört es tausendfältig in der sinnlosesten Weise. Durch alle Stufen des Lebens hindurch bis in die Sphäre des Menschen hinan ist furchtbare Unwissenheit über die Wesen ausgegossen. Sie haben nur den Willen zum Leben, aber nicht die Fähigkeit des Miterlebens, was in andern Wesen vorgeht; sie leiden, aber sie können nicht mitleiden. Der große Wille zum Leben, der die Natur erhält, ist in rätselhafter Selbstentzweiung mit sich selbst. Die Wesen leben auf Kosten des Lebens anderer Wesen. Die Natur lässt sie die furchtbarsten Grausamkeiten begehen.

Die Natur ist schön und großartig, von außen betrachtet, aber in ihrem Buch zu lesen, ist schaurig. Und ihre Grausamkeit ist so sinnlos! Das kostbarste Leben wird dem niedersten geopfert. So steht auch durch die rätselhafte Entzweiung in dem Willen zum Leben Leben gegen Leben und schafft dem anderen Leiden und Tod, schuldlos schuldig. Die Natur lehrt grausigen Egoismus, nur dadurch auf kurze Zeit unterbrochen, dass sie in die Wesen den Trieb gelegt hat, dem Leben, das von ihnen abstammt, solange es ihrer bedarf, Liebe und Helfen entgegenzubringen. Aber dass das Tier seine Jungen mit Selbstaufopferung bis zum Tode liebt, also hier mitfühlen kann, macht es nur noch schrecklicher, dass ihm das Mitleiden für die Wesen, die nicht in dieser Weise mit ihm zusammengehören, versagt ist.

Die Welt, dem unwissenden Egoismus überantwortet, ist wie ein Tal, das im Finstern liegt; nur oben auf den Höhen liegt Helligkeit. Alle müssen in dem Dunkel leben, nur eines darf hinaus, das Licht schauen: das Höchste, der Mensch. Er darf zur Erkenntnis der Ehrfurcht vor dem Leben gelangen, er darf zu der Erkenntnis des Miterlebens und Mitleidens gelangen, aus der Unwissenheit heraustreten, in der die übrige Kreatur schmachtet.

[...] Alles, was du tun kannst, wird [...] immer nur ein Tropfen statt eines Stromes sein; aber es gibt deinem Leben den einzigen Sinn, den es haben kann und macht es wertvoll. [...] Das wenige, das du tun kannst, ist viel – wenn du nur irgendwo Schmerz und Weh und Angst von einem Wesen nimmst, sei es Mensch, sei es irgendeine Kreatur. Leben erhalten ist das einzige Glück.

Der [...] Versuchung, dass das Miterleben dessen, was um dich vorgeht, Leiden für dich ist, begegne dadurch, dass du dir bewusst wirst, dass mit dem Mitleiden zugleich die Fähigkeit des Mitfreuens gegeben ist. Mit der Abstumpfung gegen das Mitleiden verlierst du zugleich das Miterleben des Glücks der andern. Und so wenig das Glück ist, das wir in der Welt erschauen, so ist doch das Miterleben des Glückes um uns herum mit dem Guten, das wir selbst schaffen können, das einzige Glück, welches uns das Leben erträglich macht.

1 Inwiefern ist die Ehrfurcht vor dem Leben im Urteil Albert Schweitzers etwas spezifisch Menschliches?

2 Worin besteht nach Schweitzer Glück? Wie stehen Sie persönlich zu dieser Position Schweitzers?

Der Mythos von Sisyphos (1942)

Albert Camus

Existenzialismus: philosophische Richtung, in deren Zentrum die Frage nach der menschlichen Existenz steht

Albert Camus (1913–1960), französischer Philosoph und Literat, war einer der renommiertesten Vertreter des Existenzialismus. Zu seinen bekanntesten Schriften zählt der philosophische Essay „Der Mythos des Sisyphos".

Die Götter hatten *Sisyphos* dazu verurteilt, unablässig einen Felsblock einen Berg hinaufzuwälzen, von dessen Gipfel der Stein von selbst wieder hinunterrollte. Sie hatten mit einiger Berechtigung bedacht, dass es keine fürchterlichere Strafe gibt als eine unnütze und aussichtslose Arbeit.

[...] Sisyphos ist der Held des Absurden. Dank seinen Leidenschaften und dank seiner Qual. Seine Verachtung der Götter, sein Hass gegen den Tod und seine Liebe zum Leben haben ihm die unsagbare Marter aufgewogen, bei der sein ganzes Sein sich abmüht und nichts zustande bringt. Damit werden die Leidenschaften dieser Erde bezahlt.

Über *Sisyphos* in der Unterwelt wird uns nichts weiter berichtet. Mythen sind dazu da, von der Fantasie belebt zu werden. So sehen wir nur, wie ein angespannter Körper sich anstrengt, den gewaltigen Stein fortzubewegen, ihn hinaufzuwälzen und mit ihm wieder und wieder einen Abhang zu erklimmen; wir sehen das verzerrte Gesicht, die Wange, die sich an den Stein schmiegt, sehen, wie eine Schulter sich gegen den erdbedeckten Koloss legt, wie ein Fuß ihn stemmt und der Arm die Bewegung aufnimmt, wir erleben die ganz menschliche Selbstsicherheit zweier erdbeschmutzter Hände. Schließlich ist nach dieser langen Anstrengung (gemessen an einem Raum, der keinen Himmel, und an einer Zeit, die keine Tiefe kennt) das Ziel erreicht. Und nun sieht Sisyphos, wie der Stein im Nu in jene Tiefe rollt, aus der er ihn wieder auf den Gipfel wälzen muss. Er geht in die Ebene hinunter.

Auf diesem Rückweg, während dieser Pause, interessiert mich Sisyphos.

Mit-Denken

||| Können Sie dieses Interesse persönlich nachvollziehen? Prüfen Sie beim weiteren Lesen, warum Camus gerade der Rückweg des Sisyphos interessiert.

Ein Gesicht, das sich so nahe am Stein abmüht, ist selber bereits Stein! Ich sehe, wie dieser Mann schwerfälligen, aber gleichmäßigen Schrittes zu der Qual hinuntergeht, deren Ende er nicht kennt. Diese Stunde, dic glcichsam ein Aufatmen ist und ebenso zuverlässig wiederkehrt wie sein Unheil, ist die Stunde des Bewusstseins. In diesen Augenblicken, in denen er den Gipfel verlässt und allmählich in die Höhlen der Götter entschwindet, ist er seinem Schicksal überlegen. Er ist stärker als sein Fels.

Franz von Stuck, Sisyphus (1920)

Dieser Mythos ist tragisch, weil sein Held bewusst ist. Worin bestünde tatsächlich seine Strafe, wenn ihm bei jedem Schritt die Hoffnung auf Erfolg neue Kraft gäbe? Heutzutage arbeitet der Werktätige sein Leben lang unter gleichen Bedingungen, und sein Schicksal ist genauso absurd. Tragisch ist es aber nur in den wenigen Augenblicken, in denen der Arbeiter bewusst wird. *Sisyphos*, der ohnmächtige und rebellische Prolet der Götter, kennt das ganze Ausmaß seiner unseligen Lage: Über sie denkt er während des Abstiegs nach. Das Wissen, das seine eigentliche Qual bewirken sollte, vollendet gleichzeitig seinen Sieg. Es gibt kein Schicksal, dass durch Verachtung nicht überwunden werden kann.

Fluch und Seligkeit: Wenn der Abstieg so manchen Tag in den Schmerz führt, er kann doch auch in der Freude enden. Damit wird nicht zu viel behauptet. Ich sehe wieder *Sisyphos* vor mir, wie er zu seinem Stein zurückkehrt und der Schmerz von Neuem beginnt. Wenn die Bilder der Erde zu sehr im Gedächtnis haften, wenn das Glück zu dringend mahnt, dann steht im Herzen des Menschen die Trauer auf: Das ist der Sieg des Steins, ist der Stein selber. Die gewaltige Not wird schier unerträglich. [...]

Man entdeckt das Absurde nicht, ohne in die Versuchung zu geraten, irgendein Handbuch des Glücks zu schreiben. „Was! Auf so schmalen Wegen ...?“ Es gibt aber nur eine Welt. Glück und Absurdität entstammen ein und derselben Erde. Sie sind untrennbar miteinander verbunden. Irrtum wäre es, wollte man behaupten, dass das Glück zwangsläufig der Entdeckung des Absurden entspringe. [...]

Darin besteht die ganze verschwiegene Freude des Sisyphos. Sein Schicksal gehört ihm. Sein Fels ist seine Sache. Ebenso lässt der absurde Mensch, wenn er seine Qual bedenkt, alle Götzenbilder schweigen. [...]

Ich verlasse *Sisyphos* am Fuße des Berges! Seine Last findet man immer wieder. Nur lehrt *Sisyphos* uns die größere Treue, die die Götter leugnet und die Steine wälzt. Auch er findet, dass alles gut ist. Dieses Universum, das nun keinen Herrn mehr kennt, kommt ihm weder unfruchtbar noch wertlos vor. Jedes Gran dieses Steins, jeder Splitter dieses durchnächtigten Berges bedeutet allein für ihn eine ganze Welt. Der Kampf gegen Gipfel vermag ein Menschenherz auszufüllen. Wir müssen uns *Sisyphos* als einen glücklichen Menschen vorstellen.

Gran: lat. „Korn", alte Maßeinheit

1 Begründen Sie vor dem Hintergrund des gesamten Textes, warum wir uns Sisyphos im Urteil von Camus als glücklichen Menschen vorzustellen haben.

2 Diskutieren Sie im Plenum, ob und gegebenenfalls inwiefern Sie Camus' These vom glücklichen Sisyphos für aktuell halten bzw. auf Ihr Leben oder das von anderen Menschen übertragen können.

3 Notieren Sie Fragen, die Sie Albert Camus in einem persönlichen Gespräch gern gestellt hätten. Ergänzen Sie ebenfalls, welche Antworten er vermutlich gegeben hätte.

Humanistische Ethik und die Kunst des Lebens (1947)

Erich Fromm

Der deutsch-amerikanische Psychoanalytiker und Sozialphilosoph Erich Fromm (1900–1980) hat mit seiner Konzeption einer humanistischen Ethik und einer Kunst des Lebens antike Vorstellungen in spezifischer Weise wiederbelebt, wie der nachfolgende Textauszug verdeutlicht.

Nicht nur Medizin, Technik und Malerei sind Künste; *das Leben selbst ist eine Kunst* – in Wirklichkeit die wichtigste und zugleich schwierigste und vielfältigste Kunst, die der Mensch ausüben kann. Ihr Gegenstand ist nicht diese oder jene spezielle Verrichtung, sondern die „Verrichtung" des Lebens selbst, der Entwicklungsprozess auf das hin, was der Mensch potenziell ist. Bei der Kunst des Lebens *ist der Mensch sowohl der Künstler als auch der Gegenstand seiner Kunst.* Er ist der Bildhauer *und* der Stein, der Arzt *und* der Patient.

Für die humanistische Ethik ist „gut" gleichbedeutend mit „gut für den Menschen" und „böse" gleichbedeutend mit „schlecht für den Menschen". Um zu wissen, was für den Menschen gut ist, müssen wir seine Natur kennen. *Humanistische Ethik ist die angewandte Wissenschaft von der „Kunst des Lebens". Sie beruht auf der theoretischen „Wissenschaft vom Menschen".* Hier wie in anderen „Künsten" gilt: Das Maß an Vortrefflichkeit der Bemühungen eines Menschen („Tugend") verhält sich proportional zu seinen Kenntnissen in der Wissenschaft vom Menschen und zu seinem Können und Tun. [...]

Es ist interessant, hier die Frage zu stellen, warum unsere Zeit die Auffassung vom *Leben* als einer *Kunst* verloren hat. Der moderne Mensch scheint zu glauben, Lesen und Schreiben seien Künste, die man erlernen müsse. Es bedürfe zwar umfassender Studien, um Architekt, Ingenieur oder gelernter Arbeiter zu werden, das Leben selbst jedoch sei etwas so Einfaches, dass keine besondere Anstrengung nötig sei, um es zu erlernen. Weil jeder auf irgendeine Weise „lebt“, sieht man das Leben als etwas an, das jeden berechtigt, sich als Lebenskünstler zu bezeichnen. Doch nicht deswegen, weil der Mensch die Kunst des Lebens in hohem Maße beherrscht, ging ihm das Gespür für ihre Schwierigkeit verloren. Das häufige Fehlen von echter Freude und echtem Glück im Vollzug des Lebens schließt offensichtlich eine solche Erklärung aus. Die moderne Gesellschaft hat den Menschen trotz aller Betonung von Glück, Individualität und Selbstinteresse gelehrt, sich bewusst zu werden, dass nicht sein Glück (oder um den theologischen Terminus zu gebrauchen, sein Heil) das Ziel des Lebens sei, sondern die Erfüllung seiner Pflicht zu arbeiten oder sein Erfolg. Geld, Prestige und Macht sind Triebfedern und Daseinszweck geworden. Der Mensch handelt in der Illusion, seine Handlungen nützten seinem Selbstinteresse, obgleich er in Wirklichkeit allem anderen dient, nur nicht seinen eigenen wahren Interessen. Alles ist ihm wichtig, nur nicht das eigene Leben und die Kunst des Lebens. Für alles ist er zu haben, nur nicht für sich selbst. [...]

Fassen wir zusammen: *Gut im Sinne der humanistischen Ethik bedeutet Bejahung des Lebens, Entfaltung der menschlichen Kräfte; Tugend heißt, sich der eigenen Existenz gegenüber verantwortlich zu fühlen.* Das Böse führt zur Lähmung der menschlichen Kräfte; *Laster ist Verantwortungslosigkeit sich selbst gegenüber.*

1 Stellen Sie mit eigenen Worten, aber unter Verwendung von Textbelegen bzw. Zitaten dar, worin nach Fromm der Kern humanistischer Ethik besteht.

2 Überprüfen und erläutern Sie, in welchen der im vorliegenden Kapitel abgedruckten Texten bzw. Positionen sich Ihrer Meinung nach theoretische Wurzeln der frommschen Position finden lassen.

3 Wie beurteilen Sie die frommsche Position persönlich?

Gelassenheit und „schönes Leben“ (2000)

Wilhelm Schmid

Wilhelm Schmid (* 1953), deutscher Philosoph, hat sich vor allem mit der Philosophie der Lebenskunst in Vergangenheit und Gegenwart beschäftigt.

Ist das Leben, das wir leben, unser „eigenes“? Es wird bestimmt von Faktoren, auf die wir doch kaum Einfluss haben, von Mächten, die nach Belieben mit uns umzuspringen scheinen. Gleichwohl wird dieses Leben zu unserem eigenen – spätestens am letzten Tag. Nur wir selbst werden es zu Ende bringen, wer oder was auch immer es bestimmt haben mag. Wir allein sind – vor uns selbst – für dieses Leben verantwortlich, niemand sonst wird, schon gar am ultimativen Punkt, diese Verantwortung übernehmen. Lebenskunst ist die Ernsthaftigkeit des Versuchs, aus diesem Grund sich das Leben beizeiten selbst anzueignen und vielleicht sogar ein „schönes Leben“ daraus zu machen. [...]

Und was kann „schönes Leben“ in diesem Zusammenhang bedeuten? Wie beim Begriff der Lebenskunst selbst, handelt es sich beim „schönen Leben“ um einen vergessenen Begriff der antiken Ethik und Ästhetik, der erneut in die Debatte eingeführt werden soll, um über das allzu unkritisch gedachte „gute“ oder gar „gelingende Leben“ hinauszukommen. [...] In der Geschichte der Philosophie, bei Platon ebenso wie bei Diogenes oder Epikur und den Stoikern, war dies eine geläufige Formel: „schön zu leben“ (kalos zen). Einer, der

Kontexte

Paul Klee, Drei Blumen (1920)

sagte, er tauge nicht zur Philosophie, erhielt von Diogenes umgehend zur Antwort: „Wozu also lebst du, wenn du dich nicht darum sorgst, schön zu leben?" Sich um ein schönes Leben zu sorgen: Damit ist gemeint, das Leben nicht einfach nur dahinzuleben, dem Gesetz der Trägheit folgend, sondern in die Existenz einzugreifen und sie bewusst zum Gegenstand einer Ausarbeitung zu machen. In der Tradition des Humanismus spielte diese Idee des schönen Lebens eine tragende Rolle. Gedacht ist die philosophisch reflektierte Lebenskunst vor diesem Hintergrund nicht als eine Schönwetter-Lebenskunst, die ein Luxusgut für diejenigen sein könnte, die sonst schon alles haben. Vielmehr als eine existenzielle Lebenskunst, für die jegliche Ethik mit der Haltung und dem Verhalten des Individuums selbst beginnt, um am eigenen Leben und, gemeinsam mit anderen, am gesellschaftlichen Zusammenleben zu arbeiten. [...]

Einsetzen von Lebenskunst: Gelassenheit: [...] Die Haltung der Gelassenheit ist zurückzubeziehen auf das epikureische und stoische „Freisein von Unruhe", die *Ataraxie*, frei von Verwirrung und Aufregung, von Lärm und Getöse, von Furcht und Schrecken – eine Gelassenheit, die durch die feste Zusammenfügung der Seele, die „Seelenfestigkeit" erst entsteht, um schließlich „mit gleicher Seele" auch schwierige Situationen aushalten zu können und „Gleichmütigkeit" zu erreichen. Das kann bedeuten, unleidenschaftlich, nicht von Leidenschaften und ihrer willkürlichen Bewegung abhängig, wenngleich nicht leidenschaftslos zu sein: Die Gleichmütigkeit ist der Gegenbegriff zum unschlüssigen Hin und Her der Seele. Durchaus kann Widersprüchliches in dieser Seele koexistieren, entscheidend ist jedoch, ob es möglich ist, die Widersprüche so auszutarieren, dass sie zum inneren Gleichgewicht beitragen.

Die Gelassenheit kann, angelehnt an ihre antike Gestalt, zum Signum der Lebenskunst in einer anderen Moderne werden, zum wertvollen, unverzichtbaren Einsatz im Spiel von Freiheit und Macht. Das in sich ruhende, ausgeglichene Selbst ist das eigentlich freie Subjekt, denn es ist am ehesten in der Lage, sich der Macht anderer oder anonymer Verhältnisse nicht auszuliefern, sondern „über sich selbst die größte Macht zu haben" und sich selbst zu eigen zu sein, wie Seneca die „Seelenruhe" beschreibt. [...]

Wenn das Motiv dafür, das Leben überhaupt zu gestalten, von der Kürze des Lebens herrührt, dann der Anstoß dazu, es *schön* zu gestalten, von der Sehnsucht nach der Möglichkeit, es voll bejahen zu können. [...] Vor diesem Hintergrund kann der grundlegende Imperativ der Lebenskunst formuliert werden, der jeden einzelnen Schritt des Individuums in den Horizont der Gesamtheit der Existenz stellt und nur vom Individuum selbst in Kraft gesetzt werden kann, ein *existenzieller Imperativ*: Gestalte dein Leben so, dass es bejahenswert ist.

1 Erarbeiten Sie aus dem Text, was nach Schmid unter einem „schönen Leben" zu verstehen ist und aus welchen philosophiegeschichtlichen Wurzeln es sich speist.

2 Verdeutlichen Sie an einem konkreten Beispiel, welche lebenspraktischen Konsequenzen sich aus dem Konzept des „schönen Lebens“ ergeben.

3 Wie beurteilen Sie persönlich Schmids existenziellen Imperativ?

Dataismus und Nihilismus (2013)

Byung-Chul Han

Byung-Chul Han (* 1959), in Südkorea geboren, ist Professor für Philosophie und Kulturgeschichte an der Universität der Künste in Berlin. Seine besondere Aufmerksamkeit gilt der Frage, wie die digitalen Medien unser Leben verändern.

Die heutige Datensammelwut betrifft nicht nur die NSA. Sie ist der Ausdruck eines neuen Glaubens, den man Dataismus nennen könnte. Er erreicht im Moment fast religiöse oder totalitäre Züge. Auch die Big-Data-Euphorie huldigt diesem Glauben des digitalen Zeitalters.

Daten werden heute für jeden Zweck gesammelt. Nicht nur NSA, Acxiom, Google oder Facebook haben ungezügelten Hunger nach Daten. Auch Anhänger des Quantified Self sind dem Dataismus verfallen. Sie versehen ihren Körper mit Sensoren, die alle körperlichen Parameter automatisch aufzeichnen. Gemessen wird alles, ob Körpertemperatur, Schritte, Schlafzyklen, Kalorienzufuhr, Kalorienverbrauch, Bewegungsprofile oder sogar Gehirnwellen. Sogar bei der Meditation werden noch Herzschläge protokolliert. Selbst bei der Entspannung zählt also Leistung und Effizienz, eigentlich ein Paradox.

Nicht nur der Körper wird heute mit Sensoren ausgestattet. Immer mehr Sensoren in unserer Umwelt verwandeln uns in Daten. Gleichzeitig schweben wir in einem merkwürdigen Gefühl der Sinnlosigkeit und stürzen uns in die Hyperaktivität und Hyperkommunikation.

Können die gesammelten Daten überhaupt dazu beitragen, sich selbst besser zu verstehen? Aufzeichnungen über sich selbst waren schon in der Antike wesentlich für die Sorge um sich. Der römische Schriftsteller Tertullian nennt es *Publicatio sui* – gemeint ist die Erforschung des Selbst und das schonungslose Veröffentlichen aller Gedanken. Der Sünder sollte sich als Sünder zeigen und sich damit von seiner Sünde befreien.

Die christliche Selbstenthüllung geht mit einem Verzicht auf das selbstsüchtige Ich einher, zugunsten eines höheren Sinnzusammenhanges: *Ego non sum, ego.* Durch Verzicht auf das kleine Ego soll ein höheres Ich erreicht werden. *Publicatio sui* ist eine Praxis der Wahrheit, ist einem höheren Sinnzusammenhang verpflichtet, genau wie die antike Askese keine Diät ist.

Quantified Self hingegen ist eine bloße Technik der Optimierung der körperlichen und geistigen Leistung. Vor lauter Daten aber verfehlt der Selbstoptimierer die wirkliche Sorge um sich selbst. Es ist das Aufzeichnungssystem des selbstbezüglich gewordenen Ego. [...]

Aus dem Ego allein ergibt sich kein Sinn. Die gesammelten Daten beantworten die Frage nicht: Wer bin ich? Das Smartphone als mobiler Beichtstuhl liefert keine Selbsterkenntnis und bietet keinen Zugang zur Wahrheit.

Aus Daten allein, wie umfassend sie auch sein mögen, ergibt sich keine Erkenntnis. Sie beantworten jene Fragen nicht, die über die Leistung und Effizienz hinausgehen. In dieser Hinsicht sind die Daten blind.

Daten allein ergeben weder Sinn noch Wahrheit. Sie allein machen die Welt auch nicht transparenter. Im Gegenteil, sie wirkt gespenstischer denn je. Uns fällt auch schwer, das Wichtige vom Unwichtigen zu unterscheiden. Wir sind fast automatischen Prozessen ausgeliefert und optimieren uns, ohne wirklich zu wissen wofür. [...]

Das Data-Wissen ist eine beschränkte, rudimentäre Form des Wissens. Es kann nicht einmal einen Kausalzusammenhang erkennbar machen. Big Data suggeriert ein absolutes Wissen. In Wirklichkeit fällt es mit dem absoluten Unwissen zusammen. Sich in Big Data zu orientieren, ist unmöglich.

Wir kommunizieren intensiv, fast zwanghaft. Eine Lücke in der Kommunikation erscheint uns unerträglich. Sie offenbart eine Leere, die durch mehr Kommunikation, durch mehr Information überbrückt werden muss.

Der Dataismus geht wohl mit einem Nihilismus einher. Der Dataismus ergibt sich aus Verzicht auf Sinn und Zusammenhänge, die Daten sollen die Sinnleere füllen. Die ganze Welt zerfällt in Daten, und wir verlieren dabei größere, höhere Zusammenhänge immer mehr aus dem Blick. In dem Sinne sind Dataismus und Nihilismus zwei Seiten einer Medaille.

Nach- und Weiter-Denken

1 ||| Schreiben Sie einen philosophischen Essay zum Thema „Lebenskunst“, in dem Sie eine oder mehrere Positionen, die in diesem Kapitel in Form von Texten bzw. Autoren zugänglich sind, in ihrer jeweiligen Besonderheit kennzeichnen und Stärken sowie gegebenenfalls auch Schwächen erörtern. Nehmen Sie auf dieser Grundlage eine eigene Bewertung vor.

2 ||| Bei welchem der Textauszüge in diesem Kapitel haben Sie den Eindruck, dass er am ehesten aus einer Haltung entstanden ist, wie sie Herr K. in der Parabel von Brecht als Erkennungsmerkmal des Weisen (vgl. Einführungsband Kap. 2.1.2, S. 119) ausgewiesen hat? Begründen Sie Ihr Urteil.

3 ||| Gestalten Sie eine Szene in einem philosophischen Theaterstück zum Thema „Lebenskunst“. Sie können dabei alle Philosophen dieses Kapitels auftreten und zu Wort kommen lassen. Sie können sich auch selbst als denkende und sprechende Figur in die Dialoge hineinschreiben.

4 ||| Das Bild „Drei Blumen“ von Paul Klee (s. S. 176) lässt sich leicht mit einer Suchmaschine im Internet finden. Gestalten Sie unter Verwendung des Bildes eine digitale Wort-Satz-Bild-Collage, in der Sie Ihre eigene Philosophie der Lebenskunst zur Darstellung bringen.

5 ||| Schreiben Sie einen fiktiven Brief an einen der in diesem Kapitel mit einem Textausschnitt vertretenen Philosophen, in dem Sie ihm Ihre ganz persönliche Einschätzung seiner im Text formulierten Position verdeutlichen.

6 ||| Recherchieren Sie zu einem der Denker dieses Kapitels in der Bibliothek, im Internet etc., inwiefern es in dessen Biografie Entsprechungen zu der in seinem Text formulierten Lebenshaltung bzw. Position gibt. Stellen Sie Ihre Ergebnisse innerhalb Ihrer Lerngruppe vor.

7 ||| Formulieren Sie zu einem kurzen Statement bzw. Motto, worin Sie den Sinn Ihres Lebens sehen. Stellen Sie sich in Kleingruppen Ihre Statements gegenseitig vor und begründen Sie sie. Bringen Sie diese anschließend gemeinsam in einem Fotoroman, einem Hörspiel oder einem selbst gedrehten Film zur Darstellung.

4.2 Nützlichkeit und Pflicht als ethische Prinzipien

Vor-Denken

1 ||| Der Film „Batman: The Dark Knight" enthält die unten beschriebene Szene. Hier sind ein klassisches ethisches Dilemma und seine Lösung im Medium Film gestaltet. Analysieren und kommentieren Sie in Ihrem philosophischen Tagebuch, welches ethische Problem sich den Menschen auf den beiden Fähren stellt und wie sie es lösen. Ergänzen Sie Ihre Analysen und Kommentare jeweils nach der Auseinandersetzung mit ethischen Grundlagentexten dieses Kapitels, sofern darin für das beschriebene Dilemma relevante Aspekte enthalten sind.

Kontexte

Batman: The Dark Knight (USA, 2008)

In dem Film „Batman: The Dark Knight" gelingt dem Joker die Flucht aus dem Gefängnis. Durch einen Anruf bei einer Fernsehshow und der darauf folgenden Zerstörung eines Krankenhauses verursacht er eine Massenflucht aus Gotham. Zwei Fähren, eine mit Häftlingen und die andere mit Zivilisten an Bord, stattet er mit Unmengen Sprengstoff aus und gibt den Passagieren die Fernzünder zur jeweils anderen Fähre. Der Joker stellt den Passagieren das Ultimatum, die andere Fähre innerhalb von einer Stunde in die Luft zu sprengen, um damit die eigene Fähre zu retten. Sollten diese sich weigern, würde er selbst beide Schiffe sprengen ...

Sokrates: Rechtes und unrechtes Handeln (395 –390 v. Chr.)

Platon

Nachdem Sokrates (469 – 399 v. Chr.) vom öffentlichen Gericht in Athen zum Tode verurteilt worden ist (vgl. Einführungsband Kap. 2.2, S. 205 ff.), besucht ihn sein Freund Kriton im Gefängnis, um ihn zur Flucht zu überreden. Hatte Sokrates sich in seiner Verteidigungsrede auf den Gehorsam gegenüber den Göttern als oberste Maxime des Handelns berufen und deutlich gemacht, dass er durch seine philosophischen Gespräche nicht die Jugend verführt, sondern nur Gutes getan habe, begründet er im Gespräch mit Kriton seine Weigerung zu fliehen mit einem Bekenntnis zu Recht und Gesetz.

Sokrates: Wir wollen das, mein Guter, gemeinsam prüfen; wenn du meinen Worten irgendetwas zu erwidern hast, so erwidere, und ich will dir nachgeben; wenn aber nicht, so mach denn nun ein Ende damit, mein Bester, mir wieder und wieder dieselbe Sache vorzuhalten, ich müsse von hier entweichen wider Willen der Athener. [...]

Kriton: Ich wills versuchen.

Sokrates: Fordern wir, dass man in keinem Falle freiwillig ein Unrecht begehen darf […]? […] Stehen wir dazu oder nicht?

Kriton: Gewiss.

Sokrates: Nie und nimmer also darf man Unrecht tun.

Kriton: Gewiss nicht.

Sokrates: Also auch nicht, wenn man Unrecht erfährt […]?

Kriton: Offenbar nicht.

Sokrates: Weiter, Kriton: Darf man Schaden zufügen oder nicht?

Kriton: Nein, man darfs nicht, Sokrates.

Sokrates: Und weiter: Schaden mit Schaden vergelten […]?

Kriton: Nie und nimmer. […]

Sokrates: So erwäge Folgendes. Nimm an, wir sind daran, von hier auszurücken oder wie man's denn nennen soll, da kämen die Satzungen, der Gemeingeist der Stadt herbei, träten herzu und fragten uns: „Sag an, Sokrates, was hast du im Sinne zu tun? Die Tat, zu der du dich anschickst, will ja nicht mehr und nicht weniger als uns, die Satzungen, und damit die gesamte Stadt zerrütten, so viel an dir liegt! Oder glaubst du, dass eine Stadt noch Bestand haben kann und nicht in Trümmer geht, in welcher die ergehenden Urteile keinerlei Wirkung haben, sondern von Privatleuten außer Kraft gesetzt und zunichtegemacht werden?" Was wollen wir antworten, Kriton, auf solche so und ähnliche Fragen? […] Sollen wir ihnen vielleicht erwidern „Ja, die Stadt hat uns aber Unrecht getan und einen Fehlspruch gefällt"? Sollen wir dies antworten oder was sonst?

Kriton: Ja, dies beim Zeus, Sokrates.

Sokrates: Und wenn nun die Satzungen erwidern: „Sokrates, war das zwischen uns und dir vereinbart, und nicht vielmehr, stattzugeben den Urteilen, welche immer die Stadt fällen würde?" […] „Wir haben dich gezeugt, aufgenährt, erzogen, haben dir Teil gegeben wie wir konnten an allem Schönen, dir wie den anderen Bürgern allen; und dennoch erbieten wir uns in aller Form, dass es einem jeden Athener, nachdem er in die Bürgerrolle eingetragen ist und sich die Politik der Stadt und uns, die Satzungen, angesehen hat, nach seinem Willen freistehen soll, wenn wir ihm etwa nicht gefallen, fortzuziehen mit seiner Habe wohin er will; keine von uns Satzungen steht im Wege, keine verbietet es, ob von euch einer ausziehen will in eine Pflanzstadt, wenn wir und die Stadt ihm nicht gefallen, ob er anderswohin auswandern will, fortzugehen, wohin er will, und seine Habe mitzunehmen. Wer aber von euch hierbleibt, er sieht ja, auf welche Weise wir Recht sprechen und sonst die Stadt verwalten, der hat damit dann, behaupten wir, durch die Tat uns gegenüber sein Einverständnis erklärt zu tun, was immer wir befehlen; und wer dann nicht gehorcht, der tut, behaupten wir, dreifach Unrecht: Er ist ungehorsam gegen uns als seine Erzeuger, sodann gegen uns als seine Erzieher, und schließlich, weil er trotz seines Einverständnisses zu gehorchen uns doch nicht gehorcht, auch uns nicht umstimmt, wenn wir nicht recht tun – wir stellen frei, wir kommandieren nicht herrisch Gehorsam gegen all unsere Befehle, nein, wir lassen zwischen zwei Dingen die Wahl, entweder uns umzustimmen oder zu gehorchen, und dennoch tut er keines von beiden.

Diese Schuld, behaupten wir, wird auch auf dir liegen, Sokrates, wenn du denn tust, was du vorhast, und wiegt bei dir nicht leichter als bei den andern Athenern, sondern schwerer." Wenn ich nun sagte: „Und warum das?", so würden sie mich vielleicht schelten und mit Recht sagen, dass ich mit am eindeutigsten unter den Athenern jenes im Einverständnis mit ihnen getätigt habe […]. Was sollen wir darauf erwidern, Kriton? Was sonst als zustimmen?

KRITON: Wir müssens, Sokrates.

SOKRATES: „So tust du nichts anderes", würden sie fortfahren, „als den Vertrag mit uns, deine Zusicherung, brechen [...]. Prüfe doch nur, wenn du dies Gebot brichst und hierin fehlst, was tust du damit Gutes an dir selber und an deinen Nächsten? Dass deine Nächsten Gefahr laufen, auch ins Ausland zu müssen und die Heimat zu verlieren oder ihr Vermögen einzubüßen, ist ja klar. Und du selbst? Gehst du in eine der nahen Städte, nach Theben oder Megara – denn beide leben unter guten Satzungen –, so kommst du, Sokrates, als Feind für ihre Staatsordnung, und wer da für die eigene Stadt Sorge trägt, wird dich scheel ansehen als den Verderber der Satzungen und du wirst nur der Auffassung Vorschub leisten, dass deine Richter ihr Urteil zu Recht gefällt haben: Denn wer da ein Verbrecher der Satzungen ist, der darf entschieden als Verderber der unverständigen Jugend gelten. Willst du also die Städte mit guten Satzungen meiden und damit die ehrenwerten Menschen? Kann dir da noch das Leben lohnen? Oder willst du doch zu ihnen gehen und die Stirne haben, dich mit ihnen zu unterreden – in was für Reden, Sokrates? Dieselben wie hier, dass die Tugend und Gerechtigkeit den höchsten Wert hat unter den Menschen und das Gesetzliche und die Satzungen? Und du glaubst nicht, dass das Auftreten des Sokrates einen kläglichen Eindruck machen würde? Das muss man doch annehmen. [...] Darum, Sokrates, folge uns, deinen Erziehern [...], damit du all dies, wenn du zu Hades kommst, zu deiner Verteidigung anführen kannst vor denen, die dort gebieten. [...] Jetzt gehst du dahin, wenn du denn scheidest, als einer, dem Unrecht geschehen ist – nicht von

Kontexte

Schwächen in der Position des Sokrates (1963)

William K. Frankena

In jedem dieser Argumente beruft sich Sokrates auf eine allgemeine moralische Regel, die er und sein Freund Kriton nach reiflicher Überlegung als gültig anerkennen: (1) Wir sollten nie jemanden schädigen, (2) wir sollten unsere Versprechen halten und (3) wir sollten unseren Eltern und Lehrern Gehorsam und Respekt erweisen. In allen drei Fällen zieht er noch eine weitere Prämisse heran, die eine Tatsachenbehauptung ist und die Regel auf den gegebenen Fall anwendet: (1) Wenn ich fliehe, füge ich der Gesellschaft Schaden zu, (2) wenn ich fliehe, breche ich ein Versprechen, und (3) wenn ich fliehe, erweise ich mich ungehorsam gegenüber meinen Eltern und Lehrern. Hieraus schließt er auf das, was er in seiner besonderen Lage tun sollte. Wir haben hier ein Musterbeispiel ethischer Argumentation vor uns.

Sokrates ist in diesem Fall der Meinung, dass seine drei Prinzipien alle zu demselben Schluss führen. Dies trifft aber nicht immer zu, wenn zwei oder mehr Regeln auf denselben Fall angewandt werden. Tatsächlich entstehen die meisten moralischen Probleme in Situationen, in denen ein „Widerstreit der Pflichten" vorliegt, d.h., wo ein moralisches Prinzip in die eine Richtung weist und ein anderes in eine andere Richtung. In seiner „Apologie" lässt Platon Sokrates sagen, dass er nicht gehorchen werde, wenn der Staat sein Leben unter der Bedingung schont, dass er seine bisherige Weise zu lehren aufgibt, denn (4) die Pflicht zu lehren sei ihm vom Gott Apollon auferlegt worden und (5) sein Lehren sei zum wahren Wohl des Staates notwendig. Damit wäre er in einen Pflichtenkonflikt verwickelt. Denn einerseits hat er die Pflicht, dem Staat zu gehorchen, andererseits aber die beiden Pflichten (4) und (5), und diese haben nach seinem Urteil den Vorrang vor seiner Pflicht, den Geboten des Staates zu gehorchen. Hier löst er also das Problem nicht einfach durch Berufung auf Regeln, denn das genügt nicht, sondern durch die Entscheidung, welche Regeln den Vorrang haben. Dies ist ein weiteres Muster ethischer Argumentation.

Weblog: FadenscheynsPanoptikum.wordpress.co

uns, den Satzungen, sondern von den Menschen. Entweichst du dagegen so schimpflich und zahlst heim mit Unrecht und Schädigung, verletzt dein eigenes vertragliches Einverständnis gegen uns und tust denen böse, denen mans am wenigsten darf, dir selber, deinen Nächsten, dem Vaterlande und uns, dann werden wir dir zürnen, solange du lebst [...]. Drum lass dich nicht von Kriton bestimmen zu tun, was er sagt, sondern von uns."

Solche Worte, lieber Freund, meine ich zu hören [...]: Der Hall dieser Reden dröhnt in meinem Innern und macht, dass ich nicht auf andere hören kann. Darum sei versichert, so wie es sich mir gegenwärtig darstellt, wirst du, wenn du etwas hiergegen sagen willst, vergeblich sprechen. Trotzdem aber, glaubst du etwas auszurichten, so rede.

Kriton: Nein, Sokrates, ich kann nichts mehr sagen.

Sokrates: So lass es, Kriton. Lass uns denn so handeln; auf diesem Wege geht uns Gott voran.

1 Zeichnen Sie mit eigenen Worten die Argumentation des Sokrates nach.

2 Überprüfen Sie, welchen Aspekten der ethischen Position des Sokrates Sie zustimmen können und welchen nicht. Diskutieren Sie Ihre Ergebnisse im Plenum – auch unter Bezugnahme auf die Position von William K. Frankena.

3 Stellen Sie sich vor, Sie hätten das Gespräch zwischen Sokrates und Kriton mit angehört. Treten Sie an einer beliebigen Stelle des Gespräches hinzu und schalten Sie sich in die Argumentation ein. Sie können dies gemeinsam mit Ihren Mitschülern als Rollenspiel im Klassenzimmer oder auch schriftlich im Heft realisieren. Alternativ können Sie das Gespräch auch als Comic gestalten und sich dabei von dem Sokrates-Comic (s. links) inspirieren lassen.

Die Idee des Guten. Aus: Der Staat, 6. Buch (387 – 367 v. Chr.)

Platon

In der „Politeia" (dt.: Staat, Staatswesen) entfaltet Platon (427–347 v. Chr.) seine Lehre von der Gerechtigkeit, vom gerechten Staat und von den Philosophen als den idealen Herrschern. Der nachfolgende Textauszug verdeutlicht Platons ethische Grundposition im Horizont seiner Ideenlehre. Zentrale Bedeutung besitzt dabei das „Sonnengleichnis", das das sogenannte „Höhlengleichnis", das Sie bereits im Einführungsband in Kap. 2.1, S. 142–149 kennengelernt haben, vorbereitet.

Nach dem Guten [...] strebt jede Seele, und um seinetwillen tut sie alles. Denn sie ahnt, dass da etwas Großes ist, fühlt sich aber unsicher und vermag nicht recht zu erfassen, was es eigentlich ist, kann sich auch nicht wie bei anderen Dingen eine feste Überzeugung bilden, weshalb sie auch manches anderen verlustig geht, das ihr vielleicht wertvoll wäre. [...]

Im Fortgang entwickelt Platon im sogenannten „Sonnengleichnis" die Möglichkeit zur Erkenntnis des Guten. Dabei knüpft er zunächst an vorher bereits geäußerte Überlegungen an.

Zuerst muss ich mich freilich mit euch verständigen, sagte ich, und euch an einiges erinnern, das ich vorhin und auch sonst schon oft gesagt habe.

„Was denn?", fragte er.

Wir behaupten doch, es gebe vieles Schöne, erwiderte ich, und vieles Gute und so von jeder Art, und wir unterscheiden dies auch in der Sprache.
„Ja, das behaupten wir.“
Und auch ein Schönes selbst und ein Gutes selbst gebe es; und so setzen wir bei allem, was wir vorhin als Vieles gesetzt haben, auch wiederum eine einzige Urgestalt (Idee) von jeglichem an, da sie ja einheitlich ist, und sprechen jegliches als *das* an, *was* es ist.
„So ist es.“
Und von dem Ersteren sagten wir, es sei sichtbar, aber nicht einsehbar; während die Ideen eingesehen, aber nicht gesehen werden.
„Allerdings.“
Womit in uns sehen wir nun das, was wir sehen?
„Mit dem Gesicht“, sagte er. [...]
Das Vermögen des Sehens und das des Gesehenwerdens aber brauchen noch etwas [...]. Wenn wir in unseren Augen auch Sehkraft haben und sie anwenden wollen, und wenn an den sichtbaren Dingen auch Farbe ist, so weißt du doch, dass das Gesicht nichts sieht und die Farben unsichtbar bleiben, wenn nicht noch ein Drittes dazukommt, das eigens dafür geschaffen ist.
„Was meinst du damit?“, fragte er.
Das, was du Licht nennst, sagte ich.
„Du hast recht“, erwiderte er.
Durch keine geringe Erscheinung sind also der Sinn des Sehens und das Vermögen des Gesehenwerdens miteinander verknüpft, durch ein edleres Band, als die anderen Verbindungen, da ja doch das Licht etwas überaus Edles ist. [...]
Wen von den Göttern am Himmel kannst du nun als den Urheber davon bezeichnen und sagen, er sei Herr des Gestirns, dessen Licht bewirkt, dass unser Gesicht aufs Herrlichste sieht und dass das, was wir sehen, gesehen wird?
„Denselben, den auch du meinst und die anderen“, sagte er. „Denn du fragst doch offenbar nach Helios (der Sonne).“
Zu diesem Gott verhält sich nun das Gesicht doch wohl folgendermaßen:
„Wie?“
Das Gesicht ist selbst nicht die Sonne, und auch das nicht, worin es wohnt und was wir Auge nennen.
„Nein, das nicht.“
Aber es ist doch, denke ich, das sonnenhafteste unter den Sinnesorganen.
„Ja, bei Weitem.“
Und das Vermögen, das es hat, besitzt es wie einen Zufluss, der ihm von jenem Gotte zugeteilt wird?
„Ja, gewiss.“
Und so ist doch auch Helios nicht Gesicht, aber Urheber davon, und als solcher wird er von dem Gesicht gesehen.
„So ist es“, sagte er.
So verkünde also, fuhr ich fort, dass ich ihn meinte, als ich vom Sprößling des Guten sprach, den das Gute als sein Ebenbild gezeugt hat. Und wie sich dieses im einsehbaren Raume zur Einsicht und zu dem Eingesehenen verhält, so verhält sich Helios im sichtbaren Raume zum Gesicht und zu dem Gesehenen.
„Wie denn?“, fragte er. „Erkläre mir das noch genauer!“
Du weißt doch, fuhr ich fort, wenn wir unsere Augen nicht mehr auf die Dinge richten, deren Farben vom Tageslicht beschienen sind, sondern auf die, bei denen nächtlicher

Dämmerschein herrscht, so werden sie stumpf und scheinen beinahe blind, als ob keine reine Sehkraft mehr in ihnen wäre.

„Ja, gewiss“, sagte er.

Richten sie sich aber auf das, was die Sonne bescheint, dann denke ich, sehen sie klar, und diesen selben Augen wohnt jetzt offenbar Sehkraft inne.

„Ohne Zweifel.“

So stelle dir denn dasselbe auch bei der Seele vor. Wenn sie sich auf das richtet, worauf die Wahrheit herabscheint und das Seiende, so sieht sie es auf einmal ein und erkennt es nun, und es zeigt sich, dass sie Einsicht hat. Richtet sie sich aber auf das, was mit Finsternis vermischt ist, auf das Werdende und Vergehende, so meint sie nur, wird schwachsichtig und ändert ihre Meinungen hin und her, so wie einer, der keine Einsicht hat.

„Ja, offenbar.“

Das ist es also, was dem Erkannten Wahrheit verleiht und was dem Erkennenden das Vermögen (des Erkennens) gibt: Verkünde es nur, das sei die Idee (Urgestalt) des Guten. Denke sie dir als die Ursache des Wissens und der Wahrheit, die wir erkennen.

Kontexte

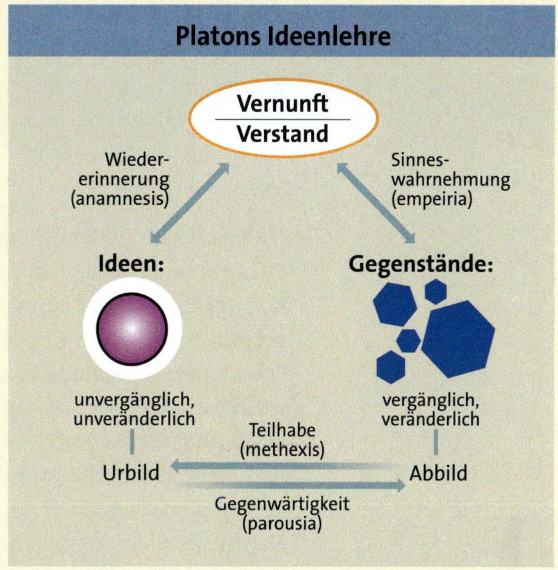

1 Fassen Sie zunächst in Stichworten zusammen, wie der Mensch nach Platon zur Erkenntnis des Guten gelangt. Versuchen Sie anschließend, das Sonnengleichnis und den darin verdeutlichten Erkenntnisprozess in einer Zeichnung bzw. Grafik zu veranschaulichen.

2 Versuchen Sie eine Definition des von Platon verwendeten Begriffs „Idee“. Beziehen Sie dabei auch die Grafik (s. oben) ein.

3 Nehmen Sie Stellung zu dem von Platon im Sonnengleichnis beschriebenen Weg zur Einsicht in die Idee des Guten. Beziehen Sie dabei – wenn Sie mögen – auch das Höhlengleichnis im Einführungsband (Kap. 2.1, S. 142–149) mit ein.

4 Innerhalb von Platons Vorstellung des Guten gibt es das Böse nicht. Erörtern Sie schriftlich (oder diskutieren Sie im Plenum), warum dies wohl so ist. Sie können ergänzend auch die anderen Platon-Texte aus diesem Buch hinzuziehen (Kap. 3.1, S. 13 ff., und Kap. 3.2, S. 43 ff.).

Gottesliebe als Menschenliebe – Frömmigkeit als Lebensziel (ca. 409 n. Chr.)

Augustinus

Der nachfolgende Textauszug stammt aus dem Brief des Augustinus (354–430 n. Chr.), Bischof von Hippo, an Macedonius. An der Epochenschwelle zwischen Antike und Mittelalter formuliert Augustinus, einer der bedeutendsten der sogenannten Kirchenväter, eine deutliche Kritik an der antiken Glücksphilosophie (Aristoteles, Epikur, Seneca s. S. 162 ff.) und setzt ihr eine christliche Ethik entgegen.

Niemand kann in Wahrheit der Freund eines Menschen sein, wenn er nicht schon zuvor ein Freund der Wahrheit selbst ist; und wenn er dies nicht ohne Eigennutz ist, so kann er es überhaupt auf keine Weise werden. Hierüber haben auch die Philosophen vieles gesprochen, aber bei ihnen wird die wahre Frömmigkeit, das heißt der wahrhafte Dienst des wahren Gottes, aus dem sich alle Pflichten eines guten Lebens ableiten lassen, nicht gefunden; und zwar, soweit ich es verstehe, aus keinem anderen Grunde, als weil sie das glückselige Leben sich gewissermaßen selbst zurechtzimmern wollen und glauben, es mehr finden als erbitten zu müssen, während doch Gott dessen Geber ist. Er, der seinen Geschöpfen, den guten wie den bösen, so große Wohltaten erweist wie das Dasein, das Dasein als Menschen, den Gebrauch der Sinne, die gesunden Kräfte, Überfluss an Gütern, wird den Guten sich selbst geben, damit sie glückselig seien, weil es auch seine Gabe ist, dass sie gut sind. [...]

Indessen besteht auch in diesem Leben die Tugend in nichts anderem als in der Liebe zu dem, was zu lieben ist. Dies auserwählen, ist Klugheit, sich davon durch keine Beschwerde abhalten lassen, ist Starkmut, keinem Sinnenreiz nachgeben, ist Mäßigkeit, keinem Stolze, ist Gerechtigkeit. Was anderes aber sollen wir uns als vorzüglichsten Gegenstand unserer Liebe auserwählen, wenn nicht das, was als das Beste erfunden wird? Dies ist Gott, und wenn wir in der Liebe ihm etwas vorziehen oder gleichsetzen, so verstehen wir nicht, uns selbst zu lieben. Denn umso besser ergeht es uns, je mehr wir in den eingehen, der das Beste ist. Nicht mit leiblichen Schritten aber gehen wir in ihn ein, sondern durch die Liebe. Umso mehr werden wir seine Gegenwart besitzen, je reiner die Liebe ist, die wir gegen ihn hegen und mit der wir nach ihm streben; denn Gott hat keine leibliche Ausdehnung und keine leiblichen Schranken. Zu ihm also, der überall gegenwärtig und überall ganz ist, kann man nicht mit den Füßen, sondern nur mit dem Herzen gehen. Unser Herz ist aber nicht nach dem zu beurteilen, was jemand weiß, sondern nach dem, was er liebt. Auch wird das Herz nur gut oder böse durch gute oder böse Liebe. Sind wir also böse, so sind wir von der Gerechtigkeit Gottes weit entfernt; durch Liebe zur Gerechtigkeit aber bessern wir uns, sodass wir als Gerechte dem Gerechten anzugehören vermögen.

Aus allen Kräften wollen wir uns also bemühen, dass auch diejenigen zu ihm gelangen, die wir lieben wie uns selbst, vorausgesetzt, dass wir durch die Liebe zu ihm bereits gelernt haben, uns selbst zu lieben. Denn Christus, der die Wahrheit selbst ist, sagt, dass das ganze Gesetz samt den Propheten enthalten ist in den beiden Geboten: Gott zu lieben aus ganzem Herzen, aus ganzer Seele und aus ganzem Gemüte und den Nächsten wie uns selbst. [...]

Kontexte

Selbstliebe und Nächstenliebe (ca. 1312)

Meister Eckhart

Hast du dich selbst lieb, so hast du alle Menschen lieb wie dich selbst. Solange du einen einzigen Menschen weniger lieb hast als dich selbst, so hast du dich selbst nie wahrhaft lieb gewonnen – [...] in einem Menschen alle Menschen.

Obwohl also der Mensch mit der vom göttlichen Gebot befohlenen Liebe Gott, sich selbst und den Nächsten lieben muss, so sind deshalb doch nicht drei Gebote gegeben, und es heißt auch „nicht in diesen drei“, sondern: „In diesen zwei Geboten ist das ganze Gesetz samt den Propheten enthalten“, das heißt in der Liebe zu Gott aus ganzem Herzen, aus ganzer Seele, aus ganzem Gemüte und in der Liebe zum Nächsten, den man lieben muss wie sich selbst. Daraus sollte man erkennen, dass es keine andere Selbstliebe als die auf der Gottesliebe beruhende gibt. Denn wenn jemand sich in anderer Weise liebt, so muss man vielmehr sagen, dass er sich hasst. Er wird ja ein Ungerechter und beraubt sich des Lichtes der Gerechtigkeit, da er sich von dem höchsten und vortrefflichsten Gute abwendet und sich zu sich selbst, also zum Niedrigen und Schwachen hinwendet. Es geht an ihm in Erfüllung, was so treffend geschrieben steht: „Wer aber die Ungerechtigkeit liebt, hasst seine eigene Seele.“ Weil also niemand sich selbst liebt, außer er liebt Gott, so war es nicht notwendig, dass, nachdem das Gebot der Gottesliebe gegeben war, dem Menschen auch noch die Selbstliebe anbefohlen wurde: Liebt er doch dadurch, dass er Gott liebt, sich selbst. Er muss also Gott und den Menschen lieben wie sich selbst, sodass er wenn möglich jeden Menschen durch wohltuenden Trost, durch belehrenden Unterricht oder durch heilsame Zucht zur Anbetung Gottes anleitet, weil er weiß, dass in diesen beiden Geboten das ganze Gesetz samt den Propheten enthalten ist.

Gerechtigkeit: hier: die Idee vollkommener Gerechtigkeit

Wer sich solche Tätigkeit mit vernünftiger Unterscheidung auserwählt, der ist klug; wer sich davon durch keine unangenehme Erfahrung abbringen lässt, der ist starkmütig; lässt er sich durch keine Lust davon abbringen, so ist er mäßig, durch keine Selbstüberhebung, so ist er gerecht. Diese Tugenden werden uns verliehen durch die Gnade Jesu Christi, des göttlichen Vermittlers beim Vater, der als Mensch unter uns weilte und durch den wir im Geiste der Liebe mit Gott versöhnt werden, nachdem wir infolge der Sünde seine Feinde gewesen sind; und mit diesen von Gott verliehenen Tugenden führen wir jetzt ein gutes Leben und erlangen später dessen Lohn, nämlich das glückselige Leben, das nur das ewige sein kann. Hier auf Erden werden diese Tugenden geübt, dort zeigt sich ihre Wirkung; hier kosten sie Mühe, dort empfangen sie Lohn; hier sind sie unsere Pflicht, dort Siegespreis. Darum werden alle Guten und Heiligen, die auch in allen möglichen Qualen durch die göttliche Hilfe unterstützt werden, wegen der Hoffnung auf diese Vollendung „Selige“ genannt, obwohl sie erst in dieser Vollendung selig sein werden. [...]

Aus dem **guten Leben** resultiert das **glückselige Leben**, das Leben im Einklang mit Gott.

Die Frömmigkeit also, das heißt die wahre Anbetung des wahren Gottes, ist zu allem nützlich; sie bewahrt vor den Widerwärtigkeiten dieses Lebens oder lindert sie und führt zu jenem glückseligen Leben, in dem wir nichts Übles mehr erdulden und des höchsten und ewigen Gutes uns erfreuen. Dieses Heil noch vollkommener zu erlangen und mit aller Standhaftigkeit zu bewahren, dazu ermahne ich dich ebenso wie mich selbst.

1 Fassen Sie zunächst die Kritik des Augustinus an der antiken Glücksphilosophie, wie sie z. B. Aristoteles (S. 162–165) vertritt, zusammen und stellen Sie anschließend das Verständnis von Glück dar, das Augustinus selbst vertritt. Wie beurteilen Sie die Position des Augustinus?

2 Stellen Sie sich vor, ein Aristoteles-Schüler hätte den Brief des Augustinus gelesen. Schreiben Sie einen fiktiven Antwortbrief, indem dieser aus der Sicht des Aristoteles zu der Kritik des Augustinus und dessen Position Stellung nimmt.

3 Definieren Sie, was Augustinus unter Selbstliebe versteht. Vergleichen Sie dieses Verständnis mit dem von Meister Eckhart. Wo sehen Sie Gemeinsamkeiten, wo Unterschiede?

Blaise Pascal (1623 – 1662)

Eigenliebe (ca. 1650 – 1662)

Blaise Pascal

Auf Blaise Pascal, französischer Mathematiker, Physiker, Literat und Philosoph, geht die These zurück, dass die Verbindung von Verstand und Herz Basis menschlichen Erkennens sei. In seinem christlich geprägten Denken war er aber zugleich ein scharfsichtiger Beobachter menschlicher Schwächen und damit verbundener ethischer Herausforderungen, wie seine Analyse der Eigenliebe beweist.

Nur sich selbst zu lieben und nichts als sich selbst zu bedenken, ist die Art der Eigenliebe und dieses menschlichen Ichs. Aber wie wird es dies vollbringen? Das Ich kann nicht hindern, dass das, was es liebt, voll von Mängeln und Elend ist: Es wünscht sich groß und findet sich gering; es wünscht sich glücklich und findet sich unglücklich; es wünscht sich vollkommen und findet sich voller Unvollkommenheiten; es wünscht sich von Menschen geliebt und geachtet und findet, dass seine Mängel nur ihre Abneigung und Verachtung verdienen. Diese Verlegenheit, in der es sich findet, zeugt in ihm die ungerechteste und verbrecherischste Leidenschaft, die man ersinnen kann, denn sie zeugt einen tödlichen Hass gegen die Wahrheit, die es bemäkelt und es von seinen Fehlern überzeugt. Es wird sie zu vernichten wünschen, und da es nicht fähig ist, sie selbst zu zerstören, zerstört es sie, soweit es dies vermag, in seinem Bewusstsein und in dem der anderen; d.h., es richtet seine ganze Mühe darauf, vor den andern und vor sich selbst seine Fehler zu verbergen, es kann nicht dulden, dass man sie ihm zeige, noch dass man sie bemerke.

Es ist fraglos ein Übel, voller Fehler zu sein, aber es ist ein noch größeres Übel, es zu sein und sie nicht kennen zu wollen, weil das heißt, dass man ihnen willentlich noch den Betrug hinzufügt. Wir wollen von den andern nicht getäuscht werden, wir finden es unrecht, dass sie von uns mehr geschätzt werden wollen, als sie verdienen: Also ist auch unrecht, dass wir sie täuschen und dass wir von ihnen mehr geschätzt werden wollen, als wir verdienen.

eignen: zu eigen sind, ausmachen

Wenn sie also an uns nur Laster und Unvollkommenheiten bemerken, die uns wirklich eignen, so ist offensichtlich, dass sie uns darin kein Unrecht tun, da wir und nicht sie die Schuld daran haben, und dass sie uns Gutes tun, wenn sie uns helfen, uns von einem Übel zu befreien, nämlich von dem, diese Mängel nicht zu kennen. Wir dürfen nicht betroffen sein, dass sie sie kennen und uns deshalb missachten, da es richtig ist, dass sie uns kennen, wie wir sind, und dass sie uns verachten, wenn wir verächtlich sind.

So etwa müsste ein Herz, das voll von Rechtlichkeit und Gerechtigkeit wäre, empfinden. Was aber können wir von unserm sagen, wenn wir in ihm völlig gegensätzliche Neigungen finden? Ist es etwa nicht wahr, dass wir die Wahrheit und die, die sie uns sagen, hassen und nur die schätzen, die sich zu unserem Vorteil täuschen, und dass wir von ihnen anders eingeschätzt werden wollen, als wir wirklich sind? [...]

Verschiedene Grade gibt es in dieser Abneigung gegen die Wahrheit, man kann aber sagen, dass sie jedem in etwas eignet, da sie unzertrennlich von der Eigenliebe ist. Dieses falsche Zartgefühl zwingt die, die andere zu tadeln haben, zu mancherlei Umweg und mancherlei Mäßigung, um zu vermeiden, dass sie sie kränken. Sie müssen unsere Mängel verkleinern, sie zu entschuldigen suchen, Lobsprüche und Beteuerungen ihrer Anhänglichkeit und Achtung hinzufügen. Trotz alledem schmeckt diese Medizin unserer Eigenliebe bitter. Sie nimmt so wenig wie möglich davon und stets mit Widerwillen und oftmals mit einer geheimen Verachtung gegen die, die sie uns reichen.

Deshalb hütet man sich, uns, wenn man irgendein Interesse an unserer Zuneigung hat, einen Dienst zu erweisen, der, wie man weiß, uns unangenehm ist; man behandelt uns so, wie wir behandelt werden wollen. Wir verabscheuen die Wahrheit, man verbirgt sie uns; wir wollen, dass man uns schmeichele, man schmeichelt uns; wir lieben es, getäuscht zu werden, man täuscht uns.

So geschieht es, dass jede Stufe, die das Glück uns erhöht, uns immer mehr von der Wahrheit entfernt; denn wachsend hütet man sich, die, deren Neigung nützlich und deren Abneigung gefährlich ist, zu verletzen. [...] So ist das menschliche Leben ein fortwährender Trug, gegenseitig täuscht man sich, gegenseitig schmeichelt man sich. Niemand redet so, wenn wir zugegen sind, wie er in unserer Abwesenheit redet. Auf dieser gegenseitigen Täuschung ist die Einigkeit der Menschen begründet, und wenige Freundschaften würden beständig sein, wenn jedweder wüsste, was sein Freund sagt, wenn er nicht anwesend ist, obgleich er dann aufrichtig und leidenschaftslos spricht.

Also ist der Mensch nichts als Verstellung, Lüge und Scheinheiligkeit, und zwar sowohl vor sich selbst, als gegenüber den andern. Er will nicht, dass man ihm die Wahrheit sagt, und er vermeidet, sie den andern zu sagen. Und all diese Anlagen haben, so fern sie von der Gerechtigkeit und der Vernunft sind, ihren natürlichen Grund in seinem Herzen.

1 Fassen Sie die Kerngedanken von Pascal zur menschlichen Eigenliebe zusammen. Zeigen Sie vor diesem Hintergrund auf, welche ethischen Probleme sich im Urteil Pascals aus der Eigenliebe ergeben. Formulieren Sie ethische Leitsätze nach Pascal.

2 Führen Sie auf dieser Grundlage ein fiktives Interview mit Blaise Pascal in schriftlicher Form. Beziehen Sie bei Ihren Fragen auch die Positionen von Augustinus und Meister Eckhart zur Selbstliebe mit ein.

Der gute Wille – kategorischer Imperativ (1785)

Immanuel Kant

Die „Grundlegung zur Metaphysik der Sitten" ist – neben der „Kritik der praktischen Vernunft" – das ethische Hauptwerk Immanuel Kants (1724–1804) und ein Schlüsseltext der abendländischen Ethik. Im Mittelpunkt steht der Versuch, die Vernunft als einzig mögliche Grundlage sittlichen Handelns auszuweisen. Die Grundlagen erläutert Kant im abgedruckten Anfangsteil des Werkes im unmittelbaren Anschluss an die Vorrede.

Es ist überall nichts in der Welt, ja überhaupt auch außer derselben zu denken möglich, was ohne Einschränkung für gut könnte gehalten werden, als allein ein *guter Wille*. Verstand, Witz, Urteilskraft und wie die *Talente* des Geistes sonst heißen mögen, oder Mut, Entschlossenheit, Beharrlichkeit im Vorsatze, als Eigenschaften des *Temperaments*, sind ohne Zweifel in mancher Absicht gut und wünschenswert; aber sie können auch äußerst böse und schädlich werden, wenn der Wille, der von diesen Naturgaben Gebrauch machen soll und dessen eigentümliche Beschaffenheit darum *Charakter* heißt, nicht gut ist. Mit den *Glücksgaben* ist es ebenso bewandt. Macht, Reichtum, Ehre, selbst Gesundheit und das ganze Wohlbefinden und Zufriedenheit mit seinem Zustande, unter dem Namen der *Glückseligkeit*, machen Mut und hierdurch öfters auch Übermut, wo nicht ein guter Wille da ist, der den Einfluss derselben aufs Gemüt und hiermit auch das ganze Prinzip zu handeln berichtige und allgemein-zweckmäßig mache. [...]

Kontexte

Die goldene Regel

Konfuzius (551 – 479 v. Chr.)

Was du nicht liebst, wenn es dir selbst angetan wird, das tue du keinem andern Menschen an.

Der gute Wille ist nicht durch das, was er bewirkt oder ausrichtet, nicht durch seine Tauglichkeit zu Erreichung irgendeines vorgesetzten Zweckes, sondern allein durch das Wollen, d[as] i[st] an sich gut, und, für sich selbst betrachtet, ohne Vergleich weit höher zu schätzen als alles, was durch ihn zugunsten irgendeiner Neigung, ja wenn man will, der Summe aller Neigungen, nur immer zustande gebracht werden könnte. Wenngleich durch eine besondere Ungunst des Schicksals oder durch kärgliche Ausstattung einer stiefmütterlichen Natur es diesem Willen gänzlich an Vermögen fehlte, seine Absicht durchzusetzen; wenn bei seiner größten Bestrebung dennoch nichts von ihm ausgerichtet würde, und nur der gute Wille (freilich nicht etwa als ein bloßer Wunsch, sondern als die Aufbietung aller Mittel, soweit sie in unserer Gewalt sind) übrig bliebe: So würde er wie ein Juwel doch für sich selbst glänzen, als etwas, das seinen vollen Wert in sich selbst hat. Die Nützlichkeit oder Fruchtlosigkeit kann diesem Werte weder etwas zusetzen noch abnehmen. [...]

Mit-Denken

III Fassen Sie Kants bis hierher formulierte Aussagen zur Beschaffenheit des guten Willens mit eigenen Worten zusammen.

Um aber den Begriff eines an sich selbst hoch zu schätzenden und ohne weitere Absicht guten Willens [...] zu entwickeln, wollen wir den Begriff der Pflicht vor uns nehmen. [...] Ich übergehe hier alle Handlungen, die schon als pflichtwidrig erkannt werden, ob sie gleich in dieser oder jener Absicht nützlich sein mögen; denn bei denen ist gar nicht einmal die Frage, ob sie *aus Pflicht* geschehen sein mögen, da sie dieser sogar widerstreiten. Ich setze auch die Handlungen beiseite, die wirklich pflichtmäßig sind, zu denen aber Menschen unmittelbar *keine Neigung* haben, sie aber dennoch ausüben, weil sie durch eine andere Neigung dazu getrieben werden. Denn da lässt sich leicht unterscheiden, ob die pflichtmäßige Handlung *aus Pflicht* oder aus selbstsüchtiger Absicht geschehen sei. Weit schwerer ist dieser Unterschied zu bemerken, wo die Handlung pflichtmäßig ist und das Subjekt noch überdem *unmittelbare* Neigung zu ihr hat. Zum Beispiel ist es allerdings pflichtmäßig, dass der Krämer seinen unerfahrnen Käufer nicht überteure, und, so viel Verkehr ist, tut dieses auch der kluge Kaufmann nicht, sondern hält einen festgesetzten allgemeinen Preis für jedermann, sodass ein Kind ebenso gut bei ihm kauft wie jeder andere. Man wird also *ehrlich* bedient; allein das ist lange nicht genug, um deswegen zu glauben, der Kaufmann habe aus Pflicht und Grundsätzen der Ehrlichkeit so verfahren; sein Vorteil erforderte es; dass er aber überdem noch eine unmittelbare Neigung zu den Käufern haben sollte, um gleichsam aus Liebe keinem vor dem anderen im Preise den Vorzug zu geben, lässt sich hier nicht annehmen. Also war die Handlung weder aus Pflicht noch aus unmittelbarer Neigung, sondern bloß in eigennütziger Absicht geschehen.

Dagegen sein Leben zu erhalten ist Pflicht, und überdem hat jedermann dazu noch eine unmittelbare Neigung. Aber um deswillen hat die oft ängstliche Sorgfalt, die der größte Teil der Menschen dafür trägt, doch keinen innern Wert, und die Maxime derselben keinen moralischen Gehalt. Sie bewahren ihr Leben zwar *pflichtmäßig*, aber nicht *aus Pflicht*. Dagegen wenn Widerwärtigkeiten und hoffnungsloser Gram den Geschmack am Leben gänzlich weggenommen haben, wenn der Unglückliche, stark an Seele, über sein Schick-

Kontexte

Lisa Simpson und die kantische Moral (2001)

James Lawler

Wenn wir ein Vorbild für unsere Kinder suchen, sind wir nicht allein auf den Musterknaben Harry Potter und den Satansbraten Bart Simpson angewiesen. Es gibt zum Beispiel auch noch Lisa Simpson. [...] Die Zweitklässlerin Lisa verkörpert am deutlichsten, was es bedeutet, ein funktionierendes moralisches Bewusstsein zu besitzen. Sie hat ein genaues Gespür für moralische Pflichten, das sich von Flanders' institutionalisierter Moral unterscheidet. Während der auf die Autorität seiner Bibel und Kirche vertraut, denkt Lisa mit frühreifer Selbstständigkeit über die großen Themen der Moral nach: Wahrhaftigkeit, Barmherzigkeit, Gleichheit und Gerechtigkeit. Lisa zeigt uns, wie schwer es manchmal ist, moralische Grundsätze gegen die üblichen Zugeständnisse durchzusetzen. Das beschreibt, nach Kant, ein weiteres zentrales Charakteristikum der Moral. Moral ist im Wesentlichen von innen her bestimmt. Sie entsteht eher aus persönlicher Reflexion als aus äußeren gesellschaftlichen Konventionen oder autoritären religiösen Lehren und hat klare und beständige Prinzipien zur Folge, nach denen ein Mensch sein Leben führt.

In „Das geheime Bekenntnis“ (Folge 139) entdeckt Lisa, dass der legendäre und angeblich heroische Gründer von Springfield in Wahrheit ein übler Pirat war, der versucht hat, George Washington zu töten. Lisa kriegt für ihren Aufsatz „Jebediah Springfield: der Superbetrüger“ eine schlechte Note. Die Lehrerin erklärt ihr: „Ach, das ist nichts weiter als die Verunglimpfung eines toten weißen Mannes durch einen Politwirrkopf. Frauen wie du tragen dazu bei, dass es uns nie gelingt, einen Mann zu angeln.“ Dabei versucht Lisa nur, die Wahrheit ans Licht zu bringen. Es ist keine geschönte Wahrheit wie in der Welt der Immobilienmakler, sondern eine objektive, historische, wissenschaftlich erwiesene Wahrheit, die als Wert an sich verteidigt werden muss, ungeachtet aller Konsequenzen und Opfer.

sal mehr entrüstet als kleinmütig oder niedergeschlagen, den Tod wünscht und sein Leben doch erhält, ohne es zu lieben, nicht aus Neigung oder Furcht, sondern aus Pflicht. Alsdenn hat seine Maxime einen moralischen Gehalt. [...]

Mit-Denken

III Stellen Sie in einer Tabelle Kants Aussagen zur „Pflicht“ und zur „Neigung“ einander gegenüber.

Pflicht ist die Notwendigkeit einer Handlung aus Achtung fürs Gesetz. [...] Eine Handlung aus Pflicht [soll] den Einfluss der Neigung und mit ihr jeden Gegenstand des Willens ganz absondern, also bleibt nichts für den Willen übrig, was ihn bestimmen könne, als objektiv das Gesetz und subjektiv reine Achtung für dieses praktische Gesetz [...]. Was kann das aber wohl für ein Gesetz sein, dessen Vorstellung [...] den Willen bestimmen muss, damit dieser schlechterdings und ohne Einschränkung gut heißen könne? Da ich den Willen aller Antriebe beraubt habe, die ihm aus der Befolgung irgendeines Gesetzes entspringen könnten, so bleibt nichts als die allgemeine Gesetzmäßigkeit der Handlungen überhaupt übrig, welche allein dem Willen zum Prinzip dienen soll, d[as] i[st], ich soll niemals anders verfahren als so, *dass ich auch wollen könne, meine Maxime solle ein allgemeines Gesetz werden.* Hier ist nun die bloße Gesetzmäßigkeit überhaupt (ohne irgendein auf gewisse Handlungen bestimmtes Gesetz zum Grunde zu legen) das, was dem Willen zum Prinzip dient [...].

Philosophische Fingerübung

Rekonstruieren Sie die Voraussetzungen und die Schlussform, die Kant zu der Schlussfolgerung berechtigen:
„Hier ist nun die bloße Gesetzmäßigkeit überhaupt [...] das, was dem Willen zum Prinzip dient." (Z. 82–84)

Die Frage sei z. B.: Darf ich, wenn ich im Gedränge bin, nicht ein Versprechen tun in der Absicht, es nicht zu halten? [...] Um indessen mich in Ansehung und Beantwortung dieser Aufgabe, ob ein lügenhaftes Versprechen pflichtmäßig sei, auf die allerkürzeste und doch untrügliche Art zu belehren, so frage ich mich selbst: Würde ich wohl damit zufrieden sein, dass meine Maxime (mich durch ein unwahres Versprechen aus Verlegenheit zu ziehen) als ein allgemeines Gesetz [...] gelten solle, und würde ich wohl zu mir sagen können: Es mag jedermann ein unwahres Versprechen tun, wenn er sich in Verlegenheit befindet, daraus er sich auf andere Art nicht ziehen kann? So werde ich bald inne, dass ich zwar die Lüge, aber ein allgemeines Gesetz zu lügen gar nicht wollen könne; denn nach einem solchen würde es eigentlich gar keine Versprechen geben, weil es vergeblich wäre, meinen Willen in Ansehung meiner künftigen Handlungen anderen vorzugeben, die diesem Vorgeben doch nicht glauben oder, wenn sie es übereilterweise täten, mich doch mit gleicher Münze bezahlen würden, mithin meine Maxime, sobald sie zum allgemeinen Gesetz gemacht würde, sich selbst zerstören müsse.

Was ich also zu tun habe, damit mein Wollen sittlich gut sei, dazu brauche ich gar keine weit ausholende Scharfsinnigkeit. Unerfahren in Ansehung des Weltlaufs, unfähig, auf alle sich ereignenden Vorfälle desselben gefasst zu sein, frage ich mich nur: Kannst du auch wollen, dass deine Maxime ein allgemeines Gesetz werde? Wo nicht, so ist sie verwerflich und das zwar nicht um eines dir oder auch anderen daraus bestehenden Nachteils willen, sondern weil sie nicht als Prinzip in eine mögliche allgemeine Gesetzgebung passen kann.

1 Was ist nach Kant der „gute Wille" und in welchem Verhältnis steht dieser zum „allgemeinen Gesetz".

2 Erläutern Sie die Unterschiede in den fünf Fassungen des kategorischen Imperativs.

Kontexte

Kant hat im Fortgang seiner „Grundlegung zur Metaphysik der Sitten" in Fortentwicklung seiner These, dass sittlich gutes Wollen sich an der Frage „Kannst du auch wollen, dass deine Maxime ein allgemeines Gesetz werde?" orientieren solle, seinen für die neuzeitliche Ethik grundlegenden „kategorischen Imperativ" in fünf verschiedenen Fassungen formuliert. Jede Fassung setzt einen eigenen Akzent.

Der kategorische Imperativ (1785)

Immanuel Kant

1. „Handle nur nach derjenigen Maxime, durch die du zugleich wollen kannst, dass sie ein allgemeines Gesetz werde." (Grundformel)
2. „Handle so, als ob die Maxime deiner Handlung durch deinen Willen zum allgemeinen Naturgesetz werden solle."
3. „Handle so, dass du die Menschheit sowohl in deiner Person als auch in der Person eines jeden anderen jederzeit zugleich als Zweck, niemals bloß als Mittel brauchest."
4. „Handle so, dass der Wille durch seine Maxime sich selbst zugleich als allgemein gesetzgebend betrachten könne."
5. „Handle so, als ob du durch deine Maxime jederzeit ein gesetzgebendes Glied im allgemeinen Reich der Zwecke wärest."

3 Vergleichen Sie die „goldene Regel" des Konfuzius (s. Kontexte, S. 190) mit Kants kategorischem Imperativ.

4 Wie beurteilen Sie die Deutung von Lisa Simpsons Verhalten im Horizont von Kants Ethik (siehe Kontexte, S. 191)?

5 Worin besteht das Besondere der kantischen Konzeption gegenüber den ethischen Positionen von Sokrates (S. 179 ff.), Platon (S. 183 ff.), Augustinus (S. 186 ff.) und Pascal (S. 188 ff.)? Sie können diese Frage argumentativ im Rahmen einer Erörterung beantworten oder indem Sie eine fiktive Begegnung und einen sich daraus entwickelnden Gedankenaustausch zwischen Kant und einem der genannten anderen Philosophen gestalten. Sie können dies gemeinsam mit Ihren Mitschülerinnen und Mitschülern als Rollenspiel im Klassenraum, als philosophisches Rollenspiel oder auch schriftlich im Heft realisieren.

Kontexte

Der Fabrikant Oskar Schindler rettete 1200 Juden im Zweiten Weltkrieg das Leben. „Wer nur ein einziges Leben rettet, rettet die ganze Welt" – dieser Talmudspruch wurde in den Ring eingraviert, den die durch ihn überlebenden Juden Oskar Schindler als Geschenk übergaben.

Oskar Schindler (1957)

Szene aus dem Film „Schindlers Liste" von Steven Spielberg aus dem Jahr 1993 nach dem gleichnamigen Roman von Thomas Veneally (Original: Schindler's List)

Überlebende haben sich 2008 in Krakau getroffen, um mit einem Marsch zum Lager Plaszow an das Geschehen zu erinnern.

Grab Oskar Schindlers

6 Erörtern Sie, inwieweit sich das Handeln Oskar Schindlers im Horizont des kategorischen Imperativs von Kant ethisch bewerten lässt.

Jeremy Bentham (1748 – 1832)

Das Prinzip der Nützlichkeit (1789)

Jeremy Bentham

Der englische Jurist, Philosoph und Sozialreformer Jeremy Bentham gilt in der Philosophiegeschichte als Begründer des klassischen Utilitarismus. Der Utilitarismus hat die moderne Wirtschafts- und Rechtsphilosophie maßgeblich mitgeprägt (vgl. Kap. 5.4, S. 296–311 bzw. Erweiterter Blick, S. 312–333). Eine zentrale Rolle spielt dabei das Prinzip der Nützlichkeit, das Bentham in seiner 1789 erschienenen Schrift „An Introduction to the Principles of Morals and Legislation" als ethische Leitidee entwickelt hat.

1. Die Natur hat die Menschheit unter die Herrschaft zweier souveräner Gebieter – Leid und Freude – gestellt. Es ist an ihnen allein aufzuzeigen, was wir tun sollen, wie auch zu bestimmen, was wir tun werden. Sowohl der Maßstab für Richtig und Falsch als auch die Kette der Ursachen und Wirkungen sind an ihrem Thron festgemacht. Sie beherrschen uns in allem, was wir tun, was wir sagen, was wir denken. [...] Das Prinzip der Nützlichkeit erkennt dieses Joch an und übernimmt es für die Grundlegung jenes Systems, dessen Ziel es ist, das Gebäude der Glückseligkeit durch Vernunft und Recht zu errichten. Systeme, die es infrage zu stellen versuchen, geben sich mit Lauten anstatt mit Sinn, mit einer Laune anstatt mit der Vernunft, mit Dunkelheit anstatt mit Licht ab.
Doch genug des bildlichen und pathetischen Sprechens: Durch solche Mittel kann die Wissenschaft der Moral nicht verbessert werden.

2. Das Prinzip der Nützlichkeit ist die Grundlage des vorliegenden Werkes; es wird daher zweckmäßig sein, mit einer ausdrücklichen und bestimmten Erklärung dessen zu beginnen, was mit ihm gemeint ist. Unter dem Prinzip der Nützlichkeit ist jenes Prinzip zu verstehen, das schlechthin jede Handlung in dem Maß billigt oder missbilligt, wie ihr die Tendenz innezuwohnen scheint, das Glück der Gruppe, deren Interesse infrage steht, zu vermehren oder zu vermindern oder – das Gleiche mit anderen Worten gesagt – dieses Glück zu befördern oder zu verhindern. Ich sagte: schlechthin jede Handlung, also nicht nur jede Handlung einer Privatperson, sondern auch jede Maßnahme der Regierung.

3. Unter Nützlichkeit ist jene Eigenschaft an einem Objekt zu verstehen, durch die es dazu neigt, Gewinn, Vorteil, Freude, Gutes oder Glück hervorzubringen (dies alles läuft im vorliegenden Fall auf das Gleiche hinaus) oder (was ebenfalls auf das Gleiche hinausläuft) die Gruppe, deren Interesse erwogen wird, vor Unheil, Leid, Bösem oder Unglück zu bewahren; sofern es sich bei dieser Gruppe um die Gemeinschaft im Allgemeinen handelt, geht es um das Glück der Gemeinschaft; sofern es sich um ein bestimmtes Individuum handelt, geht es um das Glück dieses Individuums.

4. „Das Interesse der Gemeinschaft" ist einer der allgemeinsten Ausdrücke, die in den Redeweisen der Moral vorkommen können; kein Wunder, dass sein Sinn oft verloren geht. Wenn er einen Sinn hat, dann diesen: Die Gemeinschaft ist ein fiktiver Körper, der sich aus den Einzelpersonen zusammensetzt, von denen man annimmt, dass sie sozusagen seine Glieder bilden. Was also ist das Interesse der Gemeinschaft? – Die Summe der Interessen der verschiedenen Glieder, aus denen sie sich zusammensetzt.

5. Es hat keinen Sinn, vom Interesse der Gemeinschaft zu sprechen, ohne zu wissen, was das Interesse des Individuums ist. Man sagt von einer Sache, sie sei dem Interesse förderlich oder zugunsten des Interesses eines Individuums, wenn sie dazu neigt, zur Gesamtsumme seiner Freuden beizutragen: oder, was auf das Gleiche hinausläuft, die Gesamtsumme seiner Leiden zu vermindern.

6. Man kann also von einer Handlung sagen, sie entspreche dem Prinzip der Nützlichkeit oder – der Kürze halber – der Nützlichkeit (das heißt in Bezug auf die Gemeinschaft insgesamt), wenn die ihr innewohnende Tendenz, das Glück der Gemeinschaft zu vermehren, größer ist als irgendeine andere ihr innewohnende Tendenz, es zu vermindern. [...]

10. Von einer Handlung, die mit dem Prinzip der Nützlichkeit übereinstimmt, kann man stets entweder sagen, sie sei eine Handlung, die getan werden soll, oder zum Mindesten, sie sei keine Handlung, die nicht getan werden soll. Man kann auch sagen, es sei richtig zu sagen, dass sie getan werden sollte; es sei zum Mindesten nicht falsch zu sagen, dass sie getan werden sollte: Sie sei eine richtige Handlung; zum Mindesten sei sie keine falsche Handlung. So verstanden haben die Wörter sollen, richtig und falsch sowie andere Wörter dieser Art einen Sinn; werden sie anders verstanden, haben sie keinen Sinn. [...]

13. Wenn jemand das Prinzip der Nützlichkeit zu bekämpfen versucht, so geschieht dies mit Gründen, die, ohne dass er sich dessen bewusst ist, auf eben diesem Prinzip beruhen. Sofern seine Argumente etwas beweisen, beweisen sie nicht, dass das Prinzip falsch ist, sondern dass es falsch angewendet worden ist.

1 Formulieren Sie Kerngedanken der utilitaristischen Ethik Benthams und nehmen Sie dazu aus Ihrer persönlichen Sicht Stellung.

2 Was verbindet Benthams Position mit der von Aristoteles (S. 162–165), was unterscheidet sie?

3 Ist die Bildergeschichte von den zwei Eseln geeignet, Benthams Prinzip der Nützlichkeit zu erläutern?

Mitleid als Basis echter Menschenliebe (1851)

Arthur Schopenhauer

Arthur Schopenhauer (1788–1860) ist Vertreter einer sogenannten Mitleidsethik. Diese schließt den Schutz der Tiere mit ein. Sein Imperativ unterscheidet sich von dem Kants grundlegend: Verletze niemanden, vielmehr hilf allen, soweit du kannst.

Das Wohl und Wehe, welches [...] jeder Handlung oder Unterlassung als letzter Zweck zum Grunde liegen muss, ist entweder das des Handelnden selbst oder das irgendeines andern, bei der Handlung passiv Beteiligten. Im ersten Falle ist die Handlung notwendig egoistisch; weil ihr ein interessiertes Motiv zum Grunde liegt. [...] Kurzum, man setze zum letzten Beweggrund einer Handlung, was man wolle; immer wird sich ergeben, dass, auf irgendeinem Umwege, zuletzt das eigene Wohl und Wehe des Handelnden die eigentliche Triebfeder, mithin die Handlung egoistisch, folglich ohne moralischen Wert ist. Nur einen einzigen Fall gibt es, in welchem dies nicht statthat: nämlich wenn der

Kontexte

Schopenhauers Mitleidsethik ist durch das indische Denken beeinflusst. Zentral ist hier der Begriff *Ahimsa* (Sanskrit, f., wörtlich das Nicht-Verletzen), eines der wichtigsten Prinzipien im Hinduismus, Jainismus und Buddhismus. Das Ahimsa-Prinzip untersagt das Töten oder Verletzen von Lebewesen und fordert die Beschränkung auf ein unumgängliches Minimum. Mönche des Jainismus wenden die Ahimsa-Regel besonders konsequent an, wie ein Bericht von Albert Schweitzer bewusst macht:

Ehrfurcht vor den Tieren (1930)

Albert Schweitzer

In den Regeln der taoistischen Mönchsorden, auf die die Mönche auch heute noch verpflichtet werden, wird ihnen Gütigkeit gegen die Geschöpfe zur Pflicht gemacht. So, zum Beispiel, sollen sie es vermeiden, kochendes Wasser auf den Boden zu gießen, weil dadurch Insekten getötet oder geschädigt werden könnten.

Mönch des Jainismus im Tempel

letzte Beweggrund zu einer Handlung, oder Unterlassung, geradezu und ausschließlich im Wohl und Wehe irgendeines dabei passiv beteiligten andern liegt, also der aktive Teil bei seinem Handeln oder Unterlassen ganz allein das Wohl und Wehe eines andern im Auge hat und durchaus nichts bezweckt, als dass jener andere unverletzt bleibe oder gar Hülfe, Beistand und Erleichterung erhalte. Dieser Zweck allein drückt einer Handlung oder Unterlassung den Stempel des moralischen Wertes auf; welcher demnach ausschließlich darauf beruht, dass die Handlung bloß zu Nutz und Frommen eines andern geschehe oder unterbleibe. [...]

Wenn aber meine Handlung ganz allein des andern wegen geschehen soll; so muss sein Wohl und Wehe unmittelbar mein Motiv sein: so wie bei allen andern Handlungen das meinige es ist. Dies bringt unser Problem auf einen engern Ausdruck, nämlich diesen: Wie ist es irgend möglich, dass das Wohl und Wehe eines andern unmittelbar, d. h. ganz so wie sonst nur mein eigenes, meinen Willen bewege, also direkt mein Motiv werde und sogar es bisweilen in dem Grade werde, dass ich demselben mein eigenes Wohl und Wehe, diese sonst alleinige Quelle meiner Motive, mehr oder weniger nachsetze? – Offenbar nur dadurch, dass jener andere der letzte Zweck meines Willens wird, ganz so wie sonst ich selbst es bin: also dadurch, dass ich ganz unmittelbar sein Wohl will und sein Wehe nicht will, so unmittelbar wie sonst nur das meinige. Dies aber setzt notwendig voraus, dass ich bei seinem Wehe als solchem geradezu mitleide, sein Wehe fühle wie sonst nur meines, und deshalb sein Wohl unmittelbar will wie sonst nur meines. Dies erfordert aber, dass ich auf irgendeine Weise mit ihm identifiziert sei, d. h., dass jener gänzliche Unterschied zwischen mir und jedem andern, auf welchem gerade mein Egoismus beruht, wenigstens in einem gewissen Grade aufgehoben sei. Da ich nun aber doch nicht in der Haut des andern stecke, so kann allein vermittelst der Erkenntnis, die ich von ihm habe, d. h. der Vorstellung von ihm in meinem Kopf, ich mich so weit mit ihm identifizieren, dass meine Tat jenen Unterschied als aufgehoben ankündigt. Der hier analysierte Vorgang aber ist kein erträumter oder aus der Luft gegriffener, sondern ein ganz wirklicher, ja, keineswegs seltener: Es ist das alltägliche Phänomen des Mitleids, d. h. der ganz unmittelbaren, von allen anderweitigen Rücksichten unabhängigen Teilnahme zunächst am Leiden eines andern und dadurch an der Verhinderung oder Aufhebung dieses Leidens, als worin zuletzt alle Befriedigung und alles Wohlsein und Glück besteht. Dieses Mitleid ganz allein ist die wirkliche Basis aller freien Gerechtigkeit und aller echten Menschenliebe. Nur sofern eine Handlung aus ihm entsprungen ist, hat sie moralischen Wert, und jede aus irgendwelchen anderen Motiven hervorgehende hat keinen. Sobald dieses Mitleid rege wird, liegt mir das Wohl und Wehe des andern unmittelbar am Herzen, ganz in derselben Art, wenn auch nicht stets in demselben Grade, wie sonst allein das meinige: Also ist jetzt der Unterschied zwischen ihm und mir kein absoluter mehr.

[...] Solange jedoch selbst meine Ethik noch von den Professoren unbeachtet bleibt, gilt auf den Universitäten das kantische Moralprinzip, und unter seinen verschiedenen Formen ist die der „Würde des Menschen“ jetzt am beliebtesten. [...] [Mir] scheint [...] der Begriff der Würde auf ein am Willen so sündliches, am Geiste so beschränktes, am Körper so verletzbares und hinfälliges Wesen, wie der Mensch ist, nur ironisch anwendbar zu sein [...]. Daher möchte ich, im Gegensatz zu besagter Form des kantischen Moralprinzips, folgende Regel aufstellen: Bei jedem Menschen, mit dem man in Berührung kommt, unternehme man nicht eine objektive Abschätzung desselben nach Wert und Würde, ziehe also nicht die Schlechtigkeit seines Willens noch die Beschränktheit seines Verstandes und die Verkehrtheit seiner Begriffe in Betrachtung; da Ersteres leicht Hass, Letzteres Verachtung gegen ihn erwecken könnte: sondern man fasse allein seine Leiden, seine Not, seine Angst, seine Schmerzen ins Auge: – da wird man sich stets mit ihm verwandt fühlen, mit ihm sympathisieren und statt Hass oder Verachtung jenes Mitleid mit ihm empfinden, welches allein die *agápa* [Liebe] ist, zu der das Evangelium aufruft. Um keinen Hass, keine Verachtung gegen ihn aufkommen zu lassen, ist wahrlich nicht die Aufsuchung seiner angeblichen „Würde“, sondern umgekehrt der Standpunkt des Mitleids der allein geeignete.

Kontexte

Über das Mitleid (1851)

Arthur Schopenhauer

Die Leser meiner Ethik wissen, dass bei mir das Fundament der Moral zuletzt auf jener Wahrheit beruht, welche im Veda und Vedanta ihren Ausdruck hat an der stehend gewordenen mystischen Formel *„tat twam asi“* (Dies bist du; Chândogya – Upanishad, VI, 16), welche mit Hindeutung auf jedes Lebende, sei es Mensch oder Tier, ausgesprochen wird und dann die *Mahavayka*, das große Wort, heißt.

Kontexte

Giftiges Mitleid

Er ist Pfleger – und tötet in der Klinik 29 Menschen. Warum? Ab heute sucht ein Gericht die Wahrheit

Matthias Franck

Franz Jäckle besucht zusammen mit seiner Schwester am Nikolaustag 2003 seinen Vater, der tags zuvor mit einer Lungenentzündung ins Krankenhaus eingeliefert worden ist. Die Stimmung ist gut, der Vater scherzt mit der Krankenschwester, sie gefällt ihm. Es ist, den Umständen entsprechend, alles in Ordnung. Um 17 Uhr verabschiedet man sich, der Sohn will am nächsten Tag wiederkommen. Franz Jäckle geht heim, er liegt schon im Bett, als das Telefon klingelt. Der Vater sei soeben gestorben. Ein Jahr später sagt er: „Ich konnte es nicht glauben.“ Und: „Man denkt ja nicht an Mord.“

Man denkt auch nicht so leicht an Massenmord. Zwischen Berggipfeln, weidenden Kühen und Bauernhäusern steht das Krankenhaus Sonthofen, Franz Jäckles Vater war einer von 29 Patienten, die hier laut Anklageschrift vom Krankenpfleger Stephan L. getötet wurden. Vor ihm waren bereits 17 andere Patienten auf der Station 1 durch Gift gestorben. Lautlos und ahnungslos.

Der Tagesspiegel, 08.02.2006

1 Formulieren Sie ethische Leitsätze nach Schopenhauer in Thesenform.

2 Fassen Sie Schopenhauers Kant-Kritik mit eigenen Worten zusammen und bewerten Sie sie.

3 Wo sehen Sie Gemeinsamkeiten und Unterschiede zwischen Schopenhauers Position und dem „Ahimsa-Prinzip" (S. 196) im indischen Denken? Berücksichtigen Sie dabei sein eigenes Bekenntnis zur indischen Vedanta-Philosophie.

4 Schreiben Sie einen fiktiven Brief an Schopenhauer und setzen Sie sich darin mit der Frage nach möglichen Grenzen der Realisierbarkeit seiner Mitleidsethik auseinander. Beziehen Sie dabei auch das Verhalten der Jain-Mönche und das Beispiel des aus Mitleid tötenden Krankenpflegers (S. 196 bzw. 197) mit ein.

Höchstes Glück als moralisches Ziel (1871)

John Stuart Mill

John Stuart Mill (1806–1873), englischer Philosoph, Ökonom und sozialer Reformer, ist einer der herausragendsten Vertreter des Liberalismus und des Utilitarismus. Beeinflusst durch seine persönliche Nähe zu Jeremy Bentham entwickelte Mill die utilitaristische Ethik in seiner 1871 erschienenen Schrift „Utilitarianism" (dt. „Der Utilitarismus") in ihren theoretischen Grundlagen und praktischen Konsequenzen weiter. Der Textauszug lässt einen Kerngedanken seines Grundansatzes ins Blickfeld treten.

Nach dem Prinzip des größten Glücks ist, wie oben erklärt, der letzte Zweck, bezüglich dessen und um dessentwillen alles andere wünschenswert ist (sei dies unser eigenes Wohl oder das Wohl anderer), ein Leben, das so weit wie möglich frei von Unlust und in quantitativer wie in qualitativer Hinsicht so reich wie möglich an Lust ist; wobei der Maßstab, an dem Qualität gemessen und mit der Quantität verglichen wird, die Bevorzugung derer ist, die ihrem Erfahrungshorizont nach – einschließlich Selbsterfahrung und Selbstbeobachtung – über die besten Vergleichsmöglichkeiten verfügen. Indem dies nach utilitaristischer Auffassung der Endzweck des menschlichen Handelns ist, ist es notwendigerweise auch die Norm der Moral. Diese kann also definiert werden als die Gesamtheit der Handlungsregeln und Handlungsvorschriften, durch deren Befolgung ein Leben der angegebenen Art für die gesamte Menschheit im größtmöglichen Umfang erreichbar ist; und nicht nur für sie, sondern, soweit es die Umstände erlauben, für die gesamte fühlende Natura. Gegen diese Lehre wendet sich jedoch ein anderer Kreis von Gegnern, die behaupten, dass Glück in keiner seiner Ausprägungen ein vernünftiger Zweck menschlichen Lebens und Handelns sein könne; schon deshalb nicht, weil Glück unerreichbar sei – wobei sie voller Verachtung die Frage stellen: „Hast du überhaupt ein Recht, glücklich zu *sein*?", eine Frage, die Carlyle durch den Zusatz verschärft: „Welches Recht hattest du vor nicht allzu langer Zeit, überhaupt zu sein?" Ferner behaupten sie, dass der Mensch *ohne* Glück auskommen könne, dass alle wahrhaft edlen Menschen dies gewusst haben und all ihren Edelmut der Lektion des „Entsagens", des Verzichts, verdanken, die, gründlich gelernt und befolgt, der erste Schritt auf dem Weg zur Tugend und ihre notwendige Voraussetzung sei.

Wäre der erste dieser Einwände stichhaltig, träfe er den Nerv der Sache: Wäre es den Menschen grundsätzlich verwehrt, Glück zu erlangen, könnte Glück nicht das Ziel eines zweckbestimmten Handelns oder gar das Ziel der Moral sein – obgleich noch in diesem

Fall einiges für die utilitaristische Idee spräche, da das Nützlichkeitsprinzip ja nicht nur das Streben nach Glück, sondern auch die Verhinderung und Milderung von Unglück beinhaltet; und im Falle, dass das erstere Ziel utopisch wäre, entstünde dem letzteren nur ein umso größerer Wirkungskreis und eine umso höhere Dringlichkeit, zumindest so lange, als die Menschheit es vorzieht weiterzuleben, statt ihre Zuflucht in einem kollektiven Selbstmord zu suchen, wie ihn Novalis für bestimmte Situationen empfiehlt. Wird jedoch so leichthin behauptet, dass das menschliche Leben unmöglich glücklich sein könne, ist das wenn nicht Wortklauberei, so doch eine grobe Übertreibung. Freilich: Versteht man unter Glück das Fortdauern einer im höchsten Grade lustvollen Erregung, dann ist die Unerreichbarkeit von Glück nur zu offensichtlich. Der Zustand der Überschwänglichkeit hält höchstens einige Augenblicke, in einigen Fällen – mit Unterbrechungen – auch Stunden und Tage an; er ist das gelegentliche helle Auflodern der Flamme, nicht die beständige und fortdauernde Glut. Darüber waren sich die Philosophen, die die Glückseligkeit zum Endzweck des Lebens erklärten, ebenso im Klaren wie die, die ihren Spott über sie ergießen. Das Glück, das sie meinten, war nicht ein Leben überschwänglicher Verzückung, sondern einzelne Augenblicke des Überschwangs inmitten eines Daseins, das wenige und schnell vorübergehende Phasen der Unlust, viele und vielfältige Freuden enthält (mit einem deutlichen Übergewicht der aktiven über die passiven) und dessen Grundhaltung es ist, nicht mehr vom Leben zu erwarten, als es geben kann. Jedem, dem ein derartiges Leben vergönnt war, erschien die Bezeichnung Glückseligkeit als angemessen. Und auch heute noch ist es vielen vergönnt, ein solches Dasein während eines beträchtlichen Teils ihrer Lebensdauer zu erfahren. Allein die Erbärmlichkeit der gegenwärtigen Erziehung und die elenden gesellschaftlichen Verhältnisse verhindern, dass es für nahezu alle erreichbar wird.

1 Geben Sie den einzelnen Abschnitten des Textes von John Stuart Mill Überschriften.

2 Stellen Sie sich vor, der Text wäre eine Antwort auf Fragen, die ein Journalist gestellt hat. Formulieren Sie – in Weiterentwicklung der von Ihnen formulierten Überschriften – möglichst präzise Fragen, auf die sich weite Teile des Textes als Antworten lesen lassen. Sie können auch fiktive Kommentare des Interviewers ergänzen.

3 Fassen Sie in eigenen Worten zusammen, worin die Kerngedanken Mills bestehen.

4 Wie beurteilen Sie Mills Position und die damit verbundenen Argumente?

5 Durchdenken Sie die politischen Konsequenzen des von Mill vertretenen Utilitarismus. Diskutieren Sie im Plenum.

Eine neue Moral (1882)

Friedrich Nietzsche

Friedrich Nietzsche (1844 – 1900)

Der Textauszug stammt aus Friedrich Nietzsches Textsammlung „Die fröhliche Wissenschaft" und nimmt gedanklich vorweg, was er später unter der berühmten Formel „Umwertung aller Werte" differenzierter ausgeführt hat.

Warum hältst du dies und gerade dies für recht? – „Weil mein Gewissen es mir sagt; das Gewissen redet nie unmoralisch, es bestimmt ja erst, was moralisch sein soll!" – Aber warum *hörst* du auf die Sprache deines Gewissens? Und inwiefern hast du ein Recht, ein solches Urteil als wahr und untrüglich anzusehen? Für diesen *Glauben* – gibt es da

Kontexte

Umwertung aller Werte (1940)

Eugen Roth

Ein Mensch von gründlicher Natur
Macht bei sich selber Inventur.
Wie manches von den Idealen,
Die er einst teuer musste zahlen,
Gibt er, wenn auch nur widerwillig,
Weit unter Einkaufspreis, spottbillig.
Auf einen Wust von holden Träumen
Schreibt er entschlossen jetzt: „Wir räumen!"
Und viele höchste Lebensgüter
Sind nur mehr alte Ladenhüter.
Doch ganz vergessen unterm Staube
Ist noch ein Restchen alter Glaube,
Verschollen im Geschäftsbetriebe
Hielt sich auch noch ein Quäntchen Liebe,
Und unter wüstem Kram verschlossen
Entdeckt er noch ein Stückchen Hoffen.
Der Mensch, verschmerzend seine Pleite,
Bringt die drei Dinge still beiseite
Und lebt ganz glücklich bis zur Frist,
Wenn er noch nicht gestorben ist.

kein Gewissen mehr? Weißt du nichts von einem intellektuellen Gewissen? Einem Gewissen hinter deinem „Gewissen"? Dein Urteil „so ist es recht" hat eine Vorgeschichte in deinen Trieben, Neigungen, Abneigungen, Erfahrungen und Nicht-Erfahrungen; „*Wie* ist es da entstanden?", musst du fragen, und hinterher noch: „*was* treibt mich eigentlich, ihm Gehör zu schenken?" Du kannst seinem Befehle Gehör schenken wie ein braver Soldat, der den Befehl seines Offiziers vernimmt. Oder wie ein Weib, das den liebt, der befiehlt. Oder wie ein Schmeichler und Feigling, der sich vor dem Befehlenden fürchtet. Oder wie ein Dummkopf, welcher folgt, weil er nichts dagegen zu sagen hat. Kurz, auf hundert Arten kannst du deinem Gewissen Gehör geben. *Dass* du aber dies und jenes Urteil als Sprache des Gewissens hörst – also, *dass* du etwas als recht empfindest, kann seine Ursache darin haben, dass du nie über dich nachgedacht hast und blindlings annahmst, was dir als *recht* von Kindheit an bezeichnet worden ist: oder darin, dass dir Brot und Ehren bisher mit dem zuteilwurde, was du deine Pflicht nennst – es gilt dir als „recht", weil es dir *deine* „Existenz-Bedingung" scheint (dass du aber ein *Recht* auf Existenz habest, dünkt dich unwiderleglich!). Die *Festigkeit* deines moralischen Urteils könnte immer noch ein Beweis gerade von persönlicher Erbärmlichkeit, von Unpersönlichkeit sein, deine „moralische Kraft" könnte ihre Quelle in deinem Eigensinn haben – oder in deiner Unfähigkeit, neue Ideale zu schauen! [...]

Wie? Du bewunderst den kategorischen Imperativ in dir? Diese „Festigkeit" deines sogenannten moralischen Urteils? Diese „Unbedingtheit" des Gefühls „So wie ich, müssen hierin alle urteilen"? Bewundere vielmehr deine *Selbstsucht* darin! Und die Blindheit, Kleinlichkeit und Anspruchslosigkeit deiner Selbstsucht! Selbstsucht nämlich ist es, *sein* Urteil als Allgemeingesetz zu empfinden; und eine blinde, kleinliche und anspruchslose Selbstsucht hinwiederum, weil sie verrät, dass du dich selber noch nicht entdeckt, dir selber noch kein eigenes, eigenstes Ideal geschaffen hast – dies nämlich könnte niemals das eines anderen sein, geschweige denn aller, aller! – Wer noch urteilt „so müsste in diesem Falle jeder handeln", ist noch nicht fünf Schritt weit in der Selbsterkenntnis gegangen: Sonst würde er wissen, dass es weder gleiche Handlungen gibt noch geben kann – dass jede Handlung, die getan worden ist, auf eine ganz einzige und unwiederbringliche Art getan wurde und dass es ebenso mit jeder zukünftigen Handlung stehen wird, dass alle Vorschriften des Handelns sich nur auf die gröbliche Außenseite beziehen (und selbst die innerlichsten und feinsten Vorschriften aller bisherigen Moralen) – dass mit ihnen wohl ein Schein der Gleichheit, *aber eben nur ein Schein* erreicht werden kann – dass *jede* Handlung, beim Hinblick oder Rückblick auf sie, eine undurchdringliche Sache ist und bleibt – dass unsere Meinungen von „gut", „edel", „groß" durch unsere Handlungen nie *bewiesen* werden können, weil jede Handlung unerkennbar ist – dass sicherlich unsere Meinungen, Wertschätzungen und Gütertafeln zu den mächtigsten Hebeln im Räderwerk unserer Handlungen gehören, dass aber für jeden einzelnen Fall das Gesetz ihrer Mechanik unnachweisbar ist. *Beschränken* wir uns also auf die Reinigung unserer Meinungen und Wertschätzungen und auf die *Schöpfung neuer eigener Gütertafeln* – über den „moralischen Wert unserer Handlungen" aber wollen wir nicht mehr grübeln! Ja, meine Freunde! In Hinsicht auf das ganze moralische Geschwätz der einen über die andern ist der Ekel an der Zeit! Moralisch zu Gericht sitzen, soll uns wider den Geschmack gehen! Überlassen wir dies Geschwätz und diesen üblen Geschmack denen, welche nicht mehr zu tun haben, als die Vergangenheit um ein kleines Stück weiter durch die Zeit zu schleppen, und welche selber niemals Gegenwart sind – den vielen also, den allermeisten! Wir aber *wollen die werden, die wir sind* – die Neuen, die Einmaligen, die Unvergleichbaren, die Sich-selber-Gesetzgebenden, die Sich-selber-Schaffenden!

1 Fassen Sie die Kerngedanken Nietzsches in Thesenform zusammen und prüfen Sie deren Begründung im Text.

2 Wie beurteilen Sie Nietzsches moralphilosophische Position?

3 Stellen Sie sich eine persönliche Begegnung zwischen Kant und Nietzsche vor.
- a) Skizzieren Sie schriftlich einen möglichen Gesprächsverlauf.
- b) Vergleichen Sie Ihr Ergebnis mit dem eines Sitznachbarn bzw. einer Sitznachbarin.
- c) Gleichen Sie Ihre Gesprächsskizzen miteinander ab und bereiten Sie auf dieser Basis eine szenische Darstellung Ihrer neu entstandenen Version des Gespräches zwischen Kant und Nietzsche vor. Alternativ können Sie auch eine Hörspiel- oder Filmfassung oder ein virtuelles Rollenspiel gestalten.
- d) In einer Plenumsrunde sollten die entstandenen theatralen, auditiven, audiovisuellen bzw. virtuellen Versionen des Gespräches zwischen den beiden Philosophen vorgestellt und gewürdigt werden.

Kontexte

Tu, was Du willst (1999)

Fernando Savater

In seinem Buch „Tu, was Du willst. Ethik für die Erwachsenen von morgen" wendet sich der spanische Philosoph Fernando Savater an seinen 16-jährigen Sohn, um ihm die ethische Frage „Was soll ich tun?" zu erläutern.

Also, mein „Tu, was Du willst" ist nicht mehr als eine Form, Dir zu sagen, Du sollst das Problem der Freiheit ernst nehmen. Niemand kann Dich von der schöpferischen Verantwortung lossprechen, Deinen eigenen Weg zu wählen. Quäle Dich nicht mit der Frage, ob dieses ganze Theater um die Freiheit „die Mühe lohnt", weil Du, ob Du es willst oder nicht, frei bist, und ob Du es willst oder nicht, wollen musst. Auch wenn Du sagst, Du willst von diesen langweiligen Sachen nichts wissen und ich soll Dich in Ruhe lassen, willst Du etwas: Du willst nichts wissen, Du willst, dass man Dich in Frieden lässt – auch um den Preis, dass Du mehr oder weniger zum Herdentier wirst. Aber verwechseln wir dieses „Tu, was Du willst" nicht mit den Launen, über die wir gesprochen haben. Es ist eine Sache, dass Du tust, „was Du willst", und eine andere, völlig verschiedene, dass Du tust, „wozu Du zuerst Lust hast". In bestimmten Situationen kann allein die reine und einfache Lust auf irgendetwas nicht genügen – z. B. wenn man Lust hat, in ein Restaurant essen zu gehen. Da Du ja glücklicherweise einen robusten Magen hast und Dich nicht darum kümmerst, ob Du dick wirst, geh nur und bestelle, worauf Du Lust hast. Aber Vorsicht, manchmal gewinnt man nicht durch die Lust, sondern verliert. [...] Wenn ich Dir sage, Du sollst tun, was Du willst, scheint es angebracht, dass Du zuerst ausführlich und gründlich darüber nachdenkst, was Du willst. Zweifellos gefallen Dir viele, sich oft widersprechende Sachen, wie das bei allen so ist: Du möchtest ein Motorrad haben, willst Dir aber nicht auf der Straße den Hals brechen, Du möchtest Freunde haben, aber ohne Deine Unabhängigkeit zu verlieren, Du möchtest Geld haben, aber Du möchtest nicht den Nächsten ausbeuten, um es zu bekommen, Du möchtest etwas wissen und verstehst daher, dass man lernen muss, aber Du möchtest Dich auch vergnügen, Du möchtest, dass ich Dir nicht auf den Wecker gehe und Dich nach Deiner Art leben lasse, aber Du willst auch, dass ich da bin, um Dir zu helfen, wenn es nötig ist. Wenn Du all dies resümieren und Deinen wahren Wunsch in Worte fassen müsstest, würdest Du mir sagen: „Was ich will, Papa, ist, mir ein schönes Leben machen." Bravo! Du hast einen Orden verdient! Genau das wollte ich Dir raten: Als ich Dir sagte „Tu, was Du willst", wollte ich Dir im Grunde empfehlen, dass Du es wagst, Dir ein schönes Leben zu machen. Achte nicht auf die Traurigen und die Frommen: Die Ethik ist nicht mehr als der rationale Versuch herauszubekommen, wie man besser lebt. Wenn es sich lohnt, sich für die Ethik zu interessieren, dann, weil uns das schöne Leben gefällt. Nur wer geboren wird, um Sklave zu werden, oder wer solche Angst vor dem Tod hat, dass er glaubt, alles sei egal, der wendet sich den Linsen zu und lebt auf irgendeine Art.

Du willst Dir ein schönes Leben machen – wunderbar. Aber Du willst auch, dass dieses schöne Leben nicht das eines Blumenkohls oder eines Käfers ist, bei allem Respekt für beide Arten, sondern ein schönes menschliches Leben. Das ist, was Dir entspricht, glaube ich. Und ich bin sicher, dass Du darauf für nichts auf der Welt verzichten würdest.

4 Lässt sich in Ihrem Urteil Fernando Savaters „Tu, was Du willst" als Konsequenz bzw. Weiterentwicklung der Gedanken Nietzsches verstehen? Diskutieren Sie im Plenum.

Max Weber (1864 – 1920)

Gesinnungsethik und Verantwortungsethik (1919)

Max Weber

Einen besonderen Beitrag zur modernen Ethik hat Max Weber, deutscher Jurist, Wirtschaftstheoretiker und Sozialwissenschaftler, mit seiner Unterscheidung zwischen Gesinnungs- und Verantwortungsethik geleistet. Der Textauszug ist seiner Schrift „Politik als Beruf" entnommen.

Wir müssen uns klarmachen, dass alles ethisch orientierte Handeln unter *zwei* voneinander grundverschiedenen, unaustragbar gegensätzlichen Maximen stehen kann: Es kann „gesinnungsethisch" oder „verantwortungsethisch" orientiert sein. Nicht dass Gesinnungsethik mit Verantwortungslosigkeit und Verantwortungsethik mit Gesinnungslosigkeit identisch wäre. Davon ist natürlich keine Rede. Aber es ist ein abgrundtiefer Gegensatz, ob man unter der gesinnungsethischen Maxime handelt – religiös geredet: „Der Christ tut recht und stellt den Erfolg Gott anheim" – oder unter der verantwortungsethischen: dass man für die (voraussehbaren) *Folgen* seines Handelns aufzukommen hat. Sie mögen einem überzeugten gesinnungsethischen Syndikalisten noch so überzeugend darlegen: dass die Folgen seines Tuns die Steigerung der Chancen der Reaktion, gesteigerte Bedrückung seiner Klasse, Hemmung ihres Aufstiegs sein werden – und es wird auf ihn gar keinen Eindruck machen. Wenn die Folgen einer aus reiner Gesinnung fließenden Handlung üble sind, so gilt ihm nicht der Handelnde, sondern die Welt dafür verantwortlich, die Dummheit der anderen Menschen oder – der Wille des Gottes, der sie so schuf. Der Verantwortungsethiker dagegen rechnet mit eben jenen durchschnittlichen Defekten der Menschen – er hat [...] gar kein Recht, ihre Güte und Vollkommenheit vorauszusetzen, er fühlt sich nicht in der Lage, die Folgen eigenen Tuns, soweit er sie voraussehen konnte, auf andere abzuwälzen. Er wird sagen: Diese Folgen werden meinem Tun zugerechnet. „Verantwortlich" fühlt sich der Gesinnungsethiker nur dafür,

Syndikalismus: politische Richtung, die die Aneignung der Produktionsmittel (Maschinen, Fabriken) durch die Gewerkschaften anstrebt dass die Flamme der reinen Gesinnung, die Flamme z. B. des Protestes gegen die Ungerechtigkeit der sozialen Ordnung, nicht erlischt. Sie stets neu anzufachen, ist der Zweck seiner, vom möglichen Erfolg her beurteilt, ganz irrationalen Taten, die nur exemplarischen Wert haben können und sollen.

Aber auch damit ist das Problem noch nicht zu Ende. Keine Ethik der Welt kommt um die Tatsache herum, dass die Erreichung „guter“ Zwecke in zahlreichen Fällen daran gebunden ist, dass man sittlich bedenkliche oder mindestens gefährliche Mittel und die Möglichkeit oder auch die Wahrscheinlichkeit übler Nebenerfolge mit in den Kauf nimmt, und keine Ethik der Welt kann ergeben: wann und in welchem Umfang so der ethisch gute Zweck die ethisch gefährlichen Mittel und Nebenerfolge „heiligt“. [...] Für die Politik ist das entscheidende Mittel: die Gewaltsamkeit. [...]

Hier, an diesem Problem der Heiligung der Mittel durch den Zweck, scheint nun auch die Gesinnungsethik überhaupt scheitern zu müssen. Und in der Tat hat sie logischerweise nur die Möglichkeit: *jedes* Handeln, welches sittlich gefährliche Mittel anwendet, zu *verwerfen*. Logischerweise. In der Welt der Realitäten machen wir freilich stets erneut die Erfahrung, dass der Gesinnungsethiker plötzlich umschlägt in den chiliastischen Propheten, dass z. B. diejenigen, die soeben „Liebe gegen Gewalt“ gepredigt haben, im nächsten Augenblick zur Gewalt aufrufen – zur *letzten* Gewalt die dann den Zustand der Vernichtung *aller* Gewaltsamkeit bringen würde –, wie unsere Militärs den Soldaten bei jeder Offensive sagten: Es sei die letzte, sie werde den Sieg und dann den Frieden bringen. Der Gesinnungsethiker erträgt die ethische Irrationalität der Welt nicht. Er ist kosmisch-ethischer „Rationalist“. [...] Es ist nicht möglich, Gesinnungsethik und Verantwortungsethik unter einen Hut zu bringen oder ethisch zu dekretieren: welcher Zweck *welches* Mittel heiligen solle, wenn man diesem Prinzip überhaupt irgendwelche Konzessionen macht.

Chiliastisch: gr. chilia „tausend“, ursprünglich der Glaube an die Wiederkehr Jesu Christi und die Entstehung eines Tausendjährigen Reiches; im weiteren Sinne bezeichnet „chiliastisch“ den Glauben an den nahenden Untergang der bestehenden und den Anbeginn eines irdischen Paradieses

dekretieren: verordnen

1 Stellen Sie in einer Grafik dar, was Max Weber unter Gesinnungs- und unter Verantwortungsethik versteht. Zeigen Sie anschließend jeweils die Konsequenzen der beiden ethischen Richtungen auf.

2 Argumentieren Sie selbst eher gesinnungs- oder verantwortungsethisch? Erläutern und begründen Sie unter besonderer Berücksichtigung des Satzes „Der Zweck heiligt die Mittel“.

3 Diskutieren Sie im Plenum nach der Lektüre des Textes von Hans Jonas (Kap. 4.3, S. 213 ff.), ob dieser im Sinne der weberschen Unterscheidung gesinnungs- oder verantwortungsethisch argumentiert. Das von Jonas gewählte Motto „Das Prinzip Verantwortung“ reicht zur Beantwortung der Frage nicht aus.

Die Ethik lässt sich nicht aussprechen (1921)

Ludwig Wittgenstein

In seinem berühmten „Tractatus logico-philosophicus“ hat der Sprachphilosoph Ludwig Wittgenstein (1889–1951) auf der Grundlage seiner berühmten These „Die Grenzen meiner Sprache bedeuten die Grenzen meiner Welt“ (Tractatus 5.6) die Grenzen ethischer Sätze aufgezeigt.

6.4 Alle Sätze sind gleichwertig. [...]
6.42 Darum kann es auch keine Sätze der Ethik geben. Sätze können nichts Höheres ausdrücken.
6.421 Es ist klar, dass sich die Ethik nicht aussprechen lässt.
6.423 Vom Willen als dem Träger des Ethischen kann nicht gesprochen werden.
Und der Wille als Phänomen interessiert nur die Psychologie.
6.43 Wenn das gute oder böse Wollen die Welt ändert, so kann es nur die Grenze der Welt ändern, nicht die Tatsachen; nicht das, was durch die Sprache ausgedrückt werden kann. Kurz, die Welt muss dann dadurch überhaupt keine andere werden. Sie muss sozusagen als Ganzes abnehmen oder zunehmen.
Die Welt des Glücklichen ist eine andere als die des Unglücklichen. [...]
7 Wovon man nicht sprechen kann, darüber muss man schweigen.

1 Worin besteht die ethische Kernthese Wittgensteins? Formulieren Sie diese in einem Satz schriftlich.

2 Diskutieren Sie im Plenum die Position Wittgensteins in ihren Konsequenzen. Beziehen Sie dabei auch den Auszug aus Wittgensteins Vortrag aus dem Jahr 1929/30 mit ein.

3 Vergleichen Sie Wittgensteins Thesen zum Willen mit Kants Idee eines „guten Willens“ (S. 189 ff.).

Kontexte

Vortrag über Ethik (1929/30)

Ludwig Wittgenstein

Angenommen, ich könnte Tennis spielen, und einer von Ihnen beobachtete mich beim Spiel und sagte: „Na, Sie spielen aber ziemlich schlecht“, und ferner angenommen, ich erwiderte: „Das weiß ich, ich spiele schlecht, aber ich will gar nicht besser spielen“, dann bliebe dem anderen gar nichts anderes übrig, als zu antworten: „Schon recht, dann ist ja alles in Ordnung.“ Aber denken wir uns, ich hätte einen von Ihnen aberwitzig angelogen, und nun käme er auf mich zu und sagte: „Sie benehmen sich abscheulich.“ Wenn ich darauf erwiderte: „Ich weiß, dass ich mich schlecht benehme, aber ich will mich gar nicht besser benehmen“, könnte der andere dann antworten: „Schon recht, dann ist ja alles in Ordnung“? Nein, das ginge nicht, sondern er würde sagen: „Na, dann sollten Sie sich aber besser benehmen wollen.“ Hier haben wir es mit einem absoluten Werturteil zu tun.

Existenzialistische Ethik (1946)

Jean-Paul Sartre

In seinem Aufsatz „Ist der Existenzialismus ein Humanismus?“ hat Jean-Paul Sartre (1905 – 1980), französischer Marxist und Existenzphilosoph, Grundzüge einer existenzialistischen Ethik formuliert.

Existenzphilosophie: philosophische Richtung, in deren Zentrum die Frage nach der menschlichen Existenz steht

Wir sind allein, ohne Entschuldigungen. Das möchte ich mit den Worten ausdrücken: Der Mensch ist dazu verurteilt, frei zu sein. Verurteilt, weil er sich nicht selbst erschaffen hat, und dennoch frei, weil er, einmal in die Welt geworfen, für all das verantwortlich ist, was er tut. [...]

Sie sind frei, wählen Sie, das heißt, erfinden Sie. Keinerlei allgemeine Moral kann Ihnen einen Hinweis geben, was zu tun ist; [...] hat man je einem Künstler, der ein Bild malt, vorgeworfen, sich nicht von *a priori* bestehenden Regeln inspirieren zu lassen? Hat man je gesagt, welches Bild er malen muss? Es versteht sich von selbst, dass es kein bestimmtes Bild zu malen gibt, dass der Künstler sich in die Erschaffung seines Bildes engagiert und dass das zu schaffende Bild ebenjenes ist, das er hervorgebracht haben wird; und es ist ebenso selbstverständlich, dass es keine ästhetischen Werte *a priori* gibt, sondern nur Werte, die dann in der Koheränz des Bildes sichtbar werden, in den Beziehungen zwischen dem Willen der Schöpfung und dem Ergebnis. Niemand kann sagen, was die Malerei von morgen sein wird; man kann die Malerei erst beurteilen, wenn sie geschaffen worden ist. [...]

a priori: Erkenntnis, die keine Sinneserfahrung voraussetzt

Auf moralischer Ebene verhält es sich ebenso. Kunst und Moral ist gemeinsam, Schöpfung und Erfindung zu sein. Wir können nicht *a priori* entscheiden, was zu tun ist. Ich glaube, es Ihnen [...] hinlänglich [...] gezeigt zu haben, [Sie können alte] Morallehren befragen [...], die Kants und andere, ohne auch nur den geringsten Hinweis zu finden; [jeder ist] gezwungen, sein Gesetz selbst zu erfinden.

1 Fassen Sie die ethische Position Sartres mit eigenen Worten zusammen und nehmen Sie dazu Stellung.

2 Jemand behauptet, dass Sartre einem ethischen Relativismus Vorschub leiste. Wie beurteilen Sie diese Einschätzung?

Diskursethik (1983)

Jürgen Habermas

Jürgen Habermas, deutscher Sozialphilosoph, zählt zu den herausragenden Vertretern der sogenannten Kritischen Theorie bzw. der Frankfurter Schule. Seine ethische Position ist kommunikationstheoretisch fundiert. Bekannt ist hier vor allem seine Schrift „Moralbewusstsein und kommunikatives Handeln" (1983), aus der der nachfolgende Text stammt.

Jürgen Habermas (* 1929)

Alle kognitivistischen Ethiken knüpfen [...] an jene Intuition an, die Kant im kategorischen Imperativ ausgesprochen hat. Mich interessieren hier nicht die verschiedenen kantischen Formulierungen, sondern die zugrunde liegende Idee, die dem unpersönlichen oder allgemeinen Charakter von gültigen moralischen Geboten Rechnung tragen soll. Das Moralprinzip wird so gefasst, dass es die Normen als ungültig ausschließt, die nicht die qualifizierte Zustimmung aller möglicherweise Betroffenen finden könnten. Das konsensermöglichende Brückenprinzip soll also sicherstellen, dass nur die Normen als gültig akzeptiert werden, die einen *allgemeinen Willen* ausdrücken: Sie müssen sich, wie Kant immer wieder formuliert, zum „allgemeinen Gesetz" eignen. Der kategorische Imperativ lässt sich als ein Prinzip verstehen, welches die Verallgemeinerungsfähigkeit von *Handlungsweisen* und *Maximen* bzw. der von ihnen berücksichtigten (also in den Handlungsnormen verkörperten) *Interessen* fordert.

Kritische Theorie: eine durch Hegel, Marx und Freud beeinflusste Gesellschaftstheorie

Kant will alle diejenigen Normen als ungültig eliminieren, die dieser Forderung „widersprechen". Er hat „jenen inneren Widerspruch im Auge, der in der Maxime eines Handelnden dann auftritt, wenn seine Verhaltensweise überhaupt nur dadurch zum Ziele führen kann, dass sie nicht die allgemeine Verhaltensweise ist". [...]

eliminieren: auslöschen

So wenig indessen der empirische Test der Einräumung von Widerspruchsmöglichkeiten bereits eine unparteiliche Urteilsbildung sichert, so wenig kann eine Norm schon dann als Ausdruck eines gemeinsamen Interesses aller möglicherweise Betroffenen gelten, wenn sie einigen von ihnen unter der Bedingung nicht diskriminierender Anwendung akzeptabel erscheint. Die Intuition, die sich in der Idee der Verallgemeinerungsfähigkeit von Maximen ausdrückt, meint mehr: Gültige Normen müssen die Anerkennung vonseiten *aller* Betroffenen *verdienen*. Dann reicht es aber nicht hin, dass *Einzelne* prüfen:
– ob sie das Inkrafttreten einer strittigen Norm in Ansehung der Folgen und Nebenwirkungen, die einträten, wenn alle sie befolgen würden, wollen können; oder
– ob jeder, der sich in ihrer Lage befände, das Inkrafttreten einer solchen Norm wollen könnte.

In beiden Fällen vollzieht sich die Urteilsbildung relativ zum Standort und zur Perspektive *einiger* und nicht *aller* Betroffenen. Unparteilich ist allein der Standpunkt, von dem aus genau diejenigen Normen verallgemeinerungsfähig sind, die, weil sie erkennbar ein allen Betroffenen gemeinsames Interesse verkörpern, auf allgemeine Zustimmung rechnen dürfen – und insofern intersubjektive Anerkennung verdienen. Unparteiliche Urteilsbildung drückt sich mithin in einem Prinzip aus, das *jeden* im Kreise der Betroffenen zwingt, bei der Interessenabwägung die Perspektive *aller anderen* einzunehmen. [...]

Aus dieser Perspektive bedarf auch der kategorische Imperativ einer Umformulierung in dem vorgeschlagenen Sinne: „Statt allen anderen eine Maxime, von der ich will, dass sie ein allgemeines Gesetz sei, als gültig vorzuschreiben, muss ich meine Maxime zum Zweck der diskursiven Prüfung ihres Universalitätsanspuchs allen anderen vorlegen. Das Gewicht verschiebt sich von dem, was jeder (Einzelne) ohne Widerspruch als allgemeines Gesetz wollen kann, auf das, was alle in Übereinstimmung als universale Norm anerkennen wollen."

Mit-Denken

||| Überlegen Sie zusammen mit Ihrem Sitznachbarn oder Ihrer Sitznachbarin, wie der kategorische Imperativ diskursethisch umformuliert werden könnte.

Kontexte

Universalität und Ethnozentrismus (2001)

Walter Reese-Schäfer

Gegen den Universalisierungsgrundsatz in der Moral ist der Vorwurf des Ethnozentrismus erhoben worden. Möglicherweise steckt in ihm der Moralkodex der westlichen Zivilisation, der durch Setzung allgemein verbindlich gemacht werden soll. In der gegenwärtigen Diskussion sind in der Tat die kognitivistischen Ethiken in einige Rechtfertigungsschwierigkeiten gegenüber den Verfechtern relativistischer Ansätze geraten, die die verschiedenen Moralen verschiedener Gesellschaften als gleichwertig und gleichberechtigt ansehen.

Tatsächlich zielt die angegebene Formulierung des Verallgemeinerungsgrundsatzes auf eine kooperative Durchführung der jeweiligen Argumentation ab. Zum einen kann nur eine aktuelle Teilnahme eines jeden Betroffenen der perspektivisch verzerrten Deutung der jeweils eigenen Interessen durch andere vorbeugen. In diesem pragmatischen Sinn ist jeder selbst die letzte Instanz für die Beurteilung dessen, was wirklich im eigenen Interesse liegt. Zum anderen muss aber die Beschreibung, unter der jeder seine Interessen wahrnimmt, auch der Kritik durch andere zugänglich bleiben. Bedürfnisse werden im Lichte kultureller Werte interpretiert; und da diese immer Bestandteil einer intersubjektiv geteilten Überlieferung sind, kann die Revision von bedürfnisinterpretierenden Werten keine Sache sein, über die Einzelne monologisch verfügen.

[...] Eine Diskursethik steht und fällt also mit den beiden Annahmen, dass (a) normative Geltungsansprüche einen kognitiven Sinn haben und wie Wahrheitsansprüche behandelt werden können und dass (b) die Begründung von Normen und Geboten die Durchführung eines realen Diskurses verlangt und *letztlich* nicht monologisch, in der Form einer im Geiste hypothetisch durchgespielten Argumentation möglich ist.

1 Stellen Sie dar, welche Bedeutung Kants Ethik im Rahmen der Diskursethik von Jürgen Habermas besitzt.

2 Erläutern Sie, worin der theoretische Kern der Diskursethik von Jürgen Habermas besteht. Erörtern Sie Pro und Kontra unter Einbeziehung des von Walter Reese-Schäfer (S. 206) thematisierten Ethnozentrismusvorwurfs.

Der Verlust der Tugend (1991)

Alasdair MacIntyre

Alasdair MacIntyre (* 1929), schottisch-amerikanischer Philosoph, ist einer der maßgeblichen Vertreter des sogenannten Kommunitarismus. In Anknüpfung an Aristoteles lässt sich nach MacIntyre die Frage nach dem Guten nicht subjektiv, sondern nur im Horizont sozialer und kultureller Traditionen beantworten.

Kommunitarismus: gegen Postmoderne und Liberalismus gewandte philosophische Richtung, die die soziale und kulturelle Einbettung des Menschen und seiner Werte betont

Eine Tugend ist eine erworbene menschliche Eigenschaft, deren Besitz und Ausübung uns im Allgemeinen in die Lage versetzt, die Güter zu erreichen, die einer Praxis inhärent sind, und deren Fehlen wirksam verhindert, solche Güter zu erreichen. [...]

Die Tugenden müssen daher als Dispositionen verstanden werden, die nicht nur die Praxis aufrechterhalten und uns befähigen, die der Praxis inhärenten Güter zu erlangen, sondern die uns auch bei der relevanten Art von Suche nach dem Gut unterstützen, indem sie uns in die Lage versetzen, die Leiden, Gefahren, Versuchungen und Ablenkungen zu überwinden, denen wir begegnen, und die uns mit wachsender Selbsterkenntnis und wachsendem Wissen über das Gute ausstatten. [...] Das gute Leben für den Menschen ist das Leben, das in der Suche nach dem guten Leben für den Menschen verbracht wird, und die für die Suche notwendigen Tugenden sind jene, die uns in die Lage versetzen, zu verstehen, worin darüber hinaus und worin sonst noch das gute Leben für den Menschen besteht. [...]

Disposition: hier: Einstellung

[Zentral ist dabei] die Tugend, das adäquate Gefühl für die Traditionen zu haben, denen man angehört oder die einem gegenübertreten. Diese Tugend darf nicht mit einer Form konservativer Begeisterung für das Alte verwechselt werden; ich will nicht diejenigen loben, die sich die konventionelle konservative Rolle des *laudator temporis acti* ausgesucht haben. Es ist eher der Fall, dass sich ein adäquates Gefühl für Tradition im Zugriff auf jene Zukunftsmöglichkeiten manifestiert, die die Vergangenheit für die Gegenwart verfügbar gemacht hat.

laudator temporis acti: lat., Lob der vergangenen Zeit

1 Erläutern Sie den Tugendbegriff Alasdair MacIntyres und seine Bedeutung für die von dem amerikanischen Philosophen formulierte Vorstellung vom „guten Leben".

2 Weisen Sie nach, dass der Textauszug die in der wissenschaftlichen Auseinandersetzung mit der Ethik MacIntyres verbreitete Einschätzung bestätigt, die Frage nach dem Guten sei für MacIntyre nicht subjektiv, sondern nur im Horizont sozialer und kultureller Traditionen zu beantworten. Nehmen Sie anschließend dazu Stellung.

Philosophische Debatte

a) Welche ethische Position in diesem Kapitel hat Sie am meisten überzeugt, welche am wenigsten? Sammeln Sie Argumente für Ihre Einschätzung unter Einbeziehung von Zitaten aus den entsprechenden Textauszügen.
b) Nacheinander sollten Sie Ihre schriftlich formulierten Einschätzungen im Plenum zur Darstellung bringen, während sich die übrigen Schüler und Schülerinnen im Kurs Notizen machen über die jeweils vorgestellten Kerngedanken und die eigene, darauf bezogene Einschätzung.
c) Auf dieser Grundlage können Sie in Ihrem Kurs in eine gemeinsame Diskussion einsteigen, indem Sie

- konkret nachfragen, wo eine vorgetragene Argumentation unklar geblieben ist oder Ihnen widersprüchlich erscheint,
- Zusatzargumente und Beispiele ergänzen, wenn Sie mit einer von einem Mitschüler bzw. einer Mitschülerin vertretenen Position übereinstimmen,
- Gegenargumente und kritische Anfragen zu einer vorgetragenen Position formulieren, wenn Sie anderer Meinung sind etc.

Nach- und Weiter-Denken

1 Blättern Sie in Ihrem philosophischen Tagebuch zurück und machen Sie sich bewusst, welche zentralen Begriffe und Positionen der Ethik Sie kennengelernt haben. Notieren Sie gleichzeitig, was Ihnen noch unklar ist bzw. an welchen Stellen Fragen geblieben sind. Klären Sie diese im Plenum.

2 Entwickeln Sie vor dem Hintergrund der behandelten Texte und Positionen aus Ihrem persönlichen Denk- und Erfahrungshorizont heraus einen ethischen Imperativ und veranschaulichen Sie seine Grundlagen und Konsequenzen in Form einer Collage auf Plakat oder in multimedialer Form.

3 Stellen Sie sich innerhalb Ihrer Lerngruppe Ihre ethischen Imperative vor und durchdenken Sie sie gemeinsam. Respekt vor dem anderen sollte dabei wesentliches Prinzip sein.

4 Wählen Sie eine philosophische Position des vorangegangenen Kapitels aus, die Sie mit einem aktuellen gesellschaftlichen Problem oder einer persönlichen Frage in Beziehung setzen. Gestalten Sie in diesem Horizont einen Hörtext oder einen Film, der das Grundproblem, um das es geht und für das die gewählte philosophische Position in Ihrem Urteil von Bedeutung ist, veranschaulicht.

5 Shaun Tan hat 2006 den Comic „Ein neues Land“ (Original: The Arrival) veröffentlicht. Dieser besteht nur aus Bildern – ohne Text. Der Betrachter bzw. die Betrachterin muss selbst eine Geschichte in Worten aus den Bilderfolgen erfinden.

a) Lassen Sie in diesem Sinne die beiden Bilder aus Shaun Tans Comic auf sich wirken.
b) Beschreiben Sie, was Sie sehen und welche Geschichte Ihnen hier erzählt wird.
c) Überlegen Sie vor diesem Hintergrund, welche der ethischen Positionen, die Sie in diesem Kapitel kennengelernt haben, am ehesten eine ethisch-moralische Auf-

arbeitung bzw. Beurteilung des Dargestellten ermöglichen. Verfassen Sie dazu ein fiktives Interview mit dem Philosophen, dessen Position Ihnen im Hinblick auf Tans Bilder besonders zentral erscheint. Alternativ können Sie auch ein fiktives Streitgespräch zwischen zwei Philosophen Ihrer Wahl über das von Tan Dargestellte verfassen – im Heft oder als Rollenspiel.

Die Bilder können Sie selbstständig im Internet mithilfe einer Suchmaschine (Google, Bing o. Ä.) finden, eine Text-Bild-Collage zur Themenstellung anfertigen und die damit zusammenhängenden ethischen Fragen diskutieren.

4.3 Verantwortung in ethischen Anwendungskontexten I: Ökologie und Ethik

Filmszene aus „The Day After Tomorrow" (USA, 2004)

Vor-Denken

1 Wie sehen Sie das Verhältnis von Mensch und Natur? Halten Sie Ihre Überlegungen bitte schriftlich fest.

2 In der Text-Bild-Collage (oben) ist eine bestimmte These in Bezug auf die Ursachen der ökologischen Problematik der Gegenwart enthalten. Diskutieren Sie diese im Plenum. Beziehen Sie dabei auch das Text- und Bildmaterial von Al Gore mit ein (S. 211 und S. 214).

3 Gestalten Sie eine Text-Bild-Collage zum Thema „Ökologie und Ethik" auf einem Plakat.

4 Legen Sie ein neues Kapitel in Ihrem philosophischen Tagebuch an und notieren Sie Fragen, Eindrücke, Thesen, Schlussfolgerungen zu den nachfolgend abgedruckten Texten zum Thema „Ökologie und Ethik".

5 Das Buch und der Film „Eine unbequeme Wahrheit" von Al Gore (siehe Kontexte auf der folgenden Seite) haben im Jahre 2006 weltweit Aufsehen erregt und der Debatte über Ursachen und Folgen des Klimawandels und Möglichkeiten einer globalen Umweltpolitik weltweit eine neue Intensität gegeben. Informieren Sie sich über den aktuellen Stand der umweltpolitischen Diskussion und nehmen Sie vor diesem Hintergrund zu der von Gore (S. 211) formulierten Gewissensfrage Stellung.

Kontexte

Erde vom Mond aus betrachtet

Eine unbequeme Wahrheit (2006)

Al Gore

Nun ist es an uns, unsere Demokratie und unsere gottgegebene Fähigkeit dazu zu nutzen, miteinander über unsere Zukunft zu debattieren und uns dazu durchzuringen, einen politischen Kurs und individuelle Verhaltensweisen zu ändern, die, sollten wir an ihnen festhalten, unseren Kindern und Kindeskindern und der gesamten Menschheit eine ausgeplünderte, kranke und unwirtliche Erde hinterlassen würden.

Wir müssen das 21. Jahrhundert zu einem Jahrhundert der Erneuerung machen. Indem wir die Chance ergreifen, die uns diese Krise bietet, können wir die Kreativität, Innovationskraft und Inspiration entfesseln, die uns ebenso zu eigen sind wie unsere Neigung zu Habsucht und Kurzsichtigkeit. Wir haben die Wahl. Wir haben die Verantwortung. Wir entscheiden über unsere Zukunft.

Eine der Sonden, die Amerika vor vielen Jahren ins Weltall schoss, um das Universum zu erkunden, nahm beim Verlassen des Schwerkraftfeldes der Erde ein Bild unseres sich langsam in der Leere drehenden Planeten auf. Jahre später, die Sonde war 6,4 Milliarden Kilometer über die Grenzen unseres Sonnensystems hinaus gereist, schickte die NASA auf Anregung des inzwischen verstorbenen US-Astronomen Carl Sagan ein Signal mit der Anweisung an die Sonde, ihre Kameras noch einmal auf das Sonnensystem zu richten und aus dieser unvorstellbar großen Entfernung ein weiteres Bild von der Erde zu machen. Das hier ist das Bild, das die Sonde an uns zurückfunkte. Der blaue Punkt im Zentrum des Lichtbandes auf der rechten Bildseite, das sind wir.

Sagan nannte es „einen blassen blauen Punkt“ und fügte hinzu, dass sich alles, was je in der gesamten Menschheitsgeschichte passiert ist, auf diesem winzigen Bildpunkt abgespielt hat. All die Triumphe und Tragödien. All die zahllosen Kriege. All die Hungersnöte. Alle unsere großen Fortschritte.

Ein anderes Zuhause haben wir nicht.

Und genau das steht auf dem Spiel. Unsere Fähigkeit, auf dem Planeten Erde zu leben – die Zukunft unserer Zivilisation.

Ich halte das für eine Gewissensfrage.

Die gnadenlosen Folgen des Christentums (1972)
Carl Amery

Carl Amery (1922–2005), deutscher Schriftsteller, Umweltschützer und Gründungsmitglied der Partei „Die Grünen", hat mit seiner These von der Verantwortlichkeit und Mitschuld des Christentums für die Zerstörung der Natur eine lebhafte Debatte ausgelöst. Der Textauszug verdeutlicht zentrale Analyseansätze Amerys.

Alter Bund: Bund zwischen Gott und Mensch im Alten Testament

Die ältesten Voraussetzungen für den totalen Sieg der christlich orientierten Menschheit, der gleichzeitig die totale planetarische Krise ist, reichen in die Vorzeit des Alten Bundes zurück – und diese ältesten Voraussetzungen sind die wirksamsten geblieben. Für unsere Suche bietet sich also der historische Weg an. Er beginnt mit dem Fundament, das bereits in den ersten Kapiteln (I bis IX) des Buches Genesis, des ersten Buches der Bibel, gelegt wurde. Hier finden sich die Bündnisse und Garantien, auf denen heute das Selbstverständnis der ganzen Menschheit ruht, soweit sie historisch aktiviert worden ist. Ohne dieses Selbstverständnis wäre der Weg in die heutige Welt nicht erklärbar. [...]

Prämisse: gedankliche Voraussetzung

Die Prämissen des biblischen Schöpfungsberichts und der ihm folgenden Erzählungen lassen sich etwa so zusammenfassen:

Erstens – Der Mensch wird an einem eigenen Tag der Schöpfung gebildet, und zwar nach Gottes Bild und Gleichnis. Wie groß immer der Abstand zwischen höheren Wirbeltieren und Insekten, zwischen Primaten und anderen Säugetieren sein mag, wie geringfügig sich die physiologischen Unterschiede innerhalb der Primatenarten im Vergleich dazu ausnehmen mögen: Dem Menschen allein ist Gottesebenbildlichkeit zugeschrieben. Keinem anderen Lebewesen, keiner anderen Kreatur, auch nicht der gesamten Harmonie des Kosmos wird dieses Privileg eingeräumt. Aus der Tatsache, dass ihm die Kommunikation zu anderen Arten des Lebens wie auch zu den riesigen, gleichgültigen Dingen des Kosmos verschlossen ist, wird gefolgert, dass ein tiefer Graben zwischen dem Menschen und dem Rest der Schöpfung angelegt ist; ein Graben, der nicht als Unglück empfunden, sondern als Ausweis der grundsätzlichen Höherwertigkeit betrachtet wird.

Kulminationspunkt: Höhepunkt einer Laufbahn oder Entwicklung

Dies gilt bis heute. Es gilt auch für den eingefleischten Materialisten, der ganz physiologisch über die Entstehung unserer Art denkt. Er so wenig wie der Gläubige haben sich der Überzeugung entledigt, dass der Mensch in Theorie und Praxis der Kulminationspunkt ist: Er ist *telos*, Ende und Ziel des Weltgeschehens.

Zweitens – Jedem möglichen Zweifel über diese absolute und totale Überlegenheit steht Gottes Auftrag entgegen. Es ist der ausdrückliche Auftrag der totalen Herrschaft. Der Mensch wird gerufen, diese Erde zu erfüllen, sie sich untertan zu machen. Magische Auflagen sind nicht damit verbunden, das heißt, es ist ihm völlig freigestellt, wie er diesen Auftrag vollzieht. Sonne und Mond sind Beleuchtungskörper, sonst nichts; Rohstoffe, Flora, Fauna sind ein Arsenal, über das er frei verfügt, sind Jagdterrain und Ernteacker.

Drittens – Diese Zuordnung ist ursprünglich als völlige Harmonie angelegt, als Paradies. Die sehr realistischen Autoren des Alten Testaments sahen natürlich klar, dass wir in keinem Paradies leben. Sie kannten gründlicher als wir den Hunger, die Krankheit, die Mühsal und Plackerei unseres Daseins. [...]

Soweit das Bündnis und seine Garantien. Wir alle, auch die, welche keinerlei religiöse Instruktion mehr genossen, kennen sie – und halten sie, ob wir das reflektieren oder nicht, für selbstverständlich. Wir machen uns nicht klar, wie entschieden sie alle unsere

Ansichten über die Welt und den Menschen bestimmt, wie sehr sie vor allem unsere Praxis programmiert haben. [...]

[...] Der Mensch ist ein Geschöpf ganz eigener Art. Er steht für sich; und dieses Für-sich-selbst-Stehen impliziert, dass Tiere, Pflanzen, Himmelskörper zu seinem Dienst bestimmt sind. Mit dieser These setzt sich das jüdische Denken radikal vom primitiven Denken, aber auch von der religiösen Grundstimmung aller Mittelmeerkulturen ab. Für den Primitiven ist die Dichte, die Verschlossenheit der Schöpfung, der Sterne, der Tiere, der Bäume, keineswegs ein Kriterium für ihre absolute Dienstbarkeit, sondern eher für ihre überragende Mächtigkeit. Im Kreisen von Sonne, Mond und Planeten; im Rauschen der Haine; in den gelben, gleichgültigen Augen des Löwen sieht er, fühlt er das Numinose am Werk, das es zu beschwichtigen oder (mit den vorwissenschaftlichen Mitteln der Magie) zu bändigen gilt. Trennung von „Heiligem" und „Profanem" wäre ihm widersinnig.

Viertens – [...] Nach der Sintflut verlassen Noah und die Seinen die Arche. In einem feierlichen Akt wird Versöhnung gefeiert, der Pakt zwischen Gott und Mensch wird erneuert und der Regenbogen erstrahlt als Bundeszeichen. Und nun offenbart Gott [...]: „Nicht aufhören werden Saat und Ernte mehr, Furcht und Zittern [...] vor dem Menschen [...] wird die Tiere nicht mehr verlassen."

Kontexte

Der Sonnengesang (1224/25)

Franz von Assisi

Gelobt seist du, mein Herr,
durch unsere Schwester, Mutter Erde,
die uns ernährt und lenkt
und vielfältige Früchte hervorbringt
und bunte Blumen und Kräuter.

Gelobt seist du, mein Herr,
durch jene, die verzeihen um deiner Liebe willen
und Krankheit ertragen und Drangsal.
Selig jene, die solches ertragen in Frieden,
denn von dir, Höchster, werden sie gekrönt werden.

Gelobt seist du, mein Herr,
durch unsere Schwester, den leiblichen Tod;
ihm kann kein Mensch lebend entrinnen.
Wehe jenen, die in schwerer Sünde sterben.
Selig jene, die sich in deinem heiligsten Willen finden,
denn der zweite Tod wird ihnen kein Leid antun.

Lobt und preist meinen Herrn
und sagt ihm Dank und dient ihm mit großer Demut.

impliziert: schließt ein

das Numinose: Wink, Geheiß, Wille, göttlicher Wille. Der Religionswissenschaftler Rudolf Otto prägte den Begriff zur Bezeichnung der Anwesenheit eines „gestaltlos Göttlichen".

1. Arbeiten Sie den Argumentationsgang im Text heraus und prüfen Sie die Voraussetzungen und Schlussfolgerungen Amerys.
2. Diskutieren Sie im Plenum die Thesen Amerys. Verfassen Sie anschließend eine persönliche Einschätzung.
3. Dass es innerhalb des christlichen Denkens auch andere Vorstellungen zum Verhältnis von Mensch und Natur gibt, zeigt der Auszug aus dem „Sonnengesang" des Franz von Assisi in lyrischer Form (s. Kontexte). Formulieren Sie auf dieser Basis Grundprinzipien einer christlich oder religiös fundierten Umweltethik.

Vgl. den Text „Das Heilige und das Profane" von Mircea Eliade (Einführungsband Kap. 2.2, S. 179).

Das Prinzip Verantwortung. Versuch einer Ethik für die technologische Zivilisation (1979)

Hans Jonas

Hans Jonas (1903–1993), jüdischer Philosoph deutscher Herkunft, hat nicht nur durch seine religionsphilosophischen Schriften, sondern insbesondere auch durch seine ökologische Ethik, wie er sie in „Das Prinzip Verantwortung" entwickelte, Berühmtheit erlangt. Der Textauszug verdeutlicht den Grundansatz von Jonas.

Alle Gebote und Maximen überlieferter Ethik, inhaltlich verschieden wie sie immer sein mögen, zeigen diese Beschränkung auf den unmittelbaren Umkreis der Handlung. „Liebe deinen Nächsten wie dich selbst“; „Tue anderen, wie du wünschest, dass sie dir tun“; „Unterweise dein Kind im Wege der Wahrheit“; „Strebe nach Vorzüglichkeit durch Entwicklung und Verwirklichung der besten Möglichkeiten deines Seins qua Mensch“; „Ordne dein persönliches Wohl dem Gemeinwohl unter“; „Behandle deinen Mitmenschen niemals bloß als Mittel, sondern immer auch als einen Zweck in sich selbst“ und so fort. Man beachte, dass in all diesen Maximen der Handelnde und der „andere“ seines Handelns Teilhaber einer gemeinsamen Gegenwart sind. Es sind die jetzt Lebenden und in irgendwelchem Verkehr mit mir Stehenden, die einen Anspruch auf mein Verhalten haben, insofern es sie durch Tun oder Unterlassen affiziert. Das sittliche Universum besteht aus Zeitgenossen und sein Zukunftshorizont ist beschränkt auf deren voraussichtliche Lebensspanne. Ähnlich verhält es sich mit dem räumlichen Horizont des Ortes, worin der Handelnde und der andere sich treffen als Nachbar, Freund oder Feind, als Vorgesetzter und Untergebener, als Stärkerer und Schwächerer, und in all den anderen Rollen, in denen Menschen miteinander zu tun haben. Alle Sittlichkeit war auf diesen Nahkreis des Handelns eingestellt. Es folgt daraus, dass das Wissen, welches außer dem sittlichen Willen erfordert ist, um die Moralität der Handlung zu verbürgen, diesen Begrenzungen entsprach: Es ist nicht die Kenntnis des Wissenschaftlers oder Fachmanns, sondern Wissen einer Art, die allen Menschen guten Willens offensteht. [...]

affiziert: hier: berührt, betrifft

All dies hat sich entscheidend geändert. Die moderne Technik hat Handlungen von so neuer Größenordnung, mit so neuartigen Objekten und so neuartigen Folgen eingeführt, dass der Rahmen früherer Ethik sie nicht mehr fassen kann. [...]

Luftaufnahme des Tschadsees, Afrika

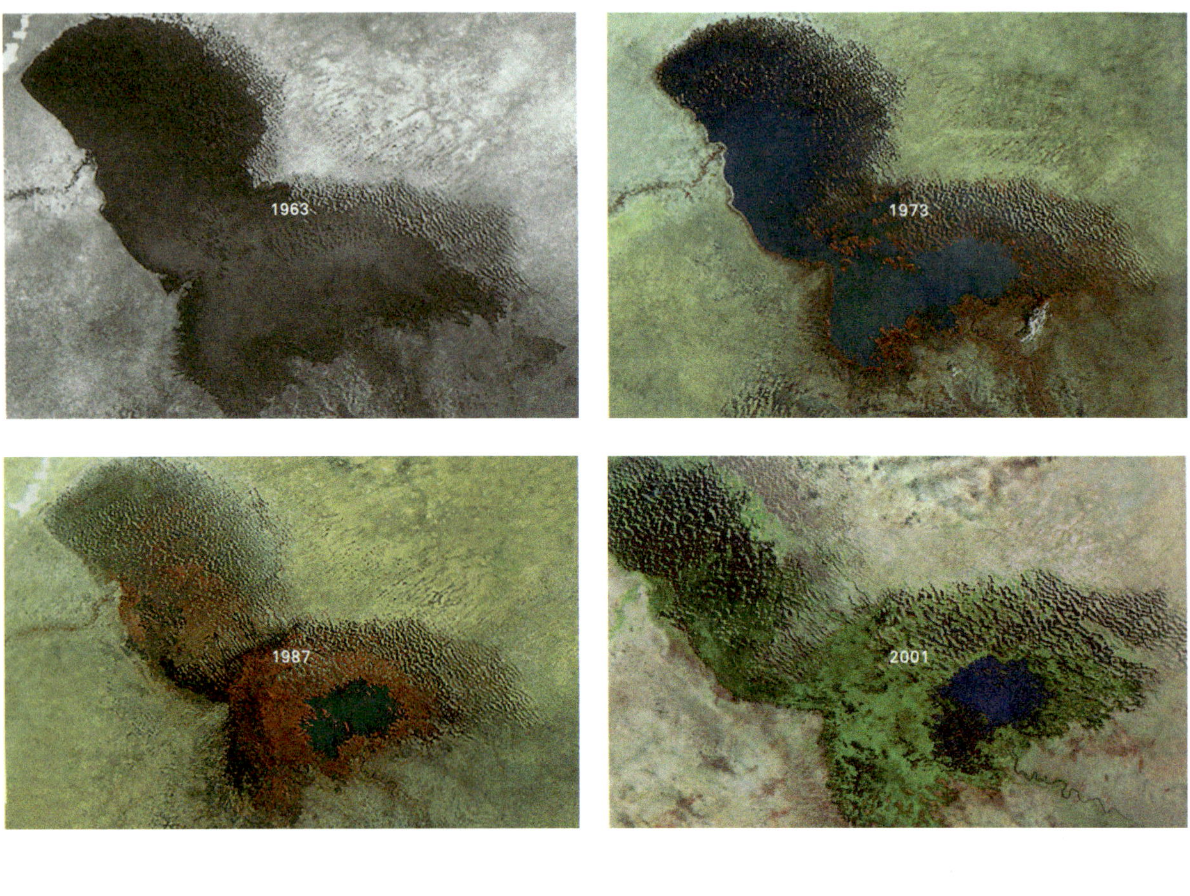

Gewiss, die alten Vorschriften der „Nächsten"-Ethik – die Vorschriften der Gerechtigkeit, Barmherzigkeit, Ehrlichkeit usw. – gelten immer noch, in ihrer intimen Unmittelbarkeit, für die nächste, tägliche Sphäre menschlicher Wechselwirkung. Aber diese Sphäre ist überschattet von einem wachsenden Bereich kollektiven Tuns, in dem Täter, Tat und Wirkung nicht mehr dieselben sind wie in der Nahsphäre und der durch die Enormität seiner Kräfte der Ethik eine neue, nie zuvor erträumte Dimension der Verantwortung aufzwingt. [...]

Die Einhegung der Nähe und Gleichzeitigkeit ist dahin, fortgeschwemmt von der räumlichen Ausbreitung und Zeitlänge der Kausalreihen, welche die technische Praxis, auch wenn für Nahzwecke unternommen, in Gang setzt. Ihre Unumkehrbarkeit, im Verein mit ihrer zusammengefassten Größenordnung, führt einen weiteren neuartigen Faktor in die moralische Gleichung ein. Dazu ihr kumulativer Charakter: Ihre Wirkungen addieren sich, sodass die Lage für späteres Handeln und Sein nicht mehr dieselbe ist wie für den anfänglich Handelnden, sondern zunehmend davon verschieden und immer mehr ein Ergebnis dessen, was schon getan ward. Alle herkömmliche Ethik rechnete nur mit nicht-kumulativem Verhalten. Die Grundsituation von Mensch zu Mensch, in der Tugend sich erproben und Laster sich entblößen muss, bleibt stets dieselbe und mit ihr fängt jede Tat von Neuem an. Die wiederkehrenden Gelegenheiten, die je nach ihrer Klasse ihre Alternativen des Handelns stellen – Mut oder Feigheit, Maß oder Exzess, Wahrheit oder Lüge usw. – stellen jedes Mal die Urbedingungen wieder her. Diese sind unüberholbar. Aber die kumulative Selbstfortpflanzung technologischer Veränderung der Welt überholt fortwährend die Bedingungen jedes ihrer beitragenden Akte und verläuft durch lauter präzedenzlose Situationen, für die die Lehren der Erfahrung ohnmächtig sind. Ja, die Kumulation als solche, nicht genug damit, ihren Anfang bis zur Unkenntlichkeit zu verändern, mag die Grundbedingung der ganzen Reihe, die Voraussetzung ihrer selbst, verzehren. All dieses müsste im Willen der Einzeltat mitgewollt sein, wenn diese sittlich verantwortlich sein soll. [...]

präzedenzlos: ausnahmslos

Unter solchen Umständen wird *Wissen* zu einer vordringlichen Pflicht über alles hinaus, was je vorher für seine Rolle in Anspruch genommen wurde, und das Wissen muss dem kausalen Ausmaß unseres Handelns größengleich sein. Die Tatsache aber, dass es ihm nicht wirklich größengleich sein *kann*, das heißt, dass das vorhersagende Wissen hinter dem technischen Wissen, das unserem Handeln die Macht gibt, zurückbleibt, nimmt selbst ethische Bedeutung an. Die Kluft zwischen Kraft des Vorherwissens und Macht des Tuns erzeugt ein neues ethisches Problem. Anerkennung der Unwissenheit wird dann die Kehrseite der Pflicht des Wissens und damit ein Teil der Ethik, welche die immer nötiger werdende Selbstbeaufsichtigung unserer übermäßigen Macht unterrichten muss. Keine frühere Ethik hatte die globale Bedingung menschlichen Lebens und die ferne Zukunft, ja Existenz der Gattung zu berücksichtigen. [...]

Mit-Denken

III Überprüfen Sie die gedanklichen Voraussetzungen und Schlussfolgerungen in der Argumentation von Hans Jonas. Stimmen Sie seiner im letzten Satz formulierten These zu?

Alte und neue Imperative

1. [...] „Handle so, dass du auch wollen kannst, dass deine Maxime allgemeines Gesetz werde." Das hier angerufene „kann" ist das der Vernunft und ihrer Einstimmung mit sich selbst: Die Existenz einer Gesellschaft menschlicher Akteure (handelnder Vernunft-

wesen) *vorausgesetzt*, muss die Handlung so sein, dass sie sich ohne Selbstwiderspruch als allgemeine Übung dieser Gemeinschaft vorstellen lässt. Man beachte, dass hier die Grundüberlegung der Moral nicht selber moralisch, sondern logisch ist:

Approbation: Billigung

Revulsion: Widerwille, Ablehnung

Das „wollen *können*" oder „nicht können" drückt logische Selbstverträglichkeit oder -unverträglichkeit, nicht sittliche Approbation oder Revulsion aus.

Es liegt aber kein *Selbstwiderspruch* in der Vorstellung, dass die Menschheit einmal aufhöre zu existieren, und somit auch kein Selbstwiderspruch in der Vorstellung, dass das Glück gegenwärtiger und nächstfolgender Generationen mit dem Unglück oder gar der Nichtexistenz späterer Generationen erkauft wird – so wenig, wie schließlich im Umgekehrten, dass die Existenz und das Glück späterer Generationen mit dem Unglück und teilweise sogar der Vertilgung gegenwärtiger erkauft wird. Das Opfer der Zukunft für die Gegenwart ist *logisch* nicht angreifbarer als das Opfer der Gegenwart für die Zukunft. Der Unterschied ist nur, dass im einen Fall die Reihe weitergeht, im andern nicht. Aber dass sie *weitergehen soll*, ungeachtet der Verteilung von Glück und Unglück, ja selbst mit Übergewicht des Unglücks über das Glück, und sogar der Unmoral über die Moral, lässt sich nicht aus der Regel der Selbsteinstimmigkeit *innerhalb* der Reihe, so lange oder kurz sie eben dauert, ableiten: Es ist ein außer ihr und ihr vorausliegendes Gebot ganz anderer Art und letztlich nur metaphysisch zu begründen.

Imperativ: Aufforderung

indefinit: unbestimmt

Integrität: Unversehrtheit

2. Ein Imperativ, der auf den neuen Typ menschlichen Handelns passt und an den neuen Typ von Handlungssubjekt gerichtet ist, würde etwa so lauten: „Handle so, dass die Wirkungen deiner Handlung verträglich sind mit der Permanenz echten menschlichen Lebens auf Erden", oder negativ ausgedrückt: „Handle so, dass die Wirkungen deiner Handlung nicht zerstörerisch sind für die künftige Möglichkeit solchen Lebens", oder einfach: „Gefährde nicht die Bedingungen für den indefiniten Fortbestand der Menschheit auf Erden", oder, wieder positiv gewendet: „Schließe in deine gegenwärtige Wahl die zukünftige Integrität des Menschen als Mit-Gegenstand deines Wollens ein."

involviert: einbezogen

3. Es ist ohne Weiteres ersichtlich, dass kein rationaler Widerspruch in der Verletzung dieser Art von Imperativ involviert ist. Ich *kann* das gegenwärtige Gut unter Aufopferung des zukünftigen Guts wollen. Ich kann, so wie mein eigenes Ende, auch das Ende der Menschheit wollen. Ich kann, ohne in Widerspruch mit mir selbst zu geraten, wie für mich so auch für die Menschheit ein kurzes Feuerwerk äußerster Selbsterfüllung der Langeweile endloser Fortsetzung im Mittelmaß vorziehen.

Aber der neue Imperativ sagt eben, dass wir zwar unser eigenes Leben, aber nicht das der Menschheit wagen *dürfen*, [...] dass wir [...] nicht das Recht haben, das Nichtsein künftiger Generationen wegen des Seins der jetzigen zu wählen oder auch nur zu wagen. Warum wir dieses Recht nicht haben, warum wir im Gegenteil eine Verpflichtung gegenüber dem haben, was noch gar nicht ist und „an sich" auch nicht zu sein braucht, jedenfalls als nicht existent keinen *Anspruch* auf Existenz hat, ist theoretisch gar nicht leicht und vielleicht ohne Religion überhaupt nicht zu begründen. Unser Imperativ nimmt es zunächst ohne Begründung als Axiom.

Axiom: Grundsatz einer Theorie

4. Es ist ferner offensichtlich, dass der neue Imperativ sich viel mehr an öffentliche Politik als an privates Verhalten richtet, welches Letztere nicht die kausale Dimension ist, auf die er anwendbar ist. Kants kategorischer Imperativ war an das Individuum gerichtet und sein Kriterium war augenblicklich. Er forderte jeden von uns auf, zu erwägen, was geschehen würde, *wenn* die *Maxime* meiner jetzigen Handlung zum Prinzip einer allgemeinen Gesetzgebung gemacht würde oder es in diesem Augenblick schon wäre: Die

Selbsteinstimmigkeit oder Nichteinstimmigkeit einer solchen *hypothetischen* Verallgemeinerung wird zur Probe meiner *privaten* Wahl gemacht. Aber es war kein Teil dieser Vernunftüberlegung, es bestehe irgendeine Wahrscheinlichkeit dafür, dass meine private Wahl tatsächlich allgemeines Gesetz werde oder zu einem solchen Allgemeinwerden auch nur beitrage. In der Tat, *reale* Folgen sind überhaupt nicht ins Auge gefasst und das Prinzip ist nicht dasjenige objektiver Verantwortung, sondern das der subjektiven Beschaffenheit meiner Selbstbestimmung. Der neue Imperativ ruft eine andere Einstimmigkeit an: nicht die des Aktes mit sich selbst, sondern die seiner schließlichen *Wirkungen* mit dem Fortbestand menschlicher Aktivität in der Zukunft. Und die „Universalisierung", die er ins Auge fasst, ist keineswegs hypothetisch – das heißt die bloß logische Übertragung vom individuellen „Ich" auf ein imaginäres, kausal damit unverbundenes „Alle" („wenn jeder so täte"): Im Gegenteil, die dem neuen Imperativ unterworfenen Handlungen, nämlich Handlungen des kollektiven Ganzen, haben den universalen Bezug in dem tatsächlichen Ausmaß ihrer Wirksamkeit: Sie „totalisieren" sich selbst im Fortschritt ihres Impulses und können nicht anders, als in der Gestaltung des universalen Zustands der Dinge zu terminieren. Dies nun fügt dem moralischen Kalkül den *Zeit*horizont hinzu, der in der logischen Augenblicksoperation des kantischen Imperativs gänzlich fehlt: Extrapoliert der Letztere in eine immer-gegenwärtige Ordnung abstrakter Kompatibilität, so extrapoliert unser Imperativ in eine berechenbare wirkliche *Zukunft* als die unabgeschlossene Dimension unserer Verantwortlichkeit.

hypothetisch: angenommen

imaginär: vorgestellt

extrapolieren: schätzen, hochrechnen

1 Fassen Sie die Kernthesen von Hans Jonas zum neuen Imperativ und die damit verbundenen gedanklichen Voraussetzungen und Schlussfolgerungen zusammen.

2 Verfassen Sie einen philosophischen Essay über die von Hans Jonas entwickelten Ansätze zu einer Ethik für die technologische Zivilisation. Beziehen Sie dabei auch andere Basistexte zur philosophischen Ethik – vor allem den kategorischen Imperativ Immanuel Kants (Kap. 4.2, S. 189–193) – mit ein.

3 Überprüfen Sie die Reichweite des „neuen Imperativs" von Jonas an einem aktuellen ökologischen Fallbeispiel Ihrer Wahl. In einer Satz-Bild-Collage können Sie auch Cartoons (wie den hier gezeigten) oder Bücher wie „Die Zukunft ist ethisch – oder gar nicht" miteinbeziehen.

Der Tod der Natur. Ökologie, Frauen und neuzeitliche Naturwissenschaft (1980)

Carolyn Merchant

Carolyn Merchant (* 1936), amerikanische Philosophin und Vertreterin einer feministischen Ökologie, hat mit ihrem 1980 erschienenen Werk „Der Tod der Natur" eine umfassende Analyse der geistes-, philosophie-, religions-, natur- und technikgeschichtlichen Wurzeln der Umweltzerstörung und der ihr zugrunde liegenden Ursachen formuliert. Der Textauszug macht wesentliche Analyseansätze sichtbar.

Die Weiblichkeit der Natur

Die Welt, die wir verloren haben, war organisch. Seit den im Dunklen liegenden Ursprüngen der menschlichen Spezies haben Menschen, um ihr Auskommen zu finden, in täglichem, unmittelbarem, organischem Bezug zur natürlichen Ordnung gelebt. Um 1500 vollzog sich für die meisten Europäer wie für andere Völker der tägliche Verkehr mit der Natur noch immer im Rahmen enger, kooperativer, organischer Gemeinschaften. [...] Die Vorstellung von der Natur als einem lebendigen Organismus hatte philosophische Vorbilder in antiken Denksystemen, die in abgewandelter Form bis ins 16. Jahrhundert vorherrschend blieben. [...]

Die Natur als Nährerin: Die leitende Metaphorik

Im Mittelpunkt der organischen Theorie stand die Gleichsetzung der Natur, zumal der Erde, mit einer Nahrung spendenden Mutter. Sie war ein freundlich-wohltätiges weibliches Wesen, das in einem planvoll geordneten Universum für die Bedürfnisse der Menschheit sorgte. Aber noch ein anderes Bild der als weiblich gedachten Natur war weitverbreitet: die wilde, unbezähmbare Natur, die Gewalt und Aufruhr, Stürme, Trockenzeiten und allgemeine Auflösung bringen konnte. Beide Bilder wurden mit dem weiblichen Geschlecht identifiziert und waren die Projektion menschlicher Wahrnehmungen auf die Außenwelt. Die Metapher von der Erde als der Nahrung spendenden Mutter sollte allmählich in dem Maße verschwinden, wie es der wissenschaftlichen Revolution gelang, das Bild der Welt zu mechanisieren und zu rationalisieren. Die andere Metapher – Natur als Störung und Gesetzlosigkeit – rief einen wichtigen modernen Gedanken auf den Plan: den der Gewalt über die Natur. Zwei neue Ideen, die des Mechanismus und die der Naturbeherrschung und -bemächtigung, wurden zu zentralen Konzepten der modernen Welt. [...]

Die Gesellschaft bedurfte dieser neuen Bilder in dem Maße, wie sie jenen Prozess der Kommerzialisierung und Industrialisierung vorantrieb, der vom unmittelbaren Eingreifen in die Erde – durch Bergbau, Entwässerung, Entwaldung und Rodung – abhängig war. Bei diesen neuen Aktivitäten setzte man in großartiger Vielfalt und Kombination neue Techniken ein: Hebe- und Druckpumpen, Krane, Windmühlen, Zahnräder, Klappventile, Ketten, Kolben, Tretmühlen, unter- und oberschlächtige Wassermühlen, Walkmühlen, Schwungräder, Blasebälge, Bagger, Eimerketten, Walzen, Kurbeln, komplizierte Flaschenzüge, Schneckengewinde, Zahnräder, Nocken, Exzenter, Sperrklinken, Schraubenschlüssel, Pressen, Schrauben. [...]

Kontexte

Von der Weltseele (1510)

Agrippa von Nettesheim

Da der Himmel und die Himmelskörper einen kräftigen Einfluss und eine unverkennbare Einwirkung auf die Dinge unserer Welt äußern, so müssen sie notwendig beseelt sein, indem von einem reinen Körper keine derartige Wirkung ausgehen kann. Die ausgezeichnetsten Dichter und Philosophen behaupten daher insgesamt, dass sowohl die Welt als auch die Himmelskörper eine Seele, und zwar eine vernünftige Seele, besitzen.

Die Welt als Organismus

Die wissenschaftliche Revolution des 16. und 17. Jahrhunderts wird von den meisten Historikern als eine Periode der geistigen Aufklärung betrachtet, in der eine neue Wissenschaft der Mechanik und ein mechanistisches Weltverständnis den Boden bereiteten für den modernen wissenschaftlichen, technischen und sozialen Fortschritt. Doch angesichts der herrschenden Krise durch die Plünderung der natürlichen Ressourcen der Erde schätzt man in der westlichen Welt allmählich wieder die umweltorientierten Werte der vormechanischen „Welt, die wir verloren haben". Heute beginnt man, die ökologischen Konsequenzen einer ausbeuterischen Einstellung zu den vier Elementen – Erde, Wasser, Feuer, Luft – in vollem Umfang zu ermessen.

Kontexte

Neu-Atlantis (1624)

Francis Bacon

Unsere Gründung hat den Zweck, die Ursachen des Naturgeschehens zu ergründen, die geheimen Bewegungen in den Dingen und die inneren Kräfte der Natur zu erforschen und die Grenzen der menschlichen Macht so weit auszudehnen, um alle möglichen Dinge zu bewirken.

Mit der gegenwärtigen Infragestellung einer mechanistischen Technologie besinnt man sich wieder auf holistische Annahmen über die Natur; die Ökologie geht davon aus, dass alles mit allem zusammenhängt und dass interaktive Prozesse in der Natur überwiegen. Alle Teile hängen voneinander ab und beeinflussen einander und das Ganze. Jedes Teilstück einer ökologischen Gemeinschaft, jede Nische, existiert in dynamischer Wechselbeziehung zum gesamten umgebenden Ökosystem. Der Organismus, der eine bestimmte Nische besetzt, lebt in wechselseitigem Beeinflussen und Beeinflusstwerden mit dem gesamten Geflecht lebendiger und nicht lebendiger Umweltkomponenten. Die Ökologie als Philosophie der Natur hat ihre Wurzeln im Organizismus, d. h. in der Vorstellung, dass der Kosmos eine organische Ganzheit ist, die in einer integrierten Einheit aus Struktur und Funktion wächst und sich entwickelt.

Das Organismusdenken lieferte den rudimentären philosophischen Rahmen, aus dem die Wissenschaft der Ökologie und der Gedanke der Erhaltung der natürlichen Ressourcen hervorgingen. [...]

In der Renaissance gab es Varianten des organischen Bezugsrahmens, denen bestimmte Annahmen über die Natur gemeinsam waren. Der Renaissancekosmos war eine lebendige Einheit, dessen einzelne Teile in einem streng durchorganisierten System sämtlich miteinander verflochten waren. [...] Die Natur war die immanente Manifestation des göttlichen Gesetzes in der Welt [...]. [Dabei] stützte sich der Neuplatonismus der Renaissance auf die etwas unorthodoxe, aber dennoch recht verbreitete Auffassung von der Natur als der Weltseele, der aus sich selbst wirkenden, immanenten Ursache jeglichen Wandels. [...] Das Wirken der Weltseele *(anima mundi)* übertrug sich mithilfe des Weltgeistes *(spiritus mundi)* auf die passive Materie und gab den stofflichen Dingen Leben und Form. [...]

immanent: innewohnend

Neuplatonismus der Renaissance: philosophische Strömung im 15., 16. und 17. Jh., die im Unterschied zu dem im Mittelalter vor allem rezipierten Aristoteles wieder verstärkt Platon als theoretischen Bezugspunkt entdeckte

Alle Teile der Natur waren voneinander abhängig, und jedes einzelne Teil spiegelte Veränderungen im ganzen übrigen Kosmos wider. Die gemeinsame Verflochtenheit aller Teile der Welt bedeutete nicht nur gemeinsames Werden und Wachsen, sondern auch gemeinsames Leiden. „Wenn ein Teil leidet, leidet alles Übrige mit ihm", schreibt Giambattista della Porta (1535–1615). [...]

Gewalt über die Natur

Die gesetzlose, wirkende Natur wurde [aber] bald den Fragestellungen und experimentellen Techniken der neuen Wissenschaft unterworfen. Francis Bacon (1561–1626), der gefeierte „Vater der modernen Naturwissenschaft“, formte aus Tendenzen, die in seiner Zeit bereits vorhanden waren, ein Gesamtprogramm, dessen Ziel die Beherrschung der Natur zum Wohle des Menschen war. […] Damit etablierte er eine neue Ethik, die die Ausbeutung der Natur erlaubte.

spiritus rector: geistiger Vater, Begründer

Bacon ist gepriesen worden als Begründer des modernen Forschungsinstituts, als Philosoph der industriellen Wissenschaft, als *spiritus rector* der Royal Society (1660) und als Begründer der induktiven Methode, mit der jeder Mensch die Wahrheiten der Naturwissenschaft für sich selber verifizieren kann, indem er im Buch der Natur liest. Doch aus der Sicht der Natur, der Frauen und der unteren Schichten der Gesellschaft ergibt sich ein weniger vorteilhaftes Bild Bacons. […] Der „Streit um die Frauen“ und die Hexenprozesse – beides Elemente von Bacons sozialer Wirklichkeit – färbten auf seine Beschreibung der Natur und seine Metaphorik ab; sie waren ihm Instrumente, mit denen er die Erde umgestaltete und aus einer nährenden Mutter, einem Schoß des Lebens, eine Quelle von Geheimnissen machte, die der Natur zu Nutz und Frommen der Wirtschaft entrissen werden mussten.

Bacon entgingen natürlich auch die Hexenprozesse nicht, die im frühen 17. Jahrhundert überall in Europa und namentlich in England stattfanden. […] Diese sozialen Ereignisse beeinflussten Bacons Philosophie und seinen literarischen Stil. Die Bilder, die er benutzt, um seine neuen wissenschaftlichen Ziele und Methoden zu umreißen, entstammen zu einem guten Teil dem Gerichtssaal. Sie zeigen die Natur als eine Frau, die mit mechanischen Vorrichtungen gefoltert werden muss, und erinnern damit sehr an die Verhöre bei den Hexenprozessen und die mechanischen Vorrichtungen, die bei der Folterung der Hexen benutzt wurden. An einer bedeutsamen Stelle sagt Bacon […], dass man der Natur ihre Geheimnisse auf ähnliche Weise entreißen müsse, wie man die Geheimnisse des Hexenwesens durch inquisitorisches Verhör entschleiert habe.

[…] Der Mann der neuen Wissenschaft soll nicht glauben, dass das Verhör der Natur etwas Unerlaubtes oder Verbotenes sei. Die Natur muss durch die „Mechanik“ „bezwungen“ und „bearbeitet“ werden. Die „Untersucher und Erforscher der Natur“ haben die Aufgabe, ihre Pläne und Geheimnisse auszukundschaften.

Diese Methode […] wertet die natürliche Umwelt ab und ermöglicht ihre Ausbeutung. So wie der Schoß der Frau sich symbolisch der Zange geöffnet hat, so hegt der Schoß der Natur Geheimnisse, die man ihm zum Besten des Menschen durch Technik entreißen kann. […] Hier haben wir, in krass sexueller Bildlichkeit, das Schlüsselelement der modernen experimentellen Methode – Einsperren der Natur ins Laboratorium, Sezieren mit Geist und Hand und Eindringen in ihre verborgenen Geheimnisse –; noch heute rühmt man in solcher Sprechweise an einem Wissenschaftler die „harten Fakten“, den „durchdringenden Geist“ oder die „Stoßkraft“ seiner „Argumentation“. Die Hemmungen vor der Zudringlichkeit, die aus der Klage der Natur um ihr zerrissenes Gewand der Sittsamkeit sprachen, haben sich in die sprachliche Legitimation von Ausbeutung und „Vergewaltigung“ der Natur zum Wohl des Menschen verwandelt. Die Experimentatoren der Accademia del

Kontexte

A. Paul Weber, Die Erschließung (1978)

Cimento in Florenz (1657–1667) und der Royal Society of London, die Mäuse und Pflanzen in das künstliche Vakuum des Barometers sperrten, quälten die Natur in echt Bacon'scher Manier und zwangen sie mit Gewalt aus ihrem natürlichen Zustand heraus. [...]

Die Vernehmung von Hexen als Sinnbild für das Verhör der Natur, der Gerichtssaal als Modell für ihre peinliche Befragung und die Folter durch mechanische Hilfsmittel als Instrument zur Unterjochung des Chaos: Dies alles ist grundlegend für die wissenschaftliche Methode als Ausübung von Gewalt und Macht. [...] Bacons mechanistische Utopie vertrug sich aufs Beste mit der im 17. Jahrhundert aufkommenden mechanistischen Naturphilosophie. Die mechanistische Denkweise zerlegt die Natur in atomare Teilchen, die [...] passiv und träge sind. Bewegung und Veränderung der Dinge werden von außen verursacht: In der Natur ist die Quelle, aus der alles fließt, Gott, für das 17. Jahrhundert der göttliche Vater, Uhrmacher und Ingenieur [...]. Die atomaren Teilchen des mechanistischen Universums sind in einem Kausalzusammenhang aufeinander bezogen, sodass die Bewegung eines Teilchens durch direkten Kontakt die Bewegung des nächsten hervorruft. [...] Das neue Bild von der Natur als einer Frau, die durch das Experiment beherrscht und seziert werden musste, legitimierte die Ausbeutung der natürlichen Ressourcen. Zwar verschwand das in der Renaissance beliebte Bild von der nährenden Erde nicht völlig, aber es wurde von der neuen Metaphorik der Kontrolle überlagert. Die Scheu vor der Penetration, die mit dem Bild von der Mutter Erde verbunden war, verwandelte sich in die Rechtfertigung ihrer Entblößung. [...] Aus einer tätigen Lehrmeisterin und Mutter ist ein geistloser, unterwürfiger Körper geworden. Nicht nur dient diese neue Metapher zur Rechtfertigung; die wissenschaftliche Revolution – das mechanistische Denken – bringt auch Normen hervor, die sich völlig von den Normen des Organizismus unterscheiden. Die neue mechanistische Ordnung [...] und die mit ihr zusammenhängenden Werte „Herrschaft" und „Kontrolle" [...] führen den Tod der Natur herbei.

Kontexte

Malleus Maleficarum. Der Hexenhammer (1487)

Jakob Sprenger/Henricus Institoris

Taten der Hexen:
„[Es] geschehen sehr viele Mordtaten, Hurerei, Tötung von Kindern und Vieh, und andere Hexentaten werden vollbracht. Daher werden auch diejenigen, die sich solcher Künste bedienen, malefici (Hexer) genannt von maleficare (Böses tun, hexen)."
Ziel des Hexenhammers:
„Da es unsere Hauptabsicht in diesem Werk ist, uns Inquisitoren [...] der Hexen, soweit es mit Gott geschehen kann, zu entledigen, indem wir sie ihren Richtern zur Bestrafung überlassen, [...] deshalb frommt es zu zeigen, dass die Bischöfe gegen die Hexen in vielen Stücken vorgehen können ..."
Detaillierte Anweisungen für die Inquisitoren, z. B.:
„Von dem, was der Richter vor der Vorlegung von Fragen in der Kerker- und Folterkammer zu beachten hat"
„Über die Probe mit dem glühenden Eisen"
„Über eine von einer anderen, eingeäscherten oder einzuäschernden Hexe angezeigte Person. Wie über sie das Urteil zu fällen sei."

Kontexte

Dialektik der Aufklärung (1944)

Max Horkheimer und Theodor W. Adorno

Bacon [hat] die Gesinnung der Wissenschaft, die auf ihn folgte, gut getroffen. [...] Das Wissen, das Macht ist, kennt keine Schranken, weder in der Versklavung der Kreatur noch in der Willfährigkeit gegen die Herren der Welt. [...] Technik ist das Wesen dieses Wissens. [...] Was die Menschen von der Natur lernen wollen, ist, sie anzuwenden, um sie und die Menschen vollends zu beherrschen. Nichts anderes gilt.

1 Carolyn Merchant stellt in dem abgedruckten Textauszug zwei verschiedene Naturauffassungen und daraus resultierende Beziehungen zur Natur gegenüber – die organistische und die mechanistische. Stellen Sie in einer Tabelle alle damit verbundenen Definitionen, Erläuterungen und Aspekte systematisch zusammen. Beziehen Sie auch die Texte von Agrippa von Nettesheim (S. 218), von Francis Bacon (S. 219), aus dem „Hexenhammer" (S. 221) und von Max Horkheimer/Theodor W. Adorno (S. 221) mit ein.

mechanistische Denkweise: materialistisches Weltbild, d. h. die Welt ist nicht beseelt

2 Wie beurteilen Sie die Analysen und Schlussfolgerungen von Carolyn Merchant? Formulieren Sie eine begründete Stellungnahme in Thesenform, die Sie anschließend im Plenum vorstellen und mit Ihren Mitschülerinnen und Mitschülern diskutieren.

Gaia: Die Erde ist ein Lebewesen (1991)

James Lovelock

Gaia: (griech. Name) in der griechischen Mythologie die Erde in Göttergestalt, die gleichzeitig mit den Göttern Nyx und Erebos aus dem Chaos entstand

James Lovelock, englischer Chemiker, Mediziner, Biophysiker und „Geophysiologe" hat mit seiner „Gaia-Hypothese" einen sehr spezifischen naturwissenschaftlichen Beitrag zum Verständnis der ökologischen Bedrohung der Gegenwart und Zukunft geleistet. Der folgende Text erschließt zentrale Argumentationszusammenhänge.

James Lovelock (* 1919)

FCKW: Flourchlorkohlenwasserstoffe

Symbiose: Zusammenwirken zweier lebender Systeme

Die Menschenplage

Dieses Buch handelte bisher von der Erde als einem System, Gaia, das einem Lebewesen so weit ähnelt, dass es erkranken oder verletzt werden kann. Ich habe die Anatomie, die Biochemie und die Physiologie dieses Systems beschrieben und verwendete auch die Metapher der Erdheilkunde. Wir verfolgten die Entwicklungsgeschichte von der Geburt über die Kindheit bis auf den heutigen Tag. Und in Fallgeschichten habe ich gezeigt, wie Gaia sich selbst heilte und mit vielen Krankheiten und Verletzungen zurechtkam.

Nun möchte ich den heutigen Zustand der Erde mit den Augen eines Planetenarztes darstellen. Wir setzen noch einmal voraus, dass die Erde eine Patientin ist, die eine kosmische Klinik besucht: Zeit für einen Check-up in der Mitte des Lebens. Die Ärzte sehen einen Planeten mittleren Alters, scheinbar in guter Gesundheit. Doch die Berichte des Pathologen und des Dermatologen sprechen von ungewöhnlichen Symptomen. Der Kohlendioxid- und Menthananteil der Luft liegt über dem normalen Wert, und es besteht Verdacht auf Fieber. Einige Hautschäden sind deutlich zu sehen, denn das Festland zeigt mehrere nackte Stellen. Besonders aufschlussreich sind abnormale Stoffe in der Luft, die FCKW, die auf keinen Fall von der natürlichen Physiologie der Lebewesen stammen. Für den Arzt sind FCKW in der Luft mit einem Anteil von 1 ppb Anzeichen für das Vorhandensein einer hoch organisierten sozialen Art, die über eine fortgeschrittene chemische Industrie verfügt.

Der Arzt weiß, dass belebte Planeten mittleren Alters die Fähigkeit zur Entwicklung intelligenter Arten besitzen und dass das Vorhandensein solcher Organismen auf eine potenzielle oder bereits ausgebrochene Krankheit hindeutet. Es können Schäden auftreten, aber fatale Folgen hat es fast nie. Die Krankheit kann sich sogar zum Nutzen des Patienten auswirken.

Die Menschen auf der Erde verhalten sich wie krankheitsauslösende Mikroorganismen oder neoplastische Krebszellen. Durch unsere hohe Zahl und die damit verbundene Störung wirken wir spürbar hinderlich, wie eine Krankheit. Wie bei einer Krankheit des Menschen gibt es vier Möglichkeiten: Zerstörung des Krankheitserregers; chronische Infektion; Zerstörung des Wirts; Symbiose, also eine Beziehung zwischen Wirt und Eindringling zu beiderlei Nutzen.

Mit-Denken

III Machen Sie sich die jeweiligen praktischen Konsequenzen der vier von James Lovelock aufgezeigten Reaktionsmöglichkeiten bewusst, die die Erde als Lebewesen gegenüber dem Menschen als Krankheitsauslöser besitzt.

Im Hinblick auf die symbiotische Existenz verdeutlicht Lovelock dann im Fortgang Möglichkeiten und Probleme:

[...] Wir besitzen allerdings einige Eigenschaften, die es uns schwer machen, zu einer Symbiose mit Gaia zu gelangen.

Wir leben weder als freie und unabhängige Individuen noch als völlig integrierte soziale Organismen wie etwa die Honigbiene. Am ehesten kann man sagen, dass wir in Stämmen oder Gruppen leben, und unser Stammesverhalten ist oft weit unter dem Standard der besten Vertreter unserer Art. Als Individuen mögen wir intelligent sein, doch als soziale Kollektive verhalten wir uns meist flegelhaft und ignorant. Ich glaube, dass unsere Unfähigkeit, mit unseren Mitmenschen und mit der Erde in Harmonie zu leben, auf diese Unvereinbarkeit zurückgeht: Es klafft ein tiefer Graben zwischen dem Handlungsvermögen unserer menschlichen Kollektive und der geringen Intelligenz, die diese Handlungen leitet.

Als Individuen oder als kleine Gruppen von Jägern und Sammlern lebten wir einst in Symbiose mit unserem Planeten. Als wir Feuer und Werkzeug gebrauchten und zur Landwirtschaft übergingen, wurden wir sozial stärker voneinander abhängig, gleichzeitig auch mächtiger und zahlreicher. Nun konnten wir unsere eigene Umwelt auf Kosten der Erde aufrechterhalten; damit brachen wir den Vertrag mit Gaia. Zunächst waren die Vertragsverletzungen gering, indem wir uns zum Beispiel Kleider anzogen und Häuser bauten. Dann begannen wir mit der Haustierhaltung und bauten die beliebtesten Nährpflanzen an. Doch bis zu Beginn dieses Jahrhunderts war keine dieser Entwicklungen, auch nicht die Industriekultur, in sich bedeutsam oder bedrohlich für den Planeten. Die Gefahr lag im Potenzial für weiteres Wachstum und weitere Entwicklung. Heute ist die Zahl der Menschen sehr stark angestiegen, und wir haben die Möglichkeit, das restliche Leben auf dem Planeten auszulöschen. [...]

Ich habe einige der Konsequenzen, die sich aufgrund der Überbevölkerung für den Planeten ergeben können, beschrieben. Aber nicht nur die Bevölkerungszahl allein ist wichtig. Ebenso bedeutend ist, was die Menschen und die von ihnen abhängigen Arten der Kulturpflanzen, der Haus- und Heimtiere tun. Die Metapher von der Planetenmedizin hilft uns zu verstehen, welche Rolle wir in der Ätiologie der Planetenkrankheiten spielen. Eine Metapher ist aber immer nur ein Vergleich, denn sonst würde sie uns ein genaues Rezept an die Hand geben. Bei der Krankheit Überbevölkerung sind die Krankheitserreger vernunftbegabt, der Wirt hingegen ohne Bewusstsein – also genau das Gegenteil von einer Erkrankung des Menschen. Um aber den erwünschten Zustand der Symbiose und Homöostase zu erreichen – handle es sich nun um einzelne Menschen mit ihren Infektionskrankheiten oder den vom Menschen befallenen Planeten –, ist es der empfindungsfähige Partner, wir also, der den Willen braucht, um mit dem anderen Partner in symbiontischer Harmonie zu leben. Ob der Mensch dabei Wirt oder Parasit ist, spielt eine untergeordnete Rolle. [...]

Ätiologie: Fachrichtung der Medizin, die Ursachen von Krankheiten erforscht

Homöostase: Gleichgewicht zwischen Organismus und Umwelt

symbiontisch: Verschiedene Organismen harmonieren und nutzen einander.

Was wissen wir über die Erde?

Ich habe die Vorstellung eines Planetenmanagements oder einer Verwaltung insoweit verworfen, als sie bedeutet, dass wir die Leitung der Erde übernehmen. Stattdessen schlage ich vor, wir sollten mit der Erde leben lernen. Wir sollten demütig die Gaben annehmen und weitergeben, die uns ein Leben auf diesem Planeten ermöglichen.

Manche mögen diese Vorschläge als verantwortungslos abtun. Haben wir als einziges intelligentes Lebewesen nicht die Pflicht oder sogar das Recht, verantwortungsbewusst

die Erde zu bewirtschaften und zu leiten? Es mag zutreffen, doch wie können wir etwas leiten, von dem wir nichts wissen? Erst müssen wir doch fragen, was die Erde ist. Es mag trivial klingen – jeder weiß schließlich, was die Erde ist –, doch leider gibt es darüber keinen gemeinsamen Standpunkt. Weil wir uns der Erde völlig sicher sind, handeln wir wie Bakterien, ohne jemals die Auswirkungen unseres unbegrenzten Wachstums zu bedenken. Selbst Wissenschaftler sind sich nicht einig darüber, was die Erde wirklich ist.

Einige wenige, überwiegend Geografen, sehen die Erde als Ganzes. Die Mehrzahl der Wissenschaftler – selbst wenn sie ein Lippenbekenntnis zu Gaia und der Koevolution leistet – handelt immer noch so, als sei die Erde ein Ball aus heißen, teilweise geschmolzenen Gesteinen mit einer kühlen Kruste, die von Ozeanen befeuchtet wird. Das Leben betrachten sie so, als habe es sich einfach den Bedingungen des Planeten angepasst. Dazu passen Vergleiche wie die vom „Raumschiff Erde". Wie wenn wir Menschen die Besatzung und die Passagiere eines steinernen Schiffes wären, das die Sonne umrundet! Wie wenn die 3,6 Milliarden Jahre, seitdem es Leben auf der Erde gibt, nur ein Vorspiel zur Evolution des Menschen gewesen wären und uns sozusagen nur als Lebenserhaltungssystem dienten! Unter diesem Gesichtspunkt mag die Erde fragil erscheinen. Wer so denkt, sollte sich fragen, warum sie so lange überlebt hat.

Koevolution: wechselseitige Anpassung

fragil: zerbrechlich

Diese konventionelle Ansicht über die Erde wird noch in den meisten Schulen und Universitäten gelehrt. Sie ist aber fast sicher falsch und entstand als Konsequenz der Zerstückelung der Naturwissenschaft in unabhängige Fachgebiete. Nur wenige Forscher beschäftigen sich mit der ganzen Erde. Selbst die meisten Geo- und Biowissenschaftler

Kontexte

Die Wiederverzauberung der Welt. Am Ende des Newton'schen Zeitalters (1981)

Morris Berman

Isaac Newton steht als Symbol für die westliche Wissenschaft und seine „Principia" kann wohl zu Recht als Dreh und Angelpunkt des wissenschaftlichen Denkens der Neuzeit bezeichnet werden. [...] Mit einigem Erstaunen reagierte deshalb der britische Ökonom John Maynard Keynes, als er beim Durcharbeiten der unzähligen Manuskripte Newtons, die von seinen Nachfahren 1936 bei Sotheby's zur Versteigerung freigegeben worden waren, entdeckte, dass Newton sich intensivst mit okkulten Wissenschaften und hier speziell mit der Alchemie befasst hatte [...].

[...] Was Newton [...] tat, war, sich tief in die hermetischen Weisheiten zu versenken, um hier nach den gesuchten Antworten zu forschen, die er jedoch in der Sprache der mechanistischen Philosophie verkleidete.

Der zentrale Punkt des newtonschen Systems, die Erdanziehungskraft, war genau genommen das hermetische Prinzip der sympathetischen Kräfte, die für Newton ein schöpferisches Prinzip, eine Quelle göttlicher Energie im Universum bedeuteten. Obwohl er diese Vorstellung in Begriffe aus der mechanistischen Philosophie verpackt der Öffentlichkeit darlegte, enthüllen seine unveröffentlichten Schriften sein Bekenntnis zu der Grundlage aller okkulten Systeme: dass Materie von Geist durchdrungen ist und von diesem gelenkt werden kann. [...] Die Rohfassungen seiner publizierten Arbeiten enthalten Äußerungen [...] [wie:] „Alle wohlausgebildete Materie ist ausgestattet mit Zeichen der Belebtheit", „die Natur erfreut sich der Umwandlungen", die Welt ist „der Sinnesapparat Gottes". Seine Schriften sind übervoll von Begriffen aus der Alchemie.

sind Spezialisten. Und obwohl sie wissen, dass die herkömmliche Auffassung falsch ist, halten sie doch weiterhin an ihr fest.

Natürlich führt ein einziger Gesichtspunkt nicht zu einem vollständigen Verständnis der Erde. Es sind dazu alle Aspekte notwendig. Wir brauchen auch das reduktionistische Modell der Erde, um Einzelheiten auf molekularer Ebene zu verstehen. [...] Wir leben in einer Zeit, da professionelle Wissenschaftler die Erde vor lauter Details nicht mehr erkennen. In der Folge sorgen sie sich mehr über spezifische Gefahren für den Menschen, erkennen aber die Bedrohung des gesamten Planeten nicht. Die schlimmsten persönlichen und öffentlichen Ängste gelten dem Krebs. Deswegen erhalten alle Umweltchemikalien und Umweltgefahren höchste Aufmerksamkeit, wenn sie in Verdacht stehen, Krebs zu erzeugen. Die Kernkraft, der Ozonschwund und giftige Chemikalien wie die Dioxine und die polychlorierten Biphenyle gelten als die schlimmsten Umweltgifte – nicht zuletzt auch deswegen, weil radioaktive Strahlung und chlorierte Kohlenwasserstoffe so leicht zu messen sind. Ich glaube, dass die Treibhausgase und die Degradierung des Bodens bis vor Kurzem als Störfaktoren für unseren Planeten ignoriert wurden, weil sie viel schwerer zu quantifizieren sind.

Pioniere wie Sir John Mason erdachten wundervolle numerische Modelle der Atmosphäre und verbesserten die Wissenschaft der Wettervorhersage. Sie entwickelten ähnliche Modelle auch für die Auswirkungen der zunehmenden Mengen an Treibhausgasen. Solche Forscher wären die Ersten, die zugäben, dass ihre modellhaften Vorstellungen weit davon entfernt sind, die vollen Auswirkungen beispielsweise der Wolken wiederzugeben. Sie würden auch zugeben, dass sie noch weniger imstande sind, die Auswirkungen des Binnenklimas der Ozeane zu beschreiben. Und sie würden ihre völlige Unfähigkeit zugeben, die sich verändernden und reagierenden Ökosysteme auf der Erde überhaupt zu berücksichtigen.

Wie wissen wir also, was für ein System die Erde ist? Wie können wir reagieren, wenn die Wissenschaft noch Jahrzehnte hinterherhinkt und uns nicht sagen kann, wie die Erde funktioniert? Sollen wir auf die Ergebnisse der Vollversammlung eines interdisziplinären Kongresses warten? Oder sollen wir auf Umweltforscher wie Jonathan Porritt hören? Er fragt: „Können wir es uns leisten, auf wissenschaftliche Beweise zu warten, bevor wir auf der Hand liegende Maßnahmen ergreifen?"

[...] Wenn es an dieser Geschichte eine Moral gibt, dann jene, dass wir viel Glück haben. Wir verschmutzen die Luft zu einem Zeitpunkt, da der Planet viel weniger empfindlich auf Treibhausgase reagiert. Wenn wir jedoch die Erde als Superorganismus betrachten, dann sollten wir sichergehen, dass sie nicht irgendeine unerfreuliche Überraschung für uns bereithält. Ich meine eine Überraschung, wie sie die Bewohner von Atlantis erlebten. Lassen Sie mich also schließen mit einigen weiteren Gedanken über die gefährliche Illusion, dass wir Menschen das Raumschiff Erde selbst steuern.

Könnten wir mit vereinten Kräften unsere eigene Natur ändern und gute Verwalter, freundliche Gärtner werden, die Sorge tragen für alle Lebewesen dieses Planeten? Ich glaube, dass bereits diese Frage viel Hybris verrät. Selbst beim Management unserer selbst und unserer Institutionen haben wir kläglich versagt. Ich würde eher erwarten, dass eine Ziege als verantwortungsvolle Gärtnerin mehr Erfolg hat als wir Menschen.

Hybris: Selbstüberhöhung des Menschen

Wollen wir überhaupt die Verwalter der Erde werden? Wollen wir volle Verantwortung für ihre Gesundheit und Stabilität übernehmen? Es gäbe wohl kein schlimmeres Schicksal für Menschen, als diese hoffnungslose Aufgabe als Manager erfüllen zu müssen –

verantwortlich zu sein für das Funktionieren des Klimas, die Zusammensetzung der Ozeane, der Luft und des Bodens. Bevor wir die Schöpfung demontierten, war dies alles ein Geschenk Gaias gewesen.

Ich glaube, dass unsere Rolle nicht die des Verwalters oder Managers der Erde ist, sondern eher die einer gewerkschaftlichen Vertrauensperson. Wir wurden aufgrund unserer Intelligenz als Vertreter für die anderen gewählt, für das übrige Leben auf unserem Planeten. Unsere Gewerkschaft vertritt die Bakterien, die Pilze ebenso wie die Fische, Vögel und Säugetiere, die höheren und niederen Pflanzen auf dem Festland und im Wasser. Tatsächlich sind alle Lebewesen Mitglieder unserer Gewerkschaft, und sie sind wütend darüber, welche Freiheiten wir uns mit diesem Planeten und ihrer Existenz herausgenommen haben. Die Menschen sollten in Übereinstimmung mit den anderen Lebewesen leben und keinen Raubbau an ihnen und ihren Lebensräumen treiben. Ein Planetenarzt, der das Elend sieht, das wir diesen Lebewesen und uns selbst antun, würde uns ermahnen, mit der Erde in Partnerschaft zu leben. Sonst wird die restliche Schöpfung als Teil von Gaia die Erde unbewusst in Richtung auf einen neuen Zustand bewegen, bei dem wir Menschen nicht mehr länger willkommen sind.

1 Arbeiten Sie heraus, wie James Lovelock seine These begründet, dass die Erde als Lebewesen zu verstehen ist. Können Sie dieser These zustimmen?

2 Fassen Sie die Ursachen zusammen, die James Lovelock für die „Erkrankung“ von Gaia anführt.

3 Wie beurteilen Sie die von Lovelock formulierten Lösungsvorschläge? Beziehen Sie bei Ihrer Beurteilung auch die Informationen von Morris Berman zu Isaac Newtons Beziehung zur Alchemie mit ein.

Nach- und Weiter-Denken

1 ||| Welche der vier angeführten Positionen bzw. Analysen zur ökologischen Ethik hat Sie am meisten und welche am wenigsten angesprochen bzw. überzeugt? Erläutern und diskutieren Sie Ihre Einschätzung innerhalb Ihrer Lerngruppe.

2 ||| Stellen Sie sich vor, Sie seien als Vertreter der jungen Generation in Deutschland zu einem Weltkongress zum Thema „Ökologie und Ethik“ eingeladen. Verfassen Sie unter Einbeziehung der in dem Kapitel abgedruckten Texte und Positionen – und anderen Quellen Ihrer Wahl – einen Redebeitrag von 5–10 Minuten.

3 ||| Verfassen Sie mit anderen Kursteilnehmern und -teilnehmerinnen ein Hör-Feature, einen Filmbeitrag oder einen Internetauftritt zum Thema „ökologische Ethik“.

4.4 Verantwortung in ethischen Anwendungskontexten II: Gentechnik und Ethik

Würden Sie es tun?

1. Stellen Sie sich vor, dass die optimalen genetischen Voraussetzungen, mit denen Sie ein Kind ins Leben schicken können, wissenschaftlich genau erforscht sind. So genau, dass Sie die genetische Ausstattung Ihres Kindes etwa in Bezug auf Charakter, Begabung und Aussehen optimieren und in eine von Ihnen gewünschte Richtung beeinflussen können. Sie können zum Beispiel das Geschlecht, die Haar- und Augenfarbe sowie die Körpergröße bestimmen. Faktoren wie Intelligenz, Sportlichkeit und Musikalität können Sie zumindest positiv beeinflussen. Würden Sie es tun?

2. Seit Langem schon wünschen Sie sich ein eigenes Kind. Doch Sie haben eine schwerwiegende Krankheit, unter der Sie sehr leiden. Das Leiden wollen Sie Ihrem Kind ersparen, aber Sie wissen genau, dass es mit großer Wahrscheinlichkeit dieselbe Krankheit bekommen wird wie Sie, da diese genetisch vererbbar ist. Ärzte bieten Ihnen das Verfahren der Präimplantationsdiagnostik (PID) an, mit dessen Hilfe Sie Ihre Nachkommen testen lassen und die Weitergabe der Erbkrankheit ausschließen können. Allerdings werden für dieses Verfahren zehn bis fünfzehn Embryonen benötigt, von denen nur einer selektiert und eingepflanzt wird. Die anderen werden vernichtet. Würden Sie es tun?

Kinder ohne Fehler
Die Präimplantationsdiagnostik

Einem im Labor gezeugten Embryo wird im frühen Teilungsstadium (8 Zellen) eine Zelle entnommen.

Deren Erbsubstanz DNS wird aus dem Zellkern entfernt und auf Erbkrankheiten hin untersucht.

Je nach Ergebnis des Tests wird der Embryo in die Gebärmutter implantiert oder vernichtet.

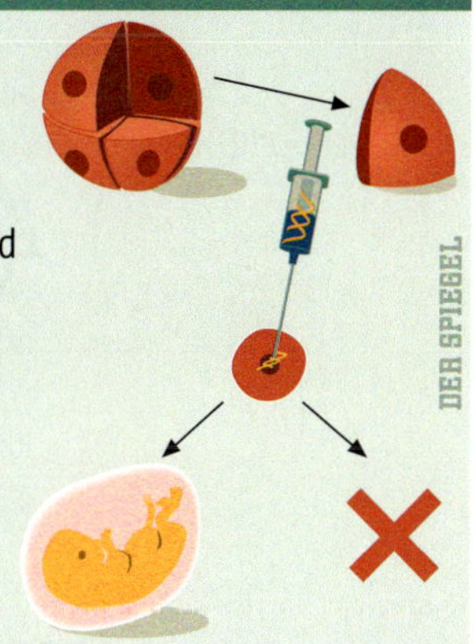

3. Stellen Sie sich vor, es gäbe eine Firma, die Ihnen anbietet, Klone von sich zu erstellen. Sollten Sie krank werden und ein neues Organ, eine Hauttransplantation oder eine Bluttransfusion benötigen, können Ihnen die Klone als Lieferanten dienen, denn sie haben ja dieselbe genetische Struktur wie Sie. Bis zu ihrem Gebrauch werden die Klone von der Firma unter guten Bedingungen gehalten. Sollten Sie sich für einen Klon entscheiden, können Sie Ihre Lebenserwartung erheblich steigern und brauchen schwere Krankheiten nicht zu fürchten. Würden Sie es tun?

1 Versetzen Sie sich jeweils in die geschilderte Situation. Notieren Sie für sich, welche Gründe Sie für Ihre Entscheidung anführen. Formulieren Sie aber auch mögliche Zweifel an Ihrer Position und Ihren Argumenten.

2 Benennen Sie die ethischen Probleme, die in den dargestellten Fällen eine Rolle spielen.

Peter Singer (* 1946)

Hat ein Embryo ein Recht auf Leben? (1995)

Peter Singer

Mithilfe der Forschung an embryonalen Stammzellen verspricht sich die medizinische Wissenschaft große Fortschritte in der Bekämpfung heute noch nicht behandelbarer Krankheiten wie etwa Parkinson und Alzheimer. Eine zentrale Frage in der Debatte um Embryonenforschung ist, ob man einen Embryo als menschliches Wesen betrachten und damit für ihn wie für alle Menschen ein Recht auf Leben konstatieren muss. Das ist zum Beispiel die Position der katholischen Kirche, die Embryonenforschung für ethisch verwerflich hält, weil der Embryo bereits mit der Befruchtung bewahrenswert sei. In der Debatte um Embryonenforschung meldet sich Peter Singer – seit seiner Veröffentlichung „Praktische Ethik" (1984) für provokante Thesen bekannt – zu Wort.

Von all den Fragen, die durch die moderne Reproduktionsmedizin aufgeworfen werden, ist die nach dem moralischen Status des Embryos wohl die umstrittenste. Vor ihr stehen wir beispielsweise dann, wenn wir mehr Eizellen befruchten, als wir in die Gebärmutter geben wollen, oder Embryonenforschung betreiben wollen.

Die Forschung an Embryonen stellt uns bedeutende medizinische Fortschritte in Aussicht. [...] Ist eine solche Forschung akzeptabel? Ich meine: Ja! Sobald wir bereit sind, uns von einem Weltbild zu befreien, das auf einigen spezifisch religiösen Prämissen beruht, werden wir einsehen, dass der frühe Embryo kein Recht auf Leben haben kann.

Um es vorläufig auf einen Punkt zu bringen, der als grobe Annäherung an unsere spätere Antwort dienen kann: So wie wir den Hirn*tod* als das Ende einer Person betrachten, sollten wir das Hirn*leben* als den Beginn einer Person betrachten. Vor diesem Zeitpunkt können wir den Embryo daher mit Einwilligung derer, aus deren Ei und Samenzelle er sich entwickelt hat, zur wissenschaftlichen Forschung verwenden. [...]

Mein Kerngedanke ist, dass das Standardargument, mit dem man dem Embryo ein Recht auf Leben zuzusprechen sucht, auf einer Wortverdrehung beruht. Dieses Argument lautet bekanntlich: Jedes menschliche Wesen hat ein Recht auf Leben. Der menschliche Embryo ist ein menschliches Wesen. *Also* hat auch der menschliche Embryo ein Recht auf Leben! Die Wortverdrehung liegt in der Verwendung des Begriffs „menschliches Wesen". Ohne jeden Zweifel ist der Embryo ein menschliches Wesen in dem Sinne, dass er ein Mitglied der Spezies *Homo sapiens* ist. Aber ist der Embryo auch ein menschliches Wesen in dem moralisch relevanten Sinn, den wir meinen, wenn wir von menschlichen Wesen sagen, dass sie ein Recht auf Leben besitzen, das nicht menschliche Wesen nicht besitzen? Wenn wir fragen, weshalb Menschen ein Recht auf Leben haben, das beispielsweise Hunde, Schweine oder Krallenaffen nicht haben, wird sich jede plausible, nicht religiöse Antwort auf unsere überlegenen geistigen Fähigkeiten beziehen müssen – auf unser Selbstbewusstsein, unsere Rationalität, unser Sittlichkeitsgefühl, unsere Autonomie oder eine Kombination davon. Eigenschaften wie diese sind es, würden wir sagen, die uns zu „wirklichen Menschen" machen. Oder genauer: Eigenschaften wie diese sind es, die uns zu *Personen* machen. Wenn es aber dies ist, was wir meinen, wenn wir von menschlichen Wesen – oder besser: Personen – sagen, dass sie ein Recht auf Leben haben, dann wird sofort klar, dass der Embryo, insbesondere der frühe Embryo, kein menschliches Wesen ist. Der frühe Embryo besitzt keine der geistigen Fähigkeiten, die Mitglieder unserer Art von Mitgliedern anderer Arten unterscheiden. Der frühe Embryo hat kein Gehirn, ja noch nicht einmal ein Nervensystem. Man kann daher berechtigterweise annehmen, dass er über kein größeres Bewusstsein verfügt als, sagen wir, ein Salatblatt.

1 Arbeiten Sie die zentralen Thesen Singers heraus und zeichnen Sie den Argumentationsgang Schritt für Schritt nach.

2 Überprüfen Sie die Konsequenzen von Singers Position, indem Sie sein Verständnis einer „Person“ auf Föten bei Schwangerschaftsabbrüchen und schwer geistig Behinderte anwenden.

3 Der Aufsatz in seiner vollen Länge ist im Internet einfach zu finden, indem Sie „Singer“ und „Ethik der Embryonenforschung“ eingeben. Singer erläutert dort ausführlich, welche Hoffnungen mit der Forschung an Embryonen verbunden sind, und setzt sich mit weiteren Argumenten gegen die Forschung an Embryonen auseinander.

Kontexte

Embryonenschutzgesetz – Auszüge aus dem Gesetz zum Schutz von Embryonen vom 13. Dezember 1990

§ 1 Missbräuchliche Anwendung von Fortpflanzungstechniken

(1) Mit Freiheitsstrafe bis zu drei Jahren oder mit Geldstrafe wird bestraft, wer [...] es unternimmt, eine Eizelle zu einem anderen Zweck künstlich zu befruchten, als eine Schwangerschaft der Frau herbeizuführen, von der die Eizelle stammt [...].

§ 2 Missbräuchliche Verwendung menschlicher Embryonen

(1) Wer einen extrakorporal erzeugten oder einer Frau vor Abschluss seiner Einnistung in der Gebärmutter entnommenen menschlichen Embryo veräußert oder zu einem nicht seiner Erhaltung dienenden Zweck abgibt, erwirbt oder verwendet, wird mit Freiheitsstrafen bis zu drei Jahren oder mit Geldstrafe bestraft.

(2) Ebenso wird bestraft, wer zu einem anderen Zweck als der Herbeiführung einer Schwangerschaft bewirkt, dass sich ein menschlicher Embryo extrakorporal weiterentwickelt.

§ 3 Verbotene Geschlechtswahl

Wer es unternimmt, eine menschliche Eizelle mit einer Samenzelle künstlich zu befruchten, die nach dem in ihr enthaltenen Geschlechtschromosom ausgewählt worden ist, wird mit Freiheitsstrafe bis zu einem Jahr oder mit Geldstrafe bestraft.

1 Arbeiten Sie heraus, wie der Deutsche Bundestag 1990 den Schutz von Embryonen geregelt hat.

2 Prüfen Sie, ob in Deutschland nach dem Embryonenschutzgesetz das Verfahren der Präimplantationsdiagnostik zugelassen ist.

3 Am 11. April 2008 stand das Embryonenschutzgesetz auf dem Prüfstand. Die Abgeordneten im Deutschen Bundestag haben verschiedene Anträge zur Anpassung des Gesetzes diskutiert. Recherchieren Sie, um welche Anträge es ging und wie der Bundestag entschieden hat. Welchen Antrag finden Sie selbst ethisch vertretbar? Begründen Sie Ihre Entscheidung.

4 Stellen Sie sich vor, Sie sind Abgeordnete des Deutschen Bundestages. Stellen Sie die Debatte im Kurs nach, indem Sie sich einem Antrag zuordnen und für ihn argumentieren.

5 Recherchieren Sie, wie die verschiedenen Religionen (Katholiken, Protestanten, Juden, Muslime, Buddhisten etc.) zu der Frage der Forschung an embryonalen Stammzellen Stellung beziehen. Buchempfehlung: Schicktanz, Silke/Tannert, Christof/Wiedemann, Peter (Hrsg.): Kulturelle Aspekte der Biomedizin: Bioethik, Religionen und Alltagsperspektiven, Frankfurt a. M. 2003.

Kontexte

Die Frage nach dem moralischen Status eines Embryos (2005)

Claudia Wiesemann und Nikola Biller-Adorno

Zwei häufig vertretene Positionen lassen sich voneinander abgrenzen:

Die eine geht von einer absoluten Schutzwürdigkeit des Embryos vom Beginn der Befruchtung an aus:

- Mit der Befruchtung sei der Embryo biologisch Mitglied der Gattung Mensch (Speziesargument).
- Seine Entwicklung verlaufe kontinuierlich, Zäsuren seien also artifiziell (Kontinuitätsargument).
- Er habe [von Beginn an] die Potenz, sich in einen Menschen zu entwickeln (Potenzialitätsargument).
- Er sei mit dem Menschen, zu dem er sich entwickele, identisch (Identitätsargument).

Aus all diesen Gründen müsse der Embryo dieselben Rechte beanspruchen können wie ein erwachsener Mensch.

Kritiker haben gegen jedes dieser Argumente Einwände vorgebracht:

- Die biologische Zugehörigkeit allein könne keinen Rückschluss auf moralische Rechte begründen.
- Auch wenn die Entwicklung des Embryos kontinuierlich verläuft, ließen sich dennoch moralisch relevante Zäsuren identifizieren. Am häufigsten werden genannt: Aufnahme des befruchteten Eis in die mütterliche Gebärmutter, Beginn der Lebensfähigkeit außerhalb der Gebärmutter, Ausbildung des Nervensystems und Geburt.
- Ein potenzieller Mensch habe nicht automatisch die gleichen Rechte wie ein Mensch; der Kronprinz als potenzieller König habe z. B. auch nicht die Rechte des Königs.
- Die Identität von Embryo und Mensch könne sich nicht nur auf die genetische Substanz beziehen, sonst müssten z. B. Blutzellen genauso geschützt werden wie der Mensch selbst. Daher könne Identität allenfalls an Personeneigenschaften gebunden werden, die sich aber erst später in der Entwicklung ausbildeten.

1 Begründen Sie, welche der hier genannten Argumente Sie für überzeugend halten.

2 Blicken Sie auf die Diskussion um die Forschung an embryonalen Stammzellen zurück und formulieren Sie Ihre eigene Position in einem Essay zu der Frage „Hat ein Embryo ein Recht auf Leben?“.

Die Zukunft der Menschheit? – Die Steuerung der menschlichen Evolution durch den Menschen (2004)

Frank Prengel und Torsten Nahm

trans: lat. jenseits von, **humanus:** lat. menschlich

Die Autoren dieses Textes bezeichnen sich als „Transhumanisten“. Sie gehören einer philosophischen Bewegung an, die die Evolution des Menschen selbst in die Hand nehmen will. Durch den Einsatz hochtechnologischer Verfahren soll die menschliche Spezies in intellektueller, physischer und psychischer Hinsicht verbessert werden, um sie letztlich auf eine neue Ebene zu heben. Die Fragen, ob die transhumanistischen Zukunftsprognosen über die technologische Entwicklung immer realistisch und seriös sind bzw. welche ethischen Konsequenzen sich aus diesem Ansatz ergeben, werden kontrovers diskutiert.

Der Wunsch des Menschen, seine ihm von der Natur in Form seiner biologischen Konstruktion gesteckten Grenzen zu überwinden, ist wohl so alt wie das Denken selbst. Stärker, schneller, intelligenter zu werden, als das natürlicherweise möglich schien, hat von jeher die Fantasie der Dichter beflügelt. Was jedoch zur Verwirklichung dieser Ziele

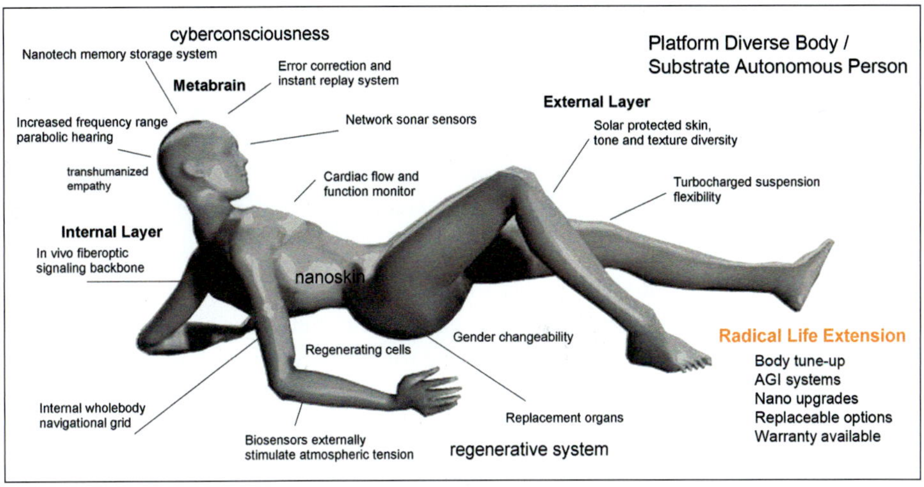

fehlte, war zuallererst das Wissen um die Ursachen dieser Beschränkungen. [...] Der rasante Fortschritt der letzten Jahrzehnte liefert uns nun ein immer detaillierteres Bild der Welt, die uns umgibt und deren Bestandteil wir sind. [...] Wir beginnen zu verstehen, wie wir unsere Grenzen überwinden können! Es wird uns möglich sein, den alten Menschheitstraum zu verwirklichen, uns geistig und körperlich zu verbessern, mithilfe von Wissenschaft und Technik die im Zuge der natürlichen Evolution entstandenen suboptimalen biologischen Lösungen durch eigene, unseren Vorstellungen entsprechende zu ersetzen. Der Mensch wird nicht mehr auf das blinde Spiel der Natur (d.h. der Gene) angewiesen sein und sich endlich frei entfalten können. Der Mensch wird seine eigene Entwicklung steuern. Dies ist die Grundidee des Transhumanismus.

Worauf gründet sich der Optimismus, schon bald geeignete technologische Mittel zur Umgestaltung unserer selbst nach eigenen Designplänen zur Verfügung zu haben? [...] Der Molekularbiologie haben wir eine der wohl wichtigsten Entdeckungen der Menschheitsgeschichte überhaupt zu verdanken: die Entdeckung unseres eigenen „Bauplans", der DNA. [...] Während sich der in der DNA gespeicherte Code über einen langen Zeitraum evolutionär, aber ziellos entwickelt hat, wird es uns durch seine Entschlüsselung möglich, ihn zielgerichtet zu optimieren. Wir werden nicht nur in der Lage sein, den Code zu „debuggen", d.h. unerwünschte Nebenwirkungen zu entfernen und suboptimale Lösungen zu verbessern, sondern auch, ganz neue Eigenschaften hinzuzufügen. Vorrangige Ziele dürften etwa die Überwindung von Krankheiten und Krebs sowie des Alterns sein; später werden dann verbesserte Lösungen für von der Natur schlecht (d.h. nicht in unserem Sinne) ausgeführte Konstruktionen angedacht werden. Dies ist Aufgabe der Gentechnik, die sich mit der Beeinflussung des Erbmaterials im Zellkern beschäftigt, u. a. zum Zwecke der Hervorbringung neuer Eigenschaften an biologischen Organismen. [...] Den Abschied vom „Menschsein" im heutigen Sinne könnten wir spätestens dann konstatieren, wenn wir in der Lage wären, den menschlichen Geist (unsere Software) auf künstlicher Hardware, auf Computern ausreichender Rechenleistung, ablaufen zu lassen (sog. Uploading). Wir wären dann dem alten Traum von Unsterblichkeit ein großes Stück näher [...].

■ Ist die Optimierung des Menschen im Sinne des Transhumanismus wünschenswert? Sammeln Sie Argumente in einer Pro- und Kontra-Liste.

Rüdiger Safranski
(* 1945)

Anthropotechnik: Die Vorsilbe „anthropo" heißt „den Menschen betreffend".

Eugenik/eugenisch: gr. wohlgeboren, Begriff für ein bevölkerungspolitisches Konzept, das die Verbesserung der erblich guten Eigenschaften in einer Gesellschaft zum Inhalt hat. Ziel der Eugenik ist es, unerwünschte Eigenschaften in einer Gesellschaft auszumerzen (negative Eugenik) und erwünschte Eigenschaften zu fördern und so zu einer Höherentwicklung der Gesellschaft zu kommen (positive Eugenik). Meistens ist dieser Begriff negativ konnotiert (vgl. z. B. Lebensborn e. V.).

Codex: Sammlung von Gesetzen und Vorschriften

Was darf der Mensch? (1999)

Rüdiger Safranski

Rüdiger Safranski ist Philosoph und freier Schriftsteller. Zusammen mit Peter Sloterdijk moderierte er bis 2012 die ZDF-Fernsehsendung „Das Philosophische Quartett". Immer wieder äußert er sich auch zu gesellschaftlich relevanten Themen, wie hier in einem Beitrag für das Deutschlandradio Berlin, „Was darf der Mensch? Zwischenruf zur Gentechnik-Debatte".

Seit einiger Zeit haben wir ein neues Reizwort, „Anthropotechnik". Peter Sloterdijk hat es aufgebracht. Es bezeichnet die neueren Techniken, mit denen der Mensch sich umgestalten kann, vor allem die neue Fortpflanzungsmedizin und die Gentechnik. Die Bedrohung liegt nicht in der Verschwörung einer Elite von Frankensteins, sondern die unsichtbare Hand des Marktes und die Wünsche des Publikums werden die gentechnische Zivilisation entfesseln. In den USA hat sie schon begonnen. Versicherungsgesellschaften selektieren dort bereits ihre Klientel nach genetischen Prognosen und eine nachfrageorientierte Eugenik ist auf dem Vormarsch.

Wir können uns kaum noch vorstellen, was wir alles herstellen können. Von Genbanken werden patentierte Eigenschaften gekauft werden können. Der Standard eines wohlgeratenen Menschen wird neu definiert werden. Und in Verbindung mit der pränatalen Diagnostik wird die Vernichtung des sogenannten lebensunwerten Lebens im Mutterleibe oder in den Brutkästen im großen Maßstab durchgeführt werden können. Die Selektion findet vor der Geburt statt, aber es bleibt doch eine Selektion. Es kann eine neue Klassengesellschaft entstehen von Menschen, die eugenisch modelliert wurden, und solchen, die noch naturwüchsig und deshalb minder „wertvoll" zur Welt kommen. Wir geraten hier an ein Grundproblem der Moderne: Wie kann die Entfesselung der technischen Produktivkräfte moralisch beherrschbar bleiben?

Tatsächlich, wir brauchen einen neuen moralischen Codex. Darüber wird inzwischen nachgedacht, aber doch zumeist vom Standpunkt der Macher. Viel zu wenig Fantasie bringen wir auf, um uns vorzustellen, wie sich die Probleme vom Standpunkt der künftig Gemachten darstellen. Denn der Mensch der Zukunft muss sich vielleicht auf neue Weise als Produkt der Planung empfinden. [...] Die Gemachten dürfen sich nun statt vom Schicksal, Zufall oder Gott von den produktionstechnischen Kalkülen und der Finanzkraft ihrer Macher abhängig fühlen. Ob das erleichternd ist, bleibt zu fragen. Vielleicht benötigen wir ein neues Menschenrecht, geboren und nicht gemacht zu werden. Auf jeden Fall aber benötigen wir wieder die altmodische Ehrfurcht vor der Natur am eigenen Leibe. Damit ist die Einsicht gemeint, dass das Leben die Verkörperung einer unendlich langen Erprobungs- und Erfahrungsgeschichte ist, die stets geheimnisvoller bleibt, als wir begreifen können, weshalb wir die ferneren Folgen eines Eingriffs nie abschätzen können. Deshalb sind moralische Hemmungen nötig und man sollte die Begründungslasten umverteilen: Nicht die Hemmung, sondern die Enthemmung ist begründungspflichtig. In einer Zivilisation atemloser Innovationen brauchen wir einen moralischen Konservativismus. Das weiß jeder Autofahrer: Wenn die Geschwindigkeit hoch ist, müssen die Bremsen umso besser sein. Wir brauchen einen menschenfreundlichen Willen zum Tabu.

1 Arbeiten Sie heraus, welche Argumente und Maßnahmen Safranski gegen eine Entfesselung der „gentechnischen Zivilisation" anführt.

2 Wie beurteilen Sie seine Thesen?

Ein Kompass zur Bewertung (1979)

Hans Jonas

Hans Jonas (1903–1993) befasst sich in seinem Hauptwerk „Das Prinzip Verantwortung – Versuch einer Ethik für die technologische Zivilisation" mit den ethischen Herausforderungen, die die technologischen Entwicklungen dem Menschen stellen. In dieser Hinsicht hat Jonas den kategorischen Imperativ Kants neu formuliert: „Handle so, dass die Wirkungen deiner Handlungen verträglich sind mit der Permanenz echten menschlichen Lebens auf Erden." Der folgende Auszug ist dem Vorwort von Jonas' Hauptwerk entnommen.

Der endgültig entfesselte Prometheus, dem die Wissenschaft nie gekannte Kräfte und die Wirtschaft den rastlosen Antrieb gibt, ruft nach einer Ethik, die durch freiwillige Zügel seine Macht davor zurückhält, dem Menschen zum Unheil zu werden. Dass die Verheißung der modernen Technik in Drohung umgeschlagen ist oder diese sich mit jener unlösbar verbunden hat, bildet die Ausgangsthese des Buches. [...] Die dem Menschenglück zugedachte Unterwerfung der Natur hat im Übermaß ihres Erfolges, der sich nun auch auf die Natur des Menschen selbst erstreckt, zur größten Herausforderung geführt, die je dem menschlichen Sein aus eigenem Tun erwachsen ist. Alles daran ist neuartig, dem Bisherigen unähnlich, der Art wie der Größenordnung nach: Was der Mensch heute tun kann und dann, in der unwiderstehlichen Ausübung dieses Könnens, weiterhin zu tun gezwungen ist, das hat nicht seinesgleichen in vergangener Erfahrung. Auf sie war alle bisherige Weisheit über rechtes Verhalten zugeschnitten. Keine überlieferte Ethik belehrt uns daher über die Normen von „Gut" und „Böse", denen die ganz neuen Modalitäten der Macht und ihrer möglichen Schöpfungen zu unterstellen sind. Das Neuland kollektiver Praxis, das wir mit der Hochtechnologie betreten haben, ist für die ethische Theorie noch ein Niemandsland. [...]

der endgültig entfesselte Prometheus: Prometheus, eine Figur der griechischen Sagenwelt, hat den ersten Menschen erschaffen und den Göttern für seine Schöpfung das Feuer gestohlen. Der Prometheus Mythos hat das Machtverhältnis zwischen Menschen und Göttern zum Thema; an ihm wird die Frage versinnbildlicht, wie weit es dem Menschen erlaubt sein darf, die von ihm vorgefundene Ordnung der Welt zu verändern. „Der entfesselte Prometheus", Titel eines Werks des englischen Dramatikers Percy B. Shelley, wurde so etwa zum Symbol für den Aufbruch ins Industriezeitalter.

Was kann als Kompass dienen? Die vorausgedachte Gefahr selbst! In ihrem Wetterleuchten aus der Zukunft, im Vorschein ihres planetarischen Umfanges und ihres humanen Tiefganges werden allererst die ethischen Prinzipien entdeckbar, aus denen sich die neuen Pflichten neuer Macht herleiten lassen. Dies nenne ich die „Heuristik der Furcht": Erst die vorausgesehene Verzerrung des Menschen verhilft uns zu dem davor zu bewahrenden Begriff des Menschen. Wir wissen erst, *was* auf dem Spiele steht, wenn wir wissen, *dass* es auf dem Spiele steht. Da es dabei nicht nur um das Menschenlos, sondern auch um das Menschenbild geht, nicht nur um physisches Überleben, sondern auch um Unversehrtheit des Wesens, so muss die Ethik, die beides zu hüten hat, über die der Klugheit hinaus eine solche der Ehrfurcht sein.

Die Begründung einer solchen Ethik, die nicht mehr an den unmittelbar mitmenschlichen Bereich der Gleichzeitigen gebunden bleibt, muss in die Metaphysik reichen, aus der allein sich die Frage stellen lässt, warum überhaupt Menschen in der Welt sein sollen: warum also der unbedingte Imperativ gilt, ihre Existenz für die Zukunft zu sichern. [...]

Das eigentliche Thema jedoch ist diese neu hervorgetretene Pflicht selbst, die im Begriff der *Verantwortung* zusammengefasst ist. Gewiss kein neues Phänomen in der Sittlichkeit, hat die Verantwortung doch noch nie ein derartiges Objekt gehabt, auch bisher die ethische Theorie wenig beschäftigt. Sowohl Wissen wie Macht waren zu begrenzt, um die entferntere Zukunft in die Voraussicht und gar den Erdkreis in das Bewusstsein der eigenen Kausalität einzubeziehen. Statt des müßigen Erratens später Folgen im unbekannten Schicksal konzentrierte sich die Ethik auf die sittliche Qualität des augenblicklichen Aktes selber, in dem das Recht des mitlebenden Nächsten zu achten ist. Im Zeichen der Technologie aber hat es die Ethik mit Handlungen zu tun [...], die eine beispiellose kausale Reichweite in die Zukunft haben, begleitet von einem Vorwissen, das ebenfalls, wie immer unvollständig, über alles Ehemalige weit hinausgeht. Dazu die schiere Größenordnung der Fernwirkungen und oft auch ihre Unumkehrbarkeit. All dies rückt Verantwortung ins Zentrum der Ethik, und zwar mit Zeit- und Raumhorizonten, die denen der Taten entsprechen. Demgemäß bildet die bis heute fehlende Theorie der Verantwortung die Mitte des Werkes.

1 Fassen Sie die Thesen von Hans Jonas mit eigenen Worten zusammen.

2 Prüfen Sie die gedanklichen Voraussetzungen und Schlussfolgerungen von Jonas.

Nach- und Weiter-Denken

||| Bereiten Sie eine abschließende Podiumsdiskussion zum Thema „Mensch und Technik" vor. Folgende Fragen können dort diskutiert werden:

1. Sollte die Forschung an embryonalen Stammzellen in Deutschland erlaubt sein?
2. Sollte der Mensch die Entwicklung seiner Art selbst in die Hand nehmen und steuern?

Zu der Diskussion sind folgende Vertreter eingeladen:

- Philosophen
- Transhumanisten
- Wissenschaftler/Ärzte
- Vertreter der Kirchen

Arbeitsaufträge zur Vorbereitung der Diskussion in Gruppen:

1 ||| Überlegen Sie sich innerhalb Ihrer Gruppe, welche Position Sie vertreten und mit welcher Argumentationsstrategie Sie antreten wollen.

2 ||| Recherchieren Sie auch im Internet nach Informationen im Sinne Ihrer Gruppenposition.

3 ||| Überlegen Sie sich, welche Argumente Vertreter einer entgegengesetzten Position vorbringen könnten und wie Sie diese Argumente entkräften können.

4 ||| Nennen Sie Eingangsstatements, die Ihre Position zusammenfassen.

4.5 Unterschiedliche Grundlagen moralischer Orientierungen

Vor-Denken

1 ||| Lassen Sie das Bild auf sich wirken. Kann man durch Lesen und Nachdenken ein guter Mensch werden bzw. lernen, sich moralisch gut zu verhalten? Halten Sie Ihre Antwort und Ihre Argumente in Ihrem philosophischen Tagebuch fest.

2 ||| Gibt es ein moralisches Gen? Was spricht dafür? Was spricht dagegen? Notieren Sie auch hier Ihre Antworten und Argumente in Ihrem philosophischen Tagebuch.

3 ||| Begründen und veranschaulichen Sie Ihre Position zu Frage 1 oder 2 (oder zu beiden) in Form eines philosophischen Essays, eines philosophischen Hörspiels oder eines kleinen philosophischen Videoclips.

Moralische Orientierungen und das egoistische Gen (1976)

Richard Dawkins

Richard Dawkins (* 1941), britischer Zoologe, Biologe und Evolutionstheoretiker, hat mit seinem 1976 erschienenen Bestseller „The Selfish Gene" (dt. „Das egoistische Gen") den bemerkenswerten Versuch unternommen, ethisch-moralische Grundfragen evolutionstheoretisch zu reflektieren und auf diese Weise neue philosophische Perspektiven zu eröffnen. Der Textauszug ist der Einleitung entnommen und macht den Grundansatz von Dawkins transparent.

Die Philosophie und die als Geisteswissenschaften bezeichneten Fächer werden immer noch so gelehrt, als habe Darwin niemals gelebt. Dies wird sich ohne Zweifel mit der Zeit ändern. Gleichwie, dieses Buch ist nicht als allgemeines Plädoyer zugunsten des Darwinismus gedacht. Stattdessen wird es die Folgen der Evolutionslehre für ein spezielles Problem erforschen. Ich habe mir vorgenommen, die Biologie von Egoismus und Altruismus zu untersuchen.

Abgesehen von seinem akademischen Interesse liegt die Bedeutung dieses Gegenstands für den Menschen auf der Hand. Er berührt jeden Aspekt unseres sozialen Lebens, unseres Liebens und Hassens, Kämpfens und Zusammenarbeitens, Gebens und Nehmens, unserer Habgier und unserer Freigebigkeit. Das Gleiche können auch Lorenz' Buch *Das sogenannte Böse*, Ardreys *Der Gesellschaftsvertrag* und Eibl-Eibesfeldts *Liebe und Hass* für sich in Anspruch nehmen. Die Schwierigkeit bei diesen Büchern ist nur, dass ihre Autoren ganz und gar falsch lagen. Sie irrten sich, weil sie nicht richtig verstanden haben, wie die Evolution funktioniert. Sie gingen von der irrigen Annahme aus, das Wesentliche bei der Evolution sei der Vorteil für die Art (oder die Gruppe) und nicht der Vorteil für das Individuum (oder das Gen). [...]

Bevor ich mit meiner eigentlichen Erörterung beginne, möchte ich kurz erklären, welche Art von Erörterung es ist und welche nicht. Wenn uns jemand erzählte, ein Mann habe in der Chicagoer Gangsterwelt ein langes und erfolgreiches Leben geführt, so wären wir berechtigt, einige Überlegungen darüber anzustellen, was für eine Sorte Mensch er war. Wir könnten erwarten, dass er Eigenschaften hätte wie Härte, Reaktionsschnelligkeit und die Fähigkeit, loyale Freunde um sich zu sammeln. Dies wären zwar keine unfehlbaren Rückschlüsse, doch man kann sehr wohl einige Aussagen über den Charakter eines Menschen machen, wenn man etwas über die Bedingungen weiß, unter denen er überlebt und sich erfolgreich behauptet hat. Die These dieses Buches ist, dass wir und alle anderen Tiere Maschinen sind, die durch Gene geschaffen wurden. Wie erfolgreiche Chicagoer Gangster haben unsere Gene in einer Welt intensiven Existenzkampfes überlebt – in einigen Fällen mehrere Millionen Jahre. Aufgrund dessen können wir ihnen bestimmte Eigenschaften unterstellen. Ich würde argumentieren, dass eine vorherrschende Eigenschaft, die wir bei einem erfolgreichen Gen erwarten müssen, ein skrupelloser Egoismus ist. Dieser Egoismus des Gens wird gewöhnlich egoistisches Verhalten des Individuums hervorrufen. Es gibt jedoch, wie wir sehen werden, besondere Umstände, unter denen ein Gen seine eigenen egoistischen Ziele am besten dadurch erreichen kann, dass es einen begrenzten Altruismus auf der Stufe der Individuen fördert. Die Worte „besonders" und „begrenzt" in diesem Satz sind wichtig. So gern wir auch etwas anderes glauben wollen, universelle Liebe und das Wohlergehen einer Art als Ganzes sind Begriffe, die evolutionstheoretisch gesehen einfach keinen Sinn ergeben.

Dies bringt mich zu der ersten Feststellung, die ich darüber treffen möchte, was dieses Buch *nicht* ist. Ich trete nicht für eine Ethik auf der Grundlage der Evolution ein. Ich berichte lediglich, wie die Dinge sich entwickelt haben. Ich sage nicht, wie wir Menschen uns in moralischer Hinsicht verhalten sollen. Ich betone dies angesichts der Gefahr, dass ich von jenen – allzu zahlreichen – Leuten falsch verstanden werde, die nicht unterscheiden können zwischen einer Darstellung dessen, was nach Überzeugung des Sprechenden oder Schreibenden der Fall ist, und einem Plädoyer für das, was der Fall sein sollte. Ich selbst bin der Meinung, dass eine menschliche Gesellschaft, die lediglich auf dem Gesetz des universellen, rücksichtslosen Gen-Egoismus beruhte, eine Gesellschaft wäre, in der es sich sehr unangenehm lebte. Unglücklicherweise jedoch hört etwas, das wir beklagen, und sei es auch noch so sehr, deshalb nicht auf, wahr zu sein. [...] Wenn der Leser [...] – wie ich – eine Gesellschaft aufbauen möchte, in der die Einzelnen großzügig und selbstlos zugunsten eines gemeinsamen Wohlergehens zusammenarbeiten, kann er wenig Hilfe von der biologischen Natur erwarten. Lasst uns versuchen, Großzügigkeit und Selbstlosigkeit zu lehren, denn wir sind egoistisch geboren. Lasst uns verstehen lernen, was unsere eigenen egoistischen Gene vorhaben, denn dann haben wir vielleicht die Chance, ihre Pläne zu durchkreuzen – etwas, das keine andere Art bisher jemals angestrebt hat.

Noch einen Zusatz zu dieser Bemerkung über das Lehren und Lernen: Es ist ein Trugschluss – nebenbei gesagt ein sehr häufiger – anzunehmen, dass genetisch ererbte Merkmale *per definitionem* feststehend und unveränderbar sind. Unsere Gene mögen uns anweisen, egoistisch zu sein, aber wir sind nicht unbedingt gezwungen, ihnen unser ganzes Leben lang zu gehorchen. Es mag uns vielleicht nur schwererfallen, Altruismus zu lernen, als es uns fiele, wenn wir genetisch auf altruistisches Verhalten programmiert wären. [...]

Aus den Mechanismen der Selektion scheint bei genauerem Hinsehen zu folgen, dass alles, was sich durch natürliche Auslese entwickelt hat, egoistisch sein muss. Deswegen müssen wir, wenn wir das Verhalten von Pavianen, Menschen und anderen Lebewesen untersuchen, damit rechnen, dass es sich als egoistisch erweist. Wenn wir feststellen, dass unsere Erwartung falsch war, wenn wir im menschlichen Verhalten echten Altruismus entdecken, dann sind wir auf etwas Erstaunliches gestoßen, auf etwas, das eine Erklärung verlangt.

Bevor wir fortfahren, brauchen wir eine Definition. Ein Organismus, beispielsweise ein Pavian, gilt als altruistisch, wenn er sich so verhält, dass er das Wohlergehen eines anderen, gleichartigen Organismus auf Kosten seines eigenen Wohlergehens steigert.

Egoistisches Verhalten hat genau die entgegengesetzte Wirkung. Wohlergehen ist definiert als Überlebenschancen, selbst wenn der Effekt auf die tatsächlichen Lebens- und Todesaussichten so klein ist, dass man ihn scheinbar vernachlässigen kann. [...]

Es ist wichtig, sich darüber klar zu werden, dass [...] [diese] Definitionen von Altruismus und Egoismus sich am objektiven Verhalten orientieren und nicht an Intentionen. Ich beschäftige mich hier nicht mit der Psychologie der Motive. Ich diskutiere nicht darüber, ob Leute, die sich selbstlos verhalten, dies „in Wirklichkeit“ aus insgeheim oder unbewusst selbstsüchtigen Motiven tun. Vielleicht ist es so, vielleicht auch nicht, und vielleicht werden wir diese Frage niemals entscheiden können. [...] Meine Definition fragt nur nach, ob der Effekt einer Handlung darin besteht, die Überlebenschancen des mutmaßlichen Altruisten beziehungsweise des mutmaßlichen Nutznießers zu verringern oder zu vergrößern.

Es ist sehr schwierig, die Auswirkungen des Verhaltens auf langfristige Überlebensaussichten zu demonstrieren. In der Praxis müssen wir „Altruismus“ und „Egoismus“, wenn wir sie auf reales Verhalten anwenden, durch das Wort „anscheinend“ einschränken. Eine anscheinend selbstlose Handlung ist eine Handlung, die oberflächlich betrachtet so aussieht, als müsse sie dazu führen, dass der Altruist mit größerer Wahrscheinlichkeit (so gering der Unterschied auch sein mag) stirbt und der Nutznießer mit größerer Wahrscheinlichkeit überlebt. Häufig stellt sich bei genauerem Hinsehen heraus, dass scheinbar selbstlose Handlungen in Wirklichkeit versteckt selbstsüchtig sind. Noch einmal: Ich meine nicht, dass die zugrunde liegenden Motive im Geheimen eigennützig sind, sondern dass der tatsächliche Effekt einer Handlung auf die Überlebensaussichten sich als das Umgekehrte dessen erweisen kann, was wir ursprünglich gedacht haben.

1 Worin stimmt Richard Dawkins mit Konrad Lorenz, Robert Ardrey und Irenäus Eibl-Eibesfeldt überein, worin unterscheidet er sich nach seiner eigenen Überzeugung?

2 Legen Sie eine zweispaltige Tabelle an. Tragen Sie in die linke Spalte alle Aussagen von Dawkins zum Egoismus und in die rechte alle Aussagen zum Altruismus.

3 Entzieht Dawkins moralisch-ethischen Orientierungen die Grundlage? Beantworten Sie die Frage in Stichworten schriftlich. Diskutieren Sie sie anschließend gemeinsam im Plenum.

4 Stellen Sie sich vor, Dawkins lese zum ersten Mal Immanuel Kants Erläuterungen zum kategorischen Imperativ (vgl. S. 189 ff.). Formulieren Sie, was ihm vor dem Hintergrund seiner eigenen Überzeugungen an Gedanken durch den Kopf gehen könnte.

5 Wie beurteilen Sie selbst die Thesen von Richard Dawkins? Formulieren Sie ein Thesenpapier mit Begründungen und laden Sie dieses in einem von Ihrem Kurs angelegten Twitterforum zu „Grundlagen moralischer Orientierung" zur Diskussion hoch.

Ethischer Skeptizismus oder die Subjektivität der Werte (1977)

John Leslie Mackie

John Leslie Mackie (1917–1981), australischer Philosoph, ist vor allem durch wissenschaftstheoretische und religions-, bzw. moralphilosophische Studien bekannt geworden. In seiner Ethik, aus der auch der nachfolgend abgedruckte Textauszug stammt, steckt Mackie im Horizont der analytischen Philosophie Möglichkeiten und Grenzen objektiv möglicher Aussagen im Bereich der Moral- und Wertphilosophie ab.

1. Der ethische Skeptizismus

Es gibt keine objektiven Werte. Das ist die ungeschminkte Aussage dieses Kapitels. Doch bevor ich diese These untermaure, will ich versuchen, sie so abzuklären und einzuschränken, dass damit vielleicht schon einige Einwürfe und Missverständnisse ausgeräumt sind.

Wer diese These aufstellt, muss mit drei sehr verschiedenen Reaktionen rechnen. Die einen werden sagen, diese These sei nicht nur falsch, sondern auch verderblich; sie werden in ihr einen Angriff auf die Moral selbst und auf alles, was sonst noch wertvoll ist, sehen und werden die Verfechtung einer solchen Behauptung in einem Buch, das sich mit Fragen der Ethik zu befassen vorgibt, für paradox und sogar empörend halten. Andere werden diese These als trivial bezeichnen, als zu offensichtlich wahr, um darauf noch viele Gedanken und Überlegungen zu verschwenden. Wieder andere werden behaupten, sie sei einfach bedeutungslos oder leer; denn mit der Frage, ob Werte zur Struktur dieser Welt gehörten oder nicht, könne nichts Sinnvolles gemeint sein.

Doch genau wegen dieser drei möglichen Reaktionen muss noch einiges mehr zur Erläuterung dieser These gesagt werden.

Die Behauptung, es gebe keine objektiven Werte, sie gehörten nicht zur Struktur der Wirklichkeit, soll sich nicht nur auf moralische Gutheit beziehen, die natürlicherweise mit dem sittlichen Wert gleichgesetzt wird, sondern auch auf andere Dinge, die im weiteren Sinn als sittliche Werte oder Unwerte bezeichnet werden können – auf sittliche Richtigkeit bzw. Falschheit, auf Pflicht und Verpflichtung, auf Verwerflichkeit oder Niederträchtigkeit eines Verhaltens usw. Sie bezieht sich aber auch auf nicht-sittliche Werte, besonders auf ästhetische, etwa auf Schönheit und die verschiedenen Arten künstlerischer Vorzüge. Ich werde mich mit den nicht-sittlichen Werten zwar nicht ausdrücklich befassen; doch offenbar treffen dieselben Überlegungen auf ästhetische wie auf sittliche Werte zu; eine Auffassung, die den einen einen anderen Status zuwiese als den anderen, hätte wenigstens prima facie als unplausibel zu gelten.

Da ich mich hier hauptsächlich mit sittlichen Werten befasse, könnte man die von mir vertretene Ansicht als ethischen Skeptizismus charakterisieren. Doch ist diese Bezeichnung leicht missverständlich. Der Ausdruck „ethischer Skeptizismus“ steht nämlich auch für zwei verschiedene Auffassungen, die den moralischen Urteilen erster Ordnung zuzurechnen sind, oder für eine in sich widersprüchliche Verquickung von beiden. Als ein ethischer Skeptiker kann auch ein Mensch gelten, der die Ansicht vertritt: „Alles Gerede von Moral ist barer Unfug!“ Damit weist er die Moral einfach zurück und ist gewillt, ihr keinerlei Beachtung zu schenken. Ein solcher Mensch konnte nun im eigentlichen Sinn alles moralische Urteilen und Handeln verwerfen; vielleicht will er aber auch nur die eigenen moralischen Urteile gelten lassen und verurteilt ausdrücklich nur all das, was üblicherweise als moralisch gilt; oder er vermischt möglicherweise diese beiden unvereinbaren Auffassungen miteinander und behauptet, er lehne jede Moral ab, obwohl er tatsächlich nur eine besondere Moral zurückweist, nämlich die seiner eigenen Gesellschaft, in der er aufgewachsen ist. Doch im Augenblick befasse ich mich nicht mit dem Pro und Kontra einer solchen Überlegung. Es handelt sich hierbei um moralische Auffassungen erster Ordnung, seien sie nun positiv oder negativ: Wer irgendeine dieser Ansichten vertritt, legt sich damit auf einen bestimmten praktischen, normativen Standpunkt fest: Demgegenüber steht hier eine ethische Auffassung zweiter Ordnung zur Diskussion, nämlich eine Theorie über den Status sittlicher Werte und über das Wesen moralischen Wertens: Wie hat man sie zu verstehen und wie einzuordnen? Diese Auffassungen erster und zweiter Ordnung sind nicht nur voneinander verschieden, sondern auch voneinander vollkommen unabhängig: Jemand kann ethischer Skeptiker zweiter Ordnung sein, ohne zugleich auch ethischer Skeptiker erster Ordnung sein zu müssen, und umgekehrt. Jemand kann sehr feste moralische Überzeugungen, sogar völlig konventionelle, vertreten und zugleich behaupten, dabei handle es sich nur um von ihm selbst und anderen eingenommene Einstellungen und praktische Verhaltensmuster. Umgekehrt kann jemand alle konventionelle Moral ablehnen und behaupten, ihre Falschheit und Verwerflichkeit sei als objektiv wahr erwiesen.

Bei einem anderen Missverständnis erscheint der ethische Skeptizismus weniger verderblich als vielmehr absurd. Wie kann denn jemand bestreiten, dass zwischen einer Liebenswürdigkeit und einer Grausamkeit ein Unterschied besteht oder dass sich ein Feigling und ein tapferer Mann angesichts einer Gefahr unterschiedlich verhalten? Selbstverständlich, das ist unbestreitbar; doch trifft dieser Einwand nicht den Fragepunkt. Die Verhaltensweisen, die wir moralisch werten, gehören zu den Tatsachen dieser Welt, und deswegen gehören auch die zwischen ihnen bestehenden natürlichen, deskriptiven Unterschiede zu ihr; doch gilt dies vielleicht nicht für Unterschiede in wertender Hinsicht. Es ist eine offensichtliche Tatsache, dass sich Grausamkeit von Liebenswürdigkeit unterscheidet; nur aufgrund dieser Tatsache können wir, wie wir es ganz selbstverständlich tun, auch lernen, sie im praktischen Leben einigermaßen klar auseinanderzuhalten und die Wörter „grausam" und „liebenswürdig" mit einer ziemlich genauen deskriptiven Bedeutung zu gebrauchen. Aber ist es eine ebenso offensichtliche Tatsache, dass Grausamkeit in einem solchen deskriptiven Sinn auch verurteilt zu werden verdient? Die hier vertretene These bezieht sich ausschließlich auf die Objektivität eines spezifischen Wertcharakters, nicht jedoch auf die Objektivität jener natürlichen, faktischen Unterschiede, aufgrund deren Wertungen vorgenommen werden.

Mit-Denken

1 ||| Tauschen Sie sich mit Ihrem Sitznachbarn bzw. Ihrer Sitznachbarin über Ihre Leseeindrücke aus.

2 ||| Klären Sie in Partnerarbeit – gegebenenfalls unter Einbeziehung eines Online-Lexikons –, was mit der Unterscheidung zwischen moralischen Auffassungen erster und zweiter Ordnung gemeint ist.

2. Der Subjektivismus

Als Alternative zum Ausdruck „ethischer Skeptizismus" bezeichnet man die hier vertretene Auffassung häufig auch als „Subjektivismus". Doch auch dieses Wort wird in mehr als einer Bedeutung verwendet. Mit „ethischem Subjektivismus" kann wie mit „ethischem Skeptizismus" eine normative Theorie erster Ordnung gemeint sein, in diesem Fall die Auffassung, jeder solle genau das tun, was er für richtig halte. Offensichtlich handelt es sich hierbei um eine (systematische) These erster Ordnung. Zwar lässt sich zeigen dass sie bei näherer Prüfung sehr schnell an Plausibilität verliert; doch gehört das hier nicht zur Sache, da sie völlig unabhängig von der hier diskutierten Auffassung zweiter Ordnung vertreten und widerlegt werden kann. Größere Verwirrung stiftet da schon die Tatsache, dass unterschiedliche Theorien zweiter Ordnung in gleicher Weise als „Subjektivismus" bezeichnet werden. Einige von ihnen beziehen sich auf die Bedeutung moralischer Ausdrücke und Äußerungen. Häufig versteht man unter „Subjektivismus" z. B. jene Theorie, nach der die Äußerung „Diese Handlung ist richtig" nichts anderes *bedeutet* als „Ich billige diese Handlung"; oder, allgemeiner, sie besagt, moralische Urteile stellten bloße Berichte über die Gefühle oder Einstellungen desjenigen dar, der sie äußere. Doch die von mir vertretene Auffassung unterscheidet sich in zwei wesentlichen Aspekten von jeder Theorie der genannten Art. Erstens handelt es sich bei dem ethischen Subjektivismus, den ich hier vertrete, um eine negative, nicht positive Theorie. In ihr wird behauptet, dass etwas nicht ist, nicht jedoch, dass etwas ist. Nach ihr gibt es keine Wesenheiten oder Beziehungen einer bestimmten Art, nämlich objektive Werte oder Pflichten, von denen viele angenommen haben, dass es sie gibt. Selbstverständlich kann es der ethische Skeptiker nicht bei dieser Behauptung belassen.

Will er seine These plausibel machen, so muss er auch irgendwie erklären, wieso andere für wahr halten konnten, was seiner Ansicht nach irrig ist; diese Erklärung wird dann auch einige positive Thesen hinsichtlich der Frage einschließen müssen, wieso denn Werte nicht objektiv gegeben sind und was genauerhin zu der irrigen Annahme, sie seien doch objektiver Art, geführt haben mag. Doch gehört dies nur zur weiteren Entfaltung seiner Theorie, es stellt nicht ihr Herzstück dar. Ihr Herzstück ist eine einfache Verneinung. Zweitens handelt es sich bei dem, was ich als „ethischen Subjektivismus" bezeichne, um eine ontologische, nicht um eine linguistische oder sprachanalytische These. Denn anders als im Fall der oben genannten Theorien, die, wie gesagt, häufig ebenfalls als „ethischer Subjektivismus" bezeichnet werden, wird hier keine Behauptung über die Bedeutung moralischer Äußerungen aufgestellt. Zweifellos gilt wiederum: Soll die hier vertretene These plausibel sein, so muss auch darüber etwas gesagt werden [...]. Doch gehören diese Aussagen wiederum nur zur weiteren Entfaltung der Theorie; sie stellen nicht ihr Herzstück dar.

1 Worin besteht die Kernthese John Leslie Mackies? Wie begründet er sie?

2 Inwiefern sieht sich Mackie als Vertreter eines ethischen Skeptizismus?

3 Welche Einwände werden gegenüber dem ethischen Skeptizismus vorgebracht und wie entkräftet Mackie sie?

4 Wie beurteilen Sie persönlich Mackies Thesen und Begründungen?

5 Diskutieren Sie im Plenum: a) Gibt es einen objektiven Wert bzw. objektive Werte? b) Entzieht Mackie ethischen Orientierungen die Grundlage?

6 Halten Sie Ihre persönliche Einschätzung im Twitterforum Ihres Kurses fest.

Universalistisch-deontologische Ethik und Diskursethik im Vergleich (1991)

Jürgen Habermas

Jürgen Habermas (* 1929), deutscher Sozialphilosoph und Soziologe, zählt zu den herausragenden Vertretern der sogenannten Kritischen Theorie bzw. der Frankfurter Schule. Seine ethische Position ist kommunikationstheoretisch fundiert. Bekannt sind hier neben seiner Schrift „Moralbewusstsein und kommunikatives Handeln" (1983) vor allem seine „Erläuterungen zur Diskursethik" (1991), aus denen der nachfolgende Text stammt. Hier vergleicht er pointiert den kantischen Ansatz mit dem seiner Diskursethik.

Lassen Sie mich vorweg den deontologischen, kognitivistischen, formalistischen und universalistischen Charakter der kantischen Ethik erklären. Weil sich Kant auf die Menge begründbarer normativer Urteile beschränken will, muss er einen engen Moralbegriff zugrunde legen. Die klassischen Ethiken hatten sich auf *alle* Fragen des „guten Lebens" bezogen; Kants Ethik bezieht sich nur noch auf Probleme richtigen oder gerechten Handelns. Moralische Urteile erklären, wie Handlungskonflikte auf der Grundlage eines rational motivierten Einverständnisses beigelegt werden können. Im weiteren Sinne dienen sie dazu, Handlungen im Lichte gültiger Normen oder die Gültigkeit der Normen im Lichte anerkennungswürdiger Prinzipien zu rechtfertigen. Das moraltheoretisch erklärungsbedürftige Grundphänomen ist nämlich die Sollgeltung von Geboten oder Handlungsnormen. In dieser Hinsicht sprechen wir von einer *deontologischen* Ethik. Diese versteht die Richtigkeit von Normen oder Geboten in Analogie zur Wahrheit eines assertorischen Satzes. Allerdings darf die moralische „Wahrheit" von Sollsätzen nicht – wie im Intuitionismus oder in der Wertethik – an die assertorische Geltung von Aussagesätzen

deontologisch: von griech. Deon = das Erforderliche, die Pflicht. Deontologische Ethik (Pflichtethik) beurteilt Handlungen nach ihren Motiven, nicht nach ihren Konsequenzen. (Im Unterschied zur konsequentialistischen Ethik, die die Konsequenzen und nicht die Motive betont.)

kognitivistisch: siehe Z. 15ff.

formalistisch: siehe Z. 18–24

assertorisch: feststellen, ohne Beweis Gültigkeit beanspruchend

Intuitionismus: Ansätze, die der Intuition Vorrang einräumen

assimiliert: angeglichen, angepasst

normativ: verbindlich, verpflichtend

assimiliert werden. Kant wirft die theoretische mit der praktischen Vernunft nicht zusammen. Normative Richtigkeit begreife ich als wahrheitsanalogen Geltungsanspruch. In diesem Sinne sprechen wir auch von einer *kognitivistischen* Ethik.

Diese muss die Frage beantworten können, wie sich normative Aussagen begründen lassen. Obwohl Kant die Imperativform wählt („Handle nur nach derjenigen Maxime, durch die du zugleich wollen kannst, dass sie ein allgemeines Gesetz werde!"), übernimmt der kategorische Imperativ die Rolle eines Rechtfertigungsprinzips, welches verallgemeinerungsfähige Handlungsnormen als gültig auszeichnet: Was im moralischen Sinne gerechtfertigt ist, müssen alle vernünftigen Wesen wollen können. In dieser Hinsicht sprechen wir von einer *formalistischen Ethik.*

In der Diskursethik tritt an die Stelle des kategorischen Imperativs das Verfahren der moralischen Argumentation. Sie stellt den Grundsatz „D" auf:
– dass nur diejenigen Normen Geltung beanspruchen dürfen, die die Zustimmung aller Betroffenen als Teilnehmer eines praktischen Diskurses finden könnten.

Zugleich wird der kategorische Imperativ zu einem Universalisierungsgrundsatz „U" herabgestuft, der in praktischen Diskursen die Rolle einer Argumentationsregel übernimmt:
– bei gültigen Normen müssen Ergebnisse und Nebenfolgen, die sich voraussichtlich aus einer allgemeinen Befolgung für die Befriedigung der Interessen eines jeden ergeben, von allen zwanglos akzeptiert werden können.

ethnozentrisch: Ethnozentrismus – Form des Nationalismus, bei dem die Maßstäbe des eigenen Volks als alleiniger Maßstab angesehen werden, wodurch darauf gründende Urteile nicht allgemeingültig sein können.

implizit: indirekt

pragmatisch: praktisch, das Handeln betreffend

Universalistisch nennen wir schließlich eine Ethik, die behauptet, dass dieses (oder ein ähnliches) Moralprinzip nicht nur die Intuitionen einer bestimmten Kultur oder einer bestimmten Epoche ausdrückt, sondern allgemein gilt. Nur eine Begründung des Moralprinzips, die ja nicht schon durch den Hinweis auf ein Faktum der Vernunft geleistet wird, kann den Verdacht auf einen ethnozentrischen Fehlschluss entkräften. Man muss nachweisen können, dass unser Moralprinzip nicht nur die Vorurteile des erwachsenen, weißen, männlichen, bürgerlich erzogenen Mitteleuropäers von heute widerspiegelt. Auf diesen schwierigsten Teil der Ethik werde ich nicht eingehen, sondern nur die These in Erinnerung bringen, die die Diskursethik in diesem Zusammenhang aufstellt: Jeder der ernsthaft den Versuch unternimmt, an einer Argumentation teilzunehmen, lässt sich implizit auf allgemeine pragmatische Voraussetzungen ein, die einen normativen Gehalt haben; das Moralprinzip lässt sich dann aus dem Gehalt dieser Argumentationsvoraussetzungen ableiten, sofern man nur weiß, was es heißt, eine Handlungsnorm zu rechtfertigen.

Soviel zu den deontologischen, kognitivistischen, formalistischen und universalistischen Grundannahmen, die alle Ethiken des kantischen Typs in der einen oder anderen Version vertreten. Kurz erläutern möchte ich noch das in „D" genannte Verfahren des praktischen Diskurses.

Den Standpunkt, von dem aus moralische Fragen *unparteilich* beurteilt werden können, nennen wir den „moralischen Gesichtspunkt" (moral point of view). Formalistische Ethiken geben eine Regel an, die erklärt, wie man etwas unter dem moralischen Gesichtspunkt betrachtet. John Rawls empfiehlt bekanntlich einen Urzustand, in dem alle Beteiligten einander als rational entscheidende, gleichberechtigte Vertragspartner, freilich in Unkenntnis über ihren tatsächlich eingenommenen gesellschaftlichen Status gegenübertreten, als „den angemessenen Ausgangszustand, der gewährleistet, dass die in ihm erzielten Grundvereinbarungen fair sind". G.H. Mead empfiehlt stattdessen eine ideale Rollenübernahme, die verlangt, dass sich das moralisch urteilende Subjekt in die

Lage all derer versetzt, die von der Ausführung einer problematischen Handlung oder von der Inkraftsetzung einer fraglichen Norm betroffen waren.

Das Verfahren des praktischen Diskurses hat Vorzüge gegenüber beiden Konstruktionen. In Argumentationen müssen die Teilnehmer davon ausgehen, dass im Prinzip alle Betroffenen als Freie und Gleiche an einer kooperativen Wahrheitssuche teilnehmen, bei der einzig der Zwang des besseren Arguments zum Zuge kommen darf. Der praktische Diskurs gilt als eine anspruchsvolle Form der argumentativen Willensbildung, die (wie der rawlssche Urzustand) allein aufgrund allgemeiner Kommunikationsvoraussetzungen die Richtigkeit (oder Fairness) jedes unter diesen Bedingungen möglichen normativen Einverständnisses garantieren soll. Diese Rolle kann der Diskurs kraft der idealisierenden Unterstellungen spielen, die die Teilnehmer in ihrer Argumentationspraxis tatsächlich vornehmen müssen; deshalb entfällt der fiktive Charakter des Urzustandes einschließlich des Arrangements künstlicher Unwissenheit. Auf der anderen Seite lässt sich der praktische Diskurs als ein Verständigungsprozess begreifen, der seiner Form nach *alle* Beteiligten *gleichzeitig* zur idealen Rollenübernahme anhält. Er transformiert also die (bei Mead) von jedem *einzeln* und *privatim* vorgenommene ideale Rollenübernahme in eine *öffentliche*, von allen intersubjektiv gemeinsam praktizierte Veranstaltung.

1 Wie definiert Habermas eine deontologische, kognitivistische, formalistische und universalistische Ethik?

2 Inwiefern ist Kant im Urteil von Habermas ein Vertreter dieser ethischen Position(en)?

3 Was tritt in der Diskursethik an die Stelle des kategorischen Imperativs Kants? Erläutern Sie.

4 Vertritt Habermas mit seiner Diskursethik ebenfalls eine deontologische, kognitivistische, formalistische und universalistische Ethik? Was meint in diesem Zusammenhang der Grundsatz „D" und das Universaliengesetz „U"?

5 Rekonstruieren Sie Habermas' Erläuterungen zum praktischen Diskurs. Was unterscheidet sein Konzept von den Ansätzen der angesprochenen Rawls und Mead?

6 Führen Sie in Ihrer Lerngruppe eine Pro- und Kontra-Debatte zu den in dem Textauszug formulierten Überlegungen von Jürgen Habermas durch.

7 Halten Sie Ihr Fazit der Debatte in einem Beitrag in dem Twitterforum Ihres Kurses fest.

Wohlwollen und Liebe als moralische Orientierungen (1989)

Robert Spaemann

Robert Spaemann (* 1927), deutscher Philosoph, ist vor allem durch seine religionsphilosophischen und ethischen Schriften bekannt geworden. Seiner Schrift „Glück und Wohlwollen" ist der nachfolgende Text entnommen.

Aussein auf das, was für den anderen das Zuträgliche ist, also das, was dessen eigenes Aussein-auf erfüllt, nennen wir Wohlwollen. Wir können auch von Liebe sprechen. Wegen der Zweideutigkeit des Begriffs der Liebe haben die Philosophie des Mittelalters und, ihr folgend, Leibniz unterschieden zwischen dem *amor concupiscentiae* und dem *amor benevolentiae*, zwischen Begierde und Wohlwollen. Die Unterscheidung fällt nicht zusammen mit der Unterscheidung von Selbstliebe und Nächstenliebe. Die Liebe zum anderen kann *amor concupiscentiae* sein, insofern ich den anderen als Teil meiner Welt liebe, wegen des Vergnügens an seiner Gesellschaft oder irgendwelcher Vorteile, wie Aristoteles sagt. Er wird geliebt in dieser Funktion, nur insofern er sie erfüllt. Sonst wird er fallen gelassen. Umgekehrt ist auch nicht jede Selbstliebe Egoismus, also *amor concupiscentiae*. Dass „dem König mein Leben, nicht meine Ehre" gehört, ist eine alte Wendung, in der die Grenze der Funktionalisierbarkeit sich ausdrückte. Und wo die Weigerung, die Reinheit des eigenen Gewissens für irgendeine „Sache" zu opfern, als sublime Form des Egoismus denunziert wird, da wird nicht begriffen, dass demjenigen, dem sein eigenes Gewissen nicht heilig ist, auch sonst nichts heilig ist. Da ihm die Dimension des Unbedingten verborgen ist, ist ihm Wirklichkeit als Selbstsein überhaupt verborgen. „Du sollst deinen Nächsten lieben wie dich selbst": Diese Regel impliziert die Selbstliebe, in der die Person sich selbst wirklich wird. Die Nächstenliebe kann freilich der Umweg sein, über den das Erwachen für das eigene Selbst geschieht. Die Bedeutsamkeit meines Lebens für den anderen kann für mich zum Motiv werden, mich selbst wichtig zu nehmen. „Altruismus" aber ist jedenfalls keine adäquate Übersetzung von „Wohlwollen" oder „Liebe". Und „Selbstlosigkeit" ist es erst recht nicht.

sublim: verdeckt

Den anderen „um seiner selbst willen lieben" ist das, was Aristoteles unter dem Namen „Freundschaft" abhandelt. Der Freund ist der, der um seiner selbst willen geliebt wird. Diese Liebe ist indessen nicht richtig beschrieben, wenn sie als Selbstlosigkeit beschrieben wird. Der Freund, sagt Aristoteles, wird zwar nicht wegen irgendwelcher Eigenschaften geliebt, aufgrund deren er für mich nützlich oder angenehm ist, sondern um seiner selbst willen. Er besitzt menschliche Vorzüge, die ihn um seiner selbst willen liebenswert machen. Die Gemeinschaft mit ihm ist für seine Freunde eine Quelle des Glücks, ohne dass man sagen könnte, der andere würde wegen dieses Glücks geliebt. Im Unterschied zum Vergnügen sind Glück oder Freude nicht direkt intendierbar. Was Aristoteles hier beschreibt, ist in Kategorien des Triebes und des im Trieb gründenden Funktionalismus gar nicht auszudrücken. Ein anderer ist für mich vielmehr bedeutsam durch das, was er nicht für mich, sondern an sich selbst ist. Hinter diesem Paradox verbirgt sich das, was wir als Erwachen zur Wirklichkeit beschrieben haben. Das Ich im Triebhang hat weder sich noch den anderen entdeckt. Es bleibt in der Zentralstellung alles Organischen sich selbst verborgen. Im Akt des Erwachens zur Vernunft wird die eigene Wirklichkeit und die des anderen gleichzeitig sichtbar. Das Sichzeigen der Wirklichkeit des anderen ist gleichbedeutend mit dem Mitvollzug dieser Wirklichkeit als einer teleologischen, der Wirklichkeit eines Ausseins-auf. Nur in diesem Mitvollzug wird uns der andere wirklich. Denn solange er uns bloß als ein Vorhandenes erscheint, ist er uns nicht das, was er „selbst" ist. Was es heißt, ein Selbst zu sein, können wir nur dadurch realisieren, dass wir ein Selbst leben, also Trieb sind, aber gleichzeitig aus unserer Zentralität heraustreten und uns als den anderen des anderen wahrnehmen, den anderen aber wiederum als *alter ego*.

intendierbar: zu beabsichtigen

alter ego: anderes, zweites Ich, hier: Teil von mir

1 Was unterscheidet den Erläuterungen Robert Spaemanns zufolge *amor concupiscentiae* und *amor benevolentiae*?

2 Erläutern Sie, wie Spaemann Nächstenliebe und Selbstliebe und ihr Verhältnis zueinander bestimmt.

3 Worin besteht nach Aristoteles bzw. Spaemann das Wesen der Freundschaft? Erläutern Sie unter Einbeziehung der Begriffe „Wohlwollen" und „Liebe".

4 Wie zeigt sich in Ihrem Urteil „Wohlwollen"? Veranschaulichen Sie an einem konkreten Beispiel.

5 Drehen Sie in Partner- oder Gruppenarbeit ein kleines Video zum „Wohlwollen" und laden Sie es im Twitterforum Ihres Kurses hoch.

Moral und Mitleid (2006)

Ernst Tugendhat

Ernst Tugendhat (* 1930), deutscher Philosoph und führender Vertreter der analytischen Philosophie, hat mit seinen ethischen Schriften den aktuellen Diskurs um Altruismus und Moral nachhaltig beeinflusst. Der Textauszug veranschaulicht dabei einen besonderen Akzent seines Nachdenkens über moralische Orientierungen: die Mystik.

Altruismus: Selbstlosigkeit

Ein wesentlicher Teil jeder Moral und allemal in einer autonomen Moral besteht darin, altruistisches Verhalten, also ein Verhalten im Interesse anderer zu gebieten. Da nun die Moral ein Regel- oder Normensystem ist, heißt das, dass der moralisch Handelnde nicht um des anderen willen so handelt, sondern weil es moralisch geboten ist. Diesem moralischen Altruismus lässt sich ein Altruismus gegenüberstellen, der nur aus dem Gefühl für den anderen heraus handelt, ob es nun Mitleid, Liebe oder Sympathie ist. So ergeben sich zwei Formen menschlichen Altruismus (beide unterscheiden sich vom Altruismus bei anderen Spezies): der moralische, bei dem der Bewegungsgrund das moralische Gebot ist, und der gefühlsmäßige. Man kann diesen gefühlsmäßigen Altruismus als den spontanen, weil unvermittelten Altruismus bezeichnen. Wenn jemand z. B. sein eigenes Leben riskiert, um einen anderen vom Tod zu retten, tut er es entweder um des anderen willen oder weil er, wenn er nicht so handeln würde, sich geringschätzen müsste. Das moralische Handeln ist also, auch wenn es eigenständig ist, immer egoistisch, bezogen auf den eigenen Selbstwert. Natürlich können beide Motive zusammenspielen, aber begrifflich sind sie doch deutlich unterscheidbar. Die Stoßrichtung der Mitleidsmoral geht gegen das Vermittelte und insofern Unspontane alles moralischen Altruismus. Sie selbst ist also, weil nicht-normativ, eigentlich gar nicht ein anderes Konzept von Moral, und es erscheint daher richtiger, sie als Mitleidsethik zu bezeichnen.

Die Bedeutung, aber auch die Grenzen so eines Konzepts kann man sich anhand des Verhältnisses von Eltern zu ihrem Kind verdeutlichen. Soweit das Kind spontan altruistisch handelt, werden die Eltern das schön finden und es fördern. Aber erstens kann es ja auch sein, dass bei dem Kind die spontanen Gefühle der Grausamkeit und der Schadenfreude die des Mitleids überwiegen. Zweitens gibt es wichtige Bereiche des Moralischen, solche, in denen es auf Verlässlichkeit und Gerechtigkeit ankommt, wo das Mitleid in die Irre führen würde, vor allem aber drittens fehlt dem Mitleid als solchem der Aspekt der Allgemeinheit, und aus ihm allein kann sich nichts Normatives ergeben. Das Mitleid ist daher kein denkbarer Ersatz für das Eigeninteresse. Nur aus diesem lässt sich verstehen, wie sich eine nicht-heteronome Moral generieren kann.

Normatives: Vorgegebenes, Verbindliches, an Normen Orientiertes

nicht-heteronom: unabhängig

Hingegen kann man sich klarmachen, dass die Moral der gemeinsamen Autonomie das Mitleidsmotiv aufnehmen kann und vielleicht muss. [...] Jede Person muss in der Moral immer auch die Rolle eines Unbeteiligten einnehmen. Als Unbeteiligte hat sie ein ungeteiltes Interesse daran, moralisches Handeln zu loben. Da nun das Mitleid im Allgemeinen ein (wenn auch nicht moralisches) Motiv zum moralisch guten Handeln ist, wird das Mitleid unweigerlich in das Lob mitaufgenommen. Dass das auch unserem faktischen Moralbewusstsein entspricht, zeigt sich daran, wann man bereit ist, jemanden in einem

emphatisch: nachdrücklich, leidenschaftlich

emphatischen Sinn als einen guten Menschen zu bezeichnen. Wer die moralischen Normen nicht nur aus moralischen Motiven, sondern aus Mitleid oder Sympathie dem Betreffenden gegenüber befolgt, erscheint als der bessere Mensch.

Partikularität: partikular, nur einzelne betreffend

So kommt es dazu, dass mitleidig zu sein und die eigene Fähigkeit zum praktischen Mitleid auszubauen zu einem moralischen Gebot wird. Das hat dann aber eine Rückwirkung auf das Mitleid selbst: Indem die Moral das Mitleid zu einer moralischen Tugend macht, wird die Partikularität überwunden, die dem Mitleid als natürlichem Gefühl eignete. Der Grund, warum das Mitleid als solches allemal keine Basis für eine Moral abgeben konnte, lag in der fehlenden Allgemeinheit des natürlichen Mitleids. Aber sobald die Moral das Mitleid in sich einbaut, wird es zu einem verallgemeinerten Gefühl.

Und nun führt das seinerseits zu einer Rückwirkung auf die Allgemeinheit der Moral. Diejenige Moral, die sich aus dem Eigeninteresse ergibt, hat eine Tendenz, den Umfang der moralischen Gemeinschaft klein zu halten. Sobald sich hingegen die Idee eines verallgemeinerten Mitleids ergibt, gibt es keinen Grund, diese Allgemeinheit einzuschränken. Es erstreckt sich dann auf alle Menschen und sogar auf alle leidensfähigen Wesen. Wir haben gegebenenfalls auch pragmatische Gründe, die gemeinsam-autonome Moral, die sich auf das Eigeninteresse der Mitglieder einer Gemeinschaft aufbaut, möglichst weit zu verstehen. Aber diese Moral ist in ihrem Wesen wechselseitig, sie ist also allemal auf Menschen und auf diejenigen Menschen beschränkt, die selbst moralisch und unmoralisch handeln können. Für das Mitleid hingegen, wenn es einmal als verallgemeinertes verstanden wird, gibt es diese Begrenzung nicht. So ergibt sich innerhalb des moralischen Bewusstseins eine Spannung, die sich nach meiner Meinung nicht auflösen lässt. Das Eigeninteresse und der gefühlsmäßige Altruismus sind offenbar die zwei Quellen einer nicht-heteronomen Moral, und dabei ist das Eigeninteresse das Primäre, weil sich nur so ein wechselseitiges Forderungssystem aufbauen kann; aber die in dem Eigeninteresse gründende Moral führt unweigerlich dazu, dass sie selbst die andere Quelle in sich aufnimmt, und wenn das einmal geschehen ist und das Mitleid dadurch generalisiert wird, gibt es keinen zwingenden Grund, das Mitleid auf den durch das Eigeninteresse vorgegebenen Bereich einzuschränken, und ich glaube, dass sich aus dem potenziellen Widerspruch, der sich daraus ergibt, manches von den zeitgenössischen Auseinandersetzungen in Moral und angewandter Moral verstehen lässt.

Mahayana-Buddhismus: Richtung im Buddhismus, die Weisheit, Liebe und Mitgefühl betont

Im Zusammenhang des generalisierten Mitleids stößt man auf das, was man Herzensgüte nennt, womit so etwas wie ein generalisiertes Wohlwollen ohne Berechnung gemeint ist. Wie lässt sich diese Haltung einordnen? Da sie generalisiert ist, hat man sie doch wohl nicht einfach von Natur; es fällt schwer sie sich ohne den Hintergrund einer sei es schon moralischen, sei es religiösen oder mystischen Tradition vorzustellen. Das führt zu der Frage, ob die Moral (also ein System wechselseitiger Forderungen) die einzige mögliche Quelle für die Generalisierung des altruistischen Gefühls ist. Die Lehre vom allseitigen Mitleid im Mahayana-Buddhismus spricht dagegen. Der Grund für die Verallgemeinerung des altruistischen Gefühls ist hier nicht der moralische, sondern ein mystischer. In der Mystik tritt ein Mensch von seiner Egozentrizität zurück, und wenn er dabei in den menschlichen Verhältnissen bleibt und sich praktisch versteht, ergibt sich von daher ein verallgemeinertes altruistisches Gefühl. Das Gefühl ist allen gegenüber gleich, nicht aus moralischen Gründen, sondern weil man keinen egozentrischen Grund mehr zu einer Diskriminierung hat.

Es scheint also zwei Quellen für die Bedeutung der Gleichheit im intersubjektiv Praktischen zu geben, auf der einen Seite diejenige Gleichheit, die sich aus dem Erfordernis wechselseitiger Begründung ergibt, und auf der anderen Seite diejenige Gleichheit, in der einem alle erscheinen, wenn man aus mystischen Motiven von der eigenen Egozentrizität zurücktritt.

Man wird diese zweite Möglichkeit einer gleichen und universalen Erweiterung des Mitgefühls als eine ethische und nicht mehr als eine moralische bezeichnen wollen, wenn man Moral als ein System wechselseitiger Forderungen versteht. Es handelt sich um das, was man in der Tradition innerhalb des Moralischen als das Supererogatorische bezeichnet hat und das ja tatsächlich auf eine religiös-mystische Wurzel zurückgeht, nämlich auf die Unterscheidung, die Jesus zwischen der Moral der Gebote machte, und was er als Reich Gottes bezeichnete (Matth. 19,16).

Soll man sagen, der Ausblick auf Herzensgüte bilde in einer Reflexion auf die Frage, wie man eine autonome Moral zu verstehen habe, nur einen Anhang? Die Herzensgüte lässt sich aber aus der Perspektive der Moral auch als deren eigene Vollendung sehen. Sie lässt sich immer noch unter den Begriff des moralisch Guten subsumieren, wenn moralisch gut ist, wie man wechselseitig wünscht zu sein. Auch wenn sie nicht mehr ein Gegenstand von Forderungen ist, ist sie doch ein Gegenstand der Bewunderung.

subsumieren: zusammenfassen

1 Erläutern Sie, welche zwei Arten von menschlichem Altruismus nach Ernst Tugendhat zu unterscheiden sind und was er darunter versteht.

2 Inwiefern besitzt Mitleidsethik nach Tugendhat ihre Grenzen?

3 In welchem Verhältnis stehen Moral und Mitleid im Urteil Tugendhats zueinander?

4 Erläutern Sie den Zusammenhang, der nach Tugendhat zwischen der Herzensgüte als generalisertem Wohlwollen und der Mystik besteht.

5 In welchem Verhältnis stehen Mitleid und Herzensgüte nach Tugendhat zueinander?

6 Wie beurteilen Sie die Gedanken von Tugendhat zur Herzensgüte? Stimmen Sie ihm zu, dass sich Herzensgüte nicht fordern, sondern nur bewundern lässt?

7 Laden Sie in das Twitterforum Ihres Kurses das Foto oder die Biografie eines Menschen, dem Sie Herzensgüte zusprechen. Begründen Sie Ihre Einschätzung.

Nach- und Weiter-Denken

1 ||| Reflektierende Nachlese

a) Fassen Sie jeden der von Ihnen im Unterricht behandelten Texte auf einer Karteikarte oder einem DIN-A5-Zettel in einer These und einer kurzen Begründung zusammen.

b) Bilden Sie mit Ihrem Kurs einen Sitzkreis.

c) Gehen Sie als Kurs Text für Text gemeinsam durch, indem Sie nacheinander die von Ihnen verfassten Thesen vorstellen, erläutern und mit den anderen diskutieren.

2 ||| Erläutern und begründen Sie in einem Twitterbeitrag in Ihrem kursinternen Forum, welcher Text bzw. welche Position Ihnen persönlich am besten und welcher bzw. welche am wenigsten gefällt.

3 ||| Tun Sie sich mit Mitschülerinnen und Mitschülern, die im Hinblick auf moralisch-ethische Orientierungen eine ähnliche Sichtweise wie Sie formuliert haben, zusammen und veranschaulichen Sie Ihre Position in Form eines philosophischen Hörspiels oder eines kleinen philosophischen Videoclips.

Was soll ich tun? II

Zusammenleben in Staat und Gesellschaft

Vor-Denken

1 ||| Verfassen Sie zu dem Bild von Smetek (S. 248) eine Interpretation. Was wird dargestellt? Welche Aussageabsicht vermuten Sie beim Künstler?

2 ||| Entwerfen Sie unter Verwendung des Bildes von Smetek ein politisches Plakat, in dem Sie für eine demokratische Gesellschaft werben.

3 ||| Entwickeln Sie in Gruppen eine Mindmap zu der Frage: Wie sieht ein ideales Zusammenleben in Staat und Gesellschaft aus?

4 ||| Was verändert sich in der Beziehung von Staaten und Gesellschaften im Zeichen der Globalisierung? Diskutieren Sie im Plenum.

5 ||| Verfassen Sie einen philosophischen Essay zu der Frage „Wie sieht ein idealer Staat und eine ideale Gesellschaft aus?“

Dialog

Philos

Sophos

Philos kommt atemlos in das Café, in dem er sich mit Sophos verabredet hat, blickt sich im Raum um und eilt dann zu dem Tisch, an dem sich sein Freund niedergelassen hat.

Philos: Hallo Sophos. Ich muss dir dringend etwas erzählen.

Sophos: Hallo Philos. Nur zu. Was gibt's denn?

Philos: Mir ist etwas sehr Sonderbares passiert. Ich hatte einen Traum.

Sophos: Ich habe schon Aufregenderes von dir gehört.

Philos: Es war ein besonderer Traum, ein ganz abgedrehter Traum.

Sophos: Aha, na dann schieß mal los. Worum ging es denn in deinem Traum?

Philos: Um Glück. Alle waren glücklich. Keiner hatte Probleme, weil alle Probleme gelöst waren.

Sophos: Aha, klingt, als wenn alle ein bisschen zu viel vom Wein genippt hätten. Das kann ja gar nicht sein, dass alle glücklich sind und kein Mensch Probleme hat.

Philos: Doch! Wenn ich's dir doch sage. Alle Menschen sind glücklich, weil alle gleich sind und keiner Hunger und Not leiden muss.

Sophos: Das ist prima. Aber das ist doch eigentlich so wie bei uns, oder? Bei uns sind doch laut Verfassung alle Menschen gleich und Hunger und Not sind eher die Ausnahme. Schließlich gibt es bei uns das Recht auf eine existenzielle Grundversorgung. Der einzige Unterschied ist: Es sind nicht alle glücklich, oder nur manchmal.

Philos: Ich will jetzt nicht über unseren Staat und unsere Gesellschaft diskutieren.

Sophos: Aber ich sehe das Besondere deines Traums nicht. Oder sollte ich besser sagen: deiner Traumwelt. Was hat dich so begeistert?

Philos: Dass die Menschen glücklich sind und keine Probleme haben. Es ist faszinierend. Kein Mensch braucht mehr als vier Stunden am Tag zu arbeiten. Alle bekommen gleich viel Geld, und zwar genau so viel, wie sie zum Leben brauchen. Toll, oder?

Sophos: Das hört sich irgendwie merkwürdig an. Reicht das denn für alle?

Philos: Ja, das reicht. Die Menschen begnügen sich eben.

Sophos: Was ist denn, wenn jemand sich nicht begnügen will?

Philos: Tun sie aber.

Sophos: Das glaube ich zwar nicht, aber lassen wir das erst einmal. Beantworte mir doch eine andere Frage: Was ist denn, wenn einer mehr arbeiten will?

Philos: Weiß nicht. Danach habe ich die Menschen in meinem Traum nicht gefragt. Aber ich hatte nicht den Eindruck, als wenn da irgendjemand länger arbeiten will. Und es ist doch wunderbar, wenn man nur vier Stunden arbeiten muss.

Sophos: Philos! Ich arbeite manchmal gern. Sehr gern sogar. Warum sollte ich dann nach vier Stunden aufhören?

Philos: Tja. Verstehe. Aber du bist ja auch ein Sonderfall.

Sophos: Ich weiß nicht. Ich bin eigentlich ganz normal – in unserer Welt. Was haben denn die Menschen in deiner Welt gemacht, ich meine: Welcher Art von Arbeit sind sie nachgegangen? Gibt es dort dieselben Berufe wie bei uns?

Philos: Nein, nicht dieselben. Die Menschen, die ich gesehen und mit denen ich gesprochen habe, haben mir gesagt, sie seien Fischer, Bauern oder Jäger – die Männer jedenfalls. Die Frauen haben sich um den Haushalt und die Kinder gekümmert.

Sophos: Also das kommt mir jetzt aber sehr merkwürdig vor. Das ist alles? Das ist ja wie vor 4000 Jahren. Gibt es keine Gleichberechtigung? Dürfen Frauen nicht fischen und jagen?

Philos: Ich weiß nicht. Die Männer und die Frauen, mit denen ich sprach, meinten, dass die Männer das besser können, weil sie stärker seien.

Sophos: Na, da würden sich unsere Frauen aber freuen. Aber nehmen wir deine Argumentation für deine Traumgesellschaft mal aus einer anderen Perspektive in den Blick. Gibt es denn so etwas wie einen Staat in deiner Traumwelt?

Philos: Staat?

Sophos: Naja, eine Regierung, einen Fürsten, König oder so.

Philos: Jetzt, wo du so fragst – nein, soweit ich weiß, nicht.

Sophos: Und wie wird dann in deiner Traumgesellschaft sichergestellt, dass nicht einer den anderen bestiehlt oder ihm Gewalt antut?

Philos: Ehrlich, ich weiß es nicht. Es sah in meinem Traum alles sehr friedlich aus. Ich kann mir bei den Menschen, die dort leben, einfach nicht vorstellen, dass sie so etwas tun.

Sophos: Na, das ist ja eine ungewöhnliche Gemeinschaft. Dann sind die Menschen dort also alle moralisch perfekt und nicht auf Eigennutz aus?

Philos: So habe ich sie erlebt in meinem Traum.

Sophos: Tja, dann ist das eine wunderbare Welt, aber eine Welt, die es nicht gibt, jedenfalls nicht auf diesem Planeten.

Philos: Wieso?

Sophos: Weil es eine wie die von dir beschriebene Gesellschaft auf der Erde nicht gibt.

Philos: Jetzt vielleicht nicht, aber in Zukunft!

Sophos: Nein, Philos. Nicht in 5 000 Jahren. Du hast einen Traum erlebt, nicht die Wirklichkeit.

Philos: Hm. Es war ein Traum, aber ein sehr realer. Das war alles ganz wirklich.

Sophos: In deiner Fantasie. Mit Wirklichkeit hat das nichts zu tun. Wenn du zugestehst, dass es solch eine Gesellschaft nicht gibt, aber denkst, dass sie in Zukunft Wirklichkeit werden könnte – wie soll das in der Realität funktionieren? Wie entsteht diese Gesellschaft?

Philos: Durch Wahlen!

Sophos: Aha. Da bin ich platt. Wie soll das gehen?

Philos: Die Menschen entscheiden sich einfach für das Richtige – diese Gesellschaft, wie ich sie in meinem Traum gesehen habe!

Sophos: Alle?

Philos: Alle!

Sophos: Das funktioniert nicht!

Philos: Wieso?

Sophos: Weil ich z. B. dagegen stimmen würde.

Philos: Na, du bist ja auch die Ausnahme.

Sophos: Vielleicht. Vielleicht auch nicht. In jedem Fall ist eine Ausnahme zu viel. Deine Gesellschaft funktioniert nur über Gehirnwäsche. Und das ist dann eine Diktatur mit anderen Mitteln.

1 Wer hat in dem Dialog aus Ihrer Sicht die besseren Argumente? Diskutieren Sie in Kleingruppen.

2 Prüfen Sie in Ihrer Gruppe: Gibt es Argumente, die Philos und/oder Sophos nicht vorgebracht haben, die aber für die Überzeugungskraft der entsprechenden Position wichtig sind?

3 Überprüfen Sie im Fortgang – allein oder in Partnerarbeit – die von Ihnen in Ihrer Gruppe gefundenen Argumente vor dem Hintergrund der philosophischen Positionen, die Sie in den folgenden Kapiteln kennenlernen.

Was soll ich tun? II

5 Zusammenleben in Staat und Gesellschaft 253

In diesem Inhaltsfeld befassen Sie sich mit Fragen der Ausgestaltung und Legitimation gesellschaftlicher und staatlicher Ordnungen und klären dabei Auffassungen von sozialer Gerechtigkeit.

- Wie sieht ein ideales Zusammenleben in Staat und Gesellschaft aus?
- Welche Voraussetzungen müssen dafür erfüllt sein?
- Welche Ziele sind damit verbunden?

5.1 Gemeinschaft als Prinzip staatsphilosophischer Legitimation 254

- Was ist der Staat?
- Wie entsteht der Staat?
- Warum gibt es so etwas wie einen Staat?
- Welche Maßstäbe gelten für die Aufgaben des Staates?

5.2 Individualinteresse und Gesellschaftsvertrag als Prinzip staatsphilosphischer Legitimation 269

- Wie sollte der Staat beschaffen sein?
- Was sind die Grundlagen des Staates?
- Was ist Recht? Welche Rechte besitzt der Staat?
- Welche Rechte besitzt das Individuum?

5.3 Konzepte von Demokratie 286

- Was ist Demokratie?
- Gibt es unterschiedliche Formen von Demokratie?
- Auf welchen Prinzipien basiert Demokratie?

5.4 Konzepte von sozialer Gerechtigkeit 296

- Was ist Gerechtigkeit?
- Was ist soziale Gerechtigkeit?
- Wie kann soziale Gerechtigkeit verwirklicht werden?

Erweiterter Blick: Wirtschaftsphilosophie und Wirtschaftsethik 312

- Was ist Wirtschaft? Was ist Wirtschaftsphilosophie?
- Was ist Wirtschaftsethik?
- Welche ethischen Prinzipien sollten wirtschaftliches Handeln leiten?

Erweiterter Blick: Geschichtsphilosophie 334

- Was ist Geschichte? Was ist Geschichtsphilosophie?
- Hat die Geschichte einen Sinn und ein Ziel?
- Wie ist das Verhältnis von Menschengeschichte und Weltgeschichte?

Erweiterter Blick: Bedingungen einer dauerhaften Friedensordnung in einer globalisierten Welt 358

- Was ist Globalisierung?
- Wie ist Frieden im Zeichen der Globalisierung möglich?
- Ist Frieden das höchste Ziel?

5 Zusammenleben in Staat und Gesellschaft

Staatsphilosophie ist neben der Ethik der zweite große Themenkomplex, der im Horizont der Frage „Was soll ich tun?" angesiedelt ist. Das Tun bzw. Handeln des Menschen ist stets sozial eingebettet, d. h., der Mensch interagiert mit anderen Menschen in einem gesellschaftlichen Verbund. Er bildet eine Gemeinschaft. Diese ist in der Regel Teil einer staatlichen Ordnung. Deren Grundlagen, Begründungen, Strukturen etc. sind Gegenstand staatsphilosophischer Reflexion. Im Mittelpunkt der Staatsphilosophie steht mit anderen Worten die Frage nach der Legitimation staatlicher Herrschaft. Warum gibt es überhaupt so etwas wie einen Staat und wie sollte dieser beschaffen sein? Zentral ist dabei die Stellung des Individuums – welche Rechte werden ihm zugestanden, wie werden seine Rechte gesichert? Mit der Staatsphilosophie verknüpft sind entsprechend weitere Teildisziplinen wie die Rechtsphilosophie, die Wirtschaftsphilosophie, die Sozialphilosophie und die Frage nach Möglichkeiten eines friedlichen Zusammenlebens von Staaten und Völkern in einer globalisierten Welt.

Vor-Denken

1 Notieren Sie in Ihrem philosophischen Tagebuch Ihre Vorstellungen, die Sie mit den Begriffen „Staat" bzw. „Politik und Gemeinschaft" verbinden.

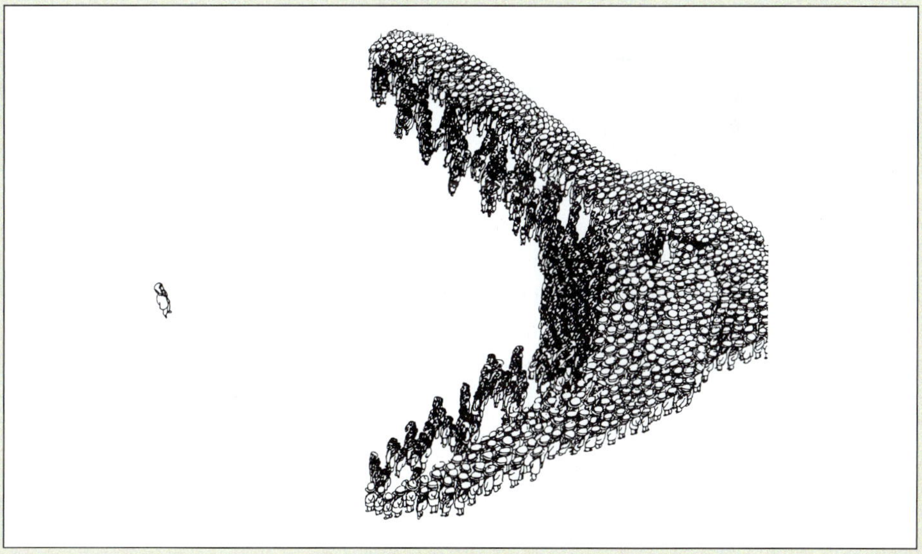

H. G. Rauch, Der Einzelne und die Masse (1969)

2 Schreiben Sie Ihre Empfindungen und Gedanken zu dem Bild auf. Wie könnte man die Zeichnung so verändern, dass der Konfrontation von Einzelnem und „Massen"-Krokodil das Bedrohliche genommen wird?

5.1 Gemeinschaft als Prinzip staatsphilosophischer Legitimation

Der philosophische Diskurs darüber, warum Staaten entstehen, welche Bedeutung sie für die einzelnen Menschen haben, wie sie gerechtfertigt und wie sie zum Nutzen aller organisiert sein sollten, setzt im Wesentlichen im antiken Griechenland ein. Themen, Probleme und Ziele dieses antiken Diskurses sind im Zusammenhang mit der Entwicklung der Stadtstaaten (Poleis), etwa Athens und Spartas, zu sehen. Nachdem in Athen die Herrschaft des Adels (Aristokratie) in eine Krise geraten war, wurde ab 508 v. Chr. die direkte Volksherrschaft eingeführt, die erste Demokratie (von gr. Demos = Bürgerschaft) entstand. Ihr Kennzeichen war, dass sich die freien Bürger Athens regelmäßig versammelten und über Gesetze abstimmten, Amtsträger wählten, Richter einsetzten etc. Allerdings durften Frauen, Sklaven und Bewohner ohne Bürgerstatus an den Versammlungen nicht teilnehmen.

Kontexte

Polis (1992)

Eberhard Hermes

In Athen war im 5. Jahrhundert zum ersten Mal in der Weltgeschichte der Fall eingetreten, dass die breiten Schichten der Bürgerschaft ein verfassungsmäßiges Mitspracherecht und schließlich sogar den entscheidenden Anteil beim Zustandekommen der politischen Entscheidungen hatten. [...] Nun schuf Kleisthenes im Jahr 507 eine neue Verfassung in Athen, durch die er die traditionellen Abhängigkeitsverhältnisse auflöste. Er setzte nämlich die übergreifenden politischen Bezirke, die „Phylen", in der Weise aus den lokalen Selbstverwaltungseinheiten, den „Demen", zusammen, dass jede von ihnen aus Vertretern von Demen der Stadt, der Küstenregion und des Binnenlandes, also aus Bürgern unterschiedlicher Interessenlage, gebildet wurde.
Politische Beschlüsse dieser Phylen konnten daher nur zustande kommen, wenn die Interessen durch Debatte zum Ausgleich gebracht waren und ein Konsens geschaffen wurde. Diese Verfassung, auch Isonomie (griech., gleiche Verteilung, Gleichordnung) genannt, war sozusagen eine Schule der Demokratie. Innenpolitisch auf diese Weise gerüstet, mischten sich die Athener nun auch in die Weltpolitik. [...]
Die Anforderungen der neuen Verfassung an die Bürger, nun ihre Angelegenheiten durch Auseinandersetzung unterschiedlicher Interessen selbst zu ordnen, machten neue Umgangsformen („Interaktionsmuster"), aber auch rechtfertigende Erklärungen („Legitimationen") der neuen Sozialnormen nötig. Diese konnten vom Mythos in der bisherigen epischen Form nicht geliefert werden, weil in ihr Königtum und Adelsgesellschaft als übliche Sozialstruktur vorausgesetzt wurden. In der Ordnung der Isonomie aber galten für die Mitglieder der athenischen Bürgerschaft andere Verhaltensnormen als unter den Verhältnissen einer Monarchie oder Aristokratie. Sie wurden in der Regelung ihrer gemeinschaftlichen Angelegenheiten von der adligen Vermittlung unabhängig, mussten diese aber jetzt selbst betreiben. Dadurch veränderte sich ihr Selbstverständnis von Grund auf. Unter den sozialen Bedingungen, in denen der Einzelne stand, gewann nun diejenige zur Polis, zum politischen Verband der Stadtgemeinde, d.h. die Bürgerrolle, den höchsten Rang.
Die athenischen Bürger lernten, die Welt mit politischen Augen zu sehen, sie lernten aber auch, diese Perspektive sprachlich zu artikulieren, Auffassungen vorzutragen, Meinungen zu begründen, zu Einwänden Stellung zu nehmen.

Ein besonderes politisches Instrument war das sogenannte Scherbengericht, das die Verbannung aus der Polis für zehn Jahre ermöglichte (vgl. Abb. rechts).
Es ist selbstverständlich, dass dieser Prozess des grundlegenden politischen Umbruchs, wie er mit der Einführung der attischen Demokratie verbunden war, staatsphilosophische Reflexionen nach sich zog bzw. von diesen begleitet war. Die beiden grundlegenden Ansätze wurden von Platon und später von Aristoteles entwickelt.
Die Position Platons haben Sie bereits im Einführungsband (S. 79–83) kennengelernt. Auch mit den Vorstellungen des Aristoteles zur Verfassung haben Sie sich dort bereits auseinandersetzen können (S. 84–85). Nachfolgend können Sie diese Einblicke in Theorien zu Staat und Gesellschaft durch weitere Grundlagentexte erweitern und vertiefen.

Politik (nach 335 v. Chr.)
Aristoteles

Aristoteles (384–322 v. Chr.) ist der bedeutendste Schüler Platons. Nicht nur in seiner Erkenntnistheorie und Ethik, sondern auch in seiner Staatsphilosophie geht er allerdings andere Wege als sein Lehrer Platon. Dieser hatte in seinem philosophischen Hauptwerk, der „Politeia“, eine Idee vom idealen Staate entwickelt, Aristoteles' Werk „Politik“ dagegen handelt vom Menschen, der im Rahmen einer Gemeinschaft seine Aufgaben erfüllt. Von Natur aus ist der Mensch für Aristoteles ein politisches Wesen, ein *zoon politikon*.

Die beste Methode dürfte hier wie bei den anderen Problemen sein, dass man die Gegenstände verfolgt, wie sie sich von Anfang an entwickeln. Als Erstes ist es notwendig, dass sich jene Wesen verbinden, die ohne einander nicht bestehen können, einerseits das Weibliche und das Männliche der Fortpflanzung wegen (und dies nicht aus freier Entscheidung, sondern weil es wie anderswo, bei den Tieren und Pflanzen, ein naturgemäßes Streben ist, ein anderes Wesen zu hinterlassen, das einem selbst gleich ist), anderseits das naturgemäß Regierende und Regierte um der Lebenserhaltung willen. Denn was mit dem Verstand vorauszuschauen vermag, ist von Natur das Regierende und Herrschende, was aber mit seinem Körper das Vorgesehene auszuführen vermag, ist das von Natur Regierte und Dienende. Darum ist auch der Nutzen für Herrn und Diener derselbe. [...]

Rembrandt, Aristoteles betrachtet die Büste Homers (1653)

Aus diesen beiden Gemeinschaften entsteht zuerst das Haus. [...] Die erste Gemeinschaft, die aus mehreren Häusern und nicht nur um des augenblicklichen Bedürfnisses willen besteht, ist das Dorf. Das Dorf scheint seiner Natur nach am ehesten eine Verzweigung des Hauses zu sein, und seine Glieder werden von einigen „Milchgenossen“ und „Kinder und Kindeskinder“ genannt. Darum standen auch die Staaten ursprünglich unter Königen, und bei den Barbarenvölkern ist es noch jetzt so. Denn es waren Untertanen von Königen, die da zusammentraten. Jedes Haus wird nämlich vom Ältesten wie von einem König regiert und entsprechend auch die Verzweigungen aufgrund der Verwandtschaft. Dies meint Homer: „Jeder gibt das Gesetz für Kinder und Gattinnen." Jene lebten nämlich zerstreut, und so wohnten die Menschen in der Urzeit, überhaupt. Aus demselben Grunde behaupten auch alle, dass die Götter durch einen König regiert werden, weil sie selbst teils jetzt noch, teils früher unter Königen standen. Wie nämlich die Menschen die Gestalten der Götter nach sich selbst abbilden, so auch deren Lebensformen.

Autarkie: Unabhängigkeit

Endlich ist die aus mehreren Dörfern bestehende vollkommene Gemeinschaft der Staat. Er hat gewissermaßen die Grenze der vollendeten Autarkie erreicht, zunächst um des bloßen Lebens willen entstanden, dann aber um des vollkommenen Lebens willen bestehend. Darum existiert auch jeder Staat von Natur, da es ja schon die ersten Gemeinschaften tun. Er ist das Ziel von jenen, und das Ziel ist eben der Naturzustand. Denn den Zustand, welchen jedes Einzelne erreicht, wenn seine Entwicklung zum Abschluss gelangt ist, nennen wir die Natur jedes Einzelnen, wie etwa des Menschen, des Pferdes, des Hauses.

Außerdem ist der Zweck und das Ziel das Beste. Die Autarkie ist aber das Ziel und das Beste.

Daraus ergibt sich, dass der Staat zu den naturgemäßen Gebilden gehört und dass der Mensch von Natur ein staatenbildendes Lebewesen ist; derjenige, der aufgrund seiner Natur und nicht bloß aus Zufall außerhalb des Staates lebt, ist entweder schlecht oder höher als der Mensch; so etwa der von Homer beschimpfte: „ohne Geschlecht, ohne Gesetz und ohne Herd". Denn dieser ist von Natur ein solcher und gleichzeitig gierig nach Krieg, da er unverbunden dasteht, wie man im Brettspiel sagt.

Dass ferner der Mensch in höherem Grade ein staatenbildendes Lebewesen ist als jede Biene oder irgendein Herdentier, ist klar. Denn die Natur macht, wie wir behaupten, nichts vergebens. Der Mensch ist aber das einzige Lebewesen, das Sprache besitzt. Die Stimme zeigt Schmerz und Lust an und ist darum auch den andern Lebewesen eigen (denn bis zu diesem Punkte ist ihre Natur gelangt, dass sie Schmerz und Lust wahrnehmen und dies einander anzeigen können); die Sprache dagegen dient dazu, das Nützliche und Schädliche mitzuteilen und so auch das Gerechte und Ungerechte. Dies ist nämlich im Gegensatz zu den andern Lebewesen dem Menschen eigentümlich, dass er allein die Wahrnehmung des Guten und Schlechten, des Gerechten und Ungerechten und so weiter besitzt. Die Gemeinschaft in diesen Dingen schafft das Haus und den Staat. [...]

Dass also der Staat von Natur ist und ursprünglicher als der Einzelne, ist klar. Sofern nämlich der Einzelne nicht autark für sich zu leben vermag, so wird er sich verhalten wie auch sonst ein Teil zu einem Ganzen. Wer aber nicht in Gemeinschaft leben kann oder in seiner Autarkie ihrer nicht bedarf, der ist kein Teil des Staates, sondern ein wildes Tier oder Gott.

Mit-Denken

1 ||| Halten Sie einen Augenblick inne, vergegenwärtigen Sie sich den Gedankengang des Aristoteles und überlegen Sie, welche Bedeutung sein Satz hat, dass der Mensch, der nicht in Gemeinschaft leben kann oder in seiner Autarkie ihrer nicht bedarf, „ein wildes Tier oder Gott" sein muss.

2 ||| Kontrastieren Sie die Entstehung der Polis nach Aristoteles mit der Lebensweise der Kyklopen, wie sie Homer in seiner „Odyssee" (vgl. Kontexte) darstellt.

Kontexte

Odyssee (9. Gesang; 8. Jh. v. Chr.)

Homer

In seinem Epos schildert Homer, wie Odysseus auf seinen Irrfahrten von Troja nach dem heimischen Ithaka auf einer Insel landet, die von Kyklopen bewohnt wird. Dieses Volk von Riesen lebt in Höhlen und kennt keine menschliche Gemeinschaft.

Also steuerten wir mit trauriger Seele von dannen.
Und zum Lande der wilden, gesetzelosen Kyklopen
Kamen wir jetzt, der Riesen, die im Vertraun auf die Götter
Nimmer pflanzen noch sä'n und nimmer die Erde beackern.
Ohne Samen und Pflege entkeimen alle Gewächse,
Weizen und Gerste dem Boden und edle Reben, die tragen
Wein in geschwollenen Trauben, und Gottes Regen ernährt ihn.
Dort ist weder Gesetz noch öffentliche Versammlung,
Sondern sie wohnen all auf den Häuptern hoher Gebirge
In gehöhleten Felsen, und jeder richtet nach Willkür
Seine Kinder und Weiber und kümmert sich nicht um den andern.

Alle Menschen haben also von Natur den Drang zu einer solchen Gemeinschaft, und wer sie als Erster aufgebaut hat, ist ein Schöpfer größter Güter. Wie nämlich der Mensch, wenn er vollendet ist, das beste der Lebewesen ist, so ist er abgetrennt von Gesetz und Recht das schlechteste von allen. Das Schlimmste ist die bewaffnete Ungerechtigkeit. Der Mensch besitzt von Natur als Waffen die Klugheit und Tüchtigkeit, und gerade sie kann man am allermeisten in verkehrtem Sinne gebrauchen. Darum ist der Mensch ohne Tugend das gottloseste und wildeste aller Wesen und in Liebeslust und Essgier das schlimmste. Die Gerechtigkeit dagegen ist der staatlichen Gemeinschaft eigen. Denn das Recht ist die Ordnung der staatlichen Gemeinschaft, und die Gerechtigkeit urteilt darüber, was gerecht sei.

1 Nach Meinung von Aristoteles ist der Mensch von Natur aus ein Staaten bildendes Wesen, ein *zoon politikon*. Warum?

2 Welche besonderen Eigenschaften des Menschen unterscheiden ihn (und damit auch seine Staaten) von Tieren wie Bienen oder Termiten, die ebenfalls „Staaten" bilden?

Das Gemeinwohl (ca. 1265 – 1273)

Thomas von Aquin

Thomas von Aquin (1225 – 1274) ist einer der bedeutendsten Philosophen und Theologen des Mittelalters. In seiner staatsphilosophischen Schrift „Über die Herrschaft der Fürsten", aus der der folgende Text stammt, postuliert er in Anlehnung an die Staatsphilosophie des Aristoteles, aber aus christlicher Sicht, die Angewiesenheit des Menschen auf die Bildung einer politischen Gemeinschaft. Deren Wohl ist Bedingung für das Wohl des Einzelnen, der in ihr lebt. In einer Art Fürstenspiegel erläutert er, wie diese politische Gemeinschaft vernunftgeleitet regiert werden kann.

Wäre es die Bestimmung des Menschen, wie viele Tiere vereinzelt zu leben, würde er keiner anderen Leitung bedürfen, um sein Ziel zu erreichen; ein jeder wäre sein eigener König, und nur Gott würde als höchster Herrscher über ihn gebieten, insoweit er sich selbst durch das ihm geschenkte Licht der Vernunft in seinen Handlungen leiten lassen würde. Es ist aber die natürliche Bestimmung des Menschen, das für gemeinschaftliches und staatliches Leben erschaffene Geschöpf zu sein, das gesellig lebt, weit mehr als alle anderen Lebewesen. Schon die Notwendigkeit der menschlichen Natur gibt dafür die Erklärung. Anderen Geschöpfen hat die Natur die Nahrung bereitgestellt, die Bedeckung der Haare, Mittel zur Verteidigung, wie die Zähne, Hörner, Krallen, oder doch die Möglichkeit geschenkt, sich dem Gegner durch schnelle Flucht zu entziehen. Der Mensch aber ist mit keinem dieser Geschenke der Natur gerüstet, statt ihrer aller ist ihm die Vernunft gegeben, damit er, von ihr geleitet, imstande sei, sie sich selbst durch die Arbeit seiner Hände zu verschaffen. Aber um diese Aufgabe zu erfüllen, reicht die Kraft des Einzelnen nicht hin. Auf sich allein gestellt, wäre kein Mensch imstande, das Leben so zu führen, dass er seinen Zweck erreicht. So ist es also der Natur entsprechend, mit vielen gesellig zu leben. [...]

Und um es noch weiter auszuführen: In den anderen Geschöpfen ist schon ein natürlicher Sinn lebendig für alles, was ihnen nützlich oder schädlich ist, wie etwa das Schaf von Natur aus in dem Wolf seinen Feind sieht. Andere Tiere erkennen aus ihrem natürlichen Trieb heraus heilsame Pflanzen und andere Dinge, die ihrem Leben notwendig sind. Dem Menschen aber ist nur im Allgemeinen eine natürliche Erkenntnis von den Notwendigkeiten des Lebens gegeben, denn ihm ist es ja durch seinen Verstand möglich, aus den allgemeinen Grundsätzen zu der Erkenntnis des Einzelnen zu gelangen, das zum menschlichen Leben notwendig ist. Nun ist es aber unmöglich, dass ein Einzelner durch seinen Verstand alle Erkenntnisse dieser Art gewinnt. So ist das gesellige Leben eine Notwendigkeit, damit der eine von dem anderen unterstützt werde und verschiedene damit beschäftigt seien, durch ihren Verstand die verschiedenen Erkenntnisse zu finden, der eine in der Heilkunde, der andere auf diesem, der andere auf jenem Gebiete. Der augenscheinlichste Beweis dafür liegt wohl darin, dass es allein die Eigentümlichkeit der Menschen ist, sich der Sprache zu bedienen, durch die der Einzelne alles, was er auf seinem Gebiet erfasst hat, restlos dem anderen mitzuteilen vermag. Andere Geschöpfe können das, was sie empfinden, nur im Allgemeinen ausdrücken, wie der Hund durch Bellen, dass er zornig ist, und andere Tiere auf die verschiedenste Art. Demnach ist der Mensch mehr als jedes andere in Herden lebende Geschöpf, wie Kraniche, Ameisen und Bienen, dazu bestimmt, sich den anderen mitzuteilen. Aus dieser Überlegung heraus sagt wohl auch Salomo (Pred. 4,9): „Es ist besser, zu zweit zu sein als allein, denn zwei haben den Vorteil, dass sie einander Gesellschaft sind."

Wenn es also der natürlichen Bestimmung des Menschen entspricht, in Gesellschaft mit vielen zu leben, so muss unter den Menschen etwas sein, wodurch die vielen gelenkt werden, wären nämlich viele Menschen beisammen und jeder nur auf das bedacht, was ihm selbst angemessen erscheint, so würde die Gesellschaft nach entgegengesetzten Richtungen auseinandergeraten, falls nicht eben jemand da wäre, der für das Sorge träge, was das Wohl der Gesellschaft betrifft, so würde sich ja auch der Leib des Menschen und jedweden Geschöpfes auflösen, wenn es nicht eine gemeinsame leitende Kraft im Körper gäbe, die auf das gemeinsame Wohl aller Glieder bedacht ist. Das meint Salomo wohl, wenn er (Spr. 1,1,14) sagt: „Wo kein Regent ist, zerstreut sich das Volk." [...]

Wenn also eine Gesellschaft von Freien von ihrem Führer auf das Gemeinwohl der Gesellschaft hingelenkt wird, so wird diese Regierung recht und gerecht sein, wie es Freien angemessen ist. Wenn aber die Führung sich nicht das Gemeinwohl der Gesellschaft, sondern den persönlichen Vorteil des Führers zum Ziel setzt, so wird die Herrschaft ungerecht und wider die Natur sein. [...]

Wenn aber die Hirten das Wohl ihrer Herden suchen müssen, so auch jeder Führer das Wohl der Gesellschaft, die seiner Leitung unterworfen ist. Wenn nun eine ungerechte Herrschaft durch einen geübt wird, der seinen eigenen Vorteil in der Regierung verfolgt, nicht aber das Wohl der ihm untergebenen Gesellschaft, so wird ein solcher Herrscher Tyrann genannt.

Das Wort leitet sich von „Stärke“ ab, weil er nämlich gleichsam mit Gewalt unterdrückt und nicht durch die Gerechtigkeit regiert. Daher hießen bei den Alten auch alle Mächtigen Tyrannen.

1 An welcher Textstelle zeigt sich, dass Thomas von Aquin mit seinen staatsphilosophischen Gedanken an Aristoteles anknüpft? Erläutern Sie bitte.

2 Welche Aspekte führt Thomas von Aquin als Begründungen an, warum der Mensch eine Gemeinschaft und warum er eine politische Führung benötigt? Welche dieser Aspekte sind spezifisch christlich?

3 Formulieren Sie auf der Grundlage der Überlegungen von Thomas von Aquin und im Sinne seiner in dem Text geäußerten Gedanken Richtlinien, nach denen ein guter Regent handeln sollte.

4 Stellen Sie sich vor, Niccolò Machiavelli (Einführungsband, S. 85–87) liest den Textauszug von Thomas von Aquin. Schreiben Sie einen fiktiven Tagebucheintrag Machiavellis, in dem dieser seine Einschätzung nach der Lektüre detailliert darlegt und sich selbst gegenüber begründet.

Das Problem der Staatserrichtung (1795)

Immanuel Kant

Der folgende Text von Immanuel Kant (1724–1804) findet sich im zweiten Abschnitt seiner Schrift „Zum ewigen Frieden“. Deren Entstehung ist vor dem politischen Hintergrund des 1795 zwischen Preußen und Frankreich geschlossenen „Separatfriedens“ zu sehen. Kant zielt mit seinem auf seiner Moralphilosophie aufbauenden Werk auf eine Konzeption von Politik, die dadurch, dass sie sich der Idee des Rechts unterordnet, dauerhaftes friedliches Zusammenleben der Menschen zwischen den Staaten ermöglichen soll: „Die wahre Politik“, so heißt es in dem Werk, „kann [...] keinen Schritt tun, ohne vorher der Moral gehuldigt zu haben.“ Das friedliche Zusammenleben der Menschen wird durch eine republikanische Verfassung gesichert, die gekennzeichnet ist durch die Freiheit der Menschen, die Abhängigkeit von einer einzigen allgemeinen Gesetzgebung und die Gleichheit im Rahmen der Verfassung.

Wenn ein Volk auch nicht durch innere Misshelligkeit genötigt würde, sich unter den Zwang öffentlicher Gesetze zu begeben, so würde es doch der Krieg von außen tun, indem, nach der vorher erwähnten Naturanstalt, ein jedes Volk ein anderes es drängende

Volk zum Nachbar vor sich findet, gegen das es sich innerlich zu einem Staat bilden muss, um, als Macht, gegen diesen gerüstet zu sein. Nun ist die republikanische Verfassung die einzige, welche dem Recht der Menschen vollkommen angemessen, aber auch die schwerste zu stiften, vielmehr noch zu erhalten ist, dermaßen, dass viele behaupten, es müsse ein Staat von Engeln sein, weil Menschen mit ihren selbstsüchtigen Neigungen einer Verfassung von so sublimer Form nicht fähig wären. Aber nun kommt die Natur dem verehrten, aber zur Praxis ohnmächtigen allgemeinen, in der Vernunft gegründeten Willen, und zwar gerade durch jene selbstsüchtige Neigungen, zu Hülfe, so, dass es nur auf eine gute Organisation des Staats ankommt (die allerdings im Vermögen der Menschen ist), jener ihre Kräfte so gegen einander zu richten, dass eine die anderen in ihrer zerstörenden Wirkung aufhält, oder diese aufhebt: sodass der Erfolg für die Vernunft so ausfällt, als wenn beide gar nicht da wären, und so der Mensch, wenngleich nicht ein moralisch-guter Mensch, dennoch ein guter Bürger zu sein gezwungen wird. Das Problem der Staatserrichtung ist, so hart wie es auch klingt, selbst für ein Volk von Teufeln (wenn sie nur Verstand haben) auflösbar und lautet so: „Eine Menge von vernünftigen Wesen, die insgesamt allgemeine Gesetze für ihre Erhaltung verlangen, deren jedes aber insgeheim sich davon auszunehmen geneigt ist, so zu ordnen und ihre Verfassung einzurichten, dass, obgleich sie in ihren Privatgesinnungen einander entgegenstreben, diese einander doch so aufhalten, dass in ihrem öffentlichen Verhalten der Erfolg eben derselbe ist, als ob sie keine solche böse Gesinnungen hätten." Ein solches Problem muss auflöslich sein. Denn es ist nicht die moralische Besserung der Menschen, sondern nur der Mechanismus der Natur, von dem die Aufgabe zu wissen verlangt, wie man ihn an Menschen benutzen könne, um den Widerstreit ihrer unfriedlichen Gesinnungen in einem Volk so zu richten, dass sie sich unter Zwangsgesetze zu begeben einander selbst nötigen, und so den Friedenszustand, in welchem Gesetze Kraft haben, herbeiführen müssen. Man kann dieses auch an den wirklich vorhandenen, noch sehr unvollkommen organisierten Staaten sehen, dass sie sich doch im äußeren Verhalten dem, was die Rechtsidee vorschreibt, schon sehr nähern, obgleich das Innere der Moralität davon sicherlich nicht die Ursache ist, [...] mithin der Mechanismus der Natur [...] von der Vernunft zu einem Mittel gebraucht werden kann. [...] Die Natur will unwiderstehlich, dass das Recht zuletzt die Obergewalt behalte.

1 Wie erklärt Kant die Bildung von Staaten?

2 Welche Rolle spielt der „Mechanismus der Natur" bei der Gründung des republikanischen Staates? Berücksichtigen Sie bei der Beantwortung der Frage die Sätze 1, 3 und 4 von Kants Schrift „Idee zu einer allgemeinen Geschichte in weltbürgerlicher Absicht" (vgl. S. 338 ff.).

Macht, Stärke, Kraft, Autorität und Gewalt des Staates (1970)

Hannah Arendt

Hannah Arendt (1906–1975), deutsche Philosophin, die aufgrund ihrer jüdischen Abstammung 1933 aus Deutschland emigrierte, hat mit ihrem 1951 veröffentlichten Buch „Elemente und Ursprünge totaler Herrschaft" eine systematische Analyse totalitärer Herrschaft vorgelegt, die insbesondere mit Blick auf die Nazi-Diktatur schonungslos Entstehungsgrundlagen und Konsequenzen aufzeigt. In ihrer 1970 erschienenen Studie „Macht und Gewalt", aus der

der nachfolgend abgedruckte Textausschnitt stammt, hat sie eine bis heute viel beachtete Untersuchung staatsphilosophisch zentraler Begriffe vorgenommen, die für die Beurteilung staatlicher Legitimität auch und gerade in modernen Demokratien von grundlegender Bedeutung ist.

Es spricht, scheint mir, gegen den gegenwärtigen Stand der politischen Wissenschaft, dass unsere Fachsprache nicht unterscheidet zwischen Schlüsselbegriffen wie Macht, Stärke, Kraft, Autorität und schließlich Gewalt – die sich doch alle auf ganz bestimmte, durchaus verschiedene Phänomene beziehen und kaum existieren würden, wenn sie das nicht täten. [...] Hinter der scheinbaren Konfusion steht eine theoretische Überzeugung, derzufolge alle Unterscheidungen in der Tat von bestenfalls sekundärer Bedeutung wären, die Überzeugung nämlich, dass es in der Politik immer nur eine entscheidende Frage gäbe, die Frage: Wer herrscht über wen? Macht, Stärke, Kraft, Autorität, Gewalt – all diese Worte bezeichnen nur die Mittel, deren Menschen sich jeweils bedienen, um über andere zu herrschen; man kann sie synonym gebrauchen, weil sie alle die gleiche Funktion haben. Erst wenn man diese verhängnisvolle Reduktion des Politischen auf den Herrschaftsbereich eliminiert, werden die ursprünglichen Gegebenheiten in dem Bereich der menschlichen Angelegenheiten in der ihnen eigentümlichen Vielfalt wieder sichtbar werden.

Diese Gegebenheiten in unserem Zusammenhang und mit Bezug auf die oben genannten Begriffe lassen sich wie folgt spezifizieren:

Macht entspricht der menschlichen Fähigkeit, nicht nur zu handeln oder etwas zu tun, sondern sich mit anderen zusammenzuschließen und im Einvernehmen mit ihnen zu handeln. Über Macht verfügt niemals ein Einzelner; sie ist im Besitz einer Gruppe und bleibt nur so lange existent, als die Gruppe zusammenhält. Wenn wir von jemand sagen, er „habe die Macht", heißt das in Wirklichkeit, dass er von einer bestimmten Anzahl von Menschen ermächtigt ist, in ihrem Namen zu handeln. In dem Augenblick, in dem die Gruppe, die den Machthaber ermächtigte und ihm ihre Macht verlieh (potestus in populo – ohne ein „Volk" oder eine Gruppe gibt es keine Macht), auseinandergeht, vergeht auch „seine Macht". Wenn wir in der Umgangssprache von einem „mächtigen Mann" oder einer „machtvollen Persönlichkeit" sprechen, gebrauchen wir das Wort schon im übertragenen Sinn; nicht metaphorisch gesprochen handelt es sich um einen starken Mann oder eine starke Persönlichkeit.

Denn *Stärke*, im Gegensatz zu Macht, kommt immer einem Einzelnen, sei es Ding oder Person, zu. Sie ist eine individuelle Eigenschaft, welche sich mit der gleichen Qualität in anderen Dingen oder Personen messen kann, aber als solche von ihnen unabhängig ist. Stärke hält der Macht der vielen nie stand; der Starke ist nie am mächtigsten allein, weil auch der Stärkste Macht gerade nicht besitzt. Wo der Starke mit der Macht der vielen zusammenstößt, wird er immer durch die schiere Zahl überwältigt, die sich oft nur darum zusammenschließt, um mit der der Stärke eigentümlichen Unabhängigkeit fertigzuwerden. Von Plato bis Nietzsche hat man die fast instinktive Feindseligkeit der vielen gegen den einen, der sich von ihnen absondert, dem Ressentiment der Schwachen gegen den Starken zugeschrieben, aber diese psychologische Deutung, so richtig sie im einzelnen Fall sein mag, übersieht, dass es im Wesen einer Gruppe und der von ihr erzeugten Macht liegt, sich gegen Unabhängigkeit, die mit Stärke Hand in Hand geht, zu wehren. Das Wort *Kraft*, das im deutschen Sprachgebrauch meist synonym mit Stärke gebraucht wird, sollte in der Begriffssprache für „Naturkräfte" vorbehalten bleiben, um dann metaphorisch überall da verwandt zu werden, wo physische oder gesellschaftliche Bewegungen bestimmte Energiequanten erzeugen – die „Wasserkraft“ oder „die Kraft der Verhältnisse“ –, die sich auf den Einzelnen auswirken.

Autorität, das begrifflich am schwersten zu fassende Phänomen und daher das am meisten missbrauchte Wort, kann sowohl eine Eigenschaft einzelner Personen sein – es gibt persönliche Autorität, z. B. in der Beziehung von Eltern und Kindern, von Lehrer und Schülern – als einem Amt zugehören, wie etwa dem Senat in Rom (*auctoritas in senatu*) oder den Ämtern der katholischen Hierarchie (auch ein betrunkener Priester kann vermöge der Autorität des Amtes gültige Absolution erteilen). Ihr Kennzeichen ist die fraglose Anerkennung seitens derer, denen Gehorsam abverlangt wird; sie bedarf weder des Zwanges noch der Überredung. (So kann ein Vater seine Autorität entweder dadurch verlieren, dass er das Kind durch Schläge zwingt, oder dadurch, dass er versucht, es durch Argumente zu überzeugen. In beiden Fällen handelt er nicht mehr autoritär, in dem einen Fall tyrannisch, in dem anderen demokratisch.) Autorität bedarf zu ihrer Erhaltung und Sicherung des Respekts entweder vor der Person oder dem Amt. Ihr gefährlichster Gegner ist nicht Feindschaft sondern Verachtung, und was sie am sichersten unterminiert, ist das Lachen.

Gewalt schließlich ist, wie ich bereits sagte, durch ihren instrumentalen Charakter gekennzeichnet. Sie steht dem Phänomen der Stärke am nächsten, da die Gewaltmittel, wie alle Werkzeuge, dazu dienen, menschliche Stärke bzw. die der organischen „Werkzeuge“ zu vervielfachen, bis das Stadium erreicht ist, wo die künstlichen Werkzeuge die natürlichen ganz und gar ersetzen.

Wenn wir uns solcher begrifflichen Unterscheidungen bedienen, dürfen wir nicht vergessen, dass sie zwar keineswegs willkürlich sind und den Phänomenen in der Wirklichkeit durchaus entsprechen, dass sie aber andererseits aus dieser Wirklichkeit gleichsam herauspräpariert sind und in begrifflicher Reinheit nur selten in ihr anzutreffen sind. So nimmt Macht in organisierten Gemeinwesen oft Kennzeichen an, die eigentlich der Autorität angehören, immer dann nämlich, wenn das Funktionieren des sozialen Lebens sofortige, fraglose Anerkennung von Anordnungen erfordert. (Ein scheinbar unbedeutender und vorläufig noch vereinzelter Zwischenfall in New York mag illustrieren, was passieren kann, wenn Autorität in einem Sozialgefüge so völlig verschwunden ist, dass sie sich nicht einmal mehr in ihrer sekundären, rein funktionellen Gestalt durchzusetzen vermag. Ein kleinerer U-Bahn-Schaden – die Türen eines Zuges schlossen nicht automatisch in der Station – führte zu einer vierstündigen Stilllegung des gesamten Verkehrs, von der 50 000 Menschen betroffen wurden, weil die Insassen des defekten Zuges sich einfach weigerten, der Aufforderung der Verkehrsleitung, die Wagen zu verlassen, nachzukommen.) Auch Macht und Gewalt treten gewöhnlich, wie wir sehen werden, kombiniert auf und sind nur in extremen Fällen in ihrer reinen Gestalt anzutreffen – woraus man natürlich nicht folgern kann, dass Autorität, Macht und Gewalt alle auf dasselbe hinauslaufen.

Nun ist allerdings die Versuchung, sich in der Bestimmung des Wesens der Macht an den Kategorien des Gehorchens und Befehlens zu orientieren, besonders groß, wenn es sich um die Staatsmacht handelt, also um einen speziellen Fall von Macht. Da die Gewalt sowohl in der Außen- wie in der Innenpolitik immer als letzter Ausweg des Handelns miteinkalkuliert ist und infolgedessen als der letztlich entscheidende Schutz der Machtstruktur gegen alle entschlossenen Gegner erscheint – gegen den Feind von außen und den Verbrecher im Innern, kann es wirklich so aussehen, als sei Gewalt die Vorbedingung von Macht, und Macht nichts anderes als eine Fassade, hinter der die Gewalt sich verbirgt, der Samthandschuh, unter dem sich entweder die eiserne Faust oder eine

Art Papiertiger befindet. Bei näherem Zusehen jedoch sind diese und ähnliche Vorstellungen von dem Verhältnis zwischen Macht und Gewalt sehr viel weniger einleuchtend, als man auf den ersten Blick glaubt. Dies lässt sich vielleicht am besten an dem Phänomen der Revolution erläutern.

Seit Beginn des Jahrhunderts hat man immer wieder behauptet, die Chancen für Revolutionen hätten sich entscheidend verringert, ja Revolutionen wären nicht mehr möglich, und zwar wegen der ständig anwachsenden Zerstörungskapazität von Waffen, die ihrem Wesen nach nur der Staatsmacht zur Verfügung stehen. Die Geschichte der letzten siebzig Jahre, die einen Rekord an erfolgreichen wie gescheiterten Revolutionen aufstellten, spricht eine andere Sprache. [...]

Die innere Zersetzung der Staatsmacht macht Revolutionen möglich; sie sind keineswegs eine notwendige, errechenbare Folge. Die Geschichte kennt zahllose Beispiele von völlig ohnmächtigen Staaten, die über lange Zeiträume fortbestehen konnten. Entweder gab es niemanden, der die bestehende Macht auch nur auf die Probe stellte, oder das Regime hatte das Glück, in keinen Krieg verwickelt zu werden und keine Niederlage zu erleiden. Denn Machtzerfall wird häufig nur manifest in direkter Konfrontation; und selbst dann, wenn die Macht schon auf der Straße liegt, bedarf es immer noch einer Gruppe von Menschen, die auf diese Eventualität vorbereitet und daher bereit ist, die Macht zu ergreifen und die Verantwortung zu übernehmen. Vor zwei Jahren waren wir Zeugen der Ereignisse, die auf die relativ harmlose und wesentlich gewaltlose Rebellion der Studenten in Frankreich folgten. Sie genügte, um die Brüchigkeit des ganzen Systems zu enthüllen, das sich vor den erstaunten Augen der jungen Rebellen rapid auflöste. Ohne es zu ahnen, hatten sie das System auf die Probe gestellt. Sie hatten nichts weiter beabsichtigt, als das veraltete und verknöcherte Universitätssystem zu „konfrontieren", und siehe da, alles geriet ins Wanken, die Staatsmaschine sowohl wie die gewaltigen Partei- und Gewerkschaftsbürokratien – „une sorte de désintégration de toutes les hiérarchies" (Raymond Aron). Dies war ein Schulbeispiel der viel beredeten und oft missverstandenen „revolutionären Situation", in der die Revolution ausblieb, weil niemand, am wenigsten natürlich die Studenten, daran dachte, die Macht zu ergreifen und damit die Verantwortung zu übernehmen. [...]

Es hat nie einen Staat gegeben, der sich ausschließlich auf Gewaltmittel hätte stützen können. Selbst die totale Herrschaft, deren wesentliche Herrschaftsmittel Konzentrationslager, Polizeiterror und Folter sind, bedarf einer Machtbasis, die in diesem Fall von der Geheimpolizei und einem Netz von Spitzeln gestellt wird. Nur die oben erwähnte Entwicklung von Robotsoldaten könnte an dieser prinzipiellen Überlegenheit der Macht und der Meinung über die Gewalt etwas ändern; dann könnte in der Tat ein Mann durch das Auslösen eines Hebels vernichten, wen und was immer ihm gerade beliebt. Selbst das despotischste Regime, das wir kennen, die Herrschaft über Sklaven, die ihre Herren an Zahl immer übertrafen, beruhte nicht auf der Überlegenheit der Gewaltmittel als solchen, sondern auf der überlegenen Organisation der Sklavenhalter, die miteinander solidarisch waren, also auf Macht. Begrifflich gesprochen heißt dies: Macht gehört in der Tat zum Wesen aller staatlichen Gemeinwesen, ja aller irgendwie organisierten Gruppen, Gewalt jedoch nicht. Gewalt ist ihrer Natur nach instrumental; wie alle Mittel und Werkzeuge bedarf sie immer eines Zwecks, der sie dirigiert und ihren Gebrauch rechtfertigt. Und das, was eines anderen bedarf, um gerechtfertigt zu werden, ist funktioneller aber nicht essenzieller Art. [...]

Macht bedarf keiner Rechtfertigung, da sie allen menschlichen Gemeinschaften immer schon inhärent ist. Hingegen bedarf sie der Legitimität. Macht entsteht, wann immer

Menschen sich zusammentun und gemeinsam handeln, ihre Legitimität beruht nicht auf den Zielen und Zwecken, die eine Gruppe sich jeweils setzt; sie stammt aus dem Machtursprung, der mit der Gründung der Gruppe zusammenfällt. Ein Machtanspruch legitimiert sich durch Berufung auf die Vergangenheit, während die Rechtfertigung eines Mittels durch einen Zweck erfolgt, der in der Zukunft liegt. Gewalt kann gerechtfertigt, aber sie kann niemals legitim sein. Ihre Rechtfertigung wird um so einleuchtender sein, je näher das zu erreichende Ziel liegt. Niemandem kommt es in den Sinn, die Berechtigung von Gewalttätigkeit im Falle der Selbstverteidigung infrage zu stellen, weil die Gefahr nicht nur evident, sondern unmittelbar gegenwärtig ist, mithin zwischen dem Zweck und den Mitteln, die er rechtfertigen muss, so gut wie keine Zeitspanne liegt.

1 Entwickeln Sie in Partnerarbeit auf der Grundlage der Ausführungen von Hannah Arendt Definitionen der Begriffe „Macht", „Stärke", „Kraft", „Autorität", „Gewalt".

2 Veranschaulichen Sie Ihre Definitionen jeweils durch Beispiele aus dem Text oder durch eigene Beispiele.

3 Wählen Sie einen der fünf Begriffe aus und überlegen Sie sich, wie Sie den mit „Ihrem" Begriff bezeichneten Sachverhalt in einer Grafik darstellen können. Bilden Sie anschließend mit den Mitschülerinnen und Mitschülern, die denselben Begriff gewählt haben wie Sie, eine Gruppe. Stellen Sie sich Ihre Grafiken gegenseitig vor. Wählen Sie gemeinsam eine Grafik aus und stellen Sie diese im Plenum vor.

4 Verfassen Sie einen philosophischen Essay über Hannah Arendts Thesen zum Unterschied zwischen Macht und Gewalt. Beziehen Sie dabei historische und aktuelle politische Beispiele ein.

Individuum und Gemeinschaft (2000)

Amitai Etzioni

Der amerikanische Soziologe Amitai Etzioni (* 1929) gilt gegenwärtig als einer der Hauptvertreter des Kommunitarismus (vgl. Kontexte, S. 266). In seinen Werken (z. B. „The Spirit of Community") bemüht er sich darum, den starren Gegensatz von individueller Selbstbestimmung und kollektiver politischer Ordnung mit ihren rigiden sozialen Anforderungen produktiv zu überwinden. Er plädiert jenseits dieser Alternative für einen dritten Weg, d. h. für eine möglichst große Freiheit im Rahmen einer solidarisch orientierten zivilen Gesellschaftsordnung, die an bestimmten sozialen Grundbedürfnissen der Menschen, wie z. B. Anerkennung, Zuwendung, Orientierung, geknüpft ist.

Wir leben in einer Gesellschaft im Übergang, die sich angesichts eines tief greifenden Strukturwandels in einer Orientierungskrise befindet. Allerorten fehlt es an moralischen Werten. Viele Menschen sind durch diesen enormen Wandel verunsichert. Auch wenn wir in verschiedenen Staaten leben, die sich in der Kombination der Mittel, die sie zur Aufrechterhaltung ihrer sozialen Ordnung anwenden, unterscheiden, ringen wir doch alle mit der Frage, wie ein Gleichgewicht zwischen unkontrollierbaren Marktkräften und dem, was wir unter einer moralisch guten Gesellschaft verstehen, hergestellt werden kann. Wenn wir einzelne Gesellschaften vergleichen, fällt eine starke Ambivalenz zwischen ihnen auf. Entweder sind die Gesellschaften gekennzeichnet durch eine starke Betonung des Individualismus oder aber des Gemeinwesens. [...]

Zu individuellen Rechten gehören immer auch soziale Pflichten. Ohne gemeinschaftliche Bindungen und allgemein anerkannte Normen und Werte führen die Freiheitsrechte des Individuums zu verantwortungslosem Handeln. Um Solidargemeinschaften und den demokratischen Rechtsstaat zu erhalten, sind den Bürgern diese Zusammenhänge verständlich zu machen. Ebenfalls muss das moralische Bewusstsein der Menschen gestärkt werden. Die Menschen müssen sich umeinander kümmern, füreinander einstehen. Die Selbstentfaltung des Individuums ist damit keineswegs eingeschränkt. Ich bin mir sicher, dass dadurch ganz neue Perspektiven menschlichen Lebens zum Vorschein kommen, die in einer nur auf Gewinnstreben und Eigennutz orientierten Gesellschaft gar nicht entdeckt werden. [...]

Die Stärken der westlichen, rechtsstaatlichen Demokratien liegen in der wirtschaftlichen Prosperität, der politischen Partizipation seiner Bürger und ihren sozialen Errungenschaften. Jenseits einer gewissen Grenze stellt sich das Eröffnen immer neuerer Freiheiten aber als Schwäche und nicht als Stärke heraus. Die Schwächen vieler Gesellschaften liegen in der immer brüchiger werdenden Solidarität. Ich führe die zunehmende moralische Verwahrlosung darauf zurück, dass sich demokratisch gefestigte Gesellschaften dem wirtschaftlichen Wettbewerb unterwerfen. Sie setzen den sozialen Zusammenhalt und die moralischen Grundwerte leichtfertig aufs Spiel. [...]

Die ideale Gesellschaft ist gekennzeichnet durch drei Faktoren: Erstens setzt sie sich Ziele, zweitens mobilisiert sie die dafür notwendigen Ressourcen und drittens bezieht sie ihre Bürger in diese Aufgabe ein. Letzteres geschieht durch eine Gemeinschaft von Gemeinschaften. Die ideale Gesellschaft basiert auf einer sorgfältigen Balance zwischen Autonomie, Freiheit und Moral. [...]

Nach meiner Definition zeichnet sich das Gemeinwesen durch zwei Eigenschaften aus. Zum einen dadurch, dass sich die Individuen einer Gruppe gegenseitig kennen und füreinander einstehen. Und zum anderen durch ein Gefühl der Verpflichtung gegenüber gemeinsamen Normen und Werten. Für mich sind Gemeinschaften soziale Netze von Menschen, die einander persönlich kennen, sie sind zugleich aber auch moralische Instanzen. Sie binden Menschen an gemeinsame Werte und erstrebenswerte Ziele und versetzen sie in die Lage, sich um sich selbst zu kümmern und dennoch die anderen nicht aus den Augen zu verlieren. Gemeinschaften sind meines Erachtens die wichtigste Quelle moralischer Orientierung. Wir gehören immer mehreren Gemeinschaften gleichzeitig an. Die Zugehörigkeit zu mehreren Gemeinschaften schützt die Individuen sowohl vor moralischer Repression wie auch vor Achtung. [...]

Freie Individuen brauchen Gemeinschaften, die sie vor staatlichen Übergriffen schützen. Wenn sich der unverantwortliche Individualismus weiter ausweitet, dann wird irgendwann der Staat eingreifen. Diesem Schritt müssen wir zuvorkommen. Ich denke, dies könnte durch die Festigung des Gemeinwesens geschehen. Die Stärkung der Gemeinschaft und ihrer moralischen Stimme ist meines Erachtens die beste Möglichkeit, die Rolle des Staates – vor allem seine polizeiliche Kontrollfunktion – zu begrenzen. Wer die Gemeinschaften stärken will, muss dafür sorgen, dass sie sich als Teile eines übergreifenden Ganzen begreifen. Wenn wir uns gegenseitig ermahnen und ermutigen, bestimmte Werte zu verfolgen und Vorschriften einzuhalten, dann brauchen wir auch viel weniger Polizisten. Wenn die meisten von uns ehrlich ihre Steuern abführen, brauchen wir weniger Steuerfahnder. Sicher wird es immer Leute geben, die gegen Recht und Gesetz verstoßen. Was wir vermeiden müssen, ist der Rückgriff auf den Staat als Garant der sozialen Ordnung. Sie wird viel humaner und kostengünstiger durch freiwillige Beachtung der Werte, die erstrebenswert sind. Zu ihnen gehört die Verkehrsdisziplin genauso wie die angemessene Teilhabe an den finanziellen Lasten der Gesellschaft. Wir brauchen ein ausgewogenes Verhältnis zwischen Individualrechten und sozialen Pflichten, damit wir der Gefahr staatlicher Kontrollen begegnen. [...]

Wir müssen zum Subsidiaritätsprinzip zurück, also dahin, dass höhere staatliche oder gesellschaftliche Institutionen nur dann eingeschaltet werden, wenn die niederen überfordert sind. Keine soziale Aufgabe sollte einer Institution zugewiesen werden, die größer ist als notwendig, um anstehende Aufgaben zu bewältigen. Was von der Familie geleistet werden kann, darf nicht der Schule übertragen werden. Was auf der örtlichen Ebene getan werden kann, darf nicht vom Einzelstaat oder der Bundesregierung geregelt werden. Aufgaben an höhere Ebenen abzuschieben, schwächt die Gemeinschaft an der Basis. Wir müssen den Gemeinsinn der Bürger wecken und die Möglichkeit eröffnen, sich in Gemeinwesen zusammenzuschließen, um Probleme anzugehen. Wir müssen den Gemeinsinn in den Familien fördern, in den Schulen kultivieren und in den Gemeinschaften stärken.

1 Welche Merkmale charakterisieren nach Auffassung von Etzioni das Gemeinwesen?

2 Der Autor fordert ein ausgewogenes Verhältnis zwischen Individualrechten und sozialen Pflichten. Formulieren Sie Rechte und Pflichten, durch die ein ausgewogenes Verhältnis zwischen beiden hergestellt werden kann.

3 Verfassen Sie im Sinne Etzionis eine Art Manifest, das zur Förderung des Gemeinwesens auffordert.

Kontexte

Kommunitarismus

Unter Kommunitarismus versteht man eine Richtung der politischen Philosophie, die – als kritische Reaktion auf das von Rawls entwickelte Vertragsmodell der Gerechtigkeit – die soziale Verantwortung des Individuums gegenüber Staat und Gesellschaft hervorhebt. Ausgehend von der Diagnose, dass die moderne westliche Gesellschaft durch Entsolidarisierung und Werteverlust charakterisiert sei und einzelne Menschen in eine Identitäts- und Sinnkrise gestürzt habe, betont der Kommunitarismus die Rolle des Menschen als ein soziales Wesen, d. h. seine spezifische Einbettung in eine sprachlich, kulturell und religiös geprägte Gemeinschaft, die die freie Entfaltung des Individuums nur unter der Prämisse ihrer sozialen Verträglichkeit befürwortet. Nur auf der Basis der in ihr tradierten Wertvorstellungen kann nach kommunitaristischer Auffassung ein an der Idee des Guten orientiertes Konzept von politischer Gerechtigkeit entwickelt werden, die zu wahrer Freiheit und Demokratie führt. Zu den Hauptvertretern des Kommunitarismus zählen Michael Walzer, Charles Taylor und Amitai Etzioni.

Solidarität als politische Tugend (2010)

André Comte-Sponville

Der französische Philosoph (* 1952) ist vor allem durch seine Religionskritik bekannt geworden. In diesem Textausschnitt aus seinem Werk „Glück ist das Ziel“, einer Sammlung von zwölf philosophischen Betrachtungen zu zentralen Begriffen der Philosophiegeschichte, thematisiert er die Beziehungen von Großzügigkeit und Solidarität, Moral und Politik.

Solidarisch zu sein heißt, die Interessen des anderen zu vertreten, gewiss, aber nur weil sie – direkt oder indirekt – auch die meinen sind. Indem ich für ihn handle, handle ich auch für mich: weil wir die gleichen Feinde oder die gleichen Interessen haben, weil wir den gleichen Gefahren oder den gleichen Angriffen ausgesetzt sind. Gleiches gilt für die Gewerkschaftsbewegung, das Versicherungswesen oder das Steuersystem. Wer würde sich für großzügig halten, weil er sich gut versichert, in der Gewerkschaft ist oder seine Steuern zahlt? Großzügigkeit ist etwas anderes: Da vertrete ich zwar auch die Interessen des anderen, aber keineswegs, weil sie auch die meinen sind; da vertrete ich sie, obwohl ich sie nicht teile – nicht weil ich etwas davon hätte, sondern damit der andere etwas davon hat. Wenn ich für ihn handle, tue ich es nicht für mich: gut möglich, dass ich dabei etwas verliere – das ist sogar meist der Fall. Solidarität heißt, sich mit anderen zusammen zu verteidigen, Großzügigkeit im Extremfall, sich für andere zu opfern. Deshalb ist die Großzügigkeit moralisch überlegen, und deshalb ist die Solidarität gesellschaftlich und politisch dringlicher, realistischer, wirksamer.

Niemand führt die Sozialversicherungsbeiträge aus Großzügigkeit ab. Niemand zahlt seine Steuern aus Großzügigkeit. Und was wäre das für ein Gewerkschaftler, der nur aus Großzügigkeit gewerkschaftlich organisiert wäre! Und doch haben Sozialversicherung, Steuersystem und Gewerkschaftsbewegung mehr – viel mehr – für die Gerechtigkeit geleistet als das bisschen Großzügigkeit, die der eine oder andere gelegentlich bewiesen hat. Das gilt auch für die Politik. Keiner befolgt das Gesetz aus Großzügigkeit. Niemand ist Staatsbürger aus Großzügigkeit. Aber Recht und Staat haben viel mehr für Gerechtigkeit und Freiheit geleistet als alle guten Gefühle. [...]

Großzügigkeit ist moralische Tugend, Solidarität politische Tugend. Die große Aufgabe des Staats ist die Regulierung und Sozialisation der Egoismen. Deswegen ist er notwendig. Deswegen ist er unersetzlich. Politik ist nicht das Reich der Moral, der Pflicht, der Liebe, sondern das Reich der Kräfte- und Meinungsverhältnisse: der Interessen und Interessenkonflikte. Nehmt Machiavelli oder Marx, Hobbes oder Spinoza. Politik ist keine Erscheinungsform des Altruismus: Politik ist ein intelligenter und sozialisierter Egoismus. Das macht sie nicht nur nicht verdammenswert, sondern rechtfertigt sie: Wenn wir denn alle Egoisten sind, können wir es auch gemeinsam und auf intelligente Art sein! Wer würde denn nicht einsehen, dass das geduldige unorganisierte Bemühen um das gemeinsame Interesse oder um das, was wir dafür halten, für fast alle besser ist als der Krieg aller gegen alle und die Anarchie? Wer würde denn nicht einsehen, dass die Gerechtigkeit für fast alle besser ist als die Ungerechtigkeit? Dabei ist offenkundig, dass dieses Bestreben auch moralisch gerechtfertigt ist, was beweist, dass Moral und Politik in ihren Absichten keinen Gegensatz darstellen. Genauso offenkundig ist jedoch, dass die Moral nicht ausreicht, um das Ziel zu erreichen, woraus folgt, dass wir Moral und Politik nicht verwechseln dürfen.

Die Moral ist prinzipiell uneigennützig, was die Politik niemals ist. Die Moral ist universell – oder will es zumindest sein; alle Politik ist partikularistisch.

Die Moral ist individuell (sie gilt nur in der ersten Person), alle Politik ist kollektiv.

Deswegen kann die Moral nicht die Politik ersetzen, so wenig wie die Politik die Moral: Wir brauchen beide und den Unterschied zwischen beiden!

1 Nennen Sie Handlungen, die sich dem Motiv der Großzügigkeit bzw. dem der Solidarität mit anderen verdanken. Wie unterscheiden sie sich nach Comte-Sponville?

2 Erläutern Sie die vom Autor vorgenommene Trennung von Moral und Politik und nehmen Sie zu seiner These begründet Stellung, dass Moral Politik in einem Staat nicht ersetzen kann.

3 Diskutieren Sie im Plenum: Wo sehen Sie Stärken der Position von Comte-Sponville, wo Schwächen?

Nach- und Weiter-Denken

1 III Philosophische Debatte:

a) Bilden Sie in Ihrem Kurs zu jedem der in diesem Kapitel abgedruckten Texte eine kleine Expertengruppe. Fassen Sie die Kernthesen „Ihres" Textes zusammen und machen Sie sich die besonderen Qualitäten bzw. Vorzüge der in ihm formulierten Gedanken bewusst.

b) Formulieren Sie auf dieser Basis kritische Fragen an andere Gruppen, die Schwachstellen des von Ihnen bearbeiteten Textes aufdecken bzw. problematisieren.

c) Setzen Sie sich nun in einer Stuhlkreisrunde so zusammen, dass nach Möglichkeit jeder bzw. jede aus Ihrer Gruppe alle anderen Kursteilnehmerinnen und Kursteilnehmer sehen kann.

d) Jede Gruppe sollte nun zunächst noch einmal kurz Kernthesen des von ihr erarbeiteten Textes im Plenum darstellen. Die anderen sollten gegebenenfalls interessante oder problematische Aspekte notieren.

e) Beginnen Sie auf dieser Basis mit der Debatte, indem Sie nacheinander Ihre Fragen zu den von Ihnen in den anderen Texten identifizierten Problemen vortragen und im Plenum diskutieren.

2 III a) Überprüfen Sie vor dem Hintergrund Ihrer Auseinandersetzung mit den Texten und Positionen in diesem Kapitel Ihre eingangs (S. 249) entwickelte Utopie eines idealen Staates bzw. einer idealen Gesellschaft.

b) Entwerfen Sie auf dieser Grundlage eine digitale Text-Bild-Ton-Film-Collage, in der Sie Ihre staatsphilosophische Idealvorstellung im Rahmen von PowerPoint, Keynote, Prezi, dem SymBoard (www.medid.de) etc. veranschaulichen.

3 III Das Bild stammt von Werner Heldt, ist 1933/34 entstanden und heißt „Aufmarsch der Nullen".

a) Deuten Sie das Bild vor dem Hintergrund der historischen Ereignisse des Jahres 1933 in Deutschland.

b) Formulieren Sie eine Analyse der in dem Bild dargestellten Form von Gemeinschaft und ihrer Beziehung zum Staat im Horizont einer jener staatsphilosophischen Theorieansätze, die Sie in diesem Kapitel kennengelernt haben.

Werner Heldt: Aufmarsch der Nullen (1933/34)

5.2 Individualinteresse und Gesellschaftsvertrag als Prinzip staatsphilosophischer Legitimation

Titelbild der Erstveröffentlichung des „Leviathan" von Thomas Hobbes (1651). Der Oberkörper ist aus vielen einzelnen Menschen zusammengesetzt.

Vor-Denken

1 ||| Betrachten Sie das Bild sehr aufmerksam. Notieren Sie Ihre Beobachtungen in Stichworten und entwickeln Sie erste Deutungshypothesen.

2 ||| Tauschen Sie sich mit Ihrem Sitznachbarn bzw. Ihrer Sitznachbarin über Ihre Beobachtungen und Deutungshypothesen aus. Versuchen Sie, auf dieser Basis eine gemeinsame Deutung zu entwickeln und diese in einem Leitsatz schriftlich zu fixieren.

3 ||| Bringen Sie Ihren Deutungsansatz im Plenum in einen gemeinsamen Erschließungsversuch des Bildes durch den gesamten Kurs ein.

Thomas Hobbes (1588–1679)

Die Notwendigkeit des Staates (1651)

Thomas Hobbes

Thomas Hobbes hat seine Staatsphilosophie vor dem Hintergrund der politischen Ereignisse seiner Zeit geschrieben. Sie ist im unmittelbaren Zusammenhang mit den Bürger- und Konfessionskriegen im Gefolge der Reformation in Deutschland, Frankreich und England zu sehen, die zu erheblichen politischen Verwerfungen und sozialen Erschütterungen führten. Aus diesen Auseinandersetzungen resultierte sein Bestreben, das Konzept eines modernen Staates modellhaft zu entwickeln, der, souverän über den einzelnen Interessen der Parteien stehend, den permanenten Kriegszustand („bellum omnium contra omnes", lat., Krieg aller gegen alle) beendet und ein friedliches Zusammenleben der Bürger ermöglicht. Ein solches Bild vom Staat zeichnet Hobbes in seinem Hauptwerk „Leviathan" (Ungeheuer der altorientalischen Mythologie; bei Hobbes Symbol für die weltliche und kirchliche Macht), aus dem der folgende Textauszug stammt.

Die Natur hat die Menschen hinsichtlich ihrer körperlichen und geistigen Fähigkeiten so gleich geschaffen, dass trotz der Tatsache, dass bisweilen der eine einen offensichtlich stärkeren Körper oder gewandteren Geist als der andere besitzt, der Unterschied zwischen den Menschen alles in allem doch nicht so beträchtlich ist, als dass der eine aufgrund dessen einen Vorteil beanspruchen könnte, den ein anderer nicht ebenso gut für sich verlangen dürfte. Denn was die Körperstärke betrifft, so ist der Schwächste stark genug, den Stärksten zu töten – entweder durch Hinterlist oder durch ein Bündnis mit anderen, die sich in derselben Gefahr wie er selbst befinden.

Und was die geistigen Fähigkeiten betrifft, so finde ich, dass die Gleichheit unter den Menschen noch größer ist als bei der Körperstärke – einmal abgesehen von den auf Wörtern beruhenden Künsten und besonders von der Fertigkeit, nach allgemeinen und unfehlbaren Regeln vorzugehen, was man Wissenschaft nennt. Diese beherrschen nur wenige und nur in wenigen Dingen, da sie weder eine mit uns geborene, angeborene Fähigkeit ist noch durch Beschäftigung mit irgendeinem anderen Gegenstand erworben wird wie die Klugheit. Denn Klugheit ist nur Erfahrung, die alle Menschen, die sich gleich lang mit den gleichen Dingen beschäftigen, gleichermaßen erwerben. Was diese Gleichheit vielleicht unglaubwürdig erscheinen lässt, ist nur eine selbstgefällige Eingenommenheit von der eigenen Weisheit, von der fast alle Menschen annehmen, sie besäßen sie in höherem Maße als das gewöhnliche Volk, das heißt als jedermann außer ihnen selbst und einigen anderen, die sie wegen ihres Rufes oder weil sie mit ihnen übereinstimmen, anerkennen. Denn die Natur der Menschen ist so beschaffen, dass sie, wie sehr sie auch den größeren Witz, die größere Beredsamkeit oder Gelehrsamkeit anderer anerkennen, doch kaum annehmen, es gebe viele, die so weise sind wie sie, denn sie sehen ihren eigenen Verstand unmittelbar vor Augen und den anderer Menschen über eine Entfernung. Aber das beweist eher, dass die Menschen in dieser Hinsicht gleich, als dass sie ungleich sind. Denn es gibt gewöhnlich kein besseres Zeichen der gleichmäßigen Verteilung eines Dings, als dass jedermann mit seinem Anteil zufrieden ist.

Aus dieser Gleichheit der Fähigkeiten entsteht eine Gleichheit der Hoffnung, unsere Absichten erreichen zu können. Und wenn daher zwei Menschen nach demselben Gegenstand streben, den sie jedoch nicht zusammen genießen können, so werden sie Feinde und sind in Verfolgung ihrer Absicht, die grundsätzlich Selbsterhaltung und bisweilen nur Genuss ist, bestrebt, sich gegenseitig zu vernichten oder zu unterwerfen. Daher kommt es auch, dass, wenn jemand ein geeignetes Stück Land anpflanzt, einsät, bebaut oder besitzt und ein Angreifer nur die Macht eines Einzelnen zu fürchten hat, mit Wahrscheinlichkeit zu erwarten ist, dass andere mit vereinten Kräften anrücken, um ihn von seinem Besitz zu vertreiben und ihn nicht nur der Früchte seiner Arbeit, sondern auch seines Lebens und seiner Freiheit zu berauben. Und dem Angreifer wiederum droht die gleiche Gefahr von einem anderen.

Und wegen dieses gegenseitigen Misstrauens gibt es für niemand einen anderen Weg, sich selbst zu sichern, der so vernünftig wäre wie Vorbeugung, das heißt mit Gewalt oder List nach Kräften jedermann zu unterwerfen, und zwar so lange, bis er keine andere Macht mehr sieht, die groß genug wäre, ihn zu gefährden. Und dies ist nicht mehr, als seine Selbsterhaltung erfordert, und ist allgemein erlaubt. Auch weil es einige gibt, denen es Vergnügen bereitet, sich an ihrer Macht zu weiden, indem sie auf Eroberungen ausgehen, die sie über das zu ihrer Sicherheit erforderliche Maß hinaustreiben, könnten andere, die an sich gerne innerhalb bescheidener Grenzen ein behagliches Leben führen würden, sich durch bloße Verteidigung unmöglich lange halten, wenn sie nicht durch Angriff ihre Macht vermehrten. Und da folglich eine solche Vermehrung der Herrschaft über Menschen zur Selbsterhaltung eines Menschen notwendig ist, muss sie ihm erlaubt werden.

Kontexte

Eine analoge Situation: William Golding schildert in seinem Roman „Herr der Fliegen“ (1954), wie eine Gruppe sechs- bis zwölfjähriger englischer Schuljungen infolge eines Flugzeugabsturzes auf eine unbewohnte Insel im Pazifik gerät. Außer den Schuljungen überlebt keiner. Da es auf der Insel Wasser, Früchte und Schweine gibt, ist für das materielle Überleben der Gruppe gesorgt. Versetzen Sie sich in die Situation der Schüler.

Bild aus dem Film „Herr der Fliegen“ (USA, 1990)

Ferner empfinden die Menschen am Zusammenleben kein Vergnügen, sondern im Gegenteil großen Verdruss, wenn es keine Macht gibt, die dazu in der Lage ist, sie alle einzuschüchtern. Denn jedermann sieht darauf, dass ihn sein Nebenmann ebenso schätzt, wie er sich selbst einschätzt, und auf alle Zeichen von Verachtung oder Unterschätzung hin ist er von Natur aus bestrebt, soweit er es sich getraut (was bei Weitem genügt, Menschen, über denen keine allgemeine, sie zum Stillhalten zwingende Macht steht, dazu zu bewegen, dass sie sich gegenseitig vernichten), seinen Verächtern durch Schädigung und den anderen Menschen durch das Exempel größere Wertschätzung abzunötigen.

So liegen also in der menschlichen Natur drei hauptsächliche Konfliktursachen: erstens Konkurrenz, zweitens Misstrauen, drittens Ruhmsucht. Die erste führt zu Übergriffen der Menschen des Gewinnes, die zweite der Sicherheit und die dritte des Ansehens wegen. Die Ersten wenden Gewalt an, um sich zum Herrn über andere Männer und deren Frauen, Kinder und Vieh zu machen, die Zweiten, um dies zu verteidigen, und die Dritten wegen Kleinigkeiten wie ein Wort, ein Lächeln, eine verschiedene Meinung oder jedes andere Zeichen von Geringschätzung, das entweder direkt gegen sie selbst gerichtet ist oder in einem Tadel ihrer Verwandtschaft, ihrer Freunde, ihres Volks, ihres Berufs oder ihres Namens besteht.

Daraus ergibt sich klar, dass die Menschen während der Zeit, in der sie ohne eine allgemeine, sie alle im Zaum haltende Macht leben, sich in einem Zustand befinden, der Krieg genannt wird, und zwar in einem Krieg eines jeden gegen jeden. Denn Krieg besteht nicht nur in Schlachten oder Kampfhandlungen, sondern in einem Zeitraum, in dem der Wille zum Kampf genügend bekannt ist. Und deshalb gehört zum Wesen des Krieges der Begriff Zeit, wie zum Wesen des Wetters. Denn wie das Wesen des schlechten Wetters nicht in ein oder zwei Regenschauern liegt, sondern in einer Neigung hierzu während mehrerer Tage, so besteht das Wesen des Krieges nicht in tatsächlichen Kampfhandlungen, sondern in der bekannten Bereitschaft dazu während der ganzen Zeit, in der man sich des Gegenteils nicht sicher sein kann. Jede andere Zeit ist Frieden.

Homo homini lupus: lat., der Mensch ist dem Menschen ein Wolf. Zentrale anthropologische Voraussetzung der Staatstheorie von Thomas Hobbes

Deshalb trifft alles, was Kriegszeiten mit sich bringen, in denen jeder eines jeden Feind ist, auch für die Zeit zu, während der die Menschen keine andere Sicherheit als diejenige haben, die ihnen ihre eigene Stärke und Erfindungskraft bieten. In einer solchen Lage ist für Fleiß kein Raum, da man sich seiner Früchte nicht sicher sein kann; und folglich gibt es keinen Ackerbau, keine Schifffahrt, keine Waren, die auf dem Seeweg eingeführt werden können, keine bequemen Gebäude, keine Geräte, um Dinge, deren Fortbewegung viel Kraft erfordert, hin- und herzubewegen, keine Kenntnis von der Erdoberfläche, keine Zeitrechnung, keine Künste, keine Literatur, keine gesellschaftlichen Beziehungen, und es herrscht, was das Schlimmste von allem ist, beständige Furcht und Gefahr eines gewaltsamen Todes – das menschliche Leben ist einsam, armselig, ekelhaft, tierisch und kurz.

Mit-Denken

1 ||| Vergleichen Sie das Menschenbild von Hobbes mit dem von Aristoteles (S. 255–257). Welches Menschenbild überzeugt Sie mehr?

2 ||| Hobbes setzt im Naturzustand „alles in allem" die Gleichheit der Menschen voraus. Halten Sie diese Prämisse für gerechtfertigt?

Die Menschen, die von Natur aus Freiheit und Herrschaft über andere lieben, führten die Selbstbeschränkung, unter der sie, wie wir wissen, in Staaten leben, letztlich allein mit dem Ziel und der Absicht ein, dadurch für ihre Selbsterhaltung zu sorgen und ein zufriedeneres Leben zu führen – das heißt dem elenden Kriegszustand zu entkommen, der [...] aus den natürlichen Leidenschaften der Menschen notwendig folgt, dann nämlich, wenn es keine sichtbare Gewalt gibt, die sie im Zaume zu halten und durch Furcht vor Strafe an die Erfüllung ihrer Verträge und an die Beachtung der natürlichen Gesetze zu binden vermag. [...]

Der alleinige Weg zur Errichtung einer solchen allgemeinen Gewalt, die in der Lage ist, die Menschen vor dem Angriff Fremder und vor gegenseitigen Übergriffen zu schützen und ihnen dadurch eine solche Sicherheit zu verschaffen, dass sie sich durch eigenen Fleiß und von den Früchten der Erde ernähren und zufrieden leben können, liegt in der Übertragung ihrer gesamten Macht und Stärke auf einen Menschen oder eine Versammlung von Menschen, die ihre Einzelwillen durch Stimmenmehrheit auf einen Willen reduzieren können. Das heißt so viel wie einen Menschen oder eine Versammlung von Menschen bestimmen, die deren Person verkörpern sollen, und bedeutet, dass jedermann alles als Eigen anerkennt, was derjenige, der auf diese Weise seine Person verkörpert, in Dingen des allgemeinen Friedens und der allgemeinen Sicherheit tun oder veranlassen wird, und sich selbst als Autor alles dessen bekennt und dabei den eigenen Willen und das eigene Urteil seinem Willen und Urteil unterwirft. Dies ist mehr als Zustimmung oder Übereinstimmung: Es ist eine wirkliche Einheit aller in ein und derselben Person, die durch Vertrag eines jeden mit jedem zustande kam, als hätte jeder zu jedem gesagt: *Ich autorisiere diesen Menschen oder diese Versammlung von Menschen und übertrage ihnen mein Recht, mich zu regieren, unter der Bedingung, dass du ihnen ebenso dein Recht überträgst und alle ihre Handlungen autorisierst.* Ist dies geschehen, so nennt man diese zu einer Person vereinte Menge *Staat*, auf Lateinisch *civitas*. Dies ist die Erzeugung jenes großen *Leviathan* oder besser, um es ehrerbietiger auszudrücken, jenes *sterblichen Gottes*, dem wir unter dem *unsterblichen Gott* unseren Frieden und Schutz verdanken. Denn durch diese ihm von jedem Einzelnen im Staate verliehene Autorität steht ihm so viel Macht und Stärke zur Verfügung, die auf ihn übertragen worden sind, dass er durch den dadurch erzeugten Schrecken in die Lage versetzt wird, den Willen aller auf den innerstaatlichen Frieden und auf gegenseitige Hilfe gegen auswärtige Feinde hinzulenken. Hierin liegt das Wesen des Staates, der, um eine Definition zu geben, *eine Person ist, bei der sich jeder Einzelne einer großen Menge durch gegenseitigen Vertrag eines jeden mit jedem zum Autor ihrer Handlungen gemacht hat, zu dem Zweck, dass sie die Stärke und Hilfsmittel aller so, wie sie es für zweckmäßig hält, für den Frieden und die gemeinsame Verteidigung einsetzt.*

Wer diese Person verkörpert, wird Souverän genannt und besitzt, wie man sagt, *höchste Gewalt*, und jeder andere daneben ist sein Untertan.

Souverän: Den durch die Menschen eingesetzten Herrscher nennt Hobbes „Souverän“. Er hat aufgrund des Vertragsabschlusses weitreichende Befugnisse gegenüber den Untertanen und dank seiner Monopolstellung die zentrale Aufgabe, den inneren und äußeren Frieden in der Gesellschaft zu bewahren, d. h. die faktische Möglichkeit, eine verbindliche Ordnung in der Gesellschaft durchzusetzen. Damit wird Hobbes zum Verfechter eines starken Staates. Seine Theorie unterliegt der Gefahr, zur Legitimationsgrundlage für absolutistische und totalitäre Staaten gemacht zu werden.

1 Stellen Sie die Voraussetzungen zur Gründung des Staates durch die Menschen mithilfe einer Sequenz von Standbildern dar.

2 Was versteht Hobbes unter dem „Leviathan“? Vergleichen Sie die Aussagen im Text mit der Darstellung des Verhältnisses von Herrscher und Untertanen im Titelbild des Buches, mit dem Sie sich zu Beginn des Kapitels beschäftigt haben (S. 269).

3 Diskutieren Sie im Plenum die Frage, warum ein Mensch, der im Naturzustand stark und daher mächtig ist, aus Eigeninteresse einen Vertrag mit anderen schließen sollte, der ihn unter Umständen weniger stark und weniger mächtig macht. Halten Sie die wichtigsten Argumente schriftlich fest.

4 Worin sehen Sie Grenzen der Konstruktion des Staates, wie ihn Hobbes beschreibt? Skizzieren Sie mögliche Gefahren und Folgelasten, die sich aus seinem Modell ergeben könnten. Belegen Sie Ihre Auffassung anhand von Beispielen aus dem 20. bzw. 21. Jahrhundert. Bestätigt oder widerlegt Goldings „Herr der Fliegen“ (S. 271) die Theorie von Hobbes?

Naturzustand und Vertrag (1689)

John Locke

Der englische Philosoph John Locke, ein Mann von enzyklopädischer Bildung, gilt heute als Hauptvertreter der frühen Aufklärung. Er setzte sich mit der staatsphilosophischen Konzeption von Hobbes auseinander, obwohl er zeitlebens behauptete, er habe nie etwas von seinem Landsmann gelesen. Wie Hobbes geht auch er vom Naturzustand aus, doch hat er ein anderes Menschenbild als dieser. Daraus entwickelte er zentrale Kategorien wie den Gesellschaftsvertrag, seine Vorstellungen von Freiheit, Eigentum und Volkssouveränität. In systematischer Form finden sich diese in den im holländischen Exil entstandenen und zunächst anonym veröffentlichten Schriften „Two Treatises of Government“ (dt.: „Zwei Abhandlungen über die Regierung“), in denen Locke die moderne Demokratie und die Marktwirtschaft theoretisch begründete.

John Locke (1632–1704)

Kontexte

Naturrecht (1789)

Gottfried August Bürger

Von Blum und Frucht, so die Natur erschafft,
Darf ich zur Lust, wie zum Bedürfnis, pflücken.
Ich darf getrost nach allem Schönen blicken,
Und atmen darf ich jeder Würze Kraft.

Ich darf die Traub, ich darf der Birne Saft,
Des Schafes Milch in meine Schale drücken.
Mir front der Stier, mir beut das Ross den Rücken.
Der Seidenwurm spinnt Atlas mir und Taft.

Es darf das Lied der holden Nachtigallen
Mich, hingestreckt auf Flaumen oder Moos,
Wohl in den Schlaf, wohl aus dem Schlafe hallen.

Was wehrt es denn mir Menschensatzung, bloß
Aus blödem Wahn, in Mollys Wonnenschoß,
Von Lieb und Lust bezwungen, hinzufallen?

§ 4. Um politische Gewalt richtig zu verstehen und sie von ihrem Ursprung abzuleiten, müssen wir erwägen, in welchem Zustand sich die Menschen von Natur aus befinden. Es ist ein Zustand *vollkommener Freiheit*, innerhalb der Grenzen des Gesetzes der Natur ihre Handlungen zu regeln und über ihren Besitz und ihre Persönlichkeit so zu verfügen, wie es ihnen am besten scheint, ohne dabei jemanden um Erlaubnis zu bitten oder vom Willen eines anderen abhängig zu sein.
Es ist darüber hinaus ein *Zustand der Gleichheit*, in dem alle Macht und Rechtsprechung wechselseitig sind, da niemand mehr besitzt als ein anderer: Nichts ist einleuchtender, als dass Geschöpfe von gleicher Gattung und von gleichem Rang, die ohne Unterschied zum Genuss derselben Vorteile der Natur und zum Gebrauch derselben Fähigkeiten geboren sind, ohne Unterordnung und Unterwerfung einander gleichgestellt leben sollen, es sei denn, ihr Herr und Meister würde durch eine deutliche Willensäußerung den einen über den anderen stellen und ihm durch eine überzeugende, klare Ernennung ein unzweifelhaftes Recht auf Herrschaft und Souveränität verleihen. [...]

§ 6. Aber obgleich dies ein *Zustand der Freiheit* ist, so ist es doch kein *Zustand der Zügellosigkeit*. Der Mensch hat in diesem Zustand eine unkontrollierbare Freiheit, über seine Person und seinen Besitz zu verfügen; er hat dagegen nicht die Freiheit, sich selbst oder irgendein in seinem Besitz befindliches Lebewesen zu vernichten, wenn es nicht ein edlerer Zweck als seine bloße Erhaltung erfordert. Im *Naturzustand* herrscht ein natürliches Gesetz, das jeden verpflichtet. Und die Vernunft, der dieses Gesetz entspricht, lehrt die Menschheit, wenn sie sie nur befragen will, dass niemand einem anderen, da alle gleich und unabhängig sind, an seinem Leben und Besitz, seiner Gesundheit und Freiheit Schaden zufügen soll. Denn alle Menschen sind das Werk eines einzigen allmächtigen und unendlich weisen Schöpfers, die Diener eines einzigen souveränen Herrn, auf dessen Befehl und in dessen Auftrag sie in die Welt gesandt wurden. Sie sind sein Eigentum, da sie sein Werk sind, und er hat sie geschaffen, so lange zu bestehen, wie es ihm, nicht aber wie es ihnen untereinander gefällt. Und da sie alle mit den gleichen Fähigkeiten versehen wurden und alle zur Gemeinschaft der Natur gehören, so kann unter uns auch keine *Rangordnung* angenommen werden, die uns dazu ermächtigt, einander zu zerstören, als wären wir einzig zum Nutzen des anderen geschaffen, so wie die untergeordneten Lebewesen zu unserem Nutzen geschaffen sind. Wie ein jeder *verpflichtet* ist, sich selbst zu erhalten und seinen Platz nicht vorsätzlich zu verlassen, so sollte er aus dem gleichen Grunde und wenn seine eigene Selbsterhaltung nicht dabei auf dem Spiel steht, nach Möglichkeit auch *die übrige Menschheit erhalten*. Er sollte nicht das Leben eines anderen oder, was zur Erhaltung des Lebens dient: Freiheit, Gesundheit, Glieder oder Güter wegnehmen oder verringern – es sei denn, dass an einem Verbrecher Gerechtigkeit geübt werden soll.

Mit-Denken

III Erläutern Sie, was Locke unter Freiheit und Gleichheit im Naturzustand versteht. Welche Rolle spielt in diesem Zusammenhang das natürliche Gesetz?

§ 7. Damit nun alle Menschen davon abgehalten werden, die Rechte anderer zu beeinträchtigen und sich einander zu benachteiligen, und damit das Gesetz der Natur, das den Frieden und die *Erhaltung der ganzen Menschheit* verlangt, beobachtet werde, so ist in jenem Zustand die *Vollstreckung* des natürlichen Gesetzes in jedermanns Hände gelegt. Somit ist ein jeder berechtigt, die Übertreter dieses Gesetzes in einem Maße zu bestrafen, wie es notwendig ist, um eine erneute Verletzung zu verhindern. Denn das *Gesetz der Natur* wäre, wie alle anderen Gesetze, die den Menschen auf dieser Welt betreffen, nichtig, wenn im Naturzustand niemand die Macht hätte, dieses *Gesetz zu vollstrecken*, um somit den Unschuldigen zu schützen und den Übertreter in Schranken zu halten. Wenn in diesem Naturzustand jeder Einzelne den anderen für ein begangenes Unrecht bestrafen darf, so dürfen es auch alle. Denn *in diesem Zustand vollkommener Gleichheit*, wo es von Natur aus weder eine Überlegenheit noch eine Rechtsprechung des einen über den anderen gibt, müssen notwendigerweise alle dazu berechtigt sein, was irgendeinem in der Verfolgung dieses Gesetzes erlaubt ist. [...]

§ 95. Da die Menschen, wie schon gesagt wurde, von Natur aus alle frei, gleich und unabhängig sind, kann niemand ohne seine Einwilligung aus diesem Zustand verstoßen und der politischen Gewalt eines anderen unterworfen werden. Die einzige Möglichkeit, mit der jemand diese natürliche Freiheit aufgibt und *die Fesseln bürgerlicher Gesellschaft anlegt*, liegt in der Übereinkunft mit anderen, sich zusammenzuschließen und in einer Gemeinschaft zu vereinigen, mit dem Ziel eines behaglichen, sicheren und friedlichen Miteinanderlebens, in dem sicheren Genuss ihres Eigentums und in größerer Sicherheit gegenüber allen, die nicht zu dieser Gemeinschaft gehören. Dies kann jede beliebige Anzahl von Menschen tun, weil es die Freiheit der Übrigen nicht beeinträchtigt; diese verbleiben wie vorher in der Freiheit des Naturzustandes. Wenn eine Anzahl von Menschen darin *eingewilligt hat, eine einzige Gemeinschaft* oder eine Regierung zu bilden, so haben sie sich ihr damit gleichzeitig einverleibt, und sie bilden *einen einzigen politischen Körper*, in dem die *Mehrheit* das Recht hat, zu handeln und die Übrigen mitzuverpflichten.

§ 96. Denn wenn eine Anzahl von Menschen mit der Zustimmung jedes Individuums eine *Gemeinschaft* gebildet hat, dann haben sie dadurch diese *Gemeinschaft* zu einem einzigen Körper gemacht, mit der Macht, wie ein einziger Körper zu handeln, was nur durch den Willen und den Beschluss der *Mehrheit* geschehen kann. Denn da eine Gemeinschaft allein durch die Zustimmung ihrer einzelnen Individuen zu handeln vermag und sich ein einziger Körper auch nur in einer einziger Richtung bewegen kann, so muss sich notwendigerweise der Körper dahin bewegen, wohin die stärkere Kraft ihn treibt. Und das eben ist die *Übereinstimmung der Mehrheit*. Anderenfalls wäre es unmöglich, dass die Gemeinschaft als ein Körper, als eine *einzige Gemeinschaft* handeln und fortbestehen kann, wie es doch durch die Zustimmung aller Individuen, die sich in ihr vereinigt haben, beschlossen worden war. Und somit ist jeder Einzelne durch diese Zustimmung verpflichtet, sich der *Mehrheit* zu unterwerfen. So sehen wir, dass in Versammlungen, die durch positive Gesetze zum Handeln ermächtigt sind und wo das positive Gesetz, das sie ermächtigte, keine bestimmte Zahl vorschreibt, der *Beschluss der Mehrheit* als der Beschluss aller gilt und folglich entscheidet, als ob er nach dem Gesetz der Natur und der Vernunft die Gewalt der Gesamtheit vertreten würde.

positive Gesetze:
hier: festgelegte Gesetze

Mit-Denken

||| In Schillers Dramenfragment „Demetrius I“ von 1805 behauptet eine Figur: „Die Mehrheit? Was ist die Mehrheit? Mehrheit ist der Unsinn, Verstand ist stets bei wen'gen nur gewesen.“ Konfrontieren Sie diese Aussage mit der Konzeption von Locke im folgenden Abschnitt.

§ 97. Jeder Mensch also, der mit anderen übereinkommt, einen einzigen politischen Körper unter einer Regierung zu bilden, verpflichtet sich gegenüber jedem Einzelnen dieser Gesellschaft, sich dem Beschluss der *Mehrheit* zu unterwerfen und sich ihm zu fügen. Denn sonst würde dieser *ursprüngliche Vertrag*, durch den er sich mit anderen zu *einer Gesellschaft* vereinigt, keinerlei Bedeutung haben und kein Vertrag sein, wenn der Einzelne weiter frei bliebe und unter keiner anderen Verpflichtung stände als vorher im Naturzustand. Denn welcher Anschein eines Vertrages würde darin noch übrig bleiben? Welche neue Verpflichtung würde er eingehen, wenn er durch die Beschlüsse dieser Gesellschaft nicht weiter gebunden wäre, wie er es selbst für gut hielte, und er ihnen wirklich seine Zustimmung gäbe? Dies würde eine noch ebenso große Freiheit bedeuten, wie er sie vor seinem Vertrag hatte oder wie sie sonst jemand im Naturzustand hat, der sich den Beschlüssen der Gemeinschaft unterwerfen und ihren Handlungen zustimmen mag, wenn es ihm nützlich scheint.

§ 123. Wenn der Mensch im Naturzustand so frei ist, wie gesagt worden ist, wenn er der absolute Herr seiner eigenen Person und seiner Besitztümer ist, dem Größten gleich und niemandem untertan, warum soll er auf seine Freiheit verzichten? Warum soll er seine Selbstständigkeit aufgeben und sich der Herrschaft und dem Zwang einer anderen Gewalt unterwerfen?

Mit-Denken

||| Wie sehen Ihre Antworten auf diese Fragen aus? Greifen Sie ggf. auf die Ergebnisse Ihrer Plenumsdiskussion zu Thomas Hobbes (s. S. 273, Aufgabe 3) zurück.

Die Antwort darauf liegt auf der Hand: Obwohl er nämlich im Naturzustand ein solches Recht hat, so ist doch die Freude an diesem Recht sehr ungewiss, da er fortwährend Übergriffen anderer ausgesetzt ist. Denn da jeder im gleichem Maße König ist wie er, da alle Menschen gleich sind und der größere Teil von ihnen nicht genau die Billigkeit und Gerechtigkeit beachtet, so ist die Freude an seinem Eigentum, das er in diesem Zustand besitzt, sehr ungewiss und sehr unsicher. Das lässt ihn bereitwillig einen Zustand aufgeben, der bei aller Freiheit voll von Furcht und ständiger Gefahr ist. Und nicht grundlos trachtet er danach und ist dazu bereit, sich anderen zu einer Gesellschaft zu verbinden, die bereits vereinigt sind oder doch die Absicht hegen, sich zu vereinigen, zum gegenseitigen *Schutz* ihres Lebens, ihrer Freiheiten und ihres Vermögens, was ich unter der allgemeinen Bezeichnung *Eigentum* zusammenfasse. [...]

§ 124. Das große und *hauptsächliche Ziel*, weshalb Menschen sich zu einem Staatswesen zusammenschließen und sich unter eine Regierung stellen, ist also die *Erhaltung ihres Eigentums*. Dazu fehlt es im Naturzustand an vielen Dingen: Erstens fehlt es an einem *feststehenden*, geordneten und bekannten Gesetz, das durch allgemeine Zustimmung als die Norm für Recht und Unrecht und als der allgemeine Maßstab zur Entscheidung ihrer Streitigkeiten von ihnen allen angenommen und anerkannt ist. Denn obwohl das Gesetz der Natur für alle vernunftbegabten Wesen klar und verständlich ist, werden die Menschen doch durch ihr eigenes Interesse beeinflusst, und da sie außerdem nicht darüber nachdenken und es folglich auch zu wenig kennen, pflegen sie es nicht als ein Recht anzuerkennen, das in seiner Anwendung auf ihre eigenen Fälle für sie verbindlich wäre.

§ 125. *Zweitens* fehlt es im Naturzustand an einem *anerkannten und unparteiischen Richter*, mit der Autorität, alle Zwistigkeiten nach dem feststehenden Gesetz zu entscheiden. Denn da im Naturzustand jeder gleichzeitig Richter und auch Vollzieher des Gesetzes der Natur ist, die Menschen aber sich selbst gegenüber parteiisch sind, ist es sehr wahrscheinlich, dass in eigener Sache Leidenschaft und Rache sie zu weit fortreißen und ihren Eifer übertreiben, in Sachen anderer Menschen dagegen Nachlässigkeit und Gleichgültigkeit sie zu indifferent machen werden.

§ 126. *Drittens* fehlt es im Naturzustand oft an einer *Gewalt*, dem gerechten Urteil einen Rückhalt zu geben, es zu unterstützen und ihm die gebührende *Vollstreckung zu sichern*. Menschen, die sich durch irgendeine Ungerechtigkeit gegen das Gesetz vergehen, werden, wenn sie dazu in der Lage sind, selten darauf verzichten, ihr Unrecht mit Gewalt durchzusetzen: Ein solcher Widerstand macht die Bestrafung häufig gefährlich und oftmals für die, die sie durchführen sollen, verderblich.

1 Erstellen Sie eine tabellarische Übersicht, in der Sie die Darstellung des Naturzustandes bei Hobbes (S. 270–273) mit der Konzeption der natürlichen Freiheit vergleichen, wie sie von Locke entwickelt wird.

2 Wie verändert sich der Naturzustand, wenn Geld als Zahlungsmittel eingeführt wird?

3 Wie bestimmt Locke das natürliche Gesetz, wie unterscheidet es sich vom Naturrecht?

4 Nach der Auffassung von Locke ist jeder Einzelne nach der Bildung des politischen Körpers dazu verpflichtet, sich der Mehrheit zu unterwerfen. Gibt es Situationen, in denen Sie es für gerechtfertigt halten, dass der Einzelne sich den Mehrheitsbeschlüssen widersetzt?

5 Der Grund, so behauptet Locke, aus dem die Menschen in die Gesellschaft eintreten, ist die Bewahrung und der Schutz ihres Eigentums. Diskutieren Sie anhand von Fallbeispielen, ob dem Staat das Recht zugesprochen werden sollte, dem Einzelnen sein Eigentum zu nehmen, d. h. ihn zu enteignen.

Vom Gesellschaftsvertrag (1762)

Jean-Jacques Rousseau

„Der Mensch wird frei geboren, aber überall liegt er in Ketten." So lautet der berühmte erste Satz aus J.-J. Rousseaus (1712 – 1778) Abhandlung „Vom Gesellschaftsvertrag oder Prinzipien des Staatsrechtes". In leicht veränderter Form kehrt er im ersten Artikel der „Menschenrechte" von 1789 wieder. 35 Jahre vor Ausbruch der Französischen Revolution dokumentiert er die große Kluft zwischen philosophischer Theorie und politischer Praxis. Als Rousseau seine Abhandlung schrieb, wurden die Staaten in fast ganz Europa durch absolutistische Herrscher regiert. In diesen Ländern lebte die Mehrheit der Menschen in Unfreiheit und Abhängigkeit. Gegen diese Verhältnisse opponierte der Philosoph. Im Rückgriff auf die Vertragstheorie postulierte er die Wiederherstellung von Freiheit und Gleichheit der Menschen.

Ich unterstelle, dass die Menschen jenen Punkt erreicht haben, an dem die Hindernisse, die ihrem Fortbestehen im Naturzustand schaden, in ihrem Widerstand den Sieg davontragen über die Kräfte, die jedes Individuum einsetzen kann, um sich in diesem Zustand zu halten. Dann kann dieser ursprüngliche Zustand nicht weiterbestehen, und das Menschengeschlecht würde zugrunde gehen, wenn es die Art seines Daseins nicht änderte.

Da die Menschen nun keine neuen Kräfte hervorbringen, sondern nur die vorhandenen vereinen und lenken können, haben sie kein anderes Mittel, sich zu erhalten, als durch Zusammenschluss eine Summe von Kräften zu bilden, stärker als jener Widerstand, und diese aus einem einzigen Antrieb einzusetzen und gemeinsam wirken zu lassen.

Diese Summe von Kräften kann nur durch das Zusammenwirken mehrerer entstehen: Da aber Kraft und Freiheit jedes Menschen die ersten Werkzeuge für seine Erhaltung sind – wie kann er sie verpfänden, ohne sich zu schaden und ohne die Pflichten gegen sich selbst zu vernachlässigen? Diese Schwierigkeit lässt sich, auf meinen Gegenstand angewandt, so ausdrücken: „Finde eine Form des Zusammenschlusses, die mit ihrer ganzen gemeinsamen Kraft die Person und das Vermögen jedes einzelnen Mitglieds verteidigt und schützt und durch die doch jeder, indem er sich mit allen vereinigt, nur sich selbst gehorcht und genauso frei bleibt wie zuvor." Das ist das grundlegende Problem, dessen Lösung der Gesellschaftsvertrag darstellt.

Die Bestimmungen dieses Vertrages sind durch die Natur des Aktes so vorgegeben, dass die geringste Abänderung sie null und nichtig machen würde; sodass sie, wiewohl sie vielleicht niemals förmlich ausgesprochen wurden, allenthalben die gleichen sind, allenthalben stillschweigend in Kraft und anerkannt; bis dann, wenn der Gesellschaftsvertrag verletzt wird, jeder wieder in seine ursprünglichen Rechte eintritt, seine natürliche Freiheit wiedererlangt und dadurch die auf Vertrag beruhende Freiheit verliert, für die er die seine aufgegeben hatte.

Diese Bestimmungen lassen sich bei richtigem Verhältnis sämtlich auf eine einzige zurückführen, nämlich die völlige Entäußerung jedes Mitglieds mit allen seinen Rechten an das Gemeinwesen als Ganzes. Denn erstens ist die Ausgangslage, da jeder sich voll

Voltaire und Rousseau (1840)

und ganz gibt, für alle die gleiche, und da sie für alle gleich ist, hat keiner ein Interesse daran, sie für die anderen beschwerlich zu machen.

Darüber hinaus ist die Vereinigung, da die Entäußerung ohne Vorbehalt geschah, so vollkommen, wie sie nur sein kann, und kein Mitglied hat mehr etwas zu fordern: Denn wenn den Einzelnen einige Rechte blieben, würde jeder – da es keine allen übergeordnete Instanz gäbe, die zwischen ihm und der Öffentlichkeit entscheiden könnte – bald den Anspruch erheben, weil er in manchen Punkten sein eigener Richter ist, es auch in allen zu sein; der Naturzustand würde fortdauern, und der Zusammenschluss wäre dann notwendig tyrannisch oder inhaltslos. Schließlich gibt sich jeder, da er sich allen gibt, niemandem, und da kein Mitglied existiert, über das man nicht das gleiche Recht erwirbt, das man ihm über sich einräumt, gewinnt man den Gegenwert für alles, was man aufgibt, und mehr Kraft, um zu bewahren, was man hat.

Wenn man also beim Gesellschaftsvertrag von allem absieht, was nicht zu seinem Wesen gehört, wird man finden, dass er sich auf Folgendes beschränkt: *Gemeinsam stellen wir alle, jeder von uns seine Person und seine ganze Kraft unter die oberste Richtschnur des Gemeinwillens, und wir nehmen, als Körper, jedes Glied als untrennbaren Teil des Ganzen auf.*

Dieser Akt des Zusammenschlusses schafft augenblicklich anstelle der Einzelperson jedes Vertragspartners eine sittliche Gesamtkörperschaft, die aus ebenso vielen Gliedern besteht, wie die Versammlung Stimmen hat und die durch ebendiesen Akt ihre

Kontexte

Rousseau und die Französische Revolution

Rousseau und Voltaire (1694–1778) werden oft als Vordenker der Französischen Revolution angeführt. Obwohl Rousseau schon mehr als ein Jahrzehnt tot war, als die Revolution 1789 ausbrach, kann man tatsächlich eine Verbindung zwischen seinen Ideen und dem Motto der Revolutionäre erkennen: „Freiheit, Gleichheit, Brüderlichkeit." Sicher hätte Rousseau für die Aufgabe, eine wahrhaft freie Gesellschaft zu begründen, große Sympathien gehabt; der Revolutionär Robespierre (1758–1794; Mitglied der Jakobiner, einer politischen Fraktion während der Revolution) bzw. die Jakobiner fühlten sich ohne jeden Zweifel als seine Nachfolger. Aber wie stets bei Rousseau, ist auch dieser Fall verwickelt. So glaubte er, dass eine freie Gesellschaft eine bürgerliche Religion haben müsse, während die Revolutionäre der Religion feindlich gegenüberstanden. Ihre Anbetung der Vernunft ist mehr Voltaire denn Rousseau geschuldet, der nicht der Ansicht war, dass die Vernunft in Form der Künste und Wissenschaften zum Fortschritt beitrüge. Rousseau betonte eher, wie wichtig natürliche Instinkte seien. Wenn also seine Ideen die Revolutionäre auch beeinflussten, so scheint es doch unwahrscheinlich, dass dieser Einfluss auf einer genauen Lektüre seiner Texte beruhte.

Die Erstürmung der Bastille (1789)

Einheit, ihr gemeinschaftliches Ich, ihr Leben und ihren Willen erhält. Diese öffentliche Person, die so aus dem Zusammenschluss aller zustande kommt, trug früher den Namen Polis, heute trägt sie den der *Republik* oder der staatlichen Körperschaft, die von ihren Gliedern *Staat* genannt wird, wenn sie passiv, *Souverän*, wenn sie aktiv ist, und *Macht* im Vergleich mit ihresgleichen. Was die Mitglieder betrifft, so tragen sie als Gesamtheit den Namen *Volk*, als Einzelne nennen sie sich *Bürger*, sofern sie Teilhaber an der Souveränität, und *Untertanen*, sofern sie den Gesetzen des Staates unterworfen sind. Aber diese Begriffe werden oft vermengt und einer für den anderen genommen; es genügt, sie auseinanderhalten zu können, wenn sie im strengen Sinn gebraucht werden.

Aus dem Vorhergehenden folgt, dass der Gemeinwille immer auf dem rechten Weg ist und auf das öffentliche Wohl abzielt: Woraus allerdings nicht folgt, dass die Beschlüsse des Volkes immer gleiche Richtigkeit haben. Zwar will man immer sein Bestes, aber man sieht es nicht immer. Verdorben wird das Volk niemals, aber oft wird es irregeführt, und nur dann scheint es das Schlechte zu wollen. Es gibt oft einen beträchtlichen Unterschied zwischen dem Gesamtwillen und dem Gemeinwillen; dieser sieht nur auf das Gemeininteresse, jener auf das Privatinteresse und ist nichts anderes als eine Summe von Sonderwillen: Aber nimm von ebendiesen das Mehr und das Weniger weg, das sich gegenseitig aufhebt, so bleibt als Summe der Unterschiede der Gemeinwille.

Wenn die Bürger keinerlei Verbindung untereinander hätten, würde, wenn das Volk wohlunterrichtet entscheidet, aus der so großen Zahl der kleinen Unterschiede immer der Gemeinwille hervorgehen, und die Entscheidung wäre immer gut. Aber wenn Parteiungen entstehen, Teilvereinigungen auf Kosten der großen, wird der Wille jeder dieser Vereinigungen ein allgemeiner hinsichtlich seiner Glieder und ein besonderer hinsichtlich des Staates; man kann dann sagen, dass es nicht mehr so viele Stimmen gibt wie Menschen, sondern nur noch so viele wie Vereinigungen. Die Unterschiede werden weniger zahlreich und bringen ein weniger allgemeines Ergebnis. Wenn schließlich eine dieser Vereinigungen so groß ist, dass sie stärker ist als alle anderen, erhält man als Ergebnis nicht mehr die Summe der kleinen Unterschiede, sondern einen einzigen Unterschied; jetzt gibt es keinen Gemeinwillen mehr, und die Ansicht, die siegt, ist nur eine Sonderanschauung. Um wirklich die Aussage des Gemeinwillens zu bekommen, ist es deshalb wichtig, dass es im Staat keine Teilgesellschaften gibt und dass jeder Bürger nur seine eigene Meinung vertritt.

1 Weshalb kann der Naturzustand nach Rousseau nicht weiterbestehen? Notieren Sie Ihre Überlegungen in Stichworten und tauschen Sie sich anschließend mit Ihrem Sitznachbarn bzw. Ihrer Sitznachbarin aus.

2 Lassen sich die widersprüchlichen Rechte und Bedürfnisse der Einzelnen und aller vereinen? Wie lässt sich der Gemeinwille überhaupt bestimmen? Entsprechen die Mehrheitsentscheidungen in modernen Demokratien dem Gemeinwillen? Welche Garantien für den Schutz von Minderheiten bietet das Modell von Rousseau? Diskutieren Sie im Plenum.

3 Die Theorie vom Gesellschaftsvertrag ist nicht unwidersprochen geblieben. Bevor Sie den Text von Hume (S. 281–283) lesen, sollten Sie selbst Argumente finden, die gegen die Vertragstheorie sprechen. Vergleichen Sie dann anschließend Ihre Argumente mit denen, die Hume vorbringt.

Kritik der Vertragstheorie (1752)

David Hume

Schon in jungen Jahren lernte David Hume (1711–1776) die philosophischen Ideen Lockes kennen. Seine Maxime, die seine Lebenshaltung und sein philosophisches Werk prägen sollten, bestand darin, alle nicht durch Erfahrung ausgewiesenen Grundsätze als Dogmen zu verwerfen. Vor diesem erkenntnistheoretischen Hintergrund ist auch seine Kritik an der Vertragstheorie von Hobbes und Locke zu verstehen, die er in seinem Aufsatz „Of the Original Contract" formulierte.

Aber jener Vertrag, auf den man die Staatsgewalt zurückführen will, wird ja als der *ursprüngliche* Vertrag bezeichnet; man könnte daher zu der Annahme neigen, dass er wegen seines großen Alters in Vergessenheit geraten ist. Wenn hier von jener Übereinkunft die Rede sein soll, durch die sich in der Urzeit Primitive zusammengeschlossen und ihre Kräfte vereinigt haben, so lässt sich nicht leugnen, dass es eine solche Übereinkunft gegeben hat. Aber diese Übereinkunft ist zu alt, und Regierungsform und Herrscher haben seitdem zu oft gewechselt, als dass sie noch irgendeine Verbindlichkeit besitzen könnte. Wenn die Hypothese vom Gesellschaftsvertrag überhaupt etwas leisten soll, müsste man die Behauptung aufstellen, jede einzelne Regierung sei nur insofern rechtmäßig und verpflichte die Untertanen zur Loyalität, als sie in ihrem Ursprung auf Zustimmung und freiwilligem Übereinkommen beruht. Aber abgesehen davon, dass damit unterstellt wird, dass die Zustimmung der Väter auch alle künftigen Generationen bindet [...], gibt es nichts in Geschichte und Gegenwart irgendeines Landes, was diese Behauptung rechtfertigen könnte.

Loyalität: Treue, Verbundenheit

Nahezu jede heutige oder vergangene Staatsgewalt, von der wir Kunde haben, geht letztlich auf illegale Machtergreifung oder Eroberung zurück, ohne für ein faires Übereinkommen oder eine freiwillige Unterwerfung auch nur den Anschein eines Beweises zu bieten. Gelangt ein geschickter und kühner Mann an die Spitze eines Heeres oder einer Partei, so wird es ihm häufig ein Leichtes sein, durch eine Mischung von Gewalt und Irreführung ein Volk, das hundertmal zahlreicher als seine eigentlichen Anhänger ist, unter seine Herrschaft zu bringen. Er unterbricht alle Informationswege, durch die seine Feinde sicheren Aufschluss über ihre Anzahl und Stärke gewinnen könnten, und gibt ihnen keine Gelegenheit, sich gegen ihn zu organisieren. Möglicherweise werden selbst jene, die seine Machtergreifung anfangs unterstützten, schließlich seinen Sturz herbeiwünschen. Doch die Unkenntnis jedes Einzelnen über die Ziele aller anderen hält sie in Furcht und führt dazu, dass sich der Herrscher sicher fühlen kann. So manche Staatsgewalt wurde mittels solcher Manipulationen errichtet, und darin besteht der ganze ursprüngliche Gesellschaftsvertrag, dessen sie sich rühmen kann.

Mit-Denken

III Wie erklärt Hume das Entstehen der Staatsgewalt? Auf welchen Staatstheoretiker bezieht er sich dabei unausgesprochen?

Das politische Bild der Erde verändert sich fortwährend. Unbedeutende Königreiche werden zu großen Imperien, große Imperien zu kleinen Königreichen; Kolonien werden gegründet, und Volksstämme verlassen ihren Wohnsitz. Ist in alledem etwas anderes als Willkür und Gewalt zu entdecken? Wo ist die gegenseitige Übereinkunft, wo der freiwillige Zusammenschluss, von denen so viel Aufhebens gemacht wird? [...]

Kontexte

Kleines Glossar zur Staatsphilosophie

Naturzustand
Denkfigur zur Bezeichnung des fiktiven Zustandes des Zusammenlebens von Menschen ohne staatliche Gewalt. Die Vorstellung eines vorstaatlichen Zustandes soll die Entstehung einer Staatsgewalt rechtfertigen.

Gesellschaftsvertrag
Der Gesellschaftsvertrag beruht auf Versuchen einzelner Staatsphilosophen, die Frage nach der Herkunft und Notwendigkeit politischer Herrschaft im Rahmen einer Vertragstheorie zu beantworten. Dem Vertrag geht ein vorstaatlicher Zustand, der Naturzustand, voraus. Trotz unterschiedlicher Deutungen des Naturzustandes sind sich die meisten Staatsphilosophen darüber einig, dass im Interesse der Einzelnen der Naturzustand überwunden werden muss.

Gewaltenteilung
Gewaltenteilung beruht auf der Trennung der Staatsgewalt in drei Teile: in die Legislative (gesetzgebende Gewalt), Judikative (Recht sprechende Gewalt) und Exekutive (ausführende Gewalt).

Will man aber das Prinzip des ursprünglichen Gesellschaftsvertrages oder der allgemeinen Zustimmung des Volkes auf systematischere oder doch philosophischere Art und Weise widerlegen, so dürfte man dieses Ziel mit den folgenden Argumenten erreichen:

Die Gesamtheit der moralischen Pflichten lässt sich in zwei Klassen unterteilen. Der ersten Klasse gehören jene Pflichten an, zu deren Erfüllung der Mensch sich schon durch natürlichen Instinkt oder unmittelbare Neigung motiviert fühlt, unabhängig von jeder Pflichtvorstellung und jeder Rücksichtnahme auf privaten oder öffentlichen Nutzen. Hierher gehören Kindesliebe, Dankbarkeit gegenüber Wohltätern und Mitleid mit Unglücklichen. Wenn man die Vorteile bedenkt, die der Gesellschaft aus derartigen Instinkten erwachsen, erscheint es völlig gerechtfertigt, sie moralisch zu billigen und zu achten. Aber wer selbst von ihnen motiviert wird, fühlt ihre Kraft und ihren Einfluss unabhängig von moralischen Erwägungen.

In die zweite Klasse der moralischen Pflichten fallen jene, die nicht von einem natürlichen Instinkt getragen, sondern allein aus Pflichtgefühl ausgeführt werden. Dieses Pflichtgefühl entsteht aus der Einsicht in die Bedingungen gesellschaftlichen Zusammenlebens und aus der Erkenntnis, dass sich ein solches Zusammenleben nicht aufrechterhalten ließe, wenn nicht bestimmte Pflichten beachtet würden. Auf diese Weise gewinnen Gerechtigkeit (das heißt die Achtung fremden Eigentums) und Treue (das heißt die Einhaltung von Versprechen) ihren Verpflichtungscharakter und ihre Autorität für die Menschen. Da jeder sich selbst der Nächste ist, trachtet der Einzelne von Natur aus danach, seinen Besitz so weit wie möglich auszudehnen. Allein die Erfahrung, dass Zügellosigkeit auf diesem Gebiet zur völligen Auflösung der gesellschaftlichen Ordnung führen muss, kann ihn zur Mäßigung seiner unmittelbaren Neigungen veranlassen. In diesem Fall verlangt moralische Pflichterfüllung also eine *Kontrolle* ursprünglicher Neigungen und Instinkte – eine Kontrolle durch Reflexion und Beobachtung der mit ihnen verbundenen Konsequenzen.

Mit der politischen und bürgerlichen Loyalität verhält es sich nicht anders als mit den natürlichen Pflichten der Gerechtigkeit und Treue. Unsere ursprünglichen Triebe lassen uns nach unbeschränkter Freiheit beziehungsweise nach Beherrschung unserer Mitmenschen streben. Erst aufgrund von Überlegung fühlen wir uns verpflichtet, diese starken Leidenschaften dem Interesse an Frieden und öffentlicher Ordnung zu opfern. Ein geringes Maß an Erfahrung und Beobachtung genügt, uns davon zu überzeugen, dass keine Gesellschaft ohne die Autorität einer Obrigkeit bestehen kann und dass ein Verfall dieser Autorität unausweichlich ist, falls ihr nicht strikter Gehorsam geleistet wird. Die Verfolgung dieses allgemeinen und offenkundigen Interesses ist die Quelle aller politischen Loyalität und jener moralischen Verpflichtung, die wir ihr beilegen. [...]

Wenn ihr mich nach den Gründen fragt, die uns zum Gehorsam gegenüber der Staatsgewalt verpflichten, so antworte ich ohne Zögern: „Weil andernfalls die Gesellschaft nicht bestehen könnte." Diese Antwort ist für jedermann vollkommen klar und einleuchtend. Eure Antwort hingegen lautet: „Weil wir unser Wort halten müssen." Aber abgesehen davon, dass niemand diese Antwort ohne philosophische Schulung begreifen oder gar billigen könnte, würdet ihr in einige Verlegenheit geraten, wenn weiter gefragt würde: „Und warum sind wir verpflichtet, unser Wort zu halten?" Auf diese Frage könntet ihr lediglich eine Antwort geben, durch die sich ebenso gut und ohne Umweg unsere Loyalitätspflicht gegenüber der Staatsgewalt unmittelbar begründen ließe.

1 Wie beurteilt Hume die Theorie vom Gesellschaftsvertrag? Erläutern Sie seine Argumente.

2 Wie unterscheidet er sich in wissenschaftsmethodischer Hinsicht von Locke (S. 273–277)? Halten Sie Ihre Ergebnisse in Stichworten fest.

3 Vergleichen Sie den Ansatz von Hume mit der Position von Machiavelli (Einführungsband, S. 85–87). Tauschen Sie sich über Ihr Ergebnis im Plenum aus.

Plädoyer für die Freiheit des Individuums (1859)

John Stuart Mill

John Stuart Mill (1806–1873)

Mills Staats- und Gesellschaftsphilosophie steht in der Tradition Humes. Genauso wie dieser ist sein politisches Denken von konkreten Erfahrungen geprägt. Seine Abhandlung „Über die Freiheit" ist vor allem im Kontrast zur politischen Philosophie von Rousseau (vgl. S. 277 ff.) zu sehen.
Mill sieht die akuten Risiken, die den „Gemeinwillen" zu einem Terror der öffentlichen Meinung bzw. zu einer Tyrannis der Mehrheit werden lassen. In dieser Hinsicht nimmt seine Philosophie soziale Tendenzen der Vermassung im 20. Jahrhundert vorweg, d. h. nivellierende, gleichmachende Strukturen der Informationsgesellschaft und einer medial formierten Öffentlichkeit.

Die Absicht dieses Essays ist es, ein sehr einfaches Prinzip geltend zu machen, nach dem das Maß von Zwang und Kontrolle im Verhältnis zwischen der Gesellschaft und dem Individuum bestimmt werden sollte, ob die angewandten Mittel physische Gewalt in der Form gesetzlicher Strafen oder der moralische Zwang der öffentlichen Meinung sind. Dieses Prinzip lautet: Der einzige Zweck, der die Menschen, individuell oder kollektiv, berechtigt, in die Handlungsfreiheit eines der ihren einzugreifen, ist Selbstschutz. Die einzige Absicht, um derentwillen Macht rechtmäßig über irgendein Mitglied einer zivilisierten Gemeinschaft gegen seinen Willen ausgeübt werden kann, ist die, eine Schädigung anderer zu verhindern. Sein eigenes physisches oder moralisches Wohl ist kein ausreichender Grund. Er kann nicht rechtmäßig gezwungen werden, etwas zu tun oder zu unterlassen, weil es für ihn besser wäre, so zu handeln, weil es ihn glücklicher machen würde, weil so zu handeln nach der Meinung anderer klug oder sogar richtig wäre. Das sind gute Gründe, ihm Vorstellungen zu machen oder ihm vernünftig zuzureden oder ihn zu überreden oder ihn dringend zu bitten, nicht aber, ihn zu zwingen oder ihm Schaden zuzufügen, falls er sich anders verhält. Um das zu rechtfertigen, muss angenommen werden, dass das Verhalten, von dem man ihn abschrecken möchte, einem anderen schaden würde. Der einzige Teil seines Verhaltens, für den ein Mensch der Gesellschaft verantwortlich ist, ist der, der andere berührt. In dem Teil, der nur ihn selbst berührt, ist seine Unabhängigkeit im rechtlichen Sinne absolut, über sich selbst, über seinen eigenen Körper und Geist, ist das Individuum souverän.

Doktrin: Lehre

Es ist vielleicht kaum notwendig, zu sagen, dass diese Doktrin nur für menschliche Wesen in der Reife ihrer Fähigkeiten gilt. Wir sprechen nicht von Kindern oder von jungen Leuten unterhalb des Alters, das vom Gesetz als das der männlichen oder weiblichen Volljährigkeit festgesetzt wird. Diejenigen, die noch der Fürsorge anderer bedürfen, müssen vor ihren eigenen Handlungen ebenso wie vor Schaden von außen geschützt werden. Aus demselben Grunde können wir hier jene rückständigen gesellschaftlichen Zustände außer Betracht lassen, in denen die menschliche Gattung selbst als noch unmündig angesehen werden kann. [...]

Ich betrachte Nützlichkeit als das letzte Kriterium in allen ethischen Fragen; aber es muss Nützlichkeit im weitesten Sinne sein, gegründet auf die dauernden Interessen des Menschen als eines fortschreitenden Wesens. Diese Interessen, so behaupte ich, rechtfertigen die Unterwerfung der individuellen Spontaneität unter äußere Kontrolle nur hinsichtlich derjenigen Handlungen eines Menschen, die die Interessen anderer Leute berühren. Wenn jemand durch eine Tat andere schädigt, so ist das ein Prima-facie-Fall, ihn zu bestrafen, durch das Gesetz oder, wo gesetzliche Strafen nicht angebracht sind, durch allgemeine Missbilligung.

prima facie: auf den ersten Blick

Auch gibt es viele positive Handlungen zum Wohle anderer, zu denen ein Mensch rechtmäßig gezwungen werden kann: zu einer Zeugenaussage vor Gericht, zur Leistung seines angemessenen Beitrags zur Landesverteidigung oder zu irgendeinem anderen Werk, das im Interesse der Gesellschaft notwendig ist, deren Schutzes er sich erfreut; außerdem zu gewissen Handlungen der persönlichen Wohltätigkeit, wie die Rettung des Lebens eines Mitmenschen oder das Eingreifen zum Schutze Wehrloser vor Misshandlung – Dinge, für deren Unterlassung er von der Gesellschaft zur Rechenschaft gezogen werden kann, wenn immer es offensichtlich seine Pflicht wäre, sie zu tun. Ein Mensch kann andere nicht nur durch sein Handeln schädigen, sondern auch durch sein Nichthandeln, und in beiden Fällen ist er ihnen billigerweise für den Schaden verantwortlich. Der letztgenannte Fall verlangt indes eine sehr viel vorsichtigere Ausübung von Zwang als der frühere. Jemanden dafür, dass er anderen Schaden zufügt, verantwortlich zu machen, ist die Regel, ihn dafür, dass er Schaden nicht verhindert, zur Verantwortung zu ziehen im Vergleich damit die Ausnahme. Doch gibt es viele Fälle, die eindeutig und gewichtig genug sind, diese Ausnahme zu rechtfertigen. [...]

Doch es gibt eine Sphäre des Handelns, an der die Gesellschaft, im Unterschied zum Individuum, wenn überhaupt ein Interesse, dann nur ein indirektes hat: Sie umfasst den gesamten Teil des Lebens und Verhaltens eines Menschen, der nur ihn selbst betrifft, oder, wenn er auch andere betrifft, so nur mit ihrer freien, freiwilligen und nicht erschlichenen Zustimmung und Teilnahme. Wenn ich sage, nur ihn selbst, so meine ich, direkt und in erster Instanz: Denn was immer ihn selbst berührt, das kann andere durch ihn berühren, und der Einwand, der sich auf diese Möglichkeit stützen kann, wird im Folgenden erörtert werden. Dies ist denn also die eigentliche Region menschlicher Freiheit. Sie umfasst erstens den inneren Bereich des Bewusstseins, Gewissensfreiheit im umfassendsten Sinne fordernd, Freiheit des Denkens und Fühlens, absolute Freiheit der Meinung und des Empfindens in Bezug auf alle praktischen oder spekulativen, wissenschaftlichen, moralischen oder theologischen Gegenstände. Es mag scheinen, als fiele die Freiheit der Äußerung und Veröffentlichung von Meinungen unter ein anderes Prinzip, da sie zu dem Teil des Verhaltens eines Individuums gehört, der andere Menschen berührt; aber, fast so wichtig wie die Freiheit des Denkens selbst und in großem Maße auf denselben Gründen beruhend, ist sie praktisch von ihr nicht zu trennen.

Das Prinzip verlangt zweitens Freiheit der Neigung und der Beschäftigung, die Freiheit, unserem Leben einen unserem eigenen Charakter gemäßen Rahmen zu geben, die Freiheit, so zu handeln, wie es uns gefällt, welche Konsequenzen daraus auch folgen mögen: ohne Behinderung vonseiten unserer Mitmenschen, solange unser Tun ihnen nicht schadet, selbst wenn sie unser Verhalten als töricht, verkehrt oder unrecht betrachten.

Drittens folgt aus dieser Freiheit jedes Individuums die Freiheit, in denselben Grenzen, des Zusammenschlusses von Individuen; die Freiheit, sich für irgendeine Sache zu vereinigen, die nicht eine Schädigung anderer einschließt, unter der Voraussetzung, dass die sich vereinigenden Personen volljährig und nicht gezwungen noch getäuscht worden sind.

1 „Nutzen" und „Schaden" sind Zentralbegriffe in der politischen Philosophie von Mill. Erläutern Sie deren Stellenwert und bestimmen Sie ihre Beziehung zu den Freiheitsrechten des Individuums.

2 Wie beurteilen Sie die Thesen Mills zur Freiheit persönlich?

3 Diskutieren Sie in Ihrer Lerngruppe im Rückgriff auf Mills Theorie die Frage, ob der Staat Schädliches, wie den Gebrauch von Drogen, verbieten bzw. zulassen sollte.

Nach- und Weiter-Denken

1 III Welche der im vorliegenden Kapitel behandelten Gesellschafts- bzw. Staatstheorien halten Sie persönlich für die plausibelste? Erläutern Sie Ihren Standpunkt in einer Diskussionsrunde Ihres Kurses unter Hinzuziehung von Beispielen.

2 III Recherchieren Sie zum Konzept, zur Zielsetzung und zum aktuellen Stand der TV-Produktion „Newtopia". Gibt es Ideen bzw. Ansätze im vorliegenden Kapitel, die die Produzenten des TV-Experiments angeregt haben könnten? Begründen Sie Ihre Einschätzung.

5.3 Konzepte von Demokratie

Vor-Denken

1 Was ist Demokratie? Formulieren Sie in Partnerarbeit eine Definition. Diskutieren Sie diese im Plenum.

2 Darf in einer Demokratie jeder Mensch tun, was er will?

3 Wie sollte eine Demokratie mit Gegnern bzw. Feinden der Demokratie umgehen?

4 Welchen Einfluss hat der Einzelne durch sein Kreuz bei der Wahl?

Gewaltenteilung (1748)

Charles de Montesquieu

Montesquieus (1689–1755) philosophisches Hauptwerk ist die Schrift „Über die Gesetze" („De l'esprit des lois"). Man zählt sie heute zu den bedeutendsten staatstheoretischen Texten der Aufklärung. Hier entwickelt Montesquieu eine Methode zur Analyse der die Gesellschaft bestimmenden politischen und sozialen Faktoren. Der Einfluss dieser Schrift auf die Ausbildung des modernen Verfassungsstaates verdankt sich jedoch vor allem dem Kapitel, das von der Gewaltenteilung im Staat handelt, die aus der Forderung nach politischer Freiheit abgeleitet wird.

Freiheit ist das Recht, all das zu machen, was die Gesetze gestatten. Wenn ein Staatsbürger machen dürfte, was sie untersagen, so gäbe es keine Freiheit mehr, denn die anderen hätten diese Möglichkeit dann ja ebenso gut. Demokratie und Aristokratie sind nicht freie Staaten aufgrund ihrer Natur. Die politische Freiheit ist nur unter maßvollen Regierungen anzutreffen. Indes besteht sie selbst in maßvollen Staaten nicht immer, sondern nur dann, wenn man die Macht nicht missbraucht. Eine ewige Erfahrung lehrt jedoch, dass jeder Mensch, der Macht hat, dazu getrieben wird, sie zu missbrauchen. Er geht immer weiter, bis er an Grenzen stößt. Wer hätte das gedacht: Sogar die Tugend hat Grenzen nötig.

Damit die Macht nicht missbraucht werden kann, ist es nötig, durch die Anordnung der Dinge zu bewirken, dass die Macht die Macht bremse. [...]

Es gibt in jedem Staat drei Arten von Vollmacht: die legislative Befugnis, die exekutive Befugnis in Sachen, die vom Völkerrecht abhängen, und die exekutive Befugnis in Sachen, die vom Zivilrecht abhängen.

Kontexte

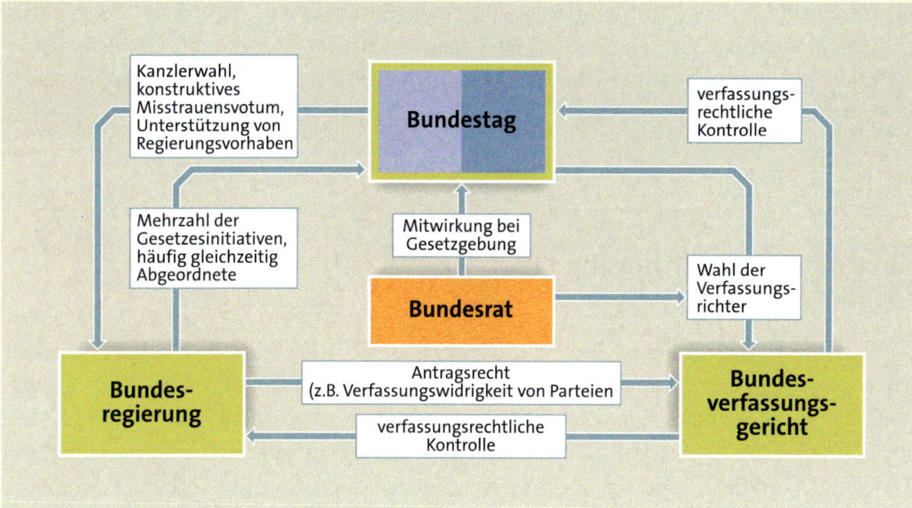

Gewaltenteilung in Deutschland

Aufgrund der ersteren schafft der Herrscher oder Magistrat Gesetze auf Zeit oder für die Dauer, ändert geltende Gesetze oder schafft sie ab. Aufgrund der zweiten stiftet er Frieden oder Krieg, sendet oder empfängt Botschaften, stellt die Sicherheit her, sorgt gegen Einfälle vor. Aufgrund der dritten bestraft er Verbrechen oder sitzt zu Gericht über die Streitfälle der Einzelpersonen. Diese letztere soll richterliche Befugnis heißen, und die andere schlechtweg exekutive Befugnis des Staates.

Magistrat: Behörde

Politische Freiheit für jeden Bürger ist jene geistige Beruhigung, die aus der Überzeugung hervorgeht, die jedermann von seiner Sicherheit hat. Damit man diese Freiheit genieße, muss die Regierung so beschaffen sein, dass kein Bürger einen andern zu fürchten braucht.

Sobald in ein und derselben Person oder derselben Beamtenschaft die legislative Befugnis mit der exekutiven verbunden ist, gibt es keine Freiheit. Es wäre nämlich zu befürchten, dass derselbe Monarch oder derselbe Senat tyrannische Gesetze erließe und dann tyrannisch durchführte.

Freiheit gibt es auch nicht, wenn die richterliche Befugnis nicht von der legislativen und von der exekutiven Befugnis geschieden wird. Die Macht über Leben und Freiheit der Bürger würde unumschränkt sein, wenn jene mit der legislativen Befugnis gekoppelt wäre, denn der Richter wäre Gesetzgeber. Der Richter hätte die Zwangsgewalt eines Unterdrückers, wenn jene mit der exekutiven Gewalt gekoppelt wäre.

Alles wäre verloren, wenn ein und derselbe Mann beziehungsweise die gleiche Körperschaft entweder der Mächtigsten oder der Adligen oder des Volkes folgende drei Machtvollkommenheiten ausübte: Gesetze erlassen, öffentliche Beschlüsse in die Tat umsetzen, Verbrechen und private Streitfälle aburteilen. [...]

1 Wie begründet Montesquieu seine Forderung nach Teilung der Gewalten? Erläutern Sie deren Aufgaben und Funktionen.

2 Konfrontieren Sie die Theorie mit der politischen Praxis in der Bundesrepublik Deutschland (vgl. Abb. S. 287). Ist in ihr die Gewaltenteilung konsequent umgesetzt?

3 In unserer Zeit spricht man häufig von einer vierten Gewalt, der Macht der Medien. Halten Sie das für gerechtfertigt? Wo liegen für Sie die Grenzen der Freiheit der Medien? Beziehen Sie in Ihre Überlegungen auch den Text von Thomas Meyer (S. 293 f.) mit ein.

Gefahren der Egalisierung (1835/1840)

Alexis de Tocqueville

Der folgende Textausschnitt ist Alexis de Tocquevilles (1805–1859) zweibändigem Hauptwerk „Über die Demokratie in Amerika" (1835/1840) entnommen. Die Abfassung dieses Buches verdankt sich einer einjährigen Reise des aus normannischem Adel stammenden Autors durch Amerika, die er nach der französischen Julirevolution im Jahr 1830 antrat. Hier hatte er Gelegenheit, auf der Grundlage von eigenen Beobachtungen und anhand von Gesprächen mit einflussreichen Vertretern der politischen Führungsschicht die rechtlichen, politischen und sozialen Verhältnisse des Landes zu studieren. In seinem Werk schildert er, wie hier die Volkssouveränität in Gestalt von spezifischen institutionellen Formen und Regeln, in Gemeinden, Vereinen und Verbänden manifest wird, erkennt aber auch mögliche Risiken, die sich aus den demokratischen Verhältnissen, d. h. gleichen gesellschaftlichen Bedingungen der Menschen, ergeben könnten.

Ich will mir vorstellen, unter welchen neuen Merkmalen der Despotismus in der Welt auftreten könnte: Ich erblicke eine Menge einander ähnlicher und gleichgestellter Menschen, die sich rastlos im Kreise drehen, um sich kleine und gewöhnliche Vergnügungen zu schaffen, die ihr Gemüt ausfüllen. Jeder steht in seiner Vereinzelung dem Schicksal aller anderen fremd gegenüber: Seine Kinder und seine persönlichen Freunde verkörpern für ihn das ganze Menschengeschlecht; was die übrigen Mitbürger angeht, so steht er neben ihnen, aber er sieht sie nicht; er berührt sie, und er fühlt sie nicht; er ist nur in sich und für sich allein vorhanden, und bleibt ihm noch seine Familie, so kann man zumindest sagen, dass er kein Vaterland mehr hat.

Über diesen erhebt sich eine gewaltige, bevormundende Macht, die allein dafür sorgt, ihre Genüsse zu sichern und ihr Schicksal zu überwachen. Sie ist unumschränkt, ins Einzelne gehend, regelmäßig, vorsorglich und mild. Sie wäre der väterlichen Gewalt gleich, wenn sie wie diese das Ziel verfolgte, die Menschen auf das reife Alter vorzubereiten; stattdessen aber sucht sie bloß, sie unwiderruflich im Zustand der Kindheit festzuhalten; es ist ihr recht, dass die Bürger sich vergnügen, vorausgesetzt, dass sie nichts anderes im Sinne haben, als sich zu belustigen. Sie arbeitet gerne für deren Wohl; sie will aber dessen alleiniger Betreuer und einziger Richter sein; sie sorgt für ihre Sicherheit, ermisst und sichert ihren Bedarf, erleichtert ihre Vergnügungen, führt ihre wichtigsten Geschäfte, lenkt ihre Industrie, ordnet ihre Erbschaften, teilt ihren Nachlass; könnte sie ihnen nicht auch die Sorge des Nachdenkens und die Mühe des Lebens ganz abnehmen? [...]

Ich glaube, eine unumschränkte und despotische Regierung lässt sich leichter in einem Volke einsetzen, wo die gesellschaftlichen Bedingungen gleich sind, als in einem anderen, und ich denke, dass eine derartige Regierung, wenn sie einmal in einem solchen Volke bestünde nicht nur dessen Menschen unterdrücken, sondern mit der Zeit jeden von ihnen mehrerer Haupteigenschaften des Menschentums berauben würde. In den demokratischen Zeitaltern, ist daher, wie mir scheint, der Despotismus besonders zu fürchten. Ich hätte, denke ich, die Freiheit in allen Zeiten geliebt; in der heutigen Zeit aber neige ich dazu, sie zu vergöttern. Anderseits bin ich überzeugt, dass alle, die in dem Zeitalter, in das wir eintreten, die Staatsgewalt auf das Vorrecht und die Aristokratie zu stützen versuchen werden, zum Misserfolg verurteilt sind. Alle, die die Staatsgewalt innerhalb einer Klasse errichten und auf sie beschränken wollen, werden scheitern. Es gibt gegenwärtig keinen Souverän, der geschickt und stark genug wäre, den Despotismus auf eine Wiederherstellung dauernder Standesunterschiede zwischen seinen Untertanen zu gründen; ebenso wenig gibt es einen so weisen und mächtigen Gesetzgeber, der imstande wäre, freiheitliche Einrichtungen aufrechtzuerhalten, wenn er nicht die Gleichheit als obersten Grundsatz und als Sinnbild wählt. Deshalb müssen alle diejenigen unserer Zeitgenossen, die die Unabhängigkeit und Würde ihrer Mitmenschen begründen oder sichern wollen, sich als Freunde der Gleichheit erweisen; und das einzige würdige Mittel, sich als solche zu erweisen, ist, es zu sein: Der Erfolg ihres erhabenen Unternehmens hängt davon ab. Nicht um den Wiederaufbau einer aristokratischen Gesellschaft handelt es sich also, sondern darum, aus dem Schoß der demokratischen Gesellschaft, in der Gott uns leben heißt, die Freiheit hervorgehen zu lassen.

1 Welches Bild von Menschen, die in demokratischen Verhältnissen leben, zeichnet der Autor? Wie sieht er deren Beziehungen zum Staat?

2 Wie beurteilt er die unterschiedlichen Regierungsformen Demokratie, Aristokratie und Despotismus?

3 Prüfen Sie, ob die Befunde und Prognosen von Tocqueville für die Einschätzung gegenwärtiger demokratische Staaten noch Gültigkeit besitzen.

Demokratie heißt Spaltung der Spitze (1987)

Niklas Luhmann

Niklas Luhmann (1927–1998), deutscher Soziologe, ist einer der Begründer und maßgeblichen Vertreter der sogenannten Systemtheorie. Diese stellt ein interdisziplinäres Verstehensmodell zur begrifflichen Erfassung und Beschreibung unterschiedlicher Phänomene und ihrer Wirkmechanismen dar. In diesem Sinne ist von ökologischen Systemen, Wirtschaftssystemen oder politischen Systemen die Rede. Systemtheoretisch ist auch Luhmanns Analyse der Demokratie und ihrer Funktionsweisen. Der nachfolgende Textauszug gibt Einblick in Luhmanns spezifischen Verstehensansatz.

Soll man die Zukunftschancen und -gefährdungen von Demokratie beurteilen, möchte man gern wissen, um was es sich handelt. [...]

Demokratie ist *nicht*:

1. *Herrschaft des Volkes über das Volk*. Sie ist nicht [...]: Aufhebung von Herrschaft, Annullierung von Macht durch Macht. [...] Theoretisch [...] ist die Annahme, dass das Volk sich selbst beherrschen könne, unbrauchbar.

Demokratie ist *auch nicht*:

2. *ein Prinzip, nach dem alle Entscheidungen partizipabel gemacht werden müssen*; denn das würde heißen: alle Entscheidungen in Entscheidungen über Entscheidungen aufzu-

partizipabel: Beteiligung des Volkes an sämtlichen Entscheidungen lösen. Die Folge wäre eine ins Endlose gehende Vermehrung der Entscheidungslasten [...].

Codierung: hier: systematische Aufteilung

Stattdessen schlage ich vor, unter Demokratie die *Spaltung der Spitze* zu verstehen: die Spaltung der Spitze des ausdifferenzierten politischen Systems durch die Unterscheidung von Regierung und Opposition. Man kann, in systemtheoretischer Terminologie, auch von *Codierung des politischen Systems* sprechen, wobei Codierung nichts anderes heißt, als dass das System sich an einer Differenz von positivem und negativem Wert orientiert: [...] im Falle des politischen Systems [...] an der *Differenz von Regierung und Opposition*.

Code: Zeichen

instruktiv: lehrreich, informierend

[...] Obwohl Demokratie in aller Munde ist, fehlt es doch an hinreichend präzisen Vorstellungen über diese Codierung von Politik. Wie bei allen Codes hat man einen positiven Wert „Regierung“ und einen negativen Wert „Opposition“ zu unterscheiden. Obwohl der eine Wert sich in dem anderen spiegelt und ein Umkehrverhältnis besteht, ist die Struktur asymmetrisch – wenn man so will: symmetrisch und asymmetrisch zugleich. [...] Gerade weil nicht beide regieren, gerade weil deshalb kein Konsenszwang besteht, ist der Code instruktiv. Er produziert ständig systeminterne Informationen, die danach gewichten, was der Regierung und was der Opposition zugutekommt. Das alles wird über einen kleinen Zeitunterschied erreicht: über die Möglichkeit, dass regierende und oppositionelle Parteien bei der nächsten Wahl ihre Plätze tauschen.

labilisiert: destabilisiert

Es ist keine Übertreibung, wenn man diese Spaltung der Spitze, diese Codierung des politischen Systems als eine hochunwahrscheinliche evolutionäre Errungenschaft beurteilt. [...] Und zugleich verzichtet man darauf, die Regierungsgewalt mit der Autorität der richtigen Meinung auszustatten. Stattdessen gibt es eine „öffentliche Meinung“, die launisch wechselnd mal die Regierenden und mal die Opposition begünstigt. Die Oberste Gewalt wird labilisiert. Es wäre eine Selbsttäuschung, sie jetzt der öffentlichen Meinung als dem heimlichen Souverän oder gar dem Volk zuzusprechen. Der Strukturgewinn liegt vielmehr in der Labilität als solcher und in der dadurch erzeugten Sensibilität des Systems.

korreliert: geht einher mit

autopoietisch: sich selbst schaffend und regulierend; der Begriff wurde von den chilenischen Neurobiologen Humberto Maturana und Francisco J. Varela in den Siebzigerjahren des 20. Jhdts. geprägt und in den Achtzigerjahren von Niklas Luhmann soziologisch angewendet.

Kontingenz: Zufall

Diese strukturelle Errungenschaft korreliert ihrerseits mit der Ausdifferenzierung des politischen Systems als eines von vielen Funktionssystemen der Gesellschaft. [...] Kurz: Es geht für die Politik turbulent zu und eben deshalb kann sie nur noch als geschlossenes, ich sage gern: autopoietisches System operieren, das dann sich selbst auf Kontingenz codieren und programmieren muss. Die dazu passende strukturelle Erfindung hat aus historisch zufälligen Gründen den Namen Demokratie bekommen.

1 Klären Sie zunächst für sich, was Demokratie im Urteil Niklas Luhmanns nicht ist und was mit diesen Abgrenzungen intendiert ist.

2 Definieren Sie nun in schriftlicher Form, was im Urteil Luhmanns Demokratie ist. Geben Sie anschließend mit eigenen Worten die Begründungen und Erläuterungen wieder, die Luhmann gibt.

3 Diskutieren Sie in Kleingruppen Luhmanns Demokratieverständnis. Formulieren Sie auf dieser Basis Thesen, die Sie anschließend im Gesamtplenum zur Diskussion stellen.

Ist die Demokratie zukunftsfähig? (2009)

Otfried Höffe

Otfried Höffe ist ein deutscher Philosoph (* 1943), der vor allem durch Schriften zur Ethik und Staatsphilosophie bekannt geworden ist. Dabei hat Höffe auch Fragen zu den theoretischen Grundlagen der Demokratie kenntnisreich und anschaulich in den Blick genommen. Im nachfolgenden Textauszug formuliert der Philosoph mögliche Antworten auf die von ihm selbst aufgeworfene zentrale Frage, inwiefern die Demokratie zukunftsfähig ist.

Rhetorisch eindrucksvoller wäre jene eindeutig positive oder aber negative Bilanz, die die Demokratien für uneingeschränkt zukunftsfähig oder im Gegenteil für rundum zukunftsunfähig erklärt. Wer die bisherigen Argumente Revue passieren lässt, muss sich diese Vereinfachung versagen. Weder verdient die Demokratie das pure Lob für eine bewundernswert hohe Zukunftsfähigkeit, noch ist bloße Schelte angebracht.

Die erste, vermutlich sogar am schwersten zu überwindende Barriere für die Zukunftsfähigkeit ist nicht demokratiespezifisch: Die starke Diskontierung der Zukunft hat anthropologische und ontologische Gründe, trifft daher alle Gemeinwesen. Auch Nicht-Demokratien scheuen sich, um der Zukunft willen die Gegenwart zu belasten.

Diskontierung: hier: Belastung

anthropologisch: den Menschen betreffend

ontologisch: das Sein betreffend

Wer nicht bloß an morgen oder übermorgen, sondern an die Ewigkeit denkt, der schafft Werke, beispielsweise jene Tempel und Kirchen, Burgen, Paläste und Plätze sowie Gärten und Parks, die die Menschen über die Jahrhunderte, mancherorts sogar Jahrtausende bewundern. Demokratien, so scheint es, sind wegen ihrer Gegenwartspräferenz hier, bei der Gebäude-, Stadt- und Landschaftskultur, kleinlicher. In der Tat fehlt es mancher der in Demokratien errichteten Fußballarenen und Sportstadien an architektonischer Eleganz. In Nicht-Demokratien sieht es aber kaum anders aus. Im Übrigen darf man nicht die vielen Museen vergessen, manches Theater- und Operngebäude, auch Rathäuser, nicht zuletzt Brückenbauten, die auf funktionsspezifische Weise demokratische Offenheit mit ästhetischem Anspruch verbinden. Ferner herrscht vielerorts eine strenge Denkmalspflege, während frühere Generationen viele Gebäude ihrer Vorfahren als Steinbruch für Neubauten missbrauchten. Man darf auch an die deutschen Bundesgartenschauen erinnern, aus denen städtische Parks entstanden sind. Und bei den Naturschutzparks, die an vielen Orten der Welt neu eingerichtet werden, sind Demokratien kräftig beteiligt.

Gegenwartsbezogen, nicht selten sogar gegenwartsfixiert sind Demokratien wegen des zweifach begrenzten Zeithorizonts. In der Tagespolitik ist man abhängig von Meinungsumfragen, innen- und außenpolitischen Kompromissen und der ständig „vor der Tür“ stehenden nächsten Wahl. Zusätzlich verlaufen politische Karrieren relativ kurz: Gewählte Politiker stehen selten länger als zwei oder drei Amtsperioden im ersten Glied. Begrenzt ist auch der Zeithorizont sowohl der Wähler als auch der Medien. Ferner erweisen sich Zukunftsinteressen als schwerer organisierbar denn Gegenwartsinteressen. Ein Rentnerbund lässt sich leichter und schlagkräftiger aufbauen als eine Gesellschaft zur langfristigen Sicherung der Rentensysteme. Indes tauchen hier Gegenkräfte auf:

Um die „operative Kurzsichtigkeit“ zu überspielen, werden bestimmte Verantwortungen an unabhängige Organisationen und Institute delegiert. Auch beruft man wissenschaftliche Beratungsgremien, gibt es eine politische selbstbewusste Öffentlichkeit, und die zur Bürgergesellschaft offene Demokratie lässt dem Engagement der Bürger freien Raum. Vor allem ihm ist zu verdanken, dass die Sensibilität für Umweltschutz und Generationengerechtigkeit in vielen Demokratien stark gewachsen ist, sichtbar an der Konjunktur der Ausdrücke „Nachhaltigkeit“ und „Klimaschutz“.

Außerdem darf man nicht in den Fehler einer anderen, der hedonistischen Diskontierung verfallen und Zukunftsleistungen, die uns selbstverständlich geworden sind, für gering erachten: Trotz der Bedrohung durch das organisierte Verbrechen sichern die hoch entwickelten Demokratien von Europa und von Nordamerika die beiden wichtigsten Zukunftsgüter ziemlich erfolgreich: den Rechtsfrieden im Innern und den äußeren Frieden zumindest mit den Nachbarn. Trotz gelegentlicher Streiks und anderer Proteste ist auch der soziale Friede dieser Länder kaum gefährdet. Selbst die neuartigen Schwierigkeiten, der Terrorismus und Integrationsschwächen bei vielen Zuwanderern, gefährden in den europäischen Demokratien weder den inneren Frieden noch die Rechtssicherheit in einem kollektiv gesehen bedrohlichen Ausmaß.

Vier weitere Zukunftsgüter sind ebenfalls, zumindest in den europäischen Demokratien, in erheblichem Maß gesichert: ein zufriedenstellendes Existenzminimum, für viele sogar ein gutes finanzielles Auskommen; zahlreiche Bildungsangebote; eine weithin zuverlässige materielle Infrastruktur (vom Wasser über Strom und Telekommunikation bis zu Verkehrswegen); und, von manchem Ausland beneidet, gibt es eine ziemlich gute medizinische Versorgung. Derartige Zukunftsgüter sind den Bürgern allerdings so selbstverständlich geworden, dass sie deren überragenden Wert nicht immer hinreichend schätzen; weithin gesichert sind die Güter gleichwohl.

Beim Wettbewerb der politischen Systeme zählt ein wichtiger Faktor von heute, die Lohnkosten samt Nebenkosten, kaum, denn dieser Faktor ist gegen die Differenz von Demokratien und Nicht-Demokratien weithin indifferent. Rein ökonomisch gesehen könnten zwar zwei Kostenfaktoren gegen viele Demokratien sprechen: Weil sie ziemlich wohlhabend sind, haben sie hohe Lebens- und Lohnkosten, und noch einmal höher liegen diese Kosten wegen des guten Sozial- und Gesundheitswesens und eines schon relativ guten Umweltschutzes. Aus höherrangigen Gründen, wegen der Sozial- und der Umweltstaatlichkeit, wollen die betreffenden Staaten diesen Preis aber zahlen.

So verbleiben im politischen Wettbewerb die anderen Faktoren, für die sich pauschale Begriffe eingebürgert haben: das Humanvermögen, die materielle Infrastruktur, das Rechtskapital und das Kulturkapital sowie die Steuerlast und bürokratische Hindernisse: Bürokratische Hindernisse fallen in den Nicht-Demokratien oft weit höher aus als in Demokratien, wobei mancherorts die Verantwortlichen noch eine „Erfolgsprämie", sprich: Bestechungsgeld, erwarten. Beim Rechtskapital sind die Demokratien den NichtDemokratien wegen ihrer Gesetzgebung, dem verlässlichen Gerichtswesen und der (weithin) korruptionsfreien Verwaltung noch deutlich überlegen, während dagegen in der Steuerlast die Demokratien untereinander konkurrieren. Beim Sozialkapital besitzen zumindest hinsichtlich der öffentlichen Vernunft die meisten Demokratien vor den Nicht-Demokratien einen deutlichen Vorsprung, der beim Humanvermögen, bei der materiellen Infrastruktur und beim Kulturkapital noch größer auszufallen pflegt.

stupend: überraschend, großartig

partizipativ: mitwirkend

Infolgedessen darf man diese vorsichtig positive Bilanz ziehen: Über eine stupende Zukunftsfähigkeit verfügen Demokratien nicht. Sie besitzen aber Ressourcen, mit denen Nicht-Demokratien teils gar nicht, teils schwerlich mithalten können: eine engagierte Bürgerschaft, ein hohes Bildungs- und Ausbildungsniveau, soziale und kulturelle Fundamente und nicht zuletzt eine politische Ordnung, die auf neue Herausforderungen, zuletzt das Finanzdebakel, flexibel zu reagieren vermag. Auf diese Weise haben im globalen Wettbewerb der politischen Systeme die Demokratien einen facettenreichen Wettbewerbsvorsprung: Die aufgeklärt liberale, darüber hinaus partizipative Demokratie erfreut sich eines Legitimitäts-, eines Wissens- und eines Wirtschaftsvorsprungs sowie zusätzlich eines selbstkritischen Lernvorsprungs, der die fraglos noch bestehenden Defizite an Zukunftsfähigkeit künftig noch stärker ausgleichen könnte.

1 a) Bilden Sie Zweierteams.
b) In jedem Team übernimmt einer die Aufgabe, die Aussagen im Text über demokratische Systeme zusammenzutragen, der andere jene über nicht-demokratische Systeme.
c) Ermitteln Sie aus dem Text übergeordnete Kategorien, nach denen Sie die beiden Systeme miteinander vergleichen können.
d) Zeichnen Sie auf Folie oder in einem Textverarbeitungsprogramm am PC eine Tabelle und tragen Sie in diese zunächst die übergeordneten Kategorien und dann die einzelnen Ergebnisse ein.

2 Diskutieren Sie die Thesen von Otfried Höffe auf der Grundlage Ihrer Tabellenübersicht im Plenum.

3 Tragen die demokratischen Parteien in Deutschland den zukünftigen Belangen der jüngeren Generation in ausreichendem Maße Rechnung?

4 Entwickeln Sie auf der Grundlage des Textes von Höffe politische Maximen für eine zukunftsfähige Demokratie.

Mediokratie – Auf dem Weg in eine andere Demokratie? (2001)

Thomas Meyer

Thomas Meyer (* 1943), Politikwissenschaftler, hat die Auswirkungen moderner Massenmedien auf demokratische Strukturen und Entscheidungsprozesse kritisch aufgearbeitet.

In Deutschland sind wir seit Kurzem Zeuge einer „kopernikanischen Wende“: Die Parteiendemokratie klassischen Zuschnitts wird zur Mediendemokratie.

kopernikanische Wende: Gemeint ist ein radikaler Perspektivenwechsel.

Die Regeln der medialen Politikdarstellung – unterhaltsam, dramatisierend, personalisiert und mit Drang zum Bild, allesamt der Darstellungskunst des Theaters entlehnt – greifen in zunehmendem Maße und mit beträchtlichen Folgen auf das politische Geschehen selbst über. Die Selektion spektakulärer Ereignisse, die effektsichere Inszenierung der Profis, die weite Teile des Mediensystems bestimmen, regieren zunehmend auch die Politik. Ein folgenreicher Rollenwechsel vollzieht sich: Während in der pluralistischen Parteiendemokratie – ihrem Modell nach zur Gänze und in ihrer Praxis doch in ausschlaggebendem Maße – die Medien die Politik beobachten sollten, damit sich die Staatsbürger eine vernünftige Meinung von ihr bilden können, beobachten in der Mediendemokratie die politischen Akteure das Mediensystem, um von ihm zu lernen, was sie und wie sie sich präsentieren müssen, um auf der Medienbühne einen sicheren Platz zu gewinnen. Solches „politainment“ – so die Annahme – vertreibt die Langeweile und erweitert das Publikum.

pluralistisch: auf Vielfalt angelegt

politainment: von Entertainment = Unterhaltung; gemeint ist die Vermischung von Politik und Unterhaltung.

Die Frage ist nur, ob das, was es dabei zu besichtigen gibt, noch in hinreichendem Maße Information über Politik, einen Einblick in ihr tatsächliches Geschehen erlaubt und auf diesem Wege mündige Entscheidungen über sie möglich macht. In der Antwort auf diese Frage, und nicht etwa in einer puristisch-elitären Abneigung gegen die populär-

puristisch: rein

Kolonisierung: Aneignung

kulturellen Künste der Massenattraktion, besteht das Problem, das die Kolonisierung der Politik durch die Medien für die Demokratie aufwirft.

Der italienische Ministerpräsident Berlusconi in einer italienischen Fernsehsendung (06.04.2006)

Kern der Veränderung ist eine weitgehende Überlagerung – anstatt der früheren Trennung – der beiden Systeme „Politik“ und „Medien“. Sie geht zu einem erheblichen Teil aus der Wirkungsweise ihrer jeweiligen Funktionsgesetze selbst hervor. Aus Legitimationsgründen ist demokratische Politik ja unvermeidlich auf die öffentliche Darstellung ihres Vollzugs und ihrer Ergebnisse – nämlich der Herstellung gesellschaftlich verbindlicher Entscheidungen – angewiesen. In den unüberschaubar komplexen Gesellschaften der Gegenwart benötigt sie dazu die Massenmedien. Diese folgen indessen bei jeglicher Darstellung von Politik gleichermaßen unvermeidlich ihrer eigenen Logik, wenn sie *ihrem* gesellschaftlichen Funktionszweck – nämlich der Erzeugung von größtmöglicher Aufmerksamkeit für gemeinsame Themen – gerecht werden wollen.

Die Massenmedien erreichen ihren Zweck im Wesentlichen durch die Befolgung von zwei aufeinander abgestimmten Regelsystemen: Das erste Regelsystem (*Selektionslogik*) besteht in der Auswahl berichtenswerter Ereignisse nach Maßgabe ihrer *Nachrichtenwerte*. Das zweite Regelsystem (*Präsentationslogik*) besteht aus einem Kanon von attraktionssteigernden *Inszenierungsformen* für das so ausgewählte Nachrichtenmaterial, um die Maximierung eines anhaltenden Publikumsinteresses zu sichern. Das Zusammenwirken beider Regelsysteme [...] kennzeichnet die spezifische *Logik des Mediensystems*. Dieser Logik ist alles unterworfen, was im Mediensystem hervorgebracht wird: jede Information und jeder Bericht über alle anderen gesellschaftlichen Teilsysteme und deren Leistungen. Sie wirkt als eine zwingende *Prä-Inszenierung*, die den Zugang zu den Medienbühnen regelt. Es herrscht das Gesetz der spannungsreichen theatralischen Inszenierung.

Prä-Inszenierung: Vor-Inszenierung

Mit-Denken

III Erläutern Sie die beiden Regelsysteme „Selektionslogik“ und „Präsentationslogik“ anhand von Beispielen.

In den Medien ist jede Darstellung des Politischen vom Wirken der beiden medialen Filtersysteme geprägt. Die Frage entsteht, ob solche Darstellung der Politik die Eigenlogik des Politischen noch in einem für die selbstständige Urteilsbildung der Bürger angemessenen Maße erkennen lässt oder ob sie diese in den Regeln ihrer eigenen Logik auflöst. Aufseiten der Politik führt die Schlüsselrolle des Mediensystems zur Vermehrung und zur Professionalisierung der Anstrengungen, ein Höchstmaß an Kontrolle über die Darstellung der Politik im Mediensystem zurückzugewinnen. Zu diesem Zweck mediatisiert sie sich mit Energie und professionellem Rat vehement selbst – sie wird zum „Politainment“, einer in jedem Einzelfall jeweils besonders gestalteten Synthese aus instrumentellem Handeln und populärer Kommunikationskultur.

mediatisiert: hier: wird Teil des Mediensystems bzw. passt sich diesem an und bedient sich desselben

Dabei handelt es sich um einen wahrhaft dialektischen Vorgang, denn die Politik unterwirft sich den Regeln der Medien nur, um auf diesem Wege die Kontrolle über die Öffentlichkeit zu gewinnen, also aus genuin politischen Gründen. *Selbstmediatisierung* wird zu einer zentralen *Strategie politischen Handelns* in der Mediengesellschaft. Es entsteht die

genuin: echt, ursprünglich

Frage, ob Politik unter diesen Bedingungen in ihrem eigenen Handlungsfeld überhaupt noch in angemessener Weise ihrer eigenen Logik folgen kann, welche durch ihren gesellschaftlichen Zweck und die Imperative der Demokratie bestimmt ist – oder ob sie in der Hauptsache zum Lieferanten für die spezifischen Bedürfnisse des Mediensystems wird in der Hoffnung, auf diese Weise ihren unbegrenzten Bedarf an öffentlicher Zustimmung umfassend und risikoarm befriedigen zu können.

1 Geben Sie die Kernthesen von Thomas Meyer zur Mediokratie wieder, indem Sie Fragen formulieren, auf die der Text Antworten gibt.

2 Überprüfen Sie die Stimmigkeit von Thomas Meyers Analysen, indem Sie nach Beispielen suchen. Diskutieren Sie Ihre Ergebnisse im Plenum.

3 Setzen Sie die Analysen von Thomas Meyer zum Verhältnis von Demokratie und Medien mit Montesquieus Modell der Gewaltenteilung (S. 286 f.) in Bezug. Bilden die Medien eine vierte Säule in den modernen Demokratien?

Nach- und Weiter-Denken

1 ||| Welcher Text zur Staatsphilosophie hat Sie persönlich am meisten angesprochen, welcher am wenigsten? Notieren Sie Begründungen in Stichworten und diskutieren Sie Ihre Einschätzungen und die Ihrer Mitschüler im Plenum.

2 ||| Wählen Sie gemeinsam mit einem Partner bzw. einer Partnerin zwei Staatsphilosophen aus, deren Positionen Sie in diesem Kapitel kennengelernt haben. Lassen Sie die beiden Philosophen im Rahmen eines Rollenspiels miteinander diskutieren.

3 ||| Verfassen Sie einen philosophischen Essay zu der Frage, wie ein Staat der Zukunft aussehen sollte.

5.4 Konzepte von sozialer Gerechtigkeit

Vor-Denken

1 Was ist soziale Gerechtigkeit? Versuchen Sie eine Definition und veranschaulichen Sie diese durch eine Stelle aus einem literarischen Text, durch einen Filmausschnitt, durch eine Passage aus einem Musikstück etc. oder durch eine selbst erstellte Collage, durch einen eigenen Text, durch ein Rollenspiel, durch eine selbst gedrehte Filmszene, durch ein Hörspiel etc.

2 Stellen Sie sich im Kurs Ihre Definitionen und Veranschaulichungen gegenseitig vor.

3 Können Sie sich im Kurs auf eine oder zwei gemeinsam vertretene Definitionen einigen? Probieren Sie es.

Bronzeskulptur von Marx und Engels vor dem Palast der Republik

Bourgeoisie und Proletariat (1847/48)

Karl Marx und Friedrich Engels

Karl Marx (1818–1883) und Friedrich Engels (1820–1895) haben nicht nur die politischen Verhältnisse analysiert, sondern sie auch maßgeblich geprägt. Marx' berühmter Ausspruch „Die Philosophen haben die Welt nur verschieden interpretiert, es kommt aber darauf an, sie zu verändern" war Leitlinie ihrer Kritik an der bürgerlichen Gesellschaft, der klassischen Nationalökonomie und der kapitalistischen Wirtschaftsordnung. Beide waren und sind die maßgeblichen Theoretiker des Sozialismus und Kommunismus. Das von ihnen 1847 verfasste und 1848 in London veröffentlichte sogenannte „Kommunistische Manifest" war von der Oktoberrevolution in Russland 1917 bis zum Zusammenbruch der Sowjetunion Anfang der Neunzigerjahre des 20. Jahrhunderts die bestimmende staatsphilosophische Position im real existierenden Sozialismus des sogenannten „Ostblocks", einem Staatenverbund unter Führung der Sowjetunion. Der nachfolgende Auszug verdeutlicht theoretische Grundansätze.

Die Geschichte aller bisherigen Gesellschaft ist die Geschichte von Klassenkämpfen. Freier und Sklave, Patrizier und Plebejer, Baron und Leibeigener, Zunftbürger und Gesell, kurz, Unterdrücker und Unterdrückte standen in stetem Gegensatz zueinander, führten einen ununterbrochenen, bald versteckten, bald offenen Kampf, einen Kampf, der jedes Mal mit einer revolutionären Umgestaltung der ganzen Gesellschaft endet oder mit dem gemeinsamen Untergang der kämpfenden Klassen.

Patrizier: alteingesessene Oberschicht im antiken Rom

Plebejer: das einfache Volk in der römischen Republik

In den früheren Epochen der Geschichte finden wir fast überall eine vollständige Gliederung der Gesellschaft in verschiedene Stände, eine mannigfaltige Abstufung der gesellschaftlichen Stellungen. Im alten Rom haben wir Patrizier, Ritter, Plebejer, Sklaven; im Mittelalter Feudalherren, Vasallen, Zunftbürger, Gesellen, Leibeigene, und noch dazu in fast jeder dieser Klassen wieder besondere Abstufungen.

Vasall: Gefolgsmann

Die aus dem Untergang der feudalen Gesellschaft hervorgegangene moderne bürgerliche Gesellschaft hat die Klassengegensätze nicht aufgehoben. Sie hat nur neue Klassen, neue Bedingungen der Unterdrückung, neue Gestaltungen des Kampfes an die Stelle der alten gesetzt.

Unsere Epoche, die Epoche der Bourgeoisie, zeichnet sich jedoch dadurch aus, dass sie die Klassengegensätze vereinfacht hat. Die ganze Gesellschaft spaltet sich mehr und mehr in zwei große feindliche Lager, in zwei große, einander direkt gegenüberstehende Klassen: Bourgeoisie und Proletariat. Aus den Leibeigenen des Mittelalters gingen die Pfahlbürger der ersten Städte hervor; aus dieser Pfahlbürgerschaft entwickelten sich die ersten Elemente der Bourgeoisie.

Bourgeoisie: Bürgertum

Pfahlbürger: jmd., der das Bürgerrecht einer Stadt besitzt

Die Entdeckung Amerikas, die Umschiffung Afrikas schufen der aufkommenden Bourgeoisie ein neues Terrain. Der ostindische und chinesische Markt, die Kolonisierung von Amerika, der Austausch mit den Kolonien, die Vermehrung der Tauschmittel und der Waren überhaupt gaben dem Handel, der Schifffahrt, der Industrie einen nie gekannten Aufschwung und damit dem revolutionären Element in der zerfallenden feudalen Gesellschaft eine rasche Entwicklung.

Die bisherige feudale oder zünftige Betriebsweise der Industrie reichte nicht mehr aus für den mit neuen Märkten anwachsenden Bedarf. Die Manufaktur trat an ihre Stelle. Die Zunftmeister wurden verdrängt durch den industriellen Mittelstand; die Teilung der Arbeit zwischen den verschiedenen Korporationen verschwand vor der Teilung der Arbeit in der einzelnen Werkstatt selbst.

Manufaktur: vorindustrieller Großbetrieb, in dem Waren arbeitsteilig, aber doch wesentlich in Handarbeit hergestellt werden

Korporation: Körperschaft

Aber immer wuchsen die Märkte, immer stieg der Bedarf. Auch die Manufaktur reichte nicht mehr aus. Da revolutionierte der Dampf und die Maschinerie die industrielle Produktion. An die Stelle der Manufaktur trat die moderne große Industrie, an die Stelle des industriellen Mittelstandes traten die industriellen Millionäre, die Chefs ganzer industrieller Armeen, die modernen Bourgeois.

Die große Industrie hat den Weltmarkt hergestellt, den die Entdeckung Amerikas vorbereitete. Der Weltmarkt hat dem Handel, der Schifffahrt, den Landkommunikationen eine unermessliche Entwicklung gegeben. Diese hat wieder auf die Ausdehnung der Industrie zurückgewirkt, und in demselben Maße, worin Industrie, Handel, Schifffahrt, Eisenbahnen sich ausdehnten, in demselben Maße entwickelte sich die Bourgeoisie, vermehrte sie ihre Kapitalien, drängte sie alle vom Mittelalter her überlieferten Klassen in den Hintergrund.

Wir sehen also, wie die moderne Bourgeoisie selbst das Produkt eines langen Entwicklungsganges, einer Reihe von Umwälzungen in der Produktions- und Verkehrsweise ist.

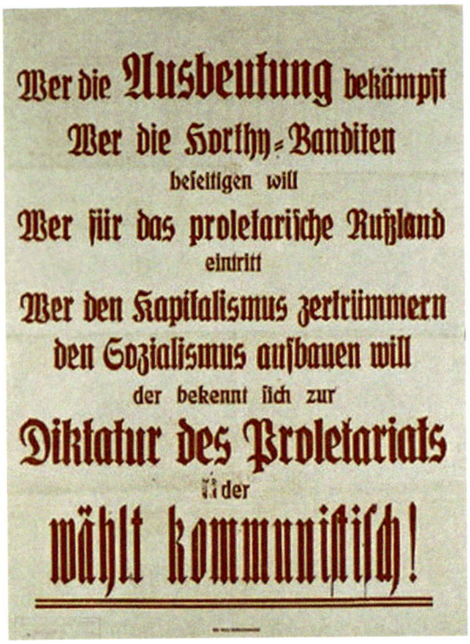

Wahlplakat (1920)

Jede dieser Entwicklungsstufen der Bourgeoisie war begleitet von einem entsprechenden politischen Fortschritt. [...] Die Bourgeoisie hat in der Geschichte eine höchst revolutionäre Rolle gespielt.

Die Bourgeoisie, wo sie zur Herrschaft gekommen, hat alle feudalen, patriarchalischen, idyllischen Verhältnisse zerstört. Sie hat die buntscheckigen Feudalbande, die den Menschen an seinen natürlichen Vorgesetzten knüpften, unbarmherzig zerrissen und kein anderes Band zwischen Mensch und Mensch übrig gelassen als das nackte Interesse, als die gefühllose „bare Zahlung“. [...] Die Waffen, womit die Bourgeoisie den Feudalismus zu Boden geschlagen hat, richten sich jetzt gegen die Bourgeoisie selbst.

Aber die Bourgeoisie hat nicht nur die Waffen geschmiedet, die ihr den Tod bringen; sie hat auch die Männer erzeugt, die diese Waffen führen werden – die modernen Arbeiter, die *Proletarier*.

Proletariat: Arbeiterschaft

In demselben Maße, worin sich die Bourgeoisie, d.h. das Kapital, entwickelt, in demselben Maße entwickelt sich das Proletariat, die Klasse der modernen Arbeiter, die nur so lange leben, als sie Arbeit finden, und die nur so lange Arbeit finden, als ihre Arbeit das Kapital vermehrt. [...] In Zeiten endlich, wo der Klassenkampf sich der Entscheidung nähert, nimmt der Auflösungsprozess innerhalb der herrschenden Klasse, innerhalb der ganzen alten Gesellschaft, einen so heftigen, so grellen Charakter an, dass ein kleiner Teil der herrschenden Klasse sich von ihr lossagt und sich der revolutionären Klasse anschließt, der Klasse, welche die Zukunft in ihren Händen trägt. Wie daher früher ein Teil des Adels zur Bourgeoisie überging, so geht jetzt ein Teil der Bourgeoisie zum Proletariat über, und namentlich ein Teil dieser Bourgeoisideologen, welche zum theoretischen Verständnis der ganzen geschichtlichen Bewegung sich hinaufgearbeitet haben.

Minorität: Minderheit

[...] Alle bisherigen Bewegungen waren Bewegungen von Minoritäten oder im Interesse von Minoritäten. Die proletarische Bewegung ist die selbstständige Bewegung der ungeheuren Mehrzahl im Interesse der ungeheuren Mehrzahl. Das Proletariat, die unterste Schicht der jetzigen Gesellschaft, kann sich nicht erheben, nicht aufrichten, ohne dass der ganze Überbau der Schichten, die die offizielle Gesellschaft bilden, in die Luft gesprengt wird.

Obgleich nicht dem Inhalt, ist der Form nach der Kampf des Proletariats gegen die Bourgeoisie zunächst ein nationaler. Das Proletariat eines jeden Landes muss natürlich zuerst mit seiner eigenen Bourgeoisie fertigwerden.

Indem wir die allgemeinsten Phasen der Entwicklung des Proletariats zeichneten, verfolgten wir den mehr oder minder versteckten Bürgerkrieg innerhalb der bestehenden Gesellschaft bis zu dem Punkt, wo er in eine offene Revolution ausbricht, und durch den gewaltsamen Sturz der Bourgeoisie das Proletariat seine Herrschaft begründet.

[...] Die Kommunisten verschmähen es, ihre Ansichten und Absichten zu verheimlichen. Sie erklären es offen, dass ihre Zwecke nur erreicht werden können durch den gewaltsamen Umsturz aller bisherigen Gesellschaftsordnung. Mögen die herrschenden Klassen vor einer kommunistischen Revolution zittern. Die Proletarier haben nichts in ihr zu verlieren als ihre Ketten. Sie haben eine Welt zu gewinnen.

Proletarier aller Länder, vereinigt euch!

1 Sichern Sie für sich ein Grundverständnis des Textes, indem Sie in einer Tabelle zusammentragen, was Marx und Engels über Bourgeois und Proletarier bzw. Bourgeoisie und Proletariat ausführen.

2 Durchdenken Sie die Konsequenzen des Textes und halten Sie Ihr Ergebnis in Stichworten bzw. Thesenform fest. Informieren Sie sich über die Wirkungsgeschichte des „Kommunistischen Manifests" und vergleichen Sie Ihre Schlussfolgerungen mit den realen historisch-politischen Ereignissen.

3 Wie beurteilen Sie persönlich den Text von Marx und Engels und seine Aktualität? Diskutieren Sie im Plenum oder im Rahmen eines philosophischen Chats.

Die große Illusion (1944)

Friedrich August von Hayek

Friedrich August von Hayek (1899 1992), österreichischer Wirtschafts- und Sozialphilosoph, war neben Ludwig von Mises einer der bedeutendsten Vertreter der sogenannten Österreichischen Schule der Nationalökonomie und gilt als einer der bedeutendsten Denker des in der Aufklärungsphilosophie wurzelnden Liberalismus. Die Kritik an Sozialismus und Kommunismus gehört zu den bestimmenden Merkmalen seines wirtschafts- und sozialphilosophischen Denkens.

Immerhin hat das den Staat zur Hölle gemacht,
dass ihn der Mensch zu seinem Himmel machen wollte.
Friedrich Hölderlin

Wenn der Sozialismus den Liberalismus als die von den meisten fortschrittlich Gesinnten geteilte Anschauung verdrängen konnte, so bedeutet das nicht einfach, dass die Menschen die Warnungen der großen liberalen Denker der Vergangenheit vor den Folgen des Kollektivismus vergessen hatten. Der Grund ist vielmehr darin zu suchen, dass sie das genaue Gegenteil von dem glaubten, was diese Männer vorausgesagt hatten. Das Erstaunliche ist, dass dieser selbe Sozialismus, in dem man nicht nur frühzeitig die ernsteste Bedrohung der Freiheit erkannt hatte, sondern der ganz offen als Gegenschlag gegen den Liberalismus der Französischen Revolution begonnen hatte, gerade unter der Flagge der Freiheit allgemeine Anerkennung fand. Heute erinnert man sich nur selten daran, dass der Sozialismus in seinen Anfängen unverhüllt autoritär war. Die französischen Schriftsteller, die die Grundlage für den modernen Sozialismus schufen, waren sich darüber im Klaren, dass ihre Ideen nur unter einem strengen diktatorischen Regime in die Praxis umgesetzt werden konnten. In ihren Augen war der Sozialismus ein Versuch, durch eine wohlüberlegte Reorganisation der Gesellschaft nach hierarchischen Grundsätzen und durch Ausübung geistigen Zwanges „die Revolution zu beenden". Wenn es sich um die Freiheit handelte, so machten die Begründer des Sozialismus kein Hehl aus ihren Absichten. In der Freiheit sahen sie das Grundübel der Gesellschaft des 19. Jahrhunderts, und der erste moderne Planwirtschaftler, Saint-Simon, sagte sogar voraus, dass man diejenigen, die seinen projektierten Planwirtschaftsstellen den Gehorsam verweigerten, „wie Vieh behandeln" würde.

Erst unter dem Einfluss der starken demokratischen Strömungen, die die Revolution von 1848 einleiteten, ging der Sozialismus dazu über, sich mit den freiheitlichen Kräften zu verbünden. Aber es dauerte geraume Zeit, bis es dem neuen „demokratischen Sozialismus“ gelang, das Misstrauen, das ihm aufgrund seiner Vergangenheit anhaftete, zu zerstreuen. Niemand sah diesen unüberbrückbaren Gegensatz zwischen der Demokratie als einer im Wesentlichen individualistischen Institution und dem Sozialismus deutlicher als Tocqueville:

„Die Demokratie dehnt die Sphäre der individuellen Freiheit aus“, so sagte er im Jahre 1848, „der Sozialismus dagegen schränkt sie ein. Die Demokratie erkennt jedem Einzelnen seinen Eigenwert zu, der Sozialismus degradiert jeden Einzelnen zu einem Funktionär der Gesellschaft, zu einer bloßen Nummer. Demokratie und Sozialismus haben nur ein einziges Wort miteinander gemeinsam: die Gleichheit. Aber man beachte den Unterschied: Während die Demokratie die Gleichheit in der Freiheit sucht, sucht der Sozialismus sie im Zwang und in der Knechtung.“

Um dieses Misstrauen zu beseitigen und das zugkräftigste politische Motiv, nämlich die Sehnsucht nach Freiheit, vor seinen Wagen zu spannen, ging der Sozialismus immer mehr dazu über, dem Volk eine „neue Freiheit“ zu versprechen. Die Ära des Sozialismus sollte den Sprung aus dem Reich der Notwendigkeit in das Reich der Freiheit bedeuten. Sie sollte die „wirtschaftliche Freiheit“ verwirklichen, ohne die die bereits errungene politische Freiheit „sich nicht lohne“. Nur der Sozialismus sei imstande, den jahrhundertelangen Kampf um die Freiheit, in dem die Erreichung der politischen Freiheit nur einen Auftakt bildete, erfolgreich zu beenden. Die leichte Änderung, die an dem Sinn des Wortes Freiheit vorgenommen wurde, um dem Argument Überzeugungskraft zu verleihen, ist bedeutungsvoll. Für die großen Apostel der politischen Freiheit hatte dies Wort Befreiung von Despotie bedeutet, Befreiung von der Willkür anderer, Befreiung von den Bindungen, die dem Individuum keine andere Wahl ließen als Gehorsam gegenüber den Befehlen eines Vorgesetzten, von dem es abhängig war. Die neue Freiheit dagegen, die in Aussicht gestellt wurde, sollte eine Freiheit von Not sein, eine Befreiung aus dem Zwang der Umstände, die uns allen nur eine begrenzte Wahl der Lebensgüter lassen, wenn auch für den einen sehr viel mehr als für den anderen. Bevor die Menschen wahrhaft frei sein konnten, mussten der „Despotismus physischer Not“ gebrochen und die „Beschränkungen des Wirtschaftssystems“ gelockert werden.

Freiheit in diesem Sinne ist natürlich nur ein anderer Ausdruck für Macht oder Reichtum. Obwohl die Zusicherung dieser neuen Freiheit oft mit unverantwortlichen Versprechungen einer großen Wohlstandssteigerung in einer sozialistischen Gesellschaft verbunden wurde, so erwartete man wirtschaftliche Freiheit doch nicht von einem absoluten Sieg über die Kargheit der Natur. Worauf das Versprechen in Wahrheit hinauslief, war die Zusicherung, dass die bestehenden großen Unterschiede in den wirtschaftlichen Möglichkeiten der Individuen beseitigt werden sollten. Wenn man also die neue Freiheit forderte, so meinte man damit nichts anderes als den alten Anspruch auf gleichmäßige Besitzverteilung. Aber diese neue Bezeichnung lieferte den Sozialisten ein zweites Wort, das sie mit den Liberalen gemeinsam hatten und das sie dann gehörig ausschlachteten. Das Wort wurde zwar von den beiden Parteien in verschiedener Bedeutung gebraucht, aber das bemerkten wenige, und noch weniger legten sich die Frage vor, ob die beiden Arten der Freiheit, die man versprochen hatte, wirklich miteinander vereinbar waren.

Es unterliegt keinem Zweifel, dass das Versprechen einer größeren Freiheit eine der wirksamsten Waffen der sozialistischen Propaganda geworden ist und dass der Glaube, der Sozialismus werde die Freiheit bringen, echt und aufrichtig ist. Dies wäre um so tragischer, wenn sich der Weg, den man uns als den Weg in die Freiheit versprochen hatte, in Wahrheit als die breite Heerstraße in die Knechtschaft erweisen sollte. Ohne Frage muss man die Zusicherung größerer Freiheit dafür verantwortlich machen, dass ein Liberaler nach dem anderen auf den Weg des Sozialismus gelockt wurde, dass sie blind wurden für den Widerspruch zwischen den Grundprinzipien des Sozialismus und denen des Liberalismus und dass die Sozialisten unberechtigterweise oft sogar den Namen der alten Freiheitspartei für sich in Anspruch nahmen. Die Intellektuellen wandten sich zum größten Teile dem Sozialismus als dem vermeintlichen Erben der liberalen Tradition zu; es ist daher nicht verwunderlich, dass ihnen der Gedanke, der Sozialismus könne zum Gegenteil der Freiheit führen, unfassbar schien.

Mit-Denken

||| Halten Sie für sich in Stichworten fest: Aus welchem Grund sind für Hayek Sozialismus und Freiheit nicht zu vereinbaren?

In den letzten Jahren jedoch sind die alten Befürchtungen wegen der unerwarteten Folgen des Sozialismus aufs Neue stark betont worden, und zwar von einer Seite, von der man es am wenigsten vermutet hatte. Die in manchen Beziehungen außerordentliche Ähnlichkeit der Verhältnisse unter dem „Faschismus“ und dem „Kommunismus“ hat ihren Eindruck auf einen Beobachter nach dem anderen nicht verfehlen können, obgleich sie mit der gegenteiligen Erwartung an das Problem herangingen. Während „Fortschrittler“ bei uns und in anderen Ländern sich noch der Täuschung hingaben, dass Kommunismus und Faschismus entgegengesetzte Pole darstellten, begannen immer mehr Leute sich zu fragen, ob diese neuen Despotien nicht das Ergebnis der gleichen Tendenzen seien. Selbst auf Kommunisten müssen Zeugnisse wie das Max Eastmans, des alten Freundes Lenins, einigen Eindruck gemacht haben. Dieser sah sich zu der Feststellung veranlasst, dass „der Stalinismus, statt besser, schlimmer ist als der Faschismus, unbarmherziger, barbarischer, ungerechter, unmoralischer, antidemokratischer, ohne durch eine Hoffnung oder ein Bedenken gemildert zu werden“, und „dass man besser daran täte, ihn als einen Superfaschismus zu bezeichnen“. Sehen wir gar, wie derselbe Autor zugibt, dass das System Stalins nichts anderes als Sozialismus ist, nämlich in dem Sinne, dass es die unvermeidliche, wenn auch unerwartete politische Begleiterscheinung der Nationalisierung und der Kollektivierung bildet, die ihm unter anderem dazu dienen sollten, seinen Plan für die Errichtung einer klassenlosen Gesellschaft durchzuführen, so kommt seiner Schlussfolgerung unzweifelhaft allgemeine Bedeutung zu.

Der Fall Eastman ist vielleicht der bemerkenswerteste. Aber Eastman ist keineswegs der erste oder der einzige wohlwollende Beobachter des russischen Experiments, der zu solchen Folgerungen kommt. Bereits einige Jahre zuvor fasste W. H. Chamberlin, der während seiner zwölfjährigen Tätigkeit als amerikanischer Korrespondent in Russland das ganze Gebäude seiner Ideale hatte einstürzen sehen, die Ergebnisse seiner Studien in Russland, Deutschland und Italien in dem Satz zusammen: „Es ist sicher, dass der Sozialismus sich wenigstens im Anfang als ein Weg erweist, der nicht zur Freiheit, sondern zur Diktatur und Gegendiktatur und zum erbarmungslosen Bürgerkrieg führt. Ein Sozialismus, der mit demokratischen Mitteln erkämpft und erhalten wird, scheint endgültig zu den utopischen Dingen zu gehören.“

Es war in Deutschland allgemein bekannt, dass ein junger Kommunist verhältnismäßig leicht zum Nationalsozialisten bekehrt werden konnte und umgekehrt; am besten wussten dies die Propagandaleiter der beiden Parteien. Mancher Universitätsdozent in England hat während der Dreißigerjahre englische und amerikanische Studenten vom Kontinent zurückkehren sehen, die selber nicht wussten, ob sie Kommunisten oder Nationalsozialisten waren, die aber eines sicher wussten, nämlich dass sie die abendländische liberale Kultur hassten.

Es trifft natürlich zu, dass die Kommunisten und Nationalsozialisten oder Faschisten in Deutschland vor 1933 und in Italien vor 1922 häufiger miteinander in Konflikt geraten sind als mit anderen Parteien. Sie warben als Rivalen um die Gunst desselben Menschenmaterials und hassten sich gegenseitig wie Ketzer. Aber ihre Praxis zeigte, welche enge Verwandtschaft zwischen ihnen besteht.

Die allen kollektivistischen Systemen gemeinsamen Merkmale können mit einer Formel, die sich bei den Sozialisten aller Richtungen großer Beliebtheit erfreut, als die bewusste Organisierung der Arbeit in einem Gesellschaftssystem zu einem bestimmten sozialen Zweck definiert werden. Es war immer einer der Hauptpunkte der sozialistischen Kritik, dass unserer heutigen Gesellschaftsordnung solch eine „bewusste" Ausrichtung auf ein einziges Ziel fehle und dass die Wirtschaftsakte von den vielfachen Launen verantwortungsloser Individuen abhingen.

Damit ist das Problem in vieler Hinsicht sehr klar gestellt, und wir werden geradeswegs zu dem Punkt geführt, an dem die individuelle Freiheit und der Kollektivismus aufeinanderstoßen. Die verschiedenen Spielarten des Kollektivismus, wie Kommunismus, Faschismus u. a., unterscheiden sich voneinander durch das Ziel, auf das sie die Produktionstätigkeit der Gesellschaft richten wollen, aber sie haben das miteinander gemeinsam, dass sie im Gegensatz zum Liberalismus und Individualismus die Gesellschaft als Ganzes und alle ihre Produktivkräfte für jenes einzige Ziel organisieren und keine autonomen Sphären anerkennen wollen, in denen die Wünsche der Individuen ausschlaggebend sind. Kurz, sie sind totalitär im wahrsten Sinne dieses neuen Wortes, das wir übernommen haben, um die unerwarteten, aber nichtsdestoweniger systemnotwendigen Auswirkungen des in der Theorie sogenannten Kollektivismus zu bezeichnen.

Das „soziale Ziel" oder der „Gesamtzweck der Volkswirtschaft", für den die Gesellschaft organisiert werden soll, wird für gewöhnlich unbestimmt umschrieben als das „gemeine Beste" oder „Gemeinwohl" oder „Gemeininteresse". Man braucht nicht viel nachzudenken, um zu sehen, dass diese Ausdrücke viel zu allgemein gehalten sind, um einen bestimmten wirtschaftspolitischen Kurs zu bezeichnen. Die Wohlfahrt und das Glück von Millionen können nicht nach einer einzigen Wertskala bemessen werden. Die Wohlfahrt eines Volkes hängt wie das Glück eines Menschen von sehr vielen Dingen ab, für die unendlich viele Variationsmöglichkeiten bestehen. Sie kann nicht als ein einziges Ziel angemessen bezeichnet werden, sondern nur als eine Stufenfolge von Zielen, eine umfassende Wertskala, auf der jedes Bedürfnis jedes Einzelnen seinen Platz erhält. Wollen wir alle unsere Handlungen nach einem einzigen Plan vornehmen, so muss die Vorbedingung erfüllt sein, dass jedem einzelnen unserer Bedürfnisse sein Platz in einer Wertordnung angewiesen wird, die so vollständig ist, dass sie eine Entscheidung zwischen den verschiedenen Möglichkeiten eines wirtschaftspolitischen Kurses erlaubt, zwischen denen der Planwirtschaftler wählen muss. Kurz gesagt, dies setzt das Vorhandensein eines vollständigen Moralkodexes voraus, in dem alle die verschiedenen menschlichen Werte den ihnen gebührenden Platz erhalten.

Der Begriff eines lückenlosen Moralkodexes ist fremdartig, und wir müssen unsere Fantasie ein wenig anstrengen, um zu verstehen, was er umfasst. Wir stellen uns einen Moralkodex gewöhnlich nicht als etwas mehr oder weniger Lückenloses vor. Es ist nicht überraschend, dass wir fortgesetzt unsere Wahl zwischen verschiedenen Werten treffen, ohne dass uns ein Sozialkodex vorschriebe, wie wir zu wählen haben, und wir kommen nicht auf den Gedanken, unser Moralkodex sei unvollständig. In unserer Gesellschaft gibt es weder Anlass noch Grund dafür, dass sich die Menschen übereinstimmende Ansichten darüber bilden, was man in der oder jener Lage tun soll. Aber dort, wo alle Produktionsmittel Kollektiveigentum sind und im Namen der Allgemeinheit nach einem einheitlichen Plan verwendet werden sollen, muss eine „kollektive" Orientierung der wirtschaftlichen Aktivität alle Entscheidungen bestimmen.

1 Stellen Sie sich vor, Sie wären englischer Reporter im Jahre 1944 und hätten die Aufgabe, den seit 1931 an der „London School of Economics" lehrenden Wirtschaftsphilosophen Friedrich August von Hayek zu interviewen. Zur Vorbereitung lesen Sie den oben abgedruckten Textauszug aus dessen gerade erschienenem Werk „Der Weg in die Knechtschaft" und notieren dann für sich Kerngedanken Hayeks für Ihr Interview.

2 Formulieren Sie auf dieser Basis Fragen an den österreichischen Gelehrten, die sich aus dem Textauszug für Sie ergeben.

3 Versuchen Sie im Plenum, die von Ihnen und Ihren Mitschülerinnen und Mitschülern formulierten Fragen auf der Grundlage des Textauszuges zu klären. Wo Fragen offenbleiben, ist es natürlich sinnvoll, in Hayeks Buch „Der Weg in die Knechtschaft" oder im Internet nach weiteren Informationen zu suchen.

4 Wie beurteilen Sie die Thesen, Argumente und Schlussfolgerungen von Hayeks persönlich? Formulieren Sie ein kurzes, begründetes Statement und stellen Sie dieses im Plenum zur Diskussion.

Gerechtigkeit als Fairness (1971)

John Rawls

John Rawls
(1921 – 2002)

John Rawls, ein amerikanischer Philosophie-Professor, hat mit seiner Theorie der Gerechtigkeit aktuelle politische Debatten stark beeinflusst. In dem folgenden Textauszug, der Rawls Hauptwerk „A Theory of Justice" entnommen ist, werden Sie mit Kernelementen seiner Gerechtigkeitsphilosophie bekannt.

Die Gerechtigkeit ist die erste Tugend sozialer Institutionen, so wie die Wahrheit des Gedankensystems. Eine noch so elegante und mit sparsamen Mitteln arbeitende Theorie muss fallen gelassen oder abgeändert werden, wenn sie nicht wahr ist; ebenso müssen noch so gut funktionierende und wohl abgestimmte Gesetze und Institutionen abgeändert oder abgeschafft werden, wenn sie ungerecht sind. Jeder Mensch besitzt eine aus der Gerechtigkeit entspringende Unverletzlichkeit, die auch im Namen des Wohles der ganzen Gesellschaft nicht aufgehoben werden kann. Daher lässt es die Gerechtigkeit nicht zu, dass der Verlust der Freiheit bei einigen durch ein größeres Wohl für andere wettgemacht wird. Sie gestattet nicht, dass Opfer, die einigen wenigen auferlegt werden, durch den größeren Vorteil vieler anderer aufgewogen werden. Daher gelten in einer gerechten Gesellschaft gleiche Bürgerrechte für alle als ausgemacht; die auf der Gerechtigkeit beruhenden Rechte sind kein Gegenstand politischer Verhandlungen oder sozialer Interessenabwägungen. Mit einer falschen Theorie darf man sich nur dann zufriedengeben, wenn es keine bessere gibt; ganz ähnlich ist eine Ungerechtigkeit nur tragbar, wenn sie zur Vermeidung einer noch größeren Ungerechtigkeit notwendig ist. Als Haupttugenden für das menschliche Handeln dulden Wahrheit und Gerechtigkeit keine Kompromisse. [...]

Mit-Denken

||| Erörtern Sie, ob die Analogie zwischen Wahrheit und Gerechtigkeit, die Rawls in diesem Abschnitt aufzeigt, überzeugend ist.

Vieles nennt man gerecht oder ungerecht: nicht nur Gesetze, Institutionen und Gesellschaftssysteme, sondern auch die verschiedensten Handlungen, z. B. Entscheidungen, Urteile und moralische Bewertungen. Auch Einstellungen und Verhaltensweisen von Menschen, wie auch diese selbst, nennt man gerecht oder ungerecht. Wir haben es aber mit der sozialen Gerechtigkeit zu tun. Für uns ist der erste Gegenstand der Gerechtigkeit die Grundstruktur der Gesellschaft, genauer: die Art, wie die wichtigsten gesellschaftlichen Institutionen Grundrechte und -pflichten und die Früchte der gesellschaftlichen Zusammenarbeit verteilen. Unter den wichtigsten Institutionen verstehe ich die Verfassung und die wichtigsten wirtschaftlichen und sozialen Verhältnisse. Beispiele sind etwa die gesetzlichen Sicherungen der Gedanken- und Gewissensfreiheit, Märkte mit Konkurrenz, das Privateigentum an den Produktionsmitteln und die monogame Familie. Zusammengenommen legen die wichtigsten Institutionen die Rechte und Pflichten der Menschen fest und beeinflussen ihre Lebenschancen, was sie werden können und wie gut es ihnen gehen wird. Die Grundstruktur ist der Hauptgegenstand der Gerechtigkeit, weil ihre Wirkungen so tief greifend und von Anfang an vorhanden sind. Intuitiv stellt man sich vor, dass sie verschiedene soziale Positionen enthält und dass die Menschen, die in sie hineingeboren werden, verschiedene Lebenschancen haben, die teilweise vom politischen System und von den wirtschaftlichen und sozialen Verhältnissen abhängen. Die gesellschaftlichen Institutionen begünstigen also gewisse Ausgangspositionen. Dies sind besonders tief greifende Ungleichheiten. Nicht nur wirken sie sich überall aus, sie beeinflussen auch die anfänglichen Lebenschancen jedes Menschen; sie lassen sich aber keinesfalls aufgrund von Verdiensten rechtfertigen. Auf diese Ungleichheiten – die wahrscheinlich in der Grundstruktur jeder Gesellschaft unvermeidlich sind – müssen sich die Grundsätze der sozialen Gerechtigkeit in erster Linie beziehen. Sie bestimmen dann die politische Verfassung und die Hauptzüge des wirtschaftlichen und sozialen Systems. Die Gerechtigkeit eines Gesellschaftsmodells hängt wesentlich davon ab, wie die Grundrechte und -pflichten und die wirtschaftlichen Möglichkeiten und sozialen Verhältnisse in den verschiedenen Bereichen der Gesellschaft bestimmt werden. [...]

Wir wollen uns also vorstellen, dass diejenigen, die sich zu gesellschaftlicher Zusammenarbeit vereinigen wollen, in einem gemeinsamen Akt die Grundsätze wählen, nach denen Grundrechte und -pflichten und die Verteilung der gesellschaftlichen Güter bestimmt werden. Die Menschen sollen im Voraus entscheiden, wie sie ihre Ansprüche gegeneinander regeln wollen und wie die Gründungsurkunde ihrer Gesellschaft aussehen soll. Ganz wie jeder Mensch durch vernünftige Überlegung entscheiden muss, was für ihn das Gute ist, d. h. das System der Ziele, die zu verfolgen für ihn vernünftig ist, so muss eine Gruppe von Menschen ein für alle Mal entscheiden, was ihnen als gerecht und ungerecht gelten soll. Die Entscheidung, die vernünftige Menschen in dieser theoretischen Situation der Freiheit und Gleichheit treffen würden, bestimmt die Grundsätze der Gerechtigkeit. [...] Dieser Urzustand wird natürlich nicht als ein wirklicher geschichtlicher Zustand vorgestellt, noch weniger als primitives Stadium der Kultur. Er wird als rein theoretische Situation aufgefasst, die so beschaffen ist, dass sie zu einer bestimmten Gerechtigkeitsvorstellung führt. Zu den wesentlichen Eigenschaften dieser Situation gehört, dass niemand seine Stellung in der Gesellschaft kennt, seine Klasse oder seinen Status, ebenso wenig sein Los bei der Verteilung natürlicher Gaben wie Intelligenz oder Körperkraft. Ich nehme sogar an, dass die Beteiligten ihre Vorstellung vom Guten und ihre besonderen psychologischen Neigungen nicht kennen. Die Grundsätze der Gerechtigkeit werden hinter einem Schleier des Nichtwissens festgelegt. Dies gewährleistet, dass dabei niemand durch die Zufälligkeiten der Natur oder der gesellschaftlichen Umstände bevorzugt oder benachteiligt wird. Da sich alle in der gleichen Lage befinden und niemand Grundsätze ausdenken kann, die ihn aufgrund seiner besonderen Verhältnisse bevorzugen, sind die Grundsätze der Gerechtigkeit das Ergebnis einer fairen Übereinkunft oder Verhandlung.

Justitia vor dem Landgericht in Halle

Die Gerechtigkeit als Fairness beginnt [...] mit der allgemeinsten Entscheidung, die Menschen überhaupt zusammen treffen können, nämlich mit der Wahl der ersten Grundsätze einer Gerechtigkeitsvorstellung, die für alle spätere Kritik und Veränderung von Institutionen maßgebend sein soll. Nachdem sie nun eine Gerechtigkeitsvorstellung festgelegt haben, können wir uns vorstellen, dass sie eine Verfassung, ein Gesetzgebungsverfahren und anderes wählen müssen, alles gemäß den anfänglich vereinbarten Gerechtigkeitsgrundsätzen. Unsere gesellschaftlichen Verhältnisse sind gerecht, wenn das ihnen zugrunde liegende allgemeine Regelsystem durch diese Abfolge fiktiver Vereinbarungen erzeugt worden ist. [...]

Zur Gerechtigkeit als Fairness gehört die Vorstellung, dass die Menschen im Urzustand vernünftig sind und keine aufeinander gerichteten Interessen haben. Das bedeutet nicht, dass sie Egoisten wären, die also nur ganz bestimmte Interessen hätten, etwa an Reichtum, Ansehen oder Macht. Sie werden aber so vorgestellt, dass sie kein Interesse an den Interessen anderer nehmen. Sie halten selbst ihre geistigen Ziele für möglicherweise entgegengesetzt wie etwa die Ziele der Angehörigen verschiedener Religionen. Ferner muss der Begriff der Vernünftigkeit im engstmöglichen Sinne verstanden werden, wie es in der Wirtschaftstheorie üblich ist: dass zu gegebenen Zielen die wirksamsten Mittel eingesetzt werden. [...]

Ich behaupte, dass die Menschen im Urzustand zwei [...] Grundsätze wählen würden: einmal die Gleichheit der Grundrechte und -pflichten; zum anderen den Grundsatz, dass soziale und wirtschaftliche Ungleichheiten, etwa verschiedener Reichtum oder verschiedene Macht, nur dann gerecht sind, wenn sich aus ihnen Vorteile für jedermann ergeben, insbesondere für die schwächsten Mitglieder der Gesellschaft. Nach diesen Grundsätzen kann man Institutionen nicht damit rechtfertigen, dass den Unbilden einiger ein größerer Gesamtnutzen gegenüberstehe. Es ist vielleicht zweckmäßig, aber nicht gerecht, dass einige weniger haben, damit es anderen besser geht. Es ist aber nichts Ungerechtes an den größeren Vorteilen weniger, falls es dadurch auch den nicht so Begünstigten besser geht. Die intuitive Vorstellung ist die, dass jedermanns Wohlergehen von der Zusammenarbeit abhängt, ohne die niemand ein befriedigendes Leben hätte, und dass daher die Verteilung der Güter jeden, auch den weniger Begünstigten, geneigt machen sollte, bereitwillig mitzuarbeiten. Die beiden soeben erwähnten Grundsätze dürften eine faire Grundlage dafür sein, dass die Begabteren oder sozial besser Gestellten – was beiden nicht als Verdienst angesehen werden kann – auf die bereitwillige Mitarbeit anderer rechnen können, sofern eine funktionierende Regelung eine notwendige Bedingung für das Wohlergehen aller ist. Sobald man sich für eine Gerechtigkeitsvorstellung entschieden hat, die die Zufälligkeiten der natürlichen Begabung und der gesellschaftlichen Verhältnisse nicht zu politischen und wirtschaftlichen Vorteilen führen lässt, gelangt man zu diesen Grundsätzen. Sie lassen jene Seiten der sozialen Welt aus dem Spiel, die als moralisch willkürlich erscheinen. [...]

Die erste Formulierung der beiden Grundsätze lautet folgendermaßen:
1. Jedermann soll gleiches Recht auf das umfangreichste System gleicher Grundfreiheiten haben, das mit dem gleichen System für alle anderen verträglich ist.
2. Soziale und wirtschaftliche Ungleichheiten sind so zu gestalten, dass (a) vernünftigerweise zu erwarten ist, dass sie zu jedermanns Vorteil dienen, und (b) sie mit Positionen und Ämtern verbunden sind, die jedem offenstehen.

1 Fassen Sie den Inhalt von Rawls Thesen zusammen, indem Sie die Herleitung seiner Prinzipien rekonstruieren.

2 Zeigen Sie an selbst gewählten Beispielen auf, was es im konkreten Alltag bedeuten würde, wenn man die von Rawls genannten Grundsätze beachtet.

3 Diskutieren Sie die Frage, inwieweit die von Rawls genannten Grundsätze in unserer Gesellschaft bereits befolgt werden.

Die Idee der Gerechtigkeit. Pro und Kontra Rawls (2009)

Amartya Sen

Amartya Kumar Sen (* 1933) ist ein indisch-amerikanischer Philosoph, der sich u. a. mit Fragen der Wirtschaft, der Gerechtigkeit und der Identität beschäftigt hat. Der nachfolgend abgedruckte Textauszug ist dem Schlussteil seiner 2009 veröffentlichten Schrift „Die Idee der Gerechtigkeit" entnommen und enthält zentrale Aspekte seiner Kritik an der Konzeption von John Rawls.

Dieses Kapitel ist in der Hauptsache eine Kritik an John Rawls' wegweisender Theorie der Gerechtigkeit. Ich werde darlegen, in welchen Punkten ich nicht mit Rawls übereinstimme, aber ich kann mit meiner Kritik nicht beginnen, ohne anzuerkennen, wie sehr mein eigenes Verständnis von Gerechtigkeit – und politischer Philosophie im Ganzen – beeinflusst ist durch das, was ich von ihm gelernt habe; wir alle stehen tief in Rawls' Schuld, denn er hat das philosophische Interesse am Thema Gerechtigkeit wieder geweckt. [...] Sein 1958 erschienener Artikel „Gerechtigkeit als Fairness" steckte mir ein Licht auf – heute fällt es mir schwer, es angemessen zu beschreiben –, und [...] dann kam 1971 Rawls' bahnbrechendes Werk „Eine Theorie der Gerechtigkeit". Rawls, Kenneth Arrow und ich hatten bereits eine frühere Fassung des Buchs in einem gemeinsamen Seminar über politische Philosophie benutzt, als ich im akademischen Jahr 1968–69, von meiner Heimatuniversität Delhi beurlaubt, Gast der Universität Harvard war. Ich arbeitete an meinem Buch „Collective Choice and Social Welfare" (1970), das auch das Thema Gerechtigkeit behandelte, und profitierte erheblich von Rawls' scharfsinnigen

Kommentaren und Vorschlägen. [...] [Das] Gefühl [der Dankbarkeit] hat sich im Lauf der Jahre nicht verloren, nur weil ich jetzt meine, dass einige der wichtigsten Pfeiler von Rawls' Theorie der Gerechtigkeit Schwachstellen haben. Bevor ich meine Einwände darlege, muss ich anerkennen, dass Rawls dem Gegenstand dieser Theorie eine solide Basis verschafft hat. Etliche Grundkonzepte, die er als entscheidend erkannt hat, tragen noch immer zu meinem Verständnis von Gerechtigkeit bei, auch wenn ich mit meiner eigenen Arbeit eine andere Richtung eingeschlagen habe und zu anderen Schlüssen komme als Rawls.

Positive Lernergebnisse

Es ist nicht schwer einzusehen, dass Rawls uns mit seiner Theorie der Gerechtigkeit als Fairness und mit der Darstellung und Erläuterung ihrer Konsequenzen wichtige Erkenntnisse vermittelt hat. Erstens ist seine einleuchtend verfochtene Idee, dass Fairness für Gerechtigkeit zentral sei, ein Bekenntnis, das uns weit über die in der älteren Literatur vertretene Auffassung von Gerechtigkeit hinausführt (dazu gehört zum Beispiel die Rechtfertigungsgrundlage der utilitaristischen Theorie Benthams). [...]

Zweitens muss ich [...] auf die weitreichende Bedeutung von Rawls' These hinweisen, dass Objektivität in der praktischen Vernunft eine besondere Rolle spielt; vor allem geht es mir um seine bereits zitierte Aussage: „Das erste wesentliche Merkmal besteht darin, dass eine Objektivitätskonzeption einen öffentlichen gedanklichen Rahmen etablieren muss, der ausreicht, um den Begriff des Urteils anzuwenden und nach Diskussion und gebührendem Nachdenken auf der Basis von Gründen und Tatsachen zu Schlussfolgerungen zu kommen." [...]

Drittens hat Rawls nicht nur deutlich gemacht, dass die Idee der Fairness eine der Gerechtigkeit vorgeordnete Stellung hat, sondern ebenso grundlegend ist sein Hinweis auf das „moralische Vermögen" der Menschen, das mit ihrer „Anlage zu einem Gerechtigkeitssinn" und „einer Konzeption des Guten" zusammenhängt. [...] Rawls bereichert das Konzept der Rationalität und geht außerdem auch dem Unterschied zwischen „rationalem" und „vernünftigem" Verhalten auf sehr nützliche Art und Weise nach – eine Unterscheidung, die ich in diesem Buch ziemlich extensiv verwenden werde.

Viertens räumt Rawls der Freiheit Priorität ein – allerdings wählt er das Extrem der totalen Priorität – und lenkt so die Aufmerksamkeit auf die guten Gründe, die dafür sprechen, bei der Einschätzung der Gerechtigkeit sozialer Regelungen Freiheit als ein gesondertes und in vielen Hinsichten vorrangiges Gut zu betrachten. Freiheit wirkt natürlich auch mit anderen Komponenten zusammen, wenn es darum geht, den Gesamtvorteil für eine Person zu ermitteln: Sie gehört zur Liste der „Grundgüter", die Rawls aufstellt, um das Bild individueller Vorteile zu vervollständigen, das er in seinem Differenzprinzip benutzt. Aber Freiheit ist nicht nur eines von mehreren Grundgütern, sondern sie hat, für sich gesehen, zusätzlich einen Status mit eigener Bedeutung. Ihr diese besondere Position – einen generellen Vorrang – einzuräumen, geht deutlich über die Feststellung hinaus, dass Freiheit als einer von vielen Einflüssen auf den Gesamtvorteil eines Menschen wichtig ist. Zweifellos ist persönliche Freiheit nützlich, so wie Einkommen und andere Grundgüter, aber zu ihrer Wichtigkeit gehört noch mehr. Als Freiheit der Person tangiert sie die eigensten Aspekte des Privatlebens einer Person und ist deshalb ein zentrales Anliegen, und zugleich ist sie – zum Beispiel als Redefreiheit – eine elementare Notwendigkeit für den öffentlichen Gebrauch der Vernunft, der in der sozialen Evaluierung so entscheidend ist. Es ist keine Überraschung, dass persönliche Freiheit seit vielen

Evaluierung: Bewertung

Jahrhunderten als wichtig wahrgenommen, erkämpft und verteidigt wird. Rawls gibt der Bedeutung einer allen gemeinsamen Freiheit einen Sonderstatus und lenkt damit die Aufmerksamkeit auf einen Unterschied – den zwischen Freiheit und anderen hilfreichen Vergünstigungen –, der so wichtig ist, dass man ihn im Auge behalten und weiterverfolgen muss.

Fünftens betont Rawls [...] die Notwendigkeit fairer Verfahren und hat damit die sozialwissenschaftliche Literatur zur Ungleichheit um einen wichtigen Gesichtspunkt erweitert, denn in den Sozialwissenschaften gibt es eine ausgeprägte Tendenz, ausschließlich auf Disparitäten im gesellschaftlichen Status oder in ökonomischen Ergebnissen zu achten und zu übersehen, durch welche Verfahren solche Ungleichheiten zustande kommen, zum Beispiel dadurch, dass man Menschen aufgrund ihrer Rasse, Farbe oder Geschlechtszugehörigkeit von Ämtern ausschließt.

Disparitäten: Ungleichheiten

Sechstens führt Rawls das Differenzprinzip ein, nachdem er der Freiheit gebührenden Raum verschafft und dargelegt hat, dass faire Chancengleichheit für alle, die sich um Ämter und Positionen bewerben, garantiert werden muss, und dieses Differenzprinzip betont die Bedeutung der Gleichheit in sozialen Regelungen, sodass die Aufmerksamkeit besonders auf die Notlage der am schlechtesten gestellten Menschen gelenkt wird. Das Problem der Armut, das heißt des Mangels an Grundgütern, nimmt in Rawls' Theorie der Gerechtigkeit breiten Raum ein und hat großen Einfluss auf die Analyse öffentlicher Hilfsprogramme zur Bekämpfung der Armut ausgeübt.

Und schließlich (aber dies ist weitgehend meine persönliche Interpretation, die andere eine einleuchtende Lesart der rawlsschen Theorie finden mögen oder auch nicht) erkennt Rawls mit seiner Konzentration auf „Grundgüter" – das heißt auf die Mehrzweck-Mittel zum Erreichen umfassender individueller Ziele – indirekt an, wie wichtig Freiheit ist, wenn es darum geht, Menschen wirkliche, nicht nur formell zugestandene Chancen zu geben, mit ihrem Leben anzufangen, was sie möchten. [...] Rawls [...] hat meiner Meinung nach dadurch, dass er die Bedeutung menschlicher Freiheit so nachdrücklich unterstrichen hat, dem auf Freiheit bezogenen Denken einen festen Platz im Gebäude seiner Theorie der Gerechtigkeit gegeben.

Mit-Denken

III Welchen der von Sen benannten Vorzüge der Theorie von Rawls halten Sie für den wichtigsten? Diskutieren Sie mit Ihrem Sitznachbarn/mit Ihrer Sitznachbarin.

Beherrschbare Probleme

Rawls' Theorie bietet jedoch auch Probleme und Schwierigkeiten. Ich möchte mit ein paar Problemen beginnen, die gravierend sind, mit denen man aber fertigwerden kann, glaube ich, ohne seinen Grundansatz infrage zu stellen; diese Probleme haben in der Literatur schon beträchtliche Aufmerksamkeit gefunden.

Erstens wurde eingewendet, dass die absolute Priorität der Freiheit zu extrem ist. Warum sollten wir in jedem Fall Hunger, Verhungern und mangelhafte medizinische Versorgung für weniger wichtig halten als die Verletzung beliebiger Arten von persönlicher Freiheit? [...] Man kann durchaus akzeptieren, dass Freiheit eine gewisse Priorität haben muss, aber eine totale uneingeschränkte Priorität ist fast mit Sicherheit des Guten zu viel. Es gibt zum Beispiel viele verschiedene Typen von Gewichtungsschemata, die dem einen oder anderen Anliegen eine partielle Priorität geben können.

Zweitens schätzt Rawls im Differenzprinzip die Chancen, die Menschen haben, nach Maßgabe der Mittel ein, über die sie verfügen, lässt aber die großen und vielfältigen Unterschiede in ihren Fähigkeiten, Grundgüter in gutes Leben zu konvertieren, außer Acht. Zum Beispiel kann ein Invalide mit dem gleichen Einkommen und den gleichen Grundgütern wie ein Gesunder viel weniger anfangen als dieser. Eine schwangere Frau braucht unter anderem eine gehaltreichere Ernährung als eine, die keinen Embryo miternähren muss. Die Umwandlung von Grundgütern in die Chance, viele Dinge zu tun, die einem wichtig sind, kann höchst unterschiedlich ausfallen, je abhängig von unterschiedlichen angeborenen Eigenschaften (zum Beispiel der Disposition für erbliche Krankheiten) und erworbenen Merkmalen oder auch bedingt durch unterschiedliche Umgebungen (zum Beispiel eine Umgebung, in der es endemische Krankheiten gibt oder häufig ansteckende Krankheiten ausbrechen). Deshalb spricht viel dafür, das Zentrum der Aufmerksamkeit von den Grundgütern auf die Einschätzung tatsächlich vorhandener Freiheiten und Chancen zu verlagern. [...]

Disposition: Anlage

Mit-Denken

III Durchdenken Sie die Argumente Sens erneut gemeinsam. Leuchtet Ihnen seine Kritik ein?

Schwierigkeiten, die neu überdacht werden müssen

Die im vorigen Abschnitt dargestellten Probleme wurden und werden in der Literatur aufmerksam wahrgenommen und erörtert. [Jetzt] möchte ich die Aufmerksamkeit auf einige andere Probleme im rawlsschen Ansatz lenken, die in der aktuellen Literatur kaum bedacht werden.

(1) *Die unausweichliche Relevanz des tatsächlichen Verhaltens:* Erstens: In Rawls' Denkmodell garantiert der Gesellschaftsvertrag Fairness nur dadurch, dass durch „Übereinkunft über Grundsätze ..., die die Institutionen der Grundstruktur einer Gesellschaft selbst in der Gegenwart und in der Zukunft ordnen sollen", gerechte Institutionen bestimmt werden. Im rawlsschen System der Gerechtigkeit als Fairness gilt unmittelbare Aufmerksamkeit fast ausschließlich den „gerechten Institutionen", sie konzentriert sich jedoch nicht auf „gerechte Gesellschaften", die versuchen können, sich sowohl auf wirksame Institutionen wie tatsächliche Verhaltensmerkmale zu stützen. [...]

Wir haben gute Gründe, uns einzugestehen, dass das Streben nach Gerechtigkeit zum Teil auf die allmähliche Entstehung von Verhaltensmustern angewiesen ist – einen plötzlichen Sprung vom Akzeptieren einiger Gerechtigkeitsgrundsätze zum vollständigen Neuentwurf aller individuellen Verhaltensweisen, sodass sie auf einer Linie mit dieser politischen Gerechtigkeitskonzeption liegen, einen solchen Sprung gibt es nicht. Generell müssen die Institutionen nicht nur passend zur Eigenart der fraglichen Gesellschaft gewählt werden, sondern auch unter Berücksichtigung der tatsächlichen Verhaltensmuster, die zu erwarten sind, selbst wenn – und selbst nachdem – eine politische Gerechtigkeitskonzeption von allen akzeptiert worden ist. Im rawlsschen System soll die Wahl der beiden Gerechtigkeitsgrundsätze sowohl die Entscheidung für die richtigen Institutionen garantieren wie auch ein allerseits angemessenes tatsächliches Verhalten, das heißt, dass individual- und sozialpsychologische Phänomene durch und durch von einer politischen Ethik abhängig gemacht werden. [...]

(2) *Alternativen zum kontraktarischen Ansatz:* Rawls' Methode beruft sich auf „kontraktarisches" Denken und führt zu der Frage: Welcher „Gesellschaftsvertrag" würde von allen

Parteien im Urzustand einstimmig angenommen? Der kontraktarische Ansatz steht in weitem Sinn in der kantischen Tradition und hat großen, überwiegend von Rawls geprägten Einfluss auf die gegenwärtige politische und Moralphilosophie. Rawls ordnet seine Theorie der Gerechtigkeit als Fairness weitgehend in diese Tradition ein, und er beschreibt sie [...] als einen Versuch, die „bekannte Theorie des Gesellschaftsvertrags etwa von Locke, Rousseau und Kant zu verallgemeinern und auf eine höhere Abstraktionsebene zu heben."

Rawls vergleicht die Denkrichtung, die zu einem Gesellschaftsvertrag führt, mit der utilitaristischen Tradition, deren Konzeption der Gesellschaft sich darauf konzentriert, dass „im Hinblick auf alle Angehörigen dieser Gesellschaft die größte Gesamtsumme an Gutem produziert wird, wobei dieses Gut ein vollständiges Gut ist, das durch eine Globaltheorie bestimmt wird. Das ist ein interessanter, wichtiger Vergleich, allerdings kann Rawls aufgrund seiner ausschließlichen Konzentration auf diesen speziellen Gegensatz darauf verzichten, andere Ansätze zu prüfen, die weder kontraktarisch noch utilitaristisch sind. Adam Smith zum Beispiel führt den „unparteiischen Zuschauer" ein, um Beurteilungen der Gerechtigkeit auf der Grundlage der Anforderungen der Fairness vornehmen zu können. Sein Denkmodell greift weder auf das Muster des Gesellschaftsvertrags zurück noch auf das der Maximierung des Gesamtnutzens (oder gar der Maximierung eines sonstigen Gesamtindikators für das „vollständige Gut"). [...]

(3) *Die Bedeutung globaler Perspektiven:* In der von Rawls verwendeten Form des Gesellschaftsvertrags ist die Menge der am Streben nach Gerechtigkeit Beteiligten begrenzt; nur die Mitglieder eines Gemeinwesens – Rawls nennt sie „the people", das Volk, ein Begriff der ungefähr dem „Nationalstaat" der herkömmlichen politischen Theorie entspricht – gehören dazu. Der Kunstgriff des fiktiven Urzustands lässt wenig Spielraum, es sei denn, man denkt an einen gigantischen globalen Gesellschaftsvertrag [...]. In diesem Fall ist es jedoch höchst problematisch, dem rawlsschen Stufenplan zu folgen und für die globale Gesellschaft gerechte Institutionen festzusetzen, das heißt eine Weltregierung zu fordern [...].

Und doch muss die Welt jenseits der Landesgrenzen aus mindestens zwei Gründen bei der Einschätzung der Gerechtigkeit innerhalb eines Landes mitberücksichtigt werden. Erstens hat das, was in diesem Land geschieht, ebenso wie die Arbeit seiner Institutionen zwangsläufig Auswirkungen, manchmal ungeheure Konsequenzen für den Rest der Welt. Das ist offenkundig am Beispiel des weltweiten Terrorismus oder der Versuche, terroristische Aktivitäten zu verhindern, oder auch der Irak-Invasion unter Führung der USA, aber in der Welt, in der wir leben, sind Einflüsse, die sich nicht an Landesgrenzen halten, allgegenwärtig. Zweitens mag jedes Land oder jede Gesellschaft provinzielle Überzeugungen haben, die einer Überprüfung unter globalerem Blickwinkel bedürfen, denn Klasse und Typ der Fragen, die in dieser Perspektive kritisch betrachtet werden, könnten einen weiteren Horizont haben, und die faktischen Annahmen, die den Hintergrund spezifischer ethischer und politischer Urteile bilden, könnten mithilfe der Erfahrungen anderer Länder oder Gesellschaften neu überprüft werden. Eine für globale Gesichtspunkte sensible Überprüfung zum Beispiel der Fakten und Werte im Zusammenhang mit der ungleichen Stellung von Frauen oder der Rechtfertigung von Folter oder auch der Todesstrafe – kann für eine differenzierte Einschätzung wichtiger sein als Diskussionen unter ortsgebundenen Gesichtspunkten.

1 Fertigen Sie in Partnerarbeit eine Tabelle an, in der zwei Aspekte unterschieden werden: „Pro Rawls“ und „Kontra Rawls“. Tragen Sie in beide Rubriken die von Amartya Sen jeweils genannten Argumente und Begründungen ein.

2 Diskutieren Sie zunächst in Partnerarbeit und dann im Plenum, wie Sie Sens Analysen und Thesen zu Rawls Theorie persönlich einschätzen. Klären Sie dabei, welche Argumente von Sen Sie für stark und welche eher für schwach oder schwächer halten.

3 Denken Sie Sens Kritik an dem Fehlen einer globalen Perspektive in Rawls' Konzept weiter. Wie könnte und müsste eine Alternative aussehen? Entwickeln Sie Ansätze für eine Gerechtigkeitstheorie unter den Bedingungen der Globalisierung.

Nach- und Weiter-Denken

Option 1: Fiktive Fernsehdebatte

1 Bilden Sie in Ihrem Kurs bitte Expertengruppen zu den vier Positionen, zu denen in diesem Kapitel Texte abgedruckt worden sind: 1. Marx/Engels; 2. Hayek; 3. Rawls; 4. Sen.

2 Erarbeiten Sie Argumente, warum die in Ihrer Gruppe erarbeitete Position für die Frage nach der sozialen Gerechtigkeit von so zentraler Bedeutung ist und sich auf der Grundlage „Ihres“ Autors am ehesten eine gerechte Gesellschaft entwickeln lässt.

3 Überlegen Sie vor diesem Hintergrund kritische Fragen an die anderen drei Positionen.

4 Diskutieren Sie – ausgehend von den von Ihnen entwickelten kritischen Fragen an die Positionen der anderen Gruppen – die Frage nach der bestmöglichen Umsetzung sozialer Gerechtigkeit und einer gerechten Gesellschaft. (Tipp: Wenn Sie Ihre Diskussion filmen, können Sie sich nachher den Diskussionsverlauf noch einmal anschauen und gute und schlechte Argumente noch einmal vertiefend reflektieren oder gemeinsam diskutieren.)

Option 2: Virtuelles Rollenspiel

Spielen Sie folgende Variante des „Gerechtigkeitsspiels“: Bilden Sie Gruppen aus je 4–5 Mitgliedern und wählen Sie eine Rolle aus, die Sie in einer fiktiven Gesellschaft spielen. Sie können z. B. ein reicher Unternehmer, ein Angestellter in einer kleinen Firma, ein Arbeitsloser, ein Häftling etc. sein. Versuchen Sie, sich mit den anderen Gruppenmitgliedern im Rahmen eines philosophischen Rollenspiels auf Grundsätze zu einigen, die in Ihrer Gesellschaft gelten sollten. Wichtig: Verwenden Sie im Rollenspiel ein Pseudonym, das keinerlei Rückschlüsse auf die von Ihnen gewählte gesellschaftliche Position zulässt („Unternehmer 123“ oder „Häftling 007“ wären demnach keine gute Wahl).

Erweiterter Blick: Wirtschaftsphilosophie und Wirtschaftsethik

Money (1973)

Pink Floyd

Money, get away.
Get a good job with good pay and you're okay.
Money, it's a gas.
Grab that cash with both hands and make
a stash.
New car, caviar, four star daydream,
Think I'll buy me a football team.

Money, get back.
I'm all right Jack keep your hands off
of my stack.
Money, it's a hit.
Don't give me that do goody good bullshit.
I'm in the high-fidelity first class traveling set
And I think I need a Lear jet.

Money, it's a crime.
Share it fairly but don't take a slice of my pie.
Money, so they say
Is the root of all evil today.
But if you ask for a raise it's no surprise that they're
Giving none away. [...]

Text: Waters, Roger

Quentin Massys: Der Geldwechsler und seine Frau (1515)

Vor-Denken

1 ||| Fertigen Sie ein philosophisches Cluster zu „Geld" in Ihrem philosophischen Tagebuch an. Notieren Sie in Ihrem Tagebuch auf dieser Grundlage, wie wichtig für Sie persönlich Geld ist.

2 ||| Ergänzen Sie anschließend, was Sie denken, wie wichtig Geld für Sie in zehn Jahren sein wird.

3 ||| Welchen Zahlenwert auf einer Skala von –5 bis +5 erhält in Ihrem persönlichen Werturteil die Wirtschaft? Stellen Sie Ihr Ergebnis im Plenum vor und diskutieren Sie es mit Ihren Mitschülerinnen und Mitschülern.

Minus/negativ: ← –5 –4 –3 –2 –1

Plus/positiv: +1 +2 +3 +4 +5 →

Wirtschaftsphilosophie ist eine Teildisziplin der Staatsphilosophie, Wirtschaftsethik eine Teildisziplin der Wirtschaftsphilosophie und der Ethik. Wirtschaftsphilosophie hat die theoretischen wie praxisbezogenen Grundlagen der Wirtschaft zum Gegenstand, Wirtschaftsethik damit zusammenhängende moralphilosophische Grundfragen. Dabei umfasst Wirtschaft alle menschlichen Handlungen, Abläufe und Systeme, die mit der Schaffung, der Ansammlung und dem Austausch von Produkten, Dienstleistungen, Zahlungsmitteln etc. zusammenhängen.
Nachfolgend sollen drei wirtschaftsphilosophisch bzw. wirtschaftsethisch relevante Themenkomplexe behandelt werden: die Einstellung zu Geld und Wirtschaft in Antike und Mittelalter, wirtschaftstheoretische Grundkonzepte der Neuzeit und wirtschaftsphilosophische Fragen im Zusammenhang mit Globalisierung und Finanzkrise.

Beginnen wir mit dem Thema Geld und Wirtschaft in Antike und Mittelalter. In der Philosophiegeschichte haben das Geld und die Wirtschaft von der Antike bis ins späte Mittelalter hinein einen schlechten Ruf gehabt. Einige Beispiele verdeutlichen Kritiklinien, die auch heute noch unterschwellig nachwirken.

Erwerbskunst als Untugend (335 – 323 v. Chr.)

Aristoteles

In seiner „Politik" hat Aristoteles (384 – 322 v. Chr.) als einer der wenigen antiken Denker die Erwerbs- bzw. Kaufmannskunst definiert, in seiner „Ethik" hat er sie im Hinblick auf ihre Tugendhaftigkeit hinterfragt. Die beiden Textauszüge machen Kernaspekte seiner Position deutlich.

[I] Für jedes Besitzstück gibt es eine doppelte Verwendung. Jede ist Verwendung des Dings als solchen, aber nicht in derselben Weise, sondern die eine ist dem Ding eigentümlich, die andere nicht, so etwa beim Schuh das Anziehen und die Verwendung zum Tausch. Beides ist Verwendung des Schuhs. Auch wer den Schuh um Geld oder Nahrungsmittel jemandem gibt, der ihn nötig hat, verwendet den Schuh als Schuh, aber nicht zu dem ihm eigentlichen Gebrauche. Denn er ist nicht um des Tausches willen verfertigt worden. Ebenso verhält es sich mit den andern Besitzstücken. Der Tausch ist bei allem möglich, anknüpfend an die naturgemäße Tatsache, dass die Menschen von den notwendigen Gütern hier zu viel und dort zu wenig haben. Daraus ergibt sich sofort, dass das Kaufmannsgewerbe nicht von Natur zur Erwerbskunst [...] gehört. Denn zunächst musste der Tausch nur so weit gehen, als man seiner unmittelbar bedurfte. [...] Als nun schon das Geld aus den Bedürfnissen des Tauschverkehrs geschaffen war, entstand die zweite Art der Erwerbskunst, die Kaufmannskunst, anfangs wohl nur ganz einfach, später kunstmäßiger aufgrund der Erfahrung, woher und wie man Güter vertauschen müsse, um den größten Gewinn zu erzielen.
Darum scheint die Erwerbskunst sich vor allem auf das Geld zu beziehen, und ihre Aufgabe scheint darin zu bestehen, woher man das meiste Geld gewinnen kann; sie gilt dann als Erzeugerin des Reichtums und des Geldes.

[II] Die (meisten) Händler sind aufgrund ihrer Tätigkeit nicht in der Lage, sich um ein (auf die Mitte gerichtetes) tugendhaftes Leben zu bemühen, da sie die meiste Zeit darauf verwenden, Geld anzuhäufen. Folglich muss ihre Lebensweise schlecht sein, denn wer Geschäfte im Sinne der Chrematistik betreibt, hat keine Tugend.

Chrematistik: Erwerbs- bzw. Kaufmannskunst

1 Fassen Sie die Thesen von Aristoteles zur Erwerbs- bzw. Kaufmannskunst mit eigenen Worten zusammen.

2 Wie begründet Aristoteles seine negative Einschätzung gegenüber der Erwerbstätigkeit des Kaufmannes?

3 Formulieren Sie eine erste persönliche Einschätzung gegenüber der Position des Aristoteles. Überprüfen und ergänzen Sie diese später gegebenenfalls nach der Lektüre der Texte aus dem 18., 19., 20. und 21. Jahrhundert.

Kontexte

Wucherzins und Höllenqualen. Ökonomie und Religion im Mittelalter (1986)

Jacques Le Goff

Natürlich gibt es für den Wucherer ein Mittel, der Hölle und selbst dem Fegefeuer zu entrinnen, nämlich durch Rückzahlung. Das betont Stephan von Bourbon, wenn er schreibt:
„Der Wucherer, der der Verdammnis entkommen will, muss unrechtmäßig erworbenes Geld durch Rückzahlung und seine Verfehlung in der Beichte *wieder herausgeben* (der Ausdruck ist sehr stark: *evomat*, durch Ausspeien von sich geben), andernfalls er sie in der Hölle durch Bestrafung *wird zurückgeben* müssen (durch Ausspeien, *evomet*, was wahrscheinlich in diesem Fall wörtlich zu verstehen ist)."

Zins als Frevel (1266–1273)

Thomas von Aquin

Thomas von Aquin (1225–1274), katholischer Kirchenlehrer, Dominikanermönch und Hauptvertreter der scholastischen Philosophie im hohen Mittelalter, hat sich in seinem Hauptwerk, der „Summa theologica" (dt.: Theologische Summe bzw. Summe der Theologie), auch mit Fragen der Wirtschaft auseinandergesetzt. Wucherzins ist für ihn Ausdruck von *Avaritia*, Geiz und Habgier. Es gilt: *Nummus non parit nummos*: Münzen zeugen keine Münzen.

Ist es Sünde, Geld zu nehmen als Bezahlung für geborgtes Geld, was dasselbe ist wie Zins nehmen? Zins nehmen für geborgtes Geld ist an sich *ungerecht*; denn es wird verkauft, was nicht ist, wodurch ganz offenbar eine *Ungleichheit* gebildet wird, die der *Gerechtigkeit* entgegen ist.

[...] Das Geld [...] ist vornehmlich erfunden, um Tauschhandlungen zu tätigen. Und so besteht der eigentliche und hauptsächliche Gebrauch des Geldes in seinem Verbrauch oder im Ausgeben des Geldes, sofern es für Tauschgegenstände aufgewandt wird. Und deshalb ist es an sich unerlaubt, für den Gebrauch des geliehenen Geldes eine Belohnung zu nehmen, die man Zins nennt.

1 Legen Sie unter Verwendung von Zitaten aus dem Text dar, wie Thomas von Aquin Geld und Zins aus theologischer Sicht beurteilt.

2 Nehmen Sie aus Ihrer persönlichen Sicht Stellung zu den Bewertungen, die Thomas von Aquin gegenüber dem Geld und dem Zins vornimmt.

3 Nach mittelalterlicher Auffassung ist der Wucherer der Hölle geweiht, wie Sie dem Text von Jacques Le Goff (S. 314) entnehmen können. Wie beurteilen Sie diese Vorstellung? Diskutieren Sie im Plenum.

In der Neuzeit hat sich die Einstellung gegenüber wirtschaftlichen Fragen auch in der Philosophie und Wissenschaft verändert. Fragen des Handels und des Geldes werden nun Gegenstand wissenschaftlicher Reflexion, wie der Text von Adam Smith verdeutlicht, aber auch verschärfter Kritik, wie Friedrich Engels' Analysen und Schlussfolgerungen zeigen.

Produktivität, Arbeitsteilung und der Wohlstand der Nationen (1776)

Adam Smith

Adam Smith (1723 – 1790), schottischer Moral- und Wirtschaftsphilosoph, hat mit seinem Werk „An Inquiry into the Nature and Causes of the Wealth of Nations" (dt.: „Der Wohlstand der Nationen. Eine Untersuchung seiner Natur und seiner Ursachen") den theoretischen Grundstein für die moderne Nationalökonomie gelegt. Dabei hatte er nicht nur im Hinblick auf die Zinsen eine andere Meinung als antike oder mittelalterliche Philosophen wie Aristoteles oder Thomas von Aquin, insofern er ein generelles Zinsverbot für unsinnig hielt und stattdessen für die gesetzliche Festlegung eines Höchstzinses eintrat. Entscheidender aber noch war seine theoretische Durchdringung von Grundlagen liberaler Wirtschaft wie Produktivität, Arbeitsteilung als Bedingungen allgemeinen Wohlstandes. Der nachfolgende Textauszug macht Grundüberlegungen von Smith zugänglich.

Die jährliche Arbeit eines Volkes ist die Quelle, aus der es ursprünglich mit allen notwendigen und angenehmen Dingen des Lebens versorgt wird, die es im Jahr über verbraucht. Sie bestehen stets entweder aus dem Ertrag dieser Arbeit oder aus dem, was damit von anderen Ländern gekauft wird.

Ein Volk ist daher umso schlechter oder besser mit allen Gütern, die es braucht, versorgt, je mehr oder weniger Menschen sich den Ertrag der Arbeit oder das, was sie im Austausch dafür erhalten, teilen müssen.

Zwei Faktoren bestimmen nun in jedem Land diese Pro-Kopf-Versorgung: erstens die Produktivität der Arbeit als Ergebnis von Geschicklichkeit, Sachkenntnis und Erfahrung und zweitens das Verhältnis der produktiv Erwerbstätigen zur übrigen Bevölkerung. Von beiden Umständen muss es jeweils abhängen, ob in einem Land das Warenangebot im Jahr über reichlich oder knapp ausfällt, gleichgültig, wie groß ein Land ist oder welchen Boden und welches Klima es hat.

Überfluss oder Mangel an Gütern dürfte vorwiegend von der Produktivität der Arbeit abhängen. In primitiven Völkern ist jeder Arbeitsfähige zumeist als Jäger oder Fischer mehr oder weniger nützlich tätig. Er ist dabei bestrebt, so gut er kann, sich selbst und die Angehörigen der Familie und des Stammes zu versorgen, die für Jagd und Fischfang schon zu alt, noch zu jung oder zu schwach sind. Solche Völker leben jedoch in [...] großer Armut. [...] In zivilisierten und wohlhabenden Gemeinwesen ist das Sozialprodukt hingegen so hoch, dass alle durchweg reichlich versorgt sind, obwohl ein großer Teil der Bevölkerung überhaupt nicht arbeitet und viele davon den Ertrag aus zehn-, häufig sogar hundertmal mehr Arbeit verbrauchen als die meisten Erwerbstätigen. Selbst ein Arbeiter

Sozialprodukt: Summe aller wirtschaftlichen Leistungen einer Volkswirtschaft der untersten und ärmsten Schicht, sofern er genügsam und fleißig ist, kann sich mehr zum Leben notwendige und angenehme Dinge leisten, als es irgendeinem Angehörigen eines primitiven Volkes möglich ist. [...]

Arbeitsteilung: Herstellung eines Produkts durch mehrere Arbeiter in unterschiedlichen Phasen

Die Arbeitsteilung dürfte die produktiven Kräfte der Arbeit mehr als alles andere fördern und verbessern. Das Gleiche gilt wohl für die Geschicklichkeit, Sachkenntnis und Erfahrung, mit der sie überall eingesetzt oder verrichtet wird.
Man kann den Einfluss der Arbeitsteilung auf die gesamte Volkswirtschaft leichter verstehen, wenn man sich zunächst klarmacht, auf welche Weise sie in einzelnen Erwerbszweigen durchgeführt wird. [...]

Mit-Denken

III Diskutieren Sie mit Ihrem Sitznachbarn, inwiefern die Arbeitsteilung tatsächlich, wie Adam Smith behauptet, die Produktivität und den Wohlstand eines Landes erhöhen kann.

Wir wollen [...] als Beispiel die Herstellung von Stecknadeln wählen, ein recht unscheinbares Gewerbe, das aber schon häufig zur Erklärung der Arbeitsteilung diente. Ein Arbeiter, der noch niemals Stecknadeln gemacht hat und auch nicht dazu angelernt ist (erst die Arbeitsteilung hat daraus ein selbstständiges Gewerbe gemacht), sodass er auch mit den dazu eingesetzten Maschinen nicht vertraut ist (auch zu deren Erfindung hat die Arbeitsteilung vermutlich Anlass gegeben), könnte, selbst wenn er sehr fleißig ist, täglich höchstens eine, sicherlich aber keine zwanzig Nadeln herstellen. Aber so, wie die Herstellung von Stecknadeln heute betrieben wird, ist sie nicht nur als Ganzes ein selbstständiges Gewerbe. Sie zerfällt vielmehr in eine Reihe getrennter Arbeitsgänge, die zumeist zur fachlichen Spezialisierung geführt haben. Der eine Arbeiter zieht den Draht, der andere streckt ihn, ein dritter schneidet ihn, ein vierter spitzt ihn zu, ein fünfter schleift das obere Ende, damit der Kopf aufgesetzt werden kann. Auch die Herstellung des Kopfes erfordert zwei oder drei getrennte Arbeitsgänge.

Das Ansetzen des Kopfes ist eine eigene Tätigkeit, ebenso das Weißglühen der Nadel, ja, selbst das Verpacken der Nadeln ist eine Arbeit für sich. Um eine Stecknadel anzufertigen, sind somit etwa 18 verschiedene Arbeitsgänge notwendig, die in einigen Fabriken jeweils verschiedene Arbeiter besorgen, während in anderen ein Einzelner zwei oder drei davon ausführt. Ich selbst habe eine kleine Manufaktur dieser Art gesehen, in der nur 10 Leute beschäftigt waren, sodass einige von ihnen zwei oder drei solcher Arbeiten übernehmen mussten. Obwohl sie nun sehr arm und nur recht und schlecht mit dem nötigen Werkzeug ausgerüstet waren, konnten sie zusammen am Tage doch etwa 12 Pfund Stecknadeln anfertigen, wenn sie sich einigermaßen anstrengten. Rechnet man für ein Pfund über 4000 Stecknadeln mittlerer Größe, so waren die 10 Arbeiter imstande, täglich etwa 48000 Nadeln herzustellen, jeder also ungefähr 4800 Stück. Hätten sie indes alle einzeln und unabhängig voneinander gearbeitet, noch dazu ohne besondere Ausbildung, so hätte der Einzelne gewiss nicht einmal 20, vielleicht sogar keine einzige Nadel am Tag zustande gebracht. Mit anderen Worten, sie hätten mit Sicherheit nicht den zweihundertvierzigsten, vielleicht nicht einmal den vierhundertachtzigsten Teil von dem produziert, was sie nunmehr infolge einer sinnvollen Teilung und Verknüpfung der einzelnen Arbeitsgänge zu erzeugen imstande waren.

Manufaktur: Handwerksbetrieb; Vorstufe der Fabrik

[...] Die Arbeitsteilung, die so viele Vorteile mit sich bringt, ist in ihrem Ursprung nicht etwa das Ergebnis menschlicher Erkenntnis, welche den allgemeinen Wohlstand, zu dem Erstere führt, voraussieht und anstrebt. Sie entsteht vielmehr zwangsläufig, wenn auch langsam und schrittweise, aus einer natürlichen Neigung des Menschen, zu handeln und Dinge gegeneinander auszutauschen. [...] Jene Eigenschaft ist allen Menschen gemeinsam, und man findet sie nirgends in der Tierwelt, wo es im Übrigen weder einen Austausch noch eine andere Form gegenseitigen Übereinkommens zu geben scheint. [...]

In einer zivilisierten Gesellschaft ist der Mensch ständig und in hohem Maße auf die Mitarbeit und Hilfe anderer angewiesen, doch reicht sein ganzes Leben gerade aus, um die Freundschaft des einen oder anderen zu gewinnen. [...] [Dabei] ist der Mensch fast immer auf Hilfe angewiesen, wobei er jedoch kaum erwarten kann, dass er sie allein durch das Wohlwollen der Mitmenschen erhalten wird. Er wird sein Ziel wahrscheinlich viel eher erreichen, wenn er deren Eigenliebe zu seinen Gunsten zu nutzen versteht, indem er ihnen zeigt, dass es in ihrem eigenen Interesse liegt, das für ihn zu tun, was er von ihnen wünscht. Jeder, der einem anderen irgendeinen Tausch anbietet, schlägt vor: Gib mir, was ich wünsche, und du bekommst, was du benötigst. Das ist stets der Sinn eines solchen Angebotes, und auf diese Weise erhalten wir nahezu alle guten Dienste, auf die wir angewiesen sind. Nicht vom Wohlwollen des Metzgers, Brauers und Bäckers erwarten wir das, was wir zum Essen brauchen, sondern davon, dass sie ihre eigenen Interessen wahrnehmen. Wir wenden uns nicht an ihre Menschen-, sondern an ihre Eigenliebe, und wir erwähnen nicht die eigenen Bedürfnisse, sondern sprechen von ihrem Vorteil. [...]

Wie das Verhandeln, Tauschen und Kaufen das Mittel ist, uns gegenseitig mit fast allen nützlichen Diensten, die wir brauchen, zu versorgen, so gibt die Neigung zum Tausch letztlich auch den Anstoß zur Arbeitsteilung. Unter Jägern oder Hirten stellt beispielsweise ein Mitglied des Stammes besonders leicht und geschickt Pfeil und Bogen her. Häufig tauscht er sie bei seinen Gefährten gegen Vieh oder Wildbret ein, und er findet schließlich, dass er auf diese Weise mehr davon bekommen kann, als wenn er selbst hinausgeht, um es zu jagen. Es liegt deshalb in seinem Interesse, dass er das Anfertigen von Pfeil und Bogen zur Hauptbeschäftigung macht und somit gleichsam zum Büchsenmacher wird. Ein anderer zeichnet sich beim Bau der Gestänge und Verkleidung der einfachen Hütten oder Zelte aus. Es wird allmählich für ihn zur Gewohnheit, seinen Nachbarn auf diese Weise zu nützen, die ihn dafür mit Vieh und Wildbret entlohnen, bis auch er schließlich findet, dass es im eigenen Interesse liegt, sich nur noch dieser Beschäftigung zu widmen, und er wird so etwas wie ein Zimmermann. Auf gleiche Art wird ein Dritter Fein- oder Kupferschmied, ein Vierter Gerber oder Zuschneider von Häuten oder Fellen, aus welchen die Bekleidung

Kontexte

Pecunia non olet (Geld stinkt nicht)

Gegenstandpunkte zu der ablehnenden philosophischen Haltung gegenüber Handel und Geld in der Antike und im Mittelalter wurden bereits früh formuliert – allerdings in der Mehrzahl nicht von Philosophen. Berühmt geworden ist die lateinische Redewendung „Pecunia non olet" (Geld stinkt nicht). Diese soll auf den römischen Kaiser Vespasian zurückgehen. Dieser erhob auf öffentliche Toiletten eine Steuer, um dem Staat neue Einnahmen zu erschließen. Seinem Sohn Titus gegenüber soll er diese Steuer gerechtfertigt haben, indem er diesem erste Gelder aus der neuen Steuer unter die Nase gehalten hat, verbunden mit der Frage, ob dieser einen störenden Geruch wahrnehme. Als Titus verneinte, soll Vespasian geantwortet haben: „Atqui ex lotio est." („Und doch kommt es vom Urin.")

Büchsenmacher: jemand, der Büchsen, d. h. Gewehre herstellt

in primitiven Völkern hauptsächlich gefertigt ist. Sobald nun der Mensch sicher sein kann, dass er alle Dinge, die er weit über den Eigenbedarf hinaus durch eigene Arbeit herzustellen vermag, wiederum gegen überschüssige Produkte anderer, die er gerade benötigt, eintauschen kann, fühlt er sich ermutigt, sich auf eine bestimmte Tätigkeit zu spezialisieren, sie zu pflegen und zu vervollkommnen, je nach Talent oder Begabung.

1 Klären Sie im Plenum offene Fragen in Bezug auf den Text von Adam Smith.

2 Zeichnen Sie den Gang der Argumentation von Adam Smith in einem Strukturschema nach, in dem Sie Kernaussagen, Voraussetzungen, Begründungen, Beispiele und Schlussfolgerungen anschaulich darstellen.

3 Verfassen Sie für die Schülerzeitung einen Artikel über die wirtschaftsphilosophischen Vorstellungen von Adam Smith. Legen Sie dabei auch dar, inwiefern in Ihrem Urteil die Konzeption aktuell ist und wie Sie sie persönlich beurteilen.

4 Der Cartoon zeigt, dass das Ziel eines Wohlstands für alle, wie Adam Smith ihn anstrebte, auch unter Generationenaspekten zu bedenken ist. Diskutieren Sie das Problem im Plenum. Beziehen Sie dabei auch den von Hans Jonas (Kap. 4.3, S. 213 ff.) im Zusammenhang mit der ökologischen Problematik in die Diskussion eingebrachten Aspekt einer zeitlichen „Nah"- und einer „Fern"-Ethik mit ein („Schließe in deine gegenwärtige Wahl die zukünftige Integrität des Menschen als Mit-Gegenstand deines Wollens ein.").

Umrisse zu einer Kritik der Nationalökonomie (1844)

Friedrich Engels

Friedrich Engels (1820–1895), deutscher Philosoph und Unternehmer, ist neben Karl Marx der theoretische Begründer der sozialistisch-kommunistischen Wirtschafts- und Gesellschaftstheorie. In seiner 1844 veröffentlichten „Kritik der Nationalökonomie" setzt er sich kritisch mit Adam Smith und der liberalen Wirtschaftsphilosophie auseinander. Kernargumente verdeutlicht der nachfolgende Textauszug.

Nationalökonomie: älterer Ausdruck für volkswirtschaftlichen Absatz

Die Nationalökonomie entstand als eine natürliche Folge der Ausdehnung des Handels, und mit ihr trat an die Stelle des einfachen, unwissenschaftlichen Schachers ein ausgebildetes System des erlaubten Betrugs, eine komplette Bereicherungswissenschaft.

Selbstsucht: Egoismus

Diese aus dem gegenseitigen Neid und der Habgier der Kaufleute entstandene Nationalökonomie oder Bereicherungswissenschaft trägt das Gepräge der ekelhaftesten Selbstsucht auf der Stirne. Man lebte noch in der naiven Anschauung, dass Gold und Silber der

Reichtum sei, und hatte also nichts Eiligeres zu tun, als überall die Ausfuhr der „edlen“ Metalle zu verbieten. Die Nationen standen sich gegenüber wie Geizhälse, deren jeder seinen teuren Geldsack mit beiden Armen umschließt und mit Neid und Argwohn auf seine Nachbarn blickt. Alle Mittel wurden aufgeboten, um den Völkern, mit denen man im Handelsverkehr stand, so viel bares Geld wie möglich abzulocken und das glücklich Hereingebrachte hübsch innerhalb der Mautlinie zu behalten. [...]

Mautlinie: Zolllinie

Aber war denn das smithsche System kein Fortschritt? – Freilich war es das, und ein notwendiger Fortschritt dazu. Es war notwendig, dass das Merkantilsystem mit seinen Monopolen und Verkehrshemmungen gestürzt wurde, damit die wahren Folgen des Privateigentums ans Licht treten konnten; es war notwendig, dass alle diese kleinlichen Lokal- und Nationalrücksichten zurücktraten, damit der Kampf unserer Zeit ein allgemeiner, menschlicher werden konnte; es war notwendig, dass die Theorie des Privateigentums den rein empirischen, bloß objektiv versuchenden Pfad verließ und einen wissenschaftlichen Charakter annahm, der sie auch für die Konsequenzen verantwortlich machte und dadurch die Sache auf ein allgemein menschliches Gebiet herüberführte [...]. All dies lag in der Natur der Sache. Wir erkennen gerne an, dass wir erst durch die Begründung und Ausführung der Handelsfreiheit in den Stand gesetzt sind, über die Ökonomie des Privateigentums hinauszugehen, aber wir müssen zu gleicher Zeit auch das Recht haben, diese Handelsfreiheit in ihrer ganzen theoretischen und faktischen Nichtigkeit darzustellen. [...]

Merkantilsystem: vom 16. bis Mitte des 18. Jahrhunderts Handelssystem, auch Colbertismus genannt, das starke staatliche Eingriffe in den Handel vorsah

Der einzig *positive* Fortschritt, den die liberale Ökonomie gemacht hat, ist die Entwicklung der Gesetze des Privateigentums. Diese sind allerdings in ihr enthalten, wenn auch noch nicht bis zur letzten Konsequenz entwickelt und klar ausgesprochen. Hieraus folgt, dass in allen Punkten, wo es auf die Entscheidung über die kürzeste Manier, reich zu werden, ankommt, also in allen strikt ökonomischen Kontroversen, die Verteidiger der Handelsfreiheit das Recht auf ihrer Seite haben. Wohlverstanden – in Kontroversen mit den Monopolisten, nicht mit den Gegnern des Privateigentums, denn dass diese imstande sind, in ökonomischen Fragen auch ökonomisch richtiger zu entscheiden, haben die englischen Sozialisten längst praktisch und theoretisch bewiesen.

Monopolist: jemand, der ein Monopol besitzt, d. h. keine Konkurrenz zu fürchten hat

Wir werden also bei der Kritik der Nationalökonomie die Grundkategorien untersuchen, den durch das System der Handelsfreiheit hineingebrachten Widerspruch enthüllen und die Konsequenzen der beiden Seiten des Widerspruchs ziehen.
Der Ausdruck Nationalreichtum ist erst durch die Verallgemeinerungssucht der liberalen Ökonomen aufgekommen. Solange das Privateigentum besteht, hat dieser Ausdruck keinen Sinn. [...]

Die nächste Folge des Privateigentums ist der *Handel*, der Austausch der gegenseitigen Bedürfnisse, Kauf und Verkauf. Dieser Handel muss unter der Herrschaft des Privateigentums, wie jede Tätigkeit, eine unmittelbare Erwerbsquelle für den Handeltreibenden werden; d. h., jeder muss suchen, so teuer wie möglich zu verkaufen und so billig wie möglich zu kaufen. Bei jedem Kauf und Verkauf stehen sich also zwei Menschen mit absolut entgegengesetzten Interessen gegenüber; der Konflikt ist entschieden feindselig, denn jeder kennt die Intention des andern, weiß, dass sie den seinigen entgegengesetzt sind. Die erste Folge ist also auf der einen Seite gegenseitiges Misstrauen, auf der andern die Rechtfertigung dieses Misstrauens, die Anwendung unsittlicher Mittel zur Durchsetzung eines unsittlichen Zwecks. So ist z. B. der erste Grundsatz im Handel die Verschwiegenheit, Verheimlichung alles dessen, was den Wert des fraglichen Artikels herabsetzen könnte. Die Konsequenz daraus: Es ist im Handel erlaubt, von der Unkenntnis, von dem Vertrauen der Gegenpartei den möglichst großen Nutzen zu ziehen, und eben-

Intention: Absicht

so, seiner Ware Eigenschaften anzurühmen, die sie nicht besitzt. Mit *einem* Worte, der Handel ist der legale Betrug. Dass die Praxis mit dieser Theorie übereinstimmt, kann mir jeder Kaufmann, wenn er der Wahrheit die Ehre geben will, bezeugen. [...]

Die Konkurrenz setzt also Kapital gegen Kapital, Arbeit gegen Arbeit, Grundbesitz gegen Grundbesitz und ebenso jedes dieser Elemente gegen die beiden andern. Im Kampf siegt der Stärkere, und wir werden, um das Resultat dieses Kampfes vorauszusagen, die Stärke der Kämpfenden zu untersuchen haben. Zuerst sind Grundbesitz und Kapital jedes stärker als die Arbeit, denn der Arbeiter muss arbeiten, um zu leben, während der Grundbesitzer von seinen Renten und der Kapitalist von seinen Zinsen, im Notfalle von seinem Kapital oder dem kapitalisierten Grundbesitz leben kann. Die Folge davon ist, dass der Arbeit nur das Allernotdürftigste [...] [zufällt], während der größte Teil der Produkte sich zwischen dem Kapital und dem Grundbesitz verteilt. Der stärkere Arbeiter treibt ferner den schwächeren, das größere Kapital das geringere, der größere Grundbesitz den kleinen aus dem Markt. Die Praxis bestätigt diesen Schluss. Die Vorteile, die der größere Fabrikant und Kaufmann über den kleinen, der große Grundbesitzer über den Besitzer eines einzigen Morgens hat, sind bekannt. Die Folge hiervon ist, dass schon unter gewöhnlichen Verhältnissen das große Kapital und der große Grundbesitz das kleine Kapital und den kleinen Grundbesitz nach dem Recht des Stärkeren verschlingen – die Zentralisation des Besitzes. In Handels- und Agrikulturkrisen geht diese Zentralisation viel rascher vor sich. – Großer Besitz vermehrt sich überhaupt viel rascher als kleiner, weil von dem Ertrag ein viel geringerer Teil als Ausgaben des Besitzes in Abzug kommt. Diese Zentralisation des Besitzes ist ein dem Privateigentum ebenso immanentes Gesetz wie alle andern; die Mittelklassen müssen immer mehr verschwinden, bis die Welt in Millionäre und Paupers, in große Grundbesitzer und arme Taglöhner geteilt ist. Alle Gesetze, alle Teilung des Grundbesitzes, alle etwaige Zersplitterung des Kapitals hilft nichts – dies Resultat muss kommen und wird kommen, wenn nicht eine totale Umgestaltung der sozialen Verhältnisse, eine Verschmelzung der entgegengesetzten Interessen, eine Aufhebung des Privateigentums ihm zuvorkommt.

Zentralisation: Bündelung

Paupers: Arme

1 Bilden Sie Vierergruppen und arbeiten Sie nach folgender Methode: Teilen Sie den Text von Friedrich Engels in sinnvolle Absätze ein.

Der jeweils aktuelle Abschnitt wird zunächst von allen gelesen.

Dann erhält jedes Gruppenmitglied eine Rolle zugewiesen: A klärt bzw. erklärt schwierige Begriffe und schwierige Textpassagen. B fasst den Inhalt des Abschnitts mit eigenen Worten kurz zusammen. C formuliert Fragen, die die anderen mithilfe des Textes beantworten können sollen. D versucht, einen Bezug zwischen dem Text und der eigenen Lebenswelt, den eigenen Erfahrungen oder einer anderen philosophischen Theorie herzustellen, über den alle diskutieren. Bei jedem neuen Abschnitt wechseln die Rollen (A, B, C, D) im Uhrzeigersinn.

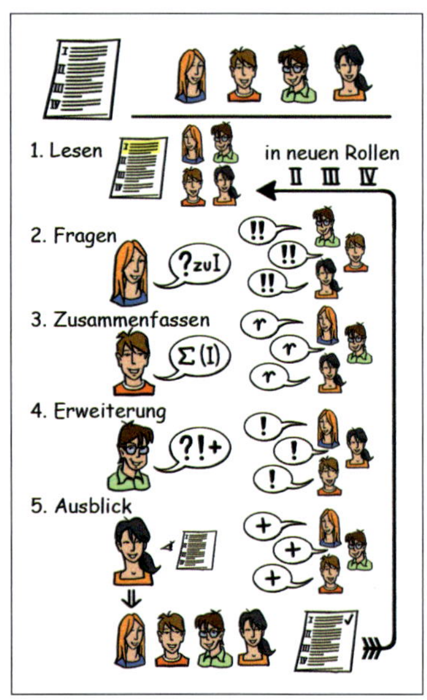

Schematische Darstellung des reziproken Lesens

2 Wie beurteilen Sie persönlich die Analysen und Thesen von Friedrich Engels? Notieren Sie zunächst in Stichworten für sich selbst und diskutieren Sie Ihre Einschätzungen anschließend im Plenum. Beziehen Sie dabei auch den Auszug aus dem gemeinsam mit Karl Marx verfassten Kommunistischen Manifest, S. 296 ff., mit ein.

3 Erarbeiten Sie zum Text von Friedrich Engels eine Textanalyse.

Die wirtschaftsphilosophischen Debatten der Folgezeit sind durch die mit Smith und Engels ins Blickfeld getretenen Grundpositionen maßgeblich geprägt worden. Ihre politischen und ökonomischen Konsequenzen haben in der zweiten Hälfte des 20. Jahrhunderts nicht zuletzt in dem Gegensatz zwischen dem wirtschaftsliberal-marktwirtschaftlich ausgerichteten Westen und dem realsozialistisch-kommunistischen Osten ihren prägenden Niederschlag gefunden. Mit dem Zusammenbruch der kommunistischen Systeme Ende der Achtziger-, Anfang der Neunzigerjahre des letzten Jahrhunderts haben sich die Debatten zunehmend auf unterschiedliche Ausprägungen marktwirtschaftlicher Systeme und die Herausforderungen der Globalisierung verlagert. Mit dem Ausbruch der globalen Finanzkrise 2007 haben sich die Problemlagen noch einmal deutlich verschärft. Die nachfolgenden Grundlagentexte vermitteln Einblicke in die Problemstellungen und Debatten.

Wirtschaftlicher Liberalismus (1962)
Milton Friedman

Milton Friedman
(1912 – 2006)

Milton Friedman, US-amerikanischer Wirtschaftstheoretiker, der 1976 den Nobelpreis für Wirtschaftswissenschaften erhielt, gilt neben John Maynard Keynes als der einflussreichste Ökonom des 20. Jahrhunderts. Anders als Keynes forderte er eine möglichst zurückhaltende Rolle des Staates in wirtschaftlichen Fragen. Er war Vertreter einer sehr liberalen wirtschaftsphilosophischen Grundhaltung, wie sein Werk „Kapitalismus und Freiheit" (1962) verdeutlicht, aus dem der nachfolgend abgedruckte Textauszug stammt.

Das Fundament der liberalen Philosophie ist der Glaube an die Würde des Einzelnen, an seine Freiheit zur Verwirklichung seiner Möglichkeiten in Übereinstimmung mit seinen persönlichen Fähigkeiten mit der einzigen Einschränkung, dass er nicht die Freiheit anderer Personen beschränke, das Gleiche zu tun. Dies impliziert den Glauben an die Gleichheit der Menschen in einer Beziehung: ihrer gegenseitigen Ungleichheit. Jeder Mensch hat das gleiche Anrecht auf Freiheit. Dieses Recht ist wichtig und grundlegend, gerade weil die Menschen verschieden sind, weil der eine etwas anderes mit seiner Freiheit anfangen wird als der andere und dabei mehr als andere zu der allgemeinen Entwicklung der Gesellschaft, in der viele Menschen leben, beitragen kann.

Ein Liberaler wird daher genau zwischen gleichen Rechten und gleichen Möglichkeiten auf der einen Seite sowie materieller Gleichheit und gleichen Resultaten auf der anderen Seite unterscheiden. Er wird wahrscheinlich die Tatsache begrüßen, dass die freiheitliche Gesellschaftsordnung mehr für die materielle Gleichheit tut als irgendeine der vorherigen. Er sieht dies jedoch als ein erfreuliches Nebenprodukt der freiheitlichen Gesellschaftsordnung und nicht als ihre Hauptberechtigung an. Er wird Maßnahmen zur Verstärkung von Freiheit und Gleichheit begrüßen – wie zum Beispiel die Einschränkung oder Ausschaltung von Monopolen und die Verbesserung der Struktur des freien Marktes. Er sieht private Hilfsmaßnahmen zur Unterstützung der Benachteiligten als ein Beispiel

Monopol: Marktstellung ohne Konkurrenz

für die richtige Verwendung der Freiheit an. Er wird auch Regierungsmaßnahmen zur Verringerung der Armut als wirkungsvolle Möglichkeit für die große Mehrzahl der Allgemeinheit zur Verfolgung eines gemeinsamen Zieles erachten. Dabei wird er jedoch die Einführung von Zwangsmaßnahmen anstelle freiwilliger Maßnahmen bedauern.

egalitär: auf soziale Gleichheit ausgerichtet

Der egalitär Eingestellte wird diese Ansichten teilen. Er wird jedoch noch weiter gehen wollen. Er wird sich für Maßnahmen aussprechen, bei denen den einen genommen wird, um den anderen zu geben, und zwar nicht als wirkungsvollere Maßnahme für „einige", ihr erstrebtes Ziel zu erreichen, sondern aufgrund der „Gerechtigkeit". Hier gerät das Prinzip der Gleichheit in direkten Konflikt zum Prinzip der Freiheit – man muss eine Wahl treffen. Man kann nicht in dieser Form zugleich egalitäre und liberale Ansichten verfechten.

1 Machen Sie sich die Grundaussagen Friedmans bewusst, indem Sie Fragen an den Text stellen, auf die sich mit einzelnen Stellen aus dem Text antworten lässt.

2 Schreiben Sie einen fiktiven Tagebucheintrag Milton Friedmans nach der Lektüre des Textes von Friedrich Engels (S. 318–320).

3 Durchdenken Sie die praktischen wirtschaftspolitischen Konsequenzen der Position Friedmans. Wie beurteilen Sie vor diesem Hintergrund seine Analyse und seine Schlussfolgerungen?

Märkte, Staat und soziale Chancen (1999)

Amartya Sen

Amartya Kumar Sen (* 1933), indisch-amerikanischer Wirtschaftswissenschaftler, Wirtschaftsphilosoph und Nobelpreisträger von 1998, hat sich in seinem 1999 erschienenen Werk „Ökonomie für den Menschen. Wege zu Gerechtigkeit und Solidarität in der Marktwirtschaft" mit den sozialen Aufgaben und Chancen der Marktwirtschaft auseinandergesetzt. Der Textauszug verdeutlicht seinen wirtschaftsphilosophischen Grundansatz und einige praktische Konsequenzen.

„Es ist das übliche Los neuer Wahrheiten", meint T. H. Huxley in *Science and Culture*, „am Anfang eine Ketzerei und am Ende ein Aberglaube zu sein." Etwas ganz in dieser Art scheint auch der Wahrheit widerfahren zu sein, dass die Märkte im Wirtschaftsleben eine wichtige Rolle spielen. Vor noch nicht allzu langer Zeit konnte einem jeder angehende Ökonom erzählen, in welcher Hinsicht die Marktwirtschaft versagt: Alle Lehrbücher wiederholten dieselbe Auflistung von „Nachteilen". Die intellektuelle Zurückweisung des Marktmechanismus führte häufig zu radikalen Vorschlägen, wie die Welt auf ganz andere Weise zu organisieren sei – manchmal schlossen sie eine mächtige Bürokratie und unvorstellbare Steuerlasten ein –, ohne dass man ernsthaft die Möglichkeit in Betracht gezogen hätte, dass die vorgeschlagenen Alternativen womöglich noch schlimmer versagen könnten, als man dies von den Märkten erwartete. Allzu häufig verschwendete man keinen Gedanken an die neuen und zusätzlichen Probleme, die aus den alternativen Konzeptionen entspringen würden.

Das intellektuelle Klima hat sich während der letzten Jahrzehnte dramatisch verändert, und das Blatt hat sich gewendet. Von den Vorzügen des Marktmechanismus wird jetzt normalerweise vorausgesetzt, sie zeigten sich auf jedem Sektor, sodass sich Einschränkungen erübrigten. Jeder, der auf Nachteile des Marktmechanismus hinweist, wirkt in dem derzeitigen Meinungsklima eigentümlich altmodisch und unzeitgemäß: So als legte man eine Langspielplatte mit Musik aus den Zwanzigern auf. Ein Bündel von Vorurteilen hat einem anderen entgegengesetzten Bündel Platz gemacht. Der unkritisch akzeptierte Glaube von gestern ist die Ketzerei von heute, und die Ketzerei von gestern ist heute der neue Aberglaube.

Ketzerei: urspr. mittelalterlicher Ausdruck für Meinungen, die von den kirchlichen Lehrsätzen abwichen; hier: von herrschender Meinung abweichend

Nie war es wichtiger, die üblichen Ansichten und Einstellungen in Sachen Politischer Ökonomie kritisch unter die Lupe zu nehmen. Die heutigen Vorurteile zugunsten des reinen Marktmechanismus haben es bestimmt nötig, überprüft und, wie ich meine, zum Teil als falsch zurückgewiesen zu werden. Nur müssen wir uns hüten, wieder in die Narrheiten von gestern zurückzufallen, in die Weigerung, die Vorteile, ja die Notwendigkeit des Marktes anzuerkennen. Wir müssen genau hinsehen und entscheiden, was jeweils vernünftiger ist. Mein berühmter Landsmann Gautama Buddha war vielleicht allzu sehr geneigt, aus dem „goldenen Mittelweg" ein allgemeines Prinzip zu machen, doch auch wenn er keine Veranlassung hatte, den Marktmechanismus im Besonderen zu erörtern, kann man aus seinen vor 2500 Jahren gehaltenen Reden über das Vermeiden von Extremen etwas lernen.

Vgl. Sie dazu den Text von Buddha in Kap. 4.1, S. 161

[...] Obwohl die Vorzüge des Marktmechanismus heute weithin akzeptiert sind, werden die *Gründe* dafür, dass es Märkte geben muss, nur unvollständig verstanden. [...] In der jüngeren Diskussion konzentriert man sich bei der Einschätzung des Marktmechanismus vornehmlich auf die von ihm hervorgebrachten *Ergebnisse*, z. B. das Einkommen oder die Nutzenwerte. Das ist alles andere als unwichtig [...]. Das elementarere Argument für die Freiheit der Marktwirtschaft ist indes die grundlegende Wichtigkeit dieser Freiheit selbst. Wir haben gute Gründe, zu kaufen und zu verkaufen, für den Austausch und dafür, auf kommerzieller Basis ein gedeihliches Auskommen finden zu wollen. Diese Freiheit jemandem generell vorzuenthalten wäre an und für sich ein Makel für jede Gesellschaft. Und diese grundlegende Einsicht ist *wichtiger* als jeder Lehrsatz, den wir zu beweisen imstande sein mögen oder auch nicht, indem wir zeigen, was die maximalen Ergebnisse des Marktes, bezogen auf Einkommen, Nutzenwerte usw., sind [...].

Die Allgegenwart von Handelstransaktionen im modernen Leben wird häufig genau darum übersehen, weil man sie für selbstverständlich hält. Es besteht hier eine Analogie zu der unterschätzten, häufig ganz unbemerkten Rolle gewisser Verhaltensregeln in den entwickelten kapitalistischen Wirtschaften, etwa Grundregeln der Geschäftsmoral, die nur im Übertretungsfall die Aufmerksamkeit auf sich lenken. Solange solche Werte aber noch nicht durchgesetzt sind, kann es sehr viel ausmachen, ob sie allgemein vorhanden sind oder nicht. In der Analyse der Entwicklung muss die Bedeutung moralischer Selbstverständlichkeiten des Geschäftslebens aus der Unterschwelligkeit zu klarem Bewusstsein gebracht werden. Genauso kann in vielen Zusammenhängen das Nichtvorhandensein der Gewerbefreiheit selbst relevant werden.

Yae Win Tun, 13 Jahre, beim Steineschleppen (Birma, 2005)

Das gilt selbstverständlich besonders für Fälle, in denen Gesetze, Regeln oder herrschende Sitten die Freiheit des Arbeitsmarkts beschneiden. [...] Selbst Karl Marx, dieser große Kritiker des Kapitalismus, sah im Aufkommen der Lohnarbeit einen wichtigen Fortschritt [...]. Das ist jedoch keineswegs eine vergangene Geschichte, sondern auch eine Angelegenheit der Gegenwart, da dieser Freiheit gerade heute in vielen Teilen der Welt eine entscheidende Bedeutung zukommt. Ich möchte das an vier ganz verschiedenen Beispielen erläutern.

Erstens finden sich in vielen asiatischen und afrikanischen Ländern unterschiedliche Formen der unfreien Arbeit. Nach wie vor wird Menschen dort das Grundrecht vorenthalten, Lohnarbeit zu suchen und dazu den angestammten Arbeitgeber zu verlassen. [...]

Fiasko: völliges Scheitern

Zweitens [...] lässt sich das Fiasko des bürokratischen Sozialismus in Osteuropa und der Sowjetunion nicht rein ökonomisch erklären [...]. Darüber hinaus und unmittelbarer stellt sich [...] das Thema der vorenthaltenen Freiheit in einem System, wo der Markt in vielen Bereichen einfach ausgeschaltet war. Selbst wenn ein Markt existierte, konnte es den Menschen verwehrt sein, aus ihm Nutzen zu ziehen. Beispielsweise war es möglich, dass man sie daran hinderte, über ein ordentliches Auswahlverfahren zu einem Arbeitsplatz zu kommen; was besonders auf jene Unterprivilegierten zutrifft, die dorthin zur Arbeit abgeordnet wurden, wo die Funktionäre sie hinschicken wollten. [...]

Funktionäre: Amts- oder Mandatsträger

Drittens ist [...] das traurige Thema Kinderarbeit (vor allem in Pakistan, Indien, Bangladesch) von dem Thema Sklaverei und feudale Abhängigkeit gar nicht zu trennen, da viele Kinder, die zu strapaziösen Arbeiten angestellt werden, dazu gezwungen sind. Die Wurzeln dieser Fron liegen wohl in der wirtschaftlichen Not der Familien, da die Eltern ihrerseits häufig genug von den Arbeitgebern feudalistisch abhängig sind. [...]

Fron: Zwangsarbeit

Viertens ist die Freiheit der Frauen, eine Beschäftigung außerhalb der Familie zu suchen, in vielen Ländern der Dritten Welt alles andere als garantiert. In vielen Kulturen wird sie ihnen systematisch vorenthalten, und das ist an sich schon eine ernsthafte Verletzung der Freiheit von Frauen und der Gleichheit der Geschlechter. Das Fehlen dieser Freiheit steht einer wirtschaftlichen Stärkung der Frauen im Wege und zeitigt noch viele andere Folgen.

1 Im ersten Teil des Textauszuges zeichnet Amartya Sen das Bild von zwei in den letzten Jahrzehnten vorherrschenden wirtschaftsphilosophischen Extrempositionen. Kennzeichnen Sie diese und erläutern Sie, warum Sen in Buddhas Philosophie einen Ansatzpunkt für eine Überwindung der gegensätzlichen Positionen sieht.

2 Fassen Sie Sens Thesen zur Bedeutung des freien Marktes und zu den sozialen Chancen der freien Lohnarbeit mit eigenen Worten zusammen.

3 Stellen Sie sich vor, Sie hätten die Möglichkeit, Amartya Sen zu interviewen. Bereiten Sie auf der Grundlage des Textauszuges – und vielleicht auch vertiefter Recherchen zu Sen und seiner Position – Fragen an den Wirtschaftsphilosophen vor, in die auch Ihre eigene Einschätzung seiner Analysen und Argumente mit einfließt. In kleinen Gruppen könnten Sie diese Fragen sammeln und mögliche Antworten Sens im Horizont seiner Position durchdenken und formulieren.

Gegen Globalisierung: Warum? (2004)

Jagdish Bhagwati

Jagdish Natwarlal Bhagwati (* 1934) ist ein bekannter indisch-amerikanischer Wirtschaftstheoretiker, der ein überzeugter Vertreter der freien Marktwirtschaft gerade auch in globalisierten Zeiten ist. In seinem 2004 erschienenen Buch „In Defense of Globalization" („Zur Verteidigung der Globalisierung", mit einem Vorwort von Joschka Fischer) setzt er sich mit der verbreiteten Kritik an der Globalisierung auseinander.

Zuerst war Globalisierung ein Modewort. Das Weltwirtschaftsforum in Davos und der *New-York-Times*-Kolumnist Thomas Friedman feierten ihre Vorzüge, ihre Unvermeidlichkeit. Dann kamen die Globalisierungskritiker und machten „Globalisierung" zu einem Schimpfwort. Die Ruckus Society – eine Unterstützerorganisation für Aktivisten, die sich für Umweltfragen, Menschenrechte und soziale Gerechtigkeit engagieren – und der französische Soziologe Pierre Bourdieu redeten von ihren Fehlern und ihrer Besiegbarkeit.

Pierre Bourdieu: franz. Soziologe und Sozialphilosoph (1930–2002)

[...] Die Globalisierung wird im weiteren Fortgang dieses neuen Jahrhunderts mit Sicherheit eines der bestimmenden Themen sein. Die Gründe für diese Entwicklung schreien nach einer Erklärung. Denn wenn wir die Zusammenhänge nicht verstehen und die Ängste und Torheiten, die die Globalisierungskritiker antreiben, nicht kenntnisreich widerlegen können, lässt sich die Globalisierung, die so viele von uns beibehalten, ja sogar intensivieren wollen, nicht angemessen verteidigen.

Was *ist* die Globalisierung, um die so gestritten wird? Der Begriff kann vieles bedeuten. In diesem Buch meine ich jedoch die *wirtschaftliche* Globalisierung, wenn ich einfach von „Globalisierung" spreche. Wirtschaftliche Globalisierung führt zur Integration einzelner Volkswirtschaften in die internationale Wirtschaft durch Handel, Auslandsdirektinvestitionen (von Unternehmen oder multinationalen Konzernen), kurzfristige Kapitalströme, grenzüberschreitende Wanderungsbewegungen (nicht nur) von Arbeitskräften sowie durch die Verbreitung von Technologie. Diese Phänomene werden im Folgenden definiert und genauer abgehandelt.
Die wirtschaftliche Globalisierung ist das Lieblingsziel zahlreicher Globalisierungskritiker. Sie unterscheidet sich deutlich von anderen Aspekten des Gesamtvorgangs, etwa von der kulturellen Globalisierung (die von der wirtschaftlichen Entwicklung beeinflusst wird [...]) und von den Kommunikationssystemen (die wiederum die wirtschaftliche Globalisierung vertiefen).

Worüber regen sich die Kritiker der Globalisierung auf? Was macht ihnen zu schaffen? Bei dieser Frage sind zwei Hauptgruppen zu unterscheiden: Es gibt erstens eine Vielzahl hartgesottener Protestierer, die eine tief sitzende Antipathie gegen die Globalisierung hegen. Intellektuell und ideologisch kommen sie aus verschiedenen Richtungen und hängen nicht unbedingt den gleichen Ideen und Ansichten an. Aber viele von ihnen sind von einer Trias der Unzufriedenheit überzeugt, die allmählich die Form eines Ethos annimmt, das sich aus antikapitalistischen, gegen die Globalisierung und besonders heftig gegen die (großen) Unternehmen gerichteten Einstellungen zusammensetzt. Es ist eine Trias, weil die Globalisierung als Ausdehnung des Kapitalismus auf die ganze Erde wahrgenommen wird und die multinationalen Unternehmen dabei gleichsam als Langstreckenbomber gelten, mit denen der Kapitalismus seine weltweite Reichweite sicherstellt. Man muss versuchen, die Ursachen für die Unzufriedenheit dieser Menschen zu ergründen; aber darüber hinaus kann man wenig tun, um in einen Dialog mit ihnen einzutreten.

Antipathie: Widerwillen, Abneigung

Trias: Dreiheit

Ethos: tiefe Überzeugung

Es gibt zweitens Globalisierungskritiker, deren Unzufriedenheit sich innerhalb der Parameter üblicher Meinungsverschiedenheiten und Diskurse bewegt. Im Wesentlichen lässt sich diese Unzufriedenheit in das Argument übersetzen, dass die wirtschaftliche Globalisierung die Ursache verschiedener sozialer Missstände sei, etwa der Armut in den armen Ländern und der weltweiten Verschlechterung der Umweltbedingungen. Diese Kritik, die meiner Ansicht nach auf einen gigantischen Trugschluss hinausläuft, ist von ganz anderer Art als die hartnäckigen Vorwürfe, die eine unversöhnliche Feindseligkeit gegenüber der Globalisierung widerspiegeln. Erstere ist für eine vernünftige Auseinandersetzung empfänglich, ja lädt förmlich dazu ein und bedarf daher einer ausführlichen und gewissenhaften Erwiderung. Ich werde in mehreren Kapiteln des zweiten Teils darauf eingehen und zeigen, dass verschiedene soziale Themen, die uns allen am Herzen liegen, wie die Gleichberechtigung der Geschlechter und der Abbau von Armut, von der Globalisierung vorangebracht und keineswegs unterlaufen werden.

Im Schluss seines Buches greift Bhagwati die Unterscheidung bzw. die Unterschiede zwischen diesen beiden Arten der Globalisierungskritik noch einmal auf und spitzt sie zu.

Altruismus: Selbstlosigkeit

Empathie: Einfühlungsvermögen

[...] Das Beste, was ich zu Beginn tun kann, ist, an Rabbi Hillel zu erinnern. Der Rabbi, ein Zeitgenosse des Königs Herodes, sagte: „Wenn ich nicht für mich selbst bin, wer wird dann für mich sein? Und wenn ich nur für mich selbst bin, was bin ich dann?" Was der Rabbi uns damit sagte, war: Altruismus und Egoismus sind im Leben gleichermaßen notwendig. Nur wenige Menschen aber bewegen sich in diesem Spektrum in der Mitte; die meisten neigen in die eine oder andere Richtung. Genau das trifft auf die Kritiker der Globalisierung zu. Einige von ihnen sind *altruistisch*; sie folgen ihrer *Empathie* und denken, die Globalisierung habe schlimme Auswirkungen auf die Menschen, auf das, was man als „soziale Probleme" bezeichnen könnte. Ein großer Teil der Kritiker folgt stattdessen dem *Eigennutz*, der von *Angst* angetrieben wird. Zu diesem Personenkreis gehören in erster Linie die Gewerkschaften, die befürchten, dass Löhne und arbeitsrechtliche Standards durch die Globalisierung zusammenbrechen werden, und andere, die befürchten, dass der gesamte Wohlstand ihres Landes gefährdet ist.

Nach meinem Eindruck verbergen viele Menschen, die von Eigennutz und Furcht angetrieben werden, ihre Sorgen hinter der Behauptung, selbstlos zu handeln.

1 Jagdish Bhagwati unterscheidet in seiner Studie zwei Arten von Globalisierungskritikern. Tragen Sie in einer Tabelle oder in einem Strukturbild zusammen, wie er beide in dem abgedruckten Textauszug in ihren Motiven, Argumenten und Schlussfolgerungen kennzeichnet.

2 Wie beurteilen Sie Bhagwatis Analysen? Diskutieren Sie im Plenum.

3 Informieren Sie sich im Internet, durch Zeitungslektüre etc. über den aktuellen Stand der Globalisierungsdebatte. Haben die Thesen Bhagwatis aus Ihrer Sicht durch die aktuellen Entwicklungen an Plausibilität eher gewonnen oder verloren?

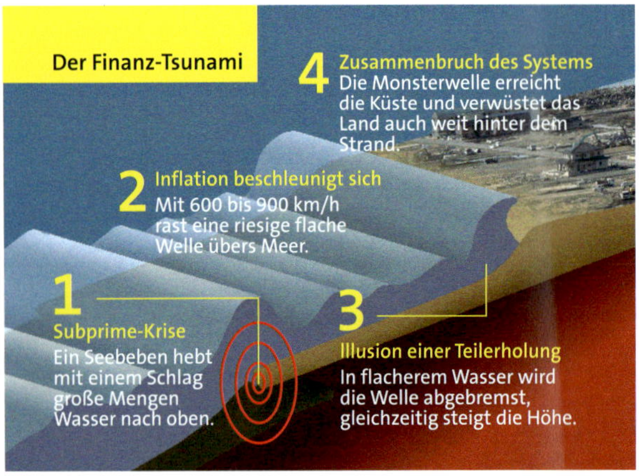

Die 2007 ausgebrochene globale Immobilien-, Banken-, Finanz- und Wirtschaftskrise hat nicht nur die Welt erschüttert, sondern auch die Wirtschaftsphilosophie und Wirtschaftsethik zu vertieftem Nachdenken herausgefordert. Analysen der beiden bereits angeführten Ökonomen Jagdish Bhagwati und Amartya Sen benennen Ursachen und zeigen erste mögliche Konsequenzen auf.

Kontexte

„Gier ist nicht das Problem“ (Interview vom 12.10.2008)

Jagdish Bhagwati

Frage: Herr Bhagwati, die Finanzkrise hat die Aussichten weltweit verdüstert. Wer ist schuld?

J. B.: Es begann alles in den USA, dort wurden diese ganzen komplizierten Finanzmarktinnovationen wie Kreditderivate geschaffen. Der berühmte Ökonom Joseph Schumpeter sprach bei Innovationen über „kreative Zerstörung“. Damit meinte er, dass veraltete Technologien durch neue abgelöst werden. Das ist ein Fortschritt, der gut für die Gesellschaft ist. Bei Finanzinnovationen können die Nachteile aber enorm sein. Schumpeter würde das wohl heute als „zerstörerische Kreation“ bezeichnen. Neue Kreationen schaffen destruktives Potenzial. Innovationen, die nicht mehr verstanden werden.

Frage: Wie meinen Sie das genau?

J. B.: Bereits Ende der 90er-Jahre hat niemand verstanden, was genau ein Kreditderivat ist, damals kam es deshalb schon fast zu einer größeren Finanzkrise. Da hätten wir uns zusammensetzen und handeln müssen. Einfach zu regulieren, bringt aber nichts, es kommt darauf an, wer reguliert. Deshalb brauchen wir vor allem eine unabhängige Bankenaufsicht.

Frage: Wie sähe die aus?

J. B.: Am besten niemand von der Wall Street, denn dort stecken alle unter einer Decke. Der jetzige Finanzminister Henry Paulson war zuvor Chef der Investmentbank Goldman Sachs. Das ist eine geschlossene Welt. Alle Beteiligten tendieren dazu, die gleichen rosigen Annahmen über Finanzinnovationen zu teilen. Der Kongress dagegen ist von Spendern abhängig, also kann auch er nicht regulieren. Es gibt aber auch unabhängige Experten, die es machen können. Deren Job sollte darin bestehen, sich jede Finanzinnovation anzusehen und die Nachteile zu beurteilen. [...]

Frage: Viele Bürger denken, sie müssen mit Steuergeldern das Versagen einiger weniger Profiteure bezahlen, und zweifeln an Marktwirtschaft und Globalisierung.

J. B.: Das ist natürlich viel zu pauschal. Auf den Finanzmärkten können eben nur Regierungen bei einem Panikausbruch einschreiten und das Vertrauen wiederherstellen. Wenn das Feuer einmal ausbricht, kann schnell das ganze Haus niederbrennen. Das passiert nicht in anderen Bereichen der Globalisierung, im Handel etwa oder den multinationalen Investitionen, da ist die Globalisierung einfacher zu handhaben. Das Erste, was man im Wirtschaftsstudium lernt, ist, dass die unsichtbare Hand des Marktes versagen kann. Im Finanzsektor ist diese Gefahr besonders groß. [...]

Frage: Gibt es derzeit nicht auch ein moralisches Problem im Kapitalismus?

J. B.: Adam Smith ist mit seiner Aussage berühmt geworden, dass selbst der niedrigste Instinkt der Menschen zu guten Ergebnissen führen kann. Wir alle handeln aus Selbstinteresse.

Gier ist nicht das Problem, jeder ist gierig. Das Problem ist, dass Menschen in den vergangenen Wochen folgende Szene gesehen haben: Es war wie auf der sinkenden „Titanic“, wo einige wenige, inklusive der Kapitäne, das sinkende Schiff mit Rettungsbooten verlassen haben, und alle anderen drohten unterzugehen. Das ist in einer fundamentalen Weise unethisch und muss zurechtgerückt werden. Die Wirtschaftselite muss zeigen, dass sie sich ethisch verhält, dafür gibt es viele Wege. Microsoft-Gründer Bill Gates hat viel gegeben, das Gleiche gilt für Warren Buffett. Staatsinterventionen reichen nicht aus, um den Unternehmen Legitimität zu verschaffen.

Frage: Hat der Kapitalismus Zukunft?

J. B.: Es gibt zwei Wege, wie der Kapitalismus überleben kann: Den ersten gehen die USA, wo jeder glaubt, er könne selbst [...] das Geld nehmen und davonrennen. Das ist die amerikanische Ausnahme. Überall sonst müssen die Wohlhabenden und Reichen ihr Geld auch für soziale Zwecke ausgeben. Man sollte sein Vermögen nicht zur Schau stellen und es teilen. So funktioniert ein stabiles kapitalistisches System. Das klingt sehr puritanisch, aber das ist das, was wir brauchen. Es ist common sense, es ist der gesunde Menschenverstand.

1 Überprüfen Sie, inwiefern die in dem Interview im Oktober 2008 von Jagdish Bhagwati geäußerte Einschätzung, dass Gier kein ursächlicher Faktor der Immobilien-, Banken-, Finanz- und Wirtschaftskrise gewesen ist, angesichts der 2009 bekannt gewordenen Bonuszahlungen von US-amerikanischen Banken und Versicherungen noch aufrechtzuerhalten ist. Beziehen Sie in Ihre Überlegungen auch den Film „Wall Street" mit Michael Douglas ein.

Michael Douglas im Film „Wall Street" (USA, 1987)

2 Lesen Sie die Analysen von Amartya Sen vom 21.3.2009 zu den Ursachen und Konsequenzen der globalen Immobilien-, Banken-, Finanz- und Wirtschaftskrise aufmerksam durch. Notieren Sie in Stichworten, welchen Aspekten seiner Argumentation Sie persönlich zustimmen und welchen nicht. Diskutieren Sie Ihre Einschätzungen anschließend in Kleingruppen oder im Plenum.

Kontexte

Adam Smith wäre schockiert (2009)

Amartya Sen

Die Anhänger des unregulierten Kapitalismus haben uns in die Krise gestürzt, weil sie ihren Stichwortgeber völlig falsch verstanden haben. Smiths Schriften betonen nicht einen blinden Glauben an den nackten Marktmechanismus – sondern auch die Bedeutung von Werten und Institutionen. [...] In „Der Wohlstand der Nationen" sprach er über die wichtige Rolle, die allgemeine Werte bei der Wahl des Verhaltens spielen, sowie über die Bedeutung von Institutionen. Aber es war sein erstes Buch, die vor 250 Jahren veröffentlichte „Theorie der ethischen Gefühle", in dem Smith ausführlich untersuchte, welch mächtige Rolle die nicht profitorientierten Werte spielen. Von allen Tugenden sei es die Besonnenheit, die dem Einzelnen am nützlichsten sei, schrieb Smith. Weiter hieß es dort, Menschlichkeit, Großzügigkeit, Gerechtigkeit und Gemeinsinn seien die Tugenden, die am nützlichsten für die Allgemeinheit seien. [...]

Häufig wird übersehen, dass Smith weder den nackten Marktmechanismus als eigenständigen Erfolgsmesser nahm noch das Gewinnmotiv als einzige Notwendigkeit bezeichnete. Smith hat in begrenztem Rahmen erörtert, warum Menschen Handel treiben. Dies als umfassende Analyse aller Verhaltensmuster und aller Institutionen zu deuten, die seiner Meinung nach für eine funktionierende Marktwirtschaft nötig sind, ist vielleicht der größte Fehler seiner Anhänger.

Die Menschen wollen aus Eigeninteresse Handel treiben. Mehr ist nicht nötig, hat Smith geschrieben. Immer und immer wieder wird seine Erklärung wiederholt, warum Bäcker, Brauer, Fleischer und Verbraucher am Warenaustausch interessiert sind. Für ein reibungsloses Funktionieren braucht eine Volkswirtschaft jedoch noch andere Werte und Verpflichtungen, beispielsweise wechselseitiges Vertrauen und Zuversicht. Smith schrieb: „Wenn die Menschen eines bestimmten Landes ein derartiges Vertrauen in das Glück, die Redlichkeit und Besonnenheit eines bestimmten Bankiers haben, dass sie zu der Ansicht gelangen, dass er jederzeit auf Wunsch bereit ist, alle ihm vorgelegten Schuldscheine zu begleichen, haben diese Schuldscheine den gleichen Stellenwert wie Gold- und Silbergeld. Grund ist das Vertrauen, dass dieses Geld den Kunden jederzeit zur Verfügung steht." [...]

Tatsächlich gab es [seit 2007] sehr gute Gründe für das Misstrauen und den Verlust an Zuversicht. In den vergangenen Jahren wurde es wesentlich schwieriger, die Pflichten und Verantwortlichkeiten nachzuverfolgen, die mit Transaktionen einhergehen. Zu verdanken haben wir das der Entwicklung von Sekundärmärkten für Derivate und andere Finanzinstrumente. Und das zu einem Zeitpunkt, als unter anderem aufgrund enormer Außenhandelsüberschüsse einiger Volkswirtschaften Kredite in Hülle und Fülle verfügbar waren. Dadurch wurde das Ausmaß unbesonnener Aktionen noch vergrößert. Ein Kreditinstitut, das Subprime-Hypotheken vergab und den Kreditnehmer dazu verleitete, unkluge Risiken einzugehen, konnte die Finanzinstrumente bei Dritten abladen, die mit der ursprünglichen Transaktion gar nichts zu tun hatten.

In den vergangenen Jahren ist die Notwendigkeit von Aufsicht und Regulierung viel größer geworden. Und doch wurde die Aufsichtsfunktion des Staates vor allem in den Vereinigten Staaten während eben dieser Zeit erheblich beschnitten – im immer stärker werdenden Glauben an die Selbstregulierung der Marktwirtschaft.

Diese Schwäche der Institutionen wirkt sich nicht nur auf raffinierte Praktiken aus, sondern auch auf den Hang, übermäßig zu spekulieren, der Smith zufolge viele Menschen in ihrem unermüdlichen Gewinnstreben ergreift. Smith bezeichnete die Förderer dieses exzessiven Risikos als „unseriöse Geschäftsleute und Plänemacher" – eine gute Umschreibung auch für die Anbieter von Subprime-Hypotheken. Der implizite Glaube an die Weisheit der autonomen Marktwirtschaft ist weitgehend für den Wegfall von Regulierungen in den USA verantwortlich. Und deshalb ignorierte man die Tätigkeiten solcher unseriösen Geschäftsleute und Plänemacher in einer Art und Weise, die den wichtigsten Begründer der Marktwirtschaft schockiert hätte. [...]

Obwohl Smith die konstruktive Rolle des Marktes erklärte und verteidigte, machte er sich auch große Sorgen über Armut, Analphabetismus und Mangel, die auch in einer gut funktionierenden Marktwirtschaft fortbestehen können. Er wollte eine Vielfalt der Institutionen und Motivationen, keine monolithischen Märkte und keine alleinige Dominanz des Profitstrebens. Smith verteidigte nicht nur die Rolle des Staates dort, wo der Markt nicht handeln kann, wie etwa bei der Gewährleistung von Bildung für alle und der Eindämmung der Armut. Er plädierte allgemein dafür, Institutionen an die entstehenden Probleme anzupassen – und nicht, sie an starre Formeln wie eben jene zu binden, dass alles dem Markt überlassen wird.

Nach meiner Ansicht rufen die heutigen Wirtschaftsprobleme nicht nach einem „neuen Kapitalismus". Vielmehr erfordern sie eine vorurteilslose Auseinandersetzung mit bisherigen Ansichten zu Reichweite und Grenzen der Marktwirtschaft. Vor allem ist eine nüchterne Einschätzung vonnöten, wie unterschiedliche Institutionen funktionieren. Ebenso notwendig ist das Verständnis dafür, wie verschiedene Organisationen, vom Markt bis zu staatlichen Institutionen, gemeinsam zu einer anständigeren Wirtschaftswelt beitragen können.

Spätestens mit den Erschütterungen der Wirtschafts- und Finanzwelt infolge der 2007 ausgebrochenen Krise ist die Frage nach dem Zusammenhang von Wirtschaft und Moral und nach den ethischen Grundlagen wirtschaftlichen Handelns ins allgemeinere Bewusstsein getreten. Wie aber könnte eine Ethik im Bereich wirtschaftsphilosophischer Fragen aussehen? Der nachfolgende Textauszug zeigt mögliche Ansätze.

Thales von Milet und das Ethos des Unternehmers (2004)

Otfried Höffe

Der Staats- und Wirtschaftsphilosoph Otfried Höffe (* 1943) hat in seinem Buch „Wirtschaftsbürger, Staatsbürger, Weltbürger. Politische Ethik im Zeitalter der Globalisierung" am Beispiel des griechischen Philosophen Thales aufgezeigt, wie das Ethos eines Unternehmers und damit einer sozialverantwortlichen Profitorientierung aussehen könnte.

Für die Sozialethik ist das Thema überraschend, vielleicht sogar ein Ärgernis. Zu Unternehmern pflegt sie nämlich eine kritische Haltung, und zu den Gründen gehört, dass sie nichts anderes als ein Profitstreben, überdies eine Ellbogenmentalität erwartet. Eine erfahrungsoffene Ethik weist beides zurück: die bloße Kritik am Profit und die ökonomistische Verkürzung des Unternehmer-Ethos auf nichts anderes als Profit. [...]

Wenn die gegenwärtige Debatte das Thema verschämt verdrängt, kann man die Klassiker befragen [...]. Allerdings darf es nicht irgendein Klassiker sein, vielmehr sollte er sich auf die Sache verstehen, am besten im doppelten Sinn: dass er die Sache kennt und sie darüber hinaus beherrscht, er also außer dem Wissen-was, dem Know-that, auch ein Wissen-wie, ein Know-how, besitzt.

Poseidon: in der griechischen Mythologie der Gott des Meeres

Von einem Philosophen erwartet man diese Doppelkompetenz kaum. Eine Ausnahme bildet der wohl älteste abendländische Denker, Thales von Milet. Die meisten kennen ihn nur als Naturphilosophen, der den Ursprung der Natur im Wasser sieht und die Erdbeben nicht mehr mit dem Eingreifen des Gottes Poseidon, sondern mit Bewegungen des Wassers erklärt, auf dem die Erde „wie ein Stück Holz schwimmt". Ebenso kennt man ihn als Naturforscher, der Erklärungen für die jährliche Nilüberschwemmung und für den Magnetismus anbietet und die Sonnenfinsternis vom 28. Mai 585 v. Chr. voraussagt. Nicht zuletzt weiß man, dass er ein bedeutender Mathematiker war. Ansonsten gilt er als das Muster eines lebensuntauglichen Philosophen: Nach einer von Platon überlieferten Anekdote sei er beim Umhergehen, weil in die Beobachtung des Himmels versunken, in einen Brunnen gestürzt und darüber von einer thrakischen Magd verlacht worden.

Gegen die angebliche Lebensuntauglichkeit spricht der Erfolg als Unternehmer. Thales ist unter den großen Philosophen vermutlich der einzige, der durch unternehmerische Weitsicht sogar die Bürger einer florierenden Handelsstadt, seiner Heimat Milet, zu verblüffen vermag. Nach Aristoteles (*Politik*) habe man Thales seine Armut und mit ihr die Nutzlosigkeit seiner Philosophie vorgehalten. Daraufhin habe Thales, weil er dank astronomischer Kenntnisse eine reiche Olivenernte voraussah, im Winter zuvor alle Ölpressen von Milet und der Insel Chios gemietet, bei der Ernte die Ölpressen teuer vermietet und damit einen satten Gewinn erzielt.

Mithilfe einer speziellen Induktion, nicht der Verallgemeinerung gleichgearteter Fälle, sondern der Kunst, einen Einzelfall zum Sprechen zu bringen, lassen sich aus dieser

Anekdote erste Bausteine für eine Philosophie von Unternehmertum und Profit gewinnen. Die ersten zwei sind Binsenwahrheiten: *Erstens* braucht alles menschliche Handeln eine Antriebskraft, die im Fall des Unternehmers nicht im Altruismus, sondern in einem Selbstinteresse, dem Profitstreben, liegt. *Zweitens* lässt sich dieses Ziel einfach bestimmen: Der Gewinn einer Unternehmung, ihr Profit, liegt im Überschuss des erzielten Ertrages über die angefallenen Kosten, hier der Kosten für die Miete der Ölpressen, zusätzlich für ihre Lagerung, eventuell auch Wartung und Bewachung. [...]

Profitstreben: Streben nach Gewinn

Keine Ethik des Unternehmers darf aber [...] [einen] *dritten* Gesichtspunkt übergehen, dass [nämlich] vom Profit der Unternehmer das Gemeinwesen profitiert, folglich das Selbstinteresse des Unternehmers sich zu einem erheblichen Teil mit dem Selbstinteresse des Gemeinwesens deckt. Damit Steuern anfallen, überdies Arbeitsplätze teils entstehen, teils erhalten bleiben, sorgt ein kluges Gemeinwesen für günstige Rahmenbedingungen zugunsten profitabler Unternehmer. [...]

Kehren wir zu Thales zurück: Um den Gewinn zu erzielen, musste er zunächst Geld einsetzen und im Jahr vorher die Ölpressen mieten. Daraus ergibt sich der *vierte* Baustein einer Unternehmerphilosophie: Der Profit setzt Investitionsbereitschaft voraus, in die wiederum der Mut zu einem Wagnis, also Risikobereitschaft, eingeht. [...] Thales war [...] [aber] weder ein Träumer noch ein Spieler. Er baute vielmehr auf zwei Faktoren kreativer Rationalität auf: Damit er Profit erwarten konnte, brauchte er *fünftens* ein Wissen, das nicht jeder hat, ein Sonderwissen, das bei ihm in astronomischen Kenntnissen bestand. [...] Der andere rationale Faktor liegt *sechstens* in einer Erfolg versprechenden ökonomischen Strategie, bei Thales einem Angebots- und Vertriebsmonopol. Große Unternehmer müssen nicht gänzlich neue Strategien erfinden; es genügt, bekannte Strategien kreativ fortzubilden. In diesem Sinn setzt Thales die schon damals bekannte Strategie des Monopols in einem neuen Anwendungsfeld ein. Dabei verlässt er sich weder auf einen natürlichen Vorzug (dass ein gewisser Rohstoff nur auf seinem Grund und Boden vorkommt) noch auf ein großes Kapital, auch nicht auf eine Erfindung, die er sich hat patentieren lassen, oder auf eine Organisation, den Zusammenschluss aller einschlägigen Unternehmen, um deren Chef zu werden; denn er will sein Leben weder dem Erfinden noch organisatorischen Aufgaben widmen. Er setzt vielmehr ein, was einem großen Philosophen offensteht, eine überragende Intelligenz, die er vorübergehend in unternehmerische Weitsicht investiert und um eine vermutlich nicht zu große finanzielle Investition ergänzt.

Monopol: Marktstellung ohne Konkurrenz

Wer den Bericht aus Aristoteles' *Politik* zu lesen weiß, erkennt also in Thales eine überragende Unternehmerpersönlichkeit, vielleicht sogar ein Unternehmer-Genie, das man wie alle Genies neidlos beneiden darf. Denn nachzueifern vermag ihm kaum jemand. Wäre Thales die Messlatte – dass man mit geringem finanziellen und zeitlichen Aufwand, einfach so nebenbei, einen großen Profit macht –, so wäre Unternehmertum zu schwer und der Gemeinwohleffekt des Privatwohls zu selten.

[...] Gewöhnlich denkt man bei Profit nur an Geld; Thales zeigt, dass diese wichtige Antriebskraft weder die einzige noch die wichtigste sein muss. Denn letztlich strebt er nicht nach Reichtum, sondern will „es seinen Mitbürgern zeigen". Wie Aristoteles kommentiert, „sei es für Philosophen leicht, reich zu werden, wenn sie nur wollen". Man muss nicht einmal wie Thales sein Forschen vorübergehend aufgeben. [...] Thales' Antriebskraft lässt sich jedenfalls problemlos zu einem *siebenten* Baustein verallgemeinern: Der pekuniäre Profit ist nur eine der vielen Währungen, in denen die Menschen das messen, worauf es ihnen letztlich ankommt. Wer sich mit Äußerlichem zufriedengibt, will Status,

Profit: Gewinn

pekuniär: geldlich

vielleicht noch Stil; wer, überlegter, ein halbwegs gelungenes Leben will, der sucht Anerkennung sowohl durch die Mitbürger als auch durch sich selbst, also Fremd- und Selbstachtung zugleich. Nicht nur der gewöhnliche Wirtschaftsbürger, sondern auch der kluge Unternehmer erweist sich damit als Gegenteil eines atomisierten Individuums. Zugleich ist Aristoteles' Einschätzung zuzustimmen, dass Reichtum zwar angenehm [...], aber doch nur ein Zwischenziel und kein Endziel sei [...]. Im Übrigen kann man – *achtens* – beides kombinieren: ein Profitstreben, das sein Metier beherrscht, also nachhaltig großen Profit macht und ihn trotzdem weder zum einzigen noch zum höchsten Wert erklärt. Wer lebensklug ist, hält sich noch für wesentlichere Dinge offen: für Freundschaft und Partnerschaft, für Kunst und Kultur, für Großzügigkeit oder mit Thales für Wissenschaft und Philosophie.

Metier: hier: Gegenstand, Betätigungsfeld

Thales' überragende Persönlichkeit reicht noch weiter. Der Mathematiker und Naturforscher, der Philosoph und Unternehmer ist zusätzlich ein bedeutender Ratgeber, der zudem noch über eine große literarische Begabung verfügt. Wegen seiner politischen und lebenspraktischen Ratschläge, die er in Spruchweisheiten formuliert, steigt er als einziger Philosoph in den exquisiten Orden der Sieben Weisen Griechenlands auf.

Einige seiner Weisheiten tragen zu einer Theorie des Unternehmers bei: „Etwas Lästiges ist Untätigkeit. Etwas Schädliches Unbeherrschtheit. Etwas Schwererträgliches Unbildung." Weil dieser Spruch überzeugt, sind die bisherigen Überlegungen zu ergänzen. Das erste Drittel erweitert die Antriebskraft. Zusätzlich zum Selbstinteresse braucht es – *neuntens* – einen Leistungswillen (statt „Untätigkeit"), zusätzlich zum Wissen – *zehntens* – eine Planung (statt „Unbeherrschtheit") und vorab eine gute Ausbildung (statt „Unbildung"). Die weitere Spruchweisheit: „Beneiden lass dich lieber als Bemitleiden" bekräftigt den Leistungswillen und steigert ihn zu einem „hervorragen wollen" und „sich auszeichnen wollen", zu einem Streben nach Exzellenz. [...] Weil aber einigen Menschen das Ansehen gleichgültig ist, hat das Gemeinwesen dem Profitstreben klare Grenzen zu ziehen, beispielsweise Sklaverei, Kinderarbeit und die Ungleichbehandlung von Frauen zu verbieten und Sicherheitsbestimmungen und Umweltkriterien zu erlassen. Wer „nicht schimpflich" lebt, erfüllt nur ein Minimum an Moral, das die griechische Kultur um ein verdienstliches Mehr ergänzt. Ohne einen moralisierenden Unterton führt sie die Tugend der Freigebigkeit ein.

Exzellenz: bestmögliche Verwirklichung

1 Rekonstruieren Sie die Argumentation Otfried Höffes in ihren Zielsetzungen, Voraussetzungen, Kernaussagen, Begründungen etc. in einem Strukturbild aus Kernbegriffen und Zitaten.

2 Formulieren Sie die zehn von Höffe an Thales veranschaulichten Bausteine für eine Philosophie von Unternehmertum und Profit in einer Zehn-Punkte-Liste.

3 Bilden Sie eine Pro- und eine Kontra-Gruppe zu den Thesen Höffes und diskutieren Sie jeden einzelnen seiner Bausteine durch.

4 Verfassen Sie einen philosophischen Essay zu Höffes Theorieentwurf.

Nach- und Weiter-Denken

1 Bilden Sie zu allen angeführten neuzeitlichen Wirtschaftsphilosophen bzw. Wirtschaftstheoretikern jeweils eine Gruppe. Diese Gruppen haben die Aufgabe, die Position des von ihr gewählten Autors noch einmal systematisch aufzuarbeiten und zu durchdenken, um sie auf dieser Grundlage im Plenum argumentativ zu vertreten. Dies schließt ein, aus der Sicht der erarbeiteten Position kritische Anfragen an andere Gruppen bzw. zur Position ihres Bezugsautors zu formulieren.

2 Informieren Sie sich über Fachbücher, das Internet oder die Lektüre von weiteren Passagen aus seinen Schriften detaillierter über den Autor aus dem Kapitel „Wirtschaftsphilosophie und Wirtschaftsethik", dessen Textauszug Sie am meisten angesprochen hat. Bereiten Sie Ihre Ergebnisse für Ihre Mitschülerinnen und Mitschüler in anschaulicher Form auf.

3 Schauen Sie sich den 1987 erschienenen Film „Wall Street" mit Michael Douglas in der Hauptrolle an. Diskutieren Sie anschließend innerhalb Ihrer Lerngruppe, inwiefern der Film ein Grundproblem der liberalen Wirtschaft sichtbar macht. Besuchen Sie anschließend eine Regionalbörse in Ihrer Nähe und informieren Sie sich vor Ort, wie der Handel mit Aktien funktioniert und welche Intentionen damit vonseiten der Unternehmen und der Aktionäre verbunden sind. Dabei sollten Sie im Hinterkopf haben, dass selbst Karl Marx der Aktie positiv gegenüberstand, weil sie dem Arbeiter die Möglichkeit der Gewinnbeteiligung an seinem Unternehmen eröffnet.

4 Überprüfen Sie Ihre eingangs zu den Begriffen „Geld" und „Wirtschaft" formulierten Vorüberlegungen nach der Auseinandersetzung mit den Texten dieses Kapitels. Was hat sich verändert, wo sind Sie bei Ihrer Einschätzung geblieben? Halten Sie Ihre Ergebnisse in Ihrem philosophischen Tagebuch fest.

5 Die geizigste Ente der Welt, Dagobert Duck, hat eine spezielle Einstellung zum Geld. Diskutieren Sie in Kleingruppen, wie eine ausbalancierte Einstellung gegenüber Geld in Ihrem Urteil aussieht. Versuchen Sie, sich innerhalb Ihrer Gruppe auf eine Definition für eine philosophisch angemessene, d.h. begründbare Einstellung gegenüber Geld zu einigen.

Erweiterter Blick: Geschichtsphilosophie

A. Paul Weber, Wohin rollst du, Äpfelchen? (1968)

Vor-Denken

1 Betrachten Sie das Bild und notieren Sie zunächst Ihre persönlichen Assoziationen, Gefühle, Vorstellungen und Gedanken in Ihrem philosophischen Tagebuch.

2 Beschreiben Sie die wesentlichen Elemente des Bildes und ihre Komposition.

3 Das Bild erzählt eine Geschichte. Schreiben Sie die Geschichte auf, die Sie vor dem Hintergrund Ihrer persönlichen Eindrücke darin entdecken.

4 Gibt es ein Bild, einen Gegenstand, ein Erinnerungsstück, einen Moment, kurz: etwas, das exemplarisch für Ihre persönliche Lebensgeschichte steht? Erzählen Sie die dazu passende Geschichte.

Im folgenden Kapitel geht es um wirkungsmächtige Fragen der Geschichtsphilosophie. Dabei wird Geschichte ganz allgemein verstanden als die Ereignisse und Entwicklungen in der Vergangenheit, die vom Menschen erinnert und gedeutet werden, um Informationen über historische Veränderungen bzw. deren Auswirkungen auf Gegenwart und Zukunft zu gewinnen. Auf der Basis dieses Verständnisses von Geschichte lassen sich mannigfaltige Bedeutungsebenen unterscheiden, die mit zentralen philosophischen Fragestellungen verbunden sind: Zielt Geschichte auf ein objektives Geschehen oder ist sie nur subjektiv geprägte Erinnerung an dieses? Gibt es die *eine* mit umfassendem Anspruch auftretende Geschichte oder sollte man nicht besser von vielen Geschichten sprechen? Läuft die Geschichte auf ein Ziel hinaus oder ist sie die Wiederkehr des Immergleichen? Ist die Geschichte eine Geschichte des Heils oder eine des Verfalls, die unweigerlich in die Katastrophe mündet? Gibt es in der Geschichte typische Abläufe, aus denen man lernen kann, oder zeigt sie sich immer wieder neu? Sollte man Geschichte als Gestaltungsraum menschlicher Freiheit oder als vorherbestimmtes Geschehen begreifen? Welche Triebkräfte bestimmen Geschichte? Handelt es sich dabei um Ideen oder sind es konkrete Lebensumstände der Menschen?

Der erste Teil (Koselleck, Rüsen) erläutert zentrale Verwendungsweisen des Begriffes „Geschichte“. Im zweiten Teil werden unterschiedliche Konzepte der Geschichtsphilosophie des 18. und 19. Jahrhunderts (Kant, Condorcet, Hegel, Marx/Engels), die um die grundlegenden Begriffe von „Vernunft“, „Freiheit“, „Fortschritt“ und „Ziel“ zentriert sind, vorgestellt. Diese Ansätze haben in der zweiten Hälfte des 19. Jahrhunderts und im 20. Jahrhundert immer wieder kritische Gegenstimmen hervorgerufen: Autoren traten auf den Plan, die gegenüber dem Fortschrittsprozess im Sinne einer Universalgeschichte die Einmaligkeit von historischen Ereignissen und Epochen (Ranke) und die Wiederkehr des Immergleichen in der Geschichte (Nietzsche) herausstellten. Angesichts von Krisen- und Katastrophenerfahrungen war man nicht mehr bereit, von der *einen* Geschichte, sondern nur noch von den vielen Geschichten der Macht (Popper) zu sprechen.

Geschichte (1975)

Reinhart Koselleck

Reinhart Koselleck
(1923 – 2006)

Es ist das Verdienst des Geschichtstheoretikers Reinhart Koselleck, in vielen seiner Bücher und Aufsätze auf die vielfältigen Bedeutungsebenen des Begriffes der Geschichte hingewiesen zu haben. Im folgenden Text, einem Auszug aus einem Artikel des von ihm herausgegebenen Lexikons „Geschichtliche Grundbegriffe“, erläutert er die Geschichte und Entstehung des modernen Geschichtsbegriffes im letzten Drittel des 18. Jahrhunderts.

Dass „Geschichte“ ein geschichtlicher Grundbegriff sei, scheint sich aus diesem Wort selbst zu ergeben. Der Ausdruck hat aber auch seine eigene Geschichte, die ihn erst gegen Ende des 18. Jahrhunderts zu einem politischen und sozialen Leitbegriff aufrücken ließ. Vergangenheit und Zukunft zugleich erfassend, wurde „die Geschichte“ zu einem regulativen Begriff für alle gemachte und noch zu machende Erfahrung. Der Ausdruck reicht seitdem weit über den Bereich bloßer Erzählung oder historischer Wissenschaft hinaus.

Andererseits ist die „Historie“ als Kunde, Erzählung und Wissenschaft ein alter Befund europäischer Kultur. Überhaupt gehört das Geschichten-Erzählen zur Geselligkeit des Menschen. Mehr noch, ohne Geschichten keine Erinnerung, keine Gemeinsamkeit, keine Selbstbestimmung sozialer Gruppen oder politischer Handlungseinheiten, die sich

Wallensteins Ermordung in Eger (1634)

nur im Medium gemeinsamer Erinnerung zusammenfinden können. Solche „Geschichten“ sind freilich keine Grundbegriffe, sondern bleiben immer Erzählungen von dem, worum es in einer Geschichte ging. Es mag die Geschichte einer Schlacht sein, eines Rechtshandels, einer Reise oder eines Wunders, eines Königsmordes oder einer Liebe. Immer wird erzählt, von wem und worum es sich handelt. So lange ist der Ausdruck „eine Geschichte“ kein Grundbegriff, sondern höchstens das, was als Summe einer Erzählung an deren Ende auf einen Begriff gebracht werden kann.
Dass es in der Geschichte um „Geschichte selber“ geht und nicht um eine Geschichte von etwas, ist eine moderne, eine neuzeitliche Formulierung. Erst damit, kurz vor der Französischen Revolution, wird das alte Gebrauchswort zu einem zentralen Begriff der politischen und sozialen Sprache.

In diesen Begriff der „Geschichte an und für sich“ sind zahlreiche alte Bedeutungsstreifen eingegangen, [...] die Geschichte als Ereignis und dessen Erzählung, als Schicksal und als Kunde darüber, als Vorsehung und Zeichen davon, alles Wissen der Historie als Beispielsammlung für ein frommes und gerechtes, für ein kluges oder gar weises Leben. Ohne sie alle abzustoßen, hat der moderne Geschichtsbegriff viele der alten Sinnzonen in sich gebündelt.

Dass das gesamte politisch-soziale Beziehungsgeflecht auf dieser Erde in allen seinen zeitlichen Erstreckungen als „Geschichte“ begriffen wird, ist dagegen neu. Wo früher Recht oder Strafe, Gewalt, Macht, Vorsehung oder Zufall, Gott oder das Schicksal beschworen werden mochten, konnte man sich seit dem Ende des 18. Jahrhunderts auf die Geschichte berufen.

Neue Bedeutungen sind hinzugekommen, die sprachlich früher auf einen Begriff zu bringen noch nicht möglich war: die Geschichte als Prozess, als Fortschritt, als Entwicklung oder als Notwendigkeit. „Geschichte“ wird zu einem umfassenden Bewegungsbegriff.

Demgegenüber öffnet sich der andere neue Bedeutungsraum: „Geschichte“ als Handlungsfeld und Tat, als Freiheit. Geschichte wird planbar, produzierbar, machbar. Aus „Geschichte“ wird auch ein Aktionsbegriff. Beide Varianten, die objektive und die subjektive Seite, die sich logisch einander ausschließen, verleihen dem Begriff eine Zweideutigkeit, die ihm seitdem innewohnt. Seine Verwendung als Schlagwort, seine Anfälligkeit für Ideologie und Ideologiekritik sind daraus ableitbar.

Die Ausbildung des neuen Begriffs indiziert eine Erfahrungsschwelle, die im Zeitalter der Französischen Revolution überschritten wurde, indem sie neue Erwartungen eröffnete. Der Ausdruck bezeugt die Erfassung dessen, was als neue Zeit erfahren wird, und zwar in ihrer Einmaligkeit und Andersartigkeit gegenüber allem Bisherigen. Der Beginn der Neuzeit ist freilich ein längerfristiger Vorgang, an dessen Ende erst die Einsicht in die Prozesshaftigkeit der Neuzeit steht: eben die Entdeckung der „Geschichte überhaupt“ als Ergebnis der Aufklärung. [...]

Es gehört zu den strukturellen Merkmalen dieser neuen Geschichte, dass sie die Gleichzeitigkeit von Ungleichzeitigem bzw. die Ungleichzeitigkeit von Gleichzeitigem auf einen Begriff gebracht hat, auch darin dem Fortschritt verwandt. Das gilt nicht nur in dem selbstverständlichen Sinne, dass jede Erzählung Vergangenes in die Gegenwart einholt und insofern die Zeitunterschiede, die sie thematisiert, aufhebt. Vielmehr setzt sich die Wirklichkeit der modernen Geschichte aus einer Vielzahl, nach Kalenderrechnung gleichzeitiger, aber nach Herkunft, Ziel und Entwicklungsphasen ungleichzeitiger Abläufe zusammen. Daraus entstehen Spannungen, Perspektiven der Verzögerung und der Beschleunigung, Verzerrungen und Vereinheitlichungen, die zur Thematik unserer Weltgeschichte gehören.

1 Koselleck unterscheidet das Erzählen einer Geschichte von der Geschichte als historischem Grundbegriff. Arbeiten Sie die beiden Verwendungsweisen des Geschichtsbegriffes heraus.

2 Was meint der Verfasser mit den Wendungen „Gleichzeitigkeit von Ungleichzeitigem“ bzw. die „Ungleichzeitigkeit von Gleichzeitigem“?

3 Wieso konnte sich „Geschichte“ als historischer Grundbegriff erst im 18. Jahrhundert etablieren?

Geschichte – Erfahrung und Deutung (2003)

Jörn Rüsen

Der folgende Text von dem Historiker Jörn Rüsen (* 1938) ergänzt und differenziert die Ausführungen von Koselleck, indem er zwischen einem modernen und postmodernen Verständnis der Geschichte unterscheidet.

Geschichte ist eine Brücke zwischen Vergangenheit und Gegenwart, die aus dem Geschehenen und dessen Deutung zugleich gebaut ist. Es ist merkwürdig mit der Vergangenheit. Sie ist vergangen und doch gegenwärtig. Was geschehen ist, ist geschehen, und doch können wir uns dabei nicht beruhigen. Immer wieder neu wird Vergangenheit vergegenwärtigt, gedeutet, umgedeutet, angeeignet, abgestoßen, entfernt, in die Nähe gerückt, vergöttert, verteufelt, verdinglicht [...]. Selbst wenn wir sie vergessen, bleibt sie nichtsdestoweniger ein beunruhigender Faktor. Sie vergegenwärtigt sich sogar „selber“, oft gegen unseren Willen, zum Beispiel, wenn wir von etwas getrieben werden, das wir längst verdrängt haben. Sie kann wie eine Last auf unseren Schultern liegen, die wir gerne abschütteln möchten; aber es gelingt uns nicht – Vergangenheit ist ein Stück unserer selbst.

Die Vergangenheit ist keine fixe Faktizität, weil die Subjektivität der in ihr handelnden und leidenden Menschen sie immer schon in eine zeitliche Bewegung gebracht hat, die im mentalen Zusammenhang der Generationenkette großer und kleiner Gemeinschaften bis zu uns hinreicht. Genauer: Sie reicht in uns hinein, in die Tiefen unserer Subjektivität, und zugleich reicht sie durch uns hindurch und über uns hinaus in die Zukunft, die wir sinnbestimmt für unser Handeln entwerfen.

Was geschieht mit der Vergangenheit durch unseren deutenden und aneignenden Umgang? Auf diese Fragen gibt es zwei ganz unterschiedliche Antworten, die ich stark vereinfachend die moderne und die postmoderne nennen möchte. Die moderne Antwort hat das Selbstverständnis des wissenschaftlichen Umgangs mit der Vergangenheit nachhaltig geprägt. Sie wird durch den bekannten Ausspruch Leopold von Rankes ausge-

postmodern: Auffassung von Geschichte, die von der Vielfalt und Beliebigkeit geschichtlicher Lebensformen ausgeht, diese nicht mehr sinnstiftend vereinheitlichen bzw. auf ein bestimmtes Ziel hin verpflichten kann

fixe Faktizität: unveränderliche Tatsache

mental: geistig

drückt, er wolle „bloß zeigen, wie es eigentlich gewesen". Hier orientiert sich die Arbeit des Historikers an faktisch ermittelbaren Tatbeständen. Grundlegend für diese fachwissenschaftliche Weise des historischen Denkens ist die Quellenkritik. Den Strategien des historischen Denkens im Gewande der Fachwissenschaft liegt das Objektivitätsideal der historischen Forschung zugrunde. Dementsprechend liegt die Bedeutung des Vergangenen für die Gegenwart in den Geschehnissen selbst.

Gegen diese moderne Antwort wurde eine postmoderne Antwort auf die Frage, wie wir mit der Vergangenheit umgehen, formuliert. Sie betont im historischen Denken jenen Vorgang, in dem erst durch eine Bedeutungsverleihung von der Gegenwart her aus der Vergangenheit Geschichte gemacht wird. Statt Objektivität geht es hier um poetische und rhetorische Stringenz, um erzählerische Stimmigkeit. Beide Auffassungen scheinen sich wechselseitig auszuschließen. Es ist dieser Gegensatz, der den Erinnerungsdiskurs der Kulturwissenschaften inspiriert hat. Maurice Halbwachs und Pierre Nora und andere unterscheiden zwischen der Geschichtswissenschaft als „kalter" Angelegenheit objektivierenden methodischen Denkens und der Erinnerung oder dem kollektivem Gedächtnis als „heißer" Lebendigkeit der Vergangenheit. Lebensdienlichkeit steht gegen Objektivität. Diese Entgegensetzung ist aber nicht zu halten. In beiden Hinsichten wird nämlich prinzipiell das Gleiche sichtbar: eine Synthese von Erfahrung und Deutung. Für das moderne geschichtswissenschaftliche Denken gilt, dass es keine deutungsfreie historische Erfahrung gibt, und umgekehrt kann die postmoderne Auffassung der Deutungsleistung der Erinnerung nicht davon absehen, dass Erinnerung grundsätzlich erfahrungsbezogen ist. Sie würde ihre kulturelle Orientierungskraft verlieren, wenn die sich Erinnernden ernsthaft glaubten, die erinnerte Vergangenheit sei eine Fiktion.

Objektivitätsideal historischer Forschung: der Versuch einer wertfreien, sachlich-neutralen Darstellung geschichtlicher Tatsachen

Erinnerungsdiskurs der Kulturwissenschaften: französische Philosophen und Historiker, die sich u.a. mit dem kollektiven Gedächtnis beschäftigt haben

Wie aber lässt sich Geschichte so „erzählen", dass sich eine Zukunftschance des menschlichen Handelns erschließt, die mit Hoffnung aufgeladen werden kann, ohne dass die Bedeutungsschwere der historischen Erfahrung eingeschränkt oder gar verneint wird?

1 Rüsen unterscheidet zwei Möglichkeiten, Geschichte zu verstehen und zu deuten. Stellen Sie diese einander tabellarisch gegenüber.

2 Rüsen kontrastiert in seinen Ausführungen Objektivität und erzählerische Stimmigkeit. Erläutern Sie diesen Gegensatz.

3 Erklären Sie abschließend, welche Meinung Rüsen selbst vertritt.

Idee zu einer allgemeinen Geschichte in weltbürgerlicher Absicht (1784)

Immanuel Kant

In seiner Schrift „Idee zu einer allgemeinen Geschichte in weltbürgerlicher Absicht" entwickelt Immanuel Kant (1724–1804) in neun Sätzen das Konzept einer teleologischen Universalgeschichte. Ausgangspunkt seiner Schrift ist die Frage, ob sich das widersinnige, häufig durch Torheit und Eitelkeit geprägte Handeln der Menschen in der Welt mit der These einer sich in der Geschichte der Menschen realisierenden Naturabsicht vereinbaren lässt. Die entscheidende Voraussetzung seines Ansatzes besteht darin, dass alle Naturanlagen des Menschen dazu bestimmt sind, sich vollständig und gleichermaßen zu entwickeln, sodass sich der Mensch als Gattung in seiner Geschichte auf eine immer höhere Kulturstufe zubewegt.

Erster Satz

Alle Naturanlagen eines Geschöpfes sind bestimmt, sich einmal vollständig und zweckmäßig auszuwickeln. Bei allen Tieren bestätigt dieses die äußere sowohl als innere oder zergliedernde Beobachtung. Ein Organ, das nicht gebraucht werden soll, eine Anordnung, die ihren Zweck nicht erreicht, ist ein Widerspruch in der teleologischen Naturlehre. Denn wenn wir von jenem Grundsatze abgehen, so haben wir nicht mehr eine gesetzmäßige, sondern eine zwecklos spielende Natur; und das trostlose Ungefähr tritt an die Stelle des Leitfadens der Vernunft. [...]

Teleologie: Eine auf den Aufklärungsphilosophen Christian Wolff (1679–1754) zurückgehende philosophische Lehre, deren zentrale These darin besteht, dass alle Geschehnisse, sowohl Naturereignisse als auch der gesamte Verlauf der Geschichte auf ein bestimmtes Ziel (Telos) ausgerichtet sind. Zugrunde liegt ihr ein Verständnis von Welt als einem geordneten Ganzen, in dem alles nach Vervollkommnung seiner selbst strebt.

Dritter Satz

Die *Natur hat gewollt, dass der Mensch alles, was über die mechanische Anordnung seines tierischen Daseins geht, gänzlich aus sich selbst herausbringe und keiner anderen Glückseligkeit oder Vollkommenheit teilhaftig werde, als die er sich selbst, frei von Instinkt, durch eigene Vernunft* verschafft hat. Die Natur tut nämlich nichts überflüssig und ist im Gebrauche der Mittel zu ihren Zwecken nicht verschwenderisch. Da sie dem Menschen Vernunft und darauf sich gründende Freiheit des Willens gab, so war das schon eine klare Anzeige ihrer Absicht in Ansehung seiner Ausstattung. [...]

Mit-Denken

||| Machen Sie sich klar, was Kant unter einer teleologischen Naturlehre versteht und welche Naturabsicht er für die Entwicklung des Menschen voraussetzt.

Es scheint aber der Natur darum gar nicht zu tun gewesen zu sein, dass er wohl lebe; sondern dass er sich so weit hervorarbeite, um sich, durch sein Verhalten, des Lebens und des Wohlbefindens würdig zu machen. Befremdend bleibt es immer hiebei: dass die älteren Generationen nur scheinen um der späteren willen ihr mühseliges Geschäft zu treiben, um nämlich diesen eine Stufe zu bereiten, von der diese das Bauwerk, welches die Natur zur Absicht hat, höherbringen könnten; und dass doch nur die Spätesten das Glück haben sollen, in dem Gebäude zu wohnen, woran eine lange Reihe ihrer Vorfahren (zwar freilich ohne ihre Absicht) gearbeitet hatten, ohne doch selbst an dem Glück, das sie vorbereiteten, Anteil nehmen zu können. Allein so rätselhaft dieses auch ist, so notwendig ist es doch zugleich, wenn man einmal annimmt: Eine Tiergattung soll Vernunft haben, und als Klasse vernünftiger Wesen, die insgesamt sterben, deren Gattung aber unsterblich ist, dennoch zu einer Vollständigkeit der Entwicklung ihrer Anlagen gelangen.

Mit-Denken

||| Wie rechtfertigt Kant den Vorrang der Gattung gegenüber dem Individuum? Diskutieren Sie seine These, dass die Menschen älterer Generationen nur für das Wohlergehen nachfolgender arbeiten.

Vierter Satz

Das Mittel, dessen sich die Natur bedient, die Entwickelung aller ihrer Anlagen zustande zu bringen, ist der Antagonismus derselben in der Gesellschaft, sofern dieser doch am Ende die Ursache einer gesetzmäßigen Ordnung derselben wird. Ich verstehe hier unter dem Antagonismus die ungesellige Geselligkeit der Menschen, d. i. den Hang derselben in Gesellschaft zu treten, der doch mit einem durchgängigen Widerstande, welcher diese Gesellschaft beständig zu trennen droht, verbunden ist. Hiezu liegt die Anlage offenbar in der menschlichen Natur. Der Mensch hat eine Neigung, sich zu vergesellschaften: weil er in

Antagonismus: Gegensatz

einem solchen Zustande sich mehr als Mensch, d. i. die Entwickelung seiner Naturanlagen fühlt. Er hat aber auch einen großen Hang, sich zu vereinzelnen (isolieren): weil er in sich zugleich die ungesellige Eigenschaft antrifft, alles bloß nach seinem Sinne richten zu wollen, und daher allerwärts Widerstand erwartet, so wie er von sich selbst weiß, dass er seinerseits zum Widerstand gegen andere geneigt ist. Dieser Widerstand ist es nun, welcher alle Kräfte des Menschen erweckt, ihn dahin bringt, seinen Hang zur Faulheit zu überwinden und, getrieben durch Ehrsucht, Herrschsucht oder Habsucht, sich einen Rang unter seinen Mitgenossen zu verschaffen, die er nicht wohl leiden, von denen er aber auch nicht lassen kann. Da geschehen nun die ersten wahren Schritte aus der Rohigkeit zur Kultur, die eigentlich in dem gesellschaftlichen Wert des Menschen besteht; da werden alle Talente nach und nach entwickelt, der Geschmack gebildet und selbst durch fortgesetzte Aufklärung der Anfang zur Gründung einer Denkungsart gemacht, welche die grobe Naturanlage zur sittlichen Unterscheidung mit der Zeit in bestimmte praktische Prinzipien, und so eine pathologisch-abgedrungene Zusammenstimmung zu einer Gesellschaft endlich in ein moralisches Ganzes verwandeln kann. Ohne jene an sich zwar nicht liebenswürdigen Eigenschaften der Ungeselligkeit, woraus der Widerstand entspringt, den jeder bei seinen selbstsüchtigen Anmaßungen notwendig antreffen muss, würden in einem arkadischen Schäferleben bei vollkommener Eintracht, Genügsamkeit und Wechselliebe alle Talente auf ewig in ihren Keimen verborgen bleiben; die Menschen, gutartig wie die Schafe, die sie weiden, würden ihrem Dasein kaum einen größeren Wert verschaffen, als dieses ihr Hausvieh hat; sie würden das Leere der Schöpfung in Ansehung ihres Zwecks, als vernünftige Natur, nicht ausfüllen. Dank sei also der Natur für die Unvertragsamkeit, für die missgünstig wetteifernde Eitelkeit, für die nicht zu befriedigende Begierde zum Haben oder auch zum Herrschen! Ohne sie würden alle vortrefflichen Naturanlagen in der Menschheit ewig unentwickelt schlummern. Der Mensch will Eintracht; aber die Natur weiß besser, was für seine Gattung gut ist; sie will Zwietracht. Er will gemächlich und vergnügt leben; die Natur will aber, er soll aus der Lässigkeit und untätigen Genügsamkeit hinaus, sich in Arbeit und Mühseligkeiten stürzen, um dagegen auch Mittel auszufinden, sich klüglich wiederum aus den Letzteren herauszuziehen. [...]

pathologisch: krankhaft; hier: primitives Zusammenleben, bestimmt durch natürliche Bedürfnisse

arkadisch: idyllisch

Mit-Denken

||| Kennzeichnen Sie im Rückgriff auf die Texte von Aristoteles (S. 255–257) und Hobbes (S. 270 ff.) die anthropologischen Voraussetzungen der Geschichtsphilosophie Kants. Untersuchen Sie in diesem Zusammenhang das Verhältnis von Geschichte und Gesellschaft. Wieso ist die „ungesellige Geselligkeit" für Kant Antriebskraft menschlichen Fortschritts?

Fünfter Satz

Das größte Problem für die Menschengattung, zu dessen Auflösung die Natur ihn zwingt, ist die Erreichung einer allgemein das Recht verwaltenden bürgerlichen Gesellschaft. Da nur in der Gesellschaft und zwar derjenigen, die die größte Freiheit, mithin einen durchgängigen Antagonismus ihrer Glieder, und doch die genaueste Bestimmung und Sicherung der Grenzen dieser Freiheit hat, damit sie mit der Freiheit anderer bestehen könne – da nur in ihr die höchste Absicht der Natur, nämlich die Entwickelung aller ihrer Anlagen, in der Menschheit erreicht werden kann, die Natur auch will, dass sie diesen, so wie alle Zwecke ihrer Bestimmung sich selbst verschaffen solle: So muss eine Gesellschaft, in welcher *Freiheit unter äußeren Gesetzen* im größtmöglichen Grade mit unwiderstehlicher Gewalt verbunden angetroffen wird, d. i. eine vollkommen gerechte *bürgerliche Verfassung* die höchste Aufgabe der Natur für die Menschengattung sein; weil die Natur nur vermittelst der Auflösung und Vollziehung derselben ihre übrigen Absichten mit unserer Gattung erreichen kann.

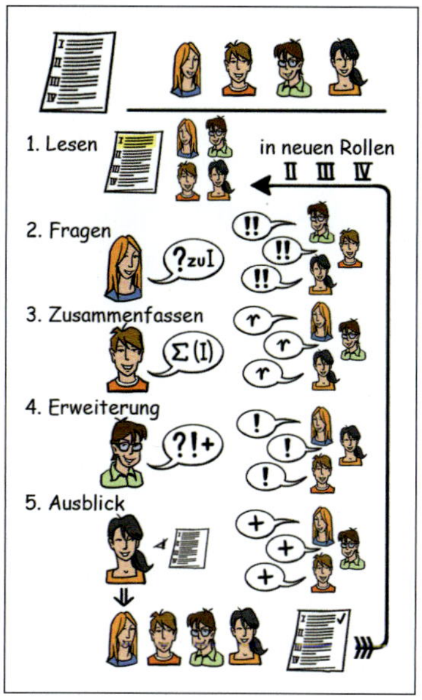

Schematische Darstellung des reziproken Lesens

1 Bilden Sie Vierergruppen und arbeiten Sie nach folgender Methode: Teilen Sie den Text in sinnvolle Abschnitte ein. Der jeweils aktuelle Abschnitt wird zunächst von allen gelesen. Dann erhält jedes Gruppenmitglied eine Rolle zugewiesen: A klärt bzw. erklärt schwierige Begriffe und schwierige Textpassagen. B fasst den Inhalt des Abschnitts mit eigenen Worten kurz zusammen. C formuliert Fragen, die die anderen mithilfe des Textes beantworten sollen. D formuliert unklare oder problematische Aspekte des bislang deutlich gewordenen theoretischen Ansatzes. Bei jedem neuen Abschnitt wechseln die Rollen (A, B, C, D) im Uhrzeigersinn.

2 Ziel der Natur ist für Kant das Erreichen einer bürgerlichen Gesellschaft. Erläutern Sie die Funktion des Rechts in ihr.

Fortschritt in der Geschichte (1793)

Marie Jean Antoine Condorcet

Marie Jean Antoine Condorcet (1743 – 1794)

Ähnlich wie Kant ist auch Condorcet von den Ideen der Aufklärung geprägt und teilt deren Erkenntnis- und Geschichtsoptimismus. Der Titel seines Werkes, aus dem der folgende Text entnommen ist, bezeichnet die Leitbegriffe seiner Geschichtsphilosophie. Für ihn ist die Geschichte der Menschheit im Prinzip eine in Stufen fortschreitende Entwicklung. Endziel dieses Prozesses ist die Stufe der geistigen und moralischen Vollkommenheit der Menschen, in der die Ungleichheiten in und zwischen den Völkern beseitigt sind. Die Paradoxie der Geschichte: Der unermüdliche politische Aufklärer und utopische Vordenker starb im Gefängnis als Opfer der Schreckensherrschaft der Jakobiner.

Wie verschieden die Gegenstände, die Methoden, die geistigen Eigenschaften, welche jene erfordern, auch gewesen sein mögen: Alle intellektuellen Betätigungen der Menschen haben zum Fortschritt der menschlichen Vernunft beigetragen. In der Tat verhält es sich mit dem Gesamtsystem der menschlichen Arbeit wie mit einem wohlkonstruierten Werk, dessen einzelne Teile, obzwar bewusst methodisch unterschieden, dennoch eng miteinander verbunden sein müssen, nur ein einziges Ganzes bilden und auf ein einziges Ziel gerichtet sein dürfen.

Wir werden nun einen Blick auf das Menschengeschlecht im Allgemeinen werfen und zeigen, dass die Entwicklung der wahren Methoden in allen Wissenschaften, der Umfang der Theorien, die sie in sich schließen, ihre Anwendung auf alle Gegenstände der Natur, auf alle Bedürfnisse des Menschen, die Verbindungslinien von einer zur andern, die große Zahl derer, die sie betreiben, schließlich die Vernichtung der Buchdruckereien – dass all dies hinreicht, uns zu bestätigen, dass fortan keine dieser Methoden von der Höhe herabsinken kann, die einmal erreicht worden ist. Wir werden einsichtig machen, dass die Prinzipien der Philosophie, die Maximen der Freiheit, die Kenntnis der wahrhaften Rechte des Menschen und seiner wirklichen Interessen in zu vielen Nationen verbreitet sind und in jeder einzelnen die Ansichten zu vieler aufgeklärter Menschen bestimmen, als dass man fürchten könnte, sie jemals wieder der Vergessenheit anheimfallen zu sehen. [...]

Mit-Denken

||| Wie beurteilen Sie die Thesen von Condorcet vor dem Hintergrund der Erfahrungen von Hiroshima und Auschwitz? Nehmen Sie begründet Stellung.

Aber wenn auch alles dafür spricht, dass das Menschengeschlecht nicht mehr in seine alte Barbarei zurückfallen kann; wenn wir auch vollkommen sicher bleiben können angesichts jenes kleingeistigen und verderbten Systems, welches das Menschengeschlecht zu ewigem Schwanken zwischen Wahrheit und Irrtum, Freiheit und Knechtschaft verurteilt, so sehen wir doch gleichzeitig, dass die Aufklärung nur erst einen geringen Teil der Erdkugel beherrscht und die Zahl der wirklich Aufgeklärten vor der Masse der Menschen verschwindet, die dem Vorurteil und der Unwissenheit ausgeliefert sind. Wir sehen weite Gebiete unter der Sklaverei seufzen: hier Nationen, die durch die Gebrechen einer Zivilisation erniedrigt wurden, deren Verderbnis ihren Fortgang verzögert; dort Völker, die noch in der Kindheit ihrer frühen Epochen dumpf vor sich hin leben. Wir sehen, dass die Arbeiten der letzten Jahrhunderte viel für den Fortschritt des menschlichen Geistes bewirkt, aber nur wenig für die Vervollkommnung des Menschengeschlechts getan haben, viel für den Ruhm des Menschen, einiges für seine Freiheit, doch beinah noch nichts für sein Glück. Manchmal stehen wir wie geblendet von einem glänzenden Licht; aber dichte Finsternis bedeckt noch immer einen unermesslichen Horizont. Getröstet verweilt die Seele des Philosophen bei wenigen Gegenständen; doch öfter noch bekümmert sie der Anblick des Stumpfsinns, der Sklaverei, der Verschrobenheit, der Barbarei; und der Freund der Menschheit kann ungeteilte Freude nur dann verspüren, wenn er sich den süßen Hoffnungen der Zukunft hingibt.

1 In welchem Sinne verwendet Condorcet den Begriff „Fortschritt"?

2 Vergleichen Sie den Text von Condorcet mit Kants Aufsatz „Was ist Aufklärung?" (Einfühungsband Kap. 2.1, S. 149–155).

Geschichte als Fortschritt im Bewusstsein der Freiheit (1822/23)

Georg Wilhelm Friedrich Hegel

Der Textauszug stammt aus Hegels (1770–1831) „Vorlesungen über die Philosophie der Geschichte". Ausgangspunkt von Hegels geschichtsphilosophischen Überlegungen ist die These, „dass die Vernunft die Welt beherrsche, dass es also in der Weltgeschichte vernünftig zugegangen sei". In der Geschichte der Menschen, in ihrem Tun und Fortschreiten, gewinnt der Weltgeist ein Wissen von sich selbst. Der Weltgeist bedient sich dabei herausragender welthistorischer Personen. Objektive Gestalt findet der sich im Geschichtsprozess realisierende Weltgeist in den Völkern bzw. Volksgeistern (Religion, Philosophie und Kunst).

virtualiter: der Kraft, der Möglichkeit nach schon vorhanden

Nach dieser abstrakten Bestimmung kann von der Weltgeschichte gesagt werden, dass sie die Darstellung des Geistes sei, wie er sich das Wissen dessen, was er an sich ist, erarbeitet; und wie der Keim die ganze Natur des Baumes, den Geschmack, die Form der Früchte in sich trägt, so enthalten auch schon die ersten Spuren des Geistes virtualiter die ganze Geschichte. Die Orientalen wissen es noch nicht, dass der Geist oder der Mensch als solcher an sich frei ist; weil sie es nicht wissen, sind sie es nicht; sie wissen nur, dass *einer* frei ist, aber ebendarum ist solche Freiheit nur Willkür, Wildheit, Dumpfheit der Leidenschaft oder auch eine Milde, Zahmheit derselben, die selbst nur ein Naturzufall oder eine Willkür ist. Dieser eine ist darum nur ein Despot, nicht ein freier Mann.

Hegel am Katheder (Lithografie, 1828)

In den Griechen ist erst das Bewusstsein der Freiheit aufgegangen, und darum sind sie frei gewesen; aber sie, wie auch die Römer, wussten nur, dass einige frei sind, nicht der Mensch als solcher. Dies wussten selbst Platon und Aristoteles nicht. Darum haben die Griechen nicht nur Sklaven gehabt und ist ihr Leben und der Bestand ihrer schönen Freiheit daran gebunden gewesen, sondern auch ihre Freiheit war selbst teils nur eine zufällige, vergängliche und beschränkte Blume, teils zugleich eine harte Knechtschaft des Menschlichen, des Humanen. – Erst die germanischen Nationen sind im Christentum zum Bewusstsein gekommen, dass der Mensch als Mensch frei (ist), die Freiheit des Geistes seine eigenste Natur ausmacht. Dies Bewusstsein ist zuerst in der Religion, in der innersten Region des Geistes aufgegangen; aber dieses Prinzip auch in das weltliche Wesen einzubilden, das war eine weitere Aufgabe, welche zu lösen und auszuführen eine schwere lange Arbeit der Bildung erfordert. Mit der Annahme der christlichen Religion hat z. B. nicht unmittelbar die Sklaverei aufgehört, noch weniger ist damit sogleich in den Staaten die Freiheit herrschend, sind die Regierungen und Verfassungen auf eine vernünftige Weise organisiert oder gar auf das Prinzip der Freiheit gegründet worden. Diese Anwendung des Prinzips auf die Weltlichkeit, die Durchbildung und Durchdringung des weltlichen Zustandes durch dasselbe ist der lange Verlauf, welcher die Geschichte selbst ausmacht. Auf diesen Unterschied des Prinzips als eines solchen und seiner Anwendung, d. i. Einführung und Durchführung in der Wirklichkeit des Geistes und Lebens, habe ich schon aufmerksam gemacht; er ist eine Grundbestimmung in unserer Wissenschaft und wesentlich in Gedanken festzuhalten. Wie nun dieser Unterschied in Ansehung des christlichen Prinzips, des Selbstbewusstseins der Freiheit, hier vorläufig herausgehoben worden, so findet er auch wesentlich statt in Ansehung des Prinzips der Freiheit überhaupt. Die Weltgeschichte ist der Fortschritt im Bewusstsein der Freiheit – ein Fortschritt, den wir in seiner Notwendigkeit zu erkennen haben [...].

Dass aber diese Freiheit, wie sie angegeben wurde, selbst noch unbestimmt und ein unendlich vieldeutiges Wort ist, dass sie, indem sie das Höchste ist, unendlich

Kontexte

Die List der Vernunft (1822 – 31)

Georg Wilhelm Friedrich Hegel

Der weiter geschrittene Geist ist die innerliche Seele aller Individuen, aber die bewusstlose Innerlichkeit, welche ihnen die großen Männer zum Bewusstsein bringen. Deshalb folgen die anderen diesen Seelenführern, denn sie fühlen die unwiderstehliche Gewalt ihres eigenen inneren Geistes, der ihnen entgegentritt.
Werfen wir weiter einen Blick auf das Schicksal dieser welthistorischen Individuen, welche den Beruf hatten, die Geschäftsführer des Weltgeistes zu sein, so ist es kein glückliches gewesen. Zum ruhigen Genusse kamen sie nicht, ihr ganzes Leben war Arbeit und Mühe, ihre ganze Natur war nur ihre Leidenschaft. Ist der Zweck erreicht, so fallen sie, die leeren Hülsen des Kernes, ab. Sie sterben früh wie Alexander, sie werden wie Cäsar ermordet, wie Napoleon nach St. Helena transportiert. [...] Nicht die allgemeine Idee ist es, welche sich in Gegensatz und Kampf, welche sich in Gefahr begibt; sie hält sich unangegriffen und unbeschädigt im Hintergrund. Das ist die List der Vernunft zu nennen, dass sie die Leidenschaften für sich wirken lässt.

viele Missverständnisse, Verwirrungen und Irrtümer mit sich führt und alle möglichen Ausschweifungen in sich begreift, dies ist etwas, was man nie besser gewusst und erfahren hat als in jetziger Zeit; aber wir lassen es hier zunächst bei jener allgemeinen Bestimmung bewenden. Ferner wurde auf die Wichtigkeit des unendlichen Unterschieds zwischen dem Prinzip, dem, was nur erst an sich, und dem, was wirklich ist, aufmerksam gemacht. Zugleich ist es die Freiheit in ihr selbst, welche die unendliche Notwendigkeit in sich schließt, eben sich zum Bewusstsein – denn sie ist, ihrem Begriff nach, Wissen von sich – und damit zur Wirklichkeit zu bringen: Sie ist sich der Zweck, den sie ausführt, und der einzige Zweck des Geistes. Dieser Endzweck ist das, worauf in der Weltgeschichte hingearbeitet worden, dem alle Opfer auf dem weiten Altar der Erde und in dem Verlauf der langen Zeit gebracht worden [...].

Der Geist *handelt* wesentlich, er macht sich zu dem, was er an sich ist, zu seiner Tat, zu seinem Werk; so wird er sich Gegenstand, so hat er sich als ein Dasein vor sich. So der Geist eines Volkes: Er ist ein bestimmter Geist, der sich zu einer vorhandenen Welt erbaut, die jetzt steht und besteht, in seiner Religion, in seinem Kultus, in seinen Gebräuchen, seiner Verfassung und seinen politischen Gesetzen, im ganzen Umfang seiner Einrichtungen, in seinen Begebenheiten und Taten. Das ist sein Werk – das ist dies Volk. Was ihre Taten sind, das sind die Völker.

1 Teilen Sie die Ausgangshypothese Hegels, dass die Vernunft die Welt beherrscht, oder ist Geschichte für Sie der Inbegriff unverbundener, zufälliger Begebenheiten? Diskutieren Sie darüber im Kurs. Belegen Sie Ihre Auffassung durch geschichtliche Beispiele.

2 Zeichnen Sie nach, wie nach Hegels Auffassung der Prozess der Geschichte verläuft. Worin sieht der Philosoph den Endzweck der Geschichte?

3 Schreiben Sie einen fiktiven Dialog zwischen Hegel und Kant, der die jeweiligen Positionen möglichst deutlich werden lässt. Mischen Sie zu diesem Zweck eigene Textpassagen mit „echten" Zitaten. Achten Sie jedoch darauf, Zitate stets kenntlich zu machen.

Das Sein bestimmt das Bewusstsein (1845/46)

Karl Marx/Friedrich Engels

Marx (1818–1883) und Engels (1820–1895) setzen sich in ihrer Schrift „Die deutsche Ideologie" kritisch mit jenen Philosophen in der Hegeltradition auseinander (z. B. Ludwig Feuerbach, Bruno Bauer, Max Stirner), die behaupten, dass die kritische Veränderung des Bewusstseins eine Antriebskraft für die Veränderung der sozialen und wirtschaftlichen Verhältnisse sei. Beide werfen ihnen vor, dass sie die materiellen Voraussetzungen, die zur Erkenntnis von Geschichte notwendig sind, nicht anerkennen. Auch Marx und Engels sind vom dialektischen Denken Hegels geprägt, stellen aber dessen System „vom Kopf auf die Füße". Was damit gemeint ist, macht der folgende Textausschnitt aus der „deutschen Ideologie" deutlich. Er geht vom leibhaftigen Menschen mit seinen Bedürfnissen und seinem Tätigsein aus und zeigt, wie sich die historische Entwicklung der Gesellschaft in erster Linie aus dem wirklichen Leben der Menschen und ihren wirtschaftlichen Verhältnissen ergibt.

Wir müssen bei den voraussetzungslosen Deutschen damit anfangen, dass wir die erste Voraussetzung aller menschlichen Existenz, aber auch aller Geschichte konstatieren, nämlich die Voraussetzung, dass die Menschen imstande sein müssen zu leben, um

„Geschichte machen“ zu können. Zum Leben aber gehört vor allem Essen und Trinken, Wohnung, Kleidung und noch einiges andere. Die erste geschichtliche Tat ist also die Erzeugung der Mittel zur Befriedigung dieser Bedürfnisse, die Produktion des materiellen Lebens selbst, und zwar ist dies eine geschichtliche Tat, eine Grundbedingung aller Geschichte, die noch heute, wie vor Jahrtausenden, täglich und stündlich erfüllt werden muss, um die Menschen nur am Leben zu erhalten. Selbst wenn die Sinnlichkeit, wie beim heiligen Bruno, auf einen Stock, auf das Minimum reduziert ist, setzt sie die Tätigkeit der Produktion dieses Stockes voraus. Das Erste also bei aller geschichtlichen Auffassung ist, dass man diese Grundtatsache in ihrer ganzen Bedeutung und ihrer ganzen Ausdehnung beobachtet und zu ihrem Rechte kommen lässt. Dies haben die Deutschen bekanntlich nie getan, daher nie eine *irdische* Basis für die Geschichte und folglich nie einen Historiker gehabt. Die Franzosen und Engländer, wenn sie auch den Zusammenhang dieser Tatsache mit der sogenannten Geschichte nur höchst einseitig auffassten, namentlich solange sie in der politischen Ideologie befangen waren, so haben sie doch immerhin die ersten Versuche gemacht, der Geschichtsschreibung eine materialistische Basis zu geben, indem sie zuerst Geschichten der bürgerlichen Gesellschaft, des Handels und der Industrie schrieben.

Anspielung auf ein Zitat von **Bruno Bauer** (1809–1882): „Folge den Sinnen! Dann hast du die schlichte blanke Wahrheit, d. h., werde Sinnlichkeit, werde ein Stock und du bist die Wahrheit.“ Bruno Bauer war ein Philosoph in der Hegeltradition; da ein zentrales Thema seiner Philosophie die Religion ist, wird er hier von Marx ironisch als „heiliger Bruno“ bezeichnet.

Das Zweite ist, dass das befriedigte erste Bedürfnis selbst, die Aktion der Befriedigung und das schon erworbene Instrument der Befriedigung zu neuen Bedürfnissen führt – und diese Erzeugung neuer Bedürfnisse ist die erste geschichtliche Tat. Hieran zeigt sich sogleich, wes Geistes Kind die große historische Weisheit der Deutschen ist, die da, wo ihnen das positive Material ausgeht und wo weder theologischer noch politischer noch literarischer Unsinn verhandelt wird, gar keine Geschichte, sondern die „vorgeschichtliche“ Zeit sich ereignen lassen, ohne uns indes darüber aufzuklären, wie man aus diesem Unsinn der „Vorgeschichte“ in die eigentliche Geschichte kommt, obwohl auf der andern Seite ihre historische Spekulation sich ganz besonders auf diese Vorgeschichte wirft, weil sie da sicher zu sein glaubt vor den Eingriffen des rohen Faktums und zugleich, weil sie hier ihrem spekulierenden Triebe alle Zügel schießen lassen und Hypothesen zu Tausenden erzeugen und umstoßen kann.

Das dritte Verhältnis, was hier gleich von vornherein in die geschichtliche Entwicklung eintritt, ist das, dass die Menschen, die ihr eignes Leben täglich neu machen, anfangen, andere Menschen zu machen, sich fortzupflanzen – das Verhältnis zwischen Mann und Weib, Eltern und Kindern, die Familie. Diese *Familie*, die im Anfange das einzige soziale Verhältnis ist, wird späterhin, wo die vermehrten Bedürfnisse neue gesellschaftliche Verhältnisse, und die vermehrte Menschenzahl neue Bedürfnisse erzeugen, zu einem untergeordneten (ausgenommen in Deutschland) und muss alsdann nach den existierenden empirischen Daten, nicht nach dem „Begriff der Familie“, wie man in Deutschland zu tun pflegt, behandelt und entwickelt werden. Übrigens sind diese drei Seiten der sozialen Tätigkeit nicht als drei verschiedene Stufen zu fassen, sondern eben nur

Kontexte

Produktionsverhältnisse

Die Produktionsverhältnisse einer bestimmten Gesellschaftsform sind gekennzeichnet durch die Eigentumsverhältnisse hinsichtlich der Produktionsmittel (z. B. Grund und Boden, Rohstoffe, Werkzeuge, Fabriken, Arbeitskraft) und die Verteilungsverhältnisse hinsichtlich der gesellschaftlich produzierten Güter. Es gibt zwei Haupttypen von Produktionsverhältnissen: 1. gesamtgesellschaftliches Eigentum an Produktionsmitteln und Arbeitsprodukten (Sozialismus, Kommunismus); 2. Privateigentum an Produktionsmitteln und dadurch bedingte ungleiche Verteilung der Arbeitsprodukte, d. h. Ausbeutung (Klassengesellschaft, Klasse). Der historische Materialismus unterscheidet fünf historisch notwendig aufeinanderfolgende Arten von Produktionsverhältnissen: Urgemeinschaft, Sklaverei, Feudalismus, Kapitalismus, Sozialismus bzw. Kommunismus. Die Produktionsverhältnisse bilden zusammen mit den Produktivkräften die ökonomische Basis der Gesellschaft.

Kontexte

Produktivkräfte

Als Produktivkräfte werden die Gegebenheiten bezeichnet, die über den Grad der Produktivität menschlicher Arbeitskraft entscheiden (z. B. Wissenschaft, Technik, Ausbildung). Die Entfaltung der Produktivkräfte, nach marxistisch-leninistischer Auffassung letztlich die Quelle und das Kriterium gesellschaftlichen Fortschritts, kann durch die jeweils bestehenden Produktionsverhältnisse gehemmt oder gefördert werden. Im Falle der Hemmung wird der Widerspruch zwischen Produktivkräften und Produktionsverhältnissen zur Triebkraft einer Revolutionierung der Gesellschaftsform (historischer Materialismus).

als drei Seiten, oder um für die Deutschen klar zu schreiben, drei „Momente", die vom Anbeginn der Geschichte an und seit den ersten Menschen zugleich existiert haben und sich noch heute in der Geschichte geltend machen.

Die Produktion des Lebens, sowohl des eignen in der Arbeit wie des fremden in der Zeugung, erscheint nun schon sogleich als ein doppeltes Verhältnis – einerseits als natürliches, andrerseits als gesellschaftliches Verhältnis –, gesellschaftlich in dem Sinne, als hierunter das Zusammenwirken mehrerer Individuen, gleichviel unter welchen Bedingungen, auf welche Weise und zu welchem Zweck, verstanden wird. Hieraus geht hervor, dass eine bestimmte Produktionsweise oder industrielle Stufe stets mit einer bestimmten Weise des Zusammenwirkens oder gesellschaftlichen Stufe vereinigt ist, und diese Weise des Zusammenwirkens ist selbst eine „Produktivkraft", dass die Menge der den Menschen zugänglichen Produktivkräfte den gesellschaftlichen Zustand bedingt und also die „Geschichte der Menschheit" stets im Zusammenhange mit der Geschichte der Industrie und des Austausches studiert und bearbeitet werden muss. Es ist aber auch klar, wie es in Deutschland unmöglich ist, solche Geschichte zu schreiben, da den Deutschen dazu nicht nur die Auffassungsfähigkeit und das Material, sondern auch die „sinnliche Gewissheit" abgeht und man jenseits des Rheins über diese Dinge keine Erfahrungen machen kann, weil dort keine Geschichte mehr vorgeht. Es zeigt sich also schon von vornherein ein materialistischer Zusammenhang der Menschen untereinander, der durch die Bedürfnisse und die Weise der Produktion bedingt und so alt ist wie die Menschen selbst – ein Zusammenhang, der stets neue Formen annimmt und also eine „Geschichte" darbietet, auch ohne dass irgendein politischer oder religiöser Nonsens existiert, der die Menschen noch extra zusammenhalte.

Eröffnung der ersten deutschen Eisenbahnlinie zwischen Nürnberg und Fürth im Jahr 1835

Jetzt erst, nachdem wir bereits vier Momente, vier Seiten der ursprünglichen, geschichtlichen Verhältnisse betrachtet haben, finden wir, dass der Mensch auch „Bewusstsein" hat. Aber auch dies nicht von vornherein, als reines Bewusstsein. Der „Geist" hat von vornherein den Fluch an sich, mit der Materie „behaftet" zu sein, die hier in der Form von bewegten Luftschichten, Tönen, kurz der Sprache auftritt. [...] Das Bewusstsein ist also von vornherein schon ein gesellschaftliches Produkt und bleibt es, solange überhaupt Menschen existieren. Das Bewusstsein ist natürlich zuerst bloß Bewusstsein über die nächste sinnliche Umgebung und Bewusstsein des bornierten Zusammenhanges mit andern Personen und Dingen außer dem sich bewusst werdenden Individuum; es ist zu gleicher Zeit Bewusstsein der Natur, die den Menschen anfangs als eine durchaus fremde, allmächtige und unangreifbare Macht gegenübertritt, zu der sich die Menschen rein tierisch verhalten, von der sie sich imponieren lassen wie das Vieh; und also ein rein tierisches Bewusstsein der Natur (Naturreligion).

[...] Dieser Anfang ist so tierisch wie das gesellschaftliche Leben dieser Stufe selbst, er ist bloßes Herdenbewusstsein, und der Mensch unterscheidet sich hier vom Hammel nur dadurch, dass sein Bewusstsein ihm die Stelle des Instinkts vertritt oder dass sein Instinkt ein bewusster ist. Dieses Hammel- oder Stammbewusstsein erhält seine weitere Entwicklung und Ausbildung durch die gesteigerte Produktivität, die Vermehrung der Bedürfnisse und die beiden zum Grunde liegende Vermehrung der Bevölkerung. Damit entwickelt sich die Teilung der Arbeit, die ursprünglich nichts war als die Teilung der Arbeit im Geschlechtsakt, dann Teilung der Arbeit, die sich vermöge der natürlichen Anlage (z. B. Körperkraft), Bedürfnisse, Zufälle etc. etc. von selbst oder naturwüchsig macht. Die Teilung der Arbeit wird erst wirklich Teilung von dem Augenblicke an, wo eine Teilung der materiellen und geistigen Arbeit eintritt. Von diesem Augenblicke an kann sich das Bewusstsein wirklich einbilden, etwas andres als das Bewusstsein der bestehenden Praxis zu sein, wirklich etwas vorzustellen, ohne etwas Wirkliches vorzustellen – von diesem Augenblicke an ist das Bewusstsein imstande, sich von der Welt zu emanzipieren und zur Bildung der reinen Theorie, Theologie, Philosophie, Moral etc. überzugehen.

Aber selbst wenn diese Theorie, Theologie, Philosophie, Moral etc. in Widerspruch mit den bestehenden Verhältnissen treten, so kann dies nur dadurch geschehen, dass die bestehenden gesellschaftlichen Verhältnisse mit der bestehenden Produktionskraft in Widerspruch getreten sind [...]

Übrigens ist es ganz einerlei, was das Bewusstsein alleine anfängt, wir erhalten aus diesem ganzen Dreck nur das eine Resultat, dass diese drei Momente, die Produktionskraft, der gesellschaftliche Zustand und das Bewusstsein, in Widerspruch untereinander geraten können und müssen, weil mit der *Teilung der Arbeit* die Möglichkeit, ja die Wirklichkeit gegeben ist, dass die geistige und materielle Tätigkeit – dass der Genus und die Arbeit, Produktion und Konsumtion, verschiedenen Individuen zufallen, und die Möglichkeit, dass sie nicht in Widerspruch geraten, nur darin liegt, dass die Teilung der Arbeit wieder aufgehoben wird.

1 Erläutern Sie die These von Marx und Engels, „dass die Menschen imstande sein müssen zu leben, um ‚Geschichte machen' zu können."

2 Welche Beweggründe setzen die geschichtliche Entwicklung in Gang? Rekonstruieren Sie anhand der von Marx und Engels verwendeten Kategorien den Geschichtsprozess als Abfolge von Stufen. Wie unterscheidet sich der geschichtsphilosophische Ansatz der beiden Autoren von der hegelianischen Geschichtskonstruktion?

3 Welche Voraussetzungen müssen gegeben sein, dass das Bewusstsein sich von der Welt emanzipiert und zu den bestehenden Verhältnissen in Widerspruch tritt? Benutzen Sie bei der Beantwortung der Frage die Kontextinformation „Produktionsverhältnisse" und „Produktivkräfte".

Leopold von Ranke
(1795 – 1886)

„Jede Epoche ist unmittelbar zu Gott" (1854)

Leopold von Ranke

Leopold von Ranke zählt heute zu den Begründern der modernen Geschichtswissenschaft. Historische Arbeit beruht für ihn auf intensiven Quellenstudien. Mit ihnen soll der Historiker, der sich dem Ideal einer exakten und möglichst objektiven Darstellung der Geschichte verpflichtet fühlt, darlegen, wie „es eigentlich gewesen ist". Das bedeutet für Ranke, die geschichtlichen Ereignisse und Verläufe in ihrer Einzigartigkeit, mithin auch in ihrem Eigenwert wiederzugeben. Trotz oder gerade wegen seiner Kritik an dem Fortschrittsgedanken in der Geschichte (vgl. Condorcet, Kant, Hegel und Marx) hält er an einem die Geschichte ermöglichenden und sie gleichzeitig übergreifenden Gott fest.

Wollte man mit manchem Philosophen annehmen, dass die ganze Menschheit sich von einem gegebenen Urzustande zu einem positiven Ziel fortentwickle, so könnte man sich dieses auf zweierlei Weise vorstellen: entweder, dass ein allgemein leitender Wille die Entwicklung des Menschengeschlechts von einem Punkt nach dem anderen förderte – oder, dass in der Menschheit gleichsam ein Zug der geistigen Natur liege, welcher die Dinge mit Notwendigkeit nach einem bestimmten Ziel hintreibt. – Ich möchte diese beiden Ansichten weder für philosophisch haltbar noch für historisch nachweisbar halten.

Mit-Denken

||| Gegen welche Philosophen wendet sich Ranke? Welche Argumente könnte er gegen eine teleologisch ausgerichtete Philosophie des Fortschritts in der menschlichen Geschichte geltend machen?

Philosophisch kann man diesen Gesichtspunkt nicht für annehmbar erklären, weil er im ersten Fall die menschliche Freiheit geradezu aufhebt und die Menschen zu willenlosen Werkzeugen stempelt; und weil im anderen Falle die Menschen geradezu entweder Gott oder gar nichts sein müssten.

Auch historisch sind diese Ansichten nicht nachweisbar; denn fürs Erste findet sich der größte Teil der Menschheit noch im Urzustande, im Ausgangspunkt selbst, und dann fragt es sich: Was ist Fortschritt? Wo ist der Fortschritt der Menschheit zu bemerken? – Es gibt Elemente der großen historischen Entwicklung, die sich in der römischen und germanischen Nation fixiert haben; hier gibt es allerdings eine von Stufe zu Stufe sich entwickelnde geistige Macht. Ja, es ist in der ganzen Geschichte eine gleichsam historische Macht des menschlichen Geistes nicht zu verkennen; das ist eine in der Urzeit gegründete Bewegung, die sich mit einer gewissen Stetigkeit fortsetzt. Allein es gibt in der Menschheit überhaupt doch nur ein System von Bevölkerungen, welche an dieser allgemein historischen Bewegung teilnehmen, dagegen andere, die davon ausgeschlossen sind. Wir können aber im Allgemeinen auch die in der historischen Bewegung begriffenen Nationalitäten nicht als im stetigen Fortschritt befindlich ansehen. [...] Man hat sich dieser Tatsache gegenüber mit der Hypothese geografischen Fortschreitens helfen wollen; allein ich muss es von vornherein für eine leere Behauptung erklären, wenn man annimmt, wie z. B. Peter der Große, die Kultur mache die Runde um den Erdball, sie sei vom Osten gekommen und kehre dahin wieder zurück.

Fürs Zweite ist hierbei ein anderer Irrtum zu vermeiden, nämlich der, als ob die fortschreitende Entwicklung der Jahrhunderte zu gleicher Zeit alle Zweige des menschlichen Wesens und Könnens umfasste. Die Geschichte zeigt uns, um beispielsweise nur einen Moment hervorzuheben, dass in der neueren Zeit die Kunst im 15. und in der ersten Hälfte des 16. Jahrhunderts am meisten geblüht hat; dagegen ist sie am Ende des 17. und in den ersten drei Vierteln des 18. Jahrhunderts am meisten heruntergekommen. Gerade so verhält es sich mit der Poesie. Auch hier sind es nur Momente, wo diese Kunst wirklich hervortritt; es zeigt sich jedoch nicht, dass sich dieselbe im Laufe der Jahrhunderte zu einer höheren Potenz steigert.

Wenn wir somit ein geografisches Entwicklungsgesetz ausschließen, wenn wir andererseits annehmen müssen, wie uns die Geschichte lehrt, dass Völker zugrunde gehen können, bei denen die begonnene Entwicklung nicht stetig alles umfasst, so werden wir besser erkennen, worin die fortdauernde Bewegung der Menschheit wirklich besteht. Sie beruht darauf, dass die großen geistigen Tendenzen, welche die Menschheit beherrschen, sich bald auseinander erheben, bald aneinanderreihen. In diesen Tendenzen ist aber immer eine bestimmte partikuläre Richtung, welche vorwiegt und bewirkt, dass die übrigen zurücktreten. So war z. B. in der zweiten Hälfte des 16. Jahrhunderts das religiöse Element so überwiegend, dass das literarische vor demselben zurücktrat. Im 18. Jahrhundert hingegen gewann das Utilisierungsbestreben ein solches Terrain, dass vor diesem die Kunst und die ihr verwandten Tätigkeiten weichen mussten.

Utilisierungsdenken: Nützlichkeitsdenken

Epoche: Zäsur, Zeitabschnitt

In jeder Epoche der Menschheit äußert sich also eine bestimmte große Tendenz, und der Fortschritt beruht darauf, dass eine gewisse Bewegung des menschlichen Geistes in jeder Periode sich darstellt, welche bald die eine, bald die andere Tendenz hervorhebt und in derselben sich eigentümlich manifestiert.

Wollte man aber im Widerspruch mit der hier geäußerten Ansicht annehmen, dieser Fortschritt bestehe darin, dass in jeder Epoche das Leben der Menschheit sich höher potenziert, dass also jede Generation die vorhergehende vollkommen übertreffe, mithin die letzte allemal die bevorzugte, die vorhergehenden aber nur die Träger der nachfolgenden wären, so würde das eine Ungerechtigkeit der Gottheit sein. Eine solche gleichsam mediatisierte (= als Mittel verwandte) Generation würde an und für sich eine Bedeutung nicht haben; sie würde nur insofern etwas bedeuten, als sie die Stufe der nachfolgenden Generation wäre und würde nicht in unmittelbarem Bezug zum Göttlichen stehen. Ich aber behaupte: Jede Epoche ist unmittelbar zu Gott, und ihr Wert beruht gar nicht auf dem, was aus ihr hervorgeht; sondern in ihrer Existenz selbst, in ihrem eigenen Selbst. Dadurch bekommt die Betrachtung der Historie, und zwar des individuellen Lebens in der Historie, einen ganz eigentümlichen Reiz, indem nun jede Epoche als etwas für sich Gültiges angesehen werden muss und der Betrachtung höchst würdig erscheint.

Der Historiker hat also ein Hauptaugenmerk erstens darauf zu richten, wie die Menschen in einer bestimmten Periode gedacht und gelebt haben; dann findet er, dass, abgesehen von gewissen unwandelbaren ewigen Hauptideen, z. B. den moralischen, jede Epoche ihre besondere Tendenz und ihr eigenes Ideal hat. Wenn nun aber auch jede Epoche an und für sich ihre Berechtigung und ihren Wert hat, so darf doch nicht übersehen werden, was aus ihr hervorging. Der Historiker hat also fürs Zweite

Kontexte

Historismus

Historismus bezeichnet eine bedeutende geistesgeschichtliche Position im Rahmen der sich im 19. Jahrhundert entwickelnden Geschichtswissenschaft. Sie wendet sich gegen den Fortschritt als eine überzeitliche Idee, die die Geschichte lenken soll. In Auseinandersetzung mit den Fortschrittsphilosophien von Kant, Condorcet, Hegel und Marx sind die maßgeblichen Repräsentanten des Historismus (Ranke, Droysen u. a.) der Auffassung, dass menschliches Dasein, d. h. die geschichtliche Praxis, immer anders, unvergleichbar, individuell zu verstehen ist. Der Historismus zielt darauf, so Ranke, zu zeigen, „wie es eigentlich gewesen ist" (vgl. Anmoderation, S. 348). Somit besitze jede Epoche ihr historisches Eigenrecht.

Eine Burg als Fabrik. In leer stehenden Gebäuden wurden die ersten „mechanischen Werkstätten" eingerichtet. 1819 erwarben Unternehmer die Burg Wetter, um eine Maschinenfabrik aufzubauen. Friedrich Harkort übernahm die Leitung. (Gemälde von A. Rethel, 1835)

auch den Unterschied zwischen den einzelnen Epochen wahrzunehmen, um die innere Notwendigkeit der Aufeinanderfolge zu betrachten. Ein gewisser Fortschritt ist hierbei nicht zu verkennen; aber ich möchte nicht behaupten, dass sich derselbe in einer geraden Linie bewegt, sondern mehr wie ein Strom, der sich auf seine eigene Weise den Weg bahnt. Die Gottheit – wenn ich diese Bemerkung wagen darf – denke ich mir so, dass sie, da ja keine Zeit vor ihr liegt, die ganze historische Menschheit in ihrer Gesamtheit überschaut und überall gleich wert findet. Die Idee von der Erziehung des Menschengeschlechtes hat allerdings etwas Wahres an sich, aber vor Gott erscheinen alle Generationen der Menschheit als gleichberechtigt, und so muss auch der Historiker die Sache ansehen. Ein unbedingter Fortschritt, eine höchst entschiedene Steigerung ist anzunehmen, soweit wir die Geschichte verfolgen können, im Bereiche der materiellen Interessen, in welchen auch ohne eine ganz ungeheure Umwälzung ein Rückschritt kaum wird stattfinden können. In moralischer Hinsicht aber lässt sich der Fortschritt nicht verfolgen. Die moralischen Ideen können freilich extensiv fortschreiten, und so kann man auch in geistiger Hinsicht behaupten, dass z. B. die großen Werke, welche die Kunst und Literatur hervorgebracht haben, heutzutage von einer größeren Menge genossen werden als früher; aber es wäre lächerlich, ein größerer Epiker sein zu wollen als Homer, oder ein größerer Tragiker als Sophokles.

Homer: gr. Dichter aus dem 8. Jh. v. Chr.
Sophokles: gr. Dichter (496/95–406/405 v. Chr.)

1 Erläutern Sie den Titel des Textes von Ranke.

2 Wie deutet Ranke das Verhältnis von Gott, Mensch und Geschichte? Verdeutlichen Sie diesen Zusammenhang anhand eines Schaubildes.

3 Diskutieren Sie über Rankes These, dass die Konzeption einer Geschichte des Fortschritts eine Ungerechtigkeit Gottes darstellen würde.

Vom Nutzen und Nachteil der Historie für das Leben (1874)

Friedrich Nietzsche

In den vier Stücken seiner „Unzeitgemäßen Betrachtungen" setzt sich Nietzsche (1844–1900) kritisch mit dem Wissenschafts- und Kulturbetrieb des Wilhelminischen Reiches auseinander. Bedeutsam geworden ist vor allem der zweite Teil der „Betrachtungen", die Schrift „Vom Nutzen und Nachteil der Historie für das Leben", dem der folgende Textauszug entnommen ist. Die darin deutlich werdende Kritik zielt insbesondere auf die Geschichte als Tradition und Wissenschaft. Nietzsche reagiert hier auf die Entwicklung der Geschichtswissenschaft seiner Zeit, die historisches Wissen anhäuft, aber nicht zu zeigen vermag, welchen Nutzen dieses Wissen für die gegenwärtige Lebenswelt der Menschen besitzt.

Betrachte die Herde, die an dir vorüberweidet: Sie weiß nicht, was gestern, was heute ist, springt umher, frisst, ruht, verdaut, springt wieder, und so vom Morgen bis zur Nacht und von Tage zu Tage, kurz angebunden mit ihrer Lust und Unlust, nämlich an den

Pflock des Augenblicks, und deshalb weder schwermütig noch überdrüssig. Dies zu sehen geht dem Menschen hart ein, weil er seines Menschentums sich vor dem Tiere brüstet und doch nach seinem Glücke eifersüchtig hinblickt, denn das will er allein, gleich dem Tiere weder überdrüssig noch unter Schmerzen leben, und will es doch vergebens, weil er es nicht will wie das Tier. Der Mensch fragt wohl einmal das Tier: Warum redest du mir nicht von deinem Glücke und siehst mich nur an? Das Tier will auch antworten und sagen: Das kommt daher, dass ich immer gleich vergesse, was ich sagen wollte – da vergaß es aber auch schon diese Antwort und schwieg: sodass der Mensch sich darob verwunderte.

Richard Oelze, Erwartung (1935/36)

Er wunderte sich aber auch über sich selbst, das Vergessen nicht lernen zu können und immerfort am Vergangenen zu hängen: Mag er noch so weit, noch so schnell laufen, die Kette läuft mit. Es ist ein Wunder: Der Augenblick, im Husch da, im Husch vorüber, vorher ein Nichts, nachher ein Nichts, kommt doch noch als Gespenst wieder und stört die Ruhe eines späteren Augenblicks. Fortwährend löst sich ein Blatt aus der Rolle der Zeit, fällt heraus, flattert fort – und flattert plötzlich wieder zurück, dem Menschen in den Schoß. Dann sagt der Mensch: „Ich erinnere mich“, und beneidet das Tier, welches sofort vergisst und jeden Augenblick wirklich sterben, in Nebel und Nacht zurücksinken und auf immer verlöschen sieht. So lebt das Tier unhistorisch: Denn es geht auf in der Gegenwart, wie eine Zahl, ohne dass ein wunderlicher Bruch übrig bleibt, es weiß sich nicht zu verstellen, verbirgt nichts und erscheint in jedem Momente ganz und gar als das, was es ist, kann also gar nicht anders sein als ehrlich. Der Mensch hingegen stemmt sich gegen die große und immer größere Last des Vergangenen: Diese drückt ihn nieder oder beugt ihn seitwärts, diese beschwert seinen Gang als eine unsichtbare und dunkle Bürde, welche er zum Scheine einmal verleugnen kann, und welche er im Umgange mit seinesgleichen gar zu gern verleugnet: um ihren Neid zu wecken. Deshalb ergreift es ihn, als ob er eines verlorenen Paradieses gedächte, die weidende Herde oder, in vertrauterer Nähe, das Kind zu sehen, das noch nichts Vergangenes zu verleugnen hat und zwischen den Zäunen der Vergangenheit und der Zukunft in überseliger Blindheit spielt. Und doch muss ihm sein Spiel gestört werden: Nur zu zeitig wird es aus der Vergessenheit heraufgerufen. Dann lernt es das Wort „es war“ zu verstehen, jenes Losungswort, mit dem Kampf, Leiden und Überdruss an den Menschen herankommen, ihn zu erinnern, was sein Dasein im Grunde ist – ein nie zu vollendendes Imperfektum. Bringt endlich der Tod das ersehnte Vergessen, so unterschlägt er doch zugleich dabei die Gegenwart und das Dasein und drückt damit das Siegel auf jene Erkenntnis – dass Dasein nur ein ununterbrochenes Gewesensein ist, ein Ding, das davon lebt, sich selbst zu verneinen und zu verzehren, sich selbst zu widersprechen. [...]

Zu allem Handeln gehört Vergessen: wie zum Leben alles Organischen nicht nur Licht, sondern auch Dunkel gehört. Ein Mensch, der durch und durch nur historisch empfinden wollte, wäre dem ähnlich, der sich des Schlafens zu enthalten gezwungen würde,

Kontexte

Mein Lebenslauf (1907)

Wilhelm Busch

Mein Lebenslauf ist bald erzählt,
In stiller Ewigkeit verloren
Schlief ich, und nichts hat mir gefehlt,
Bis dass ich sichtbar ward geboren.
Was aber nun? – Auf schwachen Krücken,
Ein leichtes Bündel auf dem Rücken,
Bin ich getrost dahingeholpert,
Bin über manchen Stein gestolpert,
Mitunter grad, mitunter krumm,
Und schließlich musst' ich mich verschnaufen.
Bedenklich rieb ich meine Glatze
Und sah mich in der Gegend um.
O weh! Ich war im Kreis gelaufen,
Stand wiederum am alten Platze,
Und vor mir dehnt sich lang und breit,
Wie ehedem, die Ewigkeit.

oder dem Tiere, das nur vom Wiederkäuen und immer wiederholtem Wiederkäuen leben sollte. Also: Es ist möglich, fast ohne Erinnerung zu leben, ja glücklich zu leben, wie das Tier zeigt; es ist aber ganz und gar unmöglich, ohne Vergessen überhaupt zu leben. Oder, um mich noch einfacher über mein Thema zu erklären: *Es gibt einen Grad von Schlaflosigkeit, von Wiederkäuen, von historischem Sinne, bei dem das Lebendige zu Schaden kommt und zuletzt zugrunde geht, sei es nun ein Mensch oder ein Volk oder eine Kultur.*

Um diesen Grad und durch ihn dann die Grenze zu bestimmen, an der das Vergangene vergessen werden muss, wenn es nicht zum Totengräber des Gegenwärtigen werden soll, müsste man genau wissen, wie groß die plastische Kraft eines Menschen, eines Volkes, einer Kultur ist; ich meine jene Kraft, aus sich heraus eigenartig zu wachsen, Vergangenes und Fremdes umzubilden und einzuverleiben, Wunden auszuheilen, Verlorenes zu ersetzen, zerbrochene Formen aus sich nachzuformen. [...]

Mit dem Worte „das Unhistorische" bezeichne ich die Kunst und Kraft, *vergessen* zu können und sich in einen begrenzten *Horizont* einzuschließen; „überhistorisch" nenne ich die Mächte, die den Blick von dem Werden ablenken, hin zu dem, was dem Dasein den Charakter des Ewigen und Gleichbedeutenden gibt, *zu Kunst* und *Religion*. Die *Wissenschaft* – denn sie ist es, die von Giften reden würde – sieht in jener Kraft, in diesen Mächten gegnerische Mächte und Kräfte: Denn sie hält nur die Betrachtung der Dinge für die wahre und richtige, also für die wissenschaftliche Betrachtung, welche überall ein Gewordenes, ein Historisches und nirgends ein Seiendes, Ewiges sieht; sie lebt in einem innerlichen Widerspruche ebenso gegen die äternisierenden Mächte der Kunst und Religion als sie das Vergessen, den Tod des Wissens, hasst als sie alle Horizont-Umschränkungen aufzuheben sucht und den Menschen in ein unendlich-unbegrenztes Lichtwellen-Meer des erkannten Werdens hineinwirft.

1 Für Nietzsche ist der Mensch – im Unterschied zum Tier – das Wesen, das nicht vergessen kann. Arbeiten Sie Vor- und Nachteile des historischen Bewusstseins heraus. Belegen Sie die von Ihnen gefundenen Aspekte anhand von Beispielen aus Ihrer persönlichen Lebensgeschichte und der Zeitgeschichte.

2 Wie sieht Nietzsche den Zusammenhang von Geschichte und Leben?

3 Nehmen Sie begründet Stellung zu den Folgerungen, die er aus diesem Zusammenhang zieht.

4 Entwickeln Sie, wie sich bei Nietzsche aus dem Begriff des „Unhistorischen" ein Kreislaufmodell der Geschichte ergeben könnte.

Über den Begriff der Geschichte (1940)

Walter Benjamin

Bei dem Text handelt es sich um die IX. geschichtsphilosophische These aus Walter Benjamins (1892–1940) letzter Schrift „Über den Begriff der Geschichte", die nach seinem Freitod publiziert wurde. Das gesamte Werk zielt auf eine Negation des linearen geschichtsphilosophischen Fortschrittsmodells, aber zugleich auch – in Verbindung von historischem Materialismus und jüdischem Messianismus – auf den Anspruch einer Erlösung der Jetztzeit.

Mit-Denken

||| Beschreiben Sie zunächst das Bild von Paul Klee. Wie deuten Sie es vor dem Hintergrund der Lektüre der Texte aus diesem Kapitel?

IX

Es gibt ein Bild von Klee, das „Angelus Novus" heißt. Ein Engel ist darauf dargestellt, der aussieht, als wäre er im Begriff, sich von etwas zu entfernen, worauf er starrt. Seine Augen sind aufgerissen, sein Mund steht offen und seine Flügel sind ausgespannt. Der Engel der Geschichte muss so aussehen. Er hat das Antlitz der Vergangenheit zugewendet. Wo eine Kette von Begebenheiten vor *uns* erscheint, da sieht *er* eine einzige Katastrophe, die unablässig Trümmer auf Trümmer häuft und sie ihm vor die Füße schleudert. Er möchte wohl verweilen, die Toten wecken und das Zerschlagene zusammenfügen. Aber ein Sturm weht vom Paradiese her, der sich in seinen Flügeln verfangen hat und so stark ist, dass der Engel sie nicht mehr schließen kann. Dieser Sturm treibt ihn unaufhaltsam in die Zukunft, der er den Rücken kehrt, während der Trümmerhaufen vor ihm zum Himmel wächst. Das, was wir den Fortschritt nennen, ist *dieser* Sturm.

Paul Klee, 32 Angelus Novus (1920)

1 Wie deutet Walter Benjamin den „Angelus Novus"? Gibt es Aspekte, die Sie in Ihrer Deutung des Bildes ähnlich gesehen haben?

2 Wie verstehen Sie die metaphorische Umschreibung des Fortschritts als Sturm, der vom Paradies her weht?

3 Vergleichen Sie die geschichtsphilosophische Position Benjamins mit dem Geschichtsentwurf Condorcets (S. 341 f.).

Hat die Weltgeschichte einen Sinn? (1945)

Karl R. Popper

Karl R. Popper (1902 – 1994) hat sich in seinen philosophischen Werken wiederholt mit dem Problem auseinandergesetzt, ob die Weltgeschichte einen Sinn hat und, damit eng zusammenhängend, mit der Frage, inwieweit der historische Verlauf der Geschichte vorhersagbar ist. Der vorliegende Textauszug stammt aus seinem Buch „Die offene Gesellschaft und ihre Feinde“. Es zählt zu den Hauptwerken der modernen liberalen Staatsphilosophie.

Ich will mich hier nicht mit dem Problem der Bedeutung des Wortes „Sinn“ beschäftigen; ich setze voraus, dass die meisten Menschen mit hinreichender Klarheit wissen, was sie meinen, wenn sie vom „Sinn der Geschichte“ oder dem „Sinn des Lebens“ sprechen. Und in diesem Sinn, in dem Sinn, in dem die Frage nach dem Sinn der Geschichte gewöhnlich gestellt wird, gebe ich zur Antwort: *Die Weltgeschichte hat keinen Sinn.*

Um meine Gründe für diese Ansicht zu geben, muss ich zunächst etwas über jene Art von „Geschichte“ sagen, an die man denkt, wenn man die Frage nach ihrem Sinn stellt. Bisher habe ich selbst über „die Geschichte“ gesprochen, als bedürfe dies keiner weiteren Erklärung. Das ist jetzt nicht mehr möglich; denn ich möchte es klarmachen, dass es eine *„Geschichte“ in dem Sinn, in dem die meisten Menschen davon sprechen, einfach nicht gibt*; und das ist zumindest ein Grund, warum ich sage, dass sie keinen Sinn hat.

Wie kommen die meisten Menschen dazu, das Wort „Geschichte“ zu verwenden? (Ich meine hier „Geschichte“ nicht in dem Sinn, in dem wir sagen, dass ein Buch eine Geschichte Europas *ist* – sondern in dem Sinn, dass wir sagen, dass es ein Buch „über die Geschichte Europas“ ist.)

Mit-Denken

||| Popper unterscheidet hier zwei Verwendungsweisen des Begriffes „Geschichte“. Erläutern Sie diese.

Sie lernen es in der Schule und an der Universität. Sie lesen Bücher darüber. Sie sehen, was in Büchern behandelt wird, die den Titel einer „Weltgeschichte“ oder einer „Geschichte der Menschheit“ tragen, und sie gewöhnen sich daran, in der Geschichte eine mehr oder weniger bestimmte Reihe von Tatsachen zu sehen. Die Abfolge dieser Tatsachen, so glauben sie, bilden die Geschichte der Menschheit.

Wir haben aber bereits gesehen, dass der Bereich der Tatsachen unendlich reich ist und dass wir daher eine Auswahl treffen müssen. Unseren Interessen entsprechend könnten wir zum Beispiel über die Geschichte der Kunst schreiben; oder über die Geschichte der Sprache; oder über die Geschichte von Speisegebräuchen; oder über die Geschichte des Typhusfiebers [...]. Sicher ist keine dieser Darstellungen eine Geschichte der Menschheit (noch sind sie es alle zusammengenommen). Wenn von der Geschichte der Menschheit gesprochen wird, so denkt man vielmehr an die Geschichte des ägyptischen, des babylonischen, des persischen, des mazedonischen und des Römischen Reiches und so weiter bis in die Gegenwart. Mit anderen Worten: Man spricht von der *Geschichte der Menschheit*; und was man meint und was man in der Schule gelernt hat, ist die *Geschichte der politischen Macht.* [...]

Es gibt keine Geschichte der Menschheit, es gibt nur eine unbegrenzte Anzahl von Geschichten, die alle möglichen Aspekte des menschlichen Lebens betreffen. Und eine von ihnen ist die Geschichte der politischen Macht. Sie wird zur Weltgeschichte erhoben. Aber das ist eine Beleidigung jeder sittlichen Auffassung von der Menschheit. Es ist kaum besser, als wenn man die Geschichte der Unterschlagung oder des Raubes oder des Giftmordes zur Geschichte der Menschheit machen wollte. Denn *die Geschichte der Machtpolitik ist nichts anderes als die Geschichte internationaler Verbrechen und Massenmorde* (einige Versuche zu ihrer Unterdrückung eingeschlossen). Diese Geschichte wird in der Schule gelehrt, und einige der größten Verbrecher werden als ihre Helden gefeiert. Aber gibt es wirklich keine Universalgeschichte im Sinne einer konkreten Geschichte der Menschheit? Eine solche Geschichte kann es nicht geben. Dies muss die Antwort jedes humanitär gesinnten Menschen und insbesondere jedes Christen sein. Eine konkrete Geschichte der Menschheit – wenn es sie gäbe – müsste die Geschichte aller Menschen sein. Sie müsste die Geschichte aller menschlichen Hoffnungen, Kämpfe und Leiden sein. Denn kein Mensch ist wichtiger als irgendein anderer. Diese konkrete Geschichte kann nicht geschrieben werden. Wir müssen Abstraktionen machen, wir müssen vernachlässigen und auswählen. Aber damit kommen wir zu den vielen Geschichten; und unter ihnen zu jener Geschichte internationaler Verbrechen und Massenmorde, die als die Geschichte der Menschheit, als die „Weltgeschichte" angepriesen worden ist.

NS-Herrschaft ins „rechte" Bild gerückt – Filmplakat zu dem Propaganda-Film „Triumph des Willens" (1935)

Aber warum wurde gerade die Geschichte der Macht und nicht zum Beispiel die Geschichte der Religion oder der Dichtkunst ausgewählt? Dafür gibt es verschiedene Gründe. Einer dieser Gründe ist, dass Macht uns alle, die Dichtung aber nur wenige von uns beeinflusst. Ein anderer ist, dass die Menschen die Neigung haben, die Macht anzubeten. Aber es steht ohne jeden Zweifel fest, dass die Anbetung der Macht einer der übelsten Götzendienste der Menschheit ist, ein Überbleibsel der menschlichen Knechtschaft. Die Anbetung der Macht ist aus der Furcht geboren, aus einem Gefühl, das wir mit Recht verachten. Ein dritter Grund dafür, dass die Machtpolitik zum Kern der „Geschichte" erhoben worden ist, liegt in der Tatsache, dass die Mächtigen es wünschen, angebetet zu werden und dass sie die Mittel besaßen, ihre Wünsche durchzusetzen. Viele Historiker schrieben im Auftrag und unter der Aufsicht der Kaiser, der Generäle und der Diktatoren. [...]

Die Geschichte hat keinen Sinn; das ist meine Behauptung. Aber aus dieser Behauptung folgt nicht, dass wir nichts tun können, dass wir die Geschichte der politischen Macht mit Entsetzen akzeptieren müssen oder dass wir gezwungen sind, sie als einen grausamen Scherz hinzunehmen. Denn wir können sie interpretieren mit dem Blick auf jene Probleme der Machtpolitik, deren Lösung wir in unserer eigenen Zeit versuchen wollen. Wir können die Geschichte der Machtpolitik deuten im Sinn unseres Kampfes für die offene Gesellschaft, für eine Herrschaft der Vernunft, für Gerechtigkeit, Freiheit, Gleichheit und für die Kontrolle des internationalen Verbrechens. Obwohl die Geschichte kein Ziel hat, können wir ihr dennoch diese unsere Ziele auferlegen. Und *obwohl die Geschichte keinen Sinn hat, können doch wir ihr einen Sinn verleihen.*

1 Wie setzt sich Popper mit dem Begriff der Universalgeschichte auseinander? Stellen Sie seine Überlegungen thesenförmig vor und gliedern Sie seinen Text.

2 Viele Repräsentanten der Geschichte werden in der Schule als Helden gefeiert, obwohl sie nach Auffassung von Popper Kriminelle sind. An welche Personen könnte er dabei denken? Teilen Sie seine Meinung? Belegen Sie Ihre Position anhand von Beispielen aus der Geschichte. Wenn Sie im Internet geeignete Materialien finden, bietet es sich an, eine Collage anzufertigen, die Sie den anderen Kursmitgliedern zur Verfügung bzw. im Kurs zur Diskussion stellen können.

3 Popper und Nietzsche kritisieren in ihren Texten die Idee des Fortschritts in der Geschichte. Wie unterscheiden sich ihre Positionen?

4 Verfassen Sie einen philosophischen Essay zu der Frage „Hat Geschichte aus sich selbst heraus einen Sinn oder verleihen ihr erst die Menschen einen Sinn?".

Philosophische Debatte

Legen Sie zunächst gemeinsam im Kurs fest, welche geschichtsphilosophische Position sich besonders gut mit Poppers Thesen konfrontieren lässt.
Bereiten Sie dann eine philosophische Debatte unter dem Titel „Geschichte hat keinen Sinn" vor, in deren Verlauf Sie die Argumente beider Seiten (Popper versus Position X) aufeinandertreffen lassen.

Das Ende der Geschichte? (1992)

Francis Fukuyama

Der folgende Text ist ein Ausschnitt aus dem Buch „Das Ende der Geschichte?" des amerikanischen Philosophen Francis Fukuyama (* 1952), der den bisherigen Verlauf der Geschichte als teleologische Verkettung von Ereignissen darstellt, an deren Ende die Überwindung von totalitären Systemen (Faschismus, Kommunismus) und die Etablierung von liberalen Demokratien nach westlichem Muster steht. Mit dem Erreichen dieses demokratischen Zustandes verliert nach Fukuyamas Auffassung auch das Verständnis der Geschichte als eines ständigen Kampfes um Anerkennung an Geltung. In den parlamentarischen Demokratien sei der allgemein menschliche Wunsch nach gegenseitiger Anerkennung erfüllt.

Im zwanzigsten Jahrhundert sah man die Industrienationen in einen Abgrund ideologischer Gewalt stürzen, als es der Liberalismus, zunächst mit den Resten des Absolutismus zu tun hatte, dann mit dem Bolschewismus und dem Faschismus, und schließlich mit einem erneuerten Marxismus, der der Apokalypse eines nuklearen Kriegs zuzusteuern drohte. Indessen hat es jetzt den Anschein, dass dieses Jahrhundert, das voller Vertrauen auf den Endsieg der westlichen liberalen Demokratie begann, an seinem Ende einen vollen Kreis beschreibend wieder zu seinen Anfängen zurückkehrt: nicht zu einem „Ende der Ideologien" oder einer Konvergenz von Kapitalismus und Sozialismus, wie man einmal geglaubt hatte, sondern zu einem klaren Triumph des wirtschaftlichen und politischen Liberalismus.

Der Triumph des Westens, des westlichen Denkens, zeigt sich vor allem in der völligen Erschöpfung aller Alternativen zum westlichen Liberalismus. Das vergangene Jahrzehnt brachte unmissverständliche Veränderungen im intellektuellen Klima der beiden größten kommunistischen Länder der Welt sowie die Anfänge signifikanter Reformbewegungen in beiden. Indessen reicht dieses Phänomen über die hohe Politik hinaus, und zeigt sich auch in der unentrinnbaren Ausbreitung der konsumorientierten westlichen Kultur [...].

Vielleicht sind wir nicht Zeugen der Beendigung des Kalten Krieges oder des Abschlusses einer bestimmten Phase der Nachkriegsgeschichte, sondern des Endes der Geschichte schlechthin: das heißt des Endes der ideologischen Entwicklung der Menschheit sowie der allgemeinen Einführung der westlichen liberalen Demokratie als finaler Regierungsform. Das heißt nicht, dass es keine weiteren Entwicklungen mehr geben wird, [...], denn der Sieg des Liberalismus erfolgte vor allem im Bereich der Ideen oder des Bewusstseins und ist in der realen oder materiellen Welt noch unvollständig. Es gibt jedoch gute Gründe für die Annahme, dass es dieses Ideal ist, das auf lange Sicht gesehen die materielle Welt bestimmen wird. [...]

Das Ende der Geschichte wird eine sehr traurige Zeit sein. Der Kampf um Anerkennung, die Bereitschaft, sein Leben für ein völlig abstraktes Ziel einzusetzen, der weltweite ideologische Kampf, der Wagemut, Tapferkeit und Fantasie hervorbrachte, und der Idealismus werden ersetzt durch wirtschaftliche Kalkulationen, endloses Lösen technischer und Umweltprobleme und die Befriedigung ausgefallener Konsumentenwünsche. In der posthistorischen Periode wird es weder Kunst noch Philosophie geben, sondern nur mehr bloß die ständige Pflege des Museums der Menschheitsgeschichte. Wir selber und andere um uns fühlen eine starke Nostalgie nach der Zeit, in der es noch Geschichte gab. Tatsächlich wird diese Nostalgie auch in der posthistorischen Welt noch eine Zeit lang Wettbewerb und Konflikte fördern. Obwohl wir selber die Unvermeidlichkeit dieser Entwicklung erkennen, haben wir äußerst ambivalente Empfindungen in Bezug auf die Zivilisation, die nach 1945 in Europa geschaffen wurde, mitsamt ihren nordatlantischen und asiatischen Ablegern. Vielleicht ist es gerade die Aussicht auf kommende Jahrhunderte der Langeweile am Ende der Geschichte, die die Geschichte wieder in Gang setzen wird.

1 Erläutern Sie, was der Autor unter dem Ende der Geschichte versteht.

2 Inwiefern greift Fukuyama in seinem Text auf die geschichtsphilosophischen Konzepte von Hegel und Marx zurück?

3 Wie beurteilen Sie den Standpunkt des Autors, dass mit der liberalen Demokratie als finaler Regierungs- und Gesellschaftsform der Höhe- und Endpunkt der Geschichte erreicht sei?

Nach- und Weiter-Denken

1 III Zu Beginn der Auseinandersetzung mit geschichtsphilosophischen Positionen haben Sie zu einem Bild (s. S. 334) Ihre Vorstellungen, Assoziationen, Gedanken und Vorstellungen notiert und das Bild außerdem gedeutet. Wie beurteilen Sie Ihre eigenen Notizen und Aufzeichnungen in der Rückschau? Kommentieren Sie Ihre Einträge in Ihrem philosophischen Tagebuch und versuchen Sie dabei, Ihre neu gewonnenen geschichtsphilosophischen Kenntnisse einzubringen.

2 III Welche der theoretischen Positionen aus diesem Kapitel überzeugt Sie persönlich am meisten, welche überhaupt nicht? Begründen Sie Ihre Einschätzung.

3 III Gestalten Sie aus den Materialien zum Thema „Geschichtsphilosophie“ eine Collage, die auch Texte, Kommentare, Anmerkungen von Ihnen enthält, und diskutieren Sie im Plenum über Ihre Arbeitsergebnisse.

Erweiterter Blick: Bedingungen einer dauerhaften Friedensordnung in einer globalisierten Welt

Der Föderalismus freier Staaten als Basis des Friedens (1795)

Immanuel Kant

Immanuel Kant (1724–1804) hat die neuzeitliche Philosophie geprägt wie kaum ein anderer Denker. Bekannt und berühmt ist Kant vor allem aufgrund seiner Wissenschaftstheorie, Erkenntnistheorie und Ethik. Aber auch andere philosophische Fragestellungen haben durch ihn wesentliche Impulse erhalten. So hat er mit seiner Schrift „Zum ewigen Frieden", dem der nachfolgend abgedruckte Textauszug entnommen ist, den Diskurs um Staats- und Friedensphilosophie maßgeblich beeinflusst.

Das Völkerrecht soll auf einen Föderalismus freier Staaten gegründet sein.

Völker, als Staaten, können wie einzelne Menschen beurteilt werden, die sich in ihrem Naturzustande (d.i. in der Unabhängigkeit von äußern Gesetzen) schon durch ihr Nebeneinandersein lädieren, und deren jeder, um seiner Sicherheit willen, von dem anderen fordern kann und soll, mit ihm in eine, der bürgerlichen ähnliche, Verfassung zu treten, wo jedem sein Recht gesichert werden kann. Dies wäre ein Völkerbund, der aber gleichwohl kein Völkerstaat sein müsste. Darin aber wäre ein Widerspruch; weil ein jeder Staat das Verhältnis eines Oberen (Gesetzgebenden) zu einem Unteren (Gehorchenden, nämlich dem Volk) enthält, viele Völker aber in einem Staate nur ein Volk ausmachen würden, welches (da wir hier das Recht der Völker gegeneinander zu erwägen haben, sofern sie so viel verschiedene Staaten ausmachen und nicht in einem Staat zusammenschmelzen sollen) der Voraussetzung widerspricht. [...]

Da die Art, wie Staaten ihr Recht verfolgen, nie, wie bei einem äußeren Gerichtshofe, der Prozess, sondern nur der Krieg sein kann, durch diesen aber und seinen günstigen Ausschlag, den *Sieg*, das Recht nicht entschieden wird, und durch den *Friedensvertrag* zwar wohl dem diesmaligen Kriege, aber nicht dem Kriegszustande (immer zu einem neuen Vorwand zu finden) ein Ende gemacht wird (den man auch nicht geradezu für ungerecht erklären kann, weil in diesem Zustande jeder in seiner eigenen Sache Richter ist), gleichwohl aber von Staaten nach dem Völkerrecht nicht eben das gelten kann, was von Menschen im gesetzlosen Zustande nach dem Naturrecht gilt, „aus diesem Zustande herausgehen zu sollen" (weil sie als Staaten innerlich schon eine rechte Verfassung haben und also dem Zwange anderer, sie nach ihren Rechtsbegriffen unter eine erweiterte gesetzliche Verfassung zu bringen, entwachsen sind), indessen dass doch die Vernunft vom Throne der höchsten moralisch gesetzgebenden Gewalt herab den Krieg als Rechtsgang schlechterdings verdammt, den Friedenszustand dagegen zur unmittelbaren Pflicht macht, welcher doch, ohne einen Vertrag der Völker unter sich, nicht gestiftet oder gesichert werden kann: – so muss es einen Bund von besonderer Art geben, den man den *Friedensbund (foedus pacificum)* nennen kann, der vom *Friedensvertrag (pactum paris)* darin unterschieden sein würde, dass dieser bloß einen Krieg, jener aber alle Kriege auf immer zu endigen suchte. Dieser Bund geht auf keinen Erwerb irgendeiner Macht des Staats, sondern lediglich auf Erhaltung und Sicherung der *Freiheit* eines Staates für sich selbst und zugleich anderer verbündeten Staaten, ohne dass diese doch sich deshalb (wie Menschen im Naturzustande) öffentlichen Gesetzen und einem Zwange unter denselben unterwerfen dürfen. – Die Ausführbarkeit (objektive Realität) dieser Idee der *Föderalität*, die sich allmählich über alle Staaten erstrecken soll und so zum ewigen Frieden hinführt, lässt sich darstellen. Denn wenn das Glück es so fügt: dass ein mächtiges und aufgeklärtes Volk sich zu einer Republik (die ihrer Natur nach zum ewigen Frieden geneigt sein muss) bilden kann, so gibt diese einen Mittelpunkt der föderativen Vereinigung für andere Staaten ab, um sich an sie anzuschließen und so den Freiheitszustand der Staaten gemäß der Idee des Völkerrechts zu sichern und sich durch mehrere Verbindungen dieser Art nach und nach immer weiter auszubreiten.

Dass ein Volk sagt: „Es soll unter uns kein Krieg sein; denn wir wollen uns in einen Staat formieren, d. i. uns selbst eine oberste gesetzgebende, regierende und richtende Gewalt setzen, die unsere Streitigkeiten friedlich ausgleicht" – das lässt sich verstehen. – Wenn aber dieser Staat sagt: „Es soll kein Krieg zwischen mir und anderen Staaten sein, obgleich ich keine oberste gesetzgebende Gewalt erkenne, die mir mein und der ich ihr Recht sichere", so ist es gar nicht zu verstehen, worauf ich dann das Vertrauen zu meinem Rechte gründen wolle, wenn es nicht das Surrogat des bürgerlichen Gesellschaftsbundes, nämlich der freie Föderalismus ist, den die Vernunft mit dem Begriffe des Völkerrechts notwendig verbinden muss, wenn überall etwas dabei zu denken übrig bleiben soll.

Bei dem Begriffe des Völkerrechts, als eines Rechts zum Kriege, lässt sich eigentlich gar nichts denken (weil es ein Recht sein soll, nicht nach allgemein gültigen äußern, die Freiheit jedes einzelnen einschränkenden Gesetzen, sondern nach einseitigen Maximen durch Gewalt, was Recht sei, zu bestimmen), es müsste denn darunter verstanden werden: dass Menschen, die so gesinnt sind, ganz recht geschieht, wenn sie sich untereinander aufreiben und also den ewigen Frieden in dem weiten Grabe finden, das alle Gräuel der Gewalttätigkeit samt ihren Urhebern bedeckt. – Für Staaten im Verhältnisse untereinander kann es nach der Vernunft keine andere Art geben, aus dem gesetzlosen Zustande, der lauter Krieg enthält, herauszukommen, als dass sie, ebenso wie einzelne Menschen, ihre wilde (gesetzlose) Freiheit aufgeben, sich zu öffentlichen Zwangsgesetzen bequemen und so einen (freilich immer wachsenden) *Völkerstaat (civitas gentium)*, der zuletzt alle Völker der Erde befassen würde, bilden. Da sie dieses aber nach ihrer Idee vom Völkerrecht durchaus nicht wollen, mithin, was *in thesi* richtig ist, in *hypothesi* verwerfen, so kann an die Stelle der positiven Idee *einer Weltrepublik* (wenn nicht alles verloren werden soll) nur das negative Surrogat eines den Krieg abwehrenden, bestehenden und sich immer ausbreitenden Bundes den Strom der rechtscheuenden, feindseligen Neigung aufhalten, doch mit beständiger Gefahr ihres Ausbruchs.

1 Rekonstruieren und veranschaulichen Sie (z. B. in Form einer Mindmap, einer Zeichnung etc.) den Gang der Argumentation in dem Textauszug von Immanuel Kant aus der Schrift „Zum ewigen Frieden".

2 Worin besteht nach Kant der Unterschied zwischen Friedensvertrag und Friedensbund?

3 In welchem Verhältnis stehen im Urteil von Kant die Vernunft auf der einen und die Idee eines Völkerstaates bzw. einer Weltrepublik auf der anderen Seite?

4 Fassen Sie in Form einer These zusammen: Wie ist nach Kant ein ewiger Frieden möglich?

5 Ist Kants Theorie aktuell? Hat sie bereits eine Umsetzung gefunden (vielleicht auch nur in Ansätzen)? Diskutieren Sie im Plenum.

Kontexte

Völkerbundssatzung (1919)

Als erster konkreter Versuch zur Umsetzung der von Immanuel Kant formulierten Vorschläge „Zum ewigen Frieden" kann der nach dem Ersten Weltkrieg auf der Grundlage von Ideen des US-Präsidenten Thomas Woodrow Wilson 1920 gegründete Völkerbund verstanden werden, dem Vorläufer der Vereinten Nationen (UNO). Nachfolgend sind Auszüge aus der Satzung abgedruckt.

In der Erwägung, dass es zur Förderung der Zusammenarbeit unter den Nationen und zur Gewährleistung des internationalen Friedens und der internationalen Sicherheit wesentlich ist,

- bestimmte Verpflichtungen zu übernehmen, nicht zum Kriege zu schreiten;
- in aller Öffentlichkeit auf Gerechtigkeit und Ehre gegründete internationale Beziehungen zu unterhalten;
- die Vorschriften des internationalen Rechtes, die fürderhin als Richtschnur für das tatsächliche Verhalten der Regierungen anerkannt sind, genau zu beobachten,
- die Gerechtigkeit herrschen zu lassen und alle Vertragsverpflichtungen in den gegenseitigen Beziehungen der organisierten Völker peinlich zu achten,

nehmen die Hohen vertragschließenden Teile die gegenwärtige Satzung, die den Völkerbund errichtet, an.

Artikel 1.

Ursprüngliche Mitglieder des Völkerbunds sind diejenigen Signatarmächte, deren Namen in der Anlage zu der gegenwärtigen Satzung aufgeführt sind, sowie die ebenfalls in der Anlage genannten Staaten, die der gegenwärtigen Satzung ohne jeden Vorbehalt durch eine binnen zwei Monaten nach Inkrafttreten der Satzung im Sekretariat niedergelegte Erklärung beitreten; die Beitrittserklärung ist den anderen Bundesmitgliedern bekannt zu geben.

Alle Staaten, Dominien oder Kolonien mit voller Selbstverwaltung, die nicht in der Anlage aufgeführt sind, können Bundesmitglieder werden, wenn ihre Zulassung von zwei Dritteln der Bundesversammlung ausgesprochen wird, vorausgesetzt, dass sie für ihre aufrich-

tige Absicht, ihre internationalen Verpflichtungen zu beobachten, wirksame Gewähr leisten und die hinsichtlich ihrer Streitkräfte und Rüstungen zu Lande, zur See und in der Luft von dem Bundes festgesetzten Ordnung annehmen.
Jedes Bundesmitglied kann nach zweijähriger Kündigung aus dem Bunde austreten, vorausgesetzt, dass es zu dieser Zeit alle seine internationalen Verpflichtungen einschließlich derjenigen aus der gegenwärtigen Satzung erfüllt hat.

Artikel 2.
Der Bund übt seine in dieser Satzung bestimmte Tätigkeit durch eine Bundesversammlung und durch einen Rat, denen ein ständiges Sekretariat beigegeben ist, aus.

Artikel 7.
Der Bundessitz ist Genf. [...]

Artikel 10.
Die Bundesmitglieder verpflichten sich, die Unversehrtheit des Gebiets und die bestehende politische Unabhängigkeit aller Bundesmitglieder zu achten und gegen jeden äußeren Angriff zu wahren. Im Falle eines Angriffs, der Bedrohung mit einem Angriff oder einer Angriffsgefahr nimmt der Rat auf die Mittel zur Durchführung dieser Verpflichtung Bedacht.

Artikel 11.
Ausdrücklich wird hiermit festgestellt, dass jeder Krieg und jede Bedrohung mit Krieg, mag davon unmittelbar ein Bundesmitglied betroffen werden oder nicht, eine Angelegenheit des ganzen Bundes ist und dass dieser die zum wirksamen Schutz des Völkerfriedens geeigneten Maßnahmen zu ergreifen hat. Tritt ein solcher Fall ein, so beruft der Generalsekretär unverzüglich auf Antrag irgendeines Bundesmitgliedes den Rat.
Es wird weiter festgestellt, dass jedes Bundesmitglied das Recht hat, in freundschaftlicher Weise die Aufmerksamkeit der Bundesversammlung oder des Rates auf jeden Umstand zu lenken, der von Einfluss auf die internationalen Beziehungen sein kann und daher den Frieden oder das gute Einvernehmen zwischen den Nationen, von dem der Friede abhängt, zu stören droht.

Artikel 12.
Alle Bundesmitglieder kommen überein, eine etwa zwischen ihnen entstehende Streitfrage, die zu einem Bruche führen könnte, entweder der Schiedsgerichtsbarkeit oder der Prüfung durch den Rat zu unterbreiten. Sie kommen ferner überein, in keinem Falle vor Ablauf von drei Monaten nach dem Spruch der Schiedsrichter oder dem Berichte des Rates zum Krieg zu schreiten.
In allen in diesem Artikel vorgesehenen Fällen ist der Spruch der Schiedsrichter binnen angemessener Frist zu erlassen und der Bericht des Rates binnen sechs Monaten nach dem Tage zu erstatten, an dem er mit der Streitfrage befasst worden ist. [...]

Artikel 14.
Der Rat wird mit dem Entwurf eines Planes zur Errichtung eines ständigen internationalen Gerichtshofes betraut und hat den Plan den Bundesmitgliedern zu unterbreiten. Dieser Gerichtshof befindet über alle ihm von den Parteien unterbreiteten internationalen Streitfragen. Er erstattet ferner gutachterliche Äußerungen über jede ihm vom Rate oder der Bundesversammlung vorgelegten Streifragen oder sonstigen Angelegenheiten. [...]

Artikel 16.
Schreitet ein Bundesmitglied entgegen den in den Artikeln 12, 13 und übernommenen Verpflichtungen zum Kriege, so wird es ohne Weiteres so angesehen, als hätte es eine Kriegshandlung gegen alle anderen Bundesmitglieder begangen. Diese verpflichten sich, unverzüglich alle Handels- und Finanzbeziehungen zu ihm abzubrechen, ihren Staatsangehörigen jeden Verkehr mit den Staatsangehörigen des vertragsbrüchigen Staates zu untersagen und alle finanziellen, Handels- und persönlichen Verbindungen zwischen den Staatsangehörigen dieses Staates und jeden anderen Staates, gleichviel ob Bundesmitglied oder nicht, abzuschneiden. [...]

Artikel 26.
Abänderungen der gegenwärtigen Satzung treten mit der Ratifikation durch die Gesamtheit der im Rate und die Mehrheit der in der Bundesversammlung vertretenen Bundesmitglieder in Kraft.
Jedem Bundesmitglied steht es frei, solche Abänderungen abzulehnen; in diesem Falle scheidet es aus dem Bundes aus.

1 In welchen Artikeln der Satzung sehen Sie unmittelbare Entsprechungen zu den Überlegungen Kants?

2 Sind Unterschiede zwischen den Ideen Kants und der Völkerbundsatzung festzustellen?

3 Informieren Sie sich über die Geschichte des Völkerbundes und der UNO. Lebt auch in der UNO-Satzung Kants Ideengut weiter?

Otfried Höffe (* 1943)

Demokratie im Zeitalter der Globalisierung (1999)

Otfried Höffe

Otfried Höffe, deutscher Philosoph, hat in seinen staatsphilosophischen Schriften nicht nur maßgebliche Theoretiker wie Aristoteles kenntnisreich aufgearbeitet, sondern auch komplexe demokratietheoretische Überlegungen, die die Gegenwart in den Blick nehmen, entwickelt. In dem Textauszug diskutiert Höffe demokratische Prinzipien vor dem Hintergrund der Herausforderungen der Globalisierung.

Das neueste Stichwort für die Politische Philosophie heißt Globalisierung. Der Ausdruck ist zwar mit widersprüchlichen Emotionen, teils Hoffnungen, teils Ängsten, besetzt. Überdies wird er so inflationär und zugleich so konturenarm verwendet, dass man ihn lieber vermeiden möchte. Vorausgesetzt, man gibt ihm ein genaueres Profil, hat er aber für unsere Epoche einen hohen diagnostischen Wert: Er präzisiert eine Herausforderung, ohne ihre Antwort zu präjudizieren.

präjudizieren: im Voraus entscheiden, vorwegnehmen

Eine erste Bestimmung ist unstrittig, aber auch profilarm: die Globalisierung als Zunahme und Verdichtung der weltweiten sozialen Beziehungen. [...]

Ob wir an die innere oder die äußere Sicherheit denken, an die Daseinsvorsorge, das volkswirtschaftliche Wohlergehen und den Schutz der Umwelt – ein Großteil jener Aufgaben, die die Rechts- und Staatsform menschlicher Selbstorganisation auf den Plan rufen, überschreitet heute staatliche Grenzen. Zusätzlich gewinnen auf der internationalen Bühne neue Akteure Macht und Einfluss: international tätige Unternehmen, inter- und transnationale Institutionen und regierungsunabhängige Organisationen. Die Neuerungen schieben die bisherigen Stichworte zwar nicht beiseite, weder die liberale Demokratie noch ihre soziale und ökologische Verantwortung. Sie erhalten aber eine neue Dimension, die die Politik und ihre Theorie einschneidend verändert.

Von den ersten großen Vertretern, Platon und Aristoteles, über römische Theoretiker wie Cicero bis zum Mittelalter und erneut von der Neubegründung der Rechts- und Staatstheorie in der Moderne bis weit in unser Jahrhundert liegt die entscheidende Bezugsgröße der Rechts- und Staatsphilosophie im partikularen Gemeinwesen. Dieses nimmt zwar erst spät die Gestalt eines Nationalstaates an. Von den antiken Stadtrepubliken über das Römische Reich und dessen mittelalterlichen Nachfolgern bis zum neuzeitlichen Territorialstaat und selbst den politischen Utopien bleibt sich der Gegenstand aber insofern gleich, als es um regional begrenzte Gemeinwesen geht. Durch die Globalisierung verlieren diese erheblich an Gewicht.

partikular: hier: einzeln

Die superlativische Diagnose, mit der Globalisierung sei „alles anders geworden" [...], trifft zwar nicht zu. Die beliebte These, nationale Regierungen könnten immer weniger die nur im Weltmaßstab lösbaren Probleme bewältigen, ist sogar zirkulär; genuin globale Aufgaben lassen sich nicht regional lösen. Und die gehaltvolle Behauptung, der mehr und mehr entmachtete Einzelstaat werde am Ende ganz abgeschafft, ist weder empirisch richtig noch normativ geboten [...]. Aber auch der bescheidenere Sachverhalt, eine Entmachtung des Einzelstaates, beläuft sich auf eine Herausforderung der Politischen Phi-

zirkulär: kreisförmig, zum Ausgangspunkt zurückkehrend und damit ungültig losophie. Nachzudenken ist über eine neue Gestalt des Politischen, die den Einzelstaat freilich nicht ersetzt, aber ergänzt.

Im Fortgang von Höffes Analysen spielt die Frage nach einem Weltstaat bzw. einer Weltrepublik eine besondere Rolle. Im Schlussteil seiner Untersuchung zieht Höffe auf dieser Grundlage eine vorläufige Bilanz:

In zwei Hinsichten erbringt die föderale Weltrepublik eine Vollendung. Im globalen Gebäude von Recht und Demokratie stellt sie den letzten Baustein dar; sie ist dessen krönendes Dach. Und bei fehlendem Mauerwerk, also bei gravierenden Defiziten an Rechtstaatlichkeit und Demokratie, hilft sie bei den Einzelstaaten aus. In Ungeduld, „von heute auf morgen", darf man auf diesen Erfolg aber nicht rechnen. Wie der private Rechtschutz, die Blutrache, nur langsam durch die öffentliche Gerichtsbarkeit abgelöst wurde, so ist auch die Globalisierung des Rechtsgebotes nicht „im Handstreich" zu erwarten. Und weil es auf kontinentaler oder (sub-)kontinentaler Ebene mehr Gemeinsamkeiten als im Weltmaßstab gibt, überdies der kleinere Rahmen die Aufgabe erleichtert, empfehlen sich – es sei wiederholt – als Zwischeninstanz die (sub-)kontinentalen Unionen.

Beim gesamten Prozess ist streng darauf zu achten, dass nirgendwo das schon Erreichte aufs Spiel gesetzt wird. Weder darf die einzelstaatliche Demokratie bei der Bildung einer großregionalen Union, noch darf deren demokratisches Niveau bei der Bildung der Weltrepublik gefährdet werden. Die Errichtung einer demokratischen Weltordnung ist noch behutsamer vorzunehmen als der Umbau eines Schiffes auf hoher See: Wie das Schiff stets seetüchtig bleiben muss, so darf die Weltgesellschaft nie ihren in globaler Hinsicht doch relativen Friedens- und Rechtszustand gefährden; im Gegenteil soll sie die Seetüchtigkeit steigern, also das schon erreichte Maß an Rechtsstaatlichkeit und Demokratie verbessern. Darüber hinaus darf sie nicht vergessen, dass eine kollektive Verbesserung nicht genügt. Im Unterschied zu einem Schiff hat nämlich jedes Glied einer Weltrepublik, jede natürliche Person, einen Eigenwert, den man beim Umbau der Weltordnung nicht aufs Spiel setzen darf. Und weil hier ein strenges Junktim vorliegt, plädiert das Prinzip Vor- und Umsicht für ein Zwischenziel und empfiehlt, sich zunächst mit einem globalen Staatenbund zufriedenzugeben: Um Erfahrungen zu machen und Rückfälle an qualifizierter Demokratie zu vermeiden, beginne man vor der föderalen mit einer konföderalen Weltrepublik.

Die Idee eines **Weltstaates** wurde bereits in der Antike diskutiert bzw. in Ansätzen realisiert. Das Weltreich Alexanders des Großen oder die auf Kaiser Augustus zurückgehende Vorstellung einer „pax romana" sind bekannte Ausprägungen. Eine theoretisch weiterentwickelte Position hat die Stoa mit ihrem Kosmopolitismus vertreten. Darin wird der Kosmos zur Polis, zum Weltstaat.

Junktim: Koppelung von Regelungen

föderal: bundesstaatlich, der Einzelstaat

konföderal: staatenbündisch, mehrere Einzelstaaten

Kontexte

Der Weltstaat, worin alle Staaten nur Häuser sind (170 – 180)

Marc Aurel

Nichts trägt nämlich so sehr dazu bei, innere Überlegenheit zu erzeugen, wie die Fähigkeit, methodisch konsequent und wirklichkeitsgerecht jeden im Leben vorkommenden Sachverhalt zu durchleuchten und zu klären, und die Gewohnheit, die Dinge stets so zu betrachten, dass man gewahr wird, welcher Art von Welt die Sache welchen Nutzen bringt und welchen Wert sie einerseits für das Ganze und andererseits für den Menschen als Bürger des obersten Gemeinwesens hat, zu dem die übrigen Gemeinwesen gleichsam wie Häuser gehören.

[...] Wenn uns das Denkvermögen gemeinsam ist, dann ist uns auch die Vernunft, durch die wir vernünftig sind, gemeinsam. Wenn dies zutrifft, dann ist auch die Vernunft, die bestimmt, was zu tun ist oder nicht, uns allen gemeinsam. Trifft dies zu, so ist auch das Gesetz uns allen gemeinsam. Wenn dies richtig ist, dann sind wir alle Bürger. In diesem Fall haben wir teil an einer Art von Staatswesen. Wenn dies zutrifft, dann ist der Kosmos gewissermaßen ein Staat. Denn zu welchem gemeinsamen Staatswesen, so könnte jemand fragen, sollte das gesamte Menschengeschlecht sonst gehören? Von dort aber, d. h. aus diesem gemeinsamen Staat, haben wir unser Denkvermögen, unser vernünftiges Wesen und unser Bedürfnis nach dem Gesetz.

1 Wie definiert Otfried Höffe Globalisierung? Halten Sie die Definition(en) in Ihrem philosophischen Tagebuch fest.

2 Welche Konsequenzen ergeben sich nach Höffe aus der Globalisierung für die Demokratie bzw. für demokratische Staatswesen? Beziehen Sie zur Beantwortung der Frage auch Höffes Analysen zum Weltstaat bzw. zur Weltrepublik und die Gedanken Marc Aurels zur Welt-Polis bzw. zum Weltstaat (S. 363) mit ein.

3 Diskutieren Sie im Plenum, wie Sie die Position Höffes beurteilen und ob es Ihrer Meinung nach in Zukunft eher demokratische Einzelstaaten oder einen demokratischen Weltstaat geben sollte.

4 Der Medientheoretiker Marshall McLuhan hat die These formuliert, das Internet verwandle die Welt in ein „Globales Dorf“. Durchdenken Sie im Horizont dieser These die Positionen von Marc Aurel (vgl. S. 363) und Otfried Höffe (vgl. S. 290 ff.). Verarbeiten Sie Ihre Ergebnisse im Rahmen einer Bild-Wort-Satz-Collage auf einem Plakat.

Demokratie, Globalisierung und globale Demokratie (2009)

Amartya Sen

Amartya Kumar Sen (* 1933) ist ein an der Universität Harvard lehrender Philosoph, der nicht nur mit seinen wirtschafts- und gerechtigkeitstheoretischen Publikationen Bedeutung erlangt hat, sondern auch mit wegweisenden Überlegungen zur Demokratie in Zeiten der Globalisierung. Der nachfolgend abgedruckte Textauszug lässt Grundansätze seiner Vorstellungen erkennbar werden.

Unterschiedliche und einander widersprechende Argumente aus verschiedenen Richtungen ernsthaft zu erwägen, ist ein partizipatorisches Verfahren, das viel mit dem bereits untersuchten Praktizieren von Demokratie durch öffentlichen Vernunftgebrauch gemeinsam hat. Natürlich sind die beiden nicht gleichzusetzen, da Demokratie sich mit einer politischen Einschätzung befasst und uns (in meiner Interpretation) zur „Regierung durch Diskussion“ führt, während eine nicht-eigennützige und nicht-provinzielle Überprüfung, die den Blickwinkel andersdenkender Fernstehender berücksichtigt, weitgehend durch die Ansprüche der Objektivität motiviert sein mag. Und doch gibt es gemeinsame Züge, und selbst die Forderungen der Demokratie können (wenigstens in einem bestimmten Verständnis des Begriffs) als Möglichkeiten zur Förderung der Objektivität im politischen Prozess angesehen werden. In diesem Zusammenhang kann man fragen, welche Folgen solche Erkenntnisse für die Ansprüche globaler Gerechtigkeit und auch für die Art und die Bedingungen einer globalen Demokratie haben.

Häufig und offenbar überzeugend wird darauf hingewiesen, dass es in absehbarer Zukunft keinen globalen Staat geben kann und dass deshalb ein globaler demokratischer Staat erst recht undenkbar ist. Das ist richtig; und doch muss die Hoffnung auf eine globale Demokratie nicht notwendig für unbestimmte Zeit auf Eis gelegt werden, wenn Demokratie als öffentlicher Gebrauch der Vernunft verstanden wird. Stimmen, die einen Unterschied bewirken können, kommen aus globalen Institutionen oder werden in weniger förmlicher Verständigung und im Meinungsaustausch hörbar. Derartige Äußerungen sind natürlich keine perfekten globalen Argumente, aber sie sind da und machen sich mit einer gewissen Effizienz bemerkbar, und sie können mehr bewirken, wenn sie die Institutionen unterstützen, die Informationen verbreiten und die Gelegenheiten für grenzübergreifende Diskussionen verbessern. So gesehen erhöht die Pluralität von Informationsquellen die Reichweite globaler Demokratie.

Viele Institutionen, darunter die Vereinten Nationen und die ihnen angeschlossenen Organisationen spielen hier eine Rolle, aber auch die engagierte Arbeit von Bürgerinitiativen, vielen NGOs und Teilen der Nachrichtensender ist relevant. Die Initiativen vieler einzelner zusammenarbeitender Aktivisten haben ebenfalls eine wichtige Funktion. [...] Die Argumente der Protestierenden sind nicht immer vernünftig (manchmal alles andere), aber viele von ihnen stellen sehr wichtige Fragen und tragen damit konstruktiv zum öffentlichen Gebrauch der Vernunft bei.

Die Verteilung des Gewinns aus globalen Beziehungen hängt nicht nur von der Innenpolitik der Staaten ab, sondern auch von einer Vielfalt internationaler Maßnahmen, etwa Handelsabkommen, Patentgesetzen, globalen Initiativen zur Verbesserung des Gesundheitswesens, internationalen Ausbildungsangeboten, Maßnahmen zur weiten Verbreitung technischer Hilfsmittel, Vorkehrungen zur Begrenzung von Umweltschäden, Hilfe bei Überschuldung (oft eine Hinterlassenschaft verantwortungsloser Militärdiktatoren) und Vermittlung in Konflikten und lokalen Kriegen. Alle diese Aufgaben sind hochgradig diskussionswürdig und könnten fruchtbare Themen eines globalen Dialogs sein, zu dem Kritik aus der Nähe wie aus der Ferne gehört.

Aktive öffentliche Agitation, Nachrichtenkommentare und offene Diskussion können schon jetzt Mittel zur Annäherung an globale Demokratie sein, ohne dass man auf den globalen Staat warten muss. Heute gilt es, den partizipatorischen Prozess zu fördern, der bereits in Gang gekommen ist und auf den das Streben nach globaler Gerechtigkeit in hohem Maße angewiesen ist. Das ist nichts Nebensächliches.

1 Arbeiten Sie die Kernthesen und Begründungen von Amartya Sen in dem abgedruckten Textauszug heraus. Verwenden Sie dabei Zitate und Verweise.

2 Diskutieren Sie im Plenum: Lebt in Sens Ideen von einer globalen Demokratie die in dem Textauszug von Marc Aurel (S. 363) formulierte stoische Idee eines Weltstaates wieder auf?

3 Durchdenken Sie die Konsequenzen von Sens Ideen zur globalen Demokratie und zu einer globalen Gerechtigkeit auf Basis eines globalen Vernunftgebrauchs. Diskutieren Sie Ihre Ergebnisse in einer Gruppe mit zwei bis drei weiteren Mitschülerinnen und Mitschülern.

4 Überprüfen Sie Ihre Gruppenergebnisse an einem aktuellen weltpolitischen Problem bzw. Ereignis.

Nach- und Weiter-Denken

1 Sind aus Ihrer Sicht Gründe denkbar, durch die der Weltfrieden nicht mehr das höchste Ziel darstellt?

2 Wie sieht die Welt 2050 aus? Entwickeln Sie in Kleingruppen Konzepte für eine Weltfriedensordnung für die Mitte des 21. Jahrhunderts.

3 Sehen Sie sich als Weltbürger? Was zeichnet einen solchen aus? Ist Weltbürgertum ein erstrebenswertes Ziel? Diskutieren Sie im Plenum.

4 Verfassen Sie ein Theaterstück, ein Hörspiel oder einen Videoclip zum Thema „Weltbürgertum" oder zu dem Motto „Wir sind Weltbürger".

Was kann ich wissen?

Wissenschaft und Erkenntnis

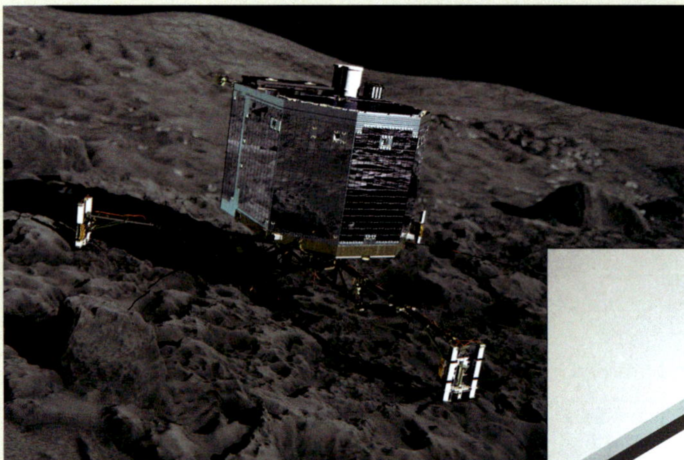

Philae landet auf dem Kometen Tschuri.

Schläft ein Lied in allen Dingen,
Die da träumen fort und fort,
Und die Welt hebt an zu singen,
Triffst du nur das Zauberwort.
(Joseph von Eichendorff)

„Wissenschaft ist die neue Religion!“

„Wissen ist Macht.“

Szene aus dem Film „Matrix“ (USA, 1999)

Vor-Denken

1 Wählen Sie einige Bild- oder Textelement dieser Doppelseite aus und erläutern Sie, welche Bezüge jeweils zum Themenkomplex „Erkenntnis, Wissen, Wissenschaft“ bestehen.

2 Sie kennen alle das Phänomen: Ein Gegenstand, den man in ein Glas Wasser taucht, sieht so aus, als würde er unterhalb der Wasseroberfläche abknicken (s. Abb.). Stellen Sie sich vor, ein Skeptiker würde die These vertreten, dass Wasser magische Kräfte besitzt und Gegenstände tatsächlich verbiegen kann und dass diese magische Verformung nur so lange zu beobachten ist, wie ein Teil des Gegenstands unter Wasser ist. Es genügt also nicht, den Gegenstand aus dem Wasser herauszuziehen und darauf hinzuweisen, dass er offensichtlich nicht verbogen ist, um den Skeptiker zu widerlegen. Wie würden Sie ihn dennoch davon überzeugen können, dass seine „magische“ Theorie falsch ist?

Von Vernunft und Feuerstoffen

Philos

Sophos

Sophos: Ich muss sagen, dass ich ziemlich froh bin, heute und nicht – sagen wir – im 18. Jahrhundert zu leben.

Philos: Warum? Weil du sonst nicht nach Malle fliegen könntest und es kein Tiefkühl-Sushi gäbe?

Sophos: (lacht) Das sind natürlich auch wichtige Aspekte. Ich meinte aber eher, dass wir durch den wissenschaftlichen Fortschritt heute so weit gekommen sind, dass selbst ich keine Angst mehr vorm Zahnarzt habe: Ich möchte nicht wissen, wie man vor ein paar Jahrhunderten Zähne gezogen oder eine Wurzelbehandlung gemacht hat. Heute hingegen: alles kein Problem mehr.

Philos: Ja, unsere Wissenschaften. Medizin, Physik, Biochemie. Die können heute so ziemlich alles. Neulich ist doch eine Sonde auf einem Kometen gelandet. Wahnsinn, oder?

Sophos: Das hat mich auch beeindruckt. Und das ist wieder mal ein Beweis für den Sieg der Vernunft gegenüber dem Glauben, dem bloßen Vermuten und der Scharlatanerei!

Philos: Für dich ist Wissenschaft allein durch Vernunft geprägt?

Sophos: Natürlich. Stell dir doch mal vor, einer der Ingenieure der Kometen-Mission hätte jeden Montag seine Berechnungen der Flugbahn der Sonde nicht mathematisch korrekt durchgeführt, sondern sich von einer Wahrsagerin die Karten legen lassen. Dann wäre das Ding niemals auf dem Kometen angekommen.

Philos: Da ist was dran. Aber ich bin nicht ganz so überzeugt davon, dass Wissenschaft ausschließlich rational ist.

Sophos: Ich hatte mir schon gedacht, dass du wieder querschießt. Allerdings bin ich diesmal ziemlich sicher, dass du falschliegst.

Philos: Ok. Darf ich dir dann eine kleine Geschichte erzählen?

Sophos: Nur zu. Ich bin gespannt.

Philos: Stell dir vor, wir befänden uns im 17. oder 18. Jahrhundert. Der Sauerstoff ist noch nicht entdeckt und wir suchen nach einer Erklärung dafür, warum bestimmte Stoffe brennen. Und da tritt ein Mann auf den Plan und sagt: „Leute, ich vermute, dass es einen Feuerstoff, nennen wir ihn Phlogiston, gibt. Und Stoffe, die Phlogiston enthalten, brennen unter bestimmten Bedingungen und geben dann das Phlogiston an die Umgebung ab."

Sophos: Naja, aus heutiger Sicht natürlich eine komische Theorie, aber vielleicht hätte man damals tatsächlich so was geglaubt.

Philos: Die Geschichte geht noch weiter. Nimm mal an, diese Phlogiston-Theorie könnte tatsächlich ganz viele Phänomene sehr gut erklären, man könnte sie auch benutzen, um Voraussagen zu machen, und sie würde sich so bewähren, dass sie schließlich als die allgemein akzeptierte Theorie auch Eingang in die Lehr- und Schulbücher findet.

Sophos: Dann lernen die Schüler alle brav die Phlogiston-Theorie, ohne jemals nachzufragen, ob sie stimmt.

Philos: Hast du in der Schule etwa nachgefragt, ob die Theorien der Physik, die man dir beigebracht hat, auch wirklich stimmen?

Sophos: Nein.

Philos: Also weiter. Die Phlogiston-Theorie steht nun in allen Lehrbüchern, ist Standard geworden und alle Wissenschaftler arbeiten damit. Doch plötzlich geschieht etwas Merkwürdiges: Durch Zufall wird entdeckt, dass bestimmte Metalle beim Rösten schwerer werden.

Sophos: Aha. Was soll daran merkwürdig sein?

Philos: Die Phlogiston-Theorie besagt, dass Stoffe, die brennen, Phlogiston an die Umgebung abgeben und nachher leichter sind als vorher. Diese Metalle geben beim Rösten Phlogiston ab, sind dann aber schwerer als vorher.

Sophos: Tja, dann würde ich mal sagen, dass die Theorie damit durch die Wirklichkeit widerlegt ist. Wenn ich sage, dass alle Schwäne weiß sind, reicht schließlich auch ein einziger schwarzer Schwan, der irgendwo entdeckt wird, um diesen Satz zu widerlegen.

Philos: Das sollte man meinen. Nimm aber an, dass etwas ganz anderes geschieht. Anstatt die schwerer werdenden Metalle als Beispiel anzusehen, das *gegen* die Phlogiston-Theorie spricht, versucht man zunächst, die Theorie zu retten.

Sophos: Wie soll das denn gehen? Und warum sollte man das tun?

Philos: Das „Warum" ist schnell geklärt: Der Einfluss der Phlogiston-Theorie ist so groß, dass man sie nicht bei der ersten Gelegenheit „kampflos" aufgeben will. Und *wie* rettet man die Theorie? Auch ganz leicht: Man ergänzt sie um eine zusätzliche Hypothese, die alle Probleme aus der Welt schafft.

Sophos: Welche Hypothese könnte das denn sein?

Philos: „In einigen Metallen, die beim Rösten schwerer werden, hat Phlogiston negatives Gewicht." Tja, und wenn etwas mit negativem Gewicht aus dem Metall entweicht, ist es hinterher natürlich schwerer.

Sophos: Ha, ha. Das ist ja ein wahrer Taschenspieler-Trick. Das funktioniert vielleicht in deinem fiktiven Beispiel, aber nicht in der realen Wissenschaft. Ich sage es gerne noch mal: In der Wissenschaft gibt es nur ein Prinzip: die Vernunft. Hier wird nicht getrickst, sondern rational gedacht und gehandelt.

Philos: Überrascht es dich, dass mein Beispiel gar kein fiktives ist? Die Phlogiston-Theorie gab es wirklich. Das Problem mit den Metallen, die schwerer werden, auch. Und den Trick, anzunehmen, dass Phlogiston negatives Gewicht hat, habe ich mir ebenfalls nicht ausgedacht.

Sophos: Unfassbar. Das muss aber ein skurriler Einzelfall sein.

Philos: Nein. Man könnte die Liste solcher Beispiele nahezu endlos fortsetzen.

Sophos: Willst du damit etwa sagen ...

Philos: ... dass Wissenschaft nicht ausschließlich auf Vernunft basiert? Ja.

Sophos: Ich bin immer noch sehr skeptisch. Mein Glaube an die Vernunft in der Wissenschaft ist aber immerhin ein ganz klein wenig erschüttert.

Philos: Das ist ein gutes Zeichen. Ich lasse dich aber jetzt erst mal mit deinem Zweifel allein und taue mir mein Sushi auf.

Was kann ich wissen?

6 Wissenschaft und Erkenntnis 371

In diesem Inhaltsfeld denken Sie über die erkenntnistheoretischen Grundlagen und Geltungsansprüche der modernen Naturwissenschaften sowie die Unterschiede zwischen Natur- und Geisteswissenschaften nach. Diese Überlegungen können helfen, ein angemessenes Verständnis für die Grenzen wissenschaftlicher Erklärungen und Deutungen der Wirklichkeit zu gewinnen.

6.1 Erkenntnistheoretische Grundlagen der Wissenschaften 371

- Was ist Wissen?
- Mit welchen Methoden gelangt man zu sicherem Wissen?
- Ist Erfahrung und/oder Verstand Quelle unseres Wissens?
- Kann die Naturwissenschaft das Erkennen erklären?

6.2 Der Anspruch der Naturwissenschaften auf Objektivität 406

- Welche Bedeutung haben naturwissenschaftliche Erkenntnisse für unsere moderne Gesellschaft?
- Sind Beobachtung und Verallgemeinerung Grundlage naturwissenschaftlicher Theorien?
- Wie entwickeln sich naturwissenschaftliche Theorien?
- Welchen Gegenstandsbereich haben naturwissenschaftliche Theorien?

6.3 Erkenntnis in den Geisteswissenschaften 431

- Was sind Geisteswissenschaften in Abgrenzung zu Naturwissenschaften?
- Welche Methoden sind typisch für die Geisteswissenschaften?
- Welche Erkenntnisziele verfolgen die Geisteswissenschaften?

Erweiterter Blick: Sprachphilosophie 450

- Was ist Bedeutung?
- Wie erhalten Wörter ihre Bedeutung?
- Wie lässt sich die Bedeutung eines Wortes ermitteln?

6 Wissenschaft und Erkenntnis

6.1 Erkenntnistheoretische Grundlagen der Wissenschaften

Im Einführungsband haben Sie bereits erste Einblicke in die philosophische Disziplin der Erkenntnistheorie gewinnen können. Rationalistische (Descartes), empiristische (Hume, Locke) und konstruktivistische (von Foerster) Thesen standen im Mittelpunkt des Kapitels „Prinzipien und Reichweite menschlicher Erkenntnis". Im Folgenden werden Sie weitere Texte und Thesen kennenlernen, die sich mit den Grundfragen nach Wissen, Wahrheit und Erkenntnis beschäftigen.

Vor-Denken

1 Notieren Sie eine eigene, möglichst kurze und präzise Definition des Ausdrucks „Wissen", die man auch in einem Lexikon finden könnte:

Wissen, das: ...

2 Vergleichen Sie ihre Definitionen im Plenum. Welche Überschneidungen gibt es? Können Sie sich gemeinsam auf eine „Kursdefinition" des Ausdrucks „Wissen" einigen?

3 Im Philos-Einführungsband hatten Sie die Möglichkeit, ein Wissensspiel zu spielen (vgl. S. 212). Schauen Sie sich noch einmal die Ergebnisse an und überprüfen Sie mithilfe der gerade gefundenen Wissensdefinition(en), ob bzw. warum Ihre Sätze als sicheres Wissen gelten können.

Was ist Wissen? (nach 399 v. Chr.)

Platon

Man kann ohne jede Übertreibung sagen, dass alle wichtigen erkenntnistheoretischen Fragestellungen und sehr viele der bis heute diskutierten Antwortstrategien in der Antike ihren Ursprung haben. So geht auf Platon (427–347 v. Chr.) die sogenannte Standardanalyse des Wissensbegriffs zurück, in der versucht wird, Bedingungen zu benennen, die erfüllt sein müssen, wenn eine Person P etwas über irgendetwas weiß. In seinem Dialog *Theätet*, der als einer der Schlüsseltexte der Erkenntnistheorie gilt, werden drei Anläufe unternommen, um die Frage „Was ist Wissen?" zu beantworten. Diesmal ist Theätet, ein hochbegabter Schüler des Mathematikers Thoedoros, der Gesprächspartner von Sokrates.

Im *ersten Anlauf* wird die These untersucht, dass Wissen schlicht mit Wahrnehmung identisch ist. Das erscheint uns aus heutiger Perspektive sehr merkwürdig. Ein Blick auf die Herkunft des griechischen Wortes für Wissen (= „episteme") kann jedoch etwas verständlicher machen, welche Grundidee hinter der Verbindung zwischen Wissen und Wahrnehmung steht. Denn „episteme" bedeutet „Dabei-Stehen", d. h., ein Wissender wird verstanden als jemand, der dabeigestanden hat, der etwas als Augenzeuge beobachtet hat. Und dieser

Gedanke, dass jemand, der ein Geschehen direkt beobachtet hat, auch *weiß*, was passiert ist, erscheint uns auch heute noch plausibel. Aber natürlich kann uns die Wahrnehmung täuschen. Das wissen wir aus (nahezu) täglicher Erfahrung. Wissen und Wahrnehmung mögen eine enge Verbindung haben, aber auch ein Augenzeuge kann sich irren. Der erste Versuch, Wissen als Wahrnehmung zu definieren, bleibt damit unbefriedigend.

Im *zweiten Anlauf* wird die These auf den Prüfstand gestellt, dass Wissen einfach eine wahre Meinung sei. Doch auch hier sind schnell Gegenbeispiele gefunden: Sokrates verweist auf „Gerichtsredner", die es schaffen, einen Richter von einem wahren Sachverhalt X zu überzeugen, ohne dass der Richter selbst überprüfen kann, ob X tatsächlich stimmt. Der Richter hat dann zwar eine wahre Meinung, verfügt aber nicht über Wissen. Ähnlich liegt der Fall, wenn ich beispielsweise der Meinung bin, dass ein Sparschwein genau 55,34 € enthält, ohne dass ich nachgezählt, sondern nur, weil ich geraten habe. Wenn sich herausstellt, dass das Sparschwein tatsächlich 55,34 € enthält, so hatte ich zuvor zwar eine wahre Meinung, aber ich wusste nicht wirklich, wie viel Geld sich im Sparschwein befindet. Wissen ist also weder Wahrnehmung noch wahre Meinung. Daher unternehmen Sokrates und Theätet einen dritten Versuch, diesen Begriff zu (er)klären.

Theät. Das habe ich auch, mein Sokrates, jemanden sagen hören, aber vergessen; jetzt fällt es mir aber wieder ein. Er sagte aber, die mit Erklärung verbundene Meinung sei Wissen, die ohne Erklärung habe nichts gemein mit dem Wissen. Und wovon es keine Erklärung gibt, das sei auch, um seinen eigenen Ausdruck zu brauchen, nicht wissbar, wovon es aber eine gibt, das sei wissbar.

[...]

Sokr. Gut denn. Was soll denn „Erklärung" eigentlich bedeuten? Von drei möglichen Bedeutungen scheint mir eine gemeint.

[...]

Sokr. Die am meisten verbreitete, nämlich, dass man ein Merkmal angeben kann, durch das sich der fragliche Gegenstand von allem anderen unterscheidet.

Theät. Kannst du mir ein Beispiel dafür angeben?

Sokr. Von der Sonne z. B., glaube ich, wirst du die Bestimmung genügend finden, dass sie das Leuchtendste ist von den am Himmel um die Erde wandelnden Gestirnen.

Theät. Allerdings.

Sokr. Vernimm also den Grund für das Gesagte. Es hat eben das oben Gesagte den Sinn, dass, wer den Unterschied (spezifische Differenz) eines Dinges erfasst, durch den es sich von den anderen Dingen unterscheidet, die „Erklärung", wie gewisse Leute sagen, erfassen wird. Solange er aber nur das Gemeinsame berührt, wird sich die Erklärung auf dasjenige beziehen, was mehreren gemeinsam ist.

Theät. Ich verstehe. Und ich finde diese Bedeutung von „Erklärung" richtig.

Sokr. Wer aber mit richtiger Meinung (zu dem Gemeinsamen) hinsichtlich irgendeines Dinges noch den Unterschied von den anderen Dingen hinzunimmt, der wird nun ein Wissen haben von dem Gegenstande, von dem er vorher nur eine Meinung hatte.

Theät. So lautet unsere Behauptung.

Sokr. Jetzt nun, mein Theätet, da ich der fraglichen Sache ganz nahe gekommen bin wie einem perspektivischen Gemälde, verstehe ich rein gar nichts davon; solange ich noch fern stand, schien mir die Sache einen Sinn zu haben.

Theät. Was soll das?

Sokr. Ich will dir's deutlich machen, wenn ich kann. Wenn ich, im Besitze einer richtigen Meinung über dich, noch die „Erklärung" von dir hinzunehme, dann kenne ich dich, wo nicht, so habe ich bloß eine Meinung von dir.

Theät. Ja.

Sokr. Die Erklärung aber bestand in der Angabe deines Unterschiedes (spezifische Differenz).

Theät. Ja.

Sokr. Solange ich also nur eine Meinung von dir hatte, lag das, wodurch du dich von anderen unterscheidest, ganz außerhalb meiner Auffassung?

Theät. Wie es scheint.

Sokr. Also meine Vorstellung bezog sich nur auf das Gemeinsame, das alle anderen ebenso gut haben wie du.

Theät. Notwendig.

Sokr. Wohlan denn, beim Zeus. Wie könnte ich wohl in diesem Falle dich mehr meinen, als irgendeinen anderen? Denn nimm an, ich hätte die Vorstellung, dass derjenige Theätet ist, der ein Mensch ist und eine Nase und Augen und Mund und so weiter Glied für Glied hat. Wird diese Vorstellung mich etwa den Theätet oder den Theodoros besser erkennen lassen als den letzten der Myser, mit dem Sprichwort zu reden?

Theät. Unmöglich.

Sokr. Aber wenn ich mir nun nicht nur einen mit Nase und Augen denke, sondern auch mit Stumpfnase und hervortretenden Augen, da werde ich doch ebenso gut mich oder einen anderen von dieser Beschaffenheit meinen als dich?

Theät. Gewiss.

Sokr. Vielmehr wird, glaube ich, Theätet nicht eher von mir gemeint werden, als bis diese besondere Stumpfnasigkeit ein unterscheidendes Merkmal in meinen Geist geprägt hat und ebenso deine übrigen Beschaffenheiten, und sie, diese Stumpfnasigkeit, wird mir, auch wenn ich dir morgen begegne, die Erinnerung wecken und wird die richtige Meinung über dich hervorrufen.

Theät. Ganz gewiss.

Sokr. Also auch die richtige Meinung über jegliches Ding bezieht sich schon auf den (spezifischen) Unterschied.

Theät. Wie es scheint.

Sokr. Was könnte es also noch heißen: „die Erklärung verbunden mit der richtigen Meinung“? Denn wenn der Urheber der Definition damit meint den Unterschied von den übrigen Dingen durch Meinung hinzuzufügen, so ist die Vorschrift eine reine Lächerlichkeit.

Theät. Wieso?

[...]

Sokr. Wenn er, mein Sohn, mit der Anweisung, die Erklärung hinzuzunehmen, so viel meint als „den Unterschied erkennen, und nicht bloß mit der Meinung erfassen“, so wäre die schönste Definition des Wissens eine rechte Narrensposse. Denn das Erkennen ist doch ein Erfassen des Wissens? Nicht wahr?

Theät. Ja.

Sokr. Also auf die Frage „was ist Wissen?“ wird man füglich antworten: Es ist richtige Meinung verbunden mit dem Wissen des Unterschiedes. Denn das Hinzunehmen der Erklärung soll ja eben dies sein.

Theät. Allerdings.

Sokr. Und es ist die reine Einfalt, während wir das Wissen suchen, zu sagen, es sei richtige Meinung verbunden mit Wissen des Unterschiedes oder mit Wissen von sonst etwas. So wäre denn, mein Theätet, das Wissen weder Wahrnehmung noch wahre Meinung noch mit wahrer Meinung verbundene Erklärung.

1 Stellen Sie zunächst dar, welche Wissensdefinition Sokrates und Theätet in dem Textauszug überprüfen.

2 Untergliedern Sie den Text in sinnvolle Abschnitte, geben Sie den Abschnitten eine Überschrift und fassen Sie jeden Abschnitt möglichst kurz zusammen. Vergleichen Sie Ihre Ergebnisse im Plenum.

3 Schreiben Sie den Dialog zwischen Sokrates und Theätet im Stile der Dialoge zwischen Philos und Sophos um. Sie finden die Dialoge zu Beginn eines jeden Kapitels.

4 Begründen Sie schriftlich, warum es nach Platon/Sokrates reine Einfalt ist, bei dem Versuch, den Begriff „Wissen" zu definieren, zu sagen, es sei die „richtige Meinung verbunden mit Wissen des Unterschiedes oder mit Wissen von sonst etwas" (vgl. Z. 78ff.).

5 Von Otto Neurath stammt folgendes berühmte Zitat:

„Wie Schiffer sind wir, die ihr Schiff auf offener See umbauen müssen, ohne es jemals in einem Dock zerlegen und aus festen Bestandteilen neu errichten zu können."

Setzen Sie dieses Zitat in Beziehung zu Platons Untersuchung des Wissensbegriffs.

Sextus Empiricus
(ca. 160–210)

Kleitomachos: ca. 187–110 v. Chr., ein Schüler von **Karneades** (ca. 214–129 v. Chr.); Akademiker waren ursprünglich Angehörige einer von Platon gegründeten Philosophenschule. Man unterscheidet die „ältere" Akademie von einer „jüngeren", die vornehmlich skeptisch orientiert war.
Skepsis: abgeleitet vom griechischen Wort für schauen und spähen

Die **Ungestörtheit** der Seele wird im philosophischen Fachjargon auch als Ataraxie (von gr. ataraxía: Unerschütterlichkeit) bezeichnet.

Pyrrhonische Skepsis als Weg zur Seelenruhe (ca. 180 – 200)

Sextus Empiricus

Der folgende Text vermittelt die Grundzüge der pyrrhonischen Skepsis, einer Denkrichtung, die auf Pyrrhon von Elis (ca. 360–270 v. Chr.) zurückgeht und die uns vor allem durch Texte von Sextus Empiricus bekannt geworden ist, der selbst im zweiten nachchristlichen Jahrhundert lebte.

Wenn jemand eine Sache sucht, dann ist der zu erwartende Erfolg entweder ihre Entdeckung oder die Verneinung ihrer Entdeckung und das Eingeständnis ihrer Unerkennbarkeit oder die Fortdauer der Suche. Das ist vielleicht auch der Grund, weshalb hinsichtlich der philosophischen Forschungsgegenstände die einen behauptet haben, sie hätten das Wahre gefunden, während die anderen erklärten, es lasse sich nicht erkennen, und die Dritten noch suchen. Und zwar gefunden zu haben glauben die Dogmatiker im engeren Sinne, z. B. Aristoteles, Epikur, die Stoiker und einige andere. Für unerkennbar erklärten die Dinge Kleitomachos, Karneades und andere Akademiker. Die Skeptiker aber suchen noch. Daher scheint es vernünftig, dass die obersten Philosophien drei sind: die dogmatische, die akademische und die skeptische. [...]

Die Skepsis ist die Kunst, auf alle mögliche Weise erscheinende und gedachte Dinge einander entgegenzusetzen, von der aus wir wegen der Gleichwertigkeit der entgegengesetzten Sachen und Argumente zuerst zur Zurückhaltung, danach zur Seelenruhe gelangen. [...] Mit „entgegengesetzten" Argumenten meinen wir nicht unbedingt Verneinung und Bejahung, sondern schlicht „unverträgliche" Argumente. „Gleichwertigkeit" nennen wir die Gleichheit in Glaubwürdigkeit und Unglaubwürdigkeit, sodass keines der unverträglichen Argumente das andere als glaubwürdiger überragt. „Zurückhaltung" ist ein Stillstehen des Verstandes, durch das wir weder etwas aufheben noch setzen. „Seelenruhe" schließlich ist die Ungestörtheit und Meeresstille der Seele. [...]

Das motivierende Prinzip der Skepsis nennen wir die Hoffnung auf Seelenruhe. Denn die geistig Höherstehenden unter den Menschen, beunruhigt durch die Ungleichförmigkeit in den Dingen und ratlos, welchen von ihnen man eher zustimmen solle, gelangten dahin, zu untersuchen, was wahr ist in den Dingen und was falsch, um durch die Entscheidung dieser Frage Ruhe zu finden. Das Hauptbeweisprinzip der Skepsis dagegen ist, dass jedem Argument ein gleichwertiges entgegensteht. [...]

Diejenigen, die behaupten, die Skeptiker höben die Erscheinungen auf, scheinen mir nie gehört zu haben, was bei uns gesagt wird. Denn an den Dingen, die uns in einer erlebnismäßigen Vorstellung unwillkürlich zur Zustimmung führen, rütteln wir nicht, wie ich schon oben gesagt habe. Das aber sind die Erscheinungen. Vielmehr, wenn wir fragen, ob der zugrunde liegende Gegenstand so ist, wie er erscheint, dann geben wir zu, dass er erscheint. Wir fragen aber nicht nach dem Erscheinenden, sondern nach dem, was über das Erscheinende ausgesagt wird, und das unterscheidet sich von der Frage nach dem Erscheinenden selbst. Dass uns z. B. der Honig süß zu schmecken scheint, das räumen wir ein; denn wir erhalten ja eine süße Sinnesempfindung. Ob er aber auch süß ist, im Sinne der Aussage, fragen wir, und das ist nicht das Erscheinende, sondern das über das Erscheinende Ausgesagte. Falls wir jedoch auch direkt gegen die Erscheinungen argumentieren, dann wollen wir mit der Aufstellung dieser Argumente nicht die Erscheinungen aufheben, sondern nur die Voreiligkeit der Dogmatiker aufzeigen. Denn wenn die Vernunft eine solche Betrügerin ist, dass sie uns beinahe sogar die Erscheinungen unter den Augen entreißt, wie sollen wir ihr da nicht bei den verborgenen Dingen misstrauen, um nicht in ihrem Gefolge voreilig zu sein? [...]

Wir sagen nun, das Kriterium der skeptischen Schule sei das Erscheinende, wobei wir dem Sinne nach die Vorstellung so nennen; denn da sie in einem Erleiden und einem unwillkürlichen Erlebnis liegt, ist sie fraglos. Deshalb wird niemand vielleicht zweifeln, ob der zugrunde liegende Gegenstand so oder so erscheint. Ob er dagegen so ist, wie er erscheint, wird infrage gestellt. [...]

Da ich sagte, die Seelenruhe folge der Zurückhaltung gegenüber allen Dingen, so ist es wohl folgerichtig, jetzt zu erörtern, wie sich die Zurückhaltung für uns ergibt. Diese entsteht [...] durch die Entgegensetzung der Dinge. Wir setzen dabei entweder Erscheinungen Erscheinungen oder Gedanken Gedanken oder diese einander wechselweise entgegen. Z. B. Erscheinungen Erscheinungen, wenn wir sagen: „Derselbe Turm erscheint aus der Ferne rund, aus der Nähe viereckig." Gedanken Gedanken, wenn wir demjenigen, der die Existenz einer Vorsehung aus der Ordnung der Himmelskörper beweist, entgegenhalten, dass es den Guten häufig schlecht, den Schlechten dagegen gut geht, und daraus auf die Nichtexistenz einer Vorsehung schließen. Schließlich setzen wir Gedanken Erscheinungen entgegen, so wie Anaxagoras dem Weißsein des Schnees entgegensetzt, dass der Schnee gefrorenes Wasser, Wasser aber dunkel, also auch der Schnee dunkel sei.

1 Stellen Sie die wesentlichen Merkmale der von Sextus Empiricus beschriebenen philosophischen Skepsis dar.

2 Im Text werden einige Beispiele dafür genannt, wie man als Skeptiker einem Argument A ein gleichwertiges Argument B entgegensetzen kann. Finden Sie zunächst weitere Beispiele für diese skeptische „Entgegensetzung der Dinge". Was würde ein

Skeptiker den Aussagen „1 + 1 = 2“ und „Nichts ist gleichzeitig in derselben Hinsicht blau und nicht blau“ entgegenhalten können? Lassen Sie gemeinsam mit einem Partner bzw. einer Partnerin in einem philosophischen Rollenspiel einen Skeptiker auf einen Menschen treffen, der sich blind auf den gesunden Menschenverstand verlässt.

3 Vergleichen Sie dieses Konzept der philosophischen Skepsis mit Formen der Skepsis, die Sie aus alltäglichen Zusammenhängen kennen. Wo sehen Sie Unterschiede, wo Gemeinsamkeiten?

4 Wie beurteilen Sie die These, dass das Ziel der philosophischen Skepsis die Seelenruhe ist?

Warum wir uns irren können (1644)

René Descartes

Sie haben – hoffentlich – im Philos-Einführungsband (vgl. S. 127 und S. 215–219) Texte von René Descartes (1596–1650) gelesen, der u. a. vier Regeln für den Vernunftgebrauch aufgestellt und die berühmte Formel „cogito ergo sum“ geprägt hat. Sein methodischer Zweifel hatte vor allem das Ziel, dem Denken ein sicheres und verlässliches Fundament zu bereiten, damit Irrtümer und Täuschungen vermieden werden können. Nun ist es jedoch ein Fakt, dass wir uns alle immer wieder täuschen und irren. Warum das so ist, versucht Descartes in dem folgenden Textauszug zu verdeutlichen.

Allein trotzdem dass Gott kein Betrüger ist, trifft es doch oft, dass wir getäuscht werden; um daher den Ursprung und die Ursache unserer Irrtümer zu erforschen und uns vor ihnen in Acht zu nehmen, ist festzuhalten, dass sie nicht sowohl von dem Verstande, sondern von dem Willen abhängen, und dass sie keine Dinge sind, zu deren Hervorbringung eine wirkliche Beihülfe Gottes erforderlich ist; vielmehr sind sie in Bezug auf ihn nur Verneinungen und in Bezug auf uns nur Mängel.

Alle Arten zu denken lassen sich nämlich auf zwei zurückführen; die eine enthält das Wissen oder die Wirksamkeit des Verstandes, die andere das Wollen oder die Wirksamkeit des Willens. Das Wahrnehmen, das bildliche Vorstellen und das reine Denken sind nur verschiedene Arten des Wissens, und das Begehren, Verneinen, Zweifeln sind verschiedene Arten des Wollens.

Wenn wir etwas vorstellen, so werden wir offenbar so lange nicht getäuscht, als wir darüber nichts bejahen oder verneinen; ebenso wenig dann, wenn wir unser Bejahen oder Verneinen nur auf das klar und deutlich Erkannte beschränken; vielmehr kann die Täuschung nur eintreten, wenn wir über etwas urteilen, obgleich wir es nicht recht erfasst haben.

Zum Urteilen gehört zwar Verstand, weil man über eine Sache, die man auf keine Weise erfasst, nicht urteilen kann; aber es ist dazu auch Wille erforderlich, um der vorgestellten Sache die Zustimmung zu erteilen. Es ist dazu aber nicht die volle und erschöpfende Erkenntnis der Sache erforderlich (wenigstens um irgendein Urteil zu fällen); denn man kann vielem zustimmen, was man nur sehr verworren und dunkel vorstellt.

Dieses Vorstellen des Verstandes erstreckt sich nur auf das wenige, was sich ihm darbietet, und ist immer sehr beschränkt. Dagegen kann der Wille gleichsam unbeschränkt genannt werden, weil auf alles, was Gegenstand eines anderen Willens oder des unermesslichen Willens in Gott sein kann, auch unser Wille sich erstrecken kann. So erstrecken wir denselben leicht über das klar Erkannte hinaus, und es ist nicht zu verwundern, wenn wir dann in Irrtum geraten.

Gott kann aber in keiner Weise als der Urheber unserer Irrtümer deshalb angenommen werden, weil er uns keinen allwissenden Verstand gegeben hat; denn die Endlichkeit gehört zur Natur des erschaffenen Verstandes, und als endlicher kann er sich nicht auf alles erstrecken.
[...]

Wenn so alle unsere Irrtümer von dem Willen kommen, kann es wunderbar scheinen, dass wir überhaupt irren, weil niemand irren mag. Allein irren wollen, ist etwas ganz anderes, als dem beistimmen wollen, in dem ein Irrtum stecken kann; und obgleich in Wahrheit niemand ausdrücklich sich irren mag, so gibt es doch kaum jemand, der nicht oft dem beistimmen mag, worin der [...] Irrtum ihm unbewusst enthalten ist. Gerade das Verlangen nach Wahrheit bewirkt oft, dass die, welche sie nicht recht zu gewinnen wissen, über Dinge urteilen, die sie nicht verstehen, und dass sie so in Irrtum geraten.

Sicherlich aber werden wir niemals etwas Falsches für wahr halten, wenn wir nur dem klar und deutlich Erkannten beistimmen. Ich sage *sicherlich*, weil Gott nicht trügerisch ist und deshalb das von ihm uns gegebene Vermögen zu erkennen, sich nicht nach dem Falschen wenden kann, so wenig wie das Vermögen zuzustimmen, soweit es sich nur auf das klar Erkannte erstreckt. Dies ist, auch wenn kein Grund es bewiese, jedem von Natur seiner Seele so eingeprägt, dass wir, sobald wir etwas klar erkennen, von selbst ihm zustimmen und an seiner Wahrheit in keiner Weise zweifeln können.

Es ist auch gewiss, dass, wenn wir einem Grunde, den wir nicht verstehen, beistimmen, wir entweder irren oder die Wahrheit nur zufällig treffen, und deshalb es nicht wissen, dass wir in der Wahrheit sind. Indes stimmen wir nur selten dem zu, von dem wir bemerken, dass wir es nicht verstanden haben; denn das natürliche Licht gebietet uns, nur über Dinge zu urteilen, die wir erkannt haben. Aber darin irren wir am meisten, dass wir von vielem annehmen, es früher eingesehen zu haben, es im Gedächtnis als solche bewahren und ihm zustimmen, obgleich wir doch in Wahrheit es niemals verstanden haben.

1 Erstellen Sie eine Grafik, die die zwei Arten des Denkens verdeutlicht, die Descartes in seinem Text unterscheidet.

2 Erklären Sie in Ihren eigenen Worten, warum Gott nach Descartes' Theorie „unschuldig" an unseren Irrtümern ist.

3 Eine These Descartes lautet: „Allein irren wollen, ist etwas ganz anderes, als dem beistimmen wollen, in dem ein Irrtum stecken kann" (Z. 34f.). Erläutern Sie diese These an einem Beispiel und prüfen Sie, ob sie haltbar ist.

4 Stellen Sie sich vor, Sie hätten eine philosophische Beratungspraxis und würden Menschen, die zu Ihnen kommen, Hilfestellungen für die kleinen und großen Probleme im Leben anbieten. Einer Ihrer „Kunden" möchte wissen, wie er es am besten vermeiden kann, sich zu irren und zu täuschen. Wie würde Ihr an Descartes orientierter Ratschlag lauten?

5 Entwickeln Sie schriftlich eine eigene (kurze!) Theorie des Irrtums und diskutieren Sie Ihre Ansätze im Plenum.

Der Umfang des menschlichen Wissens (1690)

John Locke

Um den folgenden Text von John Locke (1632–1704) angemessen verstehen zu können, müssen Sie sich zunächst noch einmal einige Grundbegriffe seiner Erkenntnistheorie vergegenwärtigen, die Sie im Philos-Einführungsband (S. 220–225) kennengelernt haben.

Vor-Denken

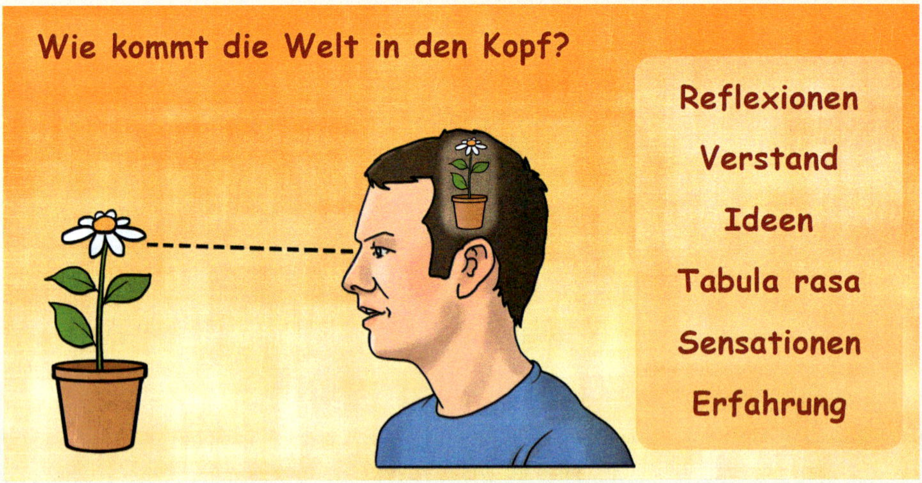

III Beschreiben Sie mit den Begriffen Lockes („Idee", „Sensation", „Verstand" etc.), wie die Welt in den Kopf kommt.

Nun sind Sie gut vorbereitet, um sich mit Lockes Versuch zu beschäftigen, den Umfang des menschlichen Wissens zu bestimmen.

1. Erstens, es reicht nicht weiter als unsere Ideen. Das Wissen besteht – wie schon gesagt – in der Wahrnehmung der Übereinstimmung oder Nichtübereinstimmung irgendwelcher Ideen, die wir besitzen; daraus ergibt sich Folgendes:
Erstens: Unser Wissen erstreckt sich nicht weiter als unser Besitz von *Ideen.*

2. Zweitens: Unser Wissen reicht nur so weit, wie wir jene Übereinstimmung oder Nichtübereinstimmung *wahrnehmen* können. Diese Wahrnehmung beruht auf *Intuition*, das heißt auf unmittelbarer Vergleichung zweier beliebiger Ideen, oder 2. auf einer *Schlussfolgerung*, wobei man die Übereinstimmung oder Nichtübereinstimmung zweier Ideen untersucht, indem man andere Ideen zu Hilfe nimmt, oder auf einer *Sensation*, indem die Existenz von einzelnen Dingen wahrgenommen wird. Daraus ergibt sich weiter:

3. Drittens: Dass wir kein *intuitives Wissen* besitzen können, das alle unsere Ideen und alles, was wir über sie wissen möchten, umfasst; denn wir können nicht dadurch, dass wir sie nebeneinanderstellen oder unmittelbar vergleichen, ihre sämtlichen gegenseitigen Beziehungen untersuchen und wahrnehmen. Wenn ich zum Beispiel die Ideen eines stumpfwinkligen und eines spitzwinkligen Dreiecks habe, die beide auf gleichen Grundlinien zwischen Parallelen gezeichnet sind, so kann ich durch intuitive Erkenntnis wahrnehmen, dass sich das eine von dem andern unterscheidet; ich kann aber auf diesem Wege nicht erfahren, ob sie einen gleichen Flächeninhalt haben oder nicht. Denn ihre Übereinstimmung oder Nichtübereinstimmung bezüglich der Fläche kann niemals durch einen unmittelbaren Vergleich wahrgenommen werden. Ihre verschiedene Figur

macht es nämlich unmöglich, dass ihre Teile unmittelbar genau aufeinandergelegt werden können; deshalb müssen gewisse vermittelnde Qualitäten herangezogen werden, durch die sie gemessen werden können. Das aber ist der Beweis oder die rationale Erkenntnis.

4. Viertens: Aus dem oben Bemerkten folgt ferner, dass unsere *rationale Erkenntnis* nicht den ganzen Umfang unserer Ideen umfassen kann; denn wir können nicht immer für zwei verschiedene Ideen, die wir prüfen wollen, zwei solche Mittelglieder finden, die wir an allen Punkten der Deduktion durch intuitive Erkenntnis miteinander verknüpfen können. Sobald es aber daran fehlt, kommt keine Erkenntnis und keine Demonstration zustande.

5. Fünftens: Die *sensitive Erkenntnis* erstreckt sich nur auf die Existenz von Dingen, die für unsere Sinne tatsächlich gegenwärtig sind. Daher ist sie noch begrenzter als die beiden ersten Erkenntnisarten.

6. Sechstens: Aus alledem wird deutlich, dass *der Umfang unseres Wissens* nicht nur hinter der Realität der Dinge, sondern sogar hinter dem Umfang unserer eigenen Ideen zurückbleibt. Unser Wissen ist also auf unsere Ideen beschränkt und kann sie weder an Umfang noch an Vollkommenheit übertreffen; diese Grenzen sind im Vergleich zu dem Umfang alles Seienden sehr eng gezogen; sie reichen nicht entfernt an das heran, was wir dem Verstand mancher, und zwar erschaffener Wesen zuschreiben dürfen, deren Verstand nicht auf die undeutliche und beschränkte Auskunft angewiesen ist, die durch einige wenige und nicht einmal besonders genaue Mittel der Wahrnehmung, wie unsere Sinne es sind, zu erlangen ist. Dennoch würde es gut um uns stehen, wenn unser Wissen auch nur so ausgedehnt wäre wie unsere Ideen und wenn es *hinsichtlich der Ideen, die wir besitzen*, nicht so viele Zweifel und Fragen gäbe, für die wir bisher keine Lösung gefunden haben und, wie ich glaube, in dieser Welt auch nie finden werden. Nichtsdestoweniger könnte zweifellos das menschliche Wissen unter den Bedingungen unseres Seins und unserer Beschaffenheit dem bisherigen Umfang gegenüber sehr bedeutend erweitert werden. Hierzu wäre nur erforderlich, dass die Menschen aufrichtig und vorurteilsfrei all ihren Fleiß und all ihre Mühe des Nachdenkens, die sie zur Beschönigung oder zur Verteidigung von Unwahrheiten anwenden, um ein System, ein persönliches Interesse oder eine Partei, auf die sie sich einmal festgelegt haben, zu stützen, auf die Verbesserung der Methoden zur Aufdeckung der Wahrheit konzentrieren.

1 Fassen Sie die sechs Abschnitte jeweils durch eine kommentierte Grafik oder durch einen kurzen Text zusammen.

2 Erläutern Sie zentrale Begriffe, die Sie bislang aus der Erkenntnistheorie Lockes nicht kannten (wie z. B. „Intuition"), und stellen Sie anschaulich dar, wie diese Begriffe mit den anderen Elementen der Theorie Lockes zusammenhängen.

3 Geben Sie ein Beispiel für einen Beweis bzw. eine rationale Erkenntnis im Sinne Lockes. Prüfen Sie kritisch, wie oft Sie persönlich in den letzten Tagen auf diese Weise zu Wissen gelangt sind.

4 Vergleichen Sie Descartes' Theorie des Irrtums mit Lockes Erklärung des Umfangs des Wissens. Welche Unterschiede und welche Gemeinsamkeiten können Sie entdecken? Welcher Ansatz überzeugt Sie?

Sein ist Wahrgenommenwerden (1710)

George Berkeley

Manchmal sind philosophische Theorien nur sehr schwer nachvollziehbar. Stellen Sie sich vor, jemand würde behaupten, dass es gar keine materiellen Gegenstände gibt, sondern nur die Inhalte unseres Bewusstseins. Eine solche Theorie würde wohl gegen alle unsere Alltagsintuitionen verstoßen, da wir doch ganz selbstverständlich davon ausgehen, dass es eine von uns unabhängig existierende Außenwelt gibt, die nicht von unserem Bewusstsein abhängig ist. Doch genau gegen diese Vorstellung richtet sich der irische Bischof George Berkeley (1685–1753), dessen Philosophie manchmal als *immaterieller Realismus* bezeichnet wird. Seine Kernthese lautet: „Esse est percipi!“ – „Sein ist Wahrgenommenwerden!“

Jedem, der sich einen Überblick über die Gegenstände der menschlichen Erkenntnis verschafft, leuchtet ein, dass es sich dabei entweder um Ideen handelt, die den Sinnen gegenwärtig eingeprägt sind, oder um solche Ideen, die man empfängt, wenn man auf die Leidenschaften und Operationen des Geistes achtet, oder schließlich um Ideen, die man mittels des Gedächtnisses und der Einbildungskraft durch Zusammensetzung, Teilung oder einfach durch Vergegenwärtigung derjenigen Ideen bildet, die man ursprünglich auf eine der beiden zuerst genannten Weisen empfangen hat. Durch den Gesichtssinn habe ich die Ideen von Licht und Farben in ihren verschiedenen Abstufungen und Varianten. Durch den Tastsinn nehme ich z. B. Härte und Weichheit, Hitze und Kälte, Bewegung und Widerstand wahr, und von alldem mehr oder weniger hinsichtlich der Quantität oder des Grades. Der Geruchssinn liefert mir Gerüche, der Geschmackssinn Geschmacksempfindungen, der Gehörsinn vermittelt dem Geist Geräusche in ihrer ganzen Vielfalt nach Tonlage und Zusammensetzung. Und weil man nun beobachtet, dass einige von diesen einander begleiten, bezeichnet man sie mit einem Namen und betrachtet sie infolgedessen als ein Ding. Da man z. B. beobachtet hat, dass Farbe, Geschmack, Geruch, Gestalt und Festigkeit von gewisser Art zusammen auftreten, hält man sie für ein bestimmtes Ding, das man mit dem Namen „Apfel“ bezeichnet. Andere Bündel von Ideen bilden einen Stein, einen Baum, ein Buch und ähnliche Sinnesgegenstände, die, je nachdem ob sie gefallen oder missfallen, die Gefühle von Liebe, Hass, Freude, Kummer usw. hervorrufen.

Aber neben dieser ganzen endlosen Vielfalt von Ideen oder Gegenständen der Erkenntnis gibt es auch etwas, das sie erkennt oder wahrnimmt und verschiedene Operationen wie Wollen, Vorstellen, Erinnern mit ihnen vornimmt. Dieses wahrnehmende, aktive Wesen ist das, was ich „Gemüt“, „Geist“, „Seele“ oder „mein Ich“ nenne. Mit diesen Worten bezeichne ich nicht irgendeine meiner Ideen, sondern ein von ihnen völlig verschiedenes Ding, in dem sie existieren oder, was dasselbe ist, durch das sie wahrgenommen werden; denn die Existenz einer Idee besteht im Wahrgenommenwerden.

Jeder wird zugeben, dass weder unsere Gedanken noch unsere Leidenschaften noch die Ideen, die unsere Einbildungskraft hervorbringt, außerhalb des Geistes existieren. Es erscheint aber nicht weniger einleuchtend, dass die verschiedenen Sinnesempfindungen oder die den Sinnen eingeprägten Ideen, wie auch immer sie miteinander gemischt oder verbunden sein mögen (d. h., was für Gegenstände sie auch immer bilden mögen), nicht anders existieren können als in einem Geist, der sie wahrnimmt. Das kann jeder, denke ich, intuitiv erkennen, der darauf achtet, was der Ausdruck „existieren“ bedeutet, wenn er auf sinnlich wahrnehmbare Gegenstände angewendet wird. Wenn ich sage: Der Tisch, an dem ich schreibe, existiert, so heißt das: Ich sehe und fühle ihn; und wäre ich außerhalb meines Studierzimmers, so könnte ich seine Existenz in dem

Sinn aussagen, dass ich ihn wahrnehmen könnte, wenn ich in meinem Studierzimmer wäre, oder dass irgendein anderer Geist ihn gegenwärtig wahrnimmt. Es war da ein Duft, heißt: Er wurde gerochen. Da war ein Ton, heißt: Er wurde gehört. Eine Farbe oder Gestalt: Sie wurde durch den Gesichtssinn oder durch den Tastsinn wahrgenommen. Dies ist der einzige mir verständliche Sinn dieser und ähnlicher Ausdrücke. Denn was man über die absolute Existenz nichtdenkender Dinge ohne irgendeine Beziehung auf ihr Wahrgenommenwerden sagt, erscheint völlig unverständlich. Ihr *esse* ist *percipi* [Ihr *Sein* ist *Wahrgenommenwerden*], und es ist unmöglich, dass sie irgendeine Existenz außerhalb der Geister oder der denkenden Wesen haben sollten, die sie wahrnehmen.

[...] Einige machen einen Unterschied zwischen *primären* und *sekundären Qualitäten*. Unter den ersteren verstehen sie Ausdehnung, Gestalt, Bewegung, Ruhe, Festigkeit oder Undurchdringlichkeit und Zahl; unter den letzteren alle übrigen Sinnesqualitäten wie Farben, Töne, Geschmäcke usw. Sie räumen ein, dass die Ideen, die wir von diesen Qualitäten haben, nicht Abbilder von irgendetwas sind, das außerhalb des Geistes oder unwahrgenommen existiert; sie behaupten aber, dass unsere Ideen der primären Qualitäten Muster oder Bilder von Dingen sind, die außerhalb des Geistes in einer nichtdenkenden Substanz existieren, die sie „Materie“ nennen. Unter „Materie“ müssen wir somit eine träge, empfindungslose Substanz verstehen, in der Ausdehnung, Gestalt und Bewegung wirklich subsistieren. Aber aus dem schon Gezeigten geht deutlich hervor, dass Ausdehnung, Gestalt und Bewegung nur Ideen sind, die im Geist existieren, dass eine Idee nur einer anderen Idee ähnlich sein kann und dass folglich weder sie selbst noch ihre Urbilder in einer nichtwahrnehmenden Substanz existieren können. Hieraus ist offenkundig, dass schon der Begriff von dem, was „Materie“ oder „körperliche Substanz“ genannt wird, einen Widerspruch einschließt.

Philosophische Fingerübung

Berkeley argumentiert in seinem Text gegen die Unterscheidung zwischen primären und sekundären Qualitäten, wie sie z. B. Locke vornimmt. Stellen Sie dieses Argument in einer Abfolge aus Prämissen und Konklusion dar und prüfen Sie, ob es schlüssig bzw. gültig ist.

1 Erklären Sie Berkeleys zentrale These „Esse est percipi“ (= Sein ist Wahrgenommenwerden) so, dass auch ein kleines Kind verstehen könnte, was gemeint ist.

2 Kann man Berkeley nicht einfach dadurch widerlegen, dass man gegen einen Tisch tritt und sagt: „Bitte schön, hier ist der Tisch. Er steht hier im Zimmer und nicht etwa in meinem Bewusstsein.“? Antworten Sie aus der Perspektive Berkeleys auf diesen (allzu?) einfachen Einwand.

3 Vergleichen Sie Descartes' Theorie des Irrtums mit Berkeleys Ansatz. Wie lässt sich im Rahmen der „Esse-est-percipi“-Denkweise zwischen Wahrheit und Täuschung unterscheiden?

4 Berkeley geht in seiner Theorie davon aus, dass Gottes mächtiger Geist beständig alle Ideen wahrnimmt und damit garantiert, dass sie auch dann existieren, wenn sie gerade von keinem menschlichen Geist wahrgenommen werden. Die Idee eines Baumes hört also nicht auf zu existieren, wenn sie von keinem Menschen wahrgenommen wird. Halten Sie den Rückgriff auf Gott für gerechtfertigt oder ist er nur ein argumentativer Trick, um durch die „Hintertür“ doch wieder eine von uns unabhängig existierende Wirklichkeit einzuführen?

5 In einer Episode der Mystery-Serie „Buffy – Im Bann der Dämonen" (USA 1997–2003) geht es um ein Mädchen, das langsam unsichtbar wird, weil es von niemandem beachtet wird. Können Sie Berkeleys Formel „Esse est percipi" auch auf diesen Fall anwenden? Gibt es weitere Beispiele, die außerhalb des Gebiets der theoretischen Philosophie zeigen, dass Sein im Wahrgenommenwerden besteht?

Kausalität und Gewohnheit (1748)

David Hume

Zu den größten Leistungen Humes (1711–1776) zählen seine Untersuchungen des Begriffs der Kausalität. Folgt man dem gesunden Menschenverstand, dann scheint die Beziehung zwischen Ursache und Wirkung ein „Wegeneinander" (= propter hoc) zu sein. Allgemein formuliert: Wegen A (Ursache) geschieht B (Wirkung). Beispielhaft verdeutlicht: Weil die Billardkugel angestoßen wird (Ursache), bewegt sie sich über den Tisch (Wirkung). Hume sieht die Zusammenhänge hingegen sehr viel differenzierter:

Alle Gegenstände menschlichen Denkens und Forschens lassen sich naturgemäß in zwei Arten gliedern, nämlich in *Vorstellungsbeziehungen (Relations of Ideas)* und in *Tatsachen (Matters of Fact)*. Von der ersten Art sind die Lehren der Geometrie, Algebra und Arithmetik, kurz, jede Behauptung von entweder intuitiver oder demonstrativer Gewissheit. *Dass das Quadrat der Hypotenuse dem Quadrat der beiden Katheten gleich ist,* ist ein Satz, der eine Beziehung zwischen diesen Figuren ausdrückt. *Dass drei mal fünf der Hälfte von dreißig gleich ist,* drückt eine Beziehung zwischen diesen Zahlen aus. Sätze dieser Art lassen sich durch bloße Denktätigkeit entdecken, unabhängig davon, ob irgendwo im Weltall etwas existiert. Wenn es auch niemals einen Kreis oder ein Dreieck in der Natur gegeben hätte, würden doch die von Euklid demonstrierten Wahrheiten für immer ihre Gewissheit und Evidenz behalten.

Tatsachen, die zweiten Objekte menschlichen Denkens, sind nicht auf die gleiche Weise verbürgt; auch ist unsere Evidenz von ihrer Wahrheit – wie groß sie auch immer sei – nicht der vorhergehenden vergleichbar. Das Gegenteil jeder Tatsache ist immer möglich, da es niemals einen Widerspruch enthält und vom Geist mit der gleichen Leichtigkeit und Deutlichkeit vorgestellt wird, wie wenn es der Wirklichkeit völlig entspräche. *Dass die Sonne morgen nicht aufgehen wird,* ist ein nicht minder einsichtiger Satz und enthält keinen größeren Widerspruch als die Behauptung, *dass sie aufgehen wird.* Wir würden deshalb vergeblich versuchen, seine Falschheit zu beweisen. Wäre er nachweislich falsch, dann würde er einen Widerspruch enthalten und könnte niemals vom Geiste deutlich vorgestellt werden.

Mit-Denken

||| Stellen Sie sich vor, Sie müssten einem Schüler der Jahrgangsstufe 5 oder 6 erklären, warum sich der Satz „5 + 5 = 10" nach Hume fundamental von dem Satz „Gestern hat es geregnet" unterscheidet. Wie würden Sie vorgehen?

Es dürfte also des Interesses wert sein, das Wesen jener Evidenz zu untersuchen, die uns jedes wirklich Existierenden und jeder Tatsache versichert, die über das gegenwärtige Zeugnis der Sinne oder die Angaben unseres Gedächtnisses hinausgehen. [...] Alle Tatsachen betreffenden Vernunfterwägungen scheinen auf der Beziehung von Ursache und Wirkung zu beruhen. Einzig mittels dieser Beziehung können wir über die Evidenz unseres Gedächtnisses und unserer Sinne hinausgehen. Würde man jemanden fragen, weshalb er an eine nicht gegenwärtige Tatsache glaube, z. B., dass sein Freund auf dem Lande oder in Frankreich sei, so würde er einen Grund angeben, und dieser Grund würde eine andere Tatsache sein, etwa ein Brief, den er von ihm erhalten hat, oder das Wissen um seine früheren Entschlüsse und Versprechungen. Fände jemand auf einer einsamen Insel eine Uhr oder eine andere Maschine, würde er daraus schließen, dass einst auf jener Insel Menschen gewesen seien. Alle unsere Gedankengänge über Tatsachen sind von gleicher Art. Dabei wird immer vorausgesetzt, dass eine Verknüpfung zwischen der gegenwärtigen Tatsache und der aus ihr gefolgerten besteht. [...]

Wollen wir somit eine zufriedenstellende Erklärung für das Wesen jener Evidenz der Gewissheit von Tatsachen erlangen, haben wir zu untersuchen, wie wir zur Erkenntnis von Ursache und Wirkung kommen. Ich wage es, den Satz als allgemeingültig und keine Ausnahme duldend aufzustellen, dass die Kenntnis dieser Beziehung in keinem Falle durch Denkakte *a priori* gewonnen wird, sondern ausschließlich aus der Erfahrung stammt, indem wir feststellen, dass gewisse Gegenstände immerdar miteinander verbunden sind.

Denkakte a priori: Denken, das sich nicht auf Erfahrungstatsachen, sondern allein auf den Verstand selbst stützt

Mit-Denken

||| Schauen Sie sich im Einführungsband noch einmal den kurzen Abschnitt über induktives Schließen an (S. 137 ff.). Wie lassen sich Humes Überlegungen in diesen Zusammenhang einordnen?

Man lege einem noch so klugen und fähigen Menschen einen Gegenstand vor; ist ihm dieser gänzlich fremd, wird er – trotz sorgfältigster Untersuchung seiner sinnenfälligen Qualitäten – nicht fähig sein, irgendeine seiner Ursachen oder Wirkungen zu entdecken. [...] Kein Gegenstand enthüllt jemals durch seine sinnfälligen Eigenschaften die Ursachen, die ihn hervorgebracht haben, oder die Wirkungen, die aus ihm entstehen werden; auch kann unser Denken ohne Unterstützung durch die Erfahrung nie auf das wirkliche Dasein und auf Tatsachen schließen. Dieser Satz, *dass Ursachen und Wirkungen nicht durch Vernunft, sondern durch Erfahrung zu entdecken sind*, wird bereitwillig für solche Gegenstände zugegeben werden, die uns, soweit wir uns erinnern, früher gänzlich unbekannt waren; denn wir müssen uns bewusst sein, dass wir damals völlig unfähig waren, vorauszusagen, was aus ihnen entstehen werde. Man gebe einem Menschen, der keinen Schimmer von Naturwissenschaften hat, zwei glatte Marmorstücke; er wird niemals entdecken, dass sie derart aneinanderhaften werden, dass es großer Kraft bedarf, sie in senkrechter Richtung zu trennen, während sie dem seitlichen Druck nur geringen Widerstand leisten. Bei solchen Vorgängen, die wenig Ähnlichkeit mit dem gewöhnlichen Naturablauf besitzen, wird man ebenfalls gerne zugeben, dass sie nur durch Erfahrung erkannt werden. Doch die gleiche Wahrheit scheint auf den ersten Blick nicht die gleiche Evidenz zu haben bezüglich solcher Vorgänge, die uns seit der Geburt vertraut sind, die große Ähnlichkeit mit dem Gesamtablauf der Natur haben, die von den einfachen Eigenschaften der Dinge abzuhängen scheinen und nicht von einer verborgenen Struktur der Teile. Wir sind geneigt, anzunehmen, diese Wirkungen durch reines Denken, ohne jede Erfahrung, entdecken zu können. Wir bilden uns ein, wenn wir plötzlich in die Welt gestellt worden wären, so hätten wir von Anfang an darauf schließen

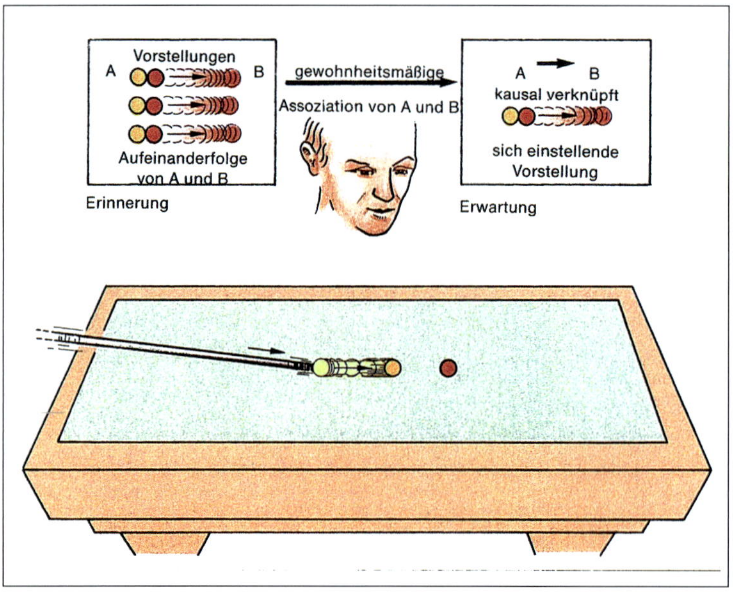

Wie Kausalität aus Gewohnheit entsteht ...

können, dass eine angestoßene Billardkugel einer anderen Bewegung vermitteln würde und dass wir nicht diesen Vorgang hätten abzuwarten brauchen, um darüber mit Sicherheit etwas auszusagen. So groß ist der Einfluss der Gewohnheit, dass da, wo sie am stärksten ist, sie nicht nur unsere natürliche Unwissenheit verhüllt, sondern sich auch selbst verbirgt und ebendeshalb nicht da zu sein scheint, nur weil sie in höchstem Maße vorhanden ist. Um uns aber davon zu überzeugen, dass alle Naturgesetze und alle Wirksamkeiten der Körper ausnahmslos nur durch Erfahrung erkannt werden, mögen vielleicht folgende Überlegungen genügen. Würde man uns irgendeinen Gegenstand zeigen und würden wir aufgefordert, die von ihm ausgehende Wirkung zu nennen, ohne frühere Beobachtungen zurate zu ziehen, auf welche Weise – so frage ich – muss der Geist dabei verfahren? Er muss sich ein Ereignis erfinden oder ausdenken, das er dem Gegenstand als dessen Wirkung zuschreibt, und es ist klar, dass diese Erfindung völlig willkürlich sein muss. Der Geist kann unmöglich jemals die Wirkung in der mutmaßlichen Ursache finden, nicht einmal durch die sorgfältigste Forschung und Untersuchung. Die Wirkung ist nämlich von der Ursache gänzlich verschieden und kann folglich niemals in ihr entdeckt werden. Die Bewegung der zweiten Billardkugel ist ein von der Bewegung der ersten völlig verschiedenes Ereignis, und in der einen ist nichts vorhanden, was den geringsten Hinweis auf die andere gäbe. [...]

Und wie die erste Einbildung oder Erfindung einer bestimmten Wirkung in allen Naturvorgängen dort willkürlich bleibt, wo wir nicht die Erfahrung befragen, so müssen wir auch das angenommene Band oder die Verknüpfung zwischen Ursache und Wirkung, die sie zusammenhält und es unmöglich macht, dass irgendeine andere Wirkung aus dem Verhalten einer Ursache folgen könnte, als willkürlich ansehen. Sehe ich z. B., wie sich eine Billardkugel in gerader Linie auf eine andere hin bewegt – selbst angenommen, die Bewegung der zweiten Kugel würde mir zufällig als das Resultat der Berührung beider oder des Stoßes auffallen –, kann ich mir dann nicht vorstellen, dass hundert verschiedene Ereignisse genauso gut aus dieser Ursache folgen könnten? Können nicht beide Kugeln in absoluter Ruhe bleiben? Kann nicht die erste Kugel in gerader Linie zurückkehren oder von der zweiten in irgendeine Linie oder Richtung wegspringen? Alle diese Annahmen sind widerspruchsfrei und vorstellbar. Weshalb also sollten wir einer den Vorzug geben, die nicht widerspruchsfreier und vorstellbarer ist als die übrigen? Alle unsere *apriorischen* Erörterungen werden nie imstande sein, uns einen Grund für diese Bevorzugung zu zeigen. Mit einem Wort also: Jede Wirkung ist ein von ihrer Ursache verschiedenes Ereignis. Sie kann daher nicht in der Ursache entdeckt werden, und die erste *apriorische* Erfindung oder Vorstellung davon muss völlig willkürlich sein. [...] Wir würden deshalb vergeblich danach streben, ein einzelnes Ereignis zu bestimmen oder irgendeine Ursache oder Wirkung zu erschließen, ohne die Hilfe von Beobachtung und Erfahrung.

1 Beschreiben Sie Situationen aus dem Alltag, in denen Sie sich schon einmal über den Zusammenhang zwischen Ursache und Wirkung getäuscht haben, d. h., in denen Sie z. B. fälschlich glaubten, Ereignis A hätte Ereignis B verursacht.

2 Wenn man über Kausalität, d. h. den Zusammenhang zwischen Ursache und Wirkung, spricht, fallen häufig die Schlagworte „propter hoc“ und „post hoc“. Fassen Sie Humes Überlegungen zur Kausalität mithilfe dieser beiden Begriffe zusammen.

Propter hoc meint ein Wegeneinander, **post hoc** lediglich das zeitliche Aufeinanderfolgen von A und B.

3 Diskutieren Sie darüber, welche Konsequenzen sich für unser Wissen von der Welt (z. B. über die Naturgesetze) ergeben, wenn Humes Analyse des Zusammenhangs von Ursache und Wirkung stimmt.

4 Angenommen, Humes Thesen über die Gegenstände des menschlichen Denkens und Forschens sind korrekt (vgl. Absatz 1 und 2). Gehört dann der Satz „Alle Junggesellen sind unverheiratet“ in dieselbe Kategorie wie die Sätze der Mathematik, deren Wahrheit man allein durch Nachdenken erweisen kann?

Philosophische Debatte

Bilden Sie zwei Gruppen. Gruppe 1 vertritt die Thesen Humes insbesondere im Hinblick auf das Problem der Kausalität. Gruppe 2 versucht, die Position des gesunden Menschenverstandes zu „retten“, die davon ausgeht, dass Kausalität mehr ist als nur ein zeitliches Nacheinander zweier Ereignisse (vgl. auch den Cartoon auf Seite 384). Starten Sie eine möglichst kontroverse Debatte.

Die kopernikanische Wende der Denkungsart (1781/1787)

Immanuel Kant

Immanuel Kant (1724–1804)

Im Jahre 1781 veröffentlicht Immanuel Kant (1724–1804), Professor für Logik und Metaphysik in Königsberg, ein Buch mit dem Titel „Kritik der reinen Vernunft“, das heute längst als die bedeutendste philosophische Schrift deutscher Sprache und als Grundbuch der modernen Philosophie gilt. Zunächst taten sich jedoch selbst Experten mit der Lektüre schwer und bezeichneten das Werk als kryptisch, dunkel und unverständlich. So schrieb beispielsweise der Philosoph Moses Mendelssohn 1783 an Kant: „Ihre ‚Kritik der reinen Vernunft‘ ist auch ein Kriterium der Gesundheit. So oft ich mich schmeichele, an Kräften zugenommen zu haben, wage ich mich an dieses Nervensaft verzehrende Werk, und ich bin nicht ganz ohne Hoffnung, es in diesem Leben noch durchdenken zu können.“ Seine eigenen Studenten hat

Immanuel Kant mit der Aufforderung „Sapere aude!" stets ermahnt, das Denken nicht anderen zu überlassen. Dieser Appell sei hier auch an den philosophischen Anfänger gerichtet, dem Kants Überlegungen als schwere und unverdauliche Kost erscheinen werden. Die folgenden Texte und Hinweise sollen dazu beitragen, all jenen, die bereit sind, selbst zu denken, zumindest einige der Grundideen Kants ansatzweise zu vermitteln. In der Vorrede zur zweiten Auflage der „Kritik der reinen Vernunft" (1787) versucht Kant selbst, eine seiner wichtigsten Erkenntnisse auf den Punkt zu bringen.

a priori: vgl. Kontexte S. 388

Bisher nahm man an, alle unsere Erkenntnis müsse sich nach den Gegenständen richten; aber alle Versuche, über sie a priori etwas durch Begriffe auszumachen, wodurch unsere Erkenntnis erweitert würde, gingen unter dieser Voraussetzung zunichte. Man versuche es daher einmal, ob wir nicht in den Aufgaben der Metaphysik damit besser fortkommen, dass wir annehmen, die Gegenstände müssen sich nach unserem Erkenntnis richten, welches so schon besser mit der verlangten Möglichkeit einer Erkenntnis derselben a priori zusammenstimmt, die über Gegenstände, ehe sie uns gegeben werden, etwas festsetzen soll. Es ist hiemit eben so, als mit den ersten Gedanken des *Kopernikus* bewandt, der, nachdem es mit der Erklärung der Himmelsbewegungen nicht gut fort wollte, wenn er annahm, das ganze Sternheer drehe sich um den Zuschauer, versuchte, ob es nicht besser gelingen möchte, wenn er den Zuschauer sich drehen, und dagegen die Sterne in Ruhe ließ.

In der Metaphysik kann man nun, was die *Anschauung* der Gegenstände betrifft, es auf ähnliche Weise versuchen. Wenn die Anschauung sich nach der Beschaffenheit der Gegenstände richten müsste, so sehe ich nicht ein, wie man a priori von ihr etwas wissen könne; richtet sich aber der Gegenstand (als Objekt der Sinne) nach der Beschaffenheit unseres Anschauungsvermögens, so kann ich mir diese Möglichkeit ganz wohl vorstellen. Weil ich aber bei diesen Anschauungen, wenn sie Erkenntnisse werden sollen, nicht stehen bleiben kann, sondern sie als Vorstellungen auf irgendetwas als Gegenstand beziehen und diesen durch jene bestimmen muss, so kann ich entweder annehmen, die *Begriffe*, wodurch ich diese Bestimmung zustande bringe, richten sich auch nach dem Gegenstande, und denn bin ich wiederum in derselben Verlegenheit, wegen der Art, wie ich a priori hievon etwas wissen könne; oder ich nehme an, die Gegenstände, oder, welches einerlei ist, die *Erfahrung*, in welcher sie allein (als gegebene Gegenstände) erkannt werden, richte sich nach diesen Begriffen, so sehe ich sofort eine leichtere Auskunft, weil Erfahrung selbst eine Erkenntnisart ist, die Verstand erfordert, dessen Regel ich in mir, noch ehe mir Gegenstände gegeben werden, mithin a priori voraussetzen muss, welche in Begriffen a priori ausgedrückt wird, nach denen sich also alle Gegenstände der Erfahrung notwendig richten und mit ihnen übereinstimmen müssen. Was Gegenstände betrifft, sofern sie bloß durch Vernunft und zwar notwendig gedacht, die aber (so wenigstens, wie die Vernunft sie denkt) gar nicht in der Erfahrung gegeben werden können, so werden die Versuche, sie zu denken (denn denken müssen sie sich doch lassen), hernach einen herrlichen Probierstein desjenigen abgeben, was wir als die veränderte Methode der Denkungsart annehmen, dass wir nämlich von den Dingen nur das a priori erkennen, was wir selbst in sie legen.

Kontexte

Metaphysik

Die klassischen Themen der Metaphysik sind die Existenz Gottes, die Unsterblichkeit der Seele und die Willensfreiheit des Menschen. Hier geht es um „Erkenntnisse, die über die Sinnenwelt hinausgehen, wo Erfahrung gar keinen Leitfaden [...] geben kann". Kant beklagt, dass die Metaphysik im Gegensatz z. B. zur Mathematik oder Physik keine Fortschritte gemacht hat, sondern bislang „ein bloßes Herumtappen" ist und keine einhellig akzeptierten Erkenntnisse hervorbringt. Er stellt daher die Frage, ob sich Metaphysik überhaupt als Wissenschaft behaupten kann.

Kontexte

Die Quintessenz der „Kritik der reinen Vernunft" (2006)

Holm Tetens

Es ist erstaunlich, wie Kant in diesen vergleichsweise wenigen Sätzen die Quintessenz der „Kritik der reinen Vernunft" mustergültig auf den Begriff bringt. Kants Grundgedanke ist einfach. Er verabschiedet ein wirkungsmächtiges Bild in der Erkenntnistheorie. Wir haben uns Erfahrungen nicht so vorzustellen, dass Gegenstände draußen in der Welt auf unsere Sinne einwirken, diese Einwirkungen in unser Bewusstsein eindringen und dort Eindrücke hinterlassen. Das ist das Wachstafelmodell der Erfahrung, wie es der Empirismus bevorzugt. Im Wachstafelmodell sind wir zur Passivität verurteilt, nur die Welt draußen wirkt auf uns ein, und wir haben uns im Erkennen der Welt nach der Letzteren zu richten. Doch das Wachstafelmodell unterschlägt vollkommen unsere eigenen Aktivitäten, ohne die Erfahrungen von der Welt nie und nimmer zustande kämen ...

1 Sie haben nun selbst einen ersten Eindruck davon bekommen, wie Kant schreibt, und Sie können vielleicht nachvollziehen, dass selbst Experten häufig Schwierigkeiten haben, seinen Gedanken zu folgen. Lassen Sie sich dadurch jedoch nicht entmutigen! Versuchen Sie in einem ersten Zugriff auf den Text, die kantische Grundidee, die er als „kopernikanische Wende der Denkart" bezeichnet, stichpunktartig zu rekonstruieren.

2 In dem Kontext auf dieser Seite wird beschrieben, welches Erkenntnismodell in der „Kritik der reinen Vernunft" „verabschiedet" wird. Schreiben Sie den Text fort und geben Sie an, welches Erkenntnismodell von Kant an seine Stelle gesetzt wird. Greifen Sie zu diesem Zweck auf Ihre Stichpunkte (s. Aufgabe 1) zurück.

3 Die Empiristen entwickelten ein „Wachstafelmodell" der Erkenntnis. Welchem Vorbild ähnelt das kantische Verständnis der Erkenntnis? Diskutieren Sie verschiedene Möglichkeiten.

Für das Verständnis der Erkenntnistheorie Kants sind die Ausdrücke „a priori" und „a posteriori" sowie „analytisch" und „synthetisch" von besonderer Bedeutung. Schon in der Einleitung der „Kritik der reinen Vernunft" erläutert Kant das erste der genannten Begriffspaare:

Dass alle unsere Erkenntnis mit der Erfahrung anfange, daran ist gar kein Zweifel; denn wodurch sollte das Erkenntnisvermögen sonst zur Ausübung erweckt werden, geschähe es nicht durch Gegenstände, die unsere Sinne rühren und teils von selbst Vorstellungen bewirken, teils unsere Verstandestätigkeit in Bewegung bringen, diese zu vergleichen, sie zu verknüpfen oder zu trennen, und so den rohen Stoff sinnlicher Eindrücke zu einer Erkenntnis der Gegenstände zu verarbeiten, die Erfahrung heißt? *Der Zeit nach* geht also keine Erkenntnis in uns vor der Erfahrung vorher, und mit dieser fängt alle an. Wenn aber gleich alle unsere Erkenntnis *mit* der Erfahrung anhebt, so entspringt sie darum

Kontexte

Apriorische und aposteriorische Aussagen (2006)

Holm Tetens

Apriorische Aussagen lassen sich unabhängig von Wahrnehmungen begründen oder widerlegen, während aposteriorische Aussagen nur durch Wahrnehmungen bestätigt oder widerlegt werden können. Kant selber redet, nicht immer deutlich und gefeit vor Missverständnissen, vom „Beginn“ unseres Wissens mit Wahrnehmungen und vom „Ursprung“ unseres Wissens aus Wahrnehmungen, meint aber letztlich den Unterschied zwischen zeitlichem Anfang und Begründung.

doch nicht eben alle *aus* der Erfahrung. Denn es könnte wohl sein, dass selbst unsere Erfahrungserkenntnis ein Zusammengesetztes aus dem sei, was wir durch Eindrücke empfangen, und dem, was unser eigenes Erkenntnisvermögen (durch sinnliche Eindrücke bloß veranlasst) aus sich selbst hergibt, welchen Zusatz wir von jenem Grundstoffe nicht eher unterscheiden, als bis lange Übung uns darauf aufmerksam und zur Absonderung desselben geschickt gemacht hat. Es ist also wenigstens eine der näheren Untersuchung noch benötigte und nicht auf den ersten Anschein sogleich abzufertigende Frage: ob es ein dergleichen von der Erfahrung und selbst von allen Eindrücken der Sinne unabhängiges Erkenntnis gebe. Man nennt solche *Erkenntnisse a priori*, und unterscheidet sie von den *empirischen*, die ihre Quellen a posteriori, nämlich in der Erfahrung, haben.

Mit-Denken

||| Teilen Sie Ihren Kurs in zwei Gruppen. Die „Aprioriker“ bzw. die „Aposterioriker“ sollen zunächst in fünf Minuten möglichst viele Aussagen notieren, die a priori bzw. a posteriori wahr oder falsch sind. Diskutieren Sie anschließend darüber, ob die gefundenen Aussagen die Kriterien für apriorische bzw. aposteriorische Aussagen erfüllen.

Die Unterscheidung zwischen „synthetischen“ und „analytischen“ Aussagen nimmt Kant folgendermaßen vor:

In allen Urteilen, worinnen das Verhältnis eines Subjekts zum Prädikat gedacht wird [...], ist dieses Verhältnis auf zweierlei Art möglich. Entweder das Prädikat B gehört zum Subjekt A als etwas, was in diesem Begriffe A (versteckter Weise) enthalten ist; oder B liegt ganz außer dem Begriff A, ob es zwar mit demselben in Verknüpfung steht. Im ersten Fall nenne ich das Urteil analytisch, in dem andern synthetisch. [...]. Die Erstere könnte man auch Erläuterungs-, die andere Erweiterungsurteile heißen, weil jene durch das Prädikat nichts zum Begriff des Subjekts hinzutun, sondern diesen nur durch Zergliederung in seine Teilbegriffe zerfällen, die in selbigen schon (obgleich verworren) gedacht waren.

Mit-Denken

||| Kant denkt bei *„Urteilen, worinnen das Verhältnis eines Subjekts zum Prädikat gedacht wird“*, nicht an grammatische Kategorien, sondern an die aristotelische Logik. Eine Aussage wie „Stefan ist groß“ wird hier so verstanden, dass Stefan (= Subjekt) eine Eigenschaft (= Prädikat) zugesprochen wird. Allgemein formuliert: „S ist P.“ Ein ähnliches Urteil dieser Form ist „Ein Kreis ist rund.“ Ist dieses Urteil im Sinne Kants analytisch oder synthetisch? Begründen Sie Ihre Entscheidung.

Kontexte

Eine moderne Definition analytischer und synthetischer Aussagen (2006)

Peter Baumann

Betrachten wir [...] den Satz „Alle Junggesellen sind unverheiratet". Worauf beruht unsere Überzeugung, dass dieser Satz wahr ist? Sicher, wir können eine groß angelegte empirische Untersuchung über Junggesellen anstellen und so herausfinden, dass alle Junggesellen unverheiratet sind. Wir müssen dies aber nicht tun. Vielmehr ergibt sich die Wahrheit des Satzes „Alle Junggesellen sind unverheiratet" schon aus der Bedeutung der Teilausdrücke dieses Satzes. Zur Bedeutung von „Junggeselle" gehört eben das Unverheiratetsein; wer die Bedeutung von „Junggeselle" kennt, weiß, dass alle Junggesellen unverheiratet sind [...]. Wir können also sagen [...]: Ein Satz ist analytisch gdw.* seine Wahrheit sich schon allein aufgrund der Bedeutung der Teilausdrücke des Satzes ergibt. [...] Ein Satz ist synthetisch gdw. seine Wahrheit sich nicht schon allein aufgrund der Bedeutung der Teilausdrücke des Satzes ergibt.

*gdw.: genau dann, wenn

Die Unterscheidungen zwischen „a priori" und „a posteriori" sowie zwischen „analytisch" und „synthetisch" lassen sich kombinieren. Es gibt vier mögliche Fälle:

	a priori	**a posteriori**
analytisch	„Kreise sind rund."	x
synthetisch	?	„Die Katze sitzt auf der Matte."

Mit-Denken

III Erklären Sie, (a) warum es keine analytischen Aussagen a posteriori geben kann und (b) warum in der Tabelle ein Fragezeichen auftaucht.

Für Kant steht die Frage nach synthetischen Urteilen a priori im Zentrum seiner Überlegungen:

Die eigentliche Aufgabe der reinen Vernunft ist nun in der Frage enthalten: *Wie sind synthetische Urteile a priori möglich?* Dass die Metaphysik bisher in einem so schwankenden Zustande der Ungewissheit und Widersprüche geblieben ist, ist lediglich der Ursache zuzuschreiben, dass man sich diese Aufgabe und vielleicht sogar den Unterschied der *analytischen* und *synthetischen* Urteile nicht früher in Gedanken kommen ließ. Auf der Auflösung dieser Aufgabe, oder einem genugtuenden Beweise, dass die Möglichkeit, die sie erklärt zu wissen verlangt, in der Tat gar nicht stattfinde, beruht nun das Stehen und Fallen der Metaphysik. *David Hume*, der dieser Aufgabe unter allen Philosophen noch am nächsten trat, sie aber sich bei Weitem nicht bestimmt genug und in ihrer Allgemeinheit dachte, sondern bloß bei dem synthetischen Satze der Verknüpfung der Wirkung mit ihren [...] stehen blieb, glaubte herauszubringen, dass

Kontexte

Wie sind synthetische Urteile a priori möglich? (2006)

Peter Baumann

Man kann sich den Inhalt und die Bedeutung dieser Frage nicht deutlich genug vor Augen führen. Wer der Auffassung ist, dass es synthetische Erkenntnis a priori gibt, meint, dass wir etwas „Sachhaltiges" (etwas, das nicht einfach aus der Logik und dem Gehalt dieser Begriffe folgt) über die Welt wissen, ohne dabei Erfahrung zu Hilfe nehmen zu müssen. Was könnte dies sein? Und wie kann man sich das überhaupt verständlich machen?

ein solcher Satz a priori gänzlich unmöglich sei, und nach seinen Schlüssen würde alles, was wir Metaphysik nennen, auf einen bloßen Wahn von vermeinter Vernunfteinsicht dessen hinauslaufen, was in der Tat bloß aus der Erfahrung erborgt und durch Gewohnheit den Schein der Notwendigkeit überkommen hat [...].

Kontexte

Welche Funktion haben synthetische Urteile a priori?

Philos

Sophos

Philos: Na, Sophos, bist du schon an dem verquasten Deutsch von Kant gescheitert oder bist du noch auf der Höhe?

Sophos: Ehrlich gesagt, ist dieser Königsberger schon ein ziemlicher Klops! Gedanklich, meine ich. Ich habe aber immerhin verstanden, dass es Aussagen gibt, die analytisch sind und deren Wahrheit ich a priori einsehen kann, und dass es Aussagen gibt, die synthetisch sind und bei denen ich auf Erfahrung zurückgreifen muss, um herauszufinden, ob sie wahr sind.

Philos: Stimmt. Ich stelle fest: Du hast dich durch die schwierigen Texte nicht vom Selbstdenken abhalten lassen. Sehr gut!

Sophos: Was ich jedoch nicht verstehe, ist, was synthetische Urteile a priori sein sollen und welche Bedeutung sie für Kant haben. Immerhin ist für ihn die Frage, wie solche Urteile möglich sind, zentral für die *Kritik der reinen Vernunft*.

Philos: Hm, nehmen wir doch noch mal den Satz, dass jedes Ereignis eine Ursache hat. Ist dieser Satz analytisch wahr?

Sophos: Dann müsste ja in der Bedeutung des Ausdrucks „Ereignis" irgendwie enthalten sein, dass es eine Ursache hat, so wie „unverheiratet" in der Bedeutung des Ausdrucks „Junggeselle" enthalten ist.

Philos: Gut. Wenn der Satz „Jedes Ereignis hat eine Ursache" nicht analytisch ist, dann muss er wohl synthetisch sein. Und jetzt müssen wir herausfinden, ob er a priori oder a posteriori gilt.

Sophos: Das ist wohl eine Ermessensfrage. David Hume hat ja die Auffassung vertreten, dass uns die Verknüpfung zwischen Ursache und Wirkung nur deshalb zunächst a priori gültig bzw. notwendig erscheint, weil uns die Gewohnheit dazu bringt. Wir haben bislang häufig beobachtet, dass bislang B durch A verursacht wurde, und schließen dann daraus, dass A und B wohl *immer* auf diese Weise miteinander verknüpft sein müssen.

Philos: Ja, so könnte man das sagen. Für Hume ist der Satz „Jedes Ereignis hat eine Ursache" sicher nicht a priori gültig. Aber Kant dreht den Spieß auf eine wirklich geniale Weise um und macht damit auch klar, wieso synthetische Urteile a priori so wichtig sind.

Sophos: Da bin ich aber gespannt.

Philos: Pass auf: Wenn der Satz „Jedes Ereignis hat eine Ursache" a priori und damit für Kant notwendig gilt, dann bedeutet das, dass es unmöglich ist, dass Ereignisse ohne Ursache auftreten. Mit anderen Worten: Wir werden niemals die Erfahrung machen können, dass ein Ereignis ohne Ursache auftritt. *Und jetzt kommt Kants kopernikanische Wende der Denkart* ins Spiel: Anstatt anzunehmen, dass sich unsere Erkenntnis nach den Gegenständen richten muss, geht Kant nun davon aus, dass sich die Gegenstände nach unserer Erkenntnis richten müssen. Im konkreten Fall bedeutet das: Dass der Satz „Jedes Ereignis hat eine Ursache" a priori und notwendig gültig ist, liegt daran, dass er jeder nur möglichen Erfahrung zugrunde liegt. Wir können die Welt nur durch eine Ursache-Wirkungs-Brille wahrnehmen, die Ursache-Wirkungs-Relation ist eine Bedingung der Möglichkeit von Erfahrung.

Sophos: Ich verstehe. Wenn wir die Welt immer durch die Kausalitätsbrille wahrnehmen, dann ist es kein Wunder, dass die Ursache-Wirkungs-Beziehung a priori gilt. Wir können diese Brille ja gar nicht abnehmen.

Philos: Diese Brille macht Erfahrung erst möglich. Und darum ist für Kant der Satz „Jedes Ereignis hat eine Ursache" a priori gültig.

Sophos: Jetzt würde mich natürlich interessieren, ob die Kausalitätsbrille die einzige ist, die wir brauchen, um Erfahrungen machen zu können.

Philos: Natürlich nicht. Wir tragen z. B. auch Raum-Zeit-Brillen. Aber ich empfehle dir, das bei Kant im Original nachzulesen, auch wenn es etwas mühsamer werden wird, es zu verstehen!

Transzendentalphilosophie (1781/87)

Immanuel Kant

„Transzendental" nennt Kant (1724–1804) „alle Erkenntnis [...], die sich nicht sowohl mit Gegenständen, sondern mit unserer Erkenntnisart von Gegenständen, sofern diese a priori möglich sein soll, überhaupt beschäftigt." Der Grundgedanke einer in diesem Sinne transzendentalen Untersuchung menschlicher Erfahrung ist, dass alle Gegenstände menschlicher Erfahrung bestimmten Bedingungen genügen müssen. Wir erkennen die Welt nicht „an sich", sondern so, wie sie sich für unseren Erkenntnisapparat darstellt. Transzendentalphilosophie beschäftigt sich mit den Bedingungen der Möglichkeit menschlicher Erkenntnis und sucht nach den notwendigen, denen alle Gegenstände der Erfahrung genügen müssen. Dass auch die Aussage „Die Welt hat eine raumzeitliche Struktur" eine synthetische Aussage ist, die a priori gilt und damit zu den Prinzipien zählt, die die Grundstruktur unserer Erfahrung festlegen, erläutert Kant in seiner „transzendentalen Elementarlehre".

Gemüt: Bezeichnung für die allgemeinen Funktionen der Erkenntnis

Unsre Erkenntnis entspringt aus zwei Grundquellen des Gemüts, deren die erste ist, die Vorstellungen zu empfangen (die Rezeptivität der Eindrücke), die zweite das Vermögen, durch diese Vorstellungen einen Gegenstand zu erkennen (Spontaneität der Begriffe); durch die erstere wird uns ein Gegenstand *gegeben*, durch die zweite wird dieser im Verhältnis auf jene Vorstellung (als bloße Bestimmung des Gemüts) *gedacht*. Anschauung und Begriffe machen also die Elemente aller unsrer Erkenntnis aus, sodass weder Begriffe, ohne ihnen auf einige Art korrespondierende Anschauung, noch Anschauung ohne Begriffe, ein Erkenntnis abgeben können. Beide sind entweder rein oder empirisch. Empirisch, wenn Empfindung (die die wirkliche Gegenwart des Gegenstandes voraussetzt) darin enthalten ist; rein aber, wenn der Vorstellung keine Empfindung beigemischt ist. Man kann die letztere die Materie der sinnlichen Erkenntnis nennen. Daher enthält reine Anschauung lediglich die Form, unter welcher etwas angeschaut wird, und reiner Begriff allein die Form des Denkens eines Gegenstandes überhaupt. Nur allein reine Anschauungen oder Begriffe sind a priori möglich, empirische nur a posteriori.

Wollen wir die Rezeptivität unseres Gemüts, Vorstellungen zu empfangen, sofern es auf irgendeine Weise affiziert wird, Sinnlichkeit nennen: so ist dagegen das Vermögen, Vorstellungen selbst hervorzubringen, oder die Spontaneität des Erkenntnisses, der Verstand. Unsre Natur bringt es so mit sich, dass die Anschauung niemals anders als sinnlich sein kann, d. i. nur die Art enthält, wie wir von Gegenständen affiziert werden. Dagegen ist das Vermögen, den Gegenstand sinnlicher Anschauung zu denken, der Verstand. Keine dieser Eigenschaften ist der andern vorzuziehen. Ohne Sinnlichkeit würde uns kein Gegenstand gegeben, und ohne Verstand keiner gedacht werden. Gedanken ohne Inhalt sind leer, Anschauungen ohne Begriffe sind blind. Daher ist es ebenso notwendig, seine Begriffe sinnlich zu machen (d. i. ihnen den Gegenstand in der Anschauung beizufügen), als, seine Anschauungen sich verständlich zu machen (d. i. sie unter Begriffe zu bringen). Beide Vermögen, oder Fähigkeiten, können auch ihre Funktionen nicht vertauschen. Der Verstand vermag nichts anzuschauen, und die Sinne nichts zu denken. Nur daraus, dass sie sich vereinigen, kann Erkenntnis entspringen. Deswegen darf man aber doch nicht ihren Anteil vermischen, sondern man hat große Ursache, jedes von dem andern sorgfältig abzusondern und zu unterscheiden. Daher unterscheiden wir die Wissenschaft der Regeln der Sinnlichkeit überhaupt, d. i. Ästhetik, von der Wissenschaft der Verstandesregeln überhaupt, d. i. der Logik. [...]

In der transzendentalen Ästhetik also werden wir zuerst die Sinnlichkeit *isolieren*, dadurch, dass wir alles absondern, was der Verstand durch seine Begriffe dabei denkt, damit nichts als empirische Anschauung übrig bleibe. Zweitens werden wir von dieser noch alles, was zur Empfindung gehört, abtrennen, damit nichts als reine Anschauung und die bloße Form der Erscheinungen übrig bleibe, welches das Einzige ist, das die Sinnlichkeit a priori liefern kann. Bei dieser Untersuchung wird sich finden, dass es zwei reine Formen sinnlicher Anschauung, als Prinzipien der Erkenntnis a priori gebe, nämlich Raum und Zeit, mit deren Erwägung wir uns jetzt beschäftigen werden. [...]

Vermittelst des äußeren Sinnes (einer Eigenschaft unsres Gemüts) stellen wir uns Gegenstände als außer uns, und diese insgesamt im Raume vor. Darinnen ist ihre Gestalt, Größe und Verhältnis gegeneinander bestimmt oder bestimmbar. Der innere Sinn, vermittelst dessen das Gemüt sich selbst oder seinen inneren Zustand anschauet, gibt zwar keine Anschauung von der Seele selbst als einem Objekt; allein es ist doch eine bestimmte Form, unter der die Anschauung ihres innern Zustandes allein möglich ist, so, dass alles, was zu den innern Bestimmungen gehört, in Verhältnissen der Zeit vorgestellt wird. Äußerlich kann die Zeit nicht angeschaut werden, so wenig wie der Raum, als etwas in uns. Was sind nun Raum und Zeit? Sind es wirkliche Wesen? Sind es zwar nur Bestimmungen oder auch Verhältnisse der Dinge, aber doch solche, welche ihnen auch an sich zukommen würden, wenn sie auch nicht angeschaut würden, oder sind sie solche, die nur an der Form der Anschauung allein haften, und mithin an der subjektiven Beschaffenheit unseres Gemüts, ohne welche diese Prädikate gar keinem Dinge beigelegt werden können?

Kontexte

Die grünen Gläser

Aus einem Brief des Schriftstellers Heinrich von Kleist (1777–1811) an seine Verlobte Wilhelmine v. Zenge vom 22. März 1801:

Vor Kurzem ward ich mit der neueren sogenannten kantischen Philosophie bekannt – und Dir muss ich jetzt daraus einen Gedanken mitteilen [...]. Wenn alle Menschen statt der Augen grüne Gläser hätten, so würden sie urteilen müssen, die Gegenstände, welche sie dadurch erblicken, sind grün – und nie würden sie entscheiden können, ob ihr Auge ihnen die Dinge zeigt, wie sie sind, oder ob es nicht etwas zu ihnen hinzutut, was nicht ihnen, sondern dem Auge gehört. So ist es mit dem Verstande. Wir können nicht entscheiden, ob das, was wir Wahrheit nennen, wahrhaft Wahrheit ist, oder ob es uns nur so scheint.

Ästhetik: Kant verwendet den Begriff in seiner ursprünglichen Bedeutung, denn „aisthesis“ meint die sinnliche Wahrnehmung. Die transzendentale Ästhetik untersucht also das Zustandekommen der sinnlichen Wahrnehmung.

Um uns hierüber zu belehren, wollen wir zuerst den Begriff des Raumes erörtern. Ich verstehe aber unter Erörterung (expositio) die deutliche (wenngleich nicht ausführliche) Vorstellung dessen, was zu einem Begriffe gehört; metaphysisch aber ist die Erörterung, wenn sie dasjenige enthält, was den Begriff, als a priori gegeben, darstellt.

1) Der Raum ist kein empirischer Begriff, der von äußeren Erfahrungen abgezogen worden. Denn damit gewisse Empfindungen auf etwas außer mich bezogen werden (d.i. auf etwas in einem andern Orte des Raumes, als darinnen ich mich befinde), imgleichen damit ich sie als außer- und nebeneinander, mithin nicht bloß verschieden, sondern als in verschiedenen Orten vorstellen könne, dazu muss die Vorstellung des Raumes schon zum Grunde liegen. Demnach kann die Vorstellung des Raumes nicht aus den Verhältnissen der äußern Erscheinung durch Erfahrung erborgt sein, sondern diese äußere Erfahrung ist selbst nur durch gedachte Vorstellung allererst möglich.

2) Der Raum ist eine notwendige Vorstellung, a priori, die allen äußeren Anschauungen zum Grunde liegt. Man kann sich niemals eine Vorstellung davon machen, dass kein Raum sei, ob man sich gleich ganz wohl denken kann, dass keine Gegenstände darin angetroffen werden. Er wird also als die Bedingung der Möglichkeit der Erscheinungen und nicht als eine von ihnen abhängende Bestimmung angesehen und ist eine Vorstellung a priori, die notwendigerweise äußeren Erscheinungen zum Grunde liegt.

Mit-Denken

III Diskutieren Sie gemeinsam im Kurs, worauf insbesondere die letzte der drei von Kant hier gestellten Fragen abzielt. Formulieren Sie die Frage so um, dass sie allgemein verständlich wird.

1 Bilden Sie Vierergruppen und arbeiten Sie nach folgender Methode: Teilen Sie den Text in sinnvolle Absätze ein. Der jeweils aktuelle Abschnitt wird zunächst von allen gelesen. Dann erhält jedes Gruppenmitglied eine Rolle zugewiesen: **A** klärt bzw. erklärt schwierige Begriffe und schwierige Textpassagen. **B** fasst den Inhalt des Abschnitts mit eigenen Worten kurz zusammen. **C** formuliert Fragen, die die anderen mithilfe des Textes beantworten sollen. **D** versucht, einen Bezug zwischen dem Text und der eigenen Lebenswelt, den eigenen Erfahrungen oder einer anderen philosophischen Theorie herzustellen, über den alle diskutieren. Bei jedem neuen Abschnitt wechseln die Rollen (A, B, C, D) im Uhrzeigersinn.

2 Diskutieren Sie folgende These bzw. Frage: „Nach Kant können wir die Welt nicht so erkennen, wie sie unabhängig von uns existiert, sondern nur so, wie sie uns unser Erkenntnisapparat erscheinen lässt. Inwiefern ist das überhaupt noch echte Erkenntnis?“

Schematische Darstellung des reziproken Lesens

Die Übereinstimmungstheorie der Wahrheit (1781/1787)

Immanuel Kant

Auf die Frage „Was ist Wahrheit?“ gibt es viele Antworten. Insbesondere bei Thomas von Aquin wird ein sehr einleuchtender Grundgedanke deutlich. Wahrheit besteht in einer – wie auch immer gearteten – Übereinstimmung zwischen einem Gedanken (oder wahlweise einem Satz, einer Äußerung etc.) und der Sache, d. h. der Wirklichkeit. Wenn ich sage: „Ich halte jetzt ein Buch in der Hand“, dann ist dieser Satz wahr, wenn er mit der Wirklichkeit übereinstimmt, d. h., wenn ich tatsächlich ein Buch in der Hand halte. Auch Immanuel Kant (1724–1804) hat eine Variante der Übereinstimmungs- oder Korrespondenztheorie der Wahrheit formuliert.

Die alte und berühmte Frage, womit man die Logiker in die Enge zu treiben vermeinte, [...] ist diese: *Was ist Wahrheit?* Die Namenerklärung der Wahrheit, dass sie nämlich die Übereinstimmung der Erkenntnis mit ihrem Gegenstande sei, wird hier geschenkt und vorausgesetzt; man verlangt aber zu wissen, welches das allgemeine und sichere Kriterium der Wahrheit einer jeden Erkenntnis sei. [...]

Wenn Wahrheit in der Übereinstimmung einer Erkenntnis mit ihrem Gegenstande besteht, so muss dadurch dieser Gegenstand von andern unterschieden werden; denn eine Erkenntnis ist falsch, wenn sie mit dem Gegenstande, worauf sie bezogen wird, nicht übereinstimmt, ob sie gleich etwas enthält, was wohl von andern Gegenständen gelten könnte. Nun würde ein allgemeines Kriterium der Wahrheit dasjenige sein, welches von allen Erkenntnissen, ohne Unterschied ihrer Gegenstände, gültig wäre. Es ist aber klar, dass, da man bei demselben von allem Inhalt der Erkenntnis (Beziehung auf ihr Objekt) abstrahiert und Wahrheit gerade diesen Inhalt angeht, es ganz unmöglich und ungereimt sei, nach einem Merkmale der Wahrheit dieses Inhalts der Erkenntnisse zu fragen, und dass also ein hinreichendes und doch zugleich allgemeines Kennzeichen der Wahrheit unmöglich angegeben werden könne. Da wir oben schon den Inhalt einer Erkenntnis die Materie derselben genannt haben, so wird man sagen müssen: Von der Wahrheit der Erkenntnis der Materie nach lässt sich kein allgemeines Kennzeichen verlangen, weil es in sich selbst widersprechend ist. Was aber das Erkenntnis der bloßen Form nach (mit Beiseitesetzung alles Inhalts) betrifft, so ist ebenso klar: dass eine Logik, sofern sie die allgemeinen und notwendigen Regeln des Verstandes vorträgt, eben in diesen Regeln Kriterien der Wahrheit darlegen müsse. Denn, was diesen widerspricht, ist falsch, weil der Verstand dabei seinen allgemeinen Regeln des Denkens, mithin sich selbst widerstreitet. Diese Kriterien aber betreffen nur die Form der Wahrheit, d. i. des Denkens überhaupt, und sind sofern ganz richtig, aber nicht hinreichend. Denn obgleich eine Erkenntnis der logischen Form völlig gemäß sein möchte, d. i. sich selbst nicht widerspräche, so kann sie doch noch immer dem Gegenstande widersprechen. Also ist das bloß logische Kriterium der Wahrheit, nämlich die Übereinstimmung einer Erkenntnis mit den allgemeinen und formalen Gesetzen des Verstandes und der Vernunft zwar die conditio sine qua non, mithin die negative Bedingung aller Wahrheit: Weiter aber kann die Logik nicht gehen, und den Irrtum, der nicht die Form, sondern den Inhalt trifft, kann die Logik durch keinen Probierstein entdecken.

conditio sine qua non: lat., eine notwendige Bedingung

1 Identifizieren Sie die Kernaussage des Textes und erläutern Sie diese möglichst klar.

2 Ein häufig vorgebrachter Einwand gegen jede Variante der Übereinstimmungstheorie der Wahrheit besteht darin, dass es die behauptete Übereinstimmung nicht geben kann: Wie soll zum Beispiel eine Erkenntnis mit einem Gegenstand übereinstimmen, da es sich doch offensichtlich um völlig Verschiedenes handelt? Diskutieren Sie diesen Einwand kritisch.

3 Ein berühmtes Zitat von J. L. Austin lautet „It takes two to make a truth". Wie deuten Sie dieses Zitat und wie kann man es mit Kants Ansatz zur Erklärung von Wahrheit verbinden?

Kritik an der Übereinstimmungstheorie der Wahrheit (1918/19)

Gottlob Frege

Gottlob Frege (1848 – 1925)

Der deutsche Philosoph Gottlob Frege, der sich insbesondere mit Problemen der Logik und Sprachphilosophie auseinandergesetzt hat, wendet sich in seinem Aufsatz „Der Gedanke" grundsätzlich gegen jede Form der Übereinstimmungstheorie der Wahrheit.

Um jedes Missverständnis auszuschließen und die Grenze zwischen Psychologie und Logik nicht verwischen zu lassen, weise ich der Logik die Aufgabe zu, die Gesetze des Wahrseins zu finden, nicht die des Fürwahrhaltens oder Denkens. In den Gesetzen des Wahrseins wird die Bedeutung des Wortes „wahr" entwickelt.

Zunächst aber will ich ganz im Rohen die Umrisse dessen zu zeichnen versuchen, was ich in diesem Zusammenhange wahr nennen will. So mögen denn Gebrauchsweisen unseres Wortes abgelehnt werden, die abseits liegen. Es soll hier nicht in dem Sinne von „wahrhaftig" oder „wahrheitsliebend" gebraucht werden, noch auch so, wie es manchmal bei der Behandlung von Kunstfragen vorkommt, wenn z. B. von Wahrheit in der Kunst die Rede ist, wenn Wahrheit als Ziel der Kunst hingestellt wird, wenn von der Wahrheit eines Kunstwerkes oder von wahrer Empfindung gesprochen wird. Man setzt auch das Wort „wahr" einem andern Worte vor, um zu sagen, dass man dieses Wort in seinem eigentlichen, unverfälschten Sinne verstanden wissen wolle. Auch diese Gebrauchsweise liegt nicht auf dem hier verfolgten Wege; sondern gemeint ist die Wahrheit, deren Erkenntnis der Wissenschaft als Ziel gesetzt ist.

Mit-Denken

III Wie wird das Konzept der Wahrheit in den von Frege genannten Beispielen (Wahrheit in der Kunst, wahre Empfindung) gebraucht? Vergleichen Sie die Verwendungsweise des Wortes „wahr" in den Sätzen (a) „Dies ist wahre Kunst", (b) „Das ist doch wohl nicht wahr!" und (c) „Der Satz ‚2 + 2 = 4' ist wahr".

Das Wort „wahr" erscheint sprachlich als Eigenschaftswort. Dabei entsteht der Wunsch, das Gebiet enger abzugrenzen, auf dem die Wahrheit ausgesagt werden, wo überhaupt Wahrheit infrage kommen könne. Man findet die Wahrheit ausgesagt von Bildern, Vorstellungen, Sätzen und Gedanken. Es fällt auf, dass hier sichtbare und hörbare Dinge zusammen mit Sachen vorkommen, die nicht mit den Sinnen wahrgenommen werden können. Das deutet darauf hin, dass Verschiebungen des Sinnes vorgekommen sind. In der Tat! Ist denn ein Bild als bloßes sichtbares, tastbares Ding eigentlich wahr? Und ein Stein, ein Blatt ist nicht wahr? Offenbar würde man das Bild nicht wahr nennen, wenn nicht eine Absicht dabei wäre. Das Bild soll etwas darstellen. Auch die Vorstellung wird nicht an sich wahr genannt, sondern nur im Hinblick auf eine Absicht, dass sie mit etwas übereinstimmen solle. Danach kann man vermuten, dass die Wahrheit in einer

Übereinstimmung eines Bildes mit dem Abgebildeten bestehe. Eine Übereinstimmung ist eine Beziehung. Dem widerspricht aber die Gebrauchsweise des Wortes „wahr“, das kein Beziehungswort ist, keinen Hinweis auf etwas anderes enthält, mit dem etwas übereinstimmen solle. [...] Auch kann eine Übereinstimmung ja nur dann vollkommen sein, wenn die übereinstimmenden Dinge zusammenfallen, also gar nicht verschiedene Dinge sind. [...] Eine Vorstellung mit einem Dinge zur Deckung zu bringen, wäre nur möglich, wenn auch das Ding eine Vorstellung wäre. Und wenn dann die erste mit der zweiten vollkommen übereinstimmt, fallen sie zusammen. Aber das will man gerade nicht, wenn man die Wahrheit als Übereinstimmung einer Vorstellung mit etwas Wirklichem bestimmt.

Dabei ist es gerade wesentlich, dass das Wirkliche von der Vorstellung verschieden sei. Dann aber gibt es keine vollkommene Übereinstimmung, keine vollkommene Wahrheit. Dann wäre überhaupt nichts wahr; denn was nur halb wahr ist, ist unwahr. Die Wahrheit verträgt kein Mehr oder Minder. Oder doch? Kann man nicht festsetzen, dass Wahrheit bestehe, wenn die Übereinstimmung in einer gewissen Hinsicht stattfinde? Aber in welcher? Was müssten wir dann aber tun, um zu entscheiden, ob etwas wahr wäre? Wir müssten untersuchen, ob es wahr wäre, dass – etwa eine Vorstellung und ein Wirkliches – in der festgesetzten Hinsicht übereinstimmten. Und damit ständen wir wieder vor einer Frage derselben Art, und das Spiel könnte von Neuem beginnen. So scheitert dieser Versuch, die Wahrheit als eine Übereinstimmung zu erklären. So scheitert aber auch jeder andere Versuch, das Wahrsein zu definieren. Denn in einer Definition gäbe man gewisse Merkmale an. Und bei der Anwendung auf einen besonderen Fall käme es dann immer darauf an, ob es wahr wäre, dass diese Merkmale zuträfen. So drehte man sich im Kreise. Hiernach ist es wahrscheinlich, dass der Inhalt des Wortes „wahr“ ganz einzigartig und undefinierbar ist. [...] Ohne damit eine Definition geben zu wollen, nenne ich Gedanken etwas, bei dem überhaupt Wahrheit infrage kommen kann. [...] Demnach kann ich sagen: Der Gedanke ist der Sinn eines Satzes, ohne damit behaupten zu wollen, dass der Sinn jedes Satzes ein Gedanke sei. Der an sich unsinnliche Gedanke kleidet sich in das sinnliche Gewand des Satzes und wird uns damit fassbarer. Wir sagen, der Satz drücke einen Gedanken aus. Der Gedanke ist etwas Unsinnliches, und alle sinnlich wahrnehmbaren Dinge sind von dem Gebiete dessen auszuschließen, bei dem überhaupt Wahrheit infrage kommen kann. Wahrheit ist nicht eine Eigenschaft, die einer besonderen Art von Sinneseindrücken entspricht. So unterscheidet sie sich scharf von Eigenschaften, die wir mit den Wörtern „rot“, „bitter“, „fliederduftend“ benennen. Aber sehen wir nicht, dass die Sonne aufgegangen ist? Und sehen wir nicht damit auch, dass dies wahr ist? Dass die Sonne aufgegangen ist, ist kein Gegenstand, der Strahlen aussendet, die in mein Auge gelangen, ist kein sichtbares Ding wie die Sonne selbst. Dass die Sonne aufgegangen ist, wird aufgrund von Sinneseindrücken als wahr erkannt. Dennoch ist das Wahrsein keine sinnlich wahrnehmbare Eigenschaft. [...]

Immerhin gibt es zu denken, dass wir an keinem Dinge eine Eigenschaft erkennen können, ohne damit zugleich den Gedanken, dass dieses Ding diese Eigenschaft habe, wahr zu finden. So ist mit jeder Eigenschaft eines Dinges eine Eigenschaft eines Gedankens verknüpft, nämlich die der Wahrheit. Beachtenswert ist es auch, dass der Satz „Ich rieche Veilchenduft“ doch wohl denselben Inhalt hat wie der Satz „Es ist wahr, dass ich

Philosophische Fingerübung

Wie widerlegt Frege die These, dass Wahrheit als Übereinstimmung zu denken ist? Erarbeiten Sie in möglichst kleinen Schritten den Argumentationsgang des Textes.

Veilchenduft rieche". So scheint denn dem Gedanken dadurch nichts hinzugefügt zu werden, dass ich ihm die Eigenschaft der Wahrheit beilege. Und doch! Ist es nicht ein großer Erfolg, wenn nach langem Schwanken und mühsamen Untersuchungen der Forscher schließlich sagen kann: „Was ich vermutet habe, ist wahr"? Die Bedeutung des Wortes „wahr" scheint ganz einzigartig zu sein. Sollten wir es hier mit etwas zu tun haben, was in dem sonst üblichen Sinne gar nicht Eigenschaft genannt werden kann?

1 Wenn man sich nach dem gesunden Menschenverstand richtet, wird man sagen, dass ein Satz wahr oder falsch sein kann. Stellen Sie dar, inwiefern sich Frege hier vom „common sense" entfernt, und erklären Sie, warum er dies tut.

2 Gesetzt den Fall, dass Frege tatsächlich gezeigt hat, dass Wahrheit keine irgendwie geartete Übereinstimmungsbeziehung sein kann. Diskutieren Sie, welche Alternativen es gibt, um dem Wort „wahr" doch noch eine sinnvolle Bedeutung zu geben.

Die erkenntnistheoretische Haltung des Naturforschers (1973)

Konrad Lorenz

Konrad Lorenz (1903–1989)

Zwischen Konrad Lorenz und Immanuel Kant gibt es eine interessante lebensgeschichtliche Verbindung: Denn Lorenz wurde 1940 an der Philosophischen Fakultät der Universität Königsberg, d. h. an der Wirkungsstätte Kants, zum Professor für Psychologie ernannt. Auch in seinem philosophischen Denken hat sich Lorenz häufig auf Kant bezogen: Zwei seiner Aufsätze aus den Jahren 1941 und 1943 („Kants Lehre vom Apriorischen im Lichte gegenwärtiger Biologie" und „Die angeborenen Formen möglicher Erfahrung") gelten heute als Schriften, die die Evolutionäre Erkenntnistheorie mitbegründeten, weil es Lorenz erstmals gelang, das menschliche Erkennen aus der Sicht des Naturforschers und aus der Sicht des Philosophen in den Blick zu nehmen. In seinem Werk „Die Rückseite des Spiegels" (1973), aus dem der folgende Textauszug stammt, hat Lorenz seinen Ansatz noch einmal allgemein verständlich dargestellt.

Für den Naturforscher ist der Mensch ein Lebewesen, das seine Eigenschaften und Leistungen, einschließlich seiner hohen Fähigkeiten des Erkennens, der Evolution verdankt, jenem äonenlangen Werdegang, in dessen Verlauf sich alle Organismen mit den Gegebenheiten der Wirklichkeit auseinandergesetzt und – wie wir zu sagen pflegen – an sie *angepasst* haben. Dieses stammesgeschichtliche Geschehen ist ein Vorgang der *Erkenntnis*, denn jede „Anpassung an" eine bestimmte Gegebenheit der äußeren Realität bedeutet, dass ein Maß von „Information über" sie in das organische System aufgenommen wurde. Auch in der Entwicklung des Körperbaus, in der Morphogenese, entstehen *Bilder* der Außenwelt: Die Flossen- und Bewegungsform der Fische bildet die hydrodynamischen Eigenschaften des Wassers ab, die diese unabhängig davon besitzt, ob Flossen in ihm rudern oder nicht. Das Auge ist, wie Goethe richtig erschaute, ein Abbild der Sonne und der physikalischen Eigenschaften, die dem Licht zukommen, unabhängig davon, ob Augen da sind, es zu sehen. Auch das Verhalten von Tier und Mensch ist, soweit es an die Umwelt angepasst ist, ein Bild von ihr. Die Organisation der Sinnesorgane und des Zentralnervensystems setzt die Lebewesen in den Stand, Kunde von bestimmten für sie relevanten Gegebenheiten der Außenwelt zu erlangen und in lebenserhaltender Weise auf sie zu antworten. Auch die primitive Ausweichreaktion des Pantoffeltierchens, *Paramaecium*, das, wenn es auf ein Hindernis gestoßen ist, erst ein Stückchen

Äon: vom griechischen Wort für Ewigkeit; sehr langer Zeitraum

Lorenz bezieht sich hier auf einen Goethe-Text: „Wär nicht das Auge sonnenhaft, die Sonne könnt es nie erblicken […]"

zurück und dann – in einer zufallsbestimmten anderen Richtung – wieder vorwärtsschwimmt, *„weiß“* etwas im buchstäblichen Sinne „Objektives“ über die Außenwelt. *Objicere* heißt entgegenwerfen: Das Objekt ist das, was unserer Vorwärtsbewegung entgegengeworfen wird, das Undurchdringliche, woran wir uns stoßen. Das Paramaecium „weiß“ über das Objekt nur, dass es die Fortbewegung in der bisherigen Richtung nicht zulässt. Diese „Erkenntnis“ hält der Kritik stand, die wir vom Blickpunkt unseres weit komplexeren und an Einzelheiten reicheren Weltbildes zu üben imstande sind. Wir könnten dem Tierchen zwar oft Richtungen anraten, die günstiger wären, als die von ihm auf gut Glück eingeschlagene, aber das, *was* es „weiß“, ist durchaus richtig: Geradeaus geht es tatsächlich nicht weiter! Alles, was wir Menschen über die reale Welt wissen, in der wir leben, verdanken wir stammesgeschichtlich entstandenen, Relevantes vermeldenden Apparaten des Informationsgewinns, die zwar sehr viel komplexer, aber nach gleichen Prinzipien gebaut sind wie jene, welche die Fluchtreaktion des Pantoffeltierchens bewirken. Nichts, was Gegenstand der Naturwissenschaft sein kann, ist auf einem anderen Wege zu unserer Kenntnis gelangt als auf eben diesem. Aus dieser Einsicht folgt, dass wir die menschlichen Fähigkeiten zum Erkennen der Wirklichkeit anders beurteilen, als es die Erkenntnistheoretiker bisher getan haben. Wir sind, was unsere Hoffnung betrifft, den Sinn und die letzten Werte dieser Welt zu verstehen, sehr bescheiden. An unserer Überzeugung dagegen, dass alles, was unser Erkenntnisapparat uns meldet, *wirklichen* Gegebenheiten der außersubjektiven Welt entspricht, halten wir unerschütterlich fest. Diese erkenntnistheoretische Haltung entspringt dem Wissen, dass unser Erkenntnisapparat selbst ein Ding der realen Wirklichkeit ist, das in „Auseinandersetzung mit“ und in „Anpassung an“ ebenso wirkliche Dinge seine gegenwärtige Form erhalten hat. Auf dieses Wissen gründet sich unsere Überzeugung, dass allem, was unser Erkenntnisapparat uns über die äußere Wirklichkeit mitteilt, etwas Wirkliches entspricht. Die „Brillen“ unserer Denk- und Anschauungsformen, wie Kausalität, Substanzialität, Raum und Zeit, sind *Funktionen* einer neurosensorischen Organisation, die im Dienste der Arterhaltung entstanden ist. Durch diese Brillen sehen wir also nicht, wie die transzendentalen Idealisten annehmen, eine unvoraussagbare Verzerrung des An-sich-Seienden, die in keiner noch so vagen Analogie, in keinem „Bildverhältnis“, zur Wirklichkeit steht, sondern ein wirkliches Bild derselben, allerdings eines, das in krass utilitaristischer Weise vereinfacht ist:

Wir haben nur für jene Seiten des An-sich-Bestehenden ein „Organ“ entwickelt, auf die in arterhaltend zweckmäßiger Weise Bezug zu nehmen für unsere Art so lebenswichtig

Kontexte

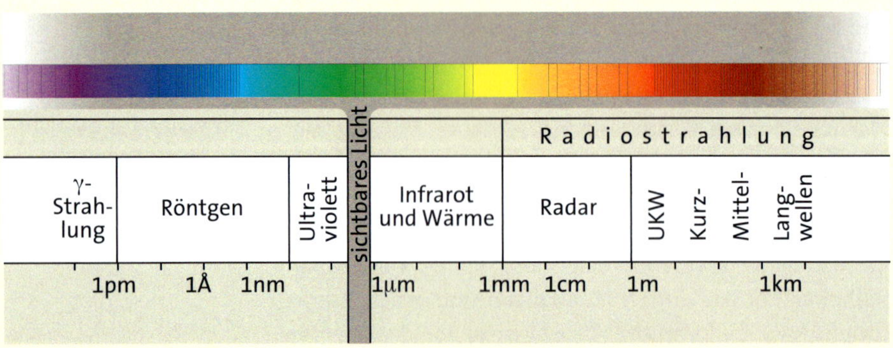

Das elektromagnetische Spektrum. Das menschliche Auge ist nur für Wellenlängen zwischen 380 und 760 nm empfindlich.

war, dass ein ausreichender Selektionsdruck die Ausbildung dieses speziellen Apparates der Erkenntnis bewirkte. Die Leistung unseres Erkenntnisapparates gleicht in dieser Hinsicht dem, was ein roher und primitiver Robben- oder Walfischfänger über das Wesen seiner Beute weiß, nämlich nur das, was für seine Interessen praktisch von Belang ist. Dieses wenige aber, was zu wissen uns die Organisation unserer Sinnesorgane und unseres Nervensystems gestattet, hat sich in äonenlanger Erprobung bewährt. Wir dürfen ihm vertrauen – so weit es reicht! Denn ganz selbstverständlich müssen wir annehmen, dass das An-sich-Bestehende noch sehr viele *andere* Seiten hat, die aber *für uns*, für die barbarischen Robbenfänger, die wir eigentlich sind, nicht lebenswichtig sind. Wir haben „kein Organ" für sie, weil unsere Artentwicklung nicht gezwungen war, Anpassungen an sie zu entwickeln. Für all die vielen „Wellenlängen", auf die unser „Empfangsapparat" *nicht* abgestimmt ist, sind wir selbstverständlich taub, und wir wissen nicht, wir können nicht wissen, wie viele ihrer sind. Wir sind „beschränkt" im buchstäblichen wie im übertragenen Sinne dieses Wortes. Ich bin Naturforscher und Arzt. Schon früh war ich mir darüber im Klaren, dass der Naturwissenschaftler um der Objektivität willen die physiologischen und psychologischen Mechanismen kennen muss, die uns Menschen Erfahrungen vermitteln. Er muss sie aus denselben Gründen kennen, aus denen der Biologe sein Mikroskop und dessen optische Leistungen genau kennen muss: um davor bewahrt zu bleiben, dass man für eine dem betrachteten Ding anhaftende Eigenschaft hält, was in Wirklichkeit nur auf den Leistungsbeschränkungen des Instruments beruht, indem man beispielsweise die schönen regenbogenfarbigen Ränder, mit denen ein nicht ganz achromatisches Objektiv alles damit Beobachtete umgibt, für einen den untersuchten Kleinlebewesen eigenen Schmuck hält.

1 Erarbeiten Sie die Besonderheiten der erkenntnistheoretischen Haltung des Naturforschers und erläutern Sie, wie sie sich von der erkenntnistheoretischen Haltung eines Philosophen unterscheidet.

2 Geben Sie einige Beispiele für Bereiche der Außenwelt an, für die wir als Menschen „blind" sind, und begründen Sie aus der Perspektive von Konrad Lorenz, warum wir in diesen Bereichen blind geblieben sind. Beziehen Sie in Ihre Überlegungen auch die Darstellung des elektromagnetischen Spektrums (s. links) mit ein.

3 Diskutieren Sie die These, dass wir unserem Erkenntnisapparat vertrauen können, „so weit es reicht". In welchen Fällen ist dieses Vertrauen nicht mehr gerechtfertigt?

Der Passungscharakter unseres Erkenntnisapparates (1985)

Gerhard Vollmer

Ähnlich wie Konrad Lorenz ist auch Gerhard Vollmer (* 1943) Naturwissenschaftler und Philosoph. Er sagt von sich selbst, dass er die Grundgedanken der Evolutionären Erkenntnistheorie bereits 1968 entwickelt habe, als ihm die bahnbrechenden Schriften von Konrad Lorenz noch gar nicht bekannt waren. In seinem Buch „Evolutionäre Erkenntnistheorie", das 1975 erstmals erschien, beschäftigt er sich vor allem mit drei Fragen: 1. Warum erkennen wir gerade so, dies und nur dies? 2. Wie sicher ist unsere Erkenntnis? 3. Worauf beruht ihre Sicherheit? Seine Antworten auf diese Fragen nach der Natur der Erkenntnis und der Erkenntnis der Natur sind im Wesentlichen interdisziplinär, d. h., sie beruhen nicht nur auf philosophischen Überlegungen, sondern auch auf Ergebnissen der Physiologie, der Evolutionstheorie, der Psychologie und der Verhaltensforschung.

Mit einem Schwarz-Weiß-Film kann man keine Farben unterscheiden, mit einem Fotoapparat keine Töne registrieren, mit einem Mikrofon keine Gerüche erkennen. [...] Wenn überhaupt Erkenntnis über die Welt möglich sein soll, so muss unser Erkenntnisapparat gerade für solche Reize empfindlich sein, die von der Umwelt angeboten, von den realen Objekten ausgesandt werden. Eine solche Passung liegt nun auch tatsächlich vor [...]. Der Begriff der „Passung" hat dabei drei Aspekte.
Erstens passt unser Erkenntnisapparat in dem Sinne auf die Welt, wie ein Werkzeug auf das Werkstück passt. Eine Schraube kann man nicht mit einem Faden, einer Taschenlampe, nicht einmal mit einem Schraubenschlüssel lösen. In diesem Sinne passt das menschliche Auge zum Tageslicht, zum Strahlungsmaximum des Sonnenlichts und zum optischen Fenster der Atmosphäre. Das heißt nicht, dass das Auge „sonnenhaft" sein müsse, wie Plotin oder Goethe meinten. Sonne und Auge haben nichts gemeinsam; das Auge absorbiert und verarbeitet lediglich einige Signale, die von der Sonne ausgesandt, von der Atmosphäre durchgelassen und von den meisten Gegenständen reflektiert werden. Ohne dieses Mindestmaß an Passung wäre Erkenntnis unmöglich.
Zweitens ist Erkenntnis nützlich, indem sie nämlich für das Überleben einen Vorteil bietet. Ist aber Erkenntnis nützlich in diesem Sinne, so ist es auch die Passung zwischen äußeren Bedingungen und subjektivem Erkenntnisapparat. Wir sehen also jede derartige Passung als Vorteil an. [...]
Drittens also passen einige subjektive Strukturen sogar in dem Sinne auf die Welt, dass sie mit ihnen *übereinstimmen*. Dann gibt es eine gewisse Strukturgleichheit, eine partielle Isomorphie zwischen subjektiven und objektiven Strukturen. [...]

Wie kommt es, dass subjektive und objektive Strukturen so gut aufeinanderpassen, teilweise sogar übereinstimmen? Die meisten Philosophen waren der Meinung, dass diese Übereinstimmung kein Zufall, sondern einer Erklärung bedürftig sei. Die Evolutionäre Erkenntnistheorie gibt darauf eine biologisch orientierte Antwort:

Unser Erkenntnisapparat ist ein Ergebnis der biologischen Evolution. Die subjektiven Erkenntnisstrukturen passen auf die Welt, weil sie sich im Laufe der Evolution in Anpassung an diese reale Welt herausgebildet haben. Und sie stimmen mit den realen Strukturen (teilweise) überein, weil nur eine solche Übereinstimmung das Überleben ermöglichte. Die Evolutionäre Erkenntnistheorie beantwortet also eine alte philosophische Frage über eine relativ junge biologische Theorie, nämlich die Evolutionstheorie. Die unleugbare und zum Teil verblüffende *Passung* wird dabei als Ergebnis einer *Anpassung* erklärt, die den beiden großen Baumeistern der Evolution, Mutation und Selektion, unterworfen war. Nicht nur Sinnesorgane, Zentralnervensystem und Gehirn sind evolutiv entstanden, sondern natürlich auch ihre *Funktionen*: Sehen, Wahrnehmen, Gedächtnis, Erkennen, Denken, Sprechen.

Eine solche These erscheint vielen Geisteswissenschaftlern kühn, dem Biologen dagegen geradezu zwingend. Wenn wir diese evolutionäre Antwort – wenigstens versuchsweise – akzeptieren, dann können wir zahlreiche Einsichten der Evolutionstheorie in die Erkenntnistheorie übertragen. [...]

Nun wissen wir aus der Evolutionstheorie, dass die Anpassung eines Organismus an seine Umwelt *nie ideal* ist. Eine ideale Anpassung wäre einerseits sehr aufwendig; andererseits ist sie gar nicht erforderlich und auch kaum möglich, weil dem Selektionsdruck ein Mutationsdruck entgegenwirkt und weil auch die Umwelt sich laufend ändert. So ist auch unser Erkenntnisvermögen, ist insbesondere die Passung zwischen Erkenntnisapparat und Umwelt keineswegs vollkommen. [...]

Obwohl die Passung unseres Erkenntnisapparates nicht ideal ist und nicht ideal sein kann, ist sie auch nicht gar zu schlecht. Dass eine *gewisse* Passung und sogar eine gewisse Isomorphie zwischen subjektiven und objektiven Strukturen besteht, haben wir bereits im letzten Abschnitt gesehen, und es war auch Anlass zu unserer Hauptfrage (Wie kommt es zu dieser Passung?). Wie weit Passung und Isomorphie reichen, ist eine empirische Frage. Immerhin gibt die Evolutionäre Erkenntnistheorie eine *prinzipielle* Antwort: Die Passung muss wenigstens so weit reichen, dass die wesentlichen Bedürfnisse des Organismus im Allgemeinen und des Menschen im Besonderen befriedigt werden; sie muss *überlebens-adäquat* sein.

Isomorphie: Gleichförmigkeit

Nehmen wir ein Beispiel. Baumlebende Tiere wie Affen, die von Ast zu Ast und sogar von Baum zu Baum springen, müssen irgendwie die räumliche Struktur ihrer Lebenswelt bewältigen. Nur wenn sie die Entfernung eines Astes richtig einschätzen, wird ihre Greifhand im richtigen Moment zufassen. Dazu müssen sie die dreidimensionalen Objekte ihrer Umwelt aus zweidimensionaler Netzhautinformation rekonstruieren, also wahrnehmen. Es ist also kein Zufall, dass wir Menschen eine so gute Raumwahrnehmung besitzen: Wir verdanken sie unseren baumbewohnenden Vorfahren! „Um es grob, aber bildhaft auszudrücken: Der Affe, der keine realistische Wahrnehmung von dem Ast hatte, nach dem er sprang, war bald ein toter Affe – und gehört daher nicht zu unseren Urahnen." (Simpson)

Erkenntnistheoretisch kann man jede subjektive Erkenntnisstruktur als eine Hypothese über die Struktur der Welt auffassen. Diese *Hypothese* ist – da biologisch oder gar genetisch bedingt – meist unbewusst und unkorrigierbar. Evolution ist also biologisch ein Prozess von Mutation und Selektion, *erkenntnistheoretisch* dagegen ein Prozess von Vermutungen und Widerlegungen, ein Zusammenhang, den vor allem Karl Popper betont. „Leben ist ein erkenntnisgewinnender Prozess", sagt Konrad Lorenz, einer der Väter der Evolutionären Erkenntnistheorie. Im Allgemeinen sind *richtige* Hypothesen auch für die Arterhaltung günstiger als falsche. Falsche Hypothesen werden, wenn ihre Falschheit für das Überleben relevant ist, in der Evolution eliminiert. Hypothesen dagegen, die den evolutiven Erfolg erhöhen, werden beibehalten (bzw. langfristig durch noch geeignetere ersetzt). So führt dieser Prozess von Mutation und Selektion, von Versuch und Irrtumsbeseitigung, von Vermutung und Widerlegung, von Hypothese und Test, zu der erwähnten partiellen Isomorphie zwischen Welt und Erkennen.

Wieder können wir aufgrund evolutionärer Prinzipien allein nicht angeben, wie weit diese Isomorphie reicht.

Kontexte

Visuelle Intelligenz

Donald D. Hoffmann

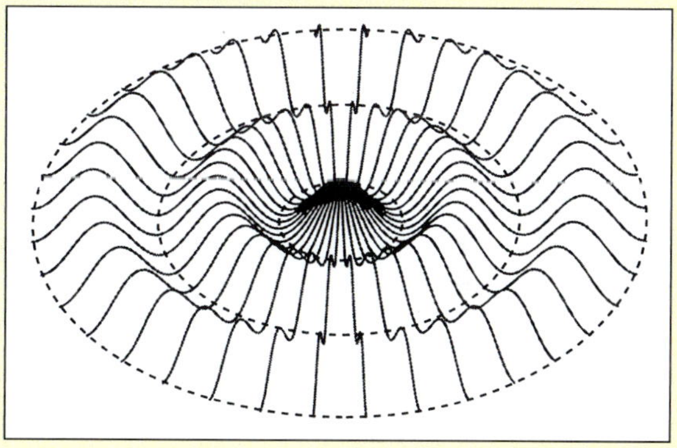

Bei dieser Abbildung handelt es sich [...] um eine Zeichnung auf [...] einer zweidimensionalen (2-D) – Fläche. Wenn Sie wollen, können Sie das überprüfen, indem Sie sie berühren. Gleichzeitig scheint die Abbildung [...] alles andere als flach zu sein, vielmehr im Raum gekrümmt, wie die Wellen auf einem Teich. Das können Sie überprüfen, indem Sie die Abbildung betrachten. [...] Nach den Gesetzen der Logik kann die Kräuselung nicht zugleich flach und nicht flach sein, folglich muss sich entweder die Hand oder das Auge (oder beide) im Irrtum befinden. Jeder, dem ich die Wellen bisher gezeigt habe, hat sich dafür entschieden, der Hand zu glauben. [...] Dann hat Ihr Sehsystem einen schweren Fehler begangen: Es hat eine komplizierte Kräuselung im Raum konstruiert, obwohl es genug Indizien dafür gibt, dass diese Konstruktion nicht gerechtfertigt ist. Unter Missachtung aller Anhaltspunkte, die dafür sprechen, dass die Abbildung flach sein muss, beharrt Ihr Sehsystem auch weiterhin auf seinem Irrtum. [...] Ist unser visuelles System einfach durchgeknallt? [...] Sollen wir fortan dem Zeugnis des Sehens misstrauen, nachdem wir seinen Hang zu Falschaussagen kennengelernt haben?

Sie könnte ziemlich gut, *im Prinzip* sogar vollständig sein; objektive Erkenntnis ist *möglich*, aber nicht garantiert [...]. Offenbar geht die Evolutionäre Erkenntnistheorie davon aus, dass es angeborene Ideen, das heißt genetisch übertragene Information über die Welt, gibt. Dieses Vorwissen steckt in den Sinnesorganen, im Zentralnervensystem, im Gehirn. In einer Welt, in der es keine elektromagnetische Strahlung im sichtbaren Bereich gibt, hätten sich keine Augen entwickelt. Wozu hätten sie auch dienen können? Wir sehen, hören, fühlen gerade dort, wo es etwas zum Sehen, Hören, Fühlen *gibt*.

Unser Erkenntnisapparat ist darauf vorbereitet, optische Reize dreidimensional zu entschlüsseln; er arbeitet mit der *Hypothese*, die visuell wahrnehmbaren Objekte seien dreidimensional. Solche Hypothesen sind unabhängig von aller individuellen Erfahrung, also *ontogenetisch a priori*. In den meisten Fällen sind sie auch richtig. Und soweit sie Erkenntnis erst ermöglichen und gestalten, sind sie sogar erfahrungskonstitutiv oder transzendental im kantischen Sinne. Aber selbst diese genetische Information ist erst im Laufe der Evolution entstanden; sie wurde getestet und bei Bewährung beibehalten. Sie ist ein Ergebnis guter und schlechter Erfahrungen aus Tausenden und Millionen von Jahren, also *phylogenetisch a posteriori*.

Obwohl demnach die Evolutionäre Erkenntnistheorie erfahrungsunabhängiges, das heißt apriorisches Wissen anerkennt, zerstört sie doch den kantischen Begriff des Apriori: Dieses Wissen über die Welt ist zwar angeboren, aber nicht notwendig wahr. Die Evolutionäre Erkenntnistheorie ist also bescheidener und zugleich anspruchsvoller als Kants Transzendentalphilosophie: bescheidener, weil sie nicht vorgibt, notwendiges oder absolutes oder sicheres Wissen zu liefern oder zu verbürgen; anspruchsvoller, weil nach dem projektiven Modell durchaus die Aussicht besteht, die *Welt an sich* zu erkennen, nämlich hypothetisch zu rekonstruieren.

Kant hat seinen Standortwechsel gern als kopernikanische Wende gesehen. Tatsächlich war sein Schritt epochemachend; aber er entspricht eher einer ptolemäischen Gegenrevolution. Denn *erkenntnistheoretisch* setzte er den Menschen wieder in den Mittelpunkt der Welt, von wo Kopernikus ihn *kosmologisch* vertrieben hatte. Erst die Evolutionäre Erkenntnistheorie nimmt den erkennenden Menschen wieder aus seiner zentralen Stellung als „Gesetzgeber der Natur" heraus und macht ihn zu einem Beobachter kosmischen Geschehens, das ihn einschließt, in dem er aber seine Rolle meist weit überschätzt hat.

Erst die Evolutionäre Erkenntnistheorie vollzieht also eine echte kopernikanische Wende in der Erkenntnistheorie. Sie erlaubt es deshalb auch, den Menschen in vieler Hinsicht in einer etwas bescheideneren Perspektive zu sehen.

1 Erstellen Sie auf der Grundlage des Textes einen zusammenfassenden Kurzartikel für ein fiktives „Schülerlexikon der Philosophie" zum Thema „Evolutionäre Erkenntnistheorie".

2 Erläutern Sie die Begriffe „ontogenetisch a priori" (Z. 106) und „phylogenetisch a posteriori" (Z. 111) auch im Hinblick auf die Thesen Immanuel Kants (vgl. S. 385–393).

3 „Ist unser visuelles System einfach durchgeknallt?" – Wie könnte ein Anhänger der Evolutionären Erkenntnistheorie die „Fehlleistung" unseres visuellen Systems (s. Kontexte, S. 401) erklären?

4 Fertigen Sie ein kommentiertes Schaubild an, das erläutert, warum nicht Kant, sondern die Evolutionäre Erkenntnistheorie die wahre „kopernikanische Wende der Denkart" vollzogen hat.

Der Neue Realismus (2013)

Markus Gabriel

Markus Gabriel (* 1980) versteht unter Metaphysik den Versuch, „eine Theorie des Weltganzen zu entwickeln. Sie soll beschreiben, wie die Welt in Wirklichkeit ist, nicht, wie die Welt uns vorkommt, wie sie uns erscheint." In seinem Buch „Warum es die Welt nicht gibt" – das man lesen muss, um den merkwürdigen Titel zu verstehen – entwickelt er u. a. die Theorie des „Neuen Realismus", die sich von der Metaphysik auf der einen und dem Konstruktivismus auf der anderen Seite deutlich unterscheidet.

Um zu verstehen, inwiefern der Neue Realismus eine neue Einstellung zur Welt mit sich bringt, wählen wir ein einfaches Beispiel: Nehmen wir an, Astrid befinde sich gerade in Sorrent und sehe den Vesuv, während wir (also Sie, lieber Leser, und ich) gerade in Neapel sind und ebenfalls den Vesuv betrachten. Es gibt also in diesem Szenario den Vesuv, den Vesuv von Astrid aus (also aus Sorrent) gesehen und den Vesuv von uns aus (also aus Neapel) gesehen. Die Metaphysik behauptet, dass es in diesem Szenario einen einzigen wirklichen Gegenstand gibt, nämlich den Vesuv. Dieser wird gerade zufällig einmal aus Sorrent und ein andermal aus Neapel betrachtet, was ihn aber hoffentlich ziemlich kaltlässt. Es geht den Vesuv nichts an, wer sich für ihn interessiert. Das ist Metaphysik.

Der Konstruktivismus hingegen nimmt an, dass es in diesem Szenario drei Gegenstände gibt: den Vesuv für Astrid, Ihren Vesuv und meinen Vesuv. Dahinter gebe es entweder überhaupt keinen Gegenstand oder doch keinen Gegenstand, den wir jemals zu erkennen hoffen könnten.

Der Neue Realismus hingegen nimmt an, dass es in diesem Szenario mindestens vier Gegenstände gibt:

1. Der Vesuv.
2. Der Vesuv von Sorrent aus gesehen (Astrids Perspektive).
3. Der Vesuv von Neapel aus gesehen (Ihre Perspektive).
4. Der Vesuv von Neapel aus gesehen (meine Perspektive).

Man kann sich leicht klarmachen, warum diese Option die beste ist. Es ist nicht nur eine Tatsache, dass der Vesuv ein Vulkan ist, der sich an einer bestimmten Stelle auf der Erdoberfläche befindet, die derzeit zu Italien gehört, sondern es ist ganz mit demselben Recht ebenfalls eine Tatsache, dass er von Sorrent aus soundso und von Neapel aus eben anders aussieht. Selbst meine geheimsten Empfindungen bei der Betrachtung des Vulkans sind Tatsachen (auch wenn sie nur so lange geheim bleiben, bis es einer komplizierten App für das iPhone 1000 Plus gelingt, meine Gedanken zu scannen und online zu stellen). Der Neue Realismus nimmt also an, dass Gedanken über Tatsachen mit demselben Recht existieren wie die Tatsachen, über die wir nachdenken.

Sowohl die Metaphysik als auch der Konstruktivismus scheitern dagegen an einer unbegründeten Vereinfachung der Wirklichkeit, indem sie die Wirklichkeit entweder einseitig als die Welt ohne Zuschauer oder ebenso einseitig als die Welt der Zuschauer verstehen. Die Welt, die ich kenne, ist aber immer eine Welt mit Zuschauer, in der Tatsachen, die sich nicht für mich interessieren, zusammen mit meinen Interessen (und Wahrnehmungen, Empfindungen und so weiter) bestehen. Die Welt ist weder ausschließlich die Welt ohne Zuschauer noch ausschließlich die Welt der Zuschauer. Dies ist der Neue Realismus. Der alte Realismus, sprich die Metaphysik, interessierte sich nur für die Welt ohne Zuschauer, während der Konstruktivismus recht narzisstisch die Welt und alles, was der Fall ist, auf unsere Einbildungen gründete. Beide Theorien führen zu nichts.

Man muss also erklären, wie es Zuschauer in einer Welt geben kann, in der es nicht immer schon und nicht überall Zuschauer gibt – eine Aufgabe, die in diesem Buch durch die Einführung einer neuen Ontologie gelöst wird. Unter ONTOLOGIE versteht man traditionell die „Lehre vom Seienden". Das altgriechische Partizip „to on" bedeutet auf Deutsch „das Seiende", und „logos" heißt in diesem Zusammenhang schlichtweg „Lehre". In der Ontologie geht es letztlich um die Bedeutung von Existenz. Was behaupten wir eigentlich, wenn wir zum Beispiel sagen, dass es Erdmännchen gibt? Viele Menschen glauben, dass sich diese Frage an die Physik oder ganz allgemein die Naturwissenschaften richtet. Schließlich sei alles, was existiert, doch wohl materiell. Wir glauben doch auch nicht ernsthaft an Geister, die beliebig gegen die Naturgesetze verstoßen können und unerkennbar um uns herumschwirren. (Nun, die meisten von uns tun das nicht.) Doch wenn wir deswegen behaupten, dass nur dasjenige existiert, was sich naturwissenschaftlich untersuchen und mittels Skalpell, Mikroskop oder Hirnscanner sezieren oder ins Bild bringen lässt, wären wir weit über das Ziel hinausgeschossen. Denn in diesem Fall würden weder die Bundesrepublik Deutschland noch die Zukunft, die Zahlen oder meine Träume existieren. Da sie das aber tun, zögern wir ganz zu Recht, die Physiker mit der Frage nach dem Sein zu betrauen. Wie sich zeigen wird, ist die Physik, nun ja, voreingenommen.

1 Erstellen Sie drei kleine Schaubilder, die jeweils die Position der Metaphysik, des Konstruktivismus und des Neuen Realismus verdeutlichen.

2 Erläutern Sie, warum im Urteil Gabriels sowohl die Metaphysik als auch der Konstruktivismus nur unbegründete Vereinfachungen der Wirklichkeit anbieten.

3 Erklären Sie, warum die Vorstellung, dass nur das existiert, was sich naturwissenschaftlich untersuchen lässt, so plausibel und verlockend ist.

4 In dem Kontexte-Kasten (s. rechts) weist David Papineau darauf hin, dass es in der Wissenschaftstheorie umstritten ist, ob wir wirklich etwas über Atome, Moleküle etc. wissen. Überprüfen Sie kritisch, wie Sie Ihr eigenes Wissen über diese „Dinge" gewonnen haben und ob sie *tatsächlich* etwas über Atome, Moleküle etc. wissen.

5 Begründen Sie schriftlich, warum man aus der Sicht des Neuen Realismus nicht die Physiker mit der Frage nach dem Sein betrauen sollte.

Philosophische Debatte

Bilden Sie drei Gruppen und diskutieren Sie möglichst lebhaft und auf der Grundlage philosophischer Texte und Thesen die Frage, ob Metaphysik, Konstruktivismus oder der Neue Realismus ein angemessenes Bild der Wirklichkeit vermitteln.

Kontexte

David Papineau über wissenschaftlichen Realismus

Wissenschaftlicher Realismus ist die Auffassung, entsprechend der die Welt, wie wissenschaftliche Theorien sie beschreiben, tatsächlich existiert und dass wir etwas über diese Welt wissen. Wissenschaftlicher Realismus befasst sich insbesondere mit der Welt von Objekten, die man nicht beobachten kann, so etwa Elektronen und Atome, Moleküle, Viren, Radiowellen usw. – von Dingen also, die wir weder sehen noch mit einem anderen unserer Sinne aufnehmen können. Daher ist es umstritten, ob wir wirklich etwas von diesen Dingen wissen. Auf dem Gebiet der Wissenschaftstheorie ist Skepsis eine ernst zu nehmende Wahl: Viele Wissenschaftstheoretiker sind der Auffassung, dass zwar eine nicht-wahrnehmbare Welt tatsächlich existiert, aber dass wir über diese nichts herausbekommen können. Diese Position unterscheidet sich von der Art von Philosophie, die sich mit alltäglichen konkreten Gegenständen normaler Größe befasst. Niemand glaubt, dass wir nichts über Tische, Stühle und andere alltägliche Gegenstände wüssten. In der Wissenschaftstheorie jedoch glauben sehr viele ernst zu nehmende Leute, dass wir über die nicht-wahrnehmbare Welt *tatsächlich* nichts wissen. Sie sind davon überzeugt, dass wissenschaftliche Theorien lediglich praktische und nützliche Mythen sind, die aber eigentlich gar nichts über die Wirklichkeit aussagen.

Nach- und Weiter-Denken

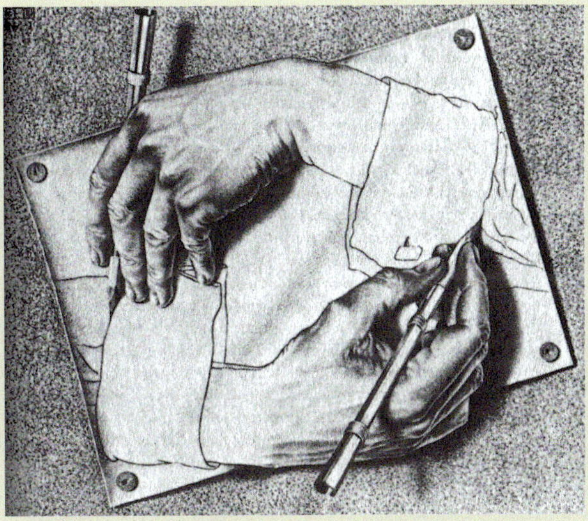

1 ||| Beschreiben Sie das Bild auf dieser Seite und setzen Sie es in Bezug zu den philosophischen Theorien, die Sie in diesem Kapitel kennengelernt haben.

2 ||| Welche philosophische Position hat Sie am meisten überzeugt? Begründen Sie Ihre Antwort in Ihrem philosophischen Tagebuch.

3 ||| Hat eine der Theorien, die Sie in diesem Kapitel kennengelernt haben, Ihren ganz persönlichen Blick auf die Welt verändert oder sind die philosophischen Positionen nur Glasperlenspiele ohne Relevanz für den Alltag? Diskutieren Sie diese Frage auch im Plenum.

6.2 Der Anspruch der Naturwissenschaften auf Objektivität

Es besteht wohl kein Zweifel daran, dass wir in einer Zeit leben, die maßgeblich durch Technik und Wissenschaft geprägt ist. Insbesondere die rasante Entwicklung der digitalen Computertechnik in den letzten Jahrzehnten hat uns das noch einmal besonders deutlich vor Augen geführt. Für manche Menschen mag die Wissenschaft sogar eine Art Ersatzreligion geworden sein: Sie verlassen sich beispielsweise eher auf moderne Medizin als auf Gott und zweifeln Aussagen führender Forscher kaum jemals an. Im Rahmen dieses Kapitels soll aus philosophischer Perspektive beleuchtet werden, welche Ansprüche Wissenschaft erhebt bzw. legitimerweise erheben darf, welche Verfahren und Prinzipien für die Erstellung wissenschaftlicher Theorien leitend sind, wie wir zu Wissen gelangen, ob Wissenschaft tatsächlich ausschließlich rational ist u. v. m. Dabei werden einige überraschende Ergebnisse zutage treten.

Vor-Denken

1 Eine wissenschaftliche Theorie, die Sie in einem Lehrbuch finden, muss entwickelt werden. Welche einzelnen Schritte sind notwendig, um eine Theorie aufzustellen? Erstellen Sie eine kleine kommentierte Grafik.

2 Lange Zeit war das Fliegen für den Menschen nur mit magischen Mitteln denkbar. Heute ist es eine technische Selbstverständlichkeit. Finden und diskutieren Sie weitere Beispiele, die zeigen, dass Magie durch Technik und Wissenschaft ersetzt worden ist.

3 Der Wissenschaftsjournalist Steven Johnson analysiert in seinem Buch „How We Got to Now“ (2014), wie die Erfindung von Glas, Tonaufzeichnungen, künstlicher Kälte, hygienischen Standards, Zeitmessung und Licht unser Leben verändert hat. Stellen Sie sich eine Welt vor, in der jeweils eine der genannten Erfindungen (noch) fehlt. Wie sähe Ihr Alltag in einer solchen Welt aus?

Unser Glaube an die Wissenschaft (2013)

Holm Tetens

In seiner Einführung in die Wissenschaftstheorie setzt sich der Philosoph Holm Tetens (* 1948) kritisch mit unserem Glauben an die Wissenschaft auseinander. Er beschreibt dabei zwei Grundannahmen, die unser Verhältnis zur Wissenschaft bestimmen, die die meisten von uns für wahr halten und über die man gewöhnlich nicht nachdenkt – es sei denn, man ist Philosoph(in).

Wir leben in der wissenschaftlich-technischen Zivilisation. Zu Recht nennt man unsere kulturelle Epoche so, spielen in ihr doch Wissenschaft und Technik eine dominierende Rolle. Zwei fundamentale Postulate charakterisieren die wissenschaftlich-technische Zivilisation. Viele Menschen, vor allem sehr viele Intellektuelle in den fortgeschrittenen Industriegesellschaften, sind von der Wahrheit der beiden Postulate überzeugt.

1. Das Postulat vom exklusiven Zugang der Wissenschaften zur Wirklichkeit: Es sind die Wissenschaften und nur die Wissenschaften, die uns die Wirklichkeit immer besser erkennen und verstehen lassen. Demgegenüber verfehlen magische, mythische, religiöse und metaphysisch-philosophische Zugänge zur Wirklichkeit, wie sie die Kulturgeschichte der Menschheit auch verzeichnet, die eigentliche Realität.

2. Das Weltperfektionierungspostulat: Indem wir die Ergebnisse wissenschaftlicher Welterkenntnis technologisch anwenden und für die industrielle Produktion von Waren und Dienstleistungen ökonomisch nutzen, verbessert sich die Welt, weil allmählich immer mehr Übel und Leiden aus ihr verschwinden.

Die beiden Postulate bringen zum Ausdruck, wie sehr wir uns von den Wissenschaften abhängig gemacht haben. Vor allem jedoch offenbaren sie, wie ungeheuer viel wir den Wissenschaften zutrauen. Man kann geradezu von einem Gottvertrauen in die Wissenschaften sprechen: „Der Glaube an die Wissenschaft", so der Physiker und Philosoph Carl Friedrich von Weizsäcker außerordentlich hellsichtig, „spielt die Rolle der herrschenden Religion unserer Zeit."

Verdienen die Wissenschaften ein solches Vertrauen? Sind tatsächlich sie es und nur sie, die uns die Wirklichkeit adäquat erkennen lassen? Wie prägt es unsere Kultur und wie ist es zu bewerten, dass die Wissenschaften alle anderen Zugänge zur Wirklichkeit immer stärker verdrängen? Wie und warum lassen sich die Ergebnisse der Wissenschaften technologisch anwenden: weil allein die Wissenschaften die Wirklichkeit zutreffend erfassen und begreifen oder weil die Wissenschaften in der Natur von vornherein nichts anderes erblicken als einen Möglichkeitsraum für wissenschaftsbasierte technische Interventionen? Wie verändert es unser Verständnis der nicht-menschlichen und unserer eigenen menschlichen Natur, dass die wissenschaftliche Erforschung der Natur und die technische Manipulation der Natur eine Symbiose eingegangen sind, bei der es inzwischen einigermaßen schwerfällt, beide noch hinreichend zu unterscheiden? Wieweit garantieren uns die wissenschaftsbasierte Technik und technikbasierte Wissenschaft einen stetigen Fortschritt zum Besseren hin?

Diese und andere Fragen sind – man darf es so dramatisch formulieren – nichts Geringeres als Schicksalsfragen der wissenschaftlich-technischen Zivilisation.

Mit diesen Fragen kann und sollte man sich auch an die Philosophie wenden. Denn Philosophen haben schon immer darüber nachgedacht, was Wissenschaft eigentlich ist und was wir von ihr erwarten dürfen und was nicht. Doch erst mit der wissenschaftlich-technischen Zivilisation sind Fragen nach den Möglichkeiten und Grenzen von Wissenschaft so unabweisbar geworden, dass sich innerhalb der Philosophie eine eigene Teildisziplin etabliert hat, in der die Wissenschaften reflektiert werden: die Wissenschaftstheorie. Man bezeichnet sie auch als „Philosophie der Wissenschaften“ oder als „Wissenschaftsphilosophie“.

1 Sammeln Sie Beispiele, die für die im Text genannten Postulate sprechen. Gibt es auch Gegenbeispiele? Diskutieren Sie Ihre Ergebnisse.

2 Glaube und Wissenschaft scheinen auf den ersten Blick Gegensätze zu sein. Erläutern Sie, warum dennoch vom Glauben an die Wissenschaft gesprochen wird. Trägt die Wissenschaft Züge einer Religion?

3 Begründen Sie schriftlich, warum die im Text genannten Fragen „Schicksalsfragen der wissenschaftlich-technischen Zivilisation“ sind.

Philosophische Debatte

Bilden Sie zwei Gruppen. Gruppe 1 vertritt das Lager der Wissenschaft, Gruppe 2 schlägt sich auf die Seite derer, die glauben, dass es mehr auf der Welt gibt, als man mit wissenschaftlichen Methoden verstehen bzw. erklären kann. Diskutieren Sie dann über die beiden im Text genannten Postulate.

Rudolf Carnap (1891–1970)

Das Kriterium des Sinnes (1928)

Rudolf Carnap

Rudolf Carnap war ein Mitglied des Wiener Kreises, einem Zusammenschluss von Philosophen, der vor allem in den 20er- und 30er-Jahren des 20. Jahrhunderts großen Einfluss auf die Philosophie ausübte und eine Denkrichtung prägte, die logischer bzw. empirischer Positivismus genannt wird (vgl. Kontexte-Kästen, S. 410 und 412). Ein Grundgedanke des Wiener Kreises bestand – vereinfacht gesagt – darin, durch die logische Analyse der Sprache die Metaphysik zu überwinden. Das sollte dadurch möglich werden, dass man echte philosophische Probleme von Scheinproblemen unterscheiden lernt, die letztlich aus Fragen bestehen, die keine wissenschaftlich überprüfbaren und intersubjektiv akzeptierten Antworten erwarten lassen. Scheinprobleme bestehen im Urteil des Wiener Kreises aus sinnlosen Aussagen. Man sollte sich daher gar nicht auf sie einlassen und sich in endlosen Debatten und in den Labyrinthen philosophischer Gedankengebäude verirren. Hat man die Scheinprobleme aussortiert, bleiben nur noch echte Probleme übrig, die man dann auch lösen kann. 1929 lässt der Wiener Kreis verlauten: „Die wissenschaftliche Weltauffassung kennt keine *unlösbaren Rätsel*. Die Klärung der traditionellen philosophischen Probleme führt dazu, dass sie teils als Scheinprobleme entlarvt, teils in empirische Probleme umgewandelt und damit dem Urteil der Erfahrungswissenschaft unterstellt werden. In dieser Klärung von Problemen und Aussagen besteht die Aufgabe der philosophischen Arbeit.“ In dem folgenden Textauszug erläutert Rudolf Carnap, wie man sinnvolle Sätze erkennt und welche Konsequenzen sich aus der Identifikation von sinnlosen Sätzen ergeben.

Der Sinn einer Aussage besteht darin, dass sie einen (denkbaren, nicht notwendig auch bestehenden) Sachverhalt zum Ausdruck bringt. Bringt eine (vermeintliche) Aussage keinen (denkbaren) Sachverhalt zum Ausdruck, so hat sie keinen Sinn, ist nur scheinbar eine Aussage. Bringt eine Aussage einen Sachverhalt zum Ausdruck, so ist sie jedenfalls sinnvoll; und zwar ist sie wahr, wenn dieser Sachverhalt besteht, falsch, wenn er nicht besteht. Man kann von einer Aussage schon wissen, ob sie sinnvoll ist, noch bevor man weiß, ob sie wahr oder falsch ist.

Enthält eine Aussage nur Begriffe, die schon bekannt und anerkannt sind, so ergibt sich aus diesen ihr Sinn. Enthält dagegen eine Aussage einen neuen Begriff oder einen solchen, dessen Legitimität (wissenschaftliche Verwendbarkeit) infrage gestellt wird, so muss angegeben werden, welchen Sinn sie hat. Dazu ist notwendig und hinreichend, dass angegeben wird, in welchen Fällen von (zunächst nur gedachter) Erfahrung sie wahr heißen soll (nicht: „wahr ist") und in welchen Fällen sie falsch heißen soll. Die geforderte Angabe ist erstens *hinreichend*; es braucht nicht etwa so etwas wie der „Sinn des Begriffes" angegeben zu werden.

BEISPIEL. Der Begriff *„Jupiter"* kann dadurch eingeführt werden, dass festgesetzt wird: die Aussage „Jupiter brummt zur Zeit t am Ort p" soll wahr heißen, wenn zur Zeit t am Ort p ein Donner feststellbar ist, andernfalls soll sie falsch heißen. Durch diese Festsetzung hat, ohne dass etwas über den Sinn des *Begriffes* „Jupiter" gesagt worden ist, die *Aussage* einen Sinn bekommen; denn wenn ich jetzt zu jemandem die Aussage mache: „Jupiter wird um 12 Uhr hier brummen", so weiß er, was er zu erwarten hat; er kann, wenn er sich in die geeignete Situation (an den bestimmten Ort) begibt, eine Erfahrung machen, durch die meine Aussage bestätigt oder widerlegt wird.

Die geforderte Angabe ist aber auch *notwendig*. Denn wenn man es für zulässig ansehen wollte, in der Wissenschaft eine Aussage zu machen, deren Gültigkeit nicht in bestimmter Weise durch Erfahrungen bestätigt oder widerlegt werden kann, so würde man das Eindringen auch ganz offenkundig sinnloser (Schein-)Aussagen nicht verhindern können.

Damit unsere These genauer formuliert werden kann, seien zunächst einige Definitionen aufgestellt. Spricht eine Aussage p den Inhalt eines Erlebnisses E aus, und ist die Aussage q entweder gleich p oder aus p und früherem Erfahrungswissen durch Deduktionen oder induktive Schlüsse ableitbar, so sagen wir: p ist durch das Erlebnis E *„fundiert"*. Eine Aussage p heißt *„nachprüfbar"*, wenn die Bedingungen angehbar sind, unter denen ein Erlebnis E eintreten würde, durch das p oder das Gegenteil von p fundiert werden würde. Eine Aussage p heißt *„sachhaltig"*, wenn Erlebnisse, durch die p oder das Gegenteil von p fundiert werden würde, wenigstens als Erlebnisse denkbar sind und ihrer Beschaffenheit nach angegeben werden können. Aus diesen Definitionen ergibt sich: Ist eine Aussage nachprüfbar, so auch sicher sachhaltig; das Umgekehrte gilt nicht allgemein. Kann eine Aussage nicht nur gegenwärtig nicht, sondern grundsätzlich überhaupt nicht durch ein Erlebnis fundiert werden, so ist sie nicht sachhaltig.

[...]

Die Forderung der Sachhaltigkeit für jede Aussage wird von allen Realwissenschaften (Naturwissenschaften, Psychologie, Kulturwissenschaften) *anerkannt und praktisch durchgeführt.* Ganz gleich, ob es sich etwa um Mineralogie, Biologie oder Religionswissenschaft handelt: Jede Aussage, die in einem dieser Gebiete als sinnvoll anerkannt werden soll (d.h., die entweder für wahr oder für falsch angesehen wird oder auch nur als Frage

Kontexte

Positivismus

„P." ist ursprünglich die Bezeichnung für die „positive Philosophie", die der franz. Mathematiker und Philosoph Auguste Comte [...] entwickelte. [...] Comte nannte seine Philosophie „positiv", da sie die „positiven Wissenschaften" zur alleinigen Grundlage haben sollte. Eine Wissenschaft heißt „positiv" (franz. *poser* = „setzen", „ein Fundament geben"), wenn ihre Hypothesen auf überprüften, beobachtbaren Tatsachen aufbauen. Davon abgegrenzt sind die Theologie und die metaphysische Philosophie.

hingestellt wird), geht entweder direkt auf Erfahrung, also Erlebnisinhalte zurück oder hängt doch wenigstens indirekt so mit Erfahrung zusammen, dass angegeben werden kann, durch welche mögliche Erfahrung sie bestätigt oder widerlegt werden würde; d. h., sie ist entweder schon durch Erlebnisse fundiert oder nachprüfbar oder wenigstens überhaupt sachhaltig. Nur im Gebiete der Philosophie (und Theologie) kommen vermeintliche Aussagen vor, die nicht sachhaltig sind; Beispiele hierfür sind, wie unsere späteren Überlegungen zeigen werden, die Thesen des Realismus und des Idealismus.

[...]

Wenn zwei Geografen, ein Realist und ein Idealist, ausgeschickt werden, um die Frage zu entscheiden, ob ein an einer bestimmten Stelle in Afrika vermuteter Berg nur legendär sei oder wirklich existiere, so kommen sie beide zu dem gleichen (positiven oder negativen) Ergebnis. Denn für den Begriff der Wirklichkeit in diesem Sinne – wir wollen ihn als *„empirische Wirklichkeit"* bezeichnen – liegen in Physik und Geografie bestimmte Kriterien vor, die unabhängig von dem philosophischen Standpunkt des Forschers eindeutig zu einem bestimmten Ergebnis führen. Und nicht nur über die *Existenz* des Berges werden die beiden Geografen bei genügender Untersuchung zu übereinstimmendem Ergebnis kommen, sondern auch bei jeder Frage nach der *Beschaffenheit* des Berges, nach Lage, Gestalt, Höhe usw. *In allen empirischen Fragen herrscht Einigkeit.* Die Wahl des philosophischen Standpunktes hat also keinen inhaltlichen Einfluss auf die Naturwissenschaft; (damit ist noch nichts darüber gesagt, ob sie nicht trotzdem praktischen Einfluss auf die Tätigkeit des Forschers haben kann).

Der Gegensatz zwischen den beiden Forschern tritt erst auf, wenn sie nicht mehr als Geografen sprechen, sondern als Philosophen, wenn sie die übereinstimmend gefundenen empirischen Ergebnisse philosophisch interpretieren. Dann sagt der Realist: „Diesem uns gemeinsam festgestellten Berg kommen nicht nur die gefundenen geografischen Eigenschaften zu, sondern er ist außerdem auch real" oder (bei einer anderen, der „phänomenalistischen" Spielart des Realismus): „Dem gefundenen Berg liegt etwas Reales, selbst Unerkennbares zugrunde." Der Idealist dagegen sagt: „Im Gegenteil; der Berg selbst ist nicht real, real sind nur unsere (oder, bei einer anderen, der „solipsistischen" Spielart des Idealismus: „nur meine") Wahrnehmungen und sonstigen Bewusstseinsvorgänge." Diese Divergenz zwischen den beiden Forschern liegt nicht auf empirischem Gebiete; denn im Empirischen sind ja beide völlig einig. *Die beiden Thesen,* die hier einander widerstreiten, liegen jenseits der Erfahrung und sind daher *nicht sachhaltig*; weder unternimmt es einer der beiden Streitenden, einen Vorschlag zur Nachprüfung seiner These durch ein gemeinsam anzustellendes entscheidendes Experiment zu machen, noch gibt einer von ihnen auch nur die Beschaffenheit eines Erlebnisses an, durch das seine These fundiert werden würde.

Unser Beispiel lässt sich leicht verallgemeinern. Wie es mit dem Berge steht, so auch mit der Außenwelt überhaupt. Da uns nun die Sachhaltigkeit als das Kriterium der sinnvollen Aussagen gilt, so *kann weder die These des Realismus von der Realität der Außenwelt noch die des Idealismus von der Nichtrealität der Außenwelt als wissenschaftlich sinnvoll aner-*

kannt werden. Das besagt nicht: Die beiden Thesen seien falsch; sondern: Sie haben überhaupt keinen Sinn, in Bezug auf den die Frage, ob wahr oder falsch, gestellt werden könnte.

1 Fassen Sie kurz zusammen, was Carnap unter „Sachhaltigkeit“ versteht.

2 Carnap weist darauf hin, dass ein großer Mangel unserer Sprache darin besteht, dass ein Satz grammatisch einwandfrei und trotzdem sinnlos sein kann. Geben Sie Beispiele für solche Sätze und erläutern Sie, warum diese Sätze aus philosophischer Sicht „gefährlich“ sind.

3 Untersuchen und kommentieren Sie folgende Sätze bzw. Zeichenfolgen kritisch. Sind sie sinnvoll bzw. sachhaltig? Worin bestehen Gemeinsamkeiten, worin Unterschiede zwischen den Sätzen bzw. Zeichenfolgen?
1. „In dieser Wolke sitzt Jupiter.“ (Er drückt sich aber weder in der Gestalt der Wolke aus, noch ist seine Anwesenheit in irgendeiner anderen Weise wahrnehmbar.)
2. „Dieser Stein ist traurig.“
3. „Dieses Dreieck ist tugendhaft.“
4. „Berlin Pferd blau“
5. „und oder dessen“
6. „-)---“

4 Erklären Sie, welche Bedeutung die Sachhaltigkeit für die Philosophie als Wissenschaft besitzt. Worin unterscheidet sich die Philosophie im Hinblick auf die Sachhaltigkeit von anderen Wissenschaften?

5 Worin besteht die Quintessenz des Geografen-Beispiels?

6 Das Buch, aus dem der Text entnommen ist, trägt den Titel „Scheinprobleme in der Philosophie“. Erläutern Sie den Titel und diskutieren Sie, welche Scheinprobleme es in der Philosophie gibt, wenn man Carnaps Thesen folgt.

Beobachtung und Verifikation (1930)

Moritz Schlick

Moritz Schlick (1882–1936)

Die fundamentale Kritik des Wiener Kreises an religiösen und metaphysischen Erkenntnisformen und -fragen, die als Scheinprobleme bezeichnet wurden, hatte nicht nur erhebliche philosophische, sondern – zumindest indirekt – leider auch tragische Konsequenzen. Moritz Schlick, eines der prominentesten Mitglieder des Wiener Kreises, wurde auf dem Weg in einen Hörsaal der Wiener Universität von einem Attentäter erschossen. Der Mann gab später zu Protokoll, dass er durch die radikale Kritik an Religion, Gott und Metaphysik, die vom Wiener Kreis ausging, jeden religiösen Halt verloren habe, und Schlick auch deswegen getötet habe. Ähnlich wie Carnap hat auch Schlick versucht, sinnvolle von sinnlosen Problemen zu unterscheiden. Der folgende kurze Textauszug geht auch auf die Rolle der Philosophie ein.

Wo immer ein sinnvolles Problem vorliegt, kann man theoretisch stets auch den Weg angeben, der zu seiner Auflösung führt, denn es zeigt sich, dass die Angabe dieses Weges im Grund mit der Aufzeigung des Sinnes zusammenfällt: Die praktische Beschreitung des Weges kann natürlich dabei durch tatsächliche Umstände, z. B. mangelhafte menschliche Fähigkeiten, verhindert sein. Der Akt der Verifikation, bei dem der Weg der Lösung schließlich endet, ist immer von derselben Art: Es ist das Auftreten eines bestimmten Sachverhaltes, das durch Beobachtung, durch unmittelbares Erlebnis konstatiert wird. Auf diese Weise wird in der Tat im Alltag wie in jeder Wissenschaft die Wahrheit (oder Falschheit) jeder Aussage festgestellt. Es gibt also keine andere Prüfung und Bestätigung von Wahrheiten als die durch Beobachtung und Erfahrungswissenschaft. Jede Wissenschaft (sofern wir bei diesem Worte an den *Inhalt* und nicht an die menschlichen Veranstaltungen zu seiner Gewinnung denken) ist ein System von Erkenntnissen, d. h. von wahren Erfahrungssätzen; und die Gesamtheit der Wissenschaften, mit Einschluss der Aussagen des täglichen Lebens, ist *das* System der Erkenntnisse; es gibt nicht außerhalb seiner noch ein Gebiet „philosophischer" Wahrheit, die Philosophie ist nicht ein System von Sätzen, sie ist keine Wissenschaft.

Was ist sie aber dann? Nun, zwar keine Wissenschaft, aber doch etwas so Bedeutsames und Großes, dass sie auch fürder, wie einst, als die Königin der Wissenschaften verehrt werden darf; denn es steht ja nirgends geschrieben, dass die Königin der Wissenschaften selbst auch eine Wissenschaft sein müsste. Wir erkennen jetzt in ihr – und damit ist die große Wendung in der Gegenwart positiv gekennzeichnet – anstatt eines Systems von Erkenntnissen ein System von *Akten*; sie ist nämlich diejenige Tätigkeit, durch welche der *Sinn* der Aussagen festgestellt oder aufgedeckt wird. Durch die Philosophie werden Sätze geklärt, durch die Wissenschaften verifiziert. Bei diesen handelt es sich um die Wahrheit von Aussagen, bei jener aber darum, was die Aussagen eigentlich *meinen*. Inhalt, Seele und Geist der Wissenschaft stecken natürlich in dem, was mit ihren Sätzen letzten Endes *gemeint* ist; die philosophische Tätigkeit der Sinngebung ist daher das Alpha und Omega aller wissenschaftlichen Erkenntnis. Dies hat man wohl richtig geahnt, wenn man sagte, die Philosophie liefere sowohl die Grundlage wie den Abschluss des Gebäudes der Wissenschaften; irrig war nur die Meinung, dass das Fundament von „philosophischen Sätzen" gebildet werde (den Sätzen der Erkenntnistheorie) und dass der Bau auch von einer Kuppel philosophischer Sätze (genannt Metaphysik) gekrönt werde.

Kontexte

Das Basisproblem des logischen Empirismus

Im Unterschied zum älteren Positivismus, der bei seiner Suche nach einer faktischen Basis der Erkenntnis auf unmittelbar sinnlich Evidentes als das positiv Gegebene zurückstieß, [...] ist für den logischen Empirismus die Wende zur Sprache charakteristisch. Das Basisproblem wird auf der Schwelle der Sprachlichkeit zu lösen versucht. Empirische Hypothesen und kognitive sinnvolle Theorien werden durch Aussagen verifiziert, falsifiziert oder bestätigt, in denen Ergebnisse von Beobachtungen und Experimenten festgehalten werden. Der Wiener Kreis konzentrierte sich auf jene Sätze, welche der Erfahrung eine Gestalt gegeben haben, die sie [...] intersubjektiv mitteilbar macht. Das „Gegebene" tritt in sprachlichem Gewand auf, in der sagbaren Form von „Wahrnehmungsprotokollen", „Beobachtungssätzen", „Protokollsätzen" oder „Basissätzen".

1 Erklären Sie, was Schlick unter dem „Akt der Verifikation" versteht und welche Bedeutung diesem Akt zukommt.

2 Vergleichen Sie die Positionen Schlicks und Carnaps.

3 Stellen Sie kurz dar, welche Rolle Schlick der Philosophie in der Gesamtheit der Wissenschaften zuspricht und nehmen Sie schriftlich Stellung zu dieser Einordnung.

Der naive Induktivismus (1999)

Alan F. Chalmers

Wissenschaftliche Erkenntnis soll bewiesenes Wissen sein. Wissenschaftliche Theorien sollen nach einem strengen Verfahren aus der Erfahrung abgeleitet werden, die man durch die Beobachtung der Welt und durch Experimente gewinnt. Was ein Wissenschaftler ganz persönlich mit einer Theorie verbindet, seine eigenen Vorlieben, sein eigener Geschmack und seine Wünsche, haben in einem wissenschaftlichen System nichts zu suchen. Wissenschaft ist rational, nicht emotional. Das alles sind Sätze, die wohl jeder, der über einen gesunden Menschenverstand verfügt, sofort unterschreiben würde. Sie ahnen es: Für Philosophen – speziell für Wissenschaftstheoretiker – stellen sich die Zusammenhänge nicht ganz so einfach und einleuchtend dar. Im folgenden Text, in dem das berühmte Induktionsproblem diskutiert wird, zeigt Alan F. Chalmers (* 1939) beispielsweise, woran unsere Idee, dass Wissenschaft eine aus Erfahrung abgeleitete Erkenntnis darstellt, möglicherweise krankt.

Folgt man dem naiven Induktivismus, dann beginnt Wissenschaft mit Beobachtung. [...] Aussagen über die Welt oder über Teilaspekte von ihr können unmittelbar als wahr bestätigt oder begründet werden, wenn ein unvoreingenommener Beobachter von seinen Sinnesorganen Gebrauch macht. Die Aussagen, zu denen man auf diese Weise gelangt ist (wir wollen sie *Beobachtungsaussagen* nennen), bilden dann die Grundlage, von der aus die Gesetze und Theorien abgeleitet werden, die letztendlich wissenschaftliche Erkenntnisse ausmachen. Hier eine Reihe von Beispielen einiger gewöhnlicher Beobachtungsaussagen:

> Am 1. Januar 1975 um Mitternacht erreichte der Mars die und die Position am Himmel. [...]
>
> Herr Chauvi schlug seine Frau.
>
> Das Lackmuspapier färbte sich rot, als es in die Flüssigkeit getaucht wurde.

Die Wahrheit solcher Aussagen muss durch sorgfältige Beobachtung nachgewiesen werden. Jeder Beobachter kann ihre Wahrheit bestätigen oder verwerfen. Beobachter können sich auf ihr eigenes Urteil verlassen.

Aussagen der oben genannten Art fallen in die Klasse der sogenannten Einzelaussagen. *Einzelaussagen* [...] beziehen sich auf ein bestimmtes Ereignis oder einen bestimmten Zustand an einem bestimmten Ort zu einer bestimmten Zeit. [...] Dies bedeutet [...], dass alle Beobachtungsaussagen gleichzeitig Einzelaussagen sind. Sie kommen dadurch zustande, dass ein Beobachter an einem bestimmten Ort und zu einer bestimmten Zeit Gebrauch von seinen Sinnesorganen macht.

Betrachten wir nun einige einfache Beispiele, die Bestandteile wissenschaftlicher Erkenntnis sein könnten:

> *Aus der Astronomie:* Planeten beschreiben eine ellipsenförmige Bahn um die Sonne. [...]
>
> *Aus der Chemie:* Säuren färben Lackmuspapier rot.

Kontexte

Die Erkenntnistheorie des Alltagsverstandes (1963)

Karl R. Popper

Die Theorie des Alltagsverstandes ist einfach. Wenn jemand etwas noch Unbekanntes über die Welt wissen möchte, muss er nur seine Augen aufmachen [...]. Unsere Sinne sind also die *Quellen unserer Erkenntnis* [...]. In der Philosophie ist diese Theorie unter dem würdigen Namen der *Tabula-rasa*-Theorie des Geistes bekannt: Unser Geist ist eine *leere Schiefertafel*, in die die Sinne ihre Nachrichten gravieren! [...] Die entscheidende These [...] ist, dass wir so gut wie alles, was wir lernen, durch den Eintritt der Erfahrung in unsere Sinnesöffnungen lernen, sodass *alles Wissen aus Informationen besteht, die wir durch unsere Sinne erhalten haben*, das heißt *durch Erfahrung*. [...] An der Erkenntnistheorie des Alltagsverstandes ist nahezu alles falsch.

Dies sind allgemeingültige Aussagen über Eigenschaften oder Verhaltensweisen einiger Teilaspekte des Universums. Anders als die Einzelaussagen beziehen sie sich auf *alle* Ereignisse einer bestimmten Art, an allen Orten und zu allen Zeiten. [...] Die Gesetze und Theorien, aus denen sich wissenschaftliche Erkenntnis zusammensetzt, bestehen alle aus allgemeingültigen Aussagen dieser Art.

Sie werden *allgemeine Sätze* genannt. Es stellt sich nun die folgende Frage: Wenn Wissenschaft auf Erfahrung beruht, wie kommt dann der Übergang von den Einzelaussagen, die das Ergebnis einer Beobachtung sind, zu den *allgemeinen Sätzen* zustande, aus denen sich wissenschaftliche Erkenntnis zusammensetzt? Wie können die sehr allgemeinen, uneingeschränkten Behauptungen, aus denen sich unsere Theorien zusammensetzen, auf der Grundlage einer nur begrenzten Anzahl von Beobachtungsaussagen gerechtfertigt werden?

Die Antwort des Induktivismus ist folgende: Vorausgesetzt, bestimmte Bedingungen sind erfüllt, dann ist es gerechtfertigt, eine Anzahl einzelner Beobachtungsaussagen zu einem allgemeinen Gesetz zu verallgemeinern. Zum Beispiel mag es gerechtfertigt sein, aus einer begrenzten Anzahl von Beobachtungsaussagen, dass sich Lackmuspapier *rot* färbt, nachdem es in Säure getaucht wurde, das allgemeine Gesetz abzuleiten: „Säuren färben Lackmuspapier rot." [...] Die Bedingungen, die erfüllt sein müssen, damit solche Verallgemeinerungen zulässig sind, lassen sich folgendermaßen zusammenfassen:

1. Verallgemeinerungen müssen auf einer großen Anzahl von Aussagen beruhen.
2. Die Beobachtungen müssen unter einer großen Vielfalt von Bedingungen wiederholt worden sein.
3. Keine Beobachtungsaussage darf im Widerspruch zu dem entsprechenden allgemeinen Gesetz stehen. [...]

Die oben beschriebene Art der Schlussfolgerung, welche uns dazu berechtigt, von einer begrenzten Anzahl von Einzelaussagen zu einer allgemeinen Aussage zu kommen, wird *induktives Schließen* genannt. Den Prozess nennt man Induktion. Zusammenfassend können wir sagen, dass für den naiven Induktivisten Wissenschaft auf dem *Induktionsprinzip* beruht, welches wir folgendermaßen formulieren können:

> „Wenn eine große Anzahl von As unter einer großen Vielfalt von Bedingungen beobachtet wird und wenn alle diese beobachteten As ohne Ausnahme die Eigenschaft B besitzen, dann besitzen alle As die Eigenschaft B."

Der naive Induktivismus geht also davon aus, dass wissenschaftliche Erkenntnis im Wesentlichen auf Induktion beruht. Es stellt sich [...] allerdings die Frage, wie sich das Prinzip der Induktion rechtfertigen lässt. Wenn es zutrifft, dass die Beobachtung uns eine zuverlässige Menge von Beobachtungsaussagen als Ausgangsbasis liefert [...], dann stellt sich die Frage, wie *induktives* Schließen zu zutreffender und vielleicht sogar zu wahrer wissenschaftlicher Erkenntnis führen kann. Dem Induktivisten stehen zwei Wege offen, diese Frage zu beantworten. Es steht ihm frei, zu versuchen, das Induktionsprinzip mithilfe der Logik zu rechtfertigen [...], oder aber er versucht, das Induktionsprinzip durch Erfahrung zu rechtfertigen, ein Weg, der ohnehin grundlegend für seine Auffassung von Wissenschaft insgesamt ist. Wir wollen diese beiden Ansätze nacheinander diskutieren.

Gültige logische Beweise sind dadurch charakterisiert, dass, wenn ihre Voraussetzungen wahr sind, auch die Schlussfolgerungen wahr sein müssen. Dies ist das Merkmal deduktiver Beweisführung. Das Induktionsprinzip wäre sicherlich gerechtfertigt, wenn induktive Aussagen ebenso charakterisiert wären – aber sie sind es nicht. Induktive Beweise sind keine logisch gültigen Beweise. Es ist keinesfalls so, dass, wenn die Voraussetzungen eines Induktionsschlusses wahr sind, auch die Schlussfolgerung wahr sein muss. Es ist hingegen möglich, dass die Schlussfolgerung einer induktiven Beweisführung falsch ist, während die Voraussetzungen wahr sind, und dies dennoch keinen Widerspruch darstellt. [...] Das heißt, dass der Induktionsschluss, so wie wir ihn kennengelernt haben und der dadurch, dass er den Kriterien der Induktion genügt, legitimiert wurde, uns zu einer falschen Schlussfolgerung geführt hätte, und dies, obgleich alle Voraussetzungen der Induktion wahr waren. [...] Das Induktionsprinzip kann folglich nicht ausschließlich mithilfe der Logik gerechtfertigt werden. Der Induktivist scheint nun also gezwungen zu sein, darzulegen, wie das Induktionsprinzip aus der Erfahrung abgeleitet werden kann. Wie könnte eine solche Ableitung aussehen? Vermutlich folgendermaßen: Induktion hat sich bei einer großen Anzahl von Gelegenheiten als brauchbar erwiesen, zum Beispiel werden die Gesetze der Optik, die induktiv aus laborexperimentellen Befunden abgeleitet wurden, in vielfältiger Weise für gut funktionierende optische Geräte praktisch genutzt. Oder die Gesetze der Planetenbewegungen, die aus Beobachtungen der Planetenpositionen etc. abgeleitet wurden, konnten erfolgreich zur Vorhersage von Sonnenfinsternissen angewandt werden. Diese Liste könnte mit weiteren erfolgreichen Vorhersagen und Erklärungen, die durch induktiv abgeleitete, wissenschaftliche Gesetze und Theorien möglich gemacht wurden, problemlos erweitert werden. Auf diese Art und Weise könnte das Induktionsprinzip gerechtfertigt werden.

Diese Rechtfertigung der Induktion kann jedoch, wie David Hume bereits Mitte des 18. Jahrhunderts schlüssig nachwies, auf keinen Fall akzeptiert werden. Es ist ein Zirkelschluss: Ein Induktionsschluss wird als Beweis herangezogen, obwohl es gerade die Gültigkeit des Induktionsschlusses ist, die gerechtfertigt werden soll. Die Beweisführung, die hier vorgenommen wird, sieht also folgendermaßen aus:

Das Induktionsprinzip war erfolgreich bei der Gelegenheit X_1.
Das Induktionsprinzip war erfolgreich bei der Gelegenheit X_2 etc.

Das Induktionsprinzip ist immer erfolgreich.

Eine allgemeingültige Aussage, die die Gültigkeit des Induktionsprinzips geltend macht, wird hier aus einer Anzahl einzelner Aussagen über vergangene, erfolgreiche Anwendungen des Prinzips abgeleitet. Der Beweis ist also induktiv und kann daher kaum angewandt werden, um das Induktionsprinzip zu rechtfertigen. Induktion kann nicht induktiv gerechtfertigt werden. Diese mit der Rechtfertigung der Induktion verbundene Schwierigkeit wird traditionell als das „Induktionsproblem" bezeichnet.

Es hat also ganz den Anschein, als ob unser naiver Induktivist in Schwierigkeiten geriete.

Philosophische Fingerübung

Finden Sie ein Beispiel für einen induktiven Schluss, der zu einer falschen Konklusion führt, obwohl die Prämissen wahr sind.

1 Stellen Sie dar, wie der naive Induktivist das Zustandekommen wissenschaftlicher Erkenntnis erklärt, und gehen Sie in diesem Zusammenhang insbesondere auf den Unterschied zwischen induktivem und deduktivem Schließen ein.

2 Weder durch die Logik noch durch den Hinweis darauf, dass es sich in den meisten Fällen als erfolgreich erwiesen hat, lässt sich die Gültigkeit des Induktionsprinzips nachweisen. Begründen Sie, warum wir nicht nur in der Wissenschaft, sondern auch in unserem Alltag dennoch darauf vertrauen.

3 Laut Popper (s. Kontexte, S. 413) ist unsere Alltagstheorie der Erkenntnis falsch, derzufolge der Geist eine leere Schiefertafel ist, „auf der die Sinne ihre Nachrichten eingraben". Stellen Sie Vermutungen darüber an, welche Probleme diese Tabula-rasa-Theorie mit sich bringt. Gibt es Modelle, mit denen man menschliche Erkenntnis angemessener erklären kann?

Karl R. Popper (1902–1994)

Induktion und Falsifikation (1934)

Karl R. Popper

Der naive Induktivismus erweist sich als ungeeignet, um wissenschaftliche Theorien zu begründen, denn die Gültigkeit allgemeiner Sätze lässt sich nicht induktiv aus einzelnen Beobachtungsaussagen erschließen. Diese These vertrat auch Karl R. Popper. In dem folgenden Textauszug beschäftigt er sich mit den wissenschaftstheoretischen Konsequenzen der Ablehnung des Induktivismus und schlägt ein Gegenmodell vor:

Die deduktive Überprüfung der Theorien

Die Methode der kritischen Nachprüfung, der Auslese der Theorien, ist nach unserer Auffassung immer die folgende: Aus der vorläufig unbegründeten Antizipation, dem Einfall, der Hypothese, dem theoretischen System, werden auf logisch-deduktivem Weg Folgerungen abgeleitet; diese werden untereinander und mit anderen Sätzen verglichen, indem man feststellt, welche logischen Beziehungen (z. B. Äquivalenz, Ableitbarkeit, Vereinbarkeit, Widerspruch) zwischen ihnen bestehen.

Dabei lassen sich insbesondere vier Richtungen unterscheiden, nach denen die Prüfung durchgeführt wird: der logische Vergleich der Folgerungen untereinander, durch den das System auf seine innere Widerspruchslosigkeit hin zu untersuchen ist; eine Untersuchung der logischen Form der Theorie mit dem Ziel, festzustellen, ob es den Charakter einer empirisch-wissenschaftlichen Theorie hat, also z. B. nicht tautologisch ist; der Vergleich mit anderen Theorien, um unter anderem festzustellen, ob die zu prüfende Theorie, falls sie sich in den verschiedenen Prüfungen bewähren sollte, als wissenschaftlicher Fortschritt zu bewerten wäre; schließlich die Prüfung durch „empirische Anwendung" der abgeleiteten Folgerungen.

Diese letzte Prüfung soll feststellen, ob sich das Neue, das die Theorie behauptet, auch praktisch bewährt, etwa in wissenschaftlichen Experimenten oder in der technisch-praktischen Anwendung. Auch hier ist das Prüfungsverfahren ein deduktives: Aus dem System werden (unter Verwendung bereits anerkannter Sätze) empirisch möglichst leicht nachprüfbare bzw. anwendbare singuläre Folgerungen („Prognosen") deduziert und aus diesen insbesondere jene ausgewählt, die aus bekannten Systemen nicht ableitbar sind bzw. mit ihnen in Widerspruch stehen. Über diese – und andere – Folgerungen wird nun im Zusammenhang mit der praktischen Anwendung, den Experimenten usw., entschieden. Fällt die Entscheidung positiv aus, werden die singulären Folgerungen anerkannt, *verifiziert*, so hat das System die Prüfung vorläufig bestanden; wir haben keinen Anlass, es zu verwerfen. Fällt eine Entscheidung negativ aus, werden Folgerungen *falsifiziert*, so trifft ihre Falsifikation auch das System, aus dem sie deduziert wurden.

Die positive Entscheidung kann das System immer nur vorläufig stützen; es kann durch spätere negative Entscheidungen immer wieder umgestoßen werden. Solang ein System eingehenden und strengen deduktiven Nachprüfungen standhält und durch die fortschreitende Entwicklung der Wissenschaft nicht überholt wird, sagen wir, dass es sich *bewährt*.

Induktionslogische Elemente treten in dem hier skizzierten Verfahren nicht auf; niemals schließen wir von der Geltung der singulären Sätze auf die der Theorien. Auch durch ihre verifizierten Folgerungen können Theorien niemals als „wahr" oder auch nur als „wahrscheinlich" erwiesen werden.

[...]

Mit-Denken

III Erstellen Sie ein Schaubild, das verdeutlicht, wie sich Popper die deduktive Überprüfung einer Theorie vorstellt, und vergleichen Sie Ihre Darstellung mit der Grafik auf S. 418.

Das Abgrenzungsproblem

Der ernsteste unter den Einwänden, die man gegen unsere Ablehnung der induktiven Methode erheben kann, ist wohl der, dass wir damit auf ein, wie es scheint, entscheidendes Kennzeichen der empirischen Wissenschaft verzichten, wodurch die Gefahr eines Abgleitens der empirischen Wissenschaften in Metaphysik entsteht. Was uns aber zur Ablehnung der Induktionslogik bestimmt, das ist gerade, dass wir in dieser induktiven Methode kein geeignetes *Abgrenzungskriterium* sehen können, d.h. kein Kennzeichen des empirischen, nicht-metaphysischen Charakters eines theoretischen Systems.

Die Aufgabe, ein solches Kriterium zu finden, durch das wir die empirische Wissenschaft gegenüber Mathematik und Logik, aber auch gegenüber „metaphysischen" Systemen abgrenzen können, bezeichnen wir als *Abgrenzungsproblem*.

[...]

Falsifizierbarkeit als Abgrenzungskriterium

Das *induktionslogische* Abgrenzungskriterium, die Abgrenzung durch den positivistischen Sinnbegriff, ist äquivalent mit der Forderung, dass alle empirisch-wissenschaftlichen Sätze (alle „sinnvollen Aussagen") *endgültig entscheidbar* sein müssen: Sie müssen eine solche Form haben, dass *sowohl ihre Verifikation als auch ihre Falsifikation* logisch möglich ist. So lesen wir z.B. bei Schlick: „... eine echte Aussage muss sich endgültig verifizieren lassen", und noch deutlicher bei Waismann: „Kann auf keine Weise angegeben werden, wann ein Satz wahr ist, so hat der Satz überhaupt keinen Sinn; denn der Sinn eines Satzes ist die Methode seiner Verifikation."

Nach unserer Auffassung aber gibt es keine Induktion. Der Schluss von den durch „Erfahrung" [was immer wir auch mit diesem Worte meinen] verifizierten besonderen Aussagen auf die Theorie ist logisch unzulässig, Theorien sind somit niemals empirisch verifizierbar. Wollen wir den positivistischen Fehler, die naturwissenschaftlich-theoretischen Systeme durch das Abgrenzungskriterium auszuschließen, vermeiden, so müssen wir dieses so wählen, dass auch Sätze, die nicht verifizierbar sind, als empirisch anerkannt werden können.

Nun wollen wir aber doch nur ein solches System als empirisch anerkennen, das einer *Nachprüfung* durch die „Erfahrung" fähig ist. Diese Überlegung legt den Gedanken nahe, als Abgrenzungskriterium nicht die Verifizierbarkeit, sondern die *Falsifizierbarkeit* des Systems vorzuschlagen; mit anderen Worten: Wir fordern zwar nicht, dass das System auf empirisch-methodischem Wege endgültig positiv ausgezeichnet werden kann, aber wir fordern, dass es die logische Form des Systems ermöglicht, dieses auf dem Wege der methodischen Nachprüfung negativ auszuzeichnen: *Ein empirisch-wissenschaftliches System muss an der Erfahrung scheitern können.*

(Den Satz: „Hier wird es morgen regnen oder auch nicht regnen" werden wir, da er nicht widerlegbar ist, nicht als empirisch bezeichnen; wohl aber den Satz: „Hier wird es morgen regnen".)

Kontexte

Falsifikation in der Wissenschaftspraxis

Eine für den Falsifikationisten etwas peinliche historische Tatsache ist die, dass gerade jene Theorien, die allgemein zu den besten wissenschaftlichen Theorien gezählt werden, niemals entwickelt worden wären, wenn sich Wissenschaftler strikt an die falsifikationistische Methodologie gehalten hätten. Sie wären bereits in ihren Anfangen widerlegt worden. Welche klassische wissenschaftliche Theorie man auch als Beispiel heranzieht, man kann – ob zu dem Zeitpunkt, zu dem sie zum ersten Mal vorgeschlagen wurde oder zu einem späteren Zeitpunkt – Beobachtungsaussagen finden, die zu dieser Zeit allgemein anerkannt waren, die aber mit der Theorie als unvereinbar angesehen wurden. Dennoch wurden diese Theorien nicht verworfen, was man für die Wissenschaft als einen glücklichen Umstand betrachten muss. Einige historische Beispiele, die diesen Sachverhalt belegen, seien im Folgenden angeführt.

In ihrem Anfangsstadium wurde NEWTONs Gravitationstheorie durch Beobachtungen der Umlaufbahn des Mondes falsifiziert. Es dauerte fast fünfzig Jahre, um diese Falsifikation auf andere Ursachen als auf NEWTONs Theorie zurückzuführen. Später wurde bekannt, dass die gleiche Theorie mit näheren Einzelheiten der Umlaufbahn des Planeten Merkur im Widerspruch stand, wenn auch diesmal die Theorie deswegen nicht völlig aufgegeben wurde. Es stellte sich heraus, dass es niemals möglich war, diese Falsifikation in einer Weise zu beseitigen, die NEWTONs Theorie absicherte.

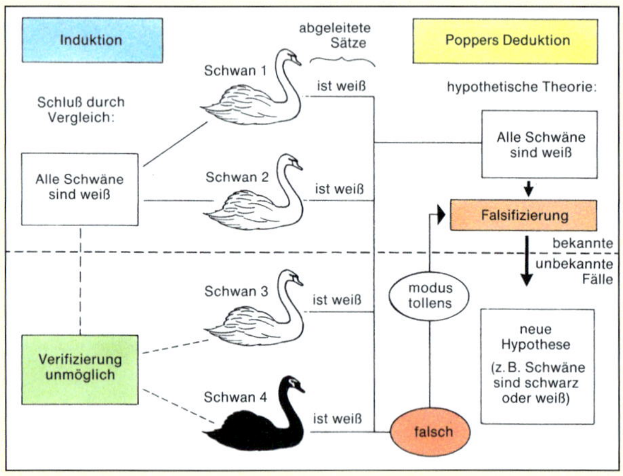

Ein zweites Beispiel, das LAKATOS (1974, S. 137–149) zu verdanken ist, betrifft das BOHRsche Atommodell. Frühe Versionen der Theorie standen mit der Beobachtung im Widerspruch, dass Materie sich für eine Zeitspanne von länger als 10^{-8} Sekunden in einem statischen Zustand befindet. Gemäß der Theorie umkreisen negativ geladene Elektronen innerhalb eines Atoms den positiv geladenen Kern. Aber gemäß der klassischen elektromagnetischen Theorie, auf der BOHRs Theorie aufbaut, strahlen kreisende Elektronen Energie aus. Die Energiestrahlung hat zur Folge, dass ein kreisendes Elektron an Energie verliert und in den Kern stürzt. Quantitative Ausführungen des klassischen Elektromagnetismus räumten eine geschätzte Zeit von ca. 10^{-8} Sekunden für diesen Prozess ein. Glücklicherweise hielt BOHR an seiner Theorie, ungeachtet ihrer Falsifikation, fest.

1 Erläutern Sie – ggf. unter Zuhilfenahme Ihres zuvor erstellten Schaubildes und der Grafik (s. links) – was es bedeutet, dass sich eine wissenschaftliche Theorie *bewährt*. Worin besteht der Unterschied zwischen Verifikation und der Bewährung im Sinne Poppers?

2 Erklären Sie in Ihren eigenen Worten, worin das Abgrenzungsproblem besteht.

3 Vergegenwärtigen Sie sich noch einmal, wie Schlick (vgl. Text S. 411 f.) Verifikation versteht. Erläutern Sie dann, worin das induktionslogische Abgrenzungskriterium (vgl. S. 417, Z. 50 ff.) besteht und warum es Popper ablehnt.

4 Beschreiben Sie an einem konkreten Beispiel das Verfahren der Falsifikation und erörtern Sie, welche Vorteile es gegenüber der Verifikation nach Popper besitzt.

5 Überprüfen Sie unter Berücksichtigung des Kontextes (s. links), ob der Falsifikationismus möglicherweise nur ein theoretisches Glasperlenspiel ist und sich in der realen Wissenschaftspraxis nicht bewährt.

6 Umberto Eco hat einen literaturtheoretischen Falsifikationismus entwickelt (vgl. S. 444 ff.), der sich nicht auf wissenschaftliche Theorien, sondern auf Interpretationen von Texten bezieht. Ausgangspunkt ist die These, dass es nicht *die eine* richtige Interpretation eines Textes gibt, die sich positiv bestimmen bzw. verifizieren lässt. Erörtern Sie – von dieser These ausgehend –, welchen Prinzipien Ecos literaturtheoretischer Falsifikationismus folgt. Überprüfen Sie Ihre Vermutungen anschließend durch eine Recherche.

Wissen als ein von Menschen geflochtenes Netz (1951)

Willard Van Orman Quine

Der amerikanische Philosoph Willard Van Orman Quine (1908–2000) greift in einem berühmten Aufsatz aus dem Jahr 1951 zwei Dogmen des Empirismus an. Zum einen wendet er sich gegen den Glauben an eine grundlegende Kluft zwischen analytischen Sätzen, deren Wahrheit nur auf der Bedeutung der verwendeten Ausdrücke beruht („Alle Junggesellen sind unverheiratet", „Ein Kreis ist rund" etc.), und synthetischen Sätzen, deren Wahrheit wir nicht nur dadurch beurteilen können, dass wir in einem Wörterbuch die Bedeutung von Ausdrücken nachschlagen („Karl-Heinz Rummenigge war 1980 Torschützenkönig der Bundesliga"). Zum anderen richtet er sich gegen den Reduktionismus, d. h., die u. a. von Carnap und Schlick vertretene Vorstellung, dass sich jede sinnvolle Aussage auf ein logisches Konstrukt aus Ausdrücken zurückführen lässt, die durch unmittelbare Erfahrung bestätigt werden können. Eine Konsequenz der Thesen Quines ist, dass die von den logischen Positivisten angestrebte strikte Trennung zwischen spekulativer Metaphysik und „harter" Wissenschaft wieder fraglich wird. Wie sich Quine das Zustandekommen von Wissen und wissenschaftlichen Theorien vorstellt, beschreibt er mithilfe einer Netz-Metapher.

Die Gesamtheit unseres sogenannten Wissens oder Glaubens, angefangen bei den alltäglichsten Fragen der Geografie oder der Geschichte bis hin zu den grundlegendsten Gesetzen der Atomphysik oder sogar der reinen Mathematik und Logik, ist ein von Menschen geflochtenes Netz, das nur an seinen Rändern mit der Erfahrung in Berührung steht. Oder, um ein anderes Bild zu nehmen, die Gesamtwissenschaft ist ein Kraftfeld, dessen Randbedingungen Erfahrung sind. Ein Konflikt mit der Erfahrung an der Peripherie führt zu Anpassungen im Inneren des Feldes. Wahrheitswerte müssen über einige unserer Aussagen neu verteilt werden. Die Umbewertung einiger Aussagen zieht aufgrund ihrer logischen Zusammenhänge die Umbewertung einiger anderer Aussagen nach sich – die logischen Gesetze wiederum sind nur gewisse weitere Aussagen des Systems, gewisse weitere Elemente des Feldes. Wenn wir eine Aussage neu bewertet haben, müssen wir einige andere neu bewerten, die entweder logisch mit der ersten verknüpft sind oder selbst Aussagen logischer Zusammenhänge sind. Doch das gesamte Feld ist so sehr durch seine Randbedingungen, durch die Erfahrung unterdeterminiert, dass wir eine breite Auswahl haben, welche Aussagen wir angesichts einer beliebigen individuellen dem System zuwiderlaufenden Erfahrung neu bewerten wollen. Keinerlei bestimmte Erfahrungen sind mit irgendwelchen bestimmten Aussagen im Inneren des Feldes auf andere Weise verbunden als indirekt durch Erwägungen des Gleichgewichts für das Gesamtfeld.

Wenn diese Sehweise richtig ist, ist es irreführend, von dem empirischen Gehalt einer individuellen Aussage zu reden, insbesondere, wenn es um eine weit von der Erfahrungsperipherie des Feldes entfernte Aussage geht. Weiterhin wird es albern, eine Grenzlinie zwischen synthetischen Aussagen, die abhängig von der Erfahrung wahr sind, und analytischen Aussagen, die wahr sind, egal, was da kommen mag, zu suchen. Jede beliebige Aussage kann als wahr aufrechterhalten werden, was da auch kommen mag, wenn wir nur anderweitig in dem System ausreichend drastische Anpassungen vornehmen. Selbst eine Aussage ganz nahe der Peripherie kann angesichts gegenläufiger Erfahrung als wahr aufrechterhalten werden, indem mit Halluzination argumentiert wird oder indem gewisse Aussagen jener Art berichtigt werden, die logische Gesetze genannt werden. Umgekehrt ist ebenso keine Aussage unrevidierbar. Die Revision selbst des logischen Gesetzes des ausgeschlossenen Dritten wurde vorgeschlagen, um damit eine Vereinfachung der Quantenmechanik zu erreichen; und worin liegt der grundsätzliche Unterschied zwischen einer solchen Verschiebung und derjenigen mit der Kepler Ptolemäus verdrängte, Einstein Newton und Darwin Aristoteles?

1 Zeichnen Sie das von Quine beschriebene Netzwerk des Wissens.

2 Quine behauptet, selbst die Gesetze der Mathematik und Logik seien nur Teil eines vom Menschen geflochtenen Netzes, das sich auch im Kern verändern kann, wenn es an der Peripherie zu Konflikten mit der Erfahrung kommt. Doch während ziemlich klar ist, welche Erfahrungen man machen musste, damit ein Satz wie „Mein Philosophiebuch hat mehr als 10 Seiten“ zweifelhaft wird, ist weit offensichtlich, welche Erfahrungen dazu führen würden, dass ein Satz wie „2 + 2 = 4“ aus dem Innern des Netzes angepasst werden müsste. Skizzieren Sie ein fiktives Szenario, das dazu führen würde, dass der Satz „2 + 2 = 4“ aufgrund von Konflikten mit der Erfahrung an der Peripherie unseres Wissensnetzes fragwürdig wird.

3 Erklären Sie an einem konkreten Beispiel, was es bedeutet, dass das gesamte Feld „durch die Erfahrung unterdeterminiert“ (s. Z. 14) ist.

4 Vergleichen Sie die Theorie Quines mit den Ansätzen von Carnap und Schlick.

5 Schreiben Sie einen philosophischen Essay in Form eines Dialogs zwischen Quine, Carnap und Ihnen selbst, in dem die Frage erörtert wird, wie unser Wissen zustande kommt. Sie können Quine und Carnap mit Zitaten aus den jeweiligen Texten zu Wort kommen lassen.

Paradigmen, normale Wissenschaft und Krisen (1962)
Thomas S. Kuhn

Thomas S. Kuhn (1922–1996)

Wissenschaft ist ein kumulativer Prozess, wir vergrößern unser Wissen ständig, sodass wir inzwischen auf den Schultern von Riesen stehen. Seit Jahrhunderten erleben wir einen steten Anstieg des Wissens und eine stete Verbesserung unserer wissenschaftlichen Theorien auf rein rationaler Grundlage. So – oder so ähnlich – würde man wohl über wissenschaftlichen Fortschritt reden, wenn man sich auf den gesunden Menschenverstand verlassen könnte. Anfang der 60er-Jahre des 20. Jahrhunderts sorgte jedoch das Buch „Die Struktur wissenschaftlicher Revolutionen" von Thomas S. Kuhn für einiges Aufsehen, weil der amerikanische Wissenschaftstheoretiker zeigen konnte, dass unsere gängigen Vorstellungen von den verschiedenen Phasen der Wissenschaftsentwicklung komplizierter und vor allem irrationaler sind, als wir gewöhnlich annehmen.

In diesem Essay bedeutet „normale Wissenschaft" eine Forschung, die fest auf einer oder mehreren wissenschaftlichen Leistungen der Vergangenheit beruht, Leistungen, die von einer bestimmten wissenschaftlichen Gemeinschaft eine Zeit lang als Grundlagen für ihre weitere Arbeit anerkannt werden. Heute werden solche Leistungen in wissenschaftlichen Lehrbüchern, für Anfänger und für Fortgeschrittene, im Einzelnen geschildert, wenn auch selten in ihrer ursprünglichen Form. Diese Lehrbücher legen das anerkannte Theoriengebäude dar, erläutern viele oder alle ihrer erfolgreichen Anwendungen und vergleichen diese Anwendungen mit exemplarischen Beobachtungen und Experimenten. Bevor solche Bücher Anfang des neunzehnten Jahrhunderts (und bei den neu entstandenen Wissenschaften sogar noch später) populär wurden, erfüllten viele der berühmten Klassiker der Wissenschaft eine ähnliche Funktion. Die *Physik* des Aristoteles, der *Almagest* des Ptolemäus, Newtons *Principia* und *Opticks*, Franklins *Electricity*, Lavoisiers *Chimie*, Lyells *Geology* – diese und viele andere Werke dienten indirekt eine Zeit lang dazu, für nachfolgende Generationen von Fachleuten die anerkannten Probleme und Methoden eines Forschungsgebietes zu bestimmen. Sie vermochten dies, da sie zwei wesentliche Eigenschaften gemeinsam hatten. Ihre Leistung war neuartig genug, um eine beständige Gruppe von Anhängern anzuziehen, die ihre Wissenschaft bisher auf andere Art betrieben hatten, und gleichzeitig war sie noch offen genug, um der neuen Gruppe von Fachleuten alle möglichen ungelösten Probleme zu stellen. Leistungen mit diesen beiden Merkmalen werde ich von nun an als „Paradigmata" bezeichnen, ein Ausdruck, der eng mit dem der „normalen Wissenschaft" zusammenhängt. [...]

Paradigmata erlangen ihren Status, weil sie bei der Lösung einiger Probleme, welche ein Kreis von Fachleuten als brennend erkannt hat, erfolgreicher sind als die mit ihnen konkurrierenden. Erfolgreicher sein heißt jedoch nicht, bei einem einzelnen Problem völlig erfolgreich oder bei einer größeren Anzahl bemerkenswert erfolgreich sein. Der Erfolg eines Paradigmas [...] ist am Anfang weitgehend eine Verheißung von Erfolg, die in ausgesuchten und noch unvollständigen Beispielen liegt. Die normale Wissenschaft besteht in der Verwirklichung jener Verheißung einer Verwirklichung, die durch Erweiterung der Kenntnis der vom Paradigma als besonders aufschlussreich dargestellten Fakten, durch Verbesserung des Zusammenspiels dieser Fakten mit den Voraussagen des Paradigmas sowie durch weitere Artikulierung des Paradigmas selbst herbeigeführt wird.

Von denen, die nicht tatsächlich Fachleute in einer ausgereiften Wissenschaft sind, erkennen nur wenige, wie viel „Aufräumarbeit" solcher Art ein Paradigma übrig lässt und wie faszinierend diese Arbeit tatsächlich sein kann. Das aber gilt es zu verstehen. Aufräumtätigkeiten sind das, was die meisten Wissenschaftler während ihrer gesamten

Laufbahn beschäftigt, und sie machen das aus, was ich hier normale Wissenschaft nenne. Bei näherer Untersuchung, sei sie historisch oder im modernen Labor, erscheint dieses Unternehmen als Versuch, die Natur in die vorgeformte und relativ starre Schublade, welche das Paradigma darstellt, hineinzuzwängen. In keiner Weise ist es das Ziel der normalen Wissenschaft, neue Phänomene zu finden; und tatsächlich werden die nicht in die Schublade hineinpassenden oft überhaupt nicht gesehen. Normalerweise erheben die Wissenschaftler auch nicht den Anspruch, neue Theorien zu finden, und oft genug sind sie intolerant gegenüber den von anderen gefundenen. Normalwissenschaftliche Forschung ist vielmehr auf die Verdeutlichung der vom Paradigma bereits vertretenen Phänomene und Theorien ausgerichtet.

Vielleicht sind das Mängel. Die von der normalen Wissenschaft untersuchten Gebiete sind natürlich recht klein; das jetzt zur Diskussion stehende Unternehmen hat die Sicht stark eingeengt. Diese Einengungen aber, die das Vertrauen zu einem Paradigma zeitigt, erweisen sich als wesentlich für die Entwicklung der Wissenschaft. Durch Konzentration der Aufmerksamkeit auf einen kleinen Bereich relativ esoterischer Probleme zwingt das Paradigma die Wissenschaftler, ein Teilgebiet der Natur mit einer Genauigkeit und bis zu einer Tiefe zu untersuchen, die sonst unvorstellbar wären. Und die normale Wissenschaft besitzt einen eingebauten Mechanismus, der eine Lockerung der Restriktionen für die Forschung gewährleistet, sobald das Paradigma, von dem sie hergeleitet sind, nicht mehr wirksam funktioniert. An diesem Punkt beginnen die Wissenschaftler, sich anders zu verhalten, und das Wesen ihrer Forschungsprobleme ändert sich. In der Zwischenzeit jedoch, solange das Paradigma erfolgreich ist, hat die Fachwissenschaft Probleme gelöst, die sich ihre Mitglieder kaum hätten vorstellen können und niemals in Angriff genommen hätten ohne die Bindung an das Paradigma. Und zumindest ein Teil dieser Leistung erweist sich immer als dauerhaft. [...]

Wissenschaftstheoretiker haben wiederholt demonstriert, dass auf eine gegebene Sammlung von Daten immer mehr als eine theoretische Konstruktion passt. Die Geschichte der Wissenschaft zeigt, dass es, besonders in den frühen Entwicklungsstadien eines neuen Paradigmas, nicht einmal sehr schwierig ist, solche Alternativen zu erfinden. Aber die Erfindung von Alternativen ist gerade das, was Wissenschaftler selten unternehmen, außer in dem einem Paradigma vorausgehenden Entwicklungsstadium ihrer Wissenschaft und an ganz besonderen Punkten der darauffolgenden Entwicklung. Solange die von einem Paradigma gelieferten Hilfsmittel sich als fähig erweisen, die von ihm definierten Probleme zu lösen, schreitet die Wissenschaft dann am schnellsten voran und dringt am tiefsten ein, wenn diese Hilfsmittel voll Überzeugung gebraucht werden. Der Grund ist klar. Wie bei der Fabrikation, so auch in der Wissenschaft – ein Wechsel der Ausrüstung ist eine Extravaganz, die auf die unbedingt notwendigen Fälle beschränkt bleiben soll. Die Bedeutung von Krisen liegt in dem von ihnen gegebenen Hinweis darauf, dass der Zeitpunkt für einen solchen Wechsel gekommen ist.

[...]

Was unterscheidet die normale Wissenschaft von der Wissenschaft in einem Stadium der Krise? Sicherlich nicht, dass die erstere keinen Gegenbeispielen ausgesetzt wäre. Im Gegenteil, was wir vorher die Rätsel nannten, welche die normale Wissenschaft ausmachen, existiert nur, weil kein Paradigma, das eine Grundlage für die wissenschaftliche Forschung bildet, jemals alle ihre Probleme vollständig lösen kann. Die ganz wenigen, die es scheinbar doch taten (z. B. die geometrische Optik), haben bald aufgehört, überhaupt noch Forschungsprobleme hervorzubringen, und wurden zu bloßen Hilfsmitteln für die Technik. Außer den rein instrumentellen Problemen kann jedes von der normalen Wissenschaft für ein Rätsel gehaltene Problem von einem anderen Standpunkt aus als Gegenbeispiel betrachtet werden, und damit auch als Ursache für eine Krise. Kopernikus hielt das, was die meisten anderen Nachfolger von Ptolemäus als Rätsel des Zusammenspiels von Beobachtung und Theorie aufgefasst hatten, für Gegenbeispiele. [...]

Außerdem kann nicht einmal die Existenz einer Krise von sich aus ein Rätsel in ein Gegenbeispiel verwandeln. Es gibt da keine scharfe Trennungslinie. Vielmehr lockert die Krise durch wuchernde Versionen des Paradigmas die Regeln des normalen Rätsellösens in einer Weise, dass letztlich ein neues Paradigma auftauchen kann. Es gibt, so meine ich, nur diese beiden Möglichkeiten: Entweder wird keine wissenschaftliche Theorie jemals mit einem Gegenbeispiel konfrontiert, oder alle Theorien sehen sich zu jeder Zeit Gegenbeispielen ausgesetzt.

Warum konnte die Situation anders erscheinen? Diese Frage führt notwendigerweise zur historischen und kritischen Durchleuchtung der Philosophie, und diese Themen stehen hier nicht zur Diskussion. Wir können aber wenigstens zwei Gründe festhalten, warum die Wissenschaft eine so treffliche Illustration für die Verallgemeinerung zu sein schien, dass durch die Gegenüberstellung von Behauptung und Tatsache, und nur dadurch, unzweideutig über wahr und falsch entschieden werde. Die normale Wissenschaft muss sich fortgesetzt bemühen – und tut es auch –, Theorie und Tatsachen in bessere Übereinstimmung zu bringen, und diese Tätigkeit kann leicht als ein Prüfen oder als ein Suchen nach Bestätigung oder Falsifikation angesehen werden. Hingegen ist ihr Ziel die Lösung eines Rätsels, für dessen bloße Existenz die Gültigkeit des Paradigmas vorausgesetzt werden muss. Die Unfähigkeit, eine Lösung zu finden, diskreditiert nur den Wissenschaftler und nicht die Theorie. Hier trifft sogar noch besser als oben das Sprichwort zu: „Das ist ein schlechter Zimmermann, der seinem Werkzeug die Schuld gibt." Darüber hinaus hat die Art und Weise, in der die wissenschaftliche Pädagogik die Diskussion einer Theorie mit Hinweisen auf ihre musterhaften Anwendungen vermischt, dazu beigetragen, eine vorwiegend anderen Quellen entnommene Bestätigungstheorie zu untermauern. Gibt man dem Leser eines wissenschaftlichen Lehrbuchs auch nur den leisesten Grund dafür, so kann er leicht die Anwendungsbeispiele als die Beweise für die Theorie ansehen, als die Gründe dafür, dass man an sie glauben sollte. Die Studierenden akzeptieren aber Theorien wegen der Autorität des Lehrers und des Lehrbuches, nicht aufgrund von Beweisen. Welche andere Wahl hätten sie auch oder welche Qualifikation? Die in den Lehrbüchern geschilderten Anwendungen stehen dort nicht als Beweis, sondern weil ihr Erlernen ein Teil des Erlernens des der derzeitigen Praxis zugrunde liegenden Paradigmas ist.

[...]

Alle Krisen beginnen mit der Aufweichung eines Paradigmas und der sich daraus ergebenden Lockerung der Regeln für die normale Forschung. In dieser Hinsicht ähnelt die Forschung während einer Krise sehr der Forschung in der einem Paradigma vorausgehenden Periode, nur dass bei der ersteren der Ort des Zwiespalts kleiner und schärfer definiert ist. Und alle Krisen enden auf eine von drei Arten. Manchmal erweist sich die normale Wissenschaft letzten Endes als fähig, mit dem krisenerzeugenden Problem fertigzuwerden, obwohl manche in ihm schon das Ende des bestehenden Paradigmas gesehen hatten. In anderen Fällen sperrt sich das Problem auch gegen anscheinend radikal neue Ansätze. Dann können die Wissenschaftler zu dem Schluss kommen, beim gegenwärtigen Stand ihres Faches werde es zu keiner Lösung kommen. Das Problem wird „archiviert“ und künftigen Generationen überantwortet, die besser gerüstet sein werden. Oder schließlich – und dieser Fall wird uns hier am meisten beschäftigen – endet die Krise mit dem Auftreten eines neuen Paradigma-Anwärters und dem Streit über seine Anerkennung. Diese Art der Krisenbeendigung wird in späteren Abschnitten ausführlich betrachtet, doch wir müssen hier ein wenig davon vorwegnehmen, um unsere Bemerkungen über die Entwicklung und die Anatomie des Krisenzustands abzurunden.

Der Übergang von einem krisenhaften Paradigma zu einem neuen, aus dem eine neue Tradition der normalen Wissenschaft hervorgehen kann, ist weit von einem kumulativen Prozess entfernt, wie ihn eine Artikulation oder eine Erweiterung des alten Paradigmas darstellen würde. Es ist vielmehr der Neuaufbau des Gebietes auf neuen Grundlagen, ein Neuaufbau, der einige der elementarsten theoretischen Verallgemeinerungen des Gebiets wie auch viele seiner Paradigmamethoden und -anwendungen verändert. Während der Übergangsperiode gibt es viele Probleme – aber nie sind es alle –, die sowohl durch das alte wie durch das neue Paradigma gelöst werden können. Es gibt aber auch einen entscheidenden Unterschied in den Lösungsmethoden. Wenn der Übergang abgeschlossen ist, hat die Fachwissenschaft ihre Anschauungen über das Gebiet, ihre Methoden und ihre Ziele geändert. Ein scharfsichtiger Historiker, der einen klassischen Fall von Neuorientierung einer Wissenschaft durch Paradigmawechsel betrachtete, beschrieb vor Kurzem diesen Vorgang mit der Wendung „den Stock am anderen Ende aufheben“, ein Prozess, bei dem „das gleiche Paket Daten wie vorher behandelt wird, die Daten aber in ein neues System gegenseitiger Beziehungen gestellt werden, indem man ihnen einen anderen Rahmen gibt.“ Andere, die diesen Aspekt des wissenschaftlichen Fortschritts bemerkt haben, betonten die Ähnlichkeit mit einem Wechsel der visuellen Gestalt: Die Zeichen auf dem Papier, die erst als Vogel gesehen wurden, werden jetzt als Antilope gesehen, oder umgekehrt. Diese Parallele kann irreführend sein. Wissenschaftler sehen nicht das eine *für* das andere an, sie *sehen* es einfach. Wir haben bereits einige der Probleme untersucht, die dadurch entstanden sind, dass gesagt wurde, Priestley habe Sauerstoff als entphlogistizierte Luft gesehen. Außerdem hat der Wissenschaftler nicht wie die gestaltpsychologische Versuchsperson die Freiheit, zwischen verschiedenen Sehweisen hin und her zu wechseln. Trotzdem ist der Gestaltwechsel, besonders da er heute so bekannt ist, ein nützliches einfaches Modell dessen, was bei einem vollständigen Paradigmawechsel geschieht.

1 Was ist nach Kuhn ein Paradigma? Formulieren Sie eine kurze Definition.

2 Stellen Sie die Charakteristika der normalen Wissenschaft nach Kuhn möglichst knapp zusammen. Welche Leistungen und welche Mängel sind mit normaler Wissenschaft verbunden?

3 Was ist eine Krise der normalen Wissenschaft? Wodurch kann sie ausgelöst werden? Welche Folgen hat sie für das Paradigma und die normale Wissenschaft?

4 Kuhn spricht von Rätseln im Rahmen eines Paradigmas, die sich in Gegenbeispiele verwandeln können. Erläutern Sie diese These anhand eines wissenschaftshistorischen Beispiels. Sie können zu diesem Zweck natürlich im Internet oder in anderen Nachschlagewerken recherchieren.

5 Erörtern Sie die Bedeutung, die Kuhn Lehrbüchern im Rahmen eines Paradigmas zuschreibt. Überprüfen Sie kritisch, ob Sie selbst Theorien auch nur aufgrund der Autorität von Lehrbüchern oder Personen akzeptieren.

6 Erläutern Sie, warum wissenschaftlicher Fortschritt kein kumulativer Prozess ist.

7 Erklären Sie den Begriff „Paradigmenwechsel" unter Zuhilfenahme des Necker-Würfels (s. Abb.) und erörtern Sie, ob Kuhns Modell des wissenschaftlichen Fortschritts plausibel ist.

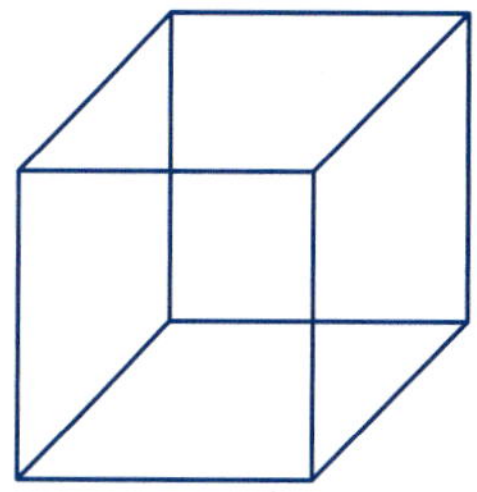

Wider den Methodenzwang (1976)

Paul Feyerabend

Paul Feyerabend (1924–1994)

Ähnlich wie Kuhn setzt sich auch der österreichische Philosoph Paul Feyerabend sehr kritisch mit einem idealisierten Bild der Entwicklung der Wissenschaften auseinander. In seinem Buch „Wider den Methodenzwang" zeigt er, dass Vernunft und Wissenschaft häufig verschiedene Wege gehen, vertritt die These, dass kein Gedanke so absurd sein kann, dass er nicht unser Wissen verbessern könnte, und führt überzeugende wissenschaftshistorische Gründe dafür an, dass sich die Kirche zur Zeit Galileis viel enger an die Vernunft hielt als Galilei selbst. Er greift damit das berühmteste Beispiel dafür an, dass sich wissenschaftliche Vernunft nicht gegen religiösen Glauben durchsetzen konnte. Auch in dem folgenden Textauszug benennt er sehr klar einige Defizite unserer ach so rationalen Wissenschaft.

Wenn wir nun die Erfindung, den Ausbau und die Anwendung von Theorien betrachten, die nicht bloß anderen Theorien, sondern sogar *Experimenten, Tatsachen, Beobachtungen* widersprechen, so können wir mit dem Hinweis beginnen, dass *keine einzige Theorie jemals mit allen bekannten Tatsachen auf ihrem Gebiet übereinstimmt.* Und die Schwierigkeit entsteht nicht durch Gerüchte oder nachlässige Verfahren, sondern durch Experimente und Messungen von höchster Genauigkeit und Zuverlässigkeit.

Es ist hier von Nutzen, zwei verschiedene Arten des Konflikts von Theorien und Tatsachen zu unterscheiden: quantitative Unstimmigkeiten und qualitative Fehlschläge.

Der erste Fall ist wohlbekannt: Eine Theorie macht eine bestimmte zahlenmäßige Voraussage, und der tatsächliche Wert unterscheidet sich davon um mehr als die Fehlerspanne. Hier werden gewöhnlich Präzisionsinstrumente verwandt. Quantitative Unstimmigkeiten sind in der Wissenschaft an der Tagesordnung. Sie bilden ein „Meer von Anomalien", das jede einzelne Theorie umgibt.

So widersprach die kopernikanische Auffassung zur Zeit Galileis derart einfachen und offenkundigen Tatsachen, dass sie Galilei „sicherlich falsch" nennen musste.

Der zweite Fall, der Fall qualitativer Fehlschläge, ist weniger häufig, aber von wesentlich größerem Interesse. Hier widerspricht eine Theorie nicht einer verborgenen Tatsache, die mit komplizierten Apparaturen zutage gefördert werden muss und nur Fachleuten bekannt ist, sondern Verhältnissen, die sich leicht wahrnehmen lassen und von denen jedermann weiß.

Ein Beispiel einer Theorie mit qualitativen Mängeln ist die newtonsche Farbenlehre. Nach ihr besteht das Licht aus Strahlen mit verschiedener Brechbarkeit, die sich trennen, wiedervereinigen, brechen lassen, die aber ihren inneren Aufbau nie verändern und eine sehr geringe Breitenausdehnung im Raum haben. Bedenkt man, dass die Oberfläche von Spiegeln viel gröbere Unebenheiten aufweist als die Breite der Strahlen, so stellt sich die Strahlentheorie als unvereinbar mit dem Vorhandensein von Spiegelbildern heraus (wie Newton selbst zugibt): Wenn das Licht aus Strahlen besteht, dann müsste sich ein

Spiegel wie eine raue Oberfläche verhalten, d.h. für uns wie eine Wand aussehen. Newton hielt an seiner Theorie fest und beseitigte die Schwierigkeit mit einer Ad-hoc-Hypothese: „Die Zurückwerfung eines Strahls kommt nicht durch einen einzelnen Punkt des reflektierenden Körpers zustande, sondern durch ein Vermögen dieses Körpers, das gleichmäßig über seine Oberfläche verteilt ist."

Bei Newton wurde die qualitative Abweichung zwischen Theorie und Tatsachen durch eine Ad-hoc-Hypothese beseitigt. [...]

Um diese kurze und ganz unvollständige Liste zusammenzufassen: Wohin man auch blickt, wenn man nur ein wenig Geduld hat und seine Daten ohne Voreingenommenheit auswählt, so findet man, dass Theorien gewisse *quantitative Ergebnisse* nicht richtig wiedergeben und dass sie in überraschendem Maße *qualitativ unzulänglich* sind. [...]

Wenn das so ist, was soll man dann von der methodologischen Forderung halten, dass eine Theorie an der Erfahrung beurteilt werden soll und dass sie verworfen werden muss, wenn sie anerkannten Basissätzen widerspricht? Was soll man von den verschiedenen Theorien der Bestätigung und Bewährung halten, die alle von der Voraussetzung ausgehen, dass Theorien in vollständige Übereinstimmung mit den bekannten Tatsachen gebracht werden können, und die den Grad der erreichten Übereinstimmung zum Maßstab ihrer Beurteilung machen? Diese Forderung, diese Theorien entpuppen sich jetzt alle als völlig unbrauchbar. Sie taugen so wenig wie eine Arznei, die den Patienten nur heilt, wenn er bakterienfrei ist. In der Praxis hält sich niemand an sie. Die Methodologen mögen auf die Bedeutung von Falsifikationen hinweisen – aber sie verwenden fröhlich falsifizierte Theorien; sie mögen sich salbungsvoll darüber auslassen, wie wichtig es sei, alle relevanten Daten zu betrachten, aber sie reden nie von jenen drastischen und schlagenden Tatsachen, die zeigen, dass die Theorien, die sie bewundern und anerkennen – wie die Relativitäts- und die Quantentheorie –, vielleicht so schlecht dastehen wie die älteren Theorien, die sie ablehnen. In der *Praxis* beten sie sklavisch die neuesten Verkündigungen der Bischöfe und Kardinäle in der Physik nach, obwohl sie dabei notwendig ganz grundlegende Regeln ihres Handwerks verletzen. [...]

Nicht nur herrscht eine ständige Disharmonie zwischen Tatsachen und Theorien, sondern die beiden lassen sich voneinander gar nicht so sauber trennen, wie man es sich allgemein vorstellt. Methodologische Regeln sprechen von „Theorien", „Beobachtungen" und „experimentellen Ergebnissen", als handele es sich um deutliche, wohldefinierte Gegenstände, deren Eigenschaften leicht zu beurteilen sind und die von allen Wissenschaftlern auf die gleiche Weise aufgefasst werden.
Doch das Material, das ein Wissenschaftler *tatsächlich* zur Verfügung hat, seine Gesetze, seine experimentellen Ergebnisse, seine mathematischen Methoden, seine erkenntnistheoretischen Vorurteile, seine Einstellung zu den abwegigen Konsequenzen der Theorien, die er akzeptiert, ist in vielerlei Hinsicht unbestimmt, mehrdeutig und *vom historischen Hintergrund nie ganz getrennt*. Dieses Material ist immer durch Grundsätze beeinflusst, die er nicht kennt und die, wenn er sie kennen würde, äußerst schwer zu prüfen wären. [...]

Kontexte

Die wissenschaftliche Antiregel

Nehmen wir die Regel, dass der Erfolg unserer Theorien durch die „Erfahrung" oder die „Tatsachen" oder durch „experimentelle Ergebnisse" gemessen wird; Übereinstimmung zwischen Theorie und „Daten" spricht für die Theorie (oder lässt die Situation unverändert), während Nichtübereinstimmung sie erschüttert und womöglich zu ihrer Aufgabe zwingt. Diese Regel ist ein wichtiger Bestandteil aller Theorien der Bewährung. Sie ist der Kern des Empirismus. Die ihr entsprechende „Antiregel" weist uns an, Hypothesen einzuführen und auszubauen, die gut bestätigten Theorien und/oder Tatsachen widersprechen. Sie weist uns an, *kontrainduktiv* vorzugehen.

Dieser *historisch-physiologische Charakter der Daten*, der Umstand, dass die Daten nicht einfach einen objektiven Sachverhalt beschreiben, *sondern auch subjektive, mythische, längst vergessene Auffassungen* über diesen Sachverhalt ausdrücken, zwingt uns, die Methodologie von einem neuen Gesichtspunkt aus zu betrachten. Es erweist sich als äußerst unklug, die Daten ohne weitere Umstände über Theorien entscheiden zu lassen. Eine direkte und nicht näher qualifizierte Beurteilung von Theorien im Lichte von „Tatsachen" eliminiert Ideen oft nur darum, *weil sie nicht in den Rahmen einer älteren Kosmologie hineinpassen*. Hält man experimentelle Ergebnisse und Beobachtungen für unproblematisch und erlegt die Beweislast der Theorie auf, dann akzeptiert man die Beobachtungsideologie, ohne sie je geprüft zu haben.

1. Erläutern Sie, was Feyerabend mit der These meint, dass Theorien und Tatsachen niemals völlig übereinstimmen, und welche Konsequenzen er daraus zieht.
2. Einige Passagen in Feyerabends Text kann man als direkten Angriff auf Theorien lesen, die Sie im Rahmen dieses Kapitels kennengelernt haben. Benennen Sie diese Theorien und stellen Sie dar, aus welchen Gründen sie von Feyerabend abgelehnt werden. Suchen Sie sich eine dieser Theorien aus und verteidigen Sie sie schriftlich wider die Angriffe von Feyerabend.
3. Vergleichen Sie Kuhns Beschreibung normaler Wissenschaft mit der Darstellung der Wissenschaft durch Feyerabend.
4. Diskutieren Sie – auch vor dem Hintergrund der Theorie des Paradigmenwechsels nach Kuhn –, welche Funktion Feyerabends „Antiregel" (vgl. Kontext, S. 426) für die wissenschaftliche Praxis erfüllen kann.

Kritik am naturwissenschaftlichen Weltbild (2013)

Markus Gabriel

Zu Beginn dieses Kapitels haben Sie zwei Postulate kennengelernt, die den Anspruch der Wissenschaft auf den exklusiven Zugang zur Wirklichkeit und die Verbesserung unserer Lebensumstände verdeutlichen. Zum Abschluss des Kapitels sollen Überlegungen vorgestellt werden, die zumindest die herausgehobene Bedeutung der Naturwissenschaften und die Grundannahmen des Naturalismus fragwürdig erscheinen lassen.

Naturalismus

Anhänger eines wissenschaftlichen Weltbildes argumentieren häufig folgendermaßen: Es gibt nur eine einzige Natur. Die Natur ist der Gegenstandsbereich der Naturwissenschaften, das Universum. Nun gibt es nichts Über- oder Außernatürliches. Denn Über- oder Außernatürliches müsste gegen die Naturgesetze verstoßen. Da nichts gegen die Naturgesetze verstoßen kann (denn so sind sie definiert), gibt es nur die Natur. Diese Position, dass es nur die Natur, nur das Universum gibt, wird meist kurzum als NATURALISMUS bezeichnet. Nach ihr kann nur dasjenige existieren, was sich ontologisch auf den Bereich der Naturwissenschaften zurückführen lässt, alles andere muss eine Illusion sein.

Hilary Putnam, ein Philosoph, der sich wie kaum ein anderer über viele Jahrzehnte intensiv mit dem Naturalismus und mit den großen naturwissenschaftlichen Errungenschaften des 20. Jahrhunderts [...] beschäftigt hat, vermutet hinter dem Naturalismus eine gewisse Angst. In seinem jüngsten Buch *Philosophie in einem Zeitalter der Wissen-*

schaft weist er darauf hin, dass der Naturalismus das Universum von irrationalen Annahmen freihalten möchte. Zu solchen irrationalen Annahmen gehören Erklärungen, die nicht wissenschaftlich nachvollziehbar sind und die nach wissenschaftlichen Standards begründungstheoretisch schwach oder völlig willkürlich sind.

Ein Beispiel: Stellen wir uns vor, jemand erklärte uns, dass die Erde vor zwei Wochen an einem Donnerstag entstanden ist. In diesem Fall würden wir verdutzt erwidern, dass dies nicht der Fall sein kann. Damit es etwa die Alpen gibt, müssen lange geologische Prozesse stattgefunden haben, die sich unmöglich in zwei Wochen ereignet haben können. Dasselbe gilt für unsere eigene Entstehung, zumal wir uns an die Zeit vor jenem Donnerstag erinnern könnten. Wenn unser Informant nun aber erklärte, es sei völlig normal für frisch geschaffene Menschen, diese Überzeugungen zu hegen, sie seien ihnen quasi bei ihrer Erschaffung eingeschrieben worden, wäre jede weitere Diskussion sinnlos. Wir würden wohl zu dem Schluss kommen, dass diese angebliche Erklärung völlig willkürlich ist. Wir könnten ihm glauben oder auch nicht, nur überprüfen können wir diese Hypothese nicht.

Naturalisten meinen nun, dass jede traditionelle Erklärung der Welt insgesamt oder einiger Phänomene, die in ihr vorkommen, die nichtnatürliche Gegenstände wie Gott, eine immaterielle Seele, Geister oder das Schicksal in Anspruch nimmt, ein Fall willkürlicher Hypothesenbildung ist. Für den Naturalisten ist die Annahme, dass es Gott gibt, eine völlig willkürliche Hypothese neben unendlich vielen anderen. Wer behauptet, dass sein Gott die Zehn Gebote vorgeschrieben hat oder dass Krishna eine Personifikation des Göttlichen war, behauptet dem Naturalismus zufolge formal gesehen dasselbe wie jemand, der das Fliegende Spaghettimonster anbetet. Der Naturalismus verwirft die Religion als konkurrierende Welterklärung, weil er sie für eine unwissenschaftliche Hypothese hält.

So weit, so gut. In der Tat wollen wir nicht den willkürlichen Hypothesenerfindungen das Wort reden. Deswegen empfehlen sich der Naturalismus und das wissenschaftliche Weltbild auf den ersten Blick als Heilmittel gegen ein gefährliches Gift: die menschliche Willkür. Wenn der Wunsch der Vater des Gedankens ist, liegen wir häufig, wenn auch nicht immer, falsch. Descartes, einer der Gründerväter des wissenschaftlichen Weltbildes, hat genau auf diese Weise erklärt, warum wir überhaupt fallibel und irrtumsanfällig sind. Es bestehe nämlich, so meinte er, ein Überschuss des Willens über den Verstand: Der Wunsch ist der Vater des Gedankens. Als Wissenschaftler wollen wir aber die Wahrheit wissen und uns von Illusionen befreien. Es geht nicht darum, wie wir uns die Wirklichkeit vorstellen, sondern darum, wie sie ist. In der Philosophie der Frühen Neuzeit kommt deswegen auch ein prinzipieller Verdacht gegen die menschliche Willkür und Einbildungskraft auf. Von nun an gilt es, streng zwischen wirklicher Welt und Fiktion zu unterscheiden: Die wirkliche Welt, das Universum, ist dasjenige, was schlechterdings nichts mit unserer Einbildungskraft zu tun hat.

Allerdings schüttet der Naturalismus das Kind mit dem Bade aus. Denn es scheinen mindestens zwei Kriterien zu sein, die er anlegt, um das Natürliche vom Übernatürlichen zu unterscheiden.

1. Das Übernatürliche ist Gegenstand einer willkürlichen Hypothesenbildung, also reine Erfindung.
2. Das Übernatürliche verstößt gegen die Naturgesetze.

Damit hat man aber keine Handhabe gegen die Religion, die meistens für den Gegner des wissenschaftlichen Weltbildes gehalten wird. Dies ist besonders sichtbar in der Bewegung des Neoatheismus, der von Autoren wie Richard Dawkins oder Daniel Dennett vertreten wird. Der Neoatheismus assoziiert die Religion mit einem religiösen Weltbild, das in Konkurrenz zur Wissenschaft steht. In der Tat gibt es insbesondere in den USA fundamentalistische religiöse Zirkel, die der Meinung sind, dass die Evolutionstheorie oder die moderne physikalische Kosmologie falsch seien, da Gott das Universum und die Tiere zu einem bestimmten Zeitpunkt wenige Jahrtausende vor Christi Geburt geschaffen habe. Dawkins ist zuzustimmen, dass der KREATIONISMUS – die These, Gottes Eingreifen in die Natur erkläre die Natur besser als die Naturwissenschaften – einfach eine Pseudoerklärung ist. Er ist einfach keine ernst zu nehmende wissenschaftliche Hypothese, sondern eine willkürliche Erfindung der menschlichen Einbildungskraft – und dazu noch nicht einmal eine besonders alte: Er ist erst im 19. Jahrhundert vor allem im angloamerikanischen Protestantismus aufgekommen und spielt hierzulande eigentlich gar keine Rolle. In der wissenschaftlichen Theologie im deutschsprachigen Raum hat er so gut wie keine Anhänger, was auch mit der engen Beziehung von Theologie und Philosophie zusammenhängt. Das Phänomen der Religion sollte man deswegen auch nicht vorschnell mit dem Kreationismus gleichsetzen den die Neoatheisten zu Recht attackieren.

Am Anfang des Buches *Genesis*, gleich zu Beginn der Bibel, steht: „Am Anfang schuf Gott Himmel und Erde." Sowohl Naturalisten wie Kreationisten [...] interpretieren diesen Satz gewissermaßen als eine wissenschaftliche Hypothese. Sie läuft darauf hinaus, dass irgendeine sehr mächtige übernatürliche Person, „Gott", vor einiger Zeit, „am Anfang", „Himmel und Erde", also unseren Planeten und alles, was sich außerhalb seiner Atmosphäre befindet, geschaffen hat. Als Hypothese ist dies allerdings einfach nur falsch, darin ist dem Neoatheismus fraglos zuzustimmen. Es ist Unfug anzunehmen, dass Gott die Erde geschaffen hat, wie ein Automobilhersteller Automobile herstellt.

Übertreibt man den Naturalismus allerdings, verliert man viele Phänomene aus dem Blick. Staaten zum Beispiel. Sind Staaten etwa übernatürliche Gegenstände, die gegen die Naturgesetze verstoßen? Wenn das Kriterium des Natürlichen darin besteht, dass sich etwas naturwissenschaftlich untersuchen lässt, sind Staaten genauso übernatürlich wie Gott oder die Seele. Ist die Hypothese, dass es Staaten gibt, unwissenschaftlich, also vielleicht sogar reine Willkür, weil sie sich nicht naturwissenschaftlich entscheiden lässt?

1 Stellen Sie möglichst präzise dar, gegen welche Annahmen sich Gabriel in seinem Text richtet.

2 Im Text taucht ein Hinweis auf ein „Fliegendes Spaghettimonster" auf. Recherchieren Sie, auf welche Argumentationslinie Gabriel hier anspielt, und erklären Sie, was die Anhänger des „Fliegenden Spaghettimonsters" zeigen wollen.

3 Erklären Sie, warum man mit den beiden Kriterien, die auf Seite 430 genannt werden, keine Handhabe gegen die Religion hat.

4 Betrachten Sie den Cartoon auf der nächsten Seite und kommentieren Sie ihn aus wissenschaftstheoretischer Sicht. Beziehen Sie zu diesem Zweck auch andere Texte aus diesem Kapitel ein.

5 Schreiben Sie einen philosophischen Essay zu der Frage, ob die Hypothese, dass es Staaten gibt, unwissenschaftlich ist, weil sie sich nicht naturwissenschaftlich entscheiden lässt.

Nach- und Weiter-Denken

1 Ist Ihre kommentierte Grafik vom Anfang des Kapitels, mit der Sie erklärt haben, wie man zu wissenschaftlichen Theorien gelangt, noch aktuell oder würden Sie sie vor dem Hintergrund der Texte, die Sie inzwischen gelesen haben, verändern?

2 In dem Dialog „Von Vernunft und Feuerstoffen“ (vgl. S. 368 f.) gelang es Philos den Glauben von Sophos an die vollkommen rationale Vorgehensweise innerhalb der Wissenschaft zu erschüttern. Stellen Sie sich vor, Sophos hätte – ebenso wie Sie – inzwischen die Texte aus diesem Kapitel gelesen und würde sich noch einmal mit Philos über die Wissenschaft unterhalten. Wie könnte dieser Dialog laufen?

3 Reflektieren Sie schriftlich die Rolle, die Wissenschaft in Ihrem und für Ihr Leben spielt.

6.3 Erkenntnis in den Geisteswissenschaften

Vor-Denken

1 Diskutieren Sie mit Ihrem Sitznachbarn bzw. Ihrer Sitznachbarn: Wie wird in den Geisteswissenschaften Erkenntnis gewonnen? Suchen Sie nach Beispielen. Gibt es Objektivität in den Geisteswissenschaften? Stellen Sie anschließend Ihre Ergebnisse im Plenum zur Diskussion.

2 Lassen Sie das Bild von Tullio Pericoli auf sich wirken. Versuchen Sie zunächst für sich persönlich eine Deutung. Reflektieren Sie dann, inwiefern sich das Bild auch im Hinblick auf Erkenntnisweisen -bzw. möglichkeiten in den Geisteswissenschaften deuten lässt.

Objektivität in den Geisteswissenschaften (1900)

Wilhelm Dilthey

Wilhelm Dilthey (1833–1911), deutscher Theologe und Philosoph, gilt als Wegbereiter einer Theorie der Geisteswissenschaften. Der nachfolgend abgedruckte Textauszug gibt Einblick in seinen Grundansatz.

Unser Handeln setzt das Verstehen anderer Personen überall voraus; ein großer Teil menschlichen Glückes entspringt aus dem Nachfühlen fremder Seelenzustände; die ganze philologische und geschichtliche Wissenschaft ist auf die Voraussetzung gegründet, dass dies Nachverständnis des Singulären zur Objektivität erhoben werden könne. Das hierauf gebaute historische Bewusstsein ermöglicht dem modernen Menschen, die ganze Vergangenheit der Menschheit in sich gegenwärtig zu haben: Über alle Schranken der eignen Zeit blickt er hinaus in die vergangenen Kulturen; deren Kraft nimmt er in sich auf und genießt ihren Zauber nach: Ein großer Zuwachs von Glück entspringt ihm hieraus. Und wenn die systematischen Geisteswissenschaften aus dieser objektiven Auffassung des Singulären allgemeine gesetzliche Verhältnisse und umfassende Zusammenhänge ableiten, so bleiben doch die Vorgänge von Verständnis und Auslegung auch für sie die Grundlage. Daher sind diese Wissenschaften so gut wie die Geschichte in ihrer Sicherheit davon abhängig, ob das Verständnis des Singulären zur Allgemeingültigkeit erhoben werden kann. So tritt uns an der Pforte der Geisteswissenschaften ein Problem entgegen, das ihnen im Unterschiede von allem Naturerkennen eigen ist.

Wohl haben die Geisteswissenschaften vor allem Naturerkennen voraus, dass ihr Gegenstand nicht in den Sinnen gegebene Erscheinung, bloßer Reflex eines Wirklichen in einem Bewusstsein, sondern unmittelbare innere Wirklichkeit selber ist, und zwar diese als ein von innen erlebter Zusammenhang.

Mit-Denken

III Machen Sie sich die Bedeutung des Gesagten bewusst! Worin besteht nach diesen Aussagen Diltheys der Unterschied zwischen natur- und geisteswissenschaftlicher Erkenntnis?

Doch schon aus der Art, wie in der inneren Erfahrung diese Wirklichkeit gegeben ist, entspringen für deren objektive Auffassung große Schwierigkeiten. Sie sollen hier nicht erörtert werden. Ferner kann die innere Erfahrung, in welcher ich meiner eignen Zustände innewerde, mir doch für sich nie meine eigne Individualität zum Bewusstsein bringen. Erst in der Vergleichung meiner selbst mit anderen mache ich die Erfahrung des Individuellen in mir; nun wird mir erst das von anderen Abweichende in meinem eignen Dasein bewusst. [...] Fremdes Dasein aber ist uns zunächst nur in Sinnestatsachen, in Gebärden, Lauten und Handlungen von außen gegeben. Erst durch einen Vorgang der Nachbildung dessen, was so in einzelnen Zeichen in die Sinne fällt, ergänzen wir dies Innere. Alles: Stoff, Struktur, individuellste Züge dieser Ergänzung müssen wir aus der eignen Lebendigkeit übertragen. Wie kann nun ein individuell gestaltetes Bewusstsein durch solche Nachbildung eine fremde und ganz anders geartete Individualität zu objektiver Erkenntnis bringen? Was ist das für ein Vorgang, der scheinbar so fremdartig zwischen die anderen Prozesse der Erkenntnis tritt?

Wir nennen den Vorgang, in welchem wir aus Zeichen, die von außen sinnlich gegeben sind, ein Inneres erkennen: Verstehen. Das ist der Sprachgebrauch; und eine feste psychologische Terminologie, deren wir so sehr bedürfen, kann nur zustande kommen, wenn jeder schon fest geprägte, klar und brauchbar umgrenzte Ausdruck von allen Schriftstellern gleichmäßig festgehalten wird. Verstehen der Natur – *interpretatio naturae* – ist ein bildlicher Ausdruck. Aber auch das Auffassen eigner Zustände bezeichnen wir nur im uneigentlichen Sinne als Verstehen. Wohl sage ich: Ich verstehe nicht, wie ich so handeln konnte, ja ich verstehe mich selbst nicht mehr. Damit will ich aber sagen, dass eine Äußerung meines Wesens, die in die Sinnenwelt getreten ist, mir wie die eines Fremden gegenübertritt und dass ich sie als eine solche nicht zu interpretieren vermag, oder in dem anderen Falle, dass ich in einen Zustand geraten bin, den ich anstarre wie einen fremden. Sonach nennen wir Verstehen den Vorgang, in welchem wir aus sinnlich gegebenen Zeichen ein Psychisches, dessen Äußerung sie sind, erkennen.

Dies Verstehen reicht von dem Auffassen kindlichen Lallens bis zu dem des Hamlet oder der Vernunftkritik. Aus Steinen, Marmor, musikalisch geformten Tönen, aus Gebärden, Worten und Schrift, aus Handlungen, wirtschaftlichen Ordnungen und Verfassungen spricht derselbe menschliche Geist zu uns und bedarf der Auslegung. Und zwar muss der Vorgang des Verstehens überall, sofern er durch die gemeinsamen Bedingungen und Mittel dieser Erkenntnisart bestimmt ist, gemeinsame Merkmale haben. Er ist in diesen Grundzügen derselbe. Will ich etwa Leonardo verstehen, so wirkt hierbei die Interpretation von Handlungen, Gemälden, Bildern und Schriftwerken zusammen, und zwar in einem homogenen einheitlichen Vorgang. Das Verstehen zeigt verschiedene Grade. Diese sind zunächst vom Interesse bedingt. Ist das Interesse eingeschränkt, so ist es auch das Verständnis. Wie ungeduldig hören wir mancher Auseinandersetzung zu; wir stellen nur einen uns praktisch wichtigen Punkt aus ihr fest, ohne am Innenleben des Redenden ein Interesse zu haben. Wogegen wir in anderen Fällen durch jede Miene, jedes Wort angestrengt in das Innere eines Redenden zu dringen streben. Aber auch angestrengteste Aufmerksamkeit kann nur dann zu einem kunstmäßigen Vorgang werden, in welchem ein kontrollierbarer Grad von Objektivität erreicht wird, wenn die Lebensäußerung fixiert ist und wir so immer wieder zu ihr zurückkehren können. Solches kunstmäßige Verstehen von dauernd fixierten Lebensäußerungen nennen wir Auslegung oder Interpretation. In diesem Sinne gibt es auch eine Auslegungskunst, deren Gegenstände Skulpturen oder Gemälde sind. [...]

Solche Interpretation stummer Werke [ist] überall auf die Erklärung aus der Literatur angewiesen [...]. Darin liegt nun die unermessliche Bedeutung der Literatur für unser Verständnis des geistigen Lebens und der Geschichte, dass in der Sprache allein das menschliche Innere seinen vollständigen, erschöpfenden und objektiv verständlichen Ausdruck findet. Daher hat die Kunst des Verstehens ihren Mittelpunkt in der Auslegung oder Interpretation der in der Schrift enthaltenen Reste menschlichen Daseins.

Die Auslegung und die mit ihr untrennbar verbundene kritische Behandlung dieser Reste war demnach der Ausgangspunkt der Philologie. Diese ist nach ihrem Kern die persönliche Kunst und Virtuosität in solcher Behandlung des schriftlich Erhaltenen, und nur im Zusammenhang mit dieser Kunst und ihren Ergebnissen kann jede andere Interpretation von Denkmalen oder geschichtlich überlieferten Handlungen gedeihen.

Diese Kunst der Interpretation hat sich nun ganz so allmählich, gesetzmäßig und langsam entwickelt, als etwa die der Befragung der Natur im Experiment. Sie entstand und erhält sich in der persönlichen genialen Virtuosität des Philologen. So wird sie auch naturgemäß vorwiegend in persönlicher Berührung mit dem großen Virtuosen der Auslegung oder seinem Werk auf andere übertragen. Zugleich aber verfährt jede Kunst nach Regeln. Diese lehren Schwierigkeiten überwinden. Sie überliefern den Ertrag persönlicher Kunst. Daher bildete sich früh aus der Kunst der Auslegung die Darstellung ihrer Regeln. Und aus dem Widerstreit dieser Regeln, aus dem Kampf verschiedener Richtungen über die Auslegung lebenswichtiger Werke und dem so bedingten Bedürfnis, die Regeln zu begründen, entstand die hermeneutische Wissenschaft. Sie ist die Kunstlehre der Auslegung von Schriftdenkmalen. [...]

Mit-Denken

III Halten Sie für sich fest: Worin besteht nach Dilthey der Zusammenhang zwischen Verstehen und Interpretieren?

Alle Auslegung von Schriftwerken ist nur die kunstmäßige Ausbildung des Vorgangs von Verstehen, welcher sich über das ganze Leben erstreckt und auf jede Art von Rede und Schrift bezieht. Die Analyse des Verstehens ist so nach die Grundlage für die Regelgebung der Auslegung. Dieselbe kann aber nur in Verbindung mit der Analyse der Produktion schriftstellerischer Werke vollzogen werden. Auf das Verhältnis zwischen Verstehen und Produktion kann erst die Verbindung der Regeln gegründet werden, welche Mittel und Grenzen der Auslegung bestimmt.

Die Möglichkeit der allgemeingültigen Interpretation kann aus der Natur des Verstehens abgeleitet werden. In diesem stehen sich die Individualität des Auslegers und die seines Autors nicht als zwei unvergleichbare Tatsachen gegenüber: Auf der Grundlage der allgemeinen Menschennatur haben sich beide gebildet, und hierdurch wird die Gemeinschaftlichkeit der Menschen untereinander für Rede und Verständnis ermöglicht. Alle individuellen Unterschiede sind letztlich nicht durch qualitative Verschiedenheiten der Personen voneinander, sondern nur durch Gradunterschiede ihrer Seelenvorgänge bedingt. Indem nun aber der Ausleger seine eigne Lebendigkeit gleichsam probierend in ein historisches Milieu versetzt, vermag er von hier aus momentan die einen Seelenvorgänge zu betonen und zu verstärken, die anderen zurücktreten zu lassen und so eine Nachbildung fremden Lebens in sich herbeizuführen.

Fasst man nun die logische Seite dieses Vorganges ins Auge, so wird in ihm aus nur relativ bestimmten einzelnen Zeichen ein Zusammenhang unter beständiger Mitwirkung des vorhandenen grammatischen, logischen und historischen Wissens erkannt. In unserer logischen Terminologie ausgedrückt, besteht diese logische Seite des Verstehens also im Zusammenwirken von Induktion, Anwendung allgemeinerer Wahrheiten auf den besonderen Fall und vergleichendem Verfahren. Die nähere Aufgabe wäre die Feststellung der besonderen Formen, welche hier die genannten logischen Operationen und ihre Verbindungen annehmen. Hier macht sich nun die zentrale Schwierigkeit aller Auslegungskunst geltend. Aus den einzelnen Worten und deren Verbindungen soll das Ganze eines Werkes verstanden werden, und doch setzt das volle Verständnis des einzelnen schon das des Ganzen voraus. Dieser Zirkel wiederholt sich in dem Verhältnis des einzelnen Werkes zu Geistesart und Entwicklung seines Urhebers, und er kehrt ebenso zurück im Verhältnis dieses Einzelwerks zu seiner Literaturgattung. Theoretisch trifft man hier auf die Grenzen aller Auslegung, sie vollzieht ihre Aufgabe immer nur bis zu einem bestimmten Grade: So bleibt alles Verstehen immer nur relativ und kann nie vollendet werden. *Individuum est ineffabile. […]*

Individuum est ineffabile: Das Individuum ist nicht zu fassen.

Ziehen wir die Summe. Verstehen wird nur Sprachdenkmalen gegenüber zu einer Auslegung, welche Allgemeingültigkeit erreicht. Wird die philologische Interpretation in der Hermeneutik sich ihres Verfahrens und ihrer Rechtsgründe bewusst, so mag der praktische Nutzen einer solchen Disziplin, verglichen mit der lebendigen Übung, von Fr. A. Wolf mit Recht nicht hoch angeschlagen werden. Aber jenseits dieses praktischen Nutzens für das Geschäft der Auslegung selber scheint mir eine zweite und die Hauptaufgabe darin zu liegen: Sie soll gegenüber dem beständigen Einbruch romantischer Willkür und skeptischer Subjektivität in das Gebiet der Geschichte die Allgemeingültigkeit der Interpretation theoretisch begründen, auf welcher alle Sicherheit der Geschichte beruht. Aufgenommen in den Zusammenhang von Erkenntnistheorie, Logik und Methodenlehre der Geisteswissenschaften, wird diese Lehre von der Interpretation ein wichtiges Verbindungsglied zwischen der Philosophie und den geschichtlichen Wissenschaften, ein Hauptbestandteil der Grundlegung der Geisteswissenschaften.

1 Markieren Sie in jedem Absatz des Textes von Wilhelm Dilthey zentrale Thesen, Sätze oder Passagen. Geben Sie auf dieser Basis jedem Absatz eine Überschrift.

2 Stellen Sie Diltheys Aussagen zu den Erkenntnisgegenständen und -methoden der Naturwissenschaften und der Geisteswissenschaften in einer Tabelle gegenüber. Diskutieren Sie auf dieser Basis im Plenum, inwiefern Sie die von Dilthey getroffenen Unterscheidungen und die damit verbundenen Erläuterungen und Begründungen überzeugen.

3 Begründen Sie mit dem Text: Inwiefern kann im Urteil von Dilthey die „Möglichkeit der allgemeingültigen Interpretation [...] aus der Natur des Verstehens abgeleitet werden" (Z. 97 f.)?

4 Diskutieren Sie im Plenum: Worin stimmen Sie Dilthey zu? Wo haben Sie eine andere Meinung?

Das wirkungsgeschichtliche Bewusstsein und die Dialektik von Frage und Antwort in der hermeneutischen Erfahrung (1960)

Hans-Georg Gadamer

Hans-Georg Gadamer (1900–2002) war ein deutscher Philosoph, der vor allem durch seine philosophische Hermeneutik bekannt geworden ist. Aus seinem berühmtesten Werk – „Wahrheit und Methode" – stammt der folgende Textauszug.

Oft vermag der Zeitenabstand die eigentlich kritische Frage der Hermeneutik lösbar zu machen, nämlich die *wahren* Vorurteile, unter denen wir *verstehen*, von den *falschen*, unter denen wir *missverstehen*, zu scheiden. Das hermeneutisch geschulte Bewusstsein wird daher historisches Bewusstsein einschließen. Es wird die das Verstehen leitenden eigenen Vorurteile bewusst machen, damit die Überlieferung, als Andersmeinung, sich ihrerseits abhebt und zur Geltung bringt. Ein Vorurteil als solches zur Abhebung bringen, verlangt offenbar, es in seiner Geltung zu suspendieren. Denn solange ein Vorurteil uns bestimmt, wissen und bedenken wir es nicht als Urteil. Wie soll es als solches zur Abhebung kommen? Ein Vorurteil gleichsam vor sich zu bringen, kann nicht gelingen, solange dies Vorurteil beständig und unbemerkt im Spiele ist, sondern nur dann, wenn es sozusagen gereizt wird. Was so zu reizen vermag, ist eben die Begegnung mit der Überlieferung. Denn was zum Verstehen verlockt, muss sich selber schon zuvor in seinem Anderssein zur Geltung gebracht haben. Das Erste, womit das Verstehen beginnt, ist, wie schon oben gesagt, dass etwas uns anspricht. Das ist die oberste aller hermeneutischen Bedingungen. Wir wissen jetzt, was damit gefordert ist: eine grundsätzliche Suspension der eigenen Vorurteile. Alle Suspension von Urteilen aber, mithin und erst recht die von Vorurteilen, hat, logisch gesehen, die Struktur der *Frage*.

Das Wesen der *Frage* ist das Offenlegen und Offenhalten von Möglichkeiten. Wird ein Vorurteil fraglich – angesichts dessen, was uns ein anderer oder ein Text sagt –, so heißt dies mithin nicht, dass es einfach beiseitegesetzt wird und der andere oder das andere sich an seiner Stelle unmittelbar zur Geltung bringt. Das ist vielmehr die Naivität des historischen Objektivismus, ein solches Absehen von sich selbst anzunehmen. In Wahrheit wird das eigene Vorurteil dadurch recht eigentlich ins Spiel gebracht, dass es selber auf dem Spiele steht. Nur indem es sich ausspielt, vermag es den Wahrheitsanspruch des anderen überhaupt zu erfahren und ermöglicht ihm, dass er sich auch ausspielen kann.

Die Naivität des sogenannten Historismus besteht darin, dass er sich einer solchen Reflexion entzieht und im Vertrauen auf die Methodik seines Verfahrens seine eigene Geschichtlichkeit vergisst. Hier muss von einem schlecht verstandenen historischen Denken an ein besser zu verstehendes appelliert werden. Ein wirklich historisches Denken muss die eigene Geschichtlichkeit mitdenken. Nur dann wird es nicht dem Phantom eines historischen Objekts nachjagen, das Gegenstand fortschreitender Forschung ist, sondern wird in dem Objekt das andere des Eigenen und damit das eine wie das andere erkennen lernen. Der wahre historische Gegenstand ist kein Gegenstand, sondern die Einheit dieses einen und anderen, ein Verhältnis, in dem die Wirklichkeit der Geschichte ebenso wie die Wirklichkeit des geschichtlichen Verstehens besteht. Eine sachangemessene Hermeneutik hätte im Verstehen selbst die Wirklichkeit der Geschichte aufzuweisen. Ich nenne das damit Geforderte „Wirkungsgeschichte“. Verstehen ist seinem Wesen nach ein wirkungsgeschichtlicher Vorgang. [...]

Mit-Denken

1 ||| Was bedeutet das konkret? Suchen Sie zusammen mit Ihrem Sitznachbarn bzw. Ihrer Sitznachbarin nach Beispielen, die veranschaulichen, was Gadamer meint.

2 ||| Diskutieren Sie gemeinsam, ob und inwieweit Sie Gadamer zustimmen.

Wir haben [...] betont, dass ein jeder Historiker und Philologe mit der grundsätzlichen Unabschließbarkeit des Sinnhorizontes rechnen muss, in dem er sich verstehend bewegt. Geschichtliche Überlieferung kann nur so verstanden werden, dass die grundsätzliche Fortbestimmung durch den Fortgang der Dinge mitgedacht wird, und ebenso weiß der Philologe, der es mit dichterischen oder philosophischen Texten zu tun hat, um deren Unausschöpfbarkeit. In beiden Fällen ist es der Fortgang des Geschehens, durch den das Überlieferte in neuen Bedeutungsaspekten herauskommt. Die Texte werden durch die neue Akzentuierung im Verstehen genauso in ein echtes Geschehen einbezogen, wie die Ereignisse durch ihren Fortgang selbst. Das war es, was wir als das wirkungsgeschichtliche Moment innerhalb der hermeneutischen Erfahrung bezeichnet hatten. Jede Aktualisierung im Verstehen vermag sich selber als eine geschichtliche Möglichkeit des Verstandenen zu wissen. Es liegt in der geschichtlichen Endlichkeit unseres Daseins, dass wir uns dessen bewusst sind, dass nach uns andere immer anders verstehen werden. Gleichwohl ist es für unsere hermeneutische Erfahrung ebenso unzweifelhaft, dass es dasselbe Werk bleibt, dessen Sinnfülle sich im Wandel des Verstehens beweist, wie es dieselbe Geschichte ist, deren Bedeutung sich fortgesetzt weiterbestimmt. Die hermeneutische Reduktion auf die Meinung des Urhebers ist ebenso unangemessen wie bei geschichtlichen Ereignissen die Reduktion auf die Absicht der Handelnden.

Die Rekonstruktion der Frage, auf die ein gegebener Text eine Antwort ist, kann nun freilich nicht als reine Leistung historischer Methodik genommen werden. Am Anfang steht vielmehr die Frage, die uns der Text stellt, das Betroffensein von dem Wort der Überlieferung, sodass das Verstehen derselben immer schon die Aufgabe der historischen Selbstvermittlung der Gegenwart mit der Überlieferung einschließt. Das Verhältnis von Frage und Antwort hat sich also in Wahrheit umgekehrt. Das Überlieferte, das uns anspricht – der Text, das Werk, die Spur –, stellt selbst eine Frage und stellt damit unser Meinen ins Offene. Um diese uns gestellte Frage zu beantworten, müssen wir, die Gefragten, selber zu fragen beginnen. Wir suchen die Frage zu rekonstruieren, auf die das Überlieferte die Antwort wäre. Wir werden das aber gar nicht können, ohne den historischen Horizont, der damit bezeichnet ist, fragend zu überschreiten. Die Rekonstruktion der Frage, auf die der Text die Antwort sein soll, steht selbst innerhalb eines Fragens, durch das wir die Antwort auf die uns von der Überlieferung gestellte Frage suchen.

Eine rekonstruierte Frage kann eben niemals in ihrem ursprünglichen Horizont stehen. Der in der Rekonstruktion beschriebene historische Horizont ist nicht wahrhaft umschließender Horizont. Er ist vielmehr selbst noch von dem Horizont umfasst, der uns als die Fragenden und dem Wort der Überlieferung Getroffenen umschließt.

Insofern ist es eine hermeneutische Notwendigkeit, stets über die bloße Rekonstruktion hinaus zu sein. Man kann gar nicht vermeiden, das für einen Verfasser Fraglose und insofern von ihm nicht Gedachte zu denken und in die Offenheit der Frage hineinzubewegen. Damit wird nicht etwa interpretatorischer Willkür Tür und Tor geöffnet, sondern nur aufgedeckt, was stets geschieht. Ein Wort der Überlieferung, das einen trifft. Verstehen verlangt immer, dass die rekonstruierte Frage in das Offene ihrer Fraglichkeit gestellt wird, d. h. in die Frage übergeht, die die Überlieferung für uns ist. Wenn die „historische" Frage für sich hervortritt, so heißt das immer schon, dass sie sich als Frage nicht mehr „erhebt". Sie ist das Restprodukt eines Nichtmehrverstehens, ein Umweg, auf dem man stecken bleibt. Zum wirklichen Verstehen gehört dagegen, die Begriffe einer historischen Vergangenheit so wiederzugewinnen, dass sie zugleich unser eigenes Begreifen mit enthalten. Wir nannten das oben die Horizontverschmelzung. Wir können mit Collingwood sagen, dass wir nur verstehen, wenn wir die Frage verstehen, auf die etwas die Antwort ist, und es ist wahr, dass das so Verstandene nicht in der Abgehobenheit seiner Sinnmeinung vor unserem eigenen Meinen stehen bleibt. Vielmehr geht die Rekonstruktion der Frage aus der sich der Sinn eines Textes als Antwort versteht, in unser eigenes Fragen über. Denn der Text muss als Antwort auf ein wirkliches Fragen verstanden werden. [...]

Die Dialektik von Frage und Antwort, die wir in der Struktur der hermeneutischen Erfahrung aufdeckten, erlaubt nun, näher zu bestimmen, was für eine Art von Bewusstsein das wirkungsgeschichtliche Bewusstsein ist. Denn die Dialektik von Frage und Antwort, die wir aufwiesen, lässt das Verhältnis des Verstehens als ein Wechselverhältnis von der Art eines Gespräches erscheinen. Zwar redet ein Text nicht so zu uns wie ein Du. Wir, die Verstehenden, müssen ihn von uns aus erst zum Reden bringen. Aber es hatte sich gezeigt, dass solches verstehendes Zum-Reden-Bringen kein beliebiger Einsatz aus eigenem Ursprung ist, sondern selber wieder als Frage auf die im Text gewärtigte Antwort bezogen ist. Die Gewärtigung einer Antwort setzt selber schon voraus, dass der Fragende von der Überlieferung erreicht und aufgerufen ist. Das ist die Wahrheit des wirkungsgeschichtlichen Bewusstseins. Es ist das geschichtlich erfahrene Bewusstsein, das, indem es dem Phantom einer völligen Aufklärung entsagt, eben damit für die Erfahrung der Geschichte offen ist. Seine Vollzugsweise beschrieben wir als die Verschmelzung der Horizonte des Verstehens, die zwischen Text und Interpreten vermittelt.

1 Was meint Gadamer mit der „Naivität des sogenannten Historismus" (Z. 26)?

2 Erläutern Sie die These „Verstehen ist seinem Wesen nach ein wirkungsgeschichtlicher Vorgang." (Z. 37 f.)

3 Worin besteht die von Gadamer aufgezeigte Dialektik von Frage und Antwort und inwiefern ist sie von Bedeutung für den hermeneutischen Prozess bzw. das Verstehen von Texten?

4 Erarbeiten Sie die Fragen, auf die Gadamer Antworten gibt. Machen Sie sich dabei die Geschichtlichkeit von Gadamers Position wie auch Ihrer eigenen bewusst und berücksichtigen Sie die Konsequenzen dieser Sachverhalte. Wie beurteilen Sie vor diesem Hintergrund Gadamers hermeneutische Position?

5 Vergleichen Sie Gadamers und Diltheys Theorieansätze. Wo sehen Sie Gemeinsamkeiten, wo Unterschiede?

Emotion und Erkenntnis in der ästhetischen Erfahrung (1967/68)
Nelson Goodman

Nelson Goodman (1906–1998) lehrte Philosophie in Harvard (USA). Ein Forschungsschwerpunkt waren Fragen der Ästhetik und Kunst.

Dichotomie: Zweiteilung

Die Überzeugung [lässt sich kaum] ausrotten, dass der Unterschied zwischen dem Wissenschaftlichen und dem Ästhetischen irgendwie in dem Unterschied zwischen Erkennen und Fühlen, zwischen dem Kognitiven und dem Emotiven verwurzelt ist. Diese letztere, tief eingewurzelte Dichotomie ist selbst aus vielen Gründen zweifelhaft, und ihre Anwendung wirkt hier besonders verwirrend, wenn wir die ästhetische und die wissenschaftliche Erfahrung als ihrem Wesen nach in gleicher Weise kognitive Erfahrung ansehen. Aber wir trennen uns nicht leichten Herzens von der Idee, dass die Kunst irgendwie doch emotiver ist als die Wissenschaft.

[...] Jede Vorstellung von der ästhetischen Erfahrung als einer Art emotionalem Bad oder einer Orgie ist allerdings einfach blödsinnig. Verglichen mit der Furcht, Trauer, Niedergeschlagenheit oder Begeisterung, die eine wirkliche Schlacht oder ein Verlust, eine Niederlage oder ein Sieg auslösen, sind die Emotionen, die dabei eine Rolle spielen, gewöhnlich unterdrückt und indirekt, und sie sind im Allgemeinen nicht ausgeprägter als die Erregung, Verzweiflung oder Freude, die das wissenschaftliche Forschen und Entdecken begleitet. Was der bewegungslose Zuschauer fühlt, reicht bei Weitem nicht an das heran, was die auf der Bühne dargestellten Charaktere fühlen, ja nicht einmal an das, was er selbst fühlen würde, wenn er Zeuge von solchen Ereignissen im wirklichen Leben wäre. [...]

Oft sind die Emotionen, die in der ästhetischen Erfahrung eine Rolle spielen, nicht nur etwas gedämpft, sondern auch in ihr Gegenteil verkehrt. Wir begrüßen Werke, die Emotionen hervorrufen, die wir normalerweise meiden. Negative Emotionen wie Furcht, Hass, Abscheu können zu positiven werden, wenn sie durch ein Stück oder ein Gemälde ausgelöst werden. [...] Die Tragödie soll den Effekt haben, uns von eingekapselten und verborgenen negativen Emotionen zu reinigen oder uns maßvolle Dosierungen getöteter Viren einzuimpfen, die die schrecklichen Folgen einer wirklichen Attacke verhindern oder mildern sollen. Die Kunst wird nicht nur zu einem Beruhigungsmittel, sondern auch zu einem Therapeutikum, das uns sowohl mit einem Ersatz für gute Wirklichkeit als auch mit einer Sicherheit gegen schlechte Realität versieht. Theater und Museen fungieren dann als Dependancen zu den Gesundheitsämtern.

Dependancen: Zweigstellen

Auch variieren selbst bei Kunstwerken und ästhetischen Erfahrungen von offenkundigem Rang die emotiven Komponenten beträchtlich [...] und es ist weniger wahrscheinlich, dass das Ästhetische vom Wissenschaftlichen fein säuberlich durch eine Linie zwischen dem Emotiven und dem Kognitiven getrennt wird, als dass diese Linie einige ästhetische Objekte und Erfahrungen von anderen scheidet. [...]

Für die meisten der Schwierigkeiten, die uns begegnet sind, können wir, wie ich schon angedeutet habe, die beherrschende Dichotomie zwischen dem Kognitiven und dem

Emotiven zur Verantwortung ziehen. Auf die eine Seite stellen wir Sinnempfindung, Wahrnehmung, Schlussfolgerung, Vermutung, jede Art von kaltblütiger Prüfung und Untersuchung, Tatsachen und Wahrheit; auf die andere Vergnügen, Schmerz, Interesse, Befriedigung, Enttäuschung, alle gehirnlosen affektiven Reaktionen, Vorliebe und Abscheu. Das macht uns mit ziemlicher Sicherheit blind gegenüber der Tatsache, dass die Emotionen in der ästhetischen Erfahrung eine kognitive Funktion haben. Das Kunstwerk wird sowohl durch die Gefühle als auch durch die Sinne aufgefasst. Emotionale Stumpfheit disqualifiziert hier genauso nachhaltig, wenn auch nicht so vollständig, wie Blindheit oder Taubheit. Auch werden die Gefühle nicht ausschließlich zur Erkundung des emotionalen Gehalts des Werks gebraucht. In gewissem Maße können wir fühlen, wie ein Gemälde aussieht, genauso wie wir sehen können, wie es sich anfühlt. [...] In der ästhetischen Erfahrung ist die Emotion ein Mittel, mit dessen Hilfe man entdecken kann, welche Eigenschaften ein Werk besitzt und zum Ausdruck bringt.

Mit-Denken

||| Überprüfen Sie diese These mit Bezug auf literarische Texte, Kunstwerke und Musikstücke, die sie kennen.

Dies zu sagen bedeutet, sich heiße Verleumdung für kalte Überintellektualisierung einzuhandeln; doch die ästhetische Erfahrung wird hier nicht der Emotionen beraubt, sondern das Verstehen wird vielmehr mit ihnen ausgestattet. Die Tatsache, dass Emotionen an der Erkenntnis beteiligt sind, heißt ebenso wenig, dass sie nicht gefühlt werden, wie die Tatsache, dass das Sehvermögen uns hilft, Eigenschaften von Objekten zu entdecken, bedeutet, dass es Sinneseindrücke von Farben gar nicht gibt. Emotionen müssen wirklich gefühlt werden – d.h., es muss sie genauso geben, wie es die Sinneseindrücke gibt –, wenn sie kognitiv gebraucht werden sollen. Kognitiver Gebrauch bedeutet, sie zu unterscheiden und in Beziehung zu setzen, um das Werk einschätzen, erfassen und in unsere sonstige Erfahrung und in die Welt integrieren zu können. Mag dies auch das Gegenteil von passiver Aufnahme in Sinneseindrücken und Emotionen sein, so läuft es doch keineswegs auf ihre Ausschaltung hinaus. Es erklärt vielmehr die Modifikationen, denen Emotionen in der ästhetischen Erfahrung ausgesetzt sein können.

Zum einen führt ein Kontext der Suche eher als einer des Sich-Hingebens oder der Erregung zu einer charakteristischen Verschiebung der Emotionen. Die psychologische, physiologische und physische Situation ist anders. Ein verdienter, gesparter, ausgegebener Dollar ist immer noch ein Dollar; Zuneigung, die in Unterwürfigkeit, Frustration, Erleuchtung mündet, ist immer noch Zuneigung; aber in keinem der Fälle sind alle drei ganz identisch. Emotionen sind nicht so selbstgenügsam, dass sie nicht von ihrer Umgebung beeinflussbar wären, aber der kognitive Gebrauch schafft weder neue Emotionen, noch auch stattet er gewöhnliche Emotionen mit irgendeinem magischen Zusatz aus.

Ferner lässt sich jetzt die häufige Disparität zwischen der gefühlten Emotion und dem emotiven Gehalt, der dadurch im Objekt entdeckt wird, leicht verständlich machen. Mitleid auf der Bühne kann Mitleid im Zuschauer auslösen; aber Gier weckt Abscheu und Mut Bewunderung. So kann ein weißes Haus weiß am Mittag, aber rot bei Sonnenuntergang aussehen; und eine Kugel sieht von allen Seiten rund aus. Sinnliche und emotive Erfahrungen gehen komplexe Beziehungen mit den Eigenschaften von Objekten ein. Auch fungieren Emotionen kognitiv nicht als separate Elemente, sondern in Verbindung miteinander und mit anderen Mitteln der Erkenntnis. Wahrnehmung, Vorstellung und Gefühl vermischen sich miteinander und interagieren; und eine solche Verbindung widersteht oft der Analyse in emotive und nicht-emotive Komponenten. [...] Worauf es ankommt, ist die Tatsache, dass die Vergleiche, Gegenüberstellungen und Organisationen, die in kognitiven Prozessen eine Rolle spielen, oft auch die daran beteiligten Emotionen beeinflussen. Einige können intensiviert werden, wie z. B. Farben auf einem komplementären Hintergrund, oder durch ein subtiles Reimschema hervorgehoben werden; andere können gedämpft werden, wie z. B. Töne in einem lauteren Kontext. Und einige Emotionen können als Eigenschaften des orchestrierten Ganzen auftreten, wobei sie wie die Form einer Eierschale zu keinem der kleineren Teile gehören.

Auch fungieren negative Emotionen kognitiv offensichtlich genauso gut wie positive. [...] In der ästhetischen Erfahrung ist die positive oder negative Emotion ein Modus der Sensibilität gegenüber dem Werk. [...]

Ebenso deutlich ist zu sehen, dass Quantität oder Intensität der Emotion kein Maßstab für ihre kognitive Wirksamkeit ist. Eine schwache Emotion kann genauso informativ sein wie eine überwältigende; und herauszufinden, dass ein Werk wenige oder keine Emotionen zum Ausdruck bringt, kann ästhetisch genauso bedeutsam sein wie herauszufinden, dass es eine Menge davon ausdrückt. Dies wird von allen Versuchen, das Ästhetische nach der Menge oder der Stärke der Emotionen zu unterscheiden, übersehen.

Obwohl damit viele Rätsel gelöst und die Rolle der Emotionen in der ästhetischen Erfahrung geklärt werden können, sehen wir noch immer keine Möglichkeit, die ästhetische von allen anderen Erfahrungen zu unterscheiden. Die kognitive Verwendung der Emotionen ist weder in jeder ästhetischen Erfahrung zu finden, noch auch fehlt sie in jeder nicht-ästhetischen Erfahrung. [...] Im täglichen Leben ist die Klassifizierung von Sachverhalten anhand von Gefühlen oft lebenswichtiger als die Klassifikation anhand von anderen Eigenschaften: Wir fahren wahrscheinlich besser damit, wenn wir Geschick im Fürchten, Wollen, Trotzen oder Misstrauen gegenüber den richtigen, belebten oder unbelebten Dingen besitzen, als wenn wir nur ihre Formen, Ausmaße, Gewichte etc. wahrnehmen würden. Und die Bedeutung der Unterscheidung mithilfe von Gefühlen wird nicht gemindert, wenn die Motivation eher theoretisch als praktisch ist. Selbst wenn seine Ziele rein theoretisch sind, bedient sich der Zoologe, Psychologe und Soziologe legitimerweise der Emotionen bei seinen Untersuchungen. In jeder Wissenschaft verbietet zwar die erforderliche Objektivität das Wunschdenken, jede voreingenommene Interpretation der Evidenz, die Zurückweisung unerwünschter Resultate und das Meiden bedrohlicher Fragerichtungen, aber sie verbietet nicht die Verwendung von Gefühlen beim Forschen und Entdecken, den Anstoß der Inspiration und Neugier oder die Ideen, die einem in der Erregung über faszinierende Probleme und viel versprechende Hypothesen einfallen. Und je mehr wir diese Sachverhalte diskutieren, desto mehr wird uns bewusst, dass die Emotionen nicht so eindeutig von anderen Elementen in der Erkenntnis unterschieden oder so scharf getrennt werden können, dass die Unterscheidung eine sichere Basis für die Beantwortung irgendwelcher offenen Fragen hergibt.

1 Rekonstruieren Sie den Argumentationsgang in dem Text von Nelson Goodman und bringen Sie ihn auf einer OHP-Folie oder digital im Rahmen von PowerPoint, Keynote, Prezi etc. anschaulich zur Darstellung. Stellen Sie Ihr Ergebnis im Plenum zur Diskussion.

2 Formulieren Sie in Thesenform: Welche Rolle spielen Emotionen nach Goodman im Rahmen ästhetischer Erfahrung?

3 Schreiben Sie in Partnerarbeit in verteilten Rollen eine fiktive Begegnung zwischen Wilhelm Dilthey und Nelson Goodman, in der beide gemeinsam darüber nachdenken und diskutieren, welche Bedeutung Emotionen im Umgang mit künstlerischen Werken zukommt.

4 Wie beurteilen Sie die Position Goodmans persönlich? Erläutern und begründen Sie.

5 Aus literaturtheoretischer Sicht kann gegen Goodman eingewendet werden, dass es einen grundlegenden Unterschied gibt zwischen Emotionen im Zusammenhang mit einem Kunstwerk und solchen, die im Zusammenhang mit einem nicht-künstlerisch verarbeiteten Gegenstand der physischen Welt entstehen. Im Kunstwerk nämlich können Emotionen, die Grundlage oder Auslöser von Emotionen in der ästhetischen Erfahrung sind, bewusst ausgedrückt, verarbeitet und intendiert worden sein. In der physischen Welt ist dies hingegen nicht der Fall. Wie beurteilen Sie diese Argumentation und ihre Konsequenzen?

Hermeneutik als geisteswissenschaftliche Erkenntnisweise (1972)
Jürgen Habermas

Hermeneutik: Verstehenslehre

Jürgen Habermas (* 1929) ist ein deutscher Philosoph, der vor allem durch seine Sozialphilosophie und Ethik Bedeutung erlangt hat. Aber auch zu ästhetischen Fragen hat er gearbeitet, wie der nachfolgende Textauszug verdeutlicht.

Die hermeneutische Befragung von Texten hat mit der „Befragung der Natur im Experiment" eins gemeinsam: Beide verlangen eine wohlerworbene Kunstfertigkeit, die nach generellen Regeln verfährt. Dabei bleibt allerdings die Beherrschung der hermeneutischen Kunst in höherem Maße der „persönlichen Virtuosität" verhaftet als die Beherrschung von Messoperationen. Die hermeneutischen Wissenschaften sind den umgangssprachlich vermittelten Interaktionen so eingelagert wie die empirisch-analytischen Wissenschaften dem Funktionskreis instrumentalen Handelns. Beide lassen sich von *Erkenntnisinteressen* leiten, die in den Lebenszusammenhängen des kommunikativen Handelns und des instrumentalen verwurzelt sind. Während die empirisch-analytischen Verfahren darauf gerichtet sind, die Wirklichkeit unter dem transzendentalen Gesichtspunkt möglicher technischer Verfügung freizulegen und zu erfassen, gehen die hermeneutischen Verfahren darauf aus, die Intersubjektivität der Verständigung in der umgangssprachlichen Kommunikation und im Handeln unter gemeinsamen Normen zu sichern.

Das hermeneutische Verstehen ist seiner Struktur nach darauf angelegt, innerhalb kultureller Überlieferungen ein mögliches handlungsorientierendes Selbstverständnis von Individuen und Gruppen und ein reziprokes Fremdverständnis anderer Individuen und anderer Gruppen zu garantieren. Es ermöglicht die Form zwanglosen Konsensus und die Art gebrochener Intersubjektivität, von denen kommunikatives Handeln abhängt. Es bannt die Gefahren des Kommunikationsabbruchs in beiden Richtungen: sowohl in der Vertikale der eigenen individuellen Lebensgeschichte und der kollektiven Überlieferung, der man zugehört, wie auch in der Horizontale der Vermittlung zwischen Überlieferungen verschiedener Individuen, Gruppen und Kulturen. Wenn diese Kommunikationsströme abreißen und die Intersubjektivität der Verständigung entweder erstarrt oder zerfällt, wird eine Bedingung des Überlebens zerstört, die so elementar ist wie die komplementäre Bedingung des Erfolgs instrumentalen Handelns: nämlich die Möglichkeit

reziprok: umgekehrt

Konsensus: Übereinstimmung

Intersubjektivität: dem Bewusstsein mehrerer Personen gemeinsam zwangloser Einigung und gewaltloser Anerkennung. Weil diese die Voraussetzung von Praxis ist, *nennen wir das erkenntnisleitende Interesse der Geisteswissenschaften „praktisch"*. Vom technischen Erkenntnisinteresse unterscheidet es sich dadurch, dass es nicht auf die Erfassung einer objektivierten Wirklichkeit, sondern auf die Wahrung der Intersubjektivität einer Verständigung gerichtet ist, in deren Horizont die Wirklichkeit erst als etwas erscheinen kann.

Der Interpret kann sich, gleichviel ob er es mit zeitgenössischen Objektivationen oder mit geschichtlichen Überlieferungen zu tun hat, von seiner hermeneutischen Ausgangslage nicht abstrakt lösen. Er kann den offenen Horizont der eigenen Lebenspraxis nicht einfach überspringen und den Traditionszusammenhang, durch den seine Subjektivität gebildet ist, nicht schlicht suspendieren, um in den subhistorischen Lebensstrom einzutauchen, der die genießende Identifikation aller mit allen erlaubt. Gleichwohl ist Sachlichkeit des hermeneutischen Verstehens in dem Maße zu erreichen, als das verstehende Subjekt über die kommunikative Aneignung der fremden Objektivationen sich selbst in seinem eigenen Bildungsprozess durchschauen lernt. Eine Interpretation kann die Sache nur in dem Verhältnis treffen und durchdringen, in dem der Interpret diese Sache *und zugleich* sich selbst als Momente des beide gleichermaßen umfassenden und ermöglichenden objektiven Zusammenhangs reflektiert. In diesem Sinne hängt die Objektivität des Verstehens an dem nur zum Scheine subjektivistischen Grundsatz den Dilthey für die Autobiografie gelten ließ: „Die Besinnung eines Menschen [einer sozialen Gruppe, einer Epoche] über sich selbst bleibt Richtpunkt und Grundlage." Dilthey möchte einen vermeintlichen Widerstreit zwischen den Tendenzen des Lebens und der Wissenschaft dadurch geschlichtet sehen, dass wir das praktische Erkenntnisinteresse zugunsten einer selbstlosen Universalität der Einfühlung aufheben. Die von Dilthey selbst in Gang gesetzte Reflexion auf die Nichthintergehbarkeit jenes Interesses hatte hingegen jenen Widerstreit als Schein entlarven und die Objektivität des hermeneutischen Verstehens in Form einer auf kommunikativer Erfahrung beruhenden und durchs Dialogverhältnis unwiderruflich vermittelten Erkenntnis rechtfertigen können.

Dilthey bindet die mögliche Objektivität geisteswissenschaftlicher Erkenntnis an die Bedingung einer virtuellen Gleichzeitigkeit des Interpreten mit seinem Gegenstand. Gegenüber dem „räumlich Fernen oder sprachlich Fremden" muss sie sich „in die Lage eines Lesers aus der Zeit und der Umgebung des Autors versetzen". Die *Gleichzeitigkeit* erfüllt in den Geisteswissenschaften dieselbe Funktion wie in den Naturwissenschaften die Wiederholbarkeit des Experiments: Die Austauschbarkeit des Erkenntnissubjektes wird garantiert.

Mit-Denken

||| Überprüfen Sie diese Einschätzung von Habermas durch eine kurze, erneute Lektüre des abgedruckten Dilthey-Textauszugs (S. 431 ff.).

Protuberanzen: aus dem Sonneninneren ausströmende leuchtende Gasmasse und Materienströme; hier: Ausströmungen des Lebensstroms

omnipräsent: überall auftretend

Freilich ist die methodologische Annahme der möglichen Gleichzeitigkeit von Interpret und Gegenstand so wenig selbstverständlich, dass es der *Lebensphilosophie* bedarf, um sie plausibel zu machen. Nur soweit die Objektivationen der geistigen Welt Protuberanzen eines in der Zeit sich erstreckenden omnipräsenten Lebensstroms darstellen, dessen Einheit durch die potenzielle Gleichzeitigkeit und Ubiquität seiner Hervorbringung gesichert ist, kann die historische Welt positivistisch begriffen, nämlich als Inbegriff aller möglichen Erlebnisse aufgefasst werden – was erlebt werden kann, ist für den Interpreten das, was der Fall ist. Dieser Welt, die im historischen Bewusstsein der Moderne abgebildet wird, entspricht die Genialität des Allesverstehens; denn das nachbildende Erlebnis dessen, der sich ins Original hineinversetzt, verspricht Partizipation an dem einen omnipräsenten Lebensstrom. Dieses Leben selbst ist irrational, denn das Einzige, was sich über es sagen lässt, ist, dass es allein an seinen Objektivationen greifbar wird. Die Irrationalität des Lebens rechtfertigt den Interpreten in der Rolle des unbeteiligten Beobachters, denn wenn das Leben selbst seine Objektivationen auf die Ebene einer fingierten Gleichzeitigkeit projiziert, dann überblickt er „objektiv" den „Zusammenhang des Allgemeinmenschlichen mit der Individuation, die auf seiner Grundlage sich in der Mannigfaltigkeit geistiger Existenzen ausbreitet". Das hermeneutische Verstehen entledigt sich so der spezifischen, an umgangssprachlicher Kommunikation haftenden Dialektik des Allgemeinen und des Individuellen zugunsten einer umfangslogisch eindeutigen Klassifikation von Erscheinungen. Dilthey nennt drei Stufen der Verallgemeinerung; er spricht von einem Ordnungssystem, „das von der Regelhaftigkeit und der Struktur im Allgemeinmenschlichen zu den Typen führt, durch welche das Verstehen die Individuen auffasst".

Ubiquität: Nichtgebundensein an einen Ort

projizieren: in jemanden etwas hineinverlegen bzw. auf ihn übertragen

Die Grundüberlegungen der Lebensphilosophie erlauben Dilthey die *Übertragung des naturwissenschaftlichen Objektivitätsideals auf die Geisteswissenschaften*. Das ist von besonderer Bedeutung für die Gruppe von Disziplinen, die Dilthey systematische Geisteswissenschaften nennt und den historischen Wissenschaften, die von der Biografie bis zur Universalgeschichte reichen, gegenüberstellt. Während diese sich jeweils auf einen konkreten Entwicklungszusammenhang und auf Bildungsprozesse angebbarer gesellschaftlicher Subjekte richten, haben jene es mit den bleibenden Strukturen, den im Querschnitt isolierbaren Teilsystemen des gesellschaftlichen Lebens zu tun, durch die gleichsam die historische Bewegung hindurchgeht. Dilthey fasst diese Wissenschaften im System der selbstständig konstituierten Geisteswissenschaften vom Menschen: von Sprache, Ökonomie, Staat, Recht, Religion und Kunst zusammen. Er beruft sich gerne auf das Beispiel der Ökonomie, um den Unterschied der systematischen Geisteswissenschaften von den historischen klarzumachen: Sie entwickeln allgemeine Theorien von Ausschnitten des gesellschaftlichen Lebens, die durch gleichbleibende Strukturzusammenhänge ausgezeichnet sind und selber Systeme darstellen. Das scheinbar zirkuläre Verfahren einer wechselseitigen Explikation der Teile im Lichte eines diffus vorverstandenen Ganzen und umgekehrt des Ganzen im Rückschein der schrittweise präzisierten Teile mag für die Interpretation bestimmter Lebensäußerungen und konkreter Entwicklungsgeschichten zureichen: Die Hermeneutik ist die Grundlage der historischen Geisteswissenschaften. Es geht aber nicht an, die systematischen Geisteswissenschaften an diese Hermeneutik zu verweisen und gleichzeitig zu unterstellen, dass sie der Dialektik von Allgemeinem und Individuellem entgehen. Für die systematischen Geisteswissenschaften ist die methodologische Grundlage der historischen offensichtlich zu schmal. Sie beschränken sich nicht auf die Explikation von Bedeutungszusammenhangen, sondern analysieren gesetzmäßige Beziehungen zwischen empirischen Größen.

Explikation: Erläuterung, Darlegung

Soweit sie nomologische Wissenschaften sind, müssen sie sich der empirisch-analytischen Verfahrensweisen bedienen; soweit sie der Intention von Geisteswissenschaften folgen, bleiben sie zugleich dem methodologischen Rahmen der Hermeneutik verhaftet und rücken nicht in gleicher Weise wie die Naturwissenschaften in den Funktionskreis instrumentalen Handelns ein. Dieses Problem einer Verschränkung empirisch-analytischer Verfahrensweisen mit Hermeneutik und die Frage der Theorienbildung in den systematischen Geisteswissenschaften sind für die Logik der im 20. Jahrhundert erst voll entwickelten Sozialwissenschaften von zentraler Bedeutung.

nomologisch: theoretisch; durch Verknüpfung von Aussagen herzuleiten

1 Stellen Sie sich vor, bei dem Text von Habermas handelte es sich um die Mitschrift eines Interviews, das Sie mit dem Sozialphilosophen geführt haben. Da Sie Ihren Fragezettel verlegt haben, müssen Sie die Fragen rekonstruieren, auf die Habermas geantwortet hat. Notieren Sie die Fragen am Rand der einzelnen Absätze oder in Ihrem Heft.

2 Habermas nimmt unmittelbar auf Dilthey Bezug. Wo stimmt er ihm zu, wo ist er anderer Meinung?

3 Gibt es nach Habermas Objektivität in den Geisteswissenschaften? An welchen Passagen können Sie Ihre Einschätzung belegen?

Die drei Intentionstypen und die Verteidigung des wörtlichen Sinns (1990)

Umberto Eco

Umberto Eco (* 1932), ein italienischer Schriftsteller, Philosoph und Medien- bzw. Literaturtheoretiker, hat durch seinen Roman „Der Name der Rose" Weltruhm erlangt, war aber auch mit seiner Ästhetik international sehr einflussreich.

Trichotomie: Dreiteilung

Kohärenz: Übereinstimmung, Deckungsgleichheit

Signifikationssysteme: Bedeutungszuschreibung

Renaissance: Epochenbezeichnung für den Zeitraum zwischen dem 15. und dem 16. Jahrhundert, in dem es zur Rückbesinnung auf die Antike, zur Ausbildung des Humanismus und zu vielen technischen Erfindungen und naturwissenschaftlichen Entdeckungen kam

Neuplatonismus: (religions)philosophische Strömung in der Spätantike, die sich auf Platon bezog, bed. Vertreter war z. B. Plotin

Hermetik: religiöse Geheimlehre

Im Umfeld der hermeneutischen Untersuchungen [...] [begegnet eine Unterscheidung, die] eigentlich als Trichotomie auftritt, nämlich die zwischen Interpretation als Suche nach der *intentio auctoris*, Interpretation als Suche nach der *intentio operis* und Interpretation als Aufzwingen der *intentio lectoris*.

Während in der gegenwärtigen Auseinandersetzung das Vorrecht der Initiative des Lesers (als einziges Definitionskriterium des Textes) besonders herausgestellt wurde, befasste die klassische Diskussion sich vor allem mit der Gegenüberstellung der folgenden beiden Programme:
(a) man muss im Text nach dem suchen, was der Autor sagen wollte;
(b) man muss im Text nach dem suchen, was er unabhängig von den Intentionen seines Autors sagt.

Nur wenn man den zweiten Pol dieser Gegenüberstellung akzeptierte, konnte man eine weitere Gegenüberstellung formulieren:
(b1) man muss im Text nach dem suchen, was er in Bezug auf seine eigene kontextuelle Kohärenz und auf die Signifikationssysteme sagt, auf die er sich bezieht;
(b2) man muss im Text nach dem suchen, was der Adressat in Bezug auf seine eigenen Signifikationssysteme und/oder seine eigenen Wünsche, Impulse, Vorlieben in ihm findet.

[...] Ich habe unlängst [...] zu zeigen versucht, dass das Mittelalter angesichts der unbezweifelbaren Fähigkeit eines Textes, unendlich viele oder nicht festgelegte Interpretationen anzuregen, bei der Suche nach der Vielheit der Bedeutungen dennoch an einer Vorstellung vom Text festgehalten hatte, dergemäß dieser sich nicht selbst widersprechen kann, während die Welt der Renaissance, inspiriert von der neuplatonischen Hermetik, den idealen – nämlich poetischen – Text als einen solchen zu definieren versuchte, der alle möglichen, auch die widersprüchlichsten Auslegungen erlaubt.

An dieser Grenze wird heute die Theorieschlacht um eine Neudefinition der Rolle der Interpretation geschlagen. Doch erzeugt der Gegensatz Mittelalter – Renaissance einen sekundären Gegensatz innerhalb des Renaissancemodells. Denn die hermetisch-symbolische Lektüre des Textes kann auf zweierlei Arten erfolgen:

- indem man nach der Unendlichkeit der Bedeutungen sucht, die der Verfasser in den Text gelegt hat;
- indem man nach der Unendlichkeit der Bedeutungen sucht, von denen der Verfasser selber nichts gewusst hat (und die vermutlich vom Empfänger hineingelegt werden, ohne dass man schon sagen könne, ob das gemäß der intentio auctoris geschieht oder im Widerspruch zu ihr).

Auch wenn man sagt, ein Text könne unendlich viele Interpretationen stimulieren [...], so ist damit noch nicht entschieden, ob die Unendlichkeit der Interpretationen von der *intentio auctoris*, der *intentio operis* oder der *intentio lectoris* abhängt.

So sagten zum Beispiel die Kabbalisten des Mittelalters und der Renaissance, man könne die Kabbala nicht nur auf unendlich viele Arten auslegen, sondern könne und müsse sie auch entsprechend den unendlich vielen Kombinationen der Buchstaben, aus denen sie besteht, auf unendlich viele Arten neu schreiben. Doch war die Unendlichkeit der Auslegungen zwar von der Initiative des Lesers abhängig, aber ansonsten vom göttlichen Verfasser gewollt und geplant. Nicht immer ist das der *intentio lectoris* zugeschriebene Privileg eine Garantie für die Unendlichkeit der Interpretationen. Privilegiert man die intentio lectoris, so muss man auch mit einem Leser rechnen, der sich dafür entscheidet, den Text als nur mit einer Bedeutung ausgestattet zu lesen, auf der – möglicherweise unendlichen – Suche nach dieser Bedeutung. Wie soll man die dem Leser zugebilligte Autonomie vereinbaren mit der Entscheidung eines einzelnen Lesers, die *Divina Commedia* müsse in absolut wörtlichem Sinn gelesen werden, ohne nach spirituellen Bedeutungen zu suchen? Wie lässt sich das Privileg des Lesers vereinbaren mit den Entscheidungen eines fundamentalistischen Bibellesers?

Kabbala: jüdische Geheimlehre

Divina Commedia: Dante: Göttliche Komödie

Es kann also eine Ästhetik der unendlichen Interpretierbarkeit poetischer Texte geben, die mit einer Semiotik der Abhängigkeit der Interpretation von der intentio auctoris einhergeht, und es kann eine Semiotik der univoken Interpretation von Texten geben, die nicht an die intentio auctoris gebunden sein will, sondern der intentio operis das Vorrecht einräumt. Man kann durchaus einen Text als unendlich interpretierbar lesen, den sein Autor als absolut univok konzipiert hatte (etwa bei einer fantasierenden und gänzlich danebenliegenden Interpretation des katholischen Katechismus oder – um sich nicht auf Science-Fiction-Hypothesen einzulassen – bei der Interpretation eines Textes von Searle durch Derrida 1977). Es ist möglich, einen Text als unendlich interpretierbar zu lesen, der von der intentio operis her ganz gewiss nicht mehrdeutig ist, zumindest, wenn man sich an die Konventionen der Gattung hält: Ein als solches abgeschicktes Telegramm mit dem Wortlaut Ankomme morgen Mittwoch 21, um 22.00 kann drohende oder hoffnungsvolle Untertöne haben.
Andererseits kann jemand einen Text als univok lesen, den sein Verfasser als unendlich interpretierbar konzipiert hat (das wäre der Fall des Fundamentalisten, wenn der Gott Israels der Vorstellung der Kabbalisten entspricht). Man kann einen Text als univok lesen, der unter dem Gesichtspunkt der intentio operis verschiedene Interpretationen zulässt, zumindest, wenn man sich an die Gesetze der Sprache hält; das wäre der Fall von They are flying planes, gelesen von einem Beobachter des Flugverkehrs, oder der Fall dessen, der den Ödipus als Kriminalroman liest, bei dem es nur darauf ankommt, den Schuldigen zu finden.

Semiotik: Zeichenlehre

Katechismus: Handbuch zur Unterweisung im christlichen Glauben

univok: einstimmig

Ödipus: in der griech. Mythologie Sohn der Königin von Theben, der unwissend seinen Vater tötet und seine Mutter heiratet (Inzest)

Das ist der Hintergrund, vor dem wir einige der Richtungen zu untersuchen haben, die sich heute mit den Problemen der Interpretation beschäftigen. Die Literatursoziologie etwa befasst sich hauptsächlich mit dem, was der Einzelne oder eine Gemeinschaft mit

Texten anfangen. Sie kümmert sich in diesem Sinn nicht um die Unterscheidung zwischen intentio auctoris, operis oder lectoris, weil sie nur den Umgang der Gesellschaft mit den Texten registriert, ohne sich Gedanken darüber zu machen, ob dieser Umgang richtig oder falsch sei. Die Rezeptionsästhetik hingegen geht von dem hermeneutischen Prinzip aus, dass das Kunstwerk durch die Interpretationen, die es im Lauf der Jahrhunderte erfährt, immer mehr bereichert werde; sie betrachtet die Beziehung zwischen sozialer Wirkung des Werkes und Erwartungshorizont der sich in einer bestimmten geschichtlichen Situation befindlichen Adressaten; sie streitet aber nicht ab, dass die Interpretationen einer Hypothese über die Natur der Tiefen-intentio des Textes entsprechen müssen. Ebenso sucht eine Semiotik der Interpretationen (Theorien vom Modell-Leser und von der Lektüre als einem Akt der Mitarbeit) gewöhnlich im Text nach der Gestalt des konstituierenden Lesers, und das heißt, dass auch sie in der *intentio operis* das Kriterium zur Bewertung der Manifestationen der *intentio lectoris* finden möchte.

Rezeptionsästhetik: Literaturtheoretische Richtung (z.B. Hans-Robert Jauß, Wolfgang Iser), die dem Leser/Rezipienten eine verstärkte Bedeutung schenkt

Im Gegensatz dazu liegen verschiedenen Praktiken der Dekonstruktion das Gewicht auf die Initiative des Adressaten und auf die irreduzible Ambiguität des Textes, was diesen zum bloßen Stimulus für die Willkür der Interpretationen werden lässt. [...]

irreduzible Ambiguität: nicht mehr rückführbare Zweideutigkeit

Stimulus: Auslöser für eine Reaktion

Mit-Denken

1 ||| Diskutieren Sie mit Ihrem Sitznachbarn, wie Ecos Ausführungen zu den drei Intentionstypen intentio auctoris, intentio operis und intentio lectoris zu verstehen und welche Absichten damit verbunden sind.

2 ||| Überprüfen Sie Ihre Einschätzung im Fortgang an Ecos Thesen zur „Verteidigung des wörtlichen Sinnes".

Verteidigung des wörtlichen Sinnes

Jede Diskussion über die Freiheit der Interpretation muss beginnen mit einer Verteidigung des wörtliche Sinnes. Vor ein paar Jahren hat Reagan bei einer Mikrofonprobe vor einer Pressekonferenz sinngemäß gesagt: „In wenigen Minuten werde ich den Befehl zur Bombardierung Russlands geben." Wenn Texte überhaupt etwas sagen, so sagte dieser Text unmissverständlich, dass der Sprechende kurz nach seiner Äußerung die Anordnung geben werde, Geschosse mit Atomsprengkopf auf das Territorium der Sowjetunion abzuschießen. Reagan hat dann den Journalisten gegenüber erklärt, er habe sich einen Scherz erlaubt: Er habe diesen Satz gesagt, ohne zu meinen, was er bedeutete. Also hatte jeder Adressat, der der Ansicht gewesen wäre, die intentio auctoris falle mit der intentio operis zusammen, sich geirrt.

Reagan: amerikanischer Präsident (1911–2004)

Reagan wurde kritisiert, nicht nur, weil er etwas gesagt hatte, was er nicht hätte sagen wollen (ein Präsident der Vereinigten Staaten darf sich keine solchen Spielchen erlauben), sondern vor allem, weil er – so unterstellte man ihm –, indem er sagte, was er gesagt hatte, auch wenn er nachher abstritt, die Absicht gehabt zu haben, es zu sagen, es faktisch doch gesagt bzw. die Möglichkeit angedeutet hatte, dass er es hätte sagen können, wenn er den Mut besessen hätte es zu sagen, und dass er es aus mit seinem Amt zusammenhängenden performativen Gründen auch hätte ausführen können.

performativ: eine mit einer sprachlichen Äußerung beschriebene Handlung sogleich vollziehend

Diese Geschichte spielt sich noch im Rahmen einer normalen Gesprächs-Interaktion ab, die aus Texten besteht, die einander wechselseitig korrigieren. Doch versuchen wir nun, sie in eine Geschichte umzuwandeln, bei der sowohl die Reaktion des Publikums wie auch Reagans Korrektur Teile eines einzigen selbstständigen Textes sind, eine Geschichte, die mit der Absicht konzipiert wurde, den Leser mit verschiedenen Interpretationsmöglichkeiten zu konfrontieren.

Zum Beispiel den folgenden:
- es ist die Geschichte von einem Mann, der sich einen Scherz erlaubt;
- es ist die Geschichte von einem Mann, der sich zur Unzeit einen Scherz erlaubt;
- es ist die Geschichte von einem Mann, der scherzt, aber eigentlich eine Drohung ausspricht;
- es ist die Geschichte von einer tragischen politischen Situation, in der auch harmlose Scherze ernst genommen werden können;
- es ist die Geschichte davon, wie eine scherzhafte Äußerung unterschiedliche Bedeutungen annehmen kann, je nachdem, wer sie ausspricht.

Hat diese Geschichte nun eine einzige Bedeutung, alle eben aufgeführten Bedeutungen oder nur einige, hinsichtlich der „richtigen" Interpretation privilegierte Bedeutungen? 1984 schickte mir Derrida einen Brief, in dem er mir mitteilte, dass er zusammen mit einigen Freunden ein Collège International de Philosophie veranstalte, und mich um ein Schreiben zur Unterstützung seines Vorhabens bat. Ich wette, Derrida nahm an, dass:
- ich annehmen musste, er sage die Wahrheit;
- ich sein Programm als univoke Botschaft lesen musste, sowohl in Hinsicht auf das, was die Gegenwart (den faktischen Zustand) betraf, wie auch in Hinsicht auf das, was die Zukunft (die Pläne des Schreibenden) anging;
- die Unterschrift, die er am Ende meines Schreibens erwartete, ernster genommen werden musste, als Derridas Unterschrift am Ende von „Signature, événement, contexte" (Derrida 1972).

Derrida: franz. Philosoph (1930–2004)

Natürlich hätte Derridas Brief für mich auch andere Bedeutungen annehmen und mich zu argwöhnischen Mutmaßungen darüber veranlassen können, was er mir damit „zu verstehen geben" wollte. Doch hätte jede andere (auch noch so paranoische) interpretative Schlussfolgerung immer auf dem Erkennen der ersten Bedeutungsebene der Botschaft, nämlich der wörtlichen, beruht.

paranoisch: geistesgestört, verwirrt

Derrida selber macht in seiner Grammatologie darauf aufmerksam, dass ohne das ganze Instrumentarium der traditionellen Kritik die Lektüre Gefahr läuft, in alle Richtungen zu wuchern und jede beliebige Interpretation zu autorisieren. Natürlich fügt Derrida, nachdem er von diesem notwendigen „guard-rail" der Interpretation gesprochen hat, hinzu, dass dieser die Interpretation zwar schützt, aber nicht öffnet.

Niemand steht dem Öffnen der Interpretation wohlwollender gegenüber als ich; dennoch besteht das Problem nicht im Feststellen dessen, was man öffnen muss, um zu schützen, sondern vielmehr dessen, was man schützen muss, um zu öffnen. Um die Reagan-Geschichte zu interpretieren, und sei es auch nur in ihrer erzählerischen Version, und um das Recht zu haben, alle möglichen Bedeutungen aus ihr zu extrapolieren, muss man meiner Ansicht nach zuerst einmal erfassen, dass der Präsident der USA – grammatikalisch gesprochen – gesagt hat, er wolle die Sowjetunion bombardieren. Solange man das nicht versteht, kann man nicht einmal begreifen, dass er (laut eigener Aussage, ohne es zu wollen) gescherzt hat.

extrapolieren: aus Bekanntem auf Vergleichbares schließen; aus Verdecktem herausarbeiten

Ich gebe zu, dass dieses Prinzip, wenn nicht konservativ, so doch zumindest banal klingen mag, möchte aber um keinen Preis davon abgehen. Die Überzeugung, dass man davon nicht abgehen darf, liegt heute vielen Diskussionen über Sinn und Bedeutung, über die Vielheit der Bedeutungen, über die Freiheit des Interpreten, über das Wesen des Textes, kurz, über das Wesen der Semiose zugrunde. [...]

Die Initiative des Lesers besteht im Aufstellen einer Vermutung über die intentio operis. Diese Vermutung muss vom Komplex des Textes als einem organischen Ganzen bestätigt werden. Das heißt nicht, dass man zu einem Text nur eine einzige Vermutung aufstellen kann. Im Prinzip gibt es unendlich viele. Zuletzt aber müssen diese Vermutungen sich an der Kongruenz des Textes bewahren, und die Textkongruenz wird zwangsläufig bestimmte voreilige Vermutungen als falsch verwerfen.

Kongruenz: Übereinstimmung

Ein Text ist ein Mechanismus, der seinen Modell-Leser hervorbringen möchte. Der empirische Leser ist ein Leser, der eine Vermutung über den vom Text postulierten Modell-Leser aufstellt. Das heißt, dass der empirische Leser nicht über die Intentionen des empirischen Autors, sondern über die des Modell-Autors Vermutungen anstellt. Der Modell-Autor ist jener Autor, der, als Textstrategie, einen bestimmten Modell-Leser hervorbringen möchte.

Und das ist der Punkt, an dem die Suche nach der intentio auctoris und die nach der intentio operis zusammenfallen. [...]

Die Falsifizierung der Fehlinterpretationen

Hier möchte ich eine Art poppersches Prinzip aufstellen, und zwar nicht zur Legitimierung der guten Interpretationen, sondern zur Delegitimierung der schlechten.

„Es stimmt nicht, dass ... alle Lesarten gleichermaßen gültig sind ... Manche Lesarten sind mit Sicherheit falsch ... Einen Aspekt des Werkes eines Autors aufdecken heißt oft andere ignorieren oder im Dunkel lassen. Manche Interpretationen erfassen die Struktur eines Textes tief greifender als andere. [...]“

1 Fassen Sie die Argumentation Umberto Ecos in Form einer Mindmap zusammen, in der Sie Stichworte und Sätze eintragen.

2 a) Definieren Sie die drei von Eco unterschiedenen Intentionstypen „intentio auctoris“, „intentio operis“ und „intentio lectoris“.
b) Bilden Sie mit zwei Mitschüler(inne)n eine Dreiergruppe und wählen Sie einen literarischen oder pragmatischen Text, den Sie gründlich durcharbeiten.
c) Jede(r) von Ihnen übernimmt nun einen der drei Intentionstypen und interpretiert aus diesem Horizont heraus den Text.
d) Führen Sie auf dieser Grundlage und in diesem Rollenmuster ein Streitgespräch, in dem Sie gemäß Ihres Intentionstyps „Ihre“ Interpretation des Textes den anderen beiden vorstellen und als überlegenen Deutungsansatz nachzuweisen suchen.
e) Welche Erfahrungen machen Sie dabei? Diskutieren Sie nach dem Streitgespräch zunächst zu dritt und dann im Plenum.

3 Mit welchen Argumenten „verteidigt“ Eco den wörtlichen Sinn eines Textes? Wie beurteilen Sie Ecos Position? Erläutern Sie an einem Beispiel.

4 Was ist unter der „Falsifizierung von Fehlinterpretationen“ (Z. 174) zu verstehen? Inwiefern wendet Eco mit diesem Prinzip Poppers Falsifikationismus im Bereich der Geisteswissenschaften an?

5 Diskutieren Sie im Plenum, wie Sie Ecos Position einschätzen und wo Sie konkrete Einsatzmöglichkeiten sehen.

Nach- und Weiter-Denken

1 Führen Sie in Ihrem Kurs bzw. in Ihrer Lerngruppe eine Debatte über die in diesem Kapitel zusammengestellten geisteswissenschaftlichen Positionen durch.

a) Bilden Sie in Ihrer Lerngruppe dazu zunächst Gruppen zu den Positionen von Dilthey, Gadamer, Goodman, Habermas und Eco. Sie können bei der Gruppenbildung Ihren eigenen Überzeugungen folgen (vorausgesetzt, jede Position wird zumindest von einer Person vertreten).

b) Arbeiten Sie die von Ihnen gewählte bzw. zu vertretene Position gründlich durch und machen Sie sich Stärken und Schwächen bewusst.

c) Formulieren SIe auf dieser Basis kritische Anfragen an die Position der anderen vier Philosophen.

d) Vertreten Sie auf dieser Grundlage die Position „Ihres" Philosophen bzw. Literaturtheoretikers in der Debatte möglichst so überzeugend, dass Ihre Mitschülerinnen und Mitschüler Sie und die von Ihnen zu vertretene Position nicht widerlegen können. Formulieren Sie überdies in der Diskussion ihre kritischen Fragen an die anderen Philosophen bzw. die sie vertretenen Gruppen. (Denken Sie immer daran: Je mehr Sie die anderen argumentativ in Schwierigkeiten bringen, desto weniger haben die anderen Zeit und Gelegenheit, Sie argumentativ unter „Beschuss" zu nehmen.)

2 Stellen Sie sich vor, zwei der in den letzten beiden Kapiteln abgedruckten natur- bzw. geisteswissenschaftlichen Erkenntnistheoretiker wären auf einem Kongress als Diskutanten auf einem Podium geladen.

a) Wählen Sie eine Position aus den Geistes- oder aus den Naturwissenschaften aus und bereiten Sie sich darauf vor, diese in einer fiktiven Podiumsdebatte in Ihrem Kurs zu vertreten. (Alternativ können Sie die Debatte auch in einem abschließbaren Chat-Raum führen.)

b) Schreiben Sie den Namen „Ihres" Philosophen auf einen Zettel.

c) Sammeln Sie in Ihrem Kurs diese Zettel getrennt nach Natur- bzw. Geisteswissenschaften (auf zwei Haufen oder in zwei Kästen).

d) Nach dem Zufallsprinzip können nun aus den beiden „Töpfen" Zweier-Diskussionsgruppen gezogen werden, die dann gegeneinander als Diskutanten antreten. Natürlich sind auch argumentative Brückenschläge zwischen beiden Positionen möglich.

3 Verfassen Sie einen philosophischen Essay über natur- und geisteswissenschaftliche Erkenntnisprinzipien bzw. Erkenntnisweisen, in dem Sie deutlich machen, welchen der beiden Sie eher zuneigen.

Erweiterter Blick: Sprachphilosophie

„Da hast du Ruhm!“

„Ich weiß nicht, was du mit ‚Ruhm‘ meinst“, sagte Alice.

Humpty Dumpty lächelte verächtlich.

„Natürlich nicht – bis ich es dir sage. Ich meinte: Da hast du ein schönes zwingendes Argument!“

„Aber ‚Ruhm‘ heißt doch nicht ‚schönes zwingendes Argument‘“, entgegnete Alice.

„Wenn ich ein Wort verwende“, erwiderte Humpty Dumpty ziemlich geringschätzig, „dann bedeutet es genau, was ich es bedeuten lasse, und nichts anderes.“

„Die Frage ist doch“, sagte Alice, „ob du den Worten einfach so viele verschiedene Bedeutungen geben kannst.“

„Die Frage ist“, sagte Humpty Dumpty, „wer die Macht hat – und das ist alles.“

Vor-Denken

||| Wer hat die Macht, in Ihrer Sprache die Bedeutungen der Wörter festzulegen, bzw. wie kommen Wörter überhaupt zu ihren Bedeutungen? Notieren Sie zunächst Ihre Vermutungen und tauschen Sie sich dann im Kurs darüber aus.

Wichtige Fragen der Sprachphilosophie (1969)
John Searle

John Searle (* 1932)

John Searle zählt zu den bekanntesten und einflussreichsten Philosophen unserer Zeit. Er beschäftigt sich neben der Philosophie des Geistes vor allem mit Problemen der Sprachphilosophie und zählt neben J. L. Austin zu den Begründern der Sprechakttheorie, in der erstmals systematisch gezeigt wurde, was wir eigentlich tun, wenn wir Wörter benutzen. Gleich zu Beginn seines Buches „Sprechakte" unternimmt Searle den Versuch, grundlegende sprachphilosophische Fragen in den Blick zu nehmen.

Worin besteht die Beziehung von Wörtern zur Welt? Wie kommt es in einer Situation, in der ein Sprecher einem Zuhörer gegenübersteht und ein akustisches Signal aussendet, zu so bemerkenswerten Dingen wie den folgenden: Der Sprecher meint etwas; die Laute, die er von sich gibt, bedeuten etwas; der Zuhörer versteht, was gemeint ist; der Sprecher behauptet etwas, stellt eine Frage oder gibt einen Befehl. Wie ist es zum Beispiel möglich, dass, wenn ich sage: „Jones ging nach Hause", was in gewisser Hinsicht nur eine Folge von Geräuschen ist, ich damit meine, Jones ging nach Hause? Welchen Unterschied macht es, ob man etwas sagt und es meint, oder ob man etwas sagt, ohne es zu meinen? Und was heißt es, einen bestimmten Sachverhalt zu meinen und nicht einen anderen? Wie kommt es zum Beispiel, dass man, wenn man sagt: „Jones ging nach Hause", fast immer meint, Jones ging nach Hause, und nicht, sagen wir, Brown ging auf die Party oder Green betrank sich? Und worin besteht die Beziehung zwischen dem, was ich meine, wenn ich etwas sage, und der Bedeutung, unabhängig davon, ob sie sprachlich ausgedrückt wird oder nicht? Auf welche Weise vertreten Wörter Dinge? Worin besteht der Unterschied zwischen einer Folge von Wörtern, die Bedeutung, und einer, die keine Bedeutung hat? Welche Bedeutung hat es, ob etwas wahr oder falsch ist? Solche Fragen bilden den Gegenstand der Sprachphilosophie.

1 Was wären die Konsequenzen, wenn Humpty Dumpty aus Lewis Carrolls Buch „Through the Looking Glass" tatsächlich recht hätte?

2 Welche der von Searle aufgeworfenen Fragen interessiert Sie besonders? Welche Fragen finden Sie unsinnig? Auf welche Fragen wissen Sie bereits eine Antwort?

3 Wie sieht Ihre Alternative zur Humpty-Dumpty-Theorie der Bedeutung von Wörtern aus? Wie gelangen Wörter zu ihrer Bedeutung? Wer legt sie fest? Wer darf sie ändern?

Kratylos: Naturalismus gegen Konventionalismus (4. Jh. v. Chr.)
Platon

Wenn man darüber nachdenkt, woher ein Wort seine Bedeutung bekommt, dann könnte man prinzipiell zwei Antworten unterscheiden: Wörter könnten aufgrund willkürlicher Festlegungen ihre Bedeutung erhalten oder sie könnten in einer natürlichen Beziehung zu dem stehen, was sie bezeichnen. Sogenannte onomatopoetische Wörter wie „Kikeriki" oder „Kuckuck" sind Beispiele für Bezeichnungen, die eine gleichsam „natürliche" Beziehung zum Benannten haben. Wer für willkürliche Festsetzungen als Ursprung der Bedeutungen plädiert, kann in diesem Zusammenhang als Konventionalist bezeichnet werden, wer die Meinung vertritt, dass es eine natürliche Beziehung zwischen Zeichen und Bezeichnetem gibt, ist ein Naturalist. Der Streit zwischen Konventionalismus und Naturalismus prägt auch den Dialog „Kratylos“ von Platon (427–347 v. Chr.). Ein kurzer Auszug aus diesem Text macht die unterschiedlichen Positionen deutlich.

Hermogenes: Sollen wir auch dem Sokrates da die Sache mitteilen?

Kratylos: Wenn dir's beliebt.

Hermogenes: Dieser Kratylos behauptet, o Sokrates, es gebe von Natur einen richtigen Namen für jedes Ding, und nicht das sei ein Name, den einige nach Übereinkunft einem Dinge beilegten – dabei ließen sie nur ein Teilchen von ihrer Stimme über es laut werden –, sondern es gebe eine Richtigkeit der Namen von Natur, und zwar für Hellenen und Barbaren, für alle ein und dieselbe. Ich frage ihn nun, ob ihm in Wahrheit der Name Kratylos gebühre oder nicht? – Er bejahte es. – „Welcher Name aber gebührt dem Sokrates?“, sagte ich. – „Sokrates“, sagt er. – „Gehört denn nicht auch jedem unter allen übrigen Menschen der Name, den wir ihm beilegen?“ – Da sagt er: „Dir gewiss nicht der Name Hermogenes, auch wenn dich alle Menschen so nennen.“ Wie ich nun weiterfrage und wissen will, was er eigentlich meint, gibt er mir durchaus keine deutliche Antwort, sondern verstellt sich gegen mich und tut, als überlege er bei sich und wüsste etwas über die Sache, und wenn er es nur sagen wollte, könnte er auch mich zum Zugeständnis bringen und für seine eigene Meinung gewinnen. Wenn du nun etwa das Rätsel des Kratylos lösen kannst, so würde ich es gerne hören; noch lieber aber würde ich deine eigene Meinung über die Richtigkeit der Namen (Wörter) erfahren, wenn es dir genehm ist, sie mitzuteilen.

Hermogenes bedeutet „von Hermes Abstammender“, was zu dem in materieller Hinsicht armen Hermogenes nicht passt.

Sokrates: O Sohn des Hipponikos, Hermogenes, es gibt ein altes Sprichwort. Schwer ist das Verständnis des Schönen, und das Verständnis der Namen ist keine geringe Aufgabe. Wenn ich schon beim Prodikos den Vortrag für fünfzig Drachmen gehört hätte, durch den man, wie jener sagt, hierüber aufgeklärt wird, so könntest du leicht sofort die Wahrheit über die Richtigkeit der Namen erfahren. Nun aber habe ich ihn nicht gehört, sondern nur den Vortrag für eine Drachme: Daher kenne ich den wahren Sachverhalt in diesen Dingen nicht. Doch bin ich bereit, ihn mit dir und Kratylos gemeinsam zu untersuchen. Wenn er aber sagt, dir gebühre in Wahrheit nicht der Name Hermogenes, so spottet er, wie ich vermute. Denn er meint wohl, in all deinem Streben nach Geldbesitz hättest du doch jedes Mal Unglück. Doch, wie gesagt, die Erkenntnis solcher Dinge ist schwer, aber man muss sie gemeinsam vornehmen und prüfen, ob du recht hast oder Kratylos.

Hermogenes: Ich habe zwar, o Sokrates, gar oft mit diesem hier und mit vielen anderen gesprochen, kann mich aber nicht überzeugen, dass es einen anderen Grund für die Richtigkeit eines Namens gebe als Verabredung und Übereinkunft. Denn mir scheint jeder Name, den man einem Dinge beilegt, der rechte zu sein, und wenn man ihn wieder mit einem anderen vertauscht und jenen nicht mehr gebraucht, so müsse man diesen späteren für nicht minder richtig halten als den früheren: wie z. B. wenn man den Sklaven andere Namen gibt, so sei der neue nicht minder richtig als der, den sie ursprünglich führten. Denn nicht von Natur komme jedem Dinge ein Name zu, nicht einem einzigen, sondern durch Gesetz und Gewohnheit, je nach der wechselnden Wahl der Benennung. Wenn sich aber die Sache anders verhält, so bin ich gern bereit, zu lernen und zu hören, nicht bloß von Kratylos, sondern auch von jedem anderen sonst.

1 Erstellen Sie eine tabellarische Übersicht mit den Argumenten für die Positionen von Kratylos und Hermogenes.

2 Die naturalistische Theorie erscheint auf den ersten Blick recht unplausibel zu sein. Finden Sie Beispiele aus dem Alltag, die dafür sprechen, dass wir zumindest hin und wieder von einer natürlichen Beziehung zwischen einem Zeichen und dem Bezeichneten ausgehen (vgl. auch Abb. rechts).

3 Angenommen, der Konventionalist habe recht und Bedeutung ist das Resultat einer Festlegung. Wer legt dann wann und mit welchem Recht die Bedeutungen fest?

www.CartoonStock.com

Schwierigkeiten beim Interpretieren der Bedeutung eines Zeichens ...

Adamitische Namensgebung

1 Mose 2,19–20

[19]Und Gott der Herr machte aus Erde alle die Tiere auf dem Felde und alle die Vögel unter dem Himmel und brachte sie zu dem Menschen, dass er sähe, wie er sie nennte; denn wie der Mensch jedes Tier nennen würde, so sollte es heißen. [20]Und der Mensch gab einem jeden Vieh und Vogel unter dem Himmel und Tier auf dem Felde seinen Namen [...].

Kontexte

Debatte

Diese unscheinbare Bibelpassage über den Ursprung der Sprache hat das Nachdenken über die Bedeutung von Wörtern nachhaltig beeinflusst. Bilden Sie in Ihrem Kurs zwei Lager: einmal die „Konventionalisten“, die glauben, Bedeutung sei lediglich eine mehr oder weniger willkürliche Festlegung, und die „Naturalisten“, die die These vertreten, dass es eine gleichsam natürliche, „richtige“ Beziehung zwischen Namen und Benanntem gibt.

Versuchen Sie, die Bibelstelle in Ihrem Sinne (d. h. konventionalistisch oder naturalistisch) auszulegen, und überzeugen Sie die Gegenseite von der Richtigkeit Ihrer eigenen Position.

Über Sinn und Bedeutung (1892)

Gottlob Frege

Das Leben des deutschen Mathematikers und Philosophen Gottlob Frege (1848–1925) weist durchaus tragische Züge auf. Obwohl er aus heutiger Sicht als (Mit-)Begründer der modernen Logik und als einer der einflussreichsten Denker im Bereich der sprachanalytischen Philosophie gilt, hat er zeit seines Lebens nie eine ordentliche Professur erlangen können. Seine aus heutiger Sicht bahnbrechende „Begriffsschrift“ (1879) wird von einflussreichen Zeitgenossen verspottet. Sein Logizismus-Projekt, d. h. der Versuch, eine rein logische Begründung der Arithmetik zu finden, scheitert, weil ausgerechnet Bertrand Russell, einer der wenigen, die die philosophische Bedeutung Freges erkennen, einen Denkfehler in dessen „Grundlagen der Arithmetik“ nachweisen kann. Freges wichtigster sprachphilosophischer Aufsatz erschien 1892 in der „Zeitschrift für Philosophie und philosophische Kritik“. Er beginnt mit einem Erkenntniswert-Argument als Ausgangspunkt für die Entwicklung einer Theorie von Sinn und Bedeutung.

So ist z. B. die Entdeckung, dass der Abendstern und der Morgenstern in Wahrheit ein und derselbe Planet (nämlich die Venus) sind, eine wichtige Entdeckung, während es trivial wäre, wenn man behauptet, dass die Venus mit der Venus identisch ist.

Die Gleichheit fordert das Nachdenken heraus durch Fragen, die sich daran knüpfen und nicht ganz leicht zu beantworten sind. Ist sie eine Beziehung? Eine Beziehung zwischen Gegenständen? Oder zwischen Namen oder Zeichen für Gegenstände? [...] Die Gründe, die dafür zu sprechen scheinen, sind folgende: a = a und a = b sind offenbar Sätze von verschiedenem Erkenntniswert: a = a gilt a priori und ist nach Kant analytisch zu nennen, während Sätze von der Form a = b oft sehr wertvolle Erweiterungen unserer Erkenntnis enthalten und a priori nicht immer zu begründen sind. Die Entdeckung, dass nicht jeden Morgen eine neue Sonne aufgeht, sondern immer dieselbe, ist wohl eine der folgenreichsten in der Astronomie gewesen. [...]

Wenn wir nun in der Gleichheit eine Beziehung zwischen dem sehen wollten, was die Namen „a" und „b" bedeuten, so schiene a = b von a = a nicht verschieden sein zu können, falls nämlich a = b wahr ist. Es wäre hiermit eine Beziehung eines Dinges zu sich selbst ausgedrückt, und zwar eine solche, in der jedes Ding mit sich selbst, aber kein Ding mit einem anderen steht. Was man mit a = b sagen will, scheint zu sein, dass die Zeichen oder Namen „a" und „b" dasselbe bedeuten, und dann wäre eben von jenen Zeichen die Rede; es würde eine Beziehung zwischen ihnen behauptet. Aber diese Beziehung bestände zwischen den Namen oder Zeichen nur, insofern sie etwas benennen oder bezeichnen. Sie wäre eine vermittelte durch die Verknüpfung jedes der beiden Zeichen mit demselben Bezeichneten. Diese aber ist willkürlich. Man kann keinem verbieten, irgendeinen willkürlich hervorzubringenden Vorgang oder Gegenstand zum Zeichen für irgendetwas anzunehmen. Damit würde dann ein Satz a = b nicht mehr die Sache selbst, sondern nur noch unsere Bezeichnungsweise betreffen; wir würden keine eigentliche Erkenntnis darin ausdrücken. Das wollen wir aber doch gerade in vielen Fällen.

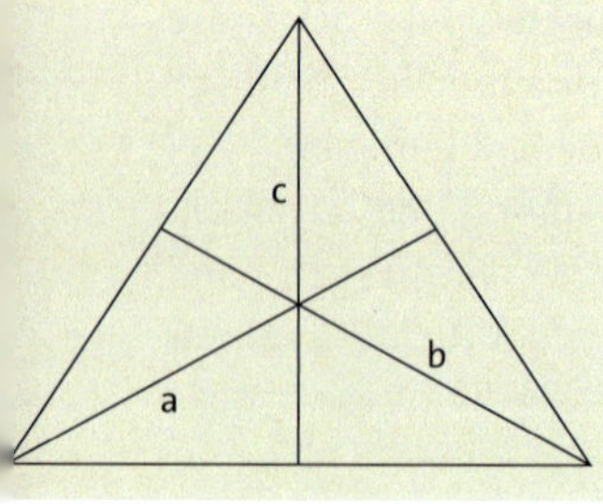

Illustration des geometrischen Beispiels aus dem Text

Wenn sich das Zeichen „a" von dem Zeichen „b" nur als Gegenstand (hier durch die Gestalt) unterscheidet, nicht als Zeichen; das soll heißen: nicht in der Weise, wie es etwas bezeichnet: So würde der Erkenntniswert von a = a wesentlich gleich dem von a = b sein, falls a = b wahr ist. Eine Verschiedenheit kann nur dadurch zustande kommen, dass der Unterschied des Zeichens einem Unterschiede in der Art des Gegebenseins des Bezeichneten entspricht.

Es seien a, b, c die Geraden, welche die Ecken eines Dreiecks mit den Mitten der Gegenseiten verbinden. Der Schnittpunkt von a und b ist dann derselbe wie der Schnittpunkt von b und c. Wir haben also verschiedene Bezeichnungen für denselben Punkt, und diese Namen („Schnittpunkt von a und b", „Schnittpunkt von b und c") deuten zugleich auf die Art des Gegebenseins, und daher ist in dem Satze eine wirkliche Erkenntnis enthalten. Es liegt nun nahe, mit einem Zeichen (Namen, Wortverbindung, Schriftzeichen) außer dem Bezeichneten, was die Bedeutung des Zeichens heißen möge, noch das verbunden zu denken, was ich den Sinn des Zeichens nennen möchte, worin die Art des Gegebenseins enthalten ist. Es würde danach in unserem Beispiele zwar die Bedeutung der Ausdrücke „der Schnittpunkt von a und b" und „der Schnittpunkt von b und c" dieselbe sein, aber nicht ihr Sinn. Es würde die Bedeutung von „Abendstern" und „Morgenstern" dieselbe sein, aber nicht der Sinn. [...]

Freges Terminologie ist ungewöhnlich. Was wir gewöhnlich „Bedeutung" nennen, heißt bei ihm „Sinn".

Die regelmäßige Verknüpfung zwischen dem Zeichen, dessen Sinn und dessen Bedeutung ist derart, dass dem Zeichen ein bestimmter Sinn und diesem wieder eine bestimmte Bedeutung entspricht, während zu einer Bedeutung (einem Gegenstande) nicht nur ein Zeichen zugehört. [...]

Von der Bedeutung und dem Sinne eines Zeichens ist die mit ihm verknüpfte Vorstellung zu unterscheiden. Wenn die Bedeutung eines Zeichens ein sinnlich wahrnehmbarer Gegenstand ist, so ist meine Vorstellung davon ein aus Erinnerungen von Sinneseindrücken, die ich gehabt habe, und von Tätigkeiten, inneren sowohl wie äußeren, die ich ausgeübt habe, entstandenes inneres Bild. Dieses ist oft mit Gefühlen getränkt; die Deutlichkeit seiner einzelnen Teile ist verschieden und schwankend. Nicht immer ist, auch bei demselben Menschen, dieselbe Vorstellung mit demselben Sinne verbunden. Die Vorstellung ist subjektiv: Die Vorstellung des einen ist nicht die des anderen. [...]

Die Bedeutung eines Eigennamens ist der Gegenstand selbst, den wir damit bezeichnen; die Vorstellung, welche wir dabei haben, ist ganz subjektiv; dazwischen liegt der Sinn, der zwar nicht mehr subjektiv wie die Vorstellung, aber doch auch nicht der Gegenstand selbst ist. Folgendes Gleichnis ist vielleicht geeignet, diese Verhältnisse zu verdeutlichen. Jemand betrachtet den Mond durch ein Fernrohr. Ich vergleiche den Mond selbst mit der Bedeutung; er ist der Gegenstand der Beobachtung, die vermittelt wird durch das reelle Bild, welches vom Objektivglase im Innern des Fernrohrs entworfen wird, und durch das Netzhautbild des Betrachtenden. Jenes vergleiche ich mit dem Sinne, dieses mit der Vorstellung oder Anschauung. Das Bild im Fernrohre ist zwar nur einseitig; es ist abhängig vom Standorte; aber es ist doch objektiv, insofern es mehreren Beobachtern dienen kann. Es ließe sich allenfalls einrichten, dass gleichzeitig mehrere es benutzen. Von den Netzhautbildern aber würde jeder doch sein eigenes haben.

1 Stellen Sie mit Ihren eigenen Worten dar, worin das Problem der Gleichheit besteht, von dem im ersten Abschnitt die Rede ist.

2 Erläutern Sie, warum Gleichheit in Freges Urteil keine Beziehung zwischen Namen sein kann.

3 Wieso legt Frege so großen Wert darauf, dass man zwischen einer Vorstellung, die mit einem Wort verbunden ist, und dem Sinn, den ein Eigenname hat, unterscheidet? Warum bezeichnen Eigennamen bei Frege nicht einfach Vorstellungen?

Eigenname	„Morgenstern“
↓	↓
Sinn des Eigennamens	Art des Gegebenseins (z. B. „hellster Stern am Morgenhimmel“)
↓	↓
Bedeutung des Eigennamens (Gegenstand)	

Schematische Übersicht über Freges Modell von Sinn und Bedeutung

„Gavagai“ oder die Reizbedeutung (1960)

Willard Van Orman Quine

Der amerikanische Philosoph Willard Van Orman Quine (1908–2000) macht gleich zu Beginn seines sprachphilosophischen Hauptwerkes „Wort und Gegenstand“ (1960) deutlich, wie er sich dem Phänomen der Sprache nähern will: „Die Kunstfertigkeit der Sprache ist etwas Gesellschaftliches. Bei ihrem Erwerb müssen wir uns ganz und gar auf Anhaltspunkte verlassen, die intersubjektiv zugänglich sind und uns jeweils erkennen lassen, was wir wann sagen müssen.“ In seinen Texten geht es häufig um das Problem, wie man eine völlig unbekannte Sprache erlernen kann bzw. wie man die Ausdrücke dieser Sprache in eine bekannte Sprache übersetzen kann. Quine spricht dann vom Problem der „radikalen Übersetzung“. Auch in dem folgenden Textauszug steht ein Sprachwissenschaftler vor der schwierigen Aufgabe, die für ihn unbekannte Sprache fremder Eingeborener zu übersetzen.

Aus den zu einem bestimmten Zeitpunkt beobachteten Reaktionen eines Menschen dessen derzeitige Sprache zu rekonstruieren, ist die Aufgabe des Sprachwissenschaftlers, der sich ohne die Hilfe eines Dolmetschers in die Ferne begeben hat, um eine bislang unbekannte Sprache zu durchdringen und zu übersetzen. Die einzigen objektiven Daten, nach denen er sich richten kann, sind die Kräfte, die er auf die Außenfläche des Eingeborenen einwirken sieht, sowie das beobachtbare, stimmliche und sonstige Verhalten des Eingeborenen. Solche Daten bekunden nur Eingeborenen-„Bedeutungen" der objektivsten empirischen bzw. reizgebundenen Spielart. Und doch scheint der Sprachwissenschaftler zum Schluss Eingeborenen-„Bedeutungen" in einem ganz uneingeschränkten Sinne zu erhalten – angebliche Übersetzungen aller möglichen Sätze der Eingeborenen. Die Übersetzung zwischen verwandten Sprachen, z. B. Friesisch und Englisch, wird durch die Ähnlichkeit verwandter Wortformen erleichtert. Die Übersetzung zwischen nicht verwandten Sprachen, z. B. Ungarisch und Englisch, mag durch herkömmliche Gleichsetzungen begünstigt werden, die sich im Gleichtakt einer gemeinsamen Kultur herausgebildet haben. Für unsere Zwecke eher relevant ist die radikale Übersetzung, d. h. die Übersetzung der Sprache eines bisher unberührten Volkes. [...]

Außenfläche des Eingeborenen: Quine meint hier z. B. Eindrücke, die man mit den Sinnesorganen aufnehmen kann, also z. B. Lichtstrahlen, die auf die Netzhaut treffen.

Mit-Denken

||| Was versteht Quine unter einer „radikalen Übersetzung"? Welche besonderen Probleme sind damit verbunden?

Ein Kaninchen huscht vorbei, der Eingeborene sagt „Gavagai", und der Sprachforscher notiert den Satz „Kaninchen" (oder „Sieh da, ein Kaninchen") als vorläufige, in weiteren Fällen zu erprobende Übersetzung. [...] Der Sprachforscher wird [...] in mehreren verschiedenen Reizsituationen „Gavagai?" fragen und achtgeben, ob der Eingeborene zustimmt, ablehnt oder keins von beidem tut.

Wie aber soll er die Zustimmung oder Ablehnung des Eingeborenen als solche erkennen, wenn er sie sieht oder hört? Gebärden kann man nicht für bare Münze nehmen; die der Türken sind den unseren beinahe entgegengesetzt. Er muss, von der Beobachtung ausgehend, Mutmaßungen anstellen und zusehen, wie gut sie sich bewähren. Nehmen wir also an, er habe durch „Gavagai?" und ähnliche Fragen in der nicht übersehbaren Anwesenheit von Kaninchen und dergleichen oft genug die Reaktionen „Evet" und „Yok" ausgelöst, um zu vermuten, dass sie „Ja" und „Nein" entsprechen, ohne dass er aber einen Begriff davon hat, welches Wort welchem entspricht. Daraufhin macht er das Experiment, die spontanen Äußerungen des Eingeborenen nachzusprechen. Sofern er dadurch ziemlich regelmäßig „Evet" und nicht „Yok" auslöst, wird er darin bestärkt, „Evet" als „Ja" aufzufassen. [...]

Nehmen wir nun an, der Sprachforscher habe sich entschieden, welche Zeichen der Eingeborenen als Zustimmung und welche als Ablehnung zu behandeln sind. Er ist nun in der Lage, induktive Belege dafür zu sammeln, dass „Gavagai" durch den Satz „Kaninchen" übersetzt werden kann. Das allgemeine Gesetz, für das er Einzelfälle sammelt, lautet in etwa, dass der Eingeborene unter genau den Reizeinflüssen „Gavagai" zustimmt, unter denen wir auf die Frage „Kaninchen?" eine bejahende Antwort geben würden; und entsprechend für den Fall der Ablehnung.

Wir können dem, worauf der Sprachforscher es in einem solchen Fall abgesehen hat, aber noch stärker gerecht werden, wenn wir – anstatt bloß von Reizeinflüssen zu sprechen, unter denen der Eingeborene den infrage gestellten Satz bejaht oder verneint –, mehr auf Kausalität bedacht, von Reizen sprechen, die den Eingeborenen veranlassen, dem infrage gestellten Satz zuzustimmen oder nicht zuzustimmen. Denn nehmen wir einmal an, bei dem infrage gestellten Satz gehe es vielmehr darum, dass jemand fort ist, um die Spur einer Giraffe zu verfolgen. Den ganzen Tag lang wird der Eingeborene diesem Satz zustimmen, sooft er auch gefragt wird und unter allen möglichen, zufällig vorliegenden Reizeinflüssen; und an einem andern Tag wird er ihn unter denselben irrelevanten Reizeinflüssen ablehnen. Worauf es ankommt, ist zu wissen, dass es im Fall von „Gavagai?“ tatsächlich die kaninchenrepräsentierenden Reize sind, die die Zustimmung veranlassen, und dass es tatsächlich die anderen sind, die die Ablehnung veranlassen. [...]

© Joscha Sauer / Distr. Bulls

Es ist wichtig, dass man das, was den Eingeborenen zur Zustimmung zu „Gavagai“ veranlasst, als Reiz und nicht als Kaninchen auffasst. Der Reiz kann derselbe bleiben, selbst wenn das Kaninchen durch eine Attrappe ersetzt wird. Umgekehrt kann die Fähigkeit des Reizes, die Zustimmung zu „Gavagai“ zu veranlassen, aufgrund von Veränderungen des Winkels, der Beleuchtung und des Farbkontrasts sogar dann variieren, wenn das Kaninchen dasselbe bleibt. Wird der Gebrauch von „Gavagai“ und „Kaninchen“ aufgrund eines Experiments gleichgesetzt, sind es Reize, die miteinander in Einklang gebracht werden müssen, nicht Tiere. [...]

Es sind bestimmte Sätze vom Typus „Gavagai“, mit denen unser Sprachforscher im Dschungel beginnen muss, und für diese haben wir jetzt das Rohmaterial zu einem ungeschliffenen Begriff der empirischen Bedeutung vor uns. Denn Bedeutung, so lautet die Annahme, ist das, was ein Satz mit seiner Übersetzung gemeinsam hat, und Übersetzung hängt im jetzigen Stadium einzig und allein von Korrelationen mit nicht verbalen Reizen ab. Wir wollen diesen Bedeutungsbegriff jetzt bestimmter fassen und ihn durch einen neutralen Fachausdruck bezeichnen. Beginnen wir damit, dass wir die *affirmative Reizbedeutung* eines solchen Satzes wie „Gavagai“ für einen bestimmten Sprecher als Klasse aller Reizeinflüsse definieren [...], die ihn zur Zustimmung ansporen würden. Expliziter [...]: Ein Reiz σ gehört für einen bestimmten Sprecher genau dann zur Reizbedeutung eines Satzes S, wenn es einen Reiz σ´ gibt, sodass der Sprecher, wenn man ihn σ´ aussetzen würde, dann S fragen, dann σ aussetzen und daraufhin wieder S fragen würde, beim ersten Mal ablehnen und beim zweiten Mal zustimmen würde. [...] Die vorgestellte Gleichsetzung von „Gavagai“ und „Kaninchen“ lässt sich nunmehr so angeben: Sie haben dieselbe Reizbedeutung.

Man beachte den kleinen Strich hinter dem σ: Es handelt sich um verschiedene Reize: „Sigma“ und „Sigma Strich“.

1 Geben Sie mit eigenen Worten wieder, was Quine unter „Reizbedeutung“ versteht.

2 Skizzieren und erläutern Sie an einem selbst gewählten Beispiel, wie sich die Reizbedeutung eines anderen Wortes als „Gavagai“ Schritt für Schritt erschließen lassen könnte.

3 Lässt sich die Theorie der Reizbedeutung auch außerhalb des Dschungels anwenden, d. h., ist Quines Modell alltagstauglich?

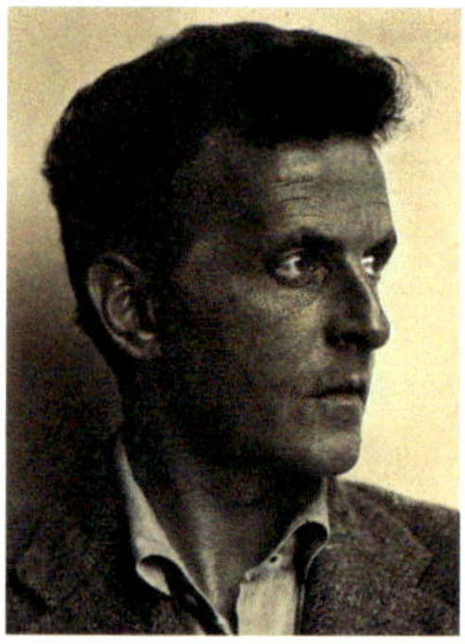

Ludwig Wittgenstein (1883 – 1951)

In den **„Confessiones"** („Bekenntnisse") beschreibt Augustinus (354–430) u. a. seinen geistigen Lebensweg. Das Buch begründet das Genre der Autobiografie.

Sprache als Spiel (1953)

Ludwig Wittgenstein

Die „Philosophischen Untersuchungen" des österreichischen Philosophen Ludwig Wittgenstein entstanden in den Dreißiger- und Vierzigerjahren des 20. Jahrhunderts, wurden aber erst 1953 nach seinem Tod veröffentlicht. Sie beginnen mit einem Zitat aus den „Confessiones" des Kirchenvaters Augustinus, in dem dieser ein bestimmtes Modell der Sprache beschreibt und das hier in der deutschen Übersetzung wiedergegeben ist.

„Nannten die Erwachsenen irgendeinen Gegenstand und wandten sie sich dabei ihm zu, so nahm ich das wahr und ich begriff, dass der Gegenstand durch die Laute, die sie aussprachen, bezeichnet wurde, da sie auf ihn hinweisen wollten. Dies aber entnahm ich aus ihren Gebärden, der natürlichen Sprache aller Völker, der Sprache, die durch Mienen- und Augenspiel, durch die Bewegungen der Glieder und den Klang der Stimme die Empfindungen der Seele anzeigt, wenn diese irgendetwas begehrt, oder festhält, oder zurückweist, oder flieht. So lernte ich nach und nach verstehen, welche Dinge die Wörter bezeichneten, die ich wieder und wieder, an ihren bestimmten Stellen in verschiedenen Sätzen, aussprechen hörte. Und ich brachte, als nun mein Mund sich an diese Zeichen gewöhnt hatte, durch sie meine Wünsche zum Ausdruck."

Dieses „augustinische Modell" der Sprache ist durch den Grundgedanken gekennzeichnet, dass Wörter für etwas anderes stehen, das außerhalb der Sprache zu suchen ist. Bei John Locke stehen Wörter für Ideen, bei Gottlob Frege stehen Wörter für einen Sinn etc. Wittgenstein versucht, zu erklären, wie man sich das Funktionieren von Sprache vorstellen kann, wenn man davon ausgeht, dass Wörter bedeutungsvoll sein können, obwohl es nichts gibt, wofür sie stehen. Zunächst nimmt Wittgenstein konkret Bezug auf das „augustinische Modell" der Sprache.

Gemeint ist der Auszug aus den „Confessiones" (s. o.).

§1 In diesen Worten erhalten wir, so scheint es mir, ein bestimmtes Bild von dem Wesen der menschlichen Sprache. Nämlich dieses: Die Wörter der Sprache benennen Gegenstände – Sätze sind Verbindungen von solchen Benennungen. – In diesem Bild von der Sprache finden wir die Wurzeln der Idee: Jedes Wort hat eine Bedeutung. Diese Bedeutung ist dem Wort zugeordnet. Sie ist der Gegenstand, für welchen das Wort steht.

Von einem Unterschied der Wortarten spricht Augustinus nicht. Wer das Lernen der Sprache so beschreibt, denkt, so möchte ich glauben, zunächst an Hauptwörter, wie „Tisch", „Stuhl", „Brot", und die Namen von Personen, erst in zweiter Linie an die Namen gewisser Tätigkeiten und Eigenschaften, und an die übrigen Wortarten als etwas, was sich finden wird.

Denke nun an diese Verwendung der Sprache: Ich schicke jemand einkaufen. Ich gebe ihm einen Zettel, auf diesem stehen die Zeichen: „fünf rote Äpfel". Er trägt den Zettel zum Kaufmann; der öffnet die Lade, auf welcher das Zeichen „Äpfel" steht; dann sucht er in einer Tabelle das Wort „rot" auf und findet ihm gegenüber ein Farbmuster; nun sagt er die Reihe der Grundzahlwörter – ich nehme an, er weiß sie auswendig – bis zum Worte „fünf" und bei jedem Zahlwort nimmt er einen Apfel aus der Lade, der die Farbe des Musters hat. – So, und ähnlich, operiert man mit Worten. – „Wie weiß er aber, wo und wie er das Wort ‚rot' nachschlagen soll und was er mit dem Wort ‚fünf' anzufangen hat?" – Nun ich nehme an, er handelt, wie ich es beschrieben habe. Die Erklärungen haben irgendwo ein Ende. Was ist aber die Bedeutung des Wortes „fünf"? Von einer solchen war hier gar nicht die Rede; nur davon, wie das Wort „fünf" gebraucht wird.

§ 2. Jener philosophische Begriff der Bedeutung ist in einer primitiven Vorstellung von der Art und Weise, wie die Sprache funktioniert, zu Hause. Man kann aber auch sagen, es sei die Vorstellung einer primitiveren Sprache als der unsern.

Denken wir uns eine Sprache, für die die Beschreibung, wie Augustinus sie gegeben hat, stimmt: Die Sprache soll der Verständigung eines Bauenden A mit einem Gehilfen B dienen. A führt einen Bau auf aus Bausteinen; es sind Würfel, Säulen, Platten und Balken vorhanden. B hat ihm die Bausteine zuzureichen, und zwar nach der Reihe, wie A sie braucht. Zu dem Zweck bedienen sie sich einer Sprache, bestehend aus den Wörtern: „Würfel“, „Säule“, „Platte“, „Balken“. A ruft sie aus; – B bringt den Stein, den er gelernt hat, auf diesen Ruf zu bringen. – Fasse dies als vollständige primitive Sprache auf. [...]

§ 5. Wenn man das Beispiel im § 1 betrachtet, so ahnt man vielleicht, inwiefern der allgemeine Begriff der Bedeutung der Worte das Funktionieren der Sprache mit einem Dunst umgibt, der das klare Sehen unmöglich macht. – Es zerstreut den Nebel, wenn wir die Erscheinungen der Sprache an primitiven Arten ihrer Verwendung studieren, in denen man den Zweck und das Funktionieren der Wörter klar übersehen kann. Solche primitiven Formen der Sprache verwendet das Kind, wenn es sprechen lernt. Das Lehren der Sprache ist hier kein Erklären, sondern ein Abrichten. [...]

§ 7. In der Praxis des Gebrauchs der Sprache (2) ruft der eine Teil die Wörter, der andere handelt nach ihnen; im Unterricht der Sprache aber wird sich dieser Vorgang finden: Der Lernende *benennt* die Gegenstände. D. h., er spricht das Wort, wenn der Lehrer auf den Stein zeigt. – Ja, es wird sich hier die noch einfachere Übung finden: Der Schüler spricht die Worte nach, die der Lehrer ihm vorsagt – beides sprachähnliche Vorgänge. Wir können uns auch denken, dass der ganze Vorgang des Gebrauchs der Worte in (2)

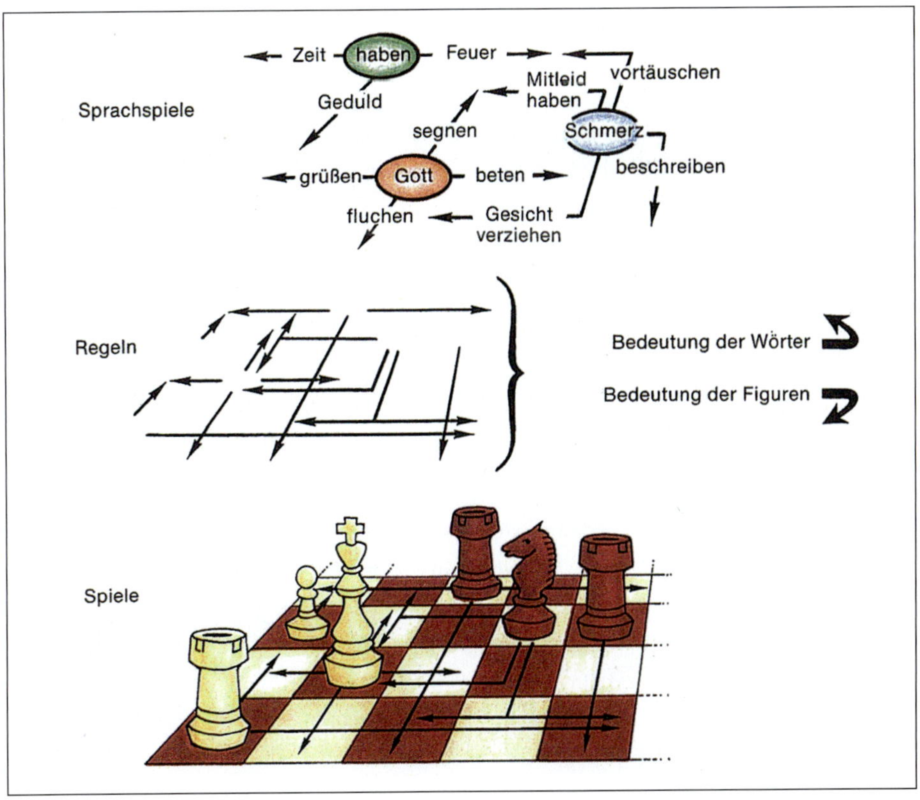

Die Bedeutung des Wortes ist die Verwendung im Sprachspiel.

eines jener Spiele ist, mittels welcher Kinder ihre Muttersprache erlernen. Ich will diese Spiele „Sprachspiele“ nennen und von einer primitiven Sprache manchmal als einem Sprachspiel reden. Und man könnte die Vorgänge des Benennens der Steine und des Nachsprechens des vorgesagten Wortes auch Sprachspiele nennen. Denke an manchen Gebrauch, der von Worten in Reigenspielen gemacht wird. Ich werde auch das Ganze der Sprache und der Tätigkeiten, mit denen sie verwoben ist, das „Sprachspiel“ nennen. [...]

§43. Man kann für eine *große* Klasse von Fällen der Benützung des Wortes „Bedeutung“ – wenn auch nicht für *alle* Fälle seiner Benützung – dieses Wort so erklären: Die Bedeutung eines Wortes ist sein Gebrauch in der Sprache. Und die *Bedeutung* eines Namens erklärt man manchmal dadurch, dass man auf seinen *Träger* zeigt. [...]

§108. [...] Wir reden von dem räumlichen und zeitlichen Phänomen der Sprache; nicht von einem unräumlichen und unzeitlichen Unding [...] Aber wir reden von ihr so wie von den Figuren des Schachspiels, indem wir Spielregeln für sie angeben, nicht ihre physikalischen Eigenschaften beschreiben. Die Frage „Was ist eigentlich ein Wort?“ ist analog der „Was ist eine Schachfigur?“.

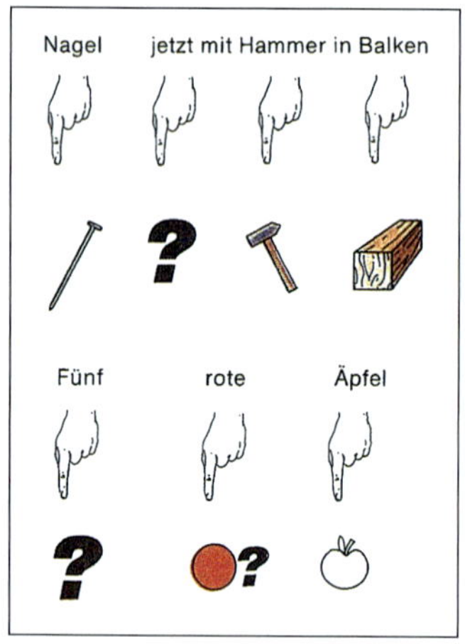

Das augustinische Modell der Sprache

1 Fassen Sie zusammen, welche Probleme des „augustinischen Modells“ der Sprache Wittgenstein in den Blick nimmt.

2 Erläutern Sie mit Ihren eigenen Worten, wie das alternative Konzept Wittgensteins aussieht. Welche Rolle kommt dem Begriff „Spiel“ zu, was ist darunter zu verstehen, dass die Bedeutung eines Wortes sein Gebrauch in der Sprache ist?

3 Manchmal können wir Ausdrücke korrekt gebrauchen, ohne sie zu verstehen. Ein Engländer, der kein Deutsch spricht, könnte wissen, dass er auf die Frage „Wie geht es Ihnen?“ mit „Danke, gut!“ antworten muss, weil er dies selbst oft gehört hat. Er gebraucht die Wortfolge „Danke, gut!“ also korrekt, versteht aber die Bedeutung nicht automatisch. Bedeutung kann also nicht mit Gebrauch identifiziert werden. Lässt sich dieser Einwand entkräften?

Nach- und Weiter-Denken

1 Sehen Sie sich noch einmal die Vermutungen an, die Sie vor der Lektüre des Kapitels darüber angestellt haben, wie Wörter ihre Bedeutungen erhalten. Haben die Theorien, die Sie kennengelernt haben, Ihre Sichtweise auf das Problem verändert?

2 Welche der theoretischen Positionen aus diesem Kapitel überzeugt Sie persönlich am meisten, welche überhaupt nicht? Begründen Sie Ihre Einschätzung.

3 Wählen Sie zunächst den Philosophen aus, dessen sprachphilosophische Thesen Sie am meisten überzeugt haben. Nehmen Sie nun dessen Rolle in einem philosophischen Rollenspiel ein und versuchen Sie einen Partner bzw. eine Partnerin, der bzw. die die Rolle von Humpty Dumpty (vgl. S. 450) spielt, von Ihrer Theorie zu überzeugen. Wechseln Sie nach einiger Zeit die Rollen.

Textquellen

Bei Titeln, die mit einem Sternchen versehen sind, handelt es sich nicht um Originaltitel.

1 Mose 2,19–20: Adamitische Namensgebung. **453**
In: Die Bibel oder die ganze Heilige Schrift des alten und neuen Testaments, nach der Übers. Martin Luthers, 6. Aufl., Württembergische Bibelanstalt Stuttgart, Stuttgart 1978

1 Mose 2,4–9.15–25: Das Paradies. **12**
In: Die Bibel oder die ganze Heilige Schrift des alten und neuen Testaments, nach der Übers. Martin Luthers, 6. Aufl., Württembergische Bibelanstalt, Stuttgart, Stuttgart 1978

1 Mose 3,17–19: „Und zum Mann sprach er: Weil du gehorcht hast ..." **21**
In: Die Bibel, nach d. dt. Übers. v. Martin Luther, Cannsteinsche Bibelanstalt, Witten 1968

15. Juli 2015, örtliches Krankenhaus. **121**
In: Gehirn & Geist 6/2004. © Spektrum Wissenschaft

Agrippa von Nettesheim: Von der Weltseele. **218**
In: ders.: Die magischen Werke und weitere Renaissancetraktate, hg. u. eingel. v. Marco Frenschkowski, Marixverlag, Wiesbaden 2008, S. 303. © Römerweg

Amery, Carl: Die gnadenlosen Folgen des Christentums. **212**
Rowohlt, Reinbek bei Hamburg 1972, S. 15–18

Anders, Günther: Die Antiquiertheit des Menschen. **129**
Bd. 1, Beck, München 1980, S. 23 f.

Arendt, Hannah: Macht, Stärke, Kraft, Autorität und Gewalt des Staates. **260**
In: dies.: Macht und Gewalt, übers. von Gisela Uellenberg, Piper, München 1970, S. 44 ff.

Aristoteles: Erwerbskunst als Untugend. **313**
In: I: Aristoteles: Politik, hg. u. übers. v. Olof Gigon, 5. Aufl., dtv klassik 2136, München 1984, 1.9- 1257 a 6–18; u.1.9. 1257 b 30–34; II: Aristoteles: Die Nikomachische Ethik, hg. u. übers. v. Olof Gigon, 5. Aufl., dtv klassik 2146, München 1984, 1.3.1096 a 6–8. © Artemis und Winkler

Aristoteles: Glück als Ziel menschlichen Handelns **162**
In: ders.: Die Nikomachische Ethik, Übersetzg. u. Nachw. v. Franz Dirlmeier, Anm. v. Ernst A. Schmidt, Reclam, Stuttgart 2003, S. 5–10, 16 f.

Aristoteles: Politik. **255**
In: Aristoteles. Politik, hg. v. Olof Gigon, Deutscher Taschenbuch Verlag, München 1976, S. 47–50. © Artemis und Winkler

Assheuer, Thomas: Der künstliche Mensch. **137**
In: DIE ZEIT, 15.03.2005, S. 49 f.

Auf Knopfdruck schlafende Mäuse*. **96**
Johann Grolle: Die Hirningenieure. In: Der Spiegel 49/2013, S. 124

Aufenanger, Stefan: Commander Data: Mensch oder Maschine?* **111**
In: Manfred L. Pirner, Matthias Rath (Hg.): Homo medialis. Perspektiven und Probleme einer Anthropologie der Medien, kopaed, München 2003, S. 83 f.

Augustinus: Gottesliebe als Menschenliebe – Frömmigkeit als Lebensziel. **186**
In: ders.: Ausgewählte Briefe, Bd. 2, übers. v. Alfred Hoffmann, Bibliothek der Kirchenväter, Bd. 30, Kösel, München o. J.
Zit. nach: Willi Oelmüller, Ruth Dölle-Oelmüller (Hg.): Philosophische Arbeitsbücher, Bd. 6, Diskurs: Metaphysik, Schöningh, Paderborn u. a., 1983, S. 164–167

Bacon, Francis: Neu-Atlantis. **219**
Übers. v. Günter Bugge, durchges. u. neu hg. v. Jürgen Klein, bibliogr. erg. Ausg., Reclam, Stuttgart 2003, S. 43

Baumann, Peter: Eine moderne Definition analytischer und synthetischer Aussagen*. **389**
In: ders.: Erkenntnistheorie, 2. Aufl., Metzler, Stuttgart, Weimar 2006, S. 233

Baumann, Peter: Wie sind synthetische Urteile a priori möglich?* **389**
In: ders.: Erkenntnistheorie, 2. Aufl., Metzler, Stuttgart, Weimar 2006. S. 237 f.

Benjamin, Walter: Über den Begriff der Geschichte. **353**
In: ders.: Sprache und Geschichte. Philosophische Essays, Reclam, Stuttgart 1992, S. 146

Bentham, Jeremy: Das Prinzip der Nützlichkeit. **155, 194**
In: Otfried Höffe (Hg.): Utilitaristische Ethik, übers. v. Annemarie Pieper, Francke, Tübingen 1992, S. 55 © G. Narr

Berkeley, George: Sein ist Wahrgenommenwerden*. **380**
In: ders.: Abhandlung über die Prinzipien der menschlichen Erkenntnis, Neuübersetzung von Günter Gawlik, Reclam, Stuttgart 2005, S. 35–37, 39 f.

Berman, Morris: Die Wiederverzauberung der Welt. Am Ende des Newton'schen Zeitalters. **224**
Übers. v. Elke Herzog, 2., überarb. Aufl., Dianus-Trikont Buchverlag, München 1984, S. 48 f.

Bhagwati, Jagdish: „Gier ist nicht das Problem". **327**
In: www.welt.de/wams_print/article2564510/Gier-ist-nicht-das-Problem.html [06.01.2015], übersetzt von Andrea Seibel und Flora Wilsdorff. © A. Springer Verlag, Berlin

Bhagwati, Jagdish: Gegen Globalisierung: Warum? **324**
In: ders.: Verteidigung der Globalisierung, aus dem Engl. v. Werner Roller, Pantheon, München 2008, S. 416 f. © Hanser Verlag, München

Bieri, Peter: Die Identitätstheorie. **53**
In: ders. (Hg.): Analytische Philosophie des Geistes, Beltz Athenäum, Weinheim 1997, S. 36 f.

Blackburn, Simon: Das Dilemma des Determinismus. **87**
In: ders.: Denken. Die großen Fragen der Philosophie, übers. von Gudrun Schäfer, Wissenschaftliche Buchgesellschaft, Darmstadt 2001, S. 78 ff.

Born, Nicolas: Die Megamaschine. **131**
In: ders.: Die Welt der Maschine. Aufsätze und Reden, Rowohlt, Reinbek bei Hamburg 1980, S. 12–28

Brinkemper, Peter V.: Die Metamorphose des Narziss. **153**
In Telepolis (Onlinemagazin) unter: www.heise.de/tp/r4/artikel/17/17402/1.html [06.01.2015]

Buddha: Der mittlere Weg. **161**
In: Adel Theodor Khoury: Buddha für Christen. Eine Herausforderung, Herder, Freiburg im Breisgau 1986, S. 74

Bürger, Gottfried August: Naturrecht. **274**
In: Das große deutsche Gedichtbuch, hg. v. Karl Otto Conrady, Athenäum, Kronberg/Ts. 1977, S. 223 f.

Busch, Wilhelm: Mein Lebenslauf. **352**
In: ders.: Gesamtwerk in drei Bänden, Bd. 3, Bechtermünz, Augsburg 1997, S. 366

Butler, Judith: Geschlechtsidentität. **151**
In: dies.: Das Unbehagen der Geschlechter, aus d. Amerik. v. Katharina Menke, Suhrkamp, Frankfurt a. M. 1991, S. 22–24, 37 f.

Camus, Albert: Der Mythos von Sisyphos. **172**
Ein Versuch über das Absurde, 19. Aufl., Rowohlt, Hamburg 1975, S. 98 f.

Carnap, Rudolf: Das Kriterium des Sinnes*. **408**
In: ders.: Scheinprobleme in der Philosophie. Das Fremdpsychische und der Realismusstreit, Suhrkamp, Frankfurt a. M. 1976, S. 47 ff.

Carnap, Rudolf: Psychologie in physikalischer Sprache. **55**
In: Erkenntnis 3, Berlin 1932, S. 107 ff.

Chalmers, Alan F.: Der naive Induktivismus*. **413**
In: ders.: Wege der Wissenschaft. Einführung in die Wissenschaftstheorie, übers. u. hg. v. Niels Bergemann u. Jochen Prümper, 4. Aufl., Springer, Berlin, Heidelberg, New York 1999, S. 8–11

Comte-Sponville, André: Solidarität als politische Tugend*. **266**
In: ders.: Glück ist das Ziel, Philosophie der Weg, aus dem Fransösischen von Hainer Kober, Copyright der deutschen Ausgabe © 2010 Diogenes Verlag AG, Zürich, S. 34 ff.

Conard, Mark T.: Bart Simpson und die Identität des postmodernen Nihilismus. **150**
In: William Irwin/Mark T. Conard/Aeon J. Skoble. Die Simpsons und die Philosophie. Aus dem Engl. von Nikolaus de Palézieux. © 2007 Tropen – J. G. Cotta'sche Buchhandlung Nachfolger GmbH, Stuttgart, S. 108–111

Condorcet, Marie Jean Antoine de: Fortschritt in der Geschichte. **341**
In: ders.: Entwurf einer historischen Darstellung der Fortschritte des menschlichen Geistes, hg. v. Wilhelm Alff, übers. v. Wilhelm Alff in Zusammenarb. m. Hermann Schweppenhäuser, Europäische Verlagsanstalt, Frankfurt a. M. 1969, S. 188 f.

Cruse, Holk: Ich bin mein Gehirn. **97**
In: Hirnforschung und Willensfreiheit. Zur Deutung der neuesten Experimente, hg. von Christian Geyer, Suhrkamp, Frankfurt a. M. 2004, S. 225 ff.

„Da hast du Ruhm! ...“ **450**
In: Lewis Carroll: Alice hinter den Spiegeln, übers. v. Christian Enzensberger, Insel, Frankfurt a. M. 1963

Das Basisproblem des logischen Empirismus. **412**
In: Manfred S. Geier: Der Wiener Kreis, Rowohlt, Reinbek bei Hamburg 1992, S. 113

David Papineau über wissenschaftlichen Realismus. **405**
In: David Edmonds, Nigel Warburton: Philosophy Bites. 25 große Philosophen sprechen über 25 Themen, aus dem Englischen von Holger Hanowell, Reclam, Stuttgart 2013, S. 110 f.

Dawkins, Richard: Moralische Orientierungen und das egoistische Gen. **236**
In: ders.: Das egoistische Gen, übers. v. Karin de Sousa Ferreira, Spektrum Akademischer Verlag, Heidelberg 2010, S. 36 ff. © J. Springer, Berlin

Descartes, René: Ein naturphilosophisches Argument für die Verschiedenheit von Körper und Seele*. **46**
In: ders.: Von der Methode des richtigen Vernunftgebrauchs und der wissenschaftlichen Forschung, übers. und hg. von Lüder Gäbe, Felix Meiner, Hamburg 1990, S. 94 ff.

Descartes, René: Ein metaphysisches Argument für die Verschiedenheit von Körper und Seele*. **49**
In: ders: Meditationen über die Erste Philosophie, übers. und hg. von Gerhart Schmidt, Reclam, Stuttgart 1986, S. 189, 205

Descartes, René: Warum wir uns irren können*. **376**
In: Philosophische Bibliothek oder Sammlung der Hauptwerke der Philosophie alter und neuer Zeit, hg. von J.H. von Kirchmann, 26er Band. René Descartes philosphische Werke. Zweiter Teil, L. Heimann, Berlin 1870, S. 18 ff.

d'Holbach, Paul Thiry: Der Mensch als Maschine. **74**
In: ders.: System der Natur, übers. v. Fritz-Georg Voigt, Aufbau, Berlin 1960, S. 3 f.

Die Gummihand-Illusion. **118**
In: Thomas Metzinger: Der Ego Tunnel. Eine neue Philosophie des Selbst: Von der Hirnforschung zur Bewusstseinsethik, aus dem Englischen von Thomas Metzinger und Thorsten Schmidt, Berlin Verlag, Berlin 2009, S. 17. © Piper Verlag

Die Haggard/Eimer-Experimente. **93**
In: Ansgar Beckermann: Gehirn, Ich, Freiheit. Neurowissenschaften und Menschenbild, mentis, Paderborn 2008, S. 89

Die wissenschaftliche Antiregel. **426**
In: Paul Feyerabend: Wider den Methodenzwang, Suhrkamp, Frankfurt a. M., 7. Aufl. 1999, S. 33

Dilthey, Wilhelm: Objektivität in den Geisteswissenschaften. **431**
In: ders.: Gesammelte Schriften, Bd. 5, hg. von Georg Misch, Vandenhoeck & Ruprecht, Göttingen 1957, S. 317–320 u. 329–331

Eco, Umberto: Die drei Intentionstypen und die Verteidigung des wörtlichen Sinns. **444**
In: ders.: Grenzen der Interpretation, dtv, München, 2. Aufl. 1999, S. 35–42, 49, 51, © Hanser Verlag

Eichendorff, Joseph Freiherr von: Schläft ein Lied in allen Dingen. **367**
In: ders.: Sämtliche Gedichte, Deutscher Klassiker-Verlag, Frankfurt am Main 2006

Engels, Friedrich: Umrisse zu einer Kritik der Nationalökonomie. **318**
In: Karl Marx; Friedrich Engels: Werke, Bd. 1, Karl Dietz, Berlin 1976, S. 499–524

Epikur: Lust und seliges Leben. **166**
In: ders.: Von der Überwindung der Furcht, hg. v. Olof Gigon, Artemis, Zürich 1949, S. 101 f.

Erikson, Erik H.: Das Problem der Ich-Identität. **142**
In: ders.: Identität und Lebenszyklus. Drei Aufsätze, achtes bis elftes Tausend, Suhrkamp, Frankfurt a. M. 1971, S. 123–141

Erion, Gerald J.; Zeccardi, Joseph A.: Das Glück von Marge Simpson*. **164**
In: William Irwin/Mark T. Conard/Aeon J. Skoble. Die Simpsons und die Philosophie. Aus dem Engl. von Nikolaus de Palézieux. © 2007 Tropen – J. G. Cotta'sche Buchhandlung Nachfolger GmbH, Stuttgart, S. 76 f.

Etzioni, Amitai: Individuum und Gemeinschaft. **264**
In: In welcher Gesellschaft leben wir eigentlich? Gesellschaftskonzepte im Vergleich, hg. von Armin Pongs, Bd. 2, dilemma, München 2000, S. 35 ff.

Falkenburg, Brigitte: Das Kausalprinzip in den Naturwissenschaften*. **95**
In: dies.: Mythos Determinismus. Wie viel erklärt uns die Hirnforschung?, Springer, Heidelberg 2012, S. 51

Falsifikationisten in der Wissenschaftspraxis* **418**
In: Alan F. Chalmers: Wege der Wissenschaft. Einführung in die Wissenschaftstheorie, übers. u. hg. v. Niels Bergemann u. Jochen Prümper, 4. Aufl., Springer, Berlin, Heidelberg, New York 1999, S. 68 f.

Feyerabend, Paul: Ein Argument wider die Identitätstheorie*. **57**
In: Peter Bieri (Hg.): Analytische Philosophie des Geistes, Beltz Athenäum, Weinheim 1997, S. 121

Feyerabend, Paul: Wider den Methodenzwang. **425**
Suhrkamp, Frankfurt a. M., 7. Aufl. 1999, S. 71 ff.

Fichte, Johann Gottlieb: Bewältigung der Natur durch Technik. **126**
In: ders.: Werke, hg. v. Immanuel Hermann Fichte, Bd. 2, De Gruyter, Berlin 1971, S. 267–269

Fischer, Peter: Technikphilosophie. **124**
In: Annemarie Pieper (Hg.): Philosophische Disziplinen. Ein Handbuch, Reclam, Leipzig 1998, S. 414

Franck, Matthias: Giftiges Mitleid. **197**
In: Der Tagesspiegel, 08.02.2006

Frankena, William K.: Schwächen in der Position des Sokrates*. **181**
In: ders.: Analytische Ethik. Eine Einführung, hg. u. übers. v. Norbert Hoerster, 4. Aufl., dtv, München 1986, S. 18 f.

Franz von Assisi: Der Sonnengesang. **213**
In: Leonhard P. Lehmann OFMCap. (Hr.): Das Erbe eines Armen. Die Schriften des Franz von Assisi, Butzon & Bercker, Kevelaer 2003

Frege, Gottlob: Kritik an der Übereinstimmungstheorie der Wahrheit*. **395**
In: ders.: Logische Untersuchungen, hg. u. eingel. v. Günter Patzig, 3. durchges. u. bibliogr. ergänzte Aufl., Vandenhoeck & Ruprecht, Göttingen 1986, S. 30–34

Frege, Gottlob: Sinn und Bedeutung*. **453**
In: ders.: Funktion – Begriff – Bedeutung, hg. v. Mark Textor, Vandenhoeck & Ruprecht, Göttingen 2002, S. 23–27

Friedman, Milton: Wirtschaftlicher Liberalismus. **321**
In: ders.: Kapitalismus und Freiheit, übers. v. Paul C. Martin, 5. Aufl., Piper, München 2008, S. 232 © Eichborn Verlag, Frankfurt

Fromm, Erich: „Bei der Kunst des Lebens ..." **155**
In: ders.: GA, Bd. 2, Analytische Charaktertheorie, dtv, München 1989, S. 16–18

Fromm, Erich: Humanistische Ethik und die Kunst des Lebens*. **174**
In: ders.: GA, Bd. 2, Analytische Charaktertheorie, dtv, München 1989, S. 16–18

Fromm, Erich: Identität zwischen Haben und Sein. **144**
In: ders.: Die Revolution der Hoffnung. Für eine Humanisierung der Technik. Gesamtausg., Bd. IV – Gesellschaftstheorie, Deutsche Verlags-Anstalt GmbH, Stuttgart 1980, S. 322 f.

Fukuyama, Francis: Das Ende der Geschichte? **356**
In: ders.: Das Ende der Geschichte. Wo stehen wir? Übersetzt von Helmut Dierlamm u. a., Kindler, München 1992

Fukuyama, Francis: Prestigekampf auf Leben und Tod*. **33**
In: ders.: Das Ende der Geschichte. Wo stehen wir? Übersetzt von Helmut Dierlamm u. a., Kindler, München 1992, S. 207 f.

Gabriel, Markus: Der neue Realismus*. **403**
In: ders.: Warum es die Welt nicht gibt, Ullstein, Berlin 2013, S. 14 ff.

Gabriel, Markus: Kritik am naturwissenschaftlichen Weltbild*. **427**
In: ders.: Warum es die Welt nicht gibt, Ullstein, Berlin 2013, S. 134 ff.

Gadamer, Hans Georg: Das wirkungsgeschichtliche Bewusstsein und die Dialektik von Frage und Antwort in der hermeneutischen Erfahrung. **435**
In: ders.: Hermeneutik. Wahrheit und Methode. Grundzüge einer philosophischen Hermeneutik. Gesammelte Werke, Band 1, Mohr Siebeck, Tübingen, 7. Aufl. 1960, S. 304 f. und 379 – 383

Gehlen, Arnold: Der Mensch – ein Mängelwesen. **26**
In: ders.: Der Mensch. Seine Natur und seine Stellung in der Welt, Athenäum, Frankfurt a. M. 1971, S. 32 ff.

Gehlen, Arnold: Technik als Kompensation von Mängeln. **128**
In: ders.: Anthropologische Forschung, Rowohlt, Reinbek bei Hamburg 1961, S. 93 – 101

Goff, Jaques le: Wucherzins und Höllenqualen. Ökonomie und Religion im Mittelalter. **314**
Aus dem Frz. v. Matthias Rüb, mit einer Einf. v. Johannes Fried, 2. völlig überarb. u. um eine Einf. v. Johannes Fried erw. Aufl., Klett-Cotta, Stuttgart 2008, S. 10 f., 35 – 38

Goodman, Nelson: Emotion und Erkenntnis in der ästhetischen Erfahrung. **438**
In: Dieter Heinrich, Wolfgang Iser: Theorien der Kunst, Suhrkamp, Frankfurt a. M., 4. Aufl. 2005, S. 572 – 579

Gore, Al: Eine unbequeme Wahrheit*. **211**
Die drohende Klimakatastrophe und was wir dagegen tun können, übers. v. Richard Barth u. Thomas Pfeiffer, Riemann, München 2006, S. 296 – 298

Habermas, Jürgen: Diskursethik. **205**
In: ders.: Erläuterungen zur Diskursethik. Moralbewusstsein und kommunikatives Handeln, Suhrkamp, Frankfurt a. M. 1983, S. 73 – 78

Habermas, Jürgen: Entwicklung von Ich-Identität*. **145**
In: ders.: Zur Rekonstruktion des historischen Materialismus, Suhrkamp, Frankfurt a. M. 1976, S. 92 – 95

Habermas, Jürgen: Hermeneutik als geisteswissenschaftliche Erkenntnisweise. **441**
In: ders.: Selbstreflexion der Geisteswissenschaften. Die historische Sinnkritik, in: Erkenntnis und Interesse, Suhrkamp, Frankfurt a. M. 1973, S. 204 – 233

Habermas, Jürgen: Universalistisch-deontologische Ethik und Diskursethik im Vergleich. **241**
In: ders.: Was heißt Diskursethik? in: Erläuterungen zur Diskursethik, Suhrkamp, Frankfurt a. M. 1991, S. 11 ff.

Han, Byung-Chul: Dataismus und Nihilismus. **177**
In: ZEIT ONLINE vom 27. September 2013

Hayek, Friedrich August von: Die große Illusion. **299**
In: ders.: Der Weg zur Knechtschaft. Neuauflage der Neuherausgabe von 1971, Olzog, München 2011, S. 44 - 53 und 82 – 84

Hegel, Georg Wilhelm Friedrich: Arbeit – Selbsterzeugung des Menschen. **20**
In: ders.: Werke in 20 Bänden, Bd. 17: Vorlesungen über die Philosophie der Religion II, Suhrkamp, Frankfurt a. M. 1971, S. 259 f.

Hegel, Georg Wilhelm Friedrich: Die List der Vernunft. **343**
In: ders: Vorlesungen über die Philosophie der Geschichte, Theorie-Werkausgabe, Bd. 12, Suhrkamp, Frankfurt a. M. 1970, S. 46 ff.

Hegel, Georg Wilhelm Friedrich: Geschichte als Fortschritt im Bewusstsein der Freiheit. **342**
In: ders.: Werke in 20 Bänden, Bd. 12: Vorlesungen über die Philosophie der Geschichte, Suhrkamp, Frankfurt a. M. 1970, S. 30 ff., 46 ff., 99

Herder, Johann Gottfried: Über den Ursprung der Sprache. **17**
In: ders.: Abhandlung über den Ursprung der Sprache, hg. v. Hans D. Irmscher, Reclam, Stuttgart 1966, S. 20 ff.

Hermes, Eberhard: Polis. **254**
In: ders.: Der Antigone-Stoff. Sophokles, Anouilh, Brecht, Hochhuth. Klett, Stuttgart 1992, S. 25 ff.

Hesse, Hermann: Stufen. **160**
In: ders.: Gedichte 2, Suhrkamp, Frankfurt a. M. 1977, S. 676

Hobbes, Thomas: Die Notwendigkeit des Staates. **270**
In: ders.: Leviathan, übers. v. Walter Euchner, hg. u. eingel. v. Iring Fetscher, Luchterhand, Darmstadt, Neuwied 1966, S. 94 – 96. © Random House Gruppe

Höffe, Otfried: Demokratie im Zeitalter der Globalisierung. **362**
In: ders.: Demokratie im Zeitalter der Globalisierung, C. H. Beck, München 1999, S. 13 f.

Höffe, Otfried: Ist die Demokratie zukunftsfähig? **291**
Über moderne Politik, Beck, München 2009, S. 309 ff.

Höffe, Otfried: Thales von Milet und das Ethos des Unternehmers*. **330**
In: ders.: Wirtschaftsbürger, Staatsbürger, Weltbürger. Politische Ethik im Zeitalter der Globalisierung, C. H. Beck, München 2004, S. 31–39

Hoffman, Donald D.: Visuelle Intelligenz. Wie die Welt im Kopf entsteht. **401**
Übers. aus dem Amerik. v. Hainer Kober, Klett-Cotta, Stuttgart 2000, S. 15–17

Homer: Odyssee (9. Gesang). **257**
Übers. v. Johann Heinrich Voss, Goldmann, München 1964, S. 98. © Random House Gruppe

Horkheimer, Max; Adorno, Theodor W.: Dialektik der Aufklärung. **221**
Fischer, Frankfurt a. M. 1969, S. 7 f.

Horn, Christoph: Antike Lebenskunst. **167**
Glück und Moral von Sokrates bis zu den Neuplatonikern, Beck, München 1998, S. 88

Hume, David: Kausalität und Gewohnheit*. **382**
In: ders.: Eine Untersuchung über den menschlichen Verstand, hg. u. übers. v. Herbert Herring, Reclam, Stuttgart 1982, S. 42–47 (Auszüge).

Hume, David: Kritik der Vertragstheorie. **281**
In: Klassische Texte der Staatsphilosophie, hg. v. Norbert Hoerster, dtv, München 1976, S. 167 ff.

Hume, David: Über Freiheit und Notwendigkeit*. **70**
In: ders: Ein Traktat über die menschliche Natur in 2 Bänden, übers., mit Anmerkungen und Register versehen von Theodor Lipps, Band 2, Felix Meiner, Hamburg 1978, S. 137 ff.

immer schön in der reihe bleiben. **142**
In: Claus Bremer: Texte und Kommentare, Anabas-Verlag, Steinbach 1968

Jonas, Hans: Das Prinzip Verantwortung. **155, 213**
In: ders.: Das Prinzip Verantwortung. Versuch einer Ethik für die technologische Zivilisation, Suhrkamp Taschenbuch, Frankfurt a. M. 1984, S. 9, 23–28, 35–38

Jonas, Hans: Ein Kompass zur Bewertung. **233**
In: ders.: Das Prinzip Verantwortung. Versuch einer Ethik für die technologische Zivilisation, Suhrkamp Taschenbuch, Frankfurt a. M. 1984, S. 7–9

Kant und die „praktische Freiheit"*. **82**
In: Immanuel Kant: Kritik der reinen Vernunft, nach der ersten u. zweiten Original-Ausg., hg. v. Raymund Schmidt, Meiner, Hamburg 1971, (Philosophische Bibliothek Bd. 37a), B 830

Kant, Immanuel: Anthropologie in physiologischer und pragmatischer Hinsicht. **19**
In: Werke. Schriften zur Anthropologie, Geschichtsphilosophie, Politik und Pädagogik, hg. v. Wilhelm Weischedel, Bd. 10, Wissenschaftliche Buchgesellschaft, Darmstadt 1968, S. 399 f.

Kant, Immanuel: Das Problem der Staatserrichtung*. **259**
In: ders.: Zum ewigen Frieden. Ein philosophischer Entwurf, Nicolovius, Königsberg 1795

Kant, Immanuel: Der Föderalismus freier Staaten als Basis des Friedens. **358**
In: ders.: Zum ewigen Frieden. Ein philosophischer Entwurf, Nicolovius, Königsberg 1795

Kant, Immanuel: Der gute Wille – kategorischer Imperativ. **189**
In: ders.: Der gute Wille – kategorischer Imperativ. Grundlegung zur Metaphysik der Sitten, hg. v. Theodor Valentiner, Reclam, Stuttgart 1961, S. 28 ff.

Kant, Immanuel: Der kategorische Imperativ*. **192**
In: ders.: Die Grundlegung zur Metaphysik der Sitten, hg. v. Theodor Valentiner, Reclam, Stuttgart 1996, S. 28 ff.

Kant, Immanuel: Die Freiheitsantinomie*. **77**
In: ders.: Kritik der reinen Vernunft, nach der ersten und zweiten Original-Ausgabe neu hg. von Raymund Schmidt, Felix Meiner, Hamburg 1956, S. 522 f., 462 f. 528 ff.

Kant, Immanuel: Die kopernikanische Wende der Denkungsart*. **385**
In: ders.: Kritik der reinen Vernunft, nach der ersten u. zweiten Original-Ausg., hg. v. Raymund Schmidt, Meiner, Hamburg 1971, (Philosophische Bibliothek Bd. 37a), Originalpaginierung BXII – BXIV u. BVI – BVIII

Kant, Immanuel: Die Übereinstimmungstheorie der Wahrheit*. **394**
In: ders.: Kritik der reinen Vernunft, nach der ersten u. zweiten Original-Ausg., hg. v. Raymund Schmidt, Meiner, Hamburg 1971 (Philosophische Bibliothek Bd. 37a), Originalpaginierung B 83 f.

Kant, Immanuel: „Handle nur nach derjenigen Maxime ..." **155**
In: ders.: Der gute Wille – kategorischer Imperativ. Die Grundlegung zur Metaphysik der Sitten, hg. v. Theodor Valentiner, Reclam, Stuttgart 1961, S. 68

Kant, Immanuel: Idee zu einer allgemeinen Geschichte in weltbürgerlicher Absicht. **338**
In: Werke. Schriften zur Anthropologie, Geschichtsphilosophie, Politik und Pädagogik, hg. v. Wilhelm Weischedel, Bd. 9, Wissenschaftliche Buchgesellschaft, Darmstadt 1968, S. 45–50

Kant, Immanuel: Transzendentalphilosophie*. **391**
In: ders.: Kritik der reinen Vernunft, nach der ersten u. zweiten Original-Ausg., hg. v. Raymund Schmidt, Meiner, Hamburg 1971 (Philosophische Bibliothek Bd. 37a), S. B33 – B36

Karl R. Popper über Computer. **104**
In: Karl R. Popper/John C. Eccles: Das Ich und sein Gehirn, Piper, München, Zürich 1977, S. 256

Kleist, Heinrich von: Die grünen Gläser*. **392**
In: ders.: Sämtliche Werke und Briefe in zwei Bänden, hg. v. Helmut Sembdner, Bd. 2, Hanser, München 1984, S. 634

Konfuzius: Die goldene Regel. **190**
In: Die Lehren des Konfuzius. Die vier konfuzianischen Bücher, Chinesisch u. Deutsch, übers. u. erl. v. Richard Wilhelm, Lizenzausg. mit freundl. Genehmigung der Wunderkammer Verlag GmbH, Neu-Isenburg 2008 für Zweitausendeins, S. 593 f.

Koselleck, Reinhart: Geschichte. **335**
In: Geschichtliche Grundbegriffe. Historisches Lexikon zur politisch-sozialen Sprache in Deutschland, hg. v. Otto Brunner u. a., Klett, Stuttgart 1975, S. 593 f.

Kuhn, Thomas S.: Paradigmen, normale Wissenschaft und Krisen*. **421**
In: ders: Die Struktur wissenschaftlicher Revolutionen, Suhrkamp, Frankfurt a. M., 10. Aufl. 1989, S. 25, 37 ff., 89, 92 ff., 97 f.

Kunert, Günter: Entdeckungen. **138**
In: ders.: Tagträume in Berlin und andernorts, Fischer, Frankfurt a. M. 1974, S. 15

Lao tse: Der ewige Weg. **161**
In: ders.: Tao Te King. Das heilige Buch vom Weg und von der Tugend, Übersetzg., Einleitg. u. Anm. v. Günther Debon, Reclam, Stuttgart 1981, S. 25

Lawler, James: Lisa Simpson und die kantische Moral*. **191**
In: William Irwin/Mark T. Conard/Aeon J. Skoble. Die Simpsons und die Philosophie. Aus dem Engl. von Nikolaus de Palézieux. © 2007 Tropen – J. G. Cotta'sche Buchhandlung Nachfolger GmbH, Stuttgart, S. 115 – 117. © Klett Cotta

Leibniz, Gottfried Wilhelm: Prästabilierte Harmonie*. **51**
In: Briefwechsel zwischen Leibniz, Arnauld und dem Landgrafen Ernst von Hessen-Rheinfels: aus den Handschriften der Königlichen Bibliothek zu Hannover, hg. von C. Ludwig Grotefend, Hahnsche Hofbuchhandlung, Hannover 1846, S. 56 f.

Locke, John: Der Umfang des menschlichen Wissens*. **378**
In: ders.: Versuch über den menschlichen Verstand. In vier Büchern, Band II, Buch III und IV, übers. v. Carl Winckler, Felix Meiner, Hamburg 1988, S. 185 ff.

Locke, John: Naturzustand und Vertrag. **273**
In: ders.: Zweite Abhandlung über die Regierung, aus dem Engl. v. Hans Jörn Hoffmann, durchges. u. überarb. v. Ludwig Siep, Suhrkamp, Frankfurt a. M. 2007, S. 13 ff., 82 f., 104

Locke, John: Von der Kraft. **76**
In: ders.: Versuch über den menschlichen Verstand. In vier Büchern, Bd 1, zweites Buch, Felix Meiner, Hamburg 2006, S. 286 f., 315 f.

Lorenz, Konrad: Die erkenntnistheoretische Haltung des Naturforschers*. **397**
In: ders.: Die Rückseite des Spiegels. Versuch einer Naturgeschichte des menschlichen Erkennens, dtv, München 1977, S. 17 – 19

Lovelock, James: „Ein Planetenarzt würde uns ermahnen ..." **155**
In: ders.: Die Erde ist ein Lebewesen. Anatomie und Physiologie des Organismus Erde, aus dem Engl. v. Jochen Eggert u. Marcus Würmli, Heyne, München 1991, S. 184. © Random House Gruppe

Lovelock, James: Gaia: Die Erde ist ein Lebewesen. **222**
In: ders.: Anatomie und Physiologie des Organismus Erde, aus dem Engl. v. Jochen Eggert u. Marcus Würmli, Heyne, München 1991, S. 153 – 184. © Random House Gruppe

Lübbe, Hermann: Von privaten Spülmaschinen und öffentlichen Kraftwerken. **133**
In: Die Welt, Nr. 233, 25.09.1982

Luhmann, Niklas: Demokratie heißt Spaltung der Spitze*. **289**
In: ders.: Soziologische Aufklärung. 4. Beitrage zur funktionalen Differenzierung der Gesellschaft, Springer Fachmedien, Wiesbaden 1987, S. 126 – 132

MacIntyre, Alasdair: Der Verlust der Tugend. **207**
Zur moralischen Krise der Gegenwart, übers. v. Wolfgang Riehl, 2. Aufl., Suhrkamp, Frankfurt a. M. 1995, S. 255 f., 293, 297 f. © Campus Verlag, Frankfurt/Main

Mackie, John Leslie: Ethischer Skeptizismus oder die Subjektivität der Werte. **238**
In: ders.: Ethik. Auf der Suche nach dem Richtigen und Falschen, aus dem Englischen übers. von Rudolf Ginters, Reclam, Stuttgart 1981, S. 11 ff.

Malerba, Luigi: Die Überlegenheit des Menschen über den Mistkäfer. **28**
In: ders.: Wahrhaftige Gespenster. Geschichten, aus dem Ital. v. Karin Fleischanderl u. a., Wagenbach, Berlin 1990, S. 78

Marc Aurel: Der Weltstaat, worin alle Staaten nur Häuser sind. **363**
In: ders.: Wege zu sich selbst. Griech.-Dt., hg. u. übers. v. Rainer Nickel, Artemis und Winkler, Düsseldorf, Zürich 1998 III, 11, S. 57 u. IV, 4, S. 67

Marquard, Odo: Der Mensch – ein kompensierendes Wesen*. **31**
In: ders.: Philosophie des Stattdessen, Reclam, Ditzingen 2001, S. 22 – 26 (Originaltitel: Homo compensator. Zur anthropologischen Karriere eines metaphysischen Begriffs)

Marx, Karl: Arbeit als Vergegenständlichung des Gattungslebens des Menschen. **21**
In: ders.: Werke, Bd. IV. Das Kapital 3. Hg. v. H.-J. Lieber, Wissenschaftliche Buchgesellschaft, Darmstadt 1962, S. 177 f.

Marx, Karl; Friedrich Engels: Bourgeoisie und Proletariat. **296**
In: dies.: Werke, 6. Aufl., Karl Dietz, Berlin 1972, unveränderter Nachdruck der 1. Aufl., Dietz, Berlin/DDR, S. 462–493

Marx, Karl; Friedrich Engels: Das Sein bestimmt das Bewusstsein*. **344**
In: Werke in 40 Bänden, hg. vom Institut für Marxismus-Leninismus beim ZK der SED, Dietz, Berlin 1957 ff., S. 28 ff.

Mary. **37**
In: Frank Jackson: „Epiphänomenale Qualia", übers. von Sven Walter, in: Heinz-Dieter Heckmann/Sven Walter (Hrsg.): Qualia. Ausgewählte Beiträge, mentis, Paderborn 2001, S. 123–138, hier S. 127 f.

Mead, Georg Herbert: Das „Ich" und das „ICH". **140**
In: ders.: Geist, Identität und Gesellschaft aus der Sicht des Sozialbehaviorismus, hg. v. Charles W. Morris, aus dem Amerik. v. Ulf Pacher, Suhrkamp, Frankfurt a. M. 1968, S. 218 f., 221, 244

Meister Eckhart: „Richte dein Augenmerk auf dich selbst ..." **155**
In: ders.: Deutsche Predigten und Traktate, hg. v. Josef Quint, Diogenes TB, München 1979, S. 55 f. © Akzente

Meister Eckhart: Selbstliebe und Nächstenliebe*. **186**
In: ders.: Deutsche Predigten und Traktate, hg. v. Josef Quint, Diogenes TB, München 1979, S. 214. © Akzente

Meister Eckhart: Von ungelassenen Leuten, die voll Eigenwillens sind. **168**
In: ders.: Deutsche Predigten und Traktate, hg. v. Josef Quint, Diogenes TB, München 1979, S. 55 f.

Merchant, Carolyn: Der Tod der Natur. Ökologie, Frauen und neuzeitliche Naturwissenschaft. **218**
Aus dem Amerik. v. Holger Fliessbach, C. H. Beck, München 1987, S. 17–22, 113–126, 177–190

Metzinger, Thomas: Künstliche Ego-Maschinen*. **113**
In: ders.: Der Ego Tunnel. Eine neue Philosophie des Selbst: Von der Hirnforschung zur Bewusstseinsethik, aus dem Englischen von Thomas Metzinger und Thorsten Schmidt, Berlin Verlag, Berlin 2009, S. 16 ff. © Piper Verlag

Meyer, Thomas: Mediokratie – Auf dem Weg in eine andere Demokratie? **293**
In: http://www.bpb.de/publikationen/KSEF5B,0,0,Mediokratie_Auf_dem_Weg_in_eine_andere_Demokratie.html [06.01.2015]

Mill, John Stuart: „Die eigentliche Region menschlicher Freiheit ..." **155**
Zit. nach: ders.: Über Freiheit, übersetzt von Achim v. Borries, Europäische Verlagsanstalt, Frankfurt a. M. 1969

Mill, John Stuart: Höchstes Glück als moralisches Ziel. **198**
In: ders.: Der Utilitarismus, übers. und hg. von Dieter Birnbacher, Reclam, Stuttgart 2006, S. 37

Mill, John Stuart: Plädoyer für die Freiheit des Individuums **283**
Zit. nach: ders.: Über die Freiheit, übersetzt von Achim von Borries, Europäische Verlagsanstalt, Frankfurt a. M. 1969

Montaigne, Michel de: Selbst in der Tugend trachten wir letzten Endes nach Lust. **170**
In: ders.: Essais, erste moderne Gesamtübers. v. Hans Stilett, Eichborn, Frankfurt a. M. 1998. Auszug aus: Philosophieren heißt sterben lernen. In: Klassiker der philosophischen Lebenskunst, Goldmann, München 2000, S. 217–219

Montesquieu, Charles de: Gewaltenteilung. **286**
In: ders.: Vom Geist der Gesetze, übers. v. Kurt Weigand, Reclam, Stuttgart 1989, S. 210–213

Nagel, Thomas: Geist und Gehirn. **40**
In: ders.: Was bedeutet das alles? Eine kurze Einführung in die Philosophie, übers. v. Michael Gebauer, Reclam, Stuttgart 1990, S. 26–33

Nietzsche, Friedrich: Der höhere Mensch. **22**
In: ders.: Werke in zwei Bänden, Lizenzausg., Deutsche Buch-Gemeinschaft, Darmstadt, Wien o. J., S. 549, 746 f.

Nietzsche, Friedrich: Der Übermensch*. **23**
In: Karl Schlechta (Hg.): Friedrich Nietzsche. Werke in zwei Bänden, Lizenzausg. f. die Deutsche Buch-Gemeinschaft vom Hanser Verlag, München o. J., S. 549

Nietzsche, Friedrich: Eine neue Moral. **199**
In: ders.: Die fröhliche Wissenschaft, Werke, Bd. 3, Hanser, München 1966, S. 194–197

Nietzsche, Friedrich: Vom Nutzen und Nachteil der Historie für das Leben. **350**
Reclam, Stuttgart 1982, S. 7–10, 107

Pascal, Blaise: Eigenliebe. **188**
In: ders.: Über die Religion und über einige andere Gegenstände, übers. v. Ewald Wasmuth, 7. Aufl., Lambert Schneider, Heidelberg 1972, S. 100. © Wissenschaftliche Buchgesellschaft

Pink Floyd: Money. **312**
Text: Waters, Roger; Copyright: Roger Waters Music Overseas Limited Musikverlag Intersong GmbH & Co. KG, Hamburg

Platon: Der Mythos von Prometheus. **13**
In: Frühdialoge, übers. v. Rudolf Rufener, Einl. v. Olof Gigon, Artemis, München, Zürich 1974, S. 202–204

Platon: Die Idee des Guten. Aus: Der Staat, 6. Buch **183**
In: Willi Oelmüller, Ruth Dölle-Oelmüller, Carl-Friedrich Geyer: Diskurs: Metaphysik, Philosophische Arbeitsbücher 6, UTB 1277, Schöningh, Paderborn u. a. [2]1995, S. 104–108

Platon: Die Unsterblichkeit der Seele*. **43**
in: Platon. Sämtliche Dialoge, Bd. 2, in Verbindung mit Kurt Hildebrandt, Constantin Ritter und Gustav Schneider hg. u. mit Einleitungen, Literaturübersichten, Anmerkungen und Registern versehen von Otto Apelt, Felix Meiner, Hamburg 1988, S. 49 ff.

Platon: Kratylos: Naturalismus gegen Konventionalismus*. **451**
In: Platon: Sämtliche Werke (in drei Bänden), hg. v. Erich Loewenthal, übers. v. Julius Deuschle, Bd. 1, Wissenschaftliche Buchgesellschaft, Berlin 1940, S. 543 f.

Platon: Sokrates: Rechtes und unrechtes Handeln. **179**
In: Platon. Sokrates im Gespräch, übers. v. Richard Harder, S. Fischer, Frankfurt a. M. 1957, S. 44 ff.

Platon: Was ist Wissen? **371**
In: Platon. Sämtliche Dialoge, Bd. 4, in Verbindung mit Kurt Hillebrandt, Constantin Ritter und Gustav Schneider hg. und mit Einleitungen, Literaturübersichten, Anmerkungen und Register vers. von Otto Apelt, Meiner, Hamburg 1988 (=PB 82), S. 128–143.

Plutarch: „Alexander dem Großen antwortete Diogenes ..." **162**
Anekdote nach Plutarch: Alexander der Eroberer, aus d. Griech. übers. v. Eduard Eyth u. mit einem Nachw. vers. v. Alexander Demandt, C. H. Beck, München 2008, S. 22 f.

Popper, Karl Raimund: Die Erkenntnistheorie des Alltagsverstandes*. **414**
In: Objektive Erkenntnis. Ein evolutionärer Entwurf, Hoffmann und Campe, Hamburg 2. Aufl. 1994, S. 61–64

Popper, Karl Raimund: Hat die Weltgeschichte einen Sinn? **354**
In: ders.: Die offene Gesellschaft und ihre Feinde. Bd. II: Falsche Propheten, durchges. u. erg., 8. Aufl., Mohr Siebeck, Tübingen 2003, S. 316–318, 326

Popper, Karl Raimund: Induktion und Falsifikation*. **416**
In: ders.: Gesammelte Werke in deutscher Sprache 3. Logik der Forschung, hg. von Herbert Keuth, Mohr Siebeck, 11. durchges. und erg. Aufl., Tübingen 2005, S. 8–17

Positivismus. **410**
In: Stefan Jordan, Christian Nimtz (Hg.): Lexikon Philosophie. Hundert Grundbegriffe, Reclam, Stuttgart 2009, S. 212

Prengel, Frank; Nahm, Torsten: Die Zukunft der Menschheit? – Die Steuerung der menschlichen Evolution durch den Menschen. **230**
In: dies.: Transhumanismus – was ist das? In: http://www.trans humanism.org/index.php/WTA/more/ 164/ [06.01.2015]

Putnam, Hilary: Warum man Brüderlichkeit nicht klonen kann. **135**
In: ders.: Why fraternity cannot be cloned, in: Times Higher Education, 2.2.1998. Übersetzt von Stefan Hochgesand. Zitiert nach: Philosophie Magazin, Sonderausgabe 1/2013 „Das Jahrhundert im Spiegel seiner großen Denker", S. 85

Quine, Willard van Orman: „Gavagai" oder die Reizbedeutung*. **455**
In: ders.: Wort und Gegenstand (Word and Object), aus dem Engl. übers. v. Joachim Schulte in Zusammenarb. m. Dieter Birnbacher, Reclam, Stuttgart 1980, S. 62–70 (Auszüge)

Quine, Willard van Orman: Wissen als ein von Menschen geflochtenes Netz*. **419**
In: ders.: Von einem logischen Standpunkt. Neun logisch-philosophische Essays, Ullstein, Frankfurt a. M., Berlin, Wien 1979, S. 47 f.

Ranke, Leopold von: „Jede Epoche ist unmittelbar zu Gott". **348**
In: Über die Epochen in der neueren Geschichte, hg. v. Hans Herzfeld. Schloss. Steiner, Laugheim o. J., S. 27–31

Rawls, John: Gerechtigkeit als Fairness. **303**
In: ders.: Eine Theorie der Gerechtigkeit, übers. v. Hermann Vetter, Suhrkamp, Frankfurt a. M. 1975, S. 19 f., 23 f., 28 f., 31 ff.

Reese-Schäfer, Walter: Universalität und Ethnozentrismus. **206**
In: Reese-Schäfer, Immanuel Walter: Universalität und Ethnozentrismus. Edition 3, Campus, Frankfurt a. M. 2001, S. 76

Roth, Eugen: Umwertung aller Werte. **200**
In: ders.: Eugen Roth für Zeitgenossen, 2002 sanssouci im Hanser Verlag, München/Wien

Rousseau, Jean-Jacques: Vom Gesellschaftsvertrag. **277**
In Zusammenarbeit mit Eva Pietzcker neu übers. u. hg. v. Hans Brockard, Reclam, Stuttgart 1977, S. 16 ff.

Rüsen, Jörn: Geschichte – Erfahrung und Deutung. **337**
In: Erinnern. Der blaue Reiter, Journal für Philosophie. Nr. 18, 2003, S. 6 f.

Safranski, Rüdiger: Was darf der Mensch? Zwischenruf zur Gentechnik-Debatte. **232**
http://www.rpi-virtuell.net/material/6108736C-0FCF-4010-9EF0-E3B2118A6C05 [02.03.2015]

Sartre, Jean Paul: „Der Mensch ist verurteilt, frei zu sein." **155**
In: ders.: Drei Essays, Ullstein, Frankfurt a. M. 1964

Sartre, Jean Paul: Der Mensch – zur Freiheit verurteilt*. **85**
In: ders: Der Existenzialismus ist ein Humanismus und andere philosophische Essays, übers. von Vincent von Wroblewsky, Rowohlt, Reinbek bei Hamburg 2000, S. 154 ff.

Sartre, Jean Paul: Der Mensch ist ein Entwurf*. **29**
In: ders.: Drei Essays, Ullstein, Frankfurt a. M. 1964, S. 9–13

Sartre, Jean Paul: Existenzialistische Ethik*. **204**
In: ders.: Der Existentialismus ist ein Humanismus und andere philosophische Essays 1943-1948, Dt. v. Werner Bökenkamp u. a., 4. Aufl., Rowohlt, Reinbek bei Hamburg 2007, S. 155, 158, 169 f.

Savater, Fernando: Tu, was Du willst. **155, 201**
Ethik für Erwachsene von morgen, aus dem Span. v. Wilfried Hof, Lizenzausg. f. die Bundeszentrale für politische Bildung, Campus, Frankfurt a. M. 1993, S. 45, 58, 62 f.

Schadewaldt, Wolfgang: Technik als Ur-Humanum. **124**
In: Wolfgang Schadewaldt: Hellas und Hesperien, hg. v. Reinhard Thurow u. Ernst Zinn, Bd. 2, Artemis, Zürich, Stuttgart 1970, S. 463 f.

Scheler, Max: Der Mensch – ein Geistwesen. **24**
In: ders.: Die Stellung des Menschen im Kosmos, Nymphenburger Verlagsbuchhandlung, München 1949, S. 11 ff.

Schlick, Moritz: Beobachtung und Verifikation*. **411**
In: ders.: Die Wiener Zeit. Aufsätze, Beiträge, Rezensionen 1926 – 1936, hg. und eingel. von Johannes Friedl und Heiner Rutte, Springer, Wien 2008, S. 217 f.

Schmid, Wilhelm: „Gestalte dein Leben so, dass es bejahenswert ist." **155**
In: ders.: Schönes Leben? Einführung in die Lebenskunst, Suhrkamp, Frankfurt a. M. 2000, S. 178

Schmid, Wilhelm: Gelassenheit und „schönes Leben". **175**
In: ders.: Schönes Leben? Einführung in die Lebenskunst, Suhrkamp, Frankfurt a. M. 2000, S. 7 – 10, 120, 178 f.

Schnabel, Ulrich: Öffnet die Hirnschalen! **90**
In: Ulrich Schnabel, Andreas Sentker: Wie kommt die Welt in den Kopf? Reise durch die Werkstätten der Bewusstseinsforscher, Rowohlt, Reinbek bei Hamburg 1997, S. 169 – 175

Schopenhauer, Arthur: Liberum arbitrium*. **82**
In: ders.: Zürcher Ausgabe. Werke in 10 Bänden, Band VI: Die beiden Grundprobleme der Ethik, Diogenes, Zürich 1977, S. 61 ff.

Schopenhauer, Arthur: Mitleid als Basis echter Menschenliebe. **195**
In: ders.: Werke in zehn Bänden, Bd. IX, Diogenes, Zürich 1907, S. 220 f.

Schopenhauer, Arthur: Über das Mitleid. **197**
Hg. u. mit einem Nachw. v. Franco Volpi, 3. Aufl., dtv, München 2007, S. 142

Schulz, Walter: Kleine Geschichte der Anthropologie. **35**
In: ders.: Philosophie in der veränderten Welt, Neske, Pfullingen 1972, S. 336 f.

Schweitzer, Albert: Die Ehrfurcht vor dem Leben. **171**
Grundtexte aus fünf Jahrzehnten. 9. Aufl., Beck'sche Reihe, München 2008, S. 111

Schweitzer, Albert: Ehrfurcht vor den Tieren. **196**
C. H. Beck, München 2006, S. 84

Searle, John R.: Das chinesische Zimmer*. **107**
In: Einsicht ins Ich. Fantasien und Reflexionen über Selbst und Seele, ausgewählt und in Szene gesetzt von Douglas R. Hofstadter und Daniel C. Dennett, Klett-Cotta im Deutscher Taschenbuch Verlag, München 1992, S. 337 ff.

Searle, John: Bewusstsein als biologisches Phänomen*. **60**
In: ders.: Geist, Sprache und Gesellschaft. Philosophie in der wirklichen Welt, aus dem Englischen von Harvey P. Gavagai, Suhrkamp, Frankfurt a. M. 2001, S. 66 ff.

Searle, John: Das Problem der Willensfreiheit*. **65**
In: ders.: Freiheit und Neurobiologie, übers. von Jürgen Schröder, Suhrkamp, Frankfurt a. M. 2004, S. 15 ff.

Searle, John: Wichtige Fragen der Sprachphilosophie*. **451**
In: ders.: Sprechakte. Ein sprachphilosophischer Essay, übers. v. Renate u. Rolf Wiggershaus, 6. Aufl., Suhrkamp, Frankfurt a. M. 1994, S. 11

Sen, Amartya: Adam Smith wäre schockiert. **328**
In: http://www.genios.de/presse-archiv/artikel/FTD/20090319/adam-smith-waere-schockiert-die-anh/A44801637.html
© Gruner und Jahr AG + Co [06.01.2015]

Sen, Amartya: Demokratie, Globalisierung und globale Demokratie. **364**
In: ders.: Die Idee der Gerechtigkeit. Aus dem Englischen von Christa Krüger, dtv, München 2012, S. 80 f. und 90 – 100

Sen, Amartya: Die Idee der Gerechtigkeit. Pro und Contra Rawls. **306**
Aus dem Englischen von Christa Krüger, dtv, München 2012, S. 80 f. und 90 – 100. © Beck Verlag, München

Sen, Amartya: Märkte, Staat und soziale Chancen. **322**
In: ders.: Ökonomie für den Menschen. Wege zu Gerechtigkeit und Solidarität in der Marktwirtschaft, aus dem Engl. v. Christiana Goldmann, 4. Aufl., dtv, München 2007, S. 139 – 148

Seneca, Lucius Annaeus: Vom glückseligen Leben. **167**
In: Manfred Rosenbach (Hg.) (1983): Seneca, L. Annaeus: Philosophische Schriften. Lat. u. Dt., 2. Bd.: Dialoge VII – XII, der Sonderausg. 1995 liegt die 4. unveränd. Aufl. 1993 zugrunde, Wissenschaftliche Buchgesellschaft, Darmstadt, S. 9 – 13

Sextus Empiricus: Pyrrhonische Skepsis als Weg zur Seelenruhe*. **374**
In: ders.: Grundriss der pyrrhonischen Skepsis. Eingel. u. übers. v. Malte Hossenfelder, Suhrkamp, Frankfurt a. M. 1985, S. 93 – 101 (Auszüge)

Singer, Peter: Hat ein Embryo Recht auf Leben? **155, 228**
Originalwerk „Aufklärung und Kritik" Sonderheft 1/1995 Originalverlag: Gesellschaft für kritische Philosophie e. V. Nürnberg, www.gkpn.de

Singer, Wolf: Das Ende des freien Willens? **94**
In: ders.: Ein neues Menschenbild? Gespräche über Hirnforschung, Suhrkamp, Frankfurt a. M. 2003, S. 24 ff.

Smith, Adam: Produktivität, Arbeitsteilung und der Wohlstand der Nationen. **315**
In: ders.: Der Wohlstand der Nationen. Eine Untersuchung seiner Natur und seiner Ursachen, aus dem Engl. übertr. u. mit einer umfassenden Würdigung des Gesamtwerkes, hg. v. Horst Claus Recktenwald, 11. Aufl., Deutscher Taschenbuch Verlag, München 2005, S. 3, 9 f., 16–18. © Beck Verlag, München

Sophokles: Chorlied aus der „Antigone"*. **15**
In: ders.: Antigone, hg. u. übertr. v. Wolfgang Schadewaldt, Insel, Frankfurt a. M. 1974, S. 23 f.

Spaemann, Robert: Wohlwollen und Liebe als moralische Orientierungen **155, 243**
In: ders.: Glück und Wohlwollen, Klett-Cotta, Stuttgart 1989, S. 129 ff.

Spinoza, Baruch de: Brief an den hochgelahrten und erfahrenen Herrn G. H. Schuller. **69**
In: ders.: Briefwechsel, übers. u. Anm. v. Carl Gebhardt, hg. m. Einl., Anh. u. erw. Bibliogr. v. Manfred Walther, 3. Aufl., Meiner, Hamburg 1986 (= Philosophische Bibliothek Bd. 96 a), S. 235–237

Sprenger, Jakob; Institoris, Heinrich: Malleus Maleficarum. Der Hexenhammer. **221**
Zum ersten Mal ins Dt. übertr. u. eingel. v. J. W. Richard Schmidt, area, Erfstadt 2004, S. 60, 344, 398, 417, 487

Taylor, Charles: Kulturelle Quellen der Identität. **147**
In: ders.: Quellen des Selbst. Die Entstehung der neuzeitlichen Identität, übers. v. Joachim Schulte, Suhrkamp, Frankfurt a. M. 1994, S. 64, 68 f.

Tetens, Holm: Apriorische und aposteriorische Aussagen*. **388**
In: ders.: Kants „Kritik der reinen Vernunft". Ein systematischer Kommentar, Reclam, Stuttgart 2006, S. 25

Tetens, Holm: Das Leib-Seele-Problem als Kollision von Gemeinplätzen*. **37**
In: ders.: Geist, Gehirn, Maschine. Philosophische Versuche über ihren Zusammenhang, Reclam, Stuttgart 1994, S. 10–12

Tetens, Holm: Die Quintessenz der „Kritik der reinen Vernunft"*. **387**
In: ders.: Kants „Kritik der reinen Vernunft". Ein systematischer Kommentar, Reclam, Stuttgart 2006, S. 31 f.

Tetens, Holm: Hirnforschung und Alltagserfahrung*. **100**
In: ders.: Kants „Kritik der reinen Vernunft". Ein systematischer Kommentar, Reclam, Stuttgart 2006, S. 263 ff.

Tetens, Holm: Unser Glaube an die Wissenschaft*. **407**
In: ders.: Wissenschaftstheorie. Eine Einführung, C.H. Beck, München 2013, S. 9 f.

Tetens, Holm: Was will die Künstliche Intelligenz? **102**
In: ders.: Geist, Gehirn, Maschine. Philosophische Versuche über ihren Zusammenhang, Reclam, Stuttgart 1994, S. 106 ff.

Thomas von Aquin: Das Gemeinwohl*. **257**
In: ders.: Über die Herrschaft der Fürsten, in: Staatsdenker der Vormoderne. Klassikertexte von Platon bis Martin Luther. Mit Einführungen hg. von Rudolf Weber-Fas, Mohr Siebeck, Tübingen 2005, S. 141 ff.

Thomas von Aquin: Zins als Frevel. **314**
Summa theologica, Secunda Secundae, quaestio 78, Artikel 1. Dt. Übers.: Thomas von Aquin, Summa theologica, Bd. 18, übers. v. Dominikanern u. Benediktinern Deutschlands u. Österreichs, hg. v. der Albertus-Magnus-Akademie Walberberg bei Köln, Heidelberg, München u. Graz, Wien, Salzburg 1953, S. 363, 366

Tomasello, Michael: Kooperative soziale Motivationen des Menschen*. **34**
In: ders: Die Ursprünge der menschlichen Kommunikation, übersetzt von Jürgen Schröder, Suhrkamp, Frankfurt a. M. 2009, S. 98 f., 105 f., 190 f.

Toqueville, Alexis de: Gefahren der Egalisierung*. **288**
In: ders.: Über die Demokratie in Amerika, hg. von Jacob P. Mayer, dtv, München 2012, S. 435 ff. © Random House Gruppe

Tretter, Felix u. a.: Memorandum „Reflexive Neurowissenschaft". **118**
In: http://www.psychologie-heute.de/home/lesenswert/memorandum-reflexive-neurowissenschaft/

Tugendhat, Ernst: Identität als Weise des Sichzusichverhaltens. **152**
In: ders.: Selbstbewusstsein und Selbstbestimmung. Sprachanalytische Interpretationen, 5. Aufl., Suhrkamp, Frankfurt a. M. 1993, S. 290 f.

Tugendhat, Ernst: Moral und Mitleid. **245**
In: N. Scarano/M. Suirez (Hg.): Ernst Tugendhats Ehik: Einwände und Erwiderungen, C.H. Beck, München 2006, S. 27 ff.

Turkle, Sherry: Flirts mit einem Roboter*. **105**
In: dies.: Leben im Netz. Identität im Zeitalter des Internet, übersetzt von Thorsten Schmidt, Rowohlt, Reinbek bei Hamburg 1997, S. 119–146

Vier Theorien über den Zusammenhang zwischen Geist und Körper. **52**
In: Ansgar Beckermann: Das Leib-Seele-Problem, Fink, Paderborn 2011, S. 42 f.

Völkerbundsatzung. **360**
In: http://www.documentarchiv.de/wr/vv01.html

Vollmer, Gerhard: Der Passungscharakter unseres Erkenntnisapparates*. **399**
In: ders.: Was können wir wissen? Band 1: Die Natur der Erkenntnis, Hirzel, Stuttgart 1985, ^{4}2008, S. 35–41

Vollmer, Gerhard: Evolutionistischer Identismus*. **58**
In: ders.: Was können wir wissen? Band 2: Die Erkenntnis der Natur, Hirzel, Stuttgart 1986, [4]2008 S. 83–84

Weber, Max: Gesinnungsethik und Verantwortungsethik. **202**
In: Willi Oelmüller, Ruth Dölle-Oelmüller, Rainer Piepmeier: Diskurs: Sittliche Lebensformen, Philosophische Arbeitsbücher 2, 5. Aufl., Schöningh, Paderborn u. a. 1995, S. 287–289

Welsch, Wolfgang: Plurale Identität*. **148**
In: ders.: Ästhetisches Denken, 3. Aufl., Reclam, Stuttgart 1993, S. 178–180

Wiesemann, Claudia; Biller-Andorno, Nikola: Die Frage nach dem moralischen Status eines Embryos. **230**
In: dies.: Medizinethik, Thieme, Stuttgart 2005, S. 32

Wittgenstein, Ludwig: Die Ethik lässt sich nicht aussprechen. **203**
In: ders.: Werkausgabe in 8 Bänden, Bd. 1: Tractatus logico-philosophicus. Tagebücher 1914–1916. Philosophische Untersuchungen, 7. Aufl., Suhrkamp, Frankfurt a. M. 1990, S. 42–45

Wittgenstein, Ludwig: Sprache als Spiel*. **458**
In: ders.: Werkausgabe in 8 Bänden, Bd. 1: Tractatus logico-philosophicus. Tagebücher 1914–1916. Philosophische Untersuchungen, 7. Aufl., Suhrkamp, Frankfurt a. M. 1990, S. 237–263 (Auszüge)

Wittgenstein, Ludwig: Vortrag über Ethik*. **204**
In: ders.: Vortrag über Ethik und andere kleine Schriften, hg. v. Joachim Schulte, Suhrkamp, Frankfurt a. M. 1989, S. 11 f.

Register

Adoleszenz 142 f., 146, 148
Altruismus 158, 236 ff., 244 ff., 267, 326, 331
Anamnesis 43
Antinomie 77 f.
Anthropologie 7, 10 ff., 17, 19 f., 24, 26, 31 f., 35 f., 120 f., 124
Aposteriorisch 387 ff., 402
Apriorisch 205, 383, 386 ff., 402, 454
Arbeitsteilung 315 ff.
Aristokratie 254, 286, 288 f.
Ästhetik, ästhetisch 148, 175 f., 382, 445
Aufklärung 17, 120, 137, 219, 221, 273, 286, 299, 336, 339 ff., 437
Autarkie 256
Automat 37, 49, 93
Autonomie 77, 228, 245, 265, 445
Autorität 74, 130, 150, 191, 260 ff. 264, 273, 282, 290, 423 f.

Bedürfnis 18, 20 f., 33, 53, 100, 120, 124, 126, 162, 166, 206, 218, 255, 264, 274, 280, 295, 302, 313, 317, 319, 340 f., 344 ff., 363, 401, 433
Bewusstsein 41, 60 ff., 67, 90 f., 94, 98, 100, 114 f., 119 ff., 125, 127, 141, 156, 173, 188, 191, 223, 228, 233, 246, 265, 284, 323, 330, 342 ff., 352, 357, 380, 387, 410, 431 f., 435, 437, 441 f.
Böse 12, 15 f., 20, 117, 158, 174 f., 185 f., 194
Bourgeoisie 296 ff.

Charakter 80, 83 f., 142, 146, 189, 205, 227, 236
Computer 48, 59, 102 ff., 107 ff., 114, 121, 132, 231, 406

Deduktion, deduktiv 379, 409, 415 ff.
Demokratie 137, 211, 252, 254 f., 261, 265, 273, 280, 286 f., 289 ff., 300, 356 f., 362 f.
Deontologisch 158, 241 ff.
Despotismus 288 f., 300
Determinismus 67 f., 77, 85, 87 ff., 95, 95, 97
Dialektik 22, 221, 435, 437, 443
Diskursethik 206 ff., 241 ff.
Dualismus 38 ff., 52, 58, 60 ff., 117

Egoismus 158, 171 f., 196, 236 ff., 244, 267, 318, 326
Ehrfurcht 25, 171 f., 196, 232 f.
Eigentum 111 f., 126, 131, 168 f., 273 f., 275 ff., 282, 303 f., 319 f., 345
Emergenz 60
Empathie 107, 326
Emotion 34, 362 ff., 438 ff.
Empirismus, empirisch 100, 110, 122, 206, 387 f., 401, 408, 410, 412, 416 ff., 426, 441, 443
Entwurf 27 ff., 31, 137, 290 ff., 353, 361
Epiphänomenalismus 52
Epoche 128, 137 f., 186, 242, 297, 335, 342 ff., 362, 402, 407, 442
Erinnerung 19, 43, 144, 335 f., 338, 352, 373, 455
Erkenntnistheorie 58 f., 160, 255, 358, 371, 378 f., 387, 397, 399 ff., 412 f., 434
Erzählung 12 ff., 15, 20, 335 ff.
Erziehung 17, 26, 71, 97, 199, 350
Essenz 30 f. 117, 149
Ethik 158, 160, 165, 174, 195 ff., 201 ff., 210 f., 213 ff., 217, 219 ff., 223, 226 ff., 231, 233 ff., 236, 238, 241 ff., 245, 247, 252 f., 255, 291, 309, 312 f., 315, 317 ff., 321, 323, 325 f., 329 f., 333, 358, 441, 446
Ethnozentrismus 206 f., 242
Evidenz 133, 382 f., 440
Evolution 24 f., 32, 34, 58 ff., 112, 114, 116, 119, 135, 137, 224, 230 f., 236, 397, 399 f., 429
Existenz 21, 25 ff., 43, 49, 61 ff., 72, 85, 99, 115, 124 f., 141, 144, 150, 152 f., 156, 172, 175 ff., 200, 204, 216, 223, 233, 344, 349, 375, 379 ff., 386, 404, 410, 423, 443
Existenzphilosophie 29 f., 204

Fairness 243, 303, 305 ff., 309 f.
Falsifikation 416 ff., 423, 426, 448
Föderalismus 358 f.
Fortschritt 10, 19, 42, 63, 115, 121, 123 f., 128, 131, 133 f., 138, 211, 219, 228, 231, 279, 298, 319, 323, 327, 335 ff., 340 ff., 346, 348 ff., 353, 356, 368, 386, 407, 416, 421, 424 f.
Freiheit 8, 18, 25, 29, 67, 69 f., 72 ff., 76 ff., 79 f., 82 ff., 87 ff., 94 f., 100 f., 112, 119, 121, 131, 133, 141, 147, 155, 167 f., 176, 201, 226, 259, 264 ff., 272 ff., 282 ff., 299 ff., 319, 321 ff., 335 f., 339 ff., 343 f., 348, 355, 359 f., 424, 446, 448
Freundschaft 164, 189, 244, 317, 332
Friede 133, 168 f., 201, 203, 213, 252, 259 f., 272 f., 275, 282 f., 291, 358 ff., 363, 365
Furcht 75, 136, 167, 177, 191, 213, 233, 272, 276, 281, 326, 355, 438

Gedankenexperiment 37, 90, 107, 110 ff., 122, 303
Geisteswissenschaften 3, 121, 236, 370, 431 ff., 437, 439, 441 ff., 447 ff.
Geiz 170 f., 314, 319, 333
Gelassenheit 168, 175
Geld 13, 119, 156, 175, 202, 277, 312 ff., 317, 319, 327, 329, 331, 333
Gemeinwille 279 f., 283
Gemeinwohl 214, 257, 259, 302, 331
Gender 151
Gentechnologie 124
Gerechtigkeit 89, 157, 183, 186 ff., 188 f., 191, 196, 203, 215, 245, 252, 257, 259, 266 f., 275 f., 277, 282, 291, 296 f., 299, 301, 303–311, 314, 322, 325, 328, 349, 355, 360, 364 f.
Geschichtsphilosophie 32, 252, 334 f., 337, 339, 340 f., 343, 345, 347, 349, 351, 353, 355, 357
Geschichtsschreibung 345
Gesellschaftsphilosophie s. Sozialphilosophie 144, 253, 441
Gesellschaftsvertrag 278 ff., 285, 309 f.
Gesinnung 129, 161, 221, 260
Gesinnungsethik 202 f.
Gewalt 121, 127, 169, 190, 203, 218 ff., 220, 221, 259 ff., 271 ff., 274 ff., 281 ff. 286 ff., 290, 294 f., 336, 356, 359

Gewaltenteilung 282, 286ff., 294f.
– Legislative 282, 285, 287
– Exekutive 282, 286f.
– Richterliche Befugnis 287
Gewissen 199f., 211, 244, 284, 304
Gleichheit 191f., 200, 246ff., 259, 270, 272, 274f., 277, 279, 289, 300, 304ff., 308, 314, 321ff., 324, 341, 355, 374, 400, 454f.
Globalisierung 133, 249, 252, 311, 313, 321, 324ff., 362f., 364f.
Glück 21, 24, 76, 136, 157f., 160ff., 164ff., 172ff., 187ff., 194ff., 198f., 204, 216, 233, 243f., 250, 263, 266, 302, 329, 339, 342, 351, 359, 432, 452
Gott 4, 12ff., 23, 30, 35, 48ff., 52, 69, 85, 125, 131, 150, 168f., 172ff., 179, 183f., 202, 211ff., 219, 221f., 224, 232f., 247, 256, 273, 289, 330, 336, 348ff., 376f., 381, 386, 406f., 428f.
Gut 12, 20, 160ff., 161, 171, 174f., 183ff., 186ff., 189ff., 200, 202ff., 207, 214, 216, 232f., 235, 239, 241, 245ff., 256f., 259f. 266f., 304f., 307, 310, 375

Hedonismus 166
Hermeneutik, hermeneutisch 34ff., 441, 443
Herrschaft 21, 194, 212, 221, 253f., 257, 259ff., 263, 272, 276, 281f., 289, 298, 319, 341, 355
Heteronom 245f.
Historismus 349, 435, 437
Hochmut 170
Höhlengleichnis 183, 185
Humanismus 85, 176, 204, 231, 444

Ideenlehre 183
Ideologie 132, 134, 336, 344, 356, 427
Identifikation 53, 142, 113, 142f., 145, 148f., 408, 442
Identismus 58ff.
Identität 3, 10, 33, 53f., 57f., 75, 139ff., 230, 266, 306
Identitätstheorie 53f., 57f.
Imperativ 81f., 86, 176f., 189, 192f., 195, 200, 205f., 208, 215f., 233, 238, 242f., 295
Individualismus 147, 264f., 302
Induktion, induktiv 220, 330, 383, 409, 413ff., 419, 434, 456
Instinkt 17f., 25, 27f., 86f., 128, 279, 282, 327, 339, 347
Institutionen 32, 74, 225, 266, 303ff., 309f., 328f., 362, 364
Intelligenz 3, 10, 24ff., 102ff. 109ff., 115ff., 119, 121, 227, 305, 331, 401
Intentionalität 34f., 38
Interaktionismus 52
Intersubjektivität 441f.
Intuition, intuitiv 205f., 241f., 378f.

Kapital, Kapitalismus 296ff., 320, 323, 325, 327f., 329, 331, 345, 356
Kategorischer Imperativ 86, 192f., 200
Kausalität 66ff., 70ff., 77ff., 94ff., 98, 233, 382, 384f., 391, 398, 457
Klugheit 23f., 48, 186, 233, 257, 270
Körper 37, 40ff., 49, 51f., 75, 119f., 127, 132, 139, 144, 146, 151, 156, 164, 166, 168, 172, 177, 194, 197, 221, 255, 258, 270, 275ff., 284, 384, 426
Kognitivistisch 205f., 241
Kommunikation 34
Kommunismus 296, 299, 301, 341, 343, 345, 356
Kommunitarismus 147, 207, 264, 266
Kompensation 31ff., 128
Konklusion 48, 79, 111, 171, 192, 381, 415
Konstruktivismus 403f.
Konventionalismus 451f.
Kopernikanische Wende 293, 385, 387, 390, 402
Korrespondenztheorie 394
Krieg 85, 145, 162, 193, 211, 256, 259, 263, 267, 270ff., 286, 298, 301, 356ff., 359ff., 365
Künstliche Intelligenz 10, 102ff., 107, 111f.

Lebenskunst 160, 167f., 170, 175f., 178
Leben und Tod 33, 45
Legitimation 220, 252ff., 255, 257, 259, 261, 263, 265, 267, 269, 271, 273, 275, 277, 279, 281, 283, 285, 294
Leib 3, 10, 21, 26, 35, 37, 55, 57, 59ff., 63f., 100, 104, 117, 146, 166, 232
Leib-Seele-Problem 37ff., 53, 55, 60ff., 64, 99, 104, 117
Liberalismus 147, 198, 207, 299, 301f., 321, 356f.
Liebe 257, 267, 282, 317, 380
Logik 89, 160, 294f., 385, 388f., 392, 394f., 401, 414ff., 419f., 434, 453
Lüge 189, 192, 215
Lust 165f., 183, 187, 198f., 201, 207, 251, 256f., 274, 350

Macht 36, 72, 85, 126f., 132, 137, 144, 175ff., 189, 200, 215, 219, 22, 233, 260ff., 270–275, 280f., 283, 286–289, 295, 300, 305, 335f., 346, 348, 352, 354f., 359ff., 367, 450
Mängelwesen 26ff., 31ff., 128, 131
Markt 22f., 134, 232, 264, 273, 297, 304, 320ff., 331
Maschine 47f., 74f., 102f., 106f., 108, 111f., 113, 115ff., 123f., 131ff., 202, 316
Masse 253, 293f., 342
Materie 41, 43, 51, 57, 48, 60ff., 70f., 73f., 95, 99, 137, 219, 224, 292, 344f., 347, 357, 380f., 391, 394, 404, 418, 428
Materialismus 41, 60ff., 345f., 353
– Historischer Materialismus 346
Maxime 136, 155, 179, 190ff., 202, 205f., 214ff., 242, 281, 293, 341, 359
Mehrheit 272, 275ff., 277, 283, 361
Mentaler Zustand 38ff., 104
Metaphysik 24, 36, 56, 72, 119, 160, 189, 192, 233, 385f., 389f., 403f., 408, 411f., 417, 419
Mitleid 171, 195ff., 245ff., 282, 439
Monarchie 254
Monismus 58
Moral 86f., 133f., 157ff., 171, 181, 191, 194ff., 20f., 205f., 214ff., 225, 228, 230, 232, 235ff., 245ff., 251, 259f., 264ff., 282ff., 302ff., 310, 313, 323, 327, 330, 332, 341, 347, 350, 359
Motive / Motivationen 13, 34f., 53, 72, 83, 164, 196, 237f., 241, 245ff., 326
Mythos 11, 13ff., 115, 124, 172f., 233, 254

Nächstenliebe 186, 244f.
Naturalismus 63, 427ff., 451f.
Naturphilosophie 119, 221
Naturrecht 276, 277, 359

Naturzustand 276 ff., 358 f.
Neid 170, 318 f., 351
Neigung 72, 95, 188, 190, 200, 260, 282, 305
Neurowissenschaften 3, 10, 102 f., 105, 107, 109, 111, 113, 115 117 ff., 121 f.
Nihilismus 149 f., 177 f.
Nützlichkeit 128, 155, 158, 179, 181, 183, 185, 187, 189, 190 f., 193 ff., 197, 199, 201, 203, 205, 207, 209, 284, 349

Objektivität 3, 240, 307, 338, 364, 370, 399, 406 f., 409, 411, 413, 415, 417, 419, 421, 423, 425, 427, 429, 431, 433, 440, 442 ff.
Objektivismus 435
Ökologie 3, 158, 210 f., 213, 215, 217 ff., 221, 223, 225 f.
Okkasionalismus 52
Ontologie 61 f., 291, 404
Organismus 39, 41 f., 104, 113 ff., 117, 120, 140, 146, 218 f., 223, 225, 237, 440, 442 ff.

Paradies 12 f., 203, 212, 351, 353
Paradigma, Paradigmenwechsel 421 ff., 427
Parallelismus 52
Person 25, 38, 41, 60 ff., 88, 92, 94 ff., 100, 103, 105 ff., 111 ff., 116 ff., 136, 141 ff., 151 ff., 192, 194, 228 ff., 244 f., 261 f., 267, 272 ff., 276, 278 ff., 287, 307 ff., 321, 342, 346, 356, 434, 441, 449, 458
Persönlichkeit 105 f., 141 f., 144 ff., 200, 261, 274, 331 f.
Pflicht 76, 100, 133, 158, 164, 175, 179, 181, 190 ff., 195 ff., 199 ff., 203, 205, 207, 209, 215 f., 223, 233, 239 f., 265 f., 276, 278, 282 ff., 304, 329, 359 ff.
Phänomenologie 22
Physiologie 37, 53, 57, 90, 222, 339
Physikalismus 37, 41 f., 55 ff.
Pluralisierung 148 f.
Polis 13, 254 f., 280, 363 f.
Positivismus 408, 410, 412
Postmoderne 147 ff., 207, 337 f.
Prästabilierte Harmonie 51 ff.
Pragmatismus 140
Produktionsverhältnisse 345 ff.
Produktivkräfte 232, 302, 345 ff.
Profit 131, 327 ff.
Proletariat 296 ff.

Rationalismus 134 f., 170
Recht 99 f., 102, 155, 157, 163, 179 ff., 194, 198 ff., 216, 223 f., 228, 230, 232, 234, 250, 252 f., 257, 259 f., 265 ff., 273 ff., 282, 285 f., 292, 297, 304 ff., 319 ff., 324 f., 336, 340 f., 345, 355, 358 ff., 403, 444
Rechtsphilosophie 157, 194, 253
Religion 90, 161, 213, 216, 229, 266, 279, 305, 314, 342 ff., 347, 352, 355, 367, 406 ff., 411, 428 f., 443
Ritual 15, 143
Roboter 87, 105, 115
Rollenidentität 146

Scham 12, 23, 129 ff.
Schmerz 23, 38, 47, 51 f., 62, 91, 102, 165 ff., 168, 172 f., 197, 256, 351, 438
Schönheit 22, 46, 239
Schöpfung 15, 32 f., 205, 212 f., 226, 233, 340
Schuld 85, 88 ff., 97, 99 f., 126, 132, 156 ff., 168, 171, 180, 204, 212, 306, 445
Seele 10, 51, 75, 164 f., 168, 183
Sein 43, 144
Selbstbewusstsein 82 f., 112, 152, 228
Selbsterkenntnis 3, 10, 139 ff., 143, 145, 147, 149, 151, 153, 177, 200, 207
Selbstliebe 186 f., 188 f.
Selbstmord 199
Selektion 38, 232, 237, 293 f., 400 f.
Sinnlichkeit 17, 80 f., 345, 391 ff.
Sittlichkeit 167, 171, 214, 228, 233, 405
Skepsis, Skeptizismus 374 ff., 405
Solidarität 265 ff., 322
Sonnengleichnis 183, 185
Souverän, Souveränität 273 f., 280, 288
Sozialismus 300 f., 324, 345, 356
Sozialphilosophie 144, 160, 253, 441
Spontaneität 78 f., 81, 284, 391
Sprachphilosophie 34, 135, 370, 395, 450 ff., 455, 457, 459
Staatsphilosophie 155, 157, 160, 253, 255, 257, 270, 282, 290, 295, 313, 354, 362
Subjektivität 30, 61, 113, 117, 238, 337, 434, 441
Substanz 49 f., 62 f., 70, 75, 148, 230, 381, 398
Sündenfall 20 f., 138

Technik 15, 112, 123 ff.
Theodizee 31 f.
Telos, Teleologie 212, 339
Tier 12, 14 f., 16–28, 33 ff., 44, 46 ff., 50, 62, 94, 96, 120, 125, 128, 171, 195 ff., 212 f., 226, 236, 256 ff., 317, 339, 346 ff., 351 f., 397 f., 401, 453, 457
Transzendental 79, 81, 117
Trieb 8, 17 f., 25, 35 f., 87, 127, 168, 171, 175, 200, 244, 282, 335, 345
Tugend 23 f., 48, 76, 150, 159, 164, 167, 170 f., 175 f.,186 f., 198, 207, 215, 246, 257, 303 f., 313, 328, 332, 411
Turing-Test 11

Übel 31, 167, 187 f.
Übermensch 23 f.
Überbau 21, 298
Umwelt 25, 27 f., 38 f., 96, 103 f., 112, 120, 124 f., 128, 134, 146 f., 177, 210, 212, 218 ff., 223, 225, 291 f., 325, 357, 362, 365, 397, 400 f.
Ungerechtigkeit 187, 203, 257, 267, 277, 304, 349 f.
Ungleichheit 304 ff., 308, 314, 321, 341
Unglück 164, 194, 199, 212, 216, 452
Universalität 206, 442
Unmoral 199, 216, 246, 301
Unrecht 170, 179 ff., 183, 188, 275 ff., 285, 314
Unsterblichkeit 43, 231, 386
Untertan 256, 273, 276, 280 f.
Urteil 360, 376, 388 ff., 408, 413
– Analytisch 388
– Synthetisch 388 ff.

Urzustand s. Naturzustand 256, 272 ff., 282, 358 f.
Utilitarismus 194, 198 f.
Utopie 221, 268, 362

Verantwortung 83 f., 89, 91 f., 97, 133, 138, 150, 153, 170 f., 176, 196 ff., 205 ff., 210, 212, 218, 220, 222 ff., 224 ff., 228 ff., 258 ff., 279, 286, 297, 357, 360, 433
Verantwortungsethik 158, 202 ff.
Verfassung 31 f., 46, 166, 250, 254 f., 259 f., 286, 304 f., 340, 343 f., 358 f., 432
Verifikation 55, 77, 411 f., 417, 419
Vernunft 14, 18 f., 25, 27, 35 f., 46 ff., 51, 70 ff., 74, 77 f., 81 f., 95, 100, 126 ff., 159, 167 f., 170, 187, 189, 194, 198, 215, 217 f., 223, 242, 244, 258, 260, 271, 274 f., 276, 279, 283, 292 f., 304 ff., 326, 335, 339 ff., 355, 359 f., 363 ff., 368 f.
Versammlung 153, 225, 254, 257, 272 f., 275, 279, 360 f.
Verstand 23, 25, 30, 42, 65, 68, 72, 74 ff., 79 f., 82, 122, 183 f., 250, 253 ff., 265, 271, 365 f., 369, 371 f., 373 f., 378, 381 ff., 387, 389, 405, 408
Verstehen 108 ff.
Völkerrecht 286, 358 f., 360
Vollkommenheit 71, 126, 170, 188, 202, 287, 339, 341, 379
Vorsehung 336, 375
Vorurteil 342, 426

Wachstum 44, 134, 164, 223 f.
Wahrheit 8, 23, 39, 43, 46, 75, 77, 83, 101, 108, 110, 117, 152, 157, 161, 168, 177, 185 f., 191, 197, 207, 210 f., 214 f., 220, 241 ff., 300, 304, 320, 322, 342, 345, 371, 377, 379, 381 ff., 385, 389 f., 392, 394 ff., 407, 412 f., 419, 428, 434 ff., 439, 447, 452, 454
Weisheit 17, 140, 159, 224, 233, 270, 329, 332, 345
Weltgeist 160, 219, 342 f.
Weltgeschichte 252, 254, 337, 342 ff., 354 f.
Weltoffenheit 28, 128
Weltstaat 292, 363 ff.
Werkzeug 25, 29, 35, 74, 115 f., 124, 128, 131 ff., 223, 262 f., 278, 316, 345, 348, 400, 423
Widerstand 277 f., 339 f.
Willensfreiheit 8 ff., 24, 65 ff., 70, 74, 76 f., 82 ff., 94 ff., 97, 100 ff., 119, 386
Wirtschaftsethik 160, 252, 312 f., 315, 317, 319, 321, 323, 325 ff., 329, 331, 333
Wissenschaft 10 f., 15, 17, 20, 26, 30, 36 f., 39, 41 f., 55 f., 59, 64, 72, 82, 90, 94 ff., 102 f., 105, 107, 109, 111, 113, 115, 117 f., 119–125, 127 f., 129, 133–135,137 ff., 156, 160, 162, 174, 191, 194, 199, 202, 207, 213 f., 218–225, 227, 231, 233 f., 236, 261, 270, 279, 283, 308, 315, 332, 335, 337 f., 341, 343, 346, 348 ff., 352, 358, 366, 367–458
Wissenschaftstheorie 135, 358, 404 f., 407 f.
Wohlfahrt 133, 135, 302
Würde 31, 197, 288, 321

Zivilisation 133 ff., 213, 217, 232 f., 342, 357, 407 f.
Zorn 69, 170, 258
Zufall 72 ff., 88 ff., 95, 99, 105, 166, 290, 336, 343 f., 377, 400, 449
Zweifel 46, 49, 83, 94, 100, 185, 212, 375 ff., 379

Bildquellen

action press/EVERETT COLLECTION, INC.: 228 – action press/ZUMA PRESS, INC.: 271 – akg-images, Berlin: 6 u. r., 13, 20, 26, 82, 125, 159, 162, 199, 255, 269, 273, 278, 279, 283, 343, 348, 385, 392, 395, 416 – akg-images/Anna Weise: 205, 425 u. – akg-images/De Agostini Picture Lib./De Agostini Picture Library: 406 l. – akg-images/Israelimages: 193 u. r. – akg-images/Erich Lessing: 15 u. – AP Photo/Alik Keplicz: 193 u. l. – Astrofoto/NASA: 211 – Bildarchiv Preußischer Kulturbesitz (bpk), Berlin: 188, 270, 336 – Blauel/Gnamm - ARTOTHEK/Museum of Modern Art, New York: 351 – © Bridgemanart.com: 12, 16, 194 o. – © Quint Buchholz. aus Ragnar Ohlsson, Der Sinn des Lebens. Übersetzt von Angelika Kutsch. © Carl Hanser Verlag München 1989: 154 – © Cagle Cartoons, Inc.: 430 – Corbis/Wolfgang Deuter/ZEFA: 406 r. – Cindy Sherman, Untitled, 2001 © Courtesy of the artist and Metro Pictures, New York: 149 l. – Cindy Sherman, Untitled, 1984 © Courtesy of the artist and Metro Pictures, New York: 149 r. – © Salvador Dalí, Fundació Gala-Salvador Dalí/VG Bild-Kunst 2015, Bonn; akg-images: 153 – DB Museum, Nürnberg: 346 – defd Deutscher Fernsehdienst: 328 – © DER SPIEGEL Nr. 10/1997: 137 – © DER SPIEGEL Nr. 35/2000: 6 o. l. – © DER SPIEGEL Nr. 10/2001, S. 44: 227 – © DER SPIEGEL Nr. 31/2009, S. 105: 50 – Peter Kunzmann/Franz-Peter Burkard: dtv-Atlas Philosophie. Grafiken von Axel Weiß. © 1991, 1998, 2011 Deutscher Taschenbuch Verlag, München: 384 o., 418, 459, 460 – DIE ZEIT # 39/2013: 286 – DILBERT © 1993 Scott Adams. Used By permission of UNIVERSAL UCLICK. All rights reserved: 65 – © Disney: 40, 41, 42, 89 – dpa: 147 l. – dpa-Fotoreport - B 3514/Getty Wong: 321 – dpa - Goebel: 397 – Ralph Edney, London: 384 u. – Focus Photo- u. Presseagentur GmbH: 224 – AN INCONVENIENT TRUTH. Copyright © 2006, Al Gore. All rights reserved: 214 (alle) – © Walter Hanel: 142 r. – Johannes Hartmann 2007 FahdenscheynsPanoptikum.wordpress.com: 182 – Michael Holtschulte, www.totaberlustig.de: 387 – © 2015 Hundertwasser Archiv, Wien: 165 – INTERFOTO/Friedrich/: 408 – INTERFOTO/Sammlung Dieter Meinhardt: 49 – Paul Klee, Drei Blumen, 1920, 183, 19,5 x 15 cm, Ölfarbe auf Grundierung auf Karton, rückseitig: 176 – Paul Klee, Angelus novus, 1920, 32, Ölpause und Aquarell auf Papier auf Karton, 31,8 x 24.2 cm, The Israel Museum, Jerusalem: 353 – Klett-Cotta Verlag: 314 – Donald D. Hoffmann. Visuelle Intelligenz. Wie die Welt im Kopf entsteht. Aus dem Amerik. Von Hainer Kober. © 1998 Donald D. Hoffmann. Klett-Cotta, Stuttgart 2000: 401 – Copyright © 2003 by Kulturmanufaktur und Österreichische Nationalbibliothek: 298 – Kunsthaus Zürich: 170 – © Login - Fotolia.com: 249 – Louvre, Paris: 312 – mauritius-images/age: 196 – M.C. Escher's "Drawing Hands" © 2015 The M.C. Escher Company-The Netherlands. All rights reserved: 405 – © Gerhard Mester: 318 – © picture-alliance: 31, 131 – © picture-alliance/akg-images: 17, 458 – © picture-alliance/akg-images/Erich Lessing: 15 o. – © picture-alliance/akg-images/Rainer Hackenberg: 140 – © picture-alliance/dpa: 6 u. l., 29, 113, 136, 191, 193 o. l., 232, 323, 366 o. – © picture-alliance/dpa/dpaweb: 294 – © picture-alliance/dpa/Heikki Saukkomaa: 147 m. – © picture-alliance/empics: 222 – © picture-alliance/Godong: 322 – © picture-alliance/image-state/HIP: 22 – © picture-alliance/KPA: 193 o. r., 210 – © picture-alliance/KPA/TopFoto: 147 r. – © picture alliance/Mary Evans Picture Library: 75, 146 r., 179 – © picture alliance/picture alliance: 118 o. – © picture-alliance/Photoshot: 367 – © picture-alliance/Picture Press/NASA/VRS: 455 – © by Mark Parisi, Permission granted, www.offthemark.com: 414 – © picture alliance/Science Photo Library: 358 – © picture alliance/Sueddeutsche Zeitung Photo: 94 – © picture alliance/The Advertising Archives: 150 – © picture alliance/United Archives: 333 – © picture alliance/United Archives/IFTN: 111 – © picture-alliance/ZB: 34, 305 – © picture-alliance/ZB-Fotoreport: 169, 296 u., 362 – Tullio Pericoli: Buona Letteratura//www.margarethe-illustration.de: 431 – PhotosForClass.com: 366 m. – Bill Pierce/The LIFE Images Collection/Getty Images: 421 – Dr. Hilary Putnam: 135 – Günter Radtke: 134 – Hans-Georg Rauch, www.hans-georg-rauch.de: 253 – REUTERS/Larry Downing: 33 – Hans Ruth/Thomas Gröbly: Die Zukunft ist ethisch - oder gar nicht. Waldgut Verlag, Frauenfeld 2006: 217 o. – © Joscha Sauer/Distr. Bulls: 457 – Copyright © Shaun Tan 2006, Permission by Mohrbooks AG, Zürich: 209 (beide) – © Dirk Schumann - Fotolia.com: 37, 64 – © Wieslaw Smetek: 235, 248, 296 o. – Vera Solymosi-Thurzó: 160 – Frank Speth - norddt. Künstler: 217 u. – Stelarc, Maki. Gallery, Tokyo 1982 - Photo Keisuke Oki: 112 – Stiftung Deutsches Hygiene-Museum, Dresden 1991: 7 l. – © Suhrkamp Verlag: 303 – © The Munch Museum/The Munch Ellingsen Group: 7 r. – Time & Life Pictures/Getty Images: 105 – ullstein bild: 144, 146 l., 202 – ullstein bild - Granger Collection: 341, 374 – ullstein bild - KPA: 355 – ullstein bild - Lebrecht Music & Arts Photo Library: 450 – ullstein bild - Poklekowski: 335 – ullstein bild - Rex Features/Backyard Brains: 102 – ullstein bild/SIPA: 451 – ullstein bild - TopFoto: 411 – ullstein bild - ullstein bild: 123 – © VG Bild-Kunst, Bonn 2015/agk-images: 128 – © VG Bild-Kunst, Bonn 2015: 138, 220, 268, 334 – © Natasha Vita-More, 2013 (earlier version 1997): 231 – www.xkcd.com: 73 – Zeno.org: 40.000 Meisterwerke. Teil 1: Malerei, © 2007 The Yorck Project: 127, 173, 350 – weitere: Verlagsarchiv Schöningh

Sollte trotz aller Bemühungen um korrekte Urheberangaben ein Irrtum unterlaufen sein, bitten wir darum, sich mit dem Verlag in Verbindung zu setzen, damit wir eventuell notwendige Korrekturen vornehmen können.